multiple choice police science

객관식 경찰학

박찬혁

法 文 社

머리말

　이 교재는 경찰공무원 채용시험에 출제된 최근 8년간 기출문제를 바탕으로 구성하였습니다. 경찰공무원 1차 필기시험은 대부분 법령에 출제되고 있으며, 경찰학개론 과목도 총 40문제 중 80% 정도는 법조문에서 출제되고 있습니다. 더욱 중요한 점은 이러한 법령문제가 과거 출제된 기출문제에서 반복 출제 된다는 사실입니다. 따라서 시험을 준비하는 수험생들은 반드시 기출문제에 대한 분석과 내용정리가 필요합니다.

　최근 10년간 경찰학개론 시험문제를 분석해보면 총 20문제 중에서 75%(15문제) 이상 법조문에서 출제되고 있습니다. 2022년부터 경찰학개론 과목은 40문제로 확대되었으나 이러한 기준은 여전히 유지되고 있으므로 합격을 위해서 반드시 정복해야 하는 과목이 되었습니다. 이 교재는 매년 출제된 시험문제를 연도 및 회차별로 구성하였으며, 기출문제 원본을 별도로 수록하였습니다.

　공무원 시험에 합격하기 위해서는 반드시 갖추어야 할 조건이 있습니다. 바로 자신감입니다. 자신감을 가지려면 두려움을 없애야 합니다. 두려움을 없애기 위해서는 시험에 대해 알아야 합니다. 안다는 것은 해당과목의 출제유형, 출제범위, 출제경향 등을 알아야 함을 의미합니다.

　어떻게 공부를 시작하고 어떤 방법으로 공부를 해야 할지 모르는 학생, 시험준비를 하고 있지만 불안하고 자신감이 없는 학생, 단기간에 경찰학 과목의 고득점이 필요한 학생, 경찰학 과목이 막막한 학생들에게 이 교재는 자신감을 심어줄 것이라 확신합니다.

　많은 경찰학 기출문제 교재가 존재합니다. 이 교재는 다른 수험서와 달리, 정답만 알려주는 것이 아니라 해당문제와 관련된 법조문을 모두 제시하였습니다. 따라서 과거 기출문제에 대한 해설뿐만 아니라 앞으로 출제가 예상되는 부분에 대한 내용도 학습이 가능하도록 하였습니다.

　실제 공무원 시험에서 경찰학 1과목을 푸는데 주어진 시간은 약 40분입니다. 정답마킹 시간을 포함하여 한 문제당 1분 정도의 시간이 주어집니다. 다시 말해 문제를 보는 순간 관련 법조문이나 기출표현이 떠올라야만 해당문제를 맞출 수 있음을 의미합니다.

최근 몇 년 사이 경찰조직에 많은 변화가 일어났으며 관련 법규도 정비가 되었습니다. 급변하는 환경 속에서 수험생이 알아야 할 새로운 내용도 늘어나게 되었습니다. 개정 내용도 많아져 해당 법조문 정리를 하지 않으면 고득점 취득은 어려운 것이 현실입니다. 이러한 상황에서 이 교재의 구성과 해설방법은 수험생에게 많은 도움과 자신감을 줄 것이라 믿습니다.

경찰공무원 시험에 합격하기 위해서 경찰학개론은 전략과목이 되어야 합니다. 한 과목에 대한 자신감이 다른 과목으로 이어지고 또 전체과목에 대한 자신감을 갖게 할 것입니다.

모쪼록 이 교재가 경찰공무원을 준비하는 많은 학생들에게 좋은 지식으로 쌓여 합격을 위한 디딤돌이 되기를 기대합니다.

2024년 7월
저자 박찬혁

차 례

2021 제2차 순경 공채 (2021년 8월 21일 시행)

2022 제1차 순경 공채 (2022년 3월 26일 시행)

2022 제2차 순경 공채 (2022년 8월 20일 시행)

2023 제1차 순경 공채 (2023년 3월 25일 시행)

부 록: 참경찰 인물열전

2024년 제2차 경찰공무원 공개경쟁채용시험 계획을 다음과 같이 공고합니다.

1. 채용 분야 및 인원: 3개 분야 총 2,072명

구 분	계	서울	부산	대구	인천	광주	대전	울산	세종	경기 남부	경기 북부	강원	충북	충남	전북	전남	경북	경남	제주
총 계	2,072	536	156	107	120	47	62	15	3	275	50	68	78	77	97	88	101	144	48
남자	1,711	403	133	91	102	40	53	13	2	234	43	58	66	66	83	74	86	123	41
여자	296	68	23	16	18	7	9	2	1	41	7	10	12	11	14	14	15	21	7
101경비단 (남자)	65	65	–	–	–	–	–	–	–	–	–	–	–	–	–	–	–	–	–

※ 현재 주거지와 상관없이 근무하고자 하는 시·도 경찰청에 원서 접수

2. 시험 절차 및 일정

※ 일정은 기상조건, 시험장 사정 등에 따라 변경될 수 있음

시험절차 (합격결정비율)		시험일정 등 공고	시험 기간	합격자 발표
원서 접수		6. 28.(금) ~ 7. 8.(월) 18:00 / 11일간		
1차 시험 (50%)	필기시험	8. 9.(금) 시·도 경찰청 홈페이지	8. 17.(토)	8. 23.(금) 17:00
2차 시험 (25%)	신체·체력·적성검사	9. 5.(목) 시·도 경찰청 홈페이지	9. 9.(월) ~ 10. 19.(토)	신체·체력 불합격자 현장통보
3차 시험	응시자격 등 심사	해당 없음	10. 21.(월) ~ 11. 8.(금)	불합격자 개별통보
4차 시험 (25%)	면접시험	11. 8.(금) 시·도 경찰청 홈페이지	11. 11.(월) ~ 12. 3.(화)	12. 6.(금) 17:00

3. 응시원서 접수

1 **접수 방법**: 경찰청 인터넷 원서접수사이트(http://gosi.police.go.kr)로 접수

2 **접수 기간**: '24. 6. 28.(금) ~ 7. 8.(월) 18:00 <11일간>

○ 로그인 시간에 관계없이 **접수마감일 18시 정각까지 결제완료 및 접수번호를 확인해야 원서접수 인정(마감시간 이후에는 내용 수정 및 접수 불가능)**

○ 접수취소는 원서 접수 기간을 포함, 7. 11.(목) 09:00 ~ 8. 13.(화) 18:00에 가능하며, 취소 시에는 응시수수료를 반환(단, 결제수수료 등 일부는 본인 부담)

○ 응시표(응시번호 포함)는 7. 11.(목) 09:00부터 12. 31.(화) 18:00까지 인터넷 원서접수사이트에서 출력 가능하며 시험 당일 소지하여야 함

3 **응시수수료**: 5,000원 【경찰공무원 임용령 제44조(응시수수료)】

○ 응시수수료 이외에 소정의 처리비용(휴대폰·카드결제, 계좌이체비용 등) 소요

○ 응시수수료 면제대상자[1]는 사실 확인 후 응시수수료 반환

① △「국민기초생활보장법」에 따른 수급자 또는 차상위 계층 △「한부모가족지원법」에 따른 보호대상자 △2명 이상의 미성년 자녀가 있는 사람[2]

② 원서 접수 시 △가족관계증명서, △개인정보 수집 및 이용 동의서(원서접수 사이트에서 다운로드 가능) 작성 후 스캔하여 원서접수사이트 업로드 제출 필수

4 **응시원서 사진**

○ 최근 1년 이내에 촬영한 상반신 컬러사진(3cm×4cm)을 업로드

※ 배경 있는 사진, 모자나 선글라스 등을 착용한 사진 또는 스냅사진과 얼굴이 잘리거나 작아서 응시자 식별이 곤란한 사진은 등록할 수 없으며, 원서접수 기간 이후 사진교체 불가

4. 검정시험 성적표 제출

① 한국사능력시험 성적표 제출

○ 기준점수(등급): 한국사능력검정시험(국사편찬위원회) 3급 이상

○ 한국사능력검정시험 인정 범위

- 필기시험 시행예정일 전날(8.16.)까지 점수(등급)가 발표된 시험으로 한정하며 기준등급 이상으로 확인된 시험만 인정
  ※ 2023년 제2차 순경 공채부터 한국사능력검정시험 성적 인정 기간 폐지

② 영어능력검정시험 성적표 제출

○ 대상 시험 및 기준점수

시험의 종류		기준점수
토플 (TOEFL)	아메리카합중국 이.티.에스.(ETS: Education Testing Service)에서 시행하는 시험(Test of English as a Foreign Language)으로서 그 실시방식에 따라 피.비.티.(PBT: Paper Based Test) 및 아이.비.티.(IBT: Internet Based Test)로 구분	PBT 470점 이상
		IBT 52점 이상
토익 (TOEIC)	아메리카합중국 이.티.에스.(ETS: Education Testing Service)에서 시행하는 시험(Test of English for International Communication)	550점 이상
텝스 (TEPS)	서울대학교 영어능력검정시험(Test of English Proficiency developed by Seoul National University)	241점 이상
지텔프 (G-TELP)	아메리카합중국 국제테스트연구원(International Testing Services Center)에서 주관하는 시험(General Test of English Language Proficiency)	Level 2의 43점 이상
플렉스 (FLEX)	한국외국어대학교 어학능력검정시험(Foreign Language Examination)	457점 이상
토셀 (TOSEL)	국제토셀위원회에서 주관하는 시험(Test of the Skills in the English Language)	Advanced 510점 이상

5. 응시 자격

1 **응시 결격사유 등**(면접시험 최종일까지 결격사유 없어야 함)
○ 「경찰공무원법」 제8조 제2항 각호의 '임용결격사유'에 해당하는 자
○ 「경찰공무원 임용령」 제46조 등 시험 부정행위로 다른 법령에 의하여 '응시 자격이 정지 당한 자'(붙임1 참조)

2 **응시 연령**(만 나이 예외 규정)
※ 「경찰공무원 임용령」 제39조 제1항 〈별표 1의3〉

응시연령	해당 생년월일
18세 이상 40세 이하	1983. 1. 1. ~ 2006. 12. 31.

⇨ **군복무*기간 1년 미만은 1세, 1년 이상 ~ 2년 미만은 2세, 2년 이상은 3세 각각 연장**
  * **군복무**: 제대군인, 사회복무요원, 공중보건의사, 병역판정검사전담의사, 국제협력의사, 공익법무 관, 공중방역수의사, 전문연구요원, 산업기능요원
  ※ 군복무로 인해 응시연령을 초과하는 응시자는 1차 시험 합격 후 병적증명서 제출

3 **병역**: 제한 없음

4 **신체 조건**
※ 「경찰공무원 임용령 시행규칙」 제34조의2 〈별표5〉

구 분	합 격 기 준
체 격	국립·공립병원 또는 종합병원에서 실시한 경찰공무원 채용시험 신체검사 및 약물검사 결과 건강상태가 양호하고, 직무에 적합한 신체를 가져야 함
시 력	좌우 각각 0.8 이상(교정시력 포함)
색 각	색각이상이 아니어야 함(약도 색약은 제외한다) ※ **색약 보정렌즈 사용금지**(적발 시 부정행위 간주로 5년간 응시 자격 제한)
청 력	청력이 정상(좌우 각각 40dB이하의 소리를 들을 수 있어야 함)
혈 압	고혈압·저혈압이 아닌 자(확장기: 90-60mmHg, 수축기: 145-90mmHg)
사 시 (斜視)	복시(複視: 겹보임)가 없어야 함(단, 안과 전문의가 직무수행에 지장이 없다고 진단한 경우 는 가능)
문 신	내용 및 노출 여부에 따라 경찰공무원의 명예를 훼손할 수 있다고 판단되는 문신이 없어야 함

5 **면허 및 가산점**

※ 제출서류 확인 결과, 허위로 판명될 경우 당해 시험 무효 및 취소

○ 운전면허: 제1종 보통운전면허 이상 소지해야 함(경찰공무원 임용령 제39조 제4항)

※ 원서 접수시(6. 28.~7. 8.) 반드시 제1종 보통 운전면허증 이상을 발급 받은 상태여야 하며 면접시험 최종일(12. 3.)까지 유효하여야 함

○ 자격증 등 가산점 기준일

구 분	기 준 일
학위 및 자격증	▶ 적성검사 마지막 날(10. 19.)까지 유효해야 함
어학능력 자격증	▶ 면접시험일 첫날(11. 11.)까지 유효해야 함

6. 시험 단계별 평가 방법 등

① **1차 시험**(필기시험)

○ 시험과목

- **(능력검정시험)** 한국사, 영어
- **(필수과목)** 헌법(20문항 50점), 형사법(40문항 100점), 경찰학(40문항 100점)

○ 헌법 · 형사법 · 경찰학 시험범위 및 출제 비율

과 목	출 제 비 율
헌 법	기본권 총론 · 각론 80% 내외, 헌법총론 · 한국 헌법의 기본질서 20% 내외
형사법	형법총론 35% 내외, 형법각론 35% 내외, 형사소송법 30% 내외(수사 · 증거 각 15% 내외)
경찰학	경찰행정법(경찰행정법의 기초, 경찰조직법, 경찰작용법, 경찰구제법 등) 35% 내외, 경찰학의 기초이론 30% 내외, 경찰행정학 15% 내외, 분야별 경찰활동 15% 내외, 한국경찰의 역사와 비교경찰 5% 내외

○ **합격자 결정 방법**: 한국사능력검정시험과 영어능력검정시험에서 각각 기준점수 또는 기준등급 이상을 취득하고, 한국사 · 영어 과목을 제외한 나머지 **과목별 만점의 40% 이상 득점자** 중 고득점자 순으로 결정

② **2차 시험**(신체 · 체력 · 적성검사)

○ 신체 검사

- **(관련규정)** 「경찰공무원 임용령 시행규칙」 제34조의2 <별표5>, 「경찰공무원 채용시험에 관한 규칙」 제10조 제1항 <별표1>
  ※ [붙임 2], [붙임 2-1], [붙임 3] 참조
- **(시험방법)** 국 · 공립, 종합병원으로부터 발급받은 '경찰공무원 채용 신체검사서'로 신체검사 합격 여부 판단(붙임 9 「경찰공무원 채용시험에 관한 규칙」 별지 제3호 서식 참조)
- **(합격자 결정)** 국 · 공립, 종합병원에서 시행한 '경찰공무원 채용 신체검사서'와 '신체검사 기준표', '신체검사 세부기준' 모두 합격시 합격 결정

○ **체력 검사**

- **(시험종목)** 윗몸일으키기, 팔굽혀펴기, 좌 · 우악력, 100m 및 1,000m달리기

〈'23년 2차 순경 공채부터 변경된 사항〉
- 남녀 모두 '팔굽혀펴기' 종목 측정 시 동일한 방식으로 측정
  ⇨ 양손을 어깨너비로 벌리고 발은 모은 상태에서 팔은 직각, 몸은 수평이 되도록 한다.
- △윗몸일으키기 △좌우 악력 △팔굽혀펴기 종목의 평가기준 상향
  ⇨ 특히, 종목별 불합격 기준(1점)이 상향되었으므로 충분한 대비 필요

- **(불합격)** 어느 하나의 종목에서 1점을 취득하거나, 실격 또는 기권한 경우, 그리고 총점이 19점 이하인 경우에는 불합격 처리
  ※ 종목식 체력검사의 평가 기준 및 측정 방법은 [붙임 4], [붙임 5] 참조

- **(도핑테스트)** 금지약물 사용 등 체력시험의 부정 합격 사례를 방지하고, 시험절차의 공정성과 신뢰성 확보를 위하여 체력시험 응시자 중 무작위로(응시자의 5% 이내)「도핑테스트」실시
○ **적성검사**: 인성ㆍ적성검사(총 280문항, 60분)

③ **3차 시험**(응시자격 등 심사)
○ 제출서류 검증을 통해 자격요건 등 적격성 심사
○ 응시자가 제출한 서류를 기준으로 응시자격 해당 여부를 판단, 응시자격에 부합하는 응시자는 합격자로 결정

④ **4차 시험**(면접시험)
○ **합격자 결정**: 각 면접위원이 평가한 점수를 합산하여 총점의 40%이상 득점자를 합격자로 결정
  - 단, 면접위원의 과반수가 어느 하나의 평가요소에 대하여 2점 이하로 평가한 경우, **불합격 처리**

단 계	평 가 요 소	배 점
1단계 면접 (집단 면접)	의사발표의 정확성ㆍ논리성 및 전문지식	10점 (1점~10점)
2단계 면접 (개별 면접)	품행ㆍ예의, 봉사성, 정직성, 도덕성ㆍ준법성	10점 (1점~10점)
가산점	무도ㆍ운전 기타 경찰업무 관련 자격증	5점 (0점~5점)
계	25점	

⑤ **최종 합격자 결정: 필기시험 50%, 체력검사 25%, 면접시험 25%**(자격증 5% 포함)의 비율로 합산하여 고득점자 순으로 결정
  ※ 동점자는 경찰공무원 임용령 시행규칙 제37조의 순위에 따라 결정

7. 임용 관련 사항

○ 최종합격자가 임용 포기하거나 입교등록을 포기하는 등의 사정으로 결원을 보충할 필요가 있을 때에는 최종성적이 높은 사람 순서로 추가합격자를 결정할 수 있음

○ 적격자가 없는 경우 선발인원 중 일부만을 채용하거나 채용하지 않을 수 있음

○ 채용인원 중 일부는 입교 대기 대상자가 될 수 있으며, 임용 시 인력수급에 따라 임용 대기가 발생할 수 있음

○ 신임교육 전 ① 병역복무, ② 학업의 계속, ③ 6개월 이상 장기요양 질병, ④ 임신·출산, ⑤ 그 밖에 부득이하다고 인정되는 경우 임용유예가 가능하며, 자세한 사항은 최종합격자 발표 시 공지

○ 신임교육기간 중 적정 보수를 지급하고, 최초 임용 후 다른 시·도 경찰청으로 10년간 전보를 제한함

○ 임용 후 순번에 따라 2년간 기동대 또는 특별경비부서 근무를 하여야 함

○ 101경비단 채용인원은 특별경비부서 근무 적격여부 심사에 따라 101경비단 또는 각 경찰서에서 근무할 수 있음

8. 기타 사항

○ 신임교육 기간 중 희망자를 대상으로 '예비 수사경과자'를 선발하여 실습기간 중 전문 수사교육을 실시하며, 지역경찰관서(지구대·파출소) 6개월 근무 후 수사부서에 우선적으로 근무할 수 있음

※ 순경 임용 시 일반경과 부여, 1년 경과 시 별도 시험 없이 수사경과 부여

〈최종합격자 유의사항〉

가. 응시자는 공고문, 응시표 등에서 정한 주의사항에 유의하여야 하며, 최종합격자로 결정되었다 하더라도 추후 응시자격의 제한 및 임용결격자 등으로 확인될 경우에는 합격이 취소될 수 있습니다.

나. 기타 문의사항은 응시한 시·도 경찰청 교육계로 문의하시기 바랍니다.

- 서울경찰청 교육계 (02) 700－2600　서울시 종로구 사직로 8길 31(내자동)
- 부산경찰청 교육계 (051) 899－2332　부산시 연제구 중앙대로 999
- 대구경찰청 교육계 (053) 804－2432　대구시 수성구 무학로 227
- 인천경찰청 교육계 (032) 455－2232　인천시 남동구 예술로 152번길 9
- 광주경찰청 교육계 (062) 609－2635　광주시 광산구 용아로 112
- 대전경찰청 교육계 (042) 609－2432　대전시 서구 둔산중로 77
- 울산경찰청 교육계 (052) 210－2333　울산시 중구 성안로 112(성안동)
- 세종경찰청 교육계 (044) 559－2432　세종시 한누리대로 1978
- 경기남부경찰청 교육계 (031) 888－2432　경기도 수원시 장안구 창룡대로 223
- 경기북부경찰청 교육계 (031) 961－2432　경기도 의정부시 금오로 23번길 22－49
- 강원경찰청 교육계 (033) 248－0432　강원도 춘천시 동내면 세실로 49
- 충북경찰청 교육계 (043) 240－2432　충북 청주시 청원구 2순환로 168
- 충남경찰청 교육계 (041) 336－2432　충남 예산군 삽교읍 청사로 201
- 전북경찰청 교육계 (063) 280－8325　전북 전주시 완산구 유연로 180
- 전남경찰청 교육계 (061) 289－2635　전남 무안군 삼향읍 후광대로 359번길 28
- 경북경찰청 교육계 (054) 824－3432　경상북도 안동시 풍천면 검무로77
- 경남경찰청 교육계 (055) 233－2432　경남 창원시 의창구 상남로 289
- 제주경찰청 교육계 (064) 798－3232　제주 제주시 수목원서길 37

참고 **경찰공무원 채용시험 신체검사 기준표(공통)**

「경찰공무원 임용령 시행규칙」 제34조의2 〈별표5〉

구 분	내용 및 기준
체격	국립·공립병원 또는 종합병원에서 실시한 경찰공무원 채용시험 신체검사 및 약물검사의 결과 건강상태가 양호하고, 직무에 적합한 신체를 가져야 한다.
시력	시력(교정시력을 포함한다)은 양쪽 눈이 각각 0.8 이상이어야 한다.
색각 (色覺)	색각이상(약도 색약은 제외한다)이 아니어야 한다. ※ **색약 보정렌즈 사용금지(적발 시 부정행위 간주로 5년간 응시자격 제한)**
청력	청력이 정상[좌우 각각 40데시벨(dB) 이하의 소리를 들을 수 있는 경우를 말한다]이어야 한다.
혈압	고혈압[수축기혈압이 145수은주밀리미터(mmHg)을 초과하거나 확장기혈압이 90수은주밀리미터(mmHg)을 초과하는 경우를 말한다] 또는 저혈압[수축기혈압이 90수은주밀리미터(mmHg) 미만이거나 확장기혈압이 60수은주밀리미터(mmHg) 미만인 경우를 말한다]이 아니어야 한다.
사시 (斜視)	복시(複視: 겹보임)가 없어야 한다. 다만, 안과전문의가 직무수행에 지장이 없다고 진단한 경우에는 그렇지 않다.
문신	내용 및 노출 여부에 따라 경찰공무원의 명예를 훼손할 수 있다고 판단되는 문신이 없어야 한다.

[비고]
위 "체격" 항목 중 "직무에 적합한 신체"와 "문신"에 대한 구체적인 기준은 경찰청장이 정한다.

참고 경찰공무원 채용시험 신체검사 기준표(101경비단)

「경찰공무원 채용시험에 관한 규칙」 제11조 〈별표3〉

부분별 \ 구분	신 체 조 건
신 장	170㎝ 이상이어야 한다.
체 중	60kg 이상이어야 한다.
흉 위	신장의 2분의 1 이상이어야 한다.
시 력	양안의 나안시력이 각각 1.0 이상이어야 한다.(단, 교정시력 불가)

[비고]
위 항목에 정하지 않은 사항은 「경찰공무원 임용령 시행규칙」 별표 5를 따른다.

참고 **경찰공무원 채용시험 신체검사 세부 기준**

「경찰공무원 채용시험에 관한 규칙」 제10조 제1항 〈별표1〉

평가 항목	내 용		신체검사기준(불합격 판정기준)
직무에 적합한 신체	팔다리와 손·발가락		팔다리와 손·발가락이 강직, 절단 또는 변형된 기형으로 정형외과 전문 의로부터 경찰 장비 및 장구 사용 등 직무수행에 적합하다는 진단을 받 지 못한 사람
	척추만곡증 (허리휘는 증상)		X-RAY촬영 결과 20도 이상 허리가 기울어져 있는 자로 정형외과 전문 의로부터 정상판정을 받지 못한 사람
	상지관절의 정상 여부		상지 3대 관절(손목·팔꿈치·어깨관절)을 앞과 위 아래로 이동시 자연 스럽지 않은 사람 중 상지의 3대 관절이 불완전하거나 관절의 기능손실 이 15퍼센트 이상이거나 3대 관절의 손실 합이 15퍼센트 이상으로 정형 외과 전문의로부터 정상판정을 받지 못한 사람
	하지관절의 정상 여부		하지 3대 관절(발목·무릎·고관절)을 좌우로 돌리는 것이 자연스럽지 않은 사람 중 하지의 3대 관절이 불안전하거나 관절의 기능 손실이 15 퍼센트 이상이거나 3대 관절의 손실 합이 15퍼센트 이상으로 정형외과 전문의로부터 정상판정을 받지 못한 사람
문 신	내 용	혐오성	사회 일반인의 기준으로 판단하여 폭력적·공격적이거나 공포감을 조성 할 수 있는 내용
		음란성	사회 일반인의 기준으로 판단하여 성적 수치심을 야기할 수 있는 내용
		차별성	특정 인종·종교·성별·국적·정치적 신념 등에 대한 차별적 내용
		기 타	범죄단체 상징 및 범죄를 야기·도발할 수 있거나 공직자로서의 직업윤 리에 어긋나 경찰관의 이미지를 손상시킬 수 있는 내용
	노출 여부		모든 종류의 경찰 제복(성하복 포함)을 착용하였을 경우 외부에 노출되 어 경찰공무원의 명예를 훼손할 수 있다고 판단되는 문신(얼굴, 목, 팔, 다리 등 포함)

참고 종목식 체력검사의 평가 기준 및 방법

「경찰공무원 임용령 시행규칙」 제34조의2

1. 평가기준

구 분		10점	9점	8점	7점	6점	5점	4점	3점	2점	1점
남 자	100미터 달리기(초)	13.0 이내	13.1~ 13.5	13.6~ 14.0	14.1~ 14.5	14.6~ 15.0	15.1~ 15.5	15.6~ 16.0	16.1~ 16.5	16.6~ 16.9	17.0 이후
	1,000미터 달리기(초)	230 이내	231~ 236	237~ 242	243~ 248	249~ 254	255~ 260	261~ 266	267~ 272	273~ 279	280 이후
	윗몸일으키기 (회/1분)	58 이상	57~55	54~52	51~49	48~46	45~43	42~40	39~36	35~32	31 이하
	좌우 악력 (kg)	64 이상	63~61	60~58	57~55	54~52	51~49	48~46	45~43	42~40	39 이하
	팔굽혀펴기 (회/1분)	61 이상	60~56	55~51	50~46	45~40	39~34	33~28	27~22	21~16	15 이하
여 자	100미터 달리기(초)	15.5 이내	15.6~ 16.3	16.4~ 17.1	17.2~ 17.9	18.0~ 18.7	18.8~ 19.4	19.5~ 20.1	20.2~ 20.8	20.9~ 21.5	21.6 이후
	1,000미터 달리기(초)	290 이내	291~ 297	298~ 304	305~ 311	312~ 318	319~ 325	326~ 332	333~ 339	340~ 347	348 이후
	윗몸일으키기 (회/1분)	55 이상	54~51	50~47	46~43	42~39	38~35	34~31	30~27	26~23	22 이하
	좌우 악력 (kg)	44 이상	43~42	41~40	39~38	37~36	35~34	33~31	30~28	27~25	24 이하
	팔굽혀펴기 (회/1분)	31 이상	30~28	27~25	24~22	21~19	18~16	15~13	12~10	9~7	6 이하

2. 평가방법

가. 체력검사의 평가종목 중 1종목 이상 1점을 받은 경우에는 불합격으로 한다.

나. 100미터 달리기의 경우에는 측정된 수치 중 소수점 둘째자리 이하는 버리고, 1,000미터 달리기의 경우에는 소수점 첫째자리 이하는 버리며, 좌우 악력의 경우에는 소수점 첫째자리에서 반올림한다.

다. 체력검사의 평가종목에 대한 구체적인 측정방법은 경찰청장이 정한다.(붙임5 참조)

/참고/ 종목식 체력검사 종목별 측정시설, 인원 및 방법

종 목	측 정 방 법 등
100m 달리기	**가. 검사요원** − 계측원 1명 이상/출발신호원 1명/기록원 1명 이상 **나. 시설기구** − 100m 직선주로 3코스 이상/계측기 2개, 출발신호기 1개 − 2인 1조가 동시에 출발할 때 중간 코스는 공간으로 둔다. **다. 측정방법** − 측정시간은 1/10초단위로 한다. − 중도에서 넘어졌을 때는 1회에 한하여 20분 후에 다시 달리게 한다. − 전자측정기기로 실시할 수 있다. **라. 기록** − 계측원은 출발신호기가 땅에서 떨어지는 순간부터 주자의 몸통이 결승선의 수직면에 닿을 때까지의 시간을 1/10초 단위로 기록한다.
1,000m 달리기	**가. 검사요원** − 계측원 1명 이상/출발신호원 1명/기록원 1명 이상 **나. 시설기구** − 400m(200m) 타원형 트랙/계측기 2개/출발신호기 1개 **다. 측정방법** − 타원형운동장 또는 노상경주 코스를 사용한다. − 측정시간은 초 단위로 한다. **라. 기록** − 계측원은 출발신호기가 땅에서 떨어지는 순간부터 주자의 몸통이 결승선의 수직면에 닿을 때까지의 시간을 1초 단위로 계측하여 정확히 기록한다.
윗몸 일으키기	**가. 검사요원** − 계측원 1명 이상/기록원 1명 이상 **나. 시설기구** − 윗몸일으키기대/계측기(1대이상) **다. 측정방법** − 양발을 30㎝ 정도 벌려 무릎을 직각으로 굽히고 양손은 머리 뒤에서 깍지를 끼고 등을 매트에 대고 눕는다. − 측정횟수는 상체를 일으켜서 양쪽 팔꿈치가 양무릎에 닿은 다음, 다시 누운 자세로 돌아가게 해야 한다. − 양팔꿈치로 양 무릎 위를 정확히 대었을 때를 1회로 간주하여 1분간 실시한 횟수를 측정한다. − 전자측정기기로 실시할 수 있다. **라. 기록** − 정확한 동작으로 1분 동안에 실시한 횟수를 기록한다. − 운동 속도는 자유로이 한다. − 실시 도중 목뒤에 마주잡은 손을 떼거나 몸을 앞으로 굽혔을 때 팔꿈치가 무릎에 닿지 않으면 그 횟수는 무효로 한다.

악력	**가. 검사요원** − 계측원 1명 이상/기록원 1명 이상 **나. 실시도구** − 악력기 **다. 측정방법** − 악력기에 의한 기계측정을 한다. **라. 기록** − 왼손, 오른손 각 2회씩 총 4회 측정하여 가장 높은 1회의 측정값을 기록한다.
팔굽혀펴기	**가. 검사요원** − 계측원 1명 이상/기록원 1명 이상/검사원 1명 이상 **나. 실시도구** − 매트, 초시계 1개 **다. 측정방법** − 양손을 어깨너비로 벌리고 발은 모은 상태에서 팔은 직각, 몸은 수평이 되도록 한다. − 머리부터 일직선이 되도록 유지한 상태에서 팔을 굽혀 몸(머리~다리)과 매트 간격이 5㎝ 이내로 유지시켰다가 원위치한다. − 전자측정기기로 실시할 수 있다. **라. 기록** − 1분 동안 실시한 횟수를 측정한다.

/참고/ **자격증 등의 가산점 기준표**

「경찰공무원 채용시험에 관한 규칙」(별표6)

분 야		관련 자격증 및 가산점		
		5점	4점	2점
학 위		– 박사학위	– 석사학위	
정보처리		– 정보관리기술사 – 전자계산기조직응용기술사	– 정보처리기사 – 전자계산기조직응용기사 – 정보보안기사	– 정보처리산업기사 – 사무자동화산업기사 – 컴퓨터활용능력 1・2급 – 워드프로세서 1급 – 정보보안산업기사
전자・통신		– 정보통신기술사 – 전자계산기기술사	– 무선설비・전파통신・전파전자・정보통신・전자・전자계산기기사 – 통신설비기능장	– 무선설비・전파통신・전파전자・정보통신・통신선로・전자・전자계산기산업기사
국 어		– 한국실용글쓰기검정 750점 이상 – KBS한국어능력시험 770점 이상 – 국어능력인증시험 162점 이상	– 한국실용글쓰기검정 630점 이상 – KBS한국어능력시험 670점 이상 – 국어능력인증시험 147점 이상	– 한국실용글쓰기검정 550점 이상 – KBS한국어능력시험 570점 이상 – 국어능력인증시험 130점 이상
외국어	영 어	– TOEIC 900 이상 – TEPS 850 이상 (New TEPS 488 이상) – IBT 102 이상 – PBT 608 이상 – TOSEL(advanced) 880 이상 – FLEX 790 이상 – PELT(main) 446 이상 – G-TELP Level 2 89 이상	– TOEIC 800 이상 – TEPS 720 이상 (New TEPS 399 이상) – IBT 88 이상 – PBT 570 이상 – TOSEL(advanced) 780 이상 – FLEX 714 이상 – PELT(main) 304 이상 – G-TELP Level 2 75 이상	– TOEIC 600 이상 – TEPS 500 이상 (New TEPS 268 이상) – IBT 57 이상 – PBT 489 이상 – TOSEL(advanced) 580이상 – FLEX 480 이상 – PELT(main) 242 이상 – G-TELP Level 2 48 이상
	일 어	– JLPT 1급(N1) – JPT 850 이상	– JLPT 2급(N2) – JPT 650 이상	– JLPT 3급(N3, N4) – JPT 550 이상
	중국어	– HSK 9급이상(新 HSK 6급)	– HSK 8급(新 HSK 5급-210점 이상)	– HSK 7급(新 HSK 4급-195점 이상)
노 동		– 공인노무사		
무 도			– 무도 4단 이상	– 무도 2・3단
부동산		– 감정평가사		– 공인중개사
교 육		– 청소년상담사 1급	– 정교사 2급 이상 – 청소년지도사 1급 – 청소년상담사 2급	– 청소년지도사 2・3급 – 청소년상담사 3급
재난・안전관리		– 건설안전・전기안전・소방・가스기술사	– 건설안전・산업안전・소방설비・가스・원자력기사 – 위험물기능장 – 핵연료물질취급감독자면허	– 산업안전・건설안전・소방설비・가스・위험물산업기사 – 1종 대형면허

		− 방사선취급감독자면허 − 경비지도사	− 특수면허(트레일러,레커) − 조종면허(기중기,불도우저) − 응급구조사 − 핵연료물질취급자면허 − 방사성동위원소취급자면허
화 약	− 화약류관리기술사	− 화약류제조기사 − 화약류관리기사	− 화약류제조산업기사 − 화약류관리산업기사
교 통	− 교통기술사 − 도시계획기술사	− 교통기사 − 도시계획기사 − 교통사고분석사 − 도로교통사고감정사	− 교통산업기사
토 목	− 토목시공기술사 − 토목구조기술사 − 토목품질시험기술사	− 토목기사	− 토목산업기사
법 무	− 변호사	− 법무사	
세무회계	− 공인회계사	− 세무사 − 관세사	− 전산세무 1·2급 − 전산회계 1급
의 료	− 의사 − 상담심리사 1급	− 약사 − 정신보건임상심리사 1급 − 임상심리사 1급 − 상담심리사 2급	− 임상병리사, 물리치료사, 방사선사, 간호사, 의무기록사, 치과기공사 − 정신보건임상심리사 2급 − 임상심리사 2급 − 작업치료사
특 허	− 변리사		
건 축	− 건축구조·건축기계설비·건축시공·건축품질시험 기술사	− 건축, 건축설비기사	− 건축·건축설비·건축일반시공산업기사
전 기	− 건축전기설비·전기응용 기술사	− 전기·전기공사기사	− 전기·전기기기·전기공사산업기사
식품위생	− 식품기술사	− 식품기사	− 식품산업기사
환 경	− 폐기물처리기술사 − 화공기술사 − 수질관리기술사 − 농화학기술사 − 대기관리기술사	− 폐기물처리기사 − 화공기사 − 수질환경기사 − 농화학기사 − 대기환경기사	− 폐기물처리산업기사 − 화공산업기사 − 수질환경산업기사 − 대기환경산업기사

> **참고** 가산점 인정 무도단체 현황(77개)

● 대한체육회 가맹단체(12)

대한태권도협회(국기원)	대한유도회	대한검도회
대한가라테연맹	대한택견회	대한우슈협회
대한복싱협회	대한민국합기도총협회	대한킥복싱협회
대한주짓수회	대한씨름협회	대한레슬링협회

※ 「대한크라쉬연맹」은 '24. 1. 1. 대한체육회 가맹단체 자격 상실되었으므로 '23. 12. 31.까지 취득한 자격증만 인정

● 중앙본부 포함 8개 이상 광역 지방자치단체에 지부를 등록하고 3년 이상 활동 중인 단체(법인) 요건을 충족한 단체(64)

대한기도회	재남무술원	대한국술합기도협회
대한합기도협회	한국정통합기도협회	한민족합기도무술협회
세계합기도협회	대한신무합기도협회	대한민국합기도중앙협회
대한합기도총연맹	KOREA합기도중앙협회	대한국예원합기도협회
대한합기도연맹	대한합기도연합회	대한용무도협회
국제연맹합기도중앙협회	국제특공무술연합회	세계합기도무도연맹
대한종합무술격투기협회	국제당수도연맹	신대한기도회합기도무술협회
대한합기도유술협회	대한해동검도협회	세계태권무도연맹
대한특공무술협회	세계경찰무도연맹	대한호국특공무술연맹
한국해동검도연합회	대한특공무술연맹	대한검도연합회
한국해동검도협회	대한무에타이협회	K3세계국무도총연맹
세계합기도연맹	대한민국합기도협회	대한민국무무관합기도협회
한국경호무술협회	국술원	한국무예진흥원
한국특공무술협회	대한특수경호무술협회	대한민국해동검도협회
세계용무도연맹	대한민국합기도회	대한생활체육복싱협회
ITF태권도협회	특전사 특공무술	대한합기도총협회
대한프로태권도협회	한국킥복싱협회	대한특전무술협회
대한종합격투기연맹	천무극협회	대한삼보연맹
경찰무도교육원	대한민국특공무술중앙협회	대한삼단봉협회
대한프로복싱협회	세계프로킥복싱무에타이총연맹	대한경찰경호무도연맹
대한민국경찰무도연맹	대한이종격투기연맹	대한특공무술총연합회
대한크라브마가협회		

● 무예 분야 국가무형문화재 보유단체(1)

택견보존회

경찰학 시험 분석표

경찰행정법(경찰행정법의 기초, 경찰조직법, 경찰작용법, 경찰구제법 등) 35% 내외,
경찰학의 기초이론 30% 내외, 경찰행정학 15% 내외, 분야별 경찰활동 15% 내외,
한국경찰의 역사와 비교경찰 5% 내외

구 분	장/절	구체적 파트	문 제
경찰학 기초이론	경찰의 개념	경찰 개념 및 변천과정	12문제 내외
		경찰의 개념 구분	
	경찰의 임무와 수단	경찰의 임무	
		경찰의 사무	
		경찰의 수단	
		경찰활동의 기초	
		경찰의 관할	
	경찰의 기본이념 및 윤리	경찰의 기본 이념	
		경찰 윤리	
	범죄의 원인과 대책	범죄의 개념과 범죄학 이론	
		범죄원인론 및 대책론	
	경찰 홍보	경찰 홍보 의미와 유형	
		경찰과 언론	
	경찰 통제	경찰통제의 의의	
		경찰통제 유형과 절차	
		감찰, 사무감사 통제	
		인권보호와 경찰통제	
경찰 행정학	경찰조직관리	조직관리 의의	6문제 내외
		경찰조직 편성원리	
	경찰 인사관리	경찰인사 발달	
		경찰 사기관리	
	경찰 예산관리	예산의 종류와 분류	
		예산의 편성과정	
경찰 행정법	경찰행정법	경찰행정 의의와 법치주의	12문제 내외
		경찰행정의 법원	
		경찰행정법 관계	
	경찰 조직법	경찰조직법 일반론	
		보통경찰 및 특별경찰 기관	
		경찰행정청의 권한 및 관계	

	경찰공무원법	경찰공무원 일반론	
		경찰공무원 제도	
	경찰 작용법	경찰작용의 근거와 한계	
		경찰책임	
		경찰상 행정입법 및 행정행위	
		경찰관직무집행법	
	경찰상 의무이행 확보 수단	경찰상 행정강제	
		행정벌	
	경찰구제법	행정소송 및 행정심판	
		행정상 손실보상과 손해배상	
분야별 경찰활동	지역경찰 및 생활안전 경찰활동	지역경찰활동	8문제 내외
		생활안전 경찰활동	
		여성 및 청소년 보호	
	수사 경찰 활동	수사의 의의와 과정	
		현장 수사 활동	
		과학수사	
		수사행정	
		범죄유형별 수사활동	
	교통 경찰 활동	보행자 및 차마의 통행방법	
		교통 규제	
		교통지도 단속	
		운전면허 및 행정처분	
		교통사고 및 판례	
	경비 경찰 활동	경비경찰 개념, 근거, 한계	
		경비경찰의 조직 및 수단	
		경찰경찰 활동	
	정보 경찰 활동	경찰 정보활동의 이해	
		경찰 정보활동의 실제	
	보안 경찰 활동	보안경찰 개념 및 방첩활동	
		보안경찰 활동 관련 법령	
	외사 경찰 활동	외사경찰 활동	
		외국인 관련 법령	
		국제협력 및 경찰공조	

한국경찰 역사 및 인물	한국경찰의 역사	갑오경장 이전의 경찰	1문제 내외
		일제강점기 경찰	
		미군정 시기 경찰	
		1990년대 경찰	
		경찰법 제정 이후 경찰	
		자랑스러운 경찰 표상	
비교경찰론		외국의 경찰제도 및 기관	1문제 내외
		대륙법계 국가의 경찰(영국/미국 등)	
		영미법계 국가의 경찰(독일/프랑스 등)	

객관식 경찰학

경찰공무원(순경) 공채

경찰학개론 기출문제

경찰공무원(순경) 공채

01 다음 중 경찰의 권한과 책임의 소재에 따라 구분한 것으로 가장 적절한 것은?

① 국가경찰과 자치경찰

② 예방경찰과 진압경찰

③ 보안경찰과 협의의 행정경찰

④ 질서경찰과 봉사경찰

해설 – 경찰의 권한과 책임의 소재에 따라 국가경찰과 자치경찰을 구분하기도 한다.

경찰의 조직의 구성·운영·관리에 관한 권한·책임·의무가 **국가**에 귀속되는 경우 = 국가경찰

지방자치단체에 귀속되는 경우 = 자치경찰

– 국가 경찰제도는 경찰총수를 중심으로 일사분란한 지휘체계를 확립하는데 유리하고,

자치경찰은 지역특성에 적합한 치안서비스를 제공하기 유리한 특성을 지닌다.

구분	국가경찰제도	자치경찰제도
장점	– 국가권력을 바탕으로 강력한 기능을 발휘 가능 – 조직의 통일적 운영과 경찰활동의 능률성 기동성을 발휘 할 수 있다. – 타 행정부문과 긴밀한 협조, 조정이 원활하다. – 전국적인 통계자료의 정확성을 기할 수 있다.	– 각 지방의 특성에 적합한 경찰행정이 가능 – 인권보장과 민주성이 보장되어 주민들의 지지를 받기 쉽다. – 지방별로 독립된 조직이므로 조직 운영의 개혁이 용이하다.
단점	– 정부의 특정정책 수행에 이용되어 본연의 임무를 벗어날 우려가 있다. – 관료화되어 주민과 멀어지고 국민을 위한 봉사가 저해될 수 있다. – 각 지방의 특수성 창의성이 저해되기 쉽다.	– 전국적 광역적 활동에 부적합하다. – 타 경찰기관과의 협조 응원체제가 곤란하다. – 전국적인 기동성이 약하다. – 조직체계가 무질서 해지기 쉽다. – 지방세력이 간섭하여 정실에 흐르기 쉽다. – 통계자료에 정확을 기하기 힘들다.

참고 • 정실주의

공직임용은 개인의 능력 또는 일정한 자격을 기준으로 하는 것이 원칙이지만 인사권자가 개인적 친분관계(정치성·혈연·지연·개인적 친분)를 임용기준으로 하는 인사 제도 또는 관행

• 할거주의

한 조직 내에서 출신 지역이나 학교, 개인적인 친분 등을 기반으로 파벌을 조성하는 것으로 그 구성원들이 다른 파벌의 집단과 대립하여 세력을 확대하거나 지배권의 확립 및 명예·지위·권익의 획득을 추구하는 행동양식 내지 의식상태를 말한다.

정답 1. ①

02 「국가경찰과 자치경찰의 조직 및 운영에 관한 법률」상 시 · 도경찰청 및 경찰서에 관한 설명으로 가장 적절하지 않은 것은? (기출 수정)

① 「경찰공무원법」 제7조에도 불구하고 시 · 도경찰청장은 경찰청장이 시 · 도자치경찰위원회와 협의하여 추천한 사람 중에서 행정안전부장관의 제청으로 국무총리를 거쳐 대통령이 임용한다.

② 시 · 도경찰청장은 국가경찰사무에 대해서는 경찰청장의 지휘 · 감독을, 자치경찰사무에 대해서는 시 · 도자치경찰위원회의 지휘 · 감독을 받아 관할구역의 소관 사무를 관장하고 소속 공무원 및 소속 경찰기관의 장을 지휘 · 감독한다. 다만, 수사에 관한 사무에 대해서는 국가수사본부장의 지휘 · 감독을 받아 관할구역의 소관 사무를 관장하고 소속 공무원 및 소속 경찰기관의 장을 지휘 · 감독한다.

③ 시 · 도경찰청장 소속으로 지구대 또는 파출소를 두고, 그 설치기준은 치안수요 · 교통 · 지리 등 관할구역의 특성을 고려하여 행정안전부령으로 정한다. 다만, 필요한 경우에는 출장소를 둘 수 있다.

④ 경찰서장은 시 · 도경찰청장의 지휘 · 감독을 받아 관할구역의 소관 사무를 관장하고 소속 공무원을 지휘 · 감독한다.

해설

제28조(시 · 도경찰청장) ① 시 · 도경찰청에 시 · 도경찰청장을 두며, 시 · 도경찰청장은 치안정감 · 치안감 (治安監) 또는 경무관(警務官)으로 보한다.

② 「경찰공무원법」 제7조에도 불구하고 시 · 도경찰청장은 경찰청장이 시 · 도자치경찰위원회와 협의하여 추천한 사람 중에서 행정안전부장관의 제청으로 국무총리를 거쳐 대통령이 임용한다.

③ 시 · 도경찰청장은 국가경찰사무에 대해서는 경찰청장의 지휘 · 감독을, 자치경찰사무에 대해서는 시 · 도자치경찰위원회의 지휘 · 감독을 받아 관할구역의 소관 사무를 관장하고 소속 공무원 및 소속 경찰기관의 장을 지휘 · 감독한다. 다만, 수사에 관한 사무에 대해서는 국가수사본부장의 지휘 · 감독을 받아 관할구역의 소관 사무를 관장하고 소속 공무원 및 소속 경찰기관의 장을 지휘 · 감독한다.

④ 제3항 본문의 경우 시 · 도자치경찰위원회는 자치경찰사무에 대해 심의 · 의결을 통하여 시 · 도경찰청장을 지휘 · 감독한다. 다만, 시 · 도자치경찰위원회가 심의 · 의결할 시간적 여유가 없거나 심의 · 의결이 곤란한 경우 대통령령으로 정하는 바에 따라 시 · 도자치경찰위원회의 지휘 · 감독권을 시 · 도경찰청장에게 위임한 것으로 본다.

제29조(시 · 도경찰청 차장) ① 시 · 도경찰청에 차장을 둘 수 있다.

② 차장은 시 · 도경찰청장을 보좌하여 소관 사무를 처리하고 시 · 도경찰청장이 부득이한 사유로 직무를 수행할 수 없을 때에는 그 직무를 대행한다.

제30조(경찰서장) ① 경찰서에 경찰서장을 두며, 경찰서장은 경무관, 총경(總警) 또는 경정(警正)으로 보한다.

② 경찰서장은 시 · 도경찰청장의 지휘 · 감독을 받아 관할구역의 소관 사무를 관장하고 소속 공무원을 지휘 · 감독한다.

③ **경찰서장** 소속으로 지구대 또는 파출소를 두고, 그 설치기준은 치안수요 · 교통 · 지리 등 관할구역의 특성을 고려하여 행정안전부령으로 정한다. 다만, 필요한 경우에는 출장소를 둘 수 있다.

④ 시 · 도자치경찰위원회는 정기적으로 경찰서장의 자치경찰사무 수행에 관한 평가결과를 경찰청장에게 통보하여야 하며 경찰청장은 이를 반영하여야 한다.

제31조(직제) 시 · 도경찰청 및 경찰서의 명칭, 위치, 관할구역, 하부조직, 공무원의 정원, 그 밖에 필요한 사항은 「정부조직법」 제2조제4항 및 제5항을 준용하여 대통령령 또는 행정안전부령으로 정한다.

03 다음의 내용이 설명하는 경찰의 부정부패이론으로 가장 적절한 것은?

> 부정부패의 원인은 자질이 없는 경찰관들이 모집단계에서 배제되지 못하고 조직 내에 유입됨으로써 전체경찰이 부패할 가능성이 있다고 보면서, 부정부패의 원인을 조직의 체계보다는 개인적 결함으로 보고 있다.

① 전체사회 가설   ② 구조원인 가설
③ 썩은 사과 가설   ④ 미끄러지기 쉬운 경사로 이론

해설

썩은사과가설	경찰관을 모집할 때 자질이 없는 경찰관(잠재적 부패 경찰관)들을 모집단계에서 걸러내지 못한 경우 그로 인해 정의로운 경찰관들까지도 부패하게 된다는 가설〈개인적 성격이 부패한 사람, 부도덕한 인격의 소유자 등을 의미하며, 경찰관 모집단계에서 자질이 없거나 적합하지 않는 사람을 경찰조직으로 유입되지 않도록 차단하는 것이 얼마나 중요한지 강조하는 것〉
구조원인가설	니더호퍼, 로벅, 바커 등이 주창한 가설로서, 신임경찰관들이 교육훈련을 통해 국가에 충성하고 정의사회를 구현하겠다는 다짐과 열정이 일선경찰기관에 배치된 후 그들의 선배나 동료들에 의해 만들어진 부패된 전통과 조직문화 속에서 사회화됨으로써 부패의 길로 들어선다는 가설이다.
전체사회가설	미국의 경찰학자 '윌슨'에 의해 등장한 것으로, 우리의 전체 사회가 경찰관의 부패를 만의 하나라도 묵인 또는 용인하게 되면, 경찰관은 자기도 모르게 부패행위에 빠져들게 된다는 가설이다.
미끄러지기 쉬운 경사로이론	셔먼이 주장한 이론으로 부패에 해당하지 않는 작은 호의가 습관화 될 경우, 미끄러운 경사로를 타고 내려오듯이 점점 더 큰 부패와 범죄로 빠진다는 가설이다.

04 「경찰공무원법」상 경찰공무원의 임용결격사유에 관한 설명으로 옳은 것은 모두 몇 개인가?

> ㉠ 피성년후견인 또는 피한정후견인
> ㉡ 파산선고를 받고 복권되지 아니한 사람
> ㉢ 자격정지 이상의 형을 선고받은 사람
> ㉣ 자격정지 이상의 형의 선고유예를 선고받고 그 유예기간 중에 있는 사람
> ㉤ 징계에 의하여 파면 또는 해임처분을 받은 사람

① 2개　　　　② 3개　　　　③ 4개　　　　④ 5개

해설

제7조(임용자격 및 결격사유)　① 경찰공무원은 신체 및 사상이 건전하고 품행이 방정(方正)한 사람 중에서 임용한다.
　② 다음 각 호의 어느 하나에 해당하는 사람은 경찰공무원으로 임용될 수 없다.
　　1. 대한민국 국적을 가지지 아니한 사람
　　2. 「국적법」 제11조의2 제1항에 따른 복수국적자
　　3. 피성년후견인 또는 피한정후견인
　　4. 파산선고를 받고 복권되지 아니한 사람
　　5. 자격정지 이상의 형(刑)을 선고받은 사람
　　6. 자격정지 이상의 형의 선고유예를 선고받고 그 유예기간 중에 있는 사람
　　7. 징계에 의하여 파면 또는 해임처분을 받은 사람

참고

> **형법 제43조(형의 선고와 자격상실, 자격정지)**
> ① 사형, 무기징역 또는 무기금고의 판결을 받은 자는 다음에 기재한 자격을 상실한다.
> 　1. 공무원이 되는 자격
> 　2. 공법상의 선거권과 피선거권
> 　3. 법률로 요건을 정한 공법상의 업무에 관한 자격
> 　4. 법인의 이사, 감사 또는 지배인 기타 법인의 업무에 관한 검사역이나 재산관리인이 되는 자격
> ② 유기징역 또는 유기금고의 판결을 받은 자는 그 형의 집행이 종료하거나 면제될 때까지 전항 제1호 내지 제3호에 기재된 자격이 정지된다. 다만, 다른 법률에 특별한 규정이 있는 경우에는 그 법률에 따른다.

05 「경찰공무원법」상 징계에 관한 설명으로 가장 적절하지 **않은** 것은? (기출 수정)

① 경무관 이상의 경찰공무원에 대한 징계의결은 「국가공무원법」에 따라 보통징계위원회에서 한다.

② 총경 이하의 경찰공무원에 대한 징계의결을 하기 위하여 대통령령으로 정하는 경찰기관 및 해양경찰관서에 경찰공무원 징계위원회를 둔다.

③ 찰공무원의 징계는 징계위원회의 의결을 거쳐 징계위원회가 설치된 소속 기관의 장이 하되, 「국가공무원법」에 따라 국무총리 소속으로 설치된 징계위원회에서 의결한 징계는 경찰청장 또는 해양경찰청장이 한다. 다만, 파면·해임·강등 및 정직은 징계위원회의 의결을 거쳐 해당 경찰공무원의 임용권자가 하되, 경무관 이상의 강등 및 정직과 경정 이상의 파면 및 해임은 경찰청장 또는 해양경찰청장의 제청으로 행정안전부장관 또는 해양수산부장관과 국무총리를 거쳐 대통령이 하고, 총경 및 경정의 강등 및 정직은 경찰청장 또는 해양경찰청장이 한다.

④ 징계처분, 휴직처분, 면직처분, 그 밖에 의사에 반하는 불리한 처분에 대한 행정소송은 경찰청장 또는 해양경찰청장을 피고로 한다.

해설

제32조(징계위원회) ① 경무관 이상의 경찰공무원에 대한 징계의결은 「국가공무원법」에 따라 **국무총리** 소속으로 설치된 징계위원회에서 한다.

② 총경 이하의 경찰공무원에 대한 징계의결을 하기 위하여 대통령령으로 정하는 경찰기관 및 해양경찰관서에 경찰공무원 징계위원회를 둔다.

③ 경찰공무원 징계위원회의 구성·관할·운영, 징계의결의 요구 절차, 그 밖에 필요한 사항은 대통령령으로 정한다.

제33조(징계의 절차) 경찰공무원의 징계는 징계위원회의 의결을 거쳐 징계위원회가 설치된 소속 기관의 장이 하되, 「국가공무원법」에 따라 국무총리 소속으로 설치된 징계위원회에서 의결한 징계는 경찰청장 또는 해양경찰청장이 한다. 다만, 파면·해임·강등 및 정직은 징계위원회의 의결을 거쳐 해당 경찰공무원의 임용권자가 하되, 경무관 이상의 강등 및 정직과 경정 이상의 파면 및 해임은 경찰청장 또는 해양경찰청장의 제청으로 행정안전부장관 또는 해양수산부장관과 국무총리를 거쳐 대통령이 하고, 총경 및 경정의 강등 및 정직은 경찰청장 또는 해양경찰청장이 한다.

제34조(행정소송의 피고) 징계처분, 휴직처분, 면직처분, 그 밖에 의사에 반하는 불리한 처분에 대한 행정소송은 경찰청장 또는 해양경찰청장을 피고로 한다. 다만, 제7조제3항 및 제4항에 따라 임용권을 위임한 경우에는 그 위임을 받은 자를 피고로 한다.

정답 4. ④ 5. ①

06 「국가공무원법」상 공무원의 복무에 관한 다음 설명 중 가장 적절하지 <u>않은</u> 것은?

① 공무원은 노동운동이나 그 밖에 공무 외의 일을 위한 집단 행위를 하여서는 아니 된다. 또한, 사실상 노무에 종사하는 공무원도 포함한다.
② 공무원이 외국 정부로부터 영예나 증여를 받을 경우에는 대통령의 허가를 받아야 한다.
③ 공무원은 공무 외에 영리를 목적으로 하는 업무에 종사하지 못하며 소속 기관장의 허가 없이 다른 직무를 겸할 수 없다.
④ 공무원은 정당이나 그 밖의 정치단체의 결성에 관여하거나 이에 가입할 수 없다.

[해설]

제55조(선서) 공무원은 취임할 때에 소속 기관장 앞에서 대통령령등으로 정하는 바에 따라 선서(宣誓)하여야 한다. 다만, 불가피한 사유가 있으면 취임 후에 선서하게 할 수 있다.

제56조(성실 의무) 모든 공무원은 법령을 준수하며 성실히 직무를 수행하여야 한다.

제57조(복종의 의무) 공무원은 직무를 수행할 때 소속 상관의 직무상 명령에 복종하여야 한다.

제58조(직장 이탈 금지) ① 공무원은 소속 상관의 허가 또는 정당한 사유가 없으면 직장을 이탈하지 못한다.
② 수사기관이 공무원을 구속하려면 그 소속 기관의 장에게 미리 통보하여야 한다. 다만, 현행범은 그러하지 아니하다.

제59조(친절·공정의 의무) 공무원은 국민 전체의 봉사자로서 친절하고 공정하게 직무를 수행하여야 한다.

제59조의2(종교중립의 의무) ① 공무원은 종교에 따른 차별 없이 직무를 수행하여야 한다.
② 공무원은 소속 상관이 제1항에 위배되는 직무상 명령을 한 경우에는 이에 따르지 아니할 수 있다.

제60조(비밀 엄수의 의무) 공무원은 재직 중은 물론 퇴직 후에도 직무상 알게 된 비밀을 엄수(嚴守)하여야 한다.

제61조(청렴의 의무) ① 공무원은 직무와 관련하여 직접적이든 간접적이든 사례·증여 또는 향응을 주거나 받을 수 없다.
② 공무원은 직무상의 관계가 있든 없든 그 소속 상관에게 증여하거나 소속 공무원으로부터 증여를 받아서는 아니 된다.

제62조(외국 정부의 영예 등을 받을 경우) 공무원이 외국 정부로부터 영예나 증여를 받을 경우에는 대통령의 허가를 받아야 한다.

제63조(품위 유지의 의무) 공무원은 직무의 내외를 불문하고 그 품위가 손상되는 행위를 하여서는 아니 된다.

제64조(영리 업무 및 겸직 금지) ① 공무원은 공무 외에 영리를 목적으로 하는 업무에 종사하지 못하며 소속 기관장의 허가 없이 다른 직무를 겸할 수 없다.
② 제1항에 따른 영리를 목적으로 하는 업무의 한계는 대통령령등으로 정한다.

제65조(정치 운동의 금지) ① 공무원은 정당이나 그 밖의 정치단체의 결성에 관여하거나 이에 가입할 수 없다.
② 공무원은 선거에서 특정 정당 또는 특정인을 지지 또는 반대하기 위한 다음의 행위를 하여서는 아니 된다.
　　1. 투표를 하거나 하지 아니하도록 권유 운동을 하는 것
　　2. 서명 운동을 기도(企圖)·주재(主宰)하거나 권유하는 것
　　3. 문서나 도서를 공공시설 등에 게시하거나 게시하게 하는 것
　　4. 기부금을 모집 또는 모집하게 하거나, 공공자금을 이용 또는 이용하게 하는 것
　　5. 타인에게 정당이나 그 밖의 정치단체에 가입하게 하거나 가입하지 아니하도록 권유 운동을 하는 것

제66조(집단 행위의 금지) ① 공무원은 노동운동이나 그 밖에 공무 외의 일을 위한 집단 행위를 하여서는 아니 된다. 다만, 사실상 노무에 종사하는 공무원은 **예외로 한다.**

07 「경찰관 직무집행법」상 경찰장비에 관한 다음 설명 중 가장 적절하지 <u>않은</u> 것은?

① 경찰관은 직무수행 중 경찰장비를 사용할 수 있다. 다만, 사람의 생명이나 신체에 위해를 끼칠 수 있는 경찰장비(이하 "위해성 경찰장비"라 한다)를 사용할 때에는 필요한 안전교육과 안전검사를 받은 후 사용하여야 한다.

② 경찰청장은 위해성 경찰장비를 새로 도입하려는 경우에는 대통령령으로 정하는 바에 따라 안전성 검사를 실시하여 그 안전성 검사의 결과보고서를 국회 소관 상임위원회에 제출하여야 한다. 이 경우 안전성 검사에는 외부 전문가를 참여시킬 수 있다.

③ 경찰관이 휴대하여 범인 검거와 범죄 진압 등의 직무 수행에 사용하는 수갑, 포승, 경찰봉, 방패는 "경찰장구"에 해당한다.

④ 경찰관은 현행범이나 사형·무기 또는 장기 3년 이상의 징역이나 금고에 해당하는 죄를 범한 범인의 체포 또는 도주 방지를 위한 직무를 수행하기 위해서 필요하다고 인정되는 상당한 이유가 있을 때에는 그 사태를 합리적으로 판단하여 필요한 한도에서 경찰장구를 사용할 수 있다.

해설

제10조(경찰장비의 사용 등) ① 경찰관은 직무수행 중 경찰장비를 사용할 수 있다. 다만, 사람의 생명이나 신체에 위해를 끼칠 수 있는 경찰장비(위해성 경찰장비)를 사용할 때에는 필요한 안전교육과 안전검사를 받은 후 사용하여야 한다.

② "경찰장비"란 무기, 경찰장구, 최루제와 그 발사장치, 살수차, 감식기구, 해안 감시기구, 통신기기, 차량·선박·항공기 등 경찰이 직무를 수행할 때 필요한 장치와 기구를 말한다.

③ 경찰관은 경찰장비를 함부로 개조하거나 경찰장비에 임의의 장비를 부착하여 일반적인 사용법과 달리 사용함으로써 다른 사람의 생명·신체에 위해를 끼쳐서는 아니 된다.

④ 위해성 경찰장비는 필요한 최소한도에서 사용하여야 한다.

⑤ 경찰청장은 위해성 경찰장비를 새로 도입하려는 경우에는 대통령령으로 정하는 바에 따라 안전성 검사를 실시하여 그 안전성 검사의 결과보고서를 국회 소관 상임위원회에 제출하여야 한다. 이 경우 안전성 검사에는 외부 전문가를 참여시켜야 한다.

⑥ 위해성 경찰장비의 종류 및 그 사용기준, 안전교육·안전검사의 기준 등은 대통령령으로 정한다.

제10조의2(경찰장구의 사용) ① 경찰관은 다음 각 호의 직무를 수행하기 위하여 필요하다고 인정되는 상당한 이유가 있을 때에는 그 사태를 합리적으로 판단하여 필요한 한도에서 경찰장구를 사용할 수 있다.

1. 현행범이나 사형·무기 또는 장기 3년 이상의 징역이나 금고에 해당하는 죄를 범한 범인의 체포 또는 도주 방지
2. 자신이나 다른 사람의 생명·신체의 방어 및 보호
3. 공무집행에 대한 항거 제지

② "경찰장구"란 경찰관이 휴대하여 범인 검거와 범죄 진압 등의 직무 수행에 사용하는 수갑, 포승, 경찰봉, 방패 등을 말한다.

08 「위해성 경찰장비의 사용기준 등에 관한 규정」에 대한 설명으로 가장 적절하지 <u>않은</u> 것은?

① 경찰관은 불법집회·시위로 인하여 발생할 수 있는 타인 또는 경찰관의 생명·신체의 위해와 재산·공공시설의 위험을 방지하기 위하여 필요한 때에는 최소한의 범위안에서 경찰봉 또는 호신용경봉을 사용할 수 있다.

② 경찰관은 14세 이하의 자 또는 임산부에 대하여 전자충격기 또는 전자방패를 사용하여서는 아니된다.

③ 경찰관은 전극침 발사장치가 있는 전자충격기를 사용하는 경우 상대방의 얼굴을 향하여 전극침을 발사하여서는 아니된다.

④ 경찰관은 최루탄발사기로 최루탄을 발사하는 경우 30도 이상의 발사각을 유지하여야 하고, 가스차·살수차 또는 특수진압차의 최루탄발사대로 최루탄을 발사하는 경우에는 15도 이상의 발사각을 유지하여야 한다.

[해설]

제2조(위해성 경찰장비의 종류) 「경찰관 직무집행법」에 따른 사람의 생명이나 신체에 위해를 끼칠 수 있는 경찰장비(위해성 경찰장비)의 종류는 다음 각 호와 같다.

   1. 경찰장구: 수갑·포승·호송용포승·경찰봉·호신용경봉·전자충격기·방패 및 전자방패

   2. 무기: 권총·소총·기관총(기관단총을 포함한다)·산탄총·유탄발사기·박격포·3인치포·함포·크레모아·수류탄·폭약류 및 도검

   3. 분사기·최루탄등: 근접분사기·가스분사기·**가스발사총**(고무탄 발사겸용을 포함한다) 및 최루탄

   4. 기타장비: 가스차·살수차·특수진압차·물포·석궁·다목적발사기 및 도주차량차단장비

제6조(불법집회등에서의 경찰봉·호신용경봉의 사용기준) 경찰관은 불법집회·시위로 인하여 발생할 수 있는 타인 또는 경찰관의 생명·신체의 위해와 재산·공공시설의 위험을 방지하기 위하여 필요한 때에는 최소한의 범위안에서 경찰봉 또는 호신용경봉을 사용할 수 있다.

제8조(전자충격기등의 사용제한) ① 경찰관은 **14세미만의** 자 또는 임산부에 대하여 전자충격기 또는 전자방패를 사용하여서는 아니된다.

  ② 경찰관은 전극침 발사장치가 있는 전자충격기를 사용하는 경우 상대방의 얼굴을 향하여 전극침을 발사하여서는 아니된다.

제12조(가스발사총등의 사용제한) ① 경찰관은 범인의 체포 또는 도주방지, 타인 또는 경찰관의 생명·신체에 대한 방호, 공무집행에 대한 항거의 억제를 위하여 필요한 때에는 최소한의 범위안에서 가스발사총을 사용할 수 있다. 이 경우 경찰관은 1미터이내의 거리에서 상대방의 얼굴을 향하여 이를 발사하여서는 아니된다.

  ② 경찰관은 최루탄발사기로 최루탄을 발사하는 경우 30도이상의 발사각을 유지하여야 하고, 가스차·살수차 또는 특수진압차의 최루탄발사대로 최루탄을 발사하는 경우에는 15도이상의 발사각을 유지하여야 한다.

/참고/ **국회법과 상임위원회**

국회법 제37조(상임위원회와 그 소관) ① 상임위원회의 종류와 소관 사항은 다음과 같다.

1. 국회운영위원회
    가. 국회 운영에 관한 사항
    나. 「국회법」과 국회규칙에 관한 사항
    다. 국회사무처 소관에 속하는 사항
    라. 국회도서관 소관에 속하는 사항
    마. 국회예산정책처 소관에 속하는 사항
    바. 국회입법조사처 소관에 속하는 사항
    사. 대통령비서실, 국가안보실, 대통령경호처 소관에 속하는 사항
    아. 국가인권위원회 소관에 속하는 사항

2. 법제사법위원회
    가. 법무부 소관에 속하는 사항
    나. 법제처 소관에 속하는 사항
    다. 감사원 소관에 속하는 사항
    라. 고위공직자범죄수사처 소관에 속하는 사항
    마. 헌법재판소 사무에 관한 사항
    바. 법원 · 군사법원의 사법행정에 관한 사항
    사. 탄핵소추에 관한 사항
    아. 법률안 · 국회규칙안의 체계 · 형식과 자구의 심사에 관한 사항

3. 정무위원회
    가. 국무조정실, 국무총리비서실 소관에 속하는 사항
    나. 국가보훈부 소관에 속하는 사항
    다. 공정거래위원회 소관에 속하는 사항
    라. 금융위원회 소관에 속하는 사항
    마. 국민권익위원회 소관에 속하는 사항

4. 기획재정위원회
    가. 기획재정부 소관에 속하는 사항
    나. 한국은행 소관에 속하는 사항

5. 교육위원회
    가. 교육부 소관에 속하는 사항
    나. 국가교육위원회 소관에 속하는 사항

6. 과학기술정보방송통신위원회
    가. 과학기술정보통신부 소관에 속하는 사항
    나. 방송통신위원회 소관에 속하는 사항
    다. 원자력안전위원회 소관에 속하는 사항

2016
제1차

정답 8. ②

7. 외교통일위원회
   가. 외교부 소관에 속하는 사항
   나. 통일부 소관에 속하는 사항
   다. 민주평화통일자문회의 사무에 관한 사항

8. 국방위원회
   국방부 소관에 속하는 사항

9. 행정안전위원회
   가. 행정안전부 소관에 속하는 사항
   나. 인사혁신처 소관에 속하는 사항
   다. 중앙선거관리위원회 사무에 관한 사항
   라. 지방자치단체에 관한 사항

10. 문화체육관광위원회
    문화체육관광부 소관에 속하는 사항

11. 농림축산식품해양수산위원회
    가. 농림축산식품부 소관에 속하는 사항
    나. 해양수산부 소관에 속하는 사항

12. 산업통상자원중소벤처기업위원회
    가. 산업통상자원부 소관에 속하는 사항
    나. 중소벤처기업부 소관에 속하는 사항

13. 보건복지위원회
    가. 보건복지부 소관에 속하는 사항
    나. 식품의약품안전처 소관에 속하는 사항

14. 환경노동위원회
    가. 환경부 소관에 속하는 사항
    나. 고용노동부 소관에 속하는 사항

15. 국토교통위원회
    국토교통부 소관에 속하는 사항

16. 정보위원회
    가. 국가정보원 소관에 속하는 사항
    나. 「국가정보원법」 제4조제1항제5호에 따른 정보 및 보안 업무의 기획·조정 대상 부처 소관의 정
        보 예산안과 결산 심사에 관한 사항

17. 여성가족위원회
    여성가족부 소관에 속하는 사항

② 의장은 어느 상임위원회에도 속하지 아니하는 사항은 국회운영위원회와 협의하여 소관 상임위원회를
  정한다.

09 「경비업법」상 경비업무의 종류에 대한 정의로 가장 적절하지 <u>않은</u> 것은?

① 특수경비업무 – 공항(항공기를 포함한다) 등 대통령령이 정하는 국가중요시설의 경비 및 도난·화재 그 밖의 위험발생을 방지하는 업무를 말한다.

② 기계경비업무 – 경비대상시설에 설치한 기기에 의하여 감지·송신된 정보를 그 경비대상시설내의 장소에 설치한 관제시설의 기기로 수신하여 도난·화재 등 위험 발생을 방지하는 업무를 말한다.

③ 시설경비업무 – 경비를 필요로 하는 시설 및 장소에서의 도난·화재 그 밖의 혼잡 등으로 인한 위험발생을 방지하는 업무를 말한다.

④ 신변보호업무 – 사람의 생명이나 신체에 대한 위해의 발생을 방지하고 그 신변을 보호하는 업무를 말한다.

해설

제2조(정의) 이 법에서 사용하는 용어의 정의는 다음과 같다.

　　1. "경비업"이라 함은 다음 각목에 해당하는 업무의 전부 또는 일부를 도급받아 행하는 영업을 말한다.

가. 시설경비업무	경비를 필요로 하는 시설 및 장소(경비대상시설)에서의 도난·화재 그 밖의 혼잡 등으로 인한 위험발생을 방지하는 업무
나. 호송경비업무	운반중에 있는 현금·유가증권·귀금속·상품 그 밖의 물건에 대하여 도난·화재 등 위험발생을 방지하는 업무
다. 신변보호업무	사람의 생명이나 신체에 대한 위해의 발생을 방지하고 그 신변을 보호하는 업무
라. 기계경비업무	경비대상시설에 설치한 기기에 의하여 감지·송신된 정보를 그 경비대상시설 외의 장소에 설치한 관제시설의 기기로 수신하여 도난·화재 등 위험발생을 방지하는 업무
마. 특수경비업무	공항(항공기를 포함한다) 등 대통령령이 정하는 국가중요시설(국가중요시설)의 경비 및 도난·화재 그 밖의 위험발생을 방지하는 업무

　　2. "경비지도사"라 함은 경비원을 지도·감독 및 교육하는 자를 말하며 일반경비지도사와 기계경비지도사로 구분한다.

　　3. "경비원"이라 함은 경비업의 허가를 받은 법인(경비업자)이 채용한 고용인으로서 다음 각목의 1에 해당하는 자를 말한다.

가. 일반경비원	시설·호송·신변·기계경비업무를 수행하는 자
나. 특수경비원	특수경비업무를 수행하는 자

　　4. "무기"라 함은 인명 또는 신체에 위해를 가할 수 있도록 제작된 권총·소총 등을 말한다.

정답 9. ②

10 「보안업무규정」상 비밀보호에 관한 설명으로 틀린 것은 모두 몇 개인가?

> ㉠ 각급기관의 장은 비밀의 분류 · 취급 · 유통 및 이관 등의 모든 과정에서 비밀이 누설되거나 유출되지 아니하도록 보안대책을 수립하여 시행하여야 한다.
> ㉡ 비밀은 해당 등급의 비밀취급 인가를 받은 사람만 취급할 수 있다.
> ㉢ 비밀은 적절히 보호할 수 있는 최고등급으로 분류하되, 과도하거나 과소하게 분류해서는 아니 된다.
> ㉣ 비밀은 그 자체의 내용과 가치의 정도에 따라 분류하여야 하며, 다른 비밀과 관련해서 분류해서는 아니 된다.
> ㉤ 경찰청장은 Ⅱ급 및 Ⅲ급비밀 취급 인가권자이다.

① 1개   ② 2개   ③ 3개   ④ 4개

해설 틀린 보기 ㉢

제4조(비밀의 구분) 비밀은 그 중요성과 가치의 정도에 따라 다음과 같이 구분한다.

Ⅰ급비밀	누설될 경우 대한민국과 외교관계가 단절되고 전쟁을 일으키며, 국가의 방위계획 · 정보활동 및 국가방위에 반드시 필요한 과학과 기술의 개발을 위태롭게 하는 등의 우려가 있는 비밀
Ⅱ급비밀	누설될 경우 국가안전보장에 막대한 지장을 끼칠 우려가 있는 비밀
Ⅲ급비밀	누설될 경우 국가안전보장에 해를 끼칠 우려가 있는 비밀

제5조(비밀의 보호와 관리 원칙) 각급기관의 장은 비밀의 분류 · 취급 · 유통 및 이관 등의 모든 과정에서 비밀이 누설되거나 유출되지 아니하도록 보안대책을 수립하여 시행하여야 한다.

제6조(비밀의 보호 등에 관한 국가정보원장의 역할) 국가정보원장은 비밀의 보호 및 관리와 관련하여 다음 각 호의 업무를 수행한다.
1. 비밀의 보호와 관련된 기본정책의 수립 및 제도의 개선
2. 비밀관리 기법의 연구 · 보급 및 표준화
3. 전자적 방법에 의한 비밀보호 기술개발 및 보급
4. 각급기관의 보안 업무가 제1호부터 제3호까지의 사항에 따라 적절하게 수행되는지 여부의 확인
5. 제1호부터 제3호까지의 사항에 대한 각급기관 소속 공무원 등의 교육

제8조(비밀의 취급) 비밀은 해당 등급의 비밀취급 인가를 받은 사람만 취급할 수 있다.

제9조(비밀취급 인가권자) ① Ⅰ급비밀 취급 인가권자와 Ⅰ · Ⅱ급비밀 소통용 암호자재 취급 인가권자는 다음 각 호와 같다.
1. 대통령
2. 국무총리
3. 감사원장
4. 국가인권위원회 위원장
5. 각 부 · 처의 장
6. 국무조정실장, 방송통신위원회 위원장, 공정거래위원회 위원장, 금융위원회 위원장, 국민권익위원회 위원장 및 원자력안전위원회 위원장
7. 대통령 비서실장
8. 국가안보실장

9. 대통령경호처장
10. 국가정보원장
11. 검찰총장
12. 합동참모의장, 각군 참모총장, 육군의 1·3군 사령관 및 2작전사령관
13. 국방부장관이 지정하는 각군 부대장
② Ⅱ급 및 Ⅲ급비밀 취급 인가권자와 Ⅲ급비밀 소통용 암호자재 취급 인가권자는 다음 각 호와 같다.
1. 제1항 각 호의 사람
2. 중앙행정기관인 청의 장
3. 지방자치단체의 장
4. 특별시·광역시·도 및 특별자치시·특별자치도의 교육감
5. 제1호부터 제4호까지의 사람이 지정한 기관의 장

제12조(분류원칙) ① 비밀은 적절히 보호할 수 있는 최저등급으로 분류하되, 과도하거나 과소하게 분류해서는 아니 된다.
② 비밀은 그 자체의 내용과 가치의 정도에 따라 분류하여야 하며, 다른 비밀과 관련하여 분류해서는 아니 된다.
③ 외국 정부나 국제기구로부터 접수한 비밀은 그 생산기관이 필요로 하는 정도로 보호할 수 있도록 분류하여야 한다.

참고 중앙행정기관이란?

국가의 행정사무를 담당하기 위하여 설치된 행정기관으로서 **그 관할권의 범위가 전국에 미치는 행정기관을 말한다.** 중앙행정기관은 원칙적으로 정부조직법에 의해 설치된 부·처·청만을 의미하지만 개별 법률에 의하여 설치가 가능하다. **설치와 직무범위는 법률로 정해지며,** 그 보조기관의 설치와 사무분장은 법률로 정한 것을 제외하고는 대통령령으로 정해진다(정부조직법 제2조 1항).

정부조직법 제2조(중앙행정기관의 설치와 조직 등) ① 중앙행정기관의 설치와 직무범위는 법률로 정한다.
② 중앙행정기관은 이 법에 따라 설치된 부·처·청과 다음 각 호의 행정기관으로 하되, 중앙행정기관은 이 법 및 다음 각 호의 법률에 따르지 아니하고는 설치할 수 없다. 〈개정 2024. 1. 26.〉
1. 「방송통신위원회의 설치 및 운영에 관한 법률」 제3조에 따른 방송통신위원회
2. 「독점규제 및 공정거래에 관한 법률」 제54조에 따른 공정거래위원회
3. 「부패방지 및 국민권익위원회의 설치와 운영에 관한 법률」 제11조에 따른 국민권익위원회
4. 「금융위원회의 설치 등에 관한 법률」 제3조에 따른 금융위원회
5. 「개인정보 보호법」 제7조에 따른 개인정보 보호위원회
6. 「원자력안전위원회의 설치 및 운영에 관한 법률」 제3조에 따른 원자력안전위원회
7. 「우주항공청의 설치 및 운영에 관한 특별법」 제6조에 따른 우주항공청
8. 「신행정수도 후속대책을 위한 연기·공주지역 행정중심복합도시 건설을 위한 특별법」 제38조에 따른 행정중심복합도시건설청
9. 「새만금사업 추진 및 지원에 관한 특별법」 제34조에 따른 새만금개발청
예) 정부조직법에 따른 중앙행정기관
〈행정자치부소속-경찰청; 기획재정부-국세청, 관세청, 조달청, 통계청; 법무부-검찰청〉

11 「공공기관의 정보공개에 관한 법률」상 불복절차에 관한 다음 설명 중 가장 적절하지 **않은** 것은?

① 공공기관은 이의신청을 받은 날부터 7일 이내에 그 이의신청에 대하여 결정하고 그 결과를 청구인에게 지체 없이 문서로 통지하여야 한다. 다만, 부득이한 사유로 정하여진 기간 이내에 결정할 수 없을 때에는 그 기간이 끝나는 날의 다음 날부터 기산하여 10일의 범위에서 연장할 수 있으며, 연장 사유를 청구인에게 통지하여야 한다.

② 청구인이 정보공개와 관련한 공공기관의 결정에 대하여 불복이 있거나 정보공개 청구 후 20일이 경과하도록 정보공개 결정이 없는 때에는 「행정심판법」에서 정하는 바에 따라 행정심판을 청구할 수 있다.

③ 청구인은 이의신청 절차를 거치지 아니하고 행정심판을 청구할 수 있다.

④ 청구인이 정보공개와 관련한 공공기관의 결정에 대하여 불복이 있거나 정보공개 청구 후 20일이 경과하도록 정보공개 결정이 없는 때에는 「행정소송법」에서 정하는 바에 따라 행정소송을 제기할 수 있다.

해설

제11조(정보공개 여부의 결정) ① 공공기관은 제10조에 따라 정보공개의 청구를 받으면 그 청구를 받은 날부터 10일 이내에 공개 여부를 결정하여야 한다.

② 공공기관은 부득이한 사유로 제1항에 따른 기간 이내에 공개 여부를 결정할 수 없을 때에는 그 기간이 끝나는 날의 다음 날부터 기산(起算)하여 10일의 범위에서 공개 여부 결정기간을 연장할 수 있다. 이 경우 공공기관은 연장된 사실과 연장 사유를 청구인에게 지체 없이 문서로 통지하여야 한다.

③ 공공기관은 공개 청구된 공개 대상 정보의 전부 또는 일부가 제3자와 관련이 있다고 인정할 때에는 그 사실을 제3자에게 지체 없이 통지하여야 하며, 필요한 경우에는 그의 의견을 들을 수 있다.

④ 공공기관은 다른 공공기관이 보유 · 관리하는 정보의 공개 청구를 받았을 때에는 지체 없이 이를 소관 기관으로 이송하여야 하며, 이송한 후에는 지체 없이 소관 기관 및 이송 사유 등을 분명히 밝혀 청구인에게 문서로 통지하여야 한다.

⑤ 공공기관은 정보공개 청구가 다음 각 호의 어느 하나에 해당하는 경우로서 「민원 처리에 관한 법률」에 따른 민원으로 처리할 수 있는 경우에는 민원으로 처리할 수 있다. 〈신설 2020. 12. 22.〉

 1. 공개 청구된 정보가 공공기관이 보유 · 관리하지 아니하는 정보인 경우
 2. 공개 청구의 내용이 진정 · 질의 등으로 이 법에 따른 정보공개 청구로 보기 어려운 경우

제18조(이의신청) ① 청구인이 정보공개와 관련한 공공기관의 비공개 결정 또는 부분 공개 결정에 대하여 불복이 있거나 정보공개 청구 후 20일이 경과하도록 정보공개 결정이 없는 때에는 공공기관으로부터 정보공개 여부의 결정 통지를 받은 날 또는 정보공개 청구 후 20일이 경과한 날부터 30일 이내에 해당 공공기관에 문서로 **이의신청**을 할 수 있다.

② 국가기관등은 제1항에 따른 이의신청이 있는 경우에는 심의회를 개최하여야 한다. 다만, 다음 각 호의 어느 하나에 해당하는 경우에는 심의회를 개최하지 아니할 수 있으며 개최하지 아니하는 사유를 청구인에게 문서로 통지하여야 한다. 〈개정 2020. 12. 22.〉

 1. 심의회의 심의를 이미 거친 사항
 2. 단순 · 반복적인 청구
 3. 법령에 따라 비밀로 규정된 정보에 대한 청구

③ 공공기관은 이의신청을 받은 날부터 7일 이내에 그 이의신청에 대하여 결정하고 그 결과를 청구인에게 지체 없이 문서로 통지하여야 한다. 다만, 부득이한 사유로 정하여진 기간 이내에 결정할 수 없을 때에는 그 기간이 끝나는 날의 다음 날부터 기산하여 7일의 범위에서 연장할 수 있으며, 연장 사유를 청구인에게 통지하여야 한다.

④ 공공기관은 이의신청을 각하(却下) 또는 기각(棄却)하는 결정을 한 경우에는 청구인에게 행정심판 또는 행정소송을 제기할 수 있다는 사실을 제3항에 따른 결과 통지와 함께 알려야 한다.

제19조(행정심판) ① 청구인이 정보공개와 관련한 공공기관의 결정에 대하여 불복이 있거나 정보공개 청구 후 **20일**이 경과하도록 정보공개 결정이 없는 때에는 「행정심판법」에서 정하는 바에 따라 **행정심판을 청구**할 수 있다. 이 경우 국가기관 및 지방자치단체 외의 공공기관의 결정에 대한 감독행정기관은 관계 중앙행정기관의 장 또는 지방자치단체의 장으로 한다.

② 청구인은 제18조에 따른 **이의신청 절차를 거치지 아니하고** 행정심판을 청구할 수 있다.

③ 행정심판위원회의 위원 중 정보공개 여부의 결정에 관한 행정심판에 관여하는 위원은 재직 중은 물론 퇴직 후에도 그 직무상 알게 된 비밀을 누설하여서는 아니 된다.

④ 제3항의 위원은 「형법」이나 그 밖의 법률에 따른 벌칙을 적용할 때에는 공무원으로 본다.

제20조(행정소송) ① 청구인이 정보공개와 관련한 공공기관의 결정에 대하여 불복이 있거나 정보공개 청구 후 **20일**이 경과하도록 정보공개 결정이 없는 때에는 「행정소송법」에서 정하는 바에 따라 **행정소송을 제기**할 수 있다.

② 재판장은 필요하다고 인정하면 당사자를 참여시키지 아니하고 제출된 공개 청구 정보를 비공개로 열람·심사할 수 있다.

12 「가정폭력범죄의 처벌 등에 관한 특례법」상 가정폭력 범죄에 해당하는 것은 모두 몇 개인가?

㉠ 살인   ㉡ 폭행
㉢ 중상해   ㉣ 영아유기
㉤ 특수공갈

---

① 1개   ② 2개   ③ 3개   ④ 4개

해설 맞는 보기 ㉡, ㉢, ㉣, ㉤

「가정폭력범죄 처벌등에 관한 특례법」(제2조 제3호 재구성)

1. 상해·폭행죄	2. 학대·유기죄	3. 체포·감금죄
4. 협박죄·아동혹사죄	5. 강간·추행죄	6. 명예훼손·모욕죄
7. 신체·주거 수색의 죄	8. 강요죄	9. 공갈죄
10. 재물손괴죄	11. 영아유기	12. 중상해
13. 특수공갈		

참고 가정폭력범죄에 해당하지 않는 것

주거침입죄, 퇴거불응죄, 업무방해죄, 공무집행방해죄, 횡령·배임죄, 인질강요죄, 살인죄, 강도죄, 절도죄, 사기죄, 유인 및 약취유인죄, 상해치사죄, 중손괴/특수손괴죄, 폭행치사상, 유기치사상, 체포감금치사상

13 범죄첩보는 수사첩보의 한 내용으로서 범죄수사상 참고가 될 만한 제반사항을 의미하는 것으로 수사의 단서가 될 수 있는 것은 물론 범죄로의 이행이 예상되는 사안이나 이미 발생한 범죄에 관한 사항 등이 모두 대상이 된다. 다음 중 범죄첩보의 특징을 설명한 것으로 가장 적절하지 <u>않은</u> 것은?

① 결과지향성 – 범죄첩보는 수사 후 현출되는 결과가 있어야 한다.
② 혼합성 – 범죄첩보는 그 속에 하나의 원인과 결과가 내포되어 있어야 한다.
③ 가치변화성 – 범죄첩보는 시간이 경과함에 따라 가치가 감소한다.
④ 결합성 – 범죄첩보는 여러 첩보가 서로 결합되어 이루어진다.

해설 ※ 범죄첩보의 특징

결과지향성	범죄첩보는 수사 후 **현출되는 결과**가 있어야 한다.
결합성	범죄첩보는 여러 첩보가 서로 **결합**되어 이루어진다. 기초첩보와 다른 기초첩보가 결합하여 구체적인 사전첩보가 된다.
혼합성	범죄첩보는 그 속에 하나의 **원인과 결과**를 내포하고 있다. 〈범죄첩보는 여러 첩보가 결합하여 이루어 진다: 틀린 표현〉
가치변화성	범죄첩보는 **수사기관의 필요성**에 따라 **가치가 달라지는 선별적인 가치**를 가지고 있다. 〈범죄첩보는 시간이 경과함에 따라 가치가 감소한다: 틀린 표현〉
시한성	범죄첩보는 그 수집시기 및 내사착수 시기가 중요하며 **시간이 경과함에 따라 가치가 감소**하게 된다.

14 「통합방위법」상 국가중요시설에 관한 다음 설명 중 가장 적절하지 <u>않은</u> 것은?

① 국가중요시설의 관리자(소유자를 포함한다.)는 경비·보안 및 방호책임을 지며, 통합 방위사태에 대비하여 자체방호계획을 수립하여야 한다. 이 경우 국가중요시설의 관리 자는 자체방호계획을 수립하기 위하여 필요하면 지방경찰청장 또는 지역군사령관에게 협조를 요청할 수 있다.

② 지방경찰청장 또는 지역군사령관은 통합방위사태에 대비하여 국가중요시설에 대한 방 호지원계획을 수립·시행하여야 한다.

③ 국가중요시설의 평시 경비·보안활동에 대한 지도·감독은 관계 행정기관의 장과 국 가정보원장이 수행한다.

④ 국가중요시설은 경찰청장이 관계 행정기관의 장 및 국가정보원장과 협의하여 지정한다.

해설

제21조(국가중요시설의 경비·보안 및 방호) ① 국가중요시설의 관리자(소유자를 포함한다. 이하 같다)는 경 비·보안 및 방호책임을 지며, 통합방위사태에 대비하여 자체방호계획을 수립하여야 한다. 이 경우 국가중 요시설의 관리자는 자체방호계획을 수립하기 위하여 필요하면 시·도경찰청장 또는 지역군사령관에게 협 조를 요청할 수 있다.

② 시·도경찰청장 또는 지역군사령관은 통합방위사태에 대비하여 국가중요시설에 대한 방호지원계획을 수립·시행하여야 한다.

③ 국가중요시설의 평시 경비·보안활동에 대한 지도·감독은 관계 행정기관의 장과 국가정보원장이 수행 한다.

④ 국가중요시설은 **국방부장관**이 관계 행정기관의 장 및 국가정보원장과 협의하여 지정한다.

⑤ 국가중요시설의 자체방호, 방호지원계획, 그 밖에 필요한 사항은 대통령령으로 정한다.

15 「도로교통법」상 주차금지 장소로 옳은 것은 모두 몇 개인가?

> ㉠ 다중이용업소의 영업장이 속한 건축물로 소방본부장의 요청에 의하여 지방경찰청장이
> 지정한 곳으로 부터 5미터 이내인 곳
> ㉡ 터널 안 및 다리 위
> ㉢ 지방경찰청장이 도로에서의 위험을 방지하고 교통의 안전과 원활한 소통을 확보하기
> 위하여 필요하다고 인정하여 지정한 곳
> ㉣ 도로공사를 하고 있는 경우에는 그 공사구역의 양쪽 가장 자리로부터 5미터 이내인 곳

① 1개   ② 2개   ③ 3개   ④ 4개

해설

제33조(주차금지의 장소) 모든 차의 운전자는 다음 각 호의 어느 하나에 해당하는 곳에 차를 주차해서는 아
니 된다.
　　1. 터널 안 및 다리 위
　　2. 다음 각 목의 곳으로부터 5미터 이내인 곳
　　　가. 도로공사를 하고 있는 경우에는 그 공사 구역의 양쪽 가장자리
　　　나. 「다중이용업소의 안전관리에 관한 특별법」에 따른 다중이용업소의 영업장이 속한 건축물로 소
　　　　방본부장의 요청에 의하여 지방경찰청장이 지정한 곳
　　3. 지방경찰청장이 도로에서의 위험을 방지하고 교통의 안전과 원활한 소통을 확보하기 위하여 필요하
　　　다고 인정하여 지정한 곳

16 「도로교통법」 및 동법 시행규칙 상 제1종 보통면허로 운전할 수 있는 것은 모두 몇 개인가? (기출 수정)

> ㉠ 승용자동차
> ㉡ 승차정원 15인 이하의 승합자동차
> ㉢ 원동기장치자전거
> ㉣ 총중량 10톤 미만의 특수자동차(구난차 포함한다)
> ㉤ 건설기계(도로를 운행하는 5톤 미만의 지게차로 한정한다)

① 2개   ② 3개   ③ 4개   ④ 5개

해설 맞는 보기 ㉠, ㉡, ㉢

운전면허의 종류별 운전가능 차량(도로교통법 시행규칙 제53조 관련)

운전할 수 있는 차의 종류(제53조 관련)		
운전면허		운전할 수 있는 차량
종별	구분	
제1종	대형면허	1. 승용자동차 2. 승합자동차 3. 화물자동차 4. 긴급자동차 5. 건설기계 　가. 덤프트럭, 아스팔트살포기, 노상안정기 　나. 콘크리트믹서트럭, 콘크리트펌프, 천공기(트럭 적재식) 　다. 콘크리트믹서트레일러, 아스팔트콘크리트재생기 　라. 도로보수트럭, 3톤 미만의 지게차 6. 특수자동차[대형견인차, 소형견인차 및 구난차(구난차등)는 제외한다] 7. 원동기장치자전거
	보통면허	1. 승용자동차 2. 승차정원 15명 이하의 승합자동차 3. 승차정원 12명 이하의 긴급자동차(승용자동차 및 승합자동차로 한정한다) 4. 적재중량 12톤 미만의 화물자동차 5. 건설기계(도로를 운행하는 3톤 미만의 지게차로 한정한다) 6. 총중량 10톤 미만의 특수자동차(구난차등은 제외한다) 7. 원동기장치자전거
	소형면허	1. 3륜화물자동차 2. 3륜승용자동차 3. 원동기장치자전거

제1종	특수면허	대형 견인차	1. 견인형 특수자동차 2. 제2종 보통면허로 운전할 수 있는 차량
		소형 견인차	1. 총중량 3.5톤 이하의 견인형 특수자동차 2. 제2종 보통면허로 운전할 수 있는 차량
		구난차	1. 구난형 특수자동차 2. 제2종보통면허로 운전할 수 있는 차량
제2종	**보통면허**		1. 승용자동차 2. 승차정원 10명 이하의 승합자동차 3. 적재중량 4톤 이하의 화물자동차 4. 총중량 3.5톤 이하의 특수자동차(구난차등은 제외한다) 5. 원동기장치자전거
	소형면허		1. 이륜자동차(측차부를 포함한다) 2. 원동기장치자전거
	원동기장치 자전거면허		원동기장치자전거
연습면허	제1종 보통		1. 승용자동차 2. 승차정원 15명 이하의 승합자동차 3. 적재중량 12톤 미만의 화물자동차
	제2종 보통		1. 승용자동차 2. 승차정원 10명 이하의 승합자동차 3. 적재중량 4톤 이하의 화물자동차

17 「집회 및 시위에 관한 법률」에서 사용하는 용어의 정의로 가장 적절하지 <u>않은</u> 것은?

① "시위"란 여러 사람이 공동의 목적을 가지고 도로, 광장, 공원 등 일반인이 자유로이 통행할 수 있는 장소를 행진하거나 위력 또는 기세를 보여, 불특정한 여러 사람의 의견에 영향을 주거나 제압을 가하는 행위를 말한다.

② "주관자"란 자기 이름으로 자기 책임 아래 집회나 시위를 여는 사람이나 단체를 말한다. 주관자는 주최자를 따로 두어 집회 또는 시위의 실행을 맡아 관리하도록 위임할 수 있다. 이 경우 주최자는 그 위임의 범위 안에서 주관자로 본다.

③ "질서유지인"이란 주최자가 자신을 보좌하여 집회 또는 시위의 질서를 유지하게 할 목적으로 임명한 자를 말한다.

④ "옥외집회"란 천장이 없거나 사방이 폐쇄되지 아니한 장소에서 여는 집회를 말한다.

해설

제2조(정의) 이 법에서 사용하는 용어의 뜻은 다음과 같다.

1. 옥외집회	천장이 없거나 사방이 폐쇄되지 아니한 장소에서 여는 집회를 말한다.
2. 시위	여러 사람이 공동의 목적을 가지고 도로, 광장, 공원 등 일반인이 자유로이 통행할 수 있는 장소를 행진하거나 위력 또는 기세를 보여, 불특정한 여러 사람의 의견에 영향을 주거나 제압을 가하는 행위를 말한다.
3. 주최자	자기 이름으로 자기 책임 아래 집회나 시위를 여는 사람이나 단체를 말한다. 주최자는 **주관자**를 따로 두어 집회 또는 시위의 실행을 맡아 관리하도록 위임할 수 있다. 이 경우 주관자는 그 위임의 범위 안에서 주최자로 본다.
4. 질서유지인	주최자가 자신을 보좌하여 집회 또는 시위의 질서를 유지하게 할 목적으로 임명한 자를 말한다.
5. 질서유지선	관할 경찰서장이나 지방경찰청장이 적법한 집회 및 시위를 보호하고 질서유지나 원활한 교통 소통을 위하여 집회 또는 시위의 장소나 행진 구간을 일정하게 구획하여 설정한 띠, 방책, 차선 등의 경계 표지를 말한다.
6. 경찰관서	국가경찰관서를 말한다.

18 대상국의 기밀 탐지, 전복, 태업 등을 효과적으로 수행하기 위한 지하조직형태를 간첩망이라 한다. 다음의 내용이 설명하는 간첩망의 형태를 가장 적절하게 나열한 것은?

> ㉠ 지하당 구축에 흔히 사용하는 형태로, 간첩이 3명 이내의 행동공작원을 포섭하여 직접 지휘하고 공작원 간 횡적 연락을 차단시키는 활동조직
> ㉡ 간첩이 주공작원 2~3명을 두고, 주공작원은 그 밑에 각각 2~3명의 행동공작원을 두는 조직형태
> ㉢ 합법적 신분을 이용하여 적국의 이념이나 사상에 동조하도록 유도하여 공작목표를 달성하기 위한 조직형태

① ㉠ 삼각형 ㉡ 피라미드형 ㉢ 서클형   ② ㉠ 삼각형 ㉡ 피라미드형 ㉢ 레포형
③ ㉠ 피라미드형 ㉡ 삼각형 ㉢ 서클형   ④ ㉠ 피라미드형 ㉡ 삼각형 ㉢ 레포형

참고 **간첩망의 형태**

삼각형	지하당조직에서 흔히 사용하는 망(網)형태로서 지하당구축을 하명받은 간첩은 3명을 초과하지 않는 범위 내에서 행동공작원을 포섭하여 직접 지휘하고 포섭된 공작원 간의 횡적 연락을 차단시키는 활동조직
써클형	간첩이 합법적 신분을 이용하여 공·사무활동을 합법적으로 하면서 대상국의 정치·사회문제를 이용, 적국의 이념이나 사상에 동조하도록 유도하여 공작의 목표를 달성하기 위한 조직형태
단일형	간첩이 단일특수목적을 수행하기 위해 동조자를 포섭하지 않고 단독으로 활동하는 점조직. 장기간 잠복하면서 간첩활동도 중지하고 필요한 인간관계의 형성 또는 합법적인 지위보고를 확보하고 은신하다가 결정적인 시기에 부여된 특수목적을 수행하는 간첩망이다.
피라미드형	간첩 밑에 주공작원 2~3명을 두고 주공작원은 그 밑에 2~3명의 행동공작원을 두는 조직형태
레포형	레포란 연락 또는 연락원을 뜻하는 공산당 용어인데 현재 사용되고 있지 않는 용어이다. 레포형은 피라미드형 조직에 있어서 간첩과 주공작원 간, 행동공작원 상호간에 연락원을 두고 종횡으로 연결하는 형태이다.

19 「출입국관리법」 및 동법 시행령 상 다음의 내용이 설명하는 외국인의 체류자격으로 가장 적절하게 나열한 것은?

> ㉠ 수익이 따르는 음악, 미술, 문학 등의 예술활동과 수익을 목적으로 하는 연예, 연주, 연극, 운동경기, 광고·패션 모델, 그 밖에 이에 준하는 활동을 하려는 사람
> ㉡ 법무부장관이 정하는 자격요건을 갖춘 외국인으로서 외국어전문학원, 초등학교 이상의 교육기관 및 부설어학연구소, 방송사 및 기업체 부설 어학연수원, 그 밖에 이에 준하는 기관 또는 단체에서 외국어 회화지도에 종사하려는 사람

① ㉠ D-1　　㉡ A-2　　　② ㉠ D-1　　㉡ E-2
③ ㉠ E-6　　㉡ A-2　　　④ ㉠ E-6　　㉡ E-2

참고 외국인의 체류자격

단기체류자격(제12조 관련)

체류자격(기호)	체류자격에 해당하는 사람 또는 활동범위
1. 사증면제(B-1)	대한민국과 사증면제협정을 체결한 국가의 국민으로서 그 협정에 따른 활동을 하려는 사람
2. 관광·통과(B-2)	관광·통과 등의 목적으로 대한민국에 사증 없이 입국하려는 사람
3. 일시취재(C-1)	일시적인 취재 또는 보도활동을 하려는 사람
4. 단기방문(C-3)	시장조사, 업무 연락, 상담, 계약 등의 상용(商用)활동과 관광, 통과, 요양, 친지 방문, 친선경기, 각종 행사나 회의 참가 또는 참관, 문화예술, 일반연수, 강습, 종교의식 참석, 학술자료 수집, 그 밖에 이와 유사한 목적으로 90일을 넘지 않는 기간 동안 체류하려는 사람(영리를 목적으로 하는 사람은 제외한다)
5. 단기취업(C-4)	가. 일시 흥행, 광고·패션 모델, 강의·강연, 연구, 기술지도 등 별표 1의2 중 14. 교수(E-1)부터 20. 특정활동(E-7)까지의 체류자격에 해당하는 분야에 수익을 목적으로 단기간 취업활동을 하려는 사람 나. 각종 용역계약 등에 의하여 기계류 등의 설치·유지·보수, 조선 및 산업설비 제작·감독 등을 목적으로 국내 공공기관·민간단체에 파견되어 단기간 영리활동을 하려는 사람 다. 법무부장관이 관계 중앙행정기관의 장과 협의하여 정하는 농작물 재배·수확(재배·수확과 연계된 원시가공 분야를 포함한다) 및 수산물 원시가공 분야에서 단기간 취업 활동을 하려는 사람으로서 법무부장관이 인정하는 사람

장기체류자격(제12조 관련)

체류자격(기호)	체류자격에 해당하는 사람 또는 활동범위
1. 외　교(A-1)	대한민국정부가 접수한 외국정부의 외교사절단이나 영사기관의 구성원, 조약 또는 국제관행에 따라 외교사절과 동등한 특권과 면제를 받는 사람과 그 가족
2. 공　무(A-2)	대한민국정부가 승인한 외국정부 또는 국제기구의 공무를 수행하는 사람과 그 가족
3. 협　정(A-3)	대한민국정부와의 협정에 따라 외국인등록이 면제되거나 면제할 필요가 있다고 인정되는 사람과 그 가족
4. 문화예술(D-1)	수익을 목적으로 하지 않는 문화 또는 예술 관련 활동을 하려는 사람(대한민국의 전통문화 또는 예술에 대하여 전문적인 연구를 하거나 전문가의 지도를 받으려는 사람을 포함한다)
5. 유　학(D-2)	전문대학 이상의 교육기관 또는 학술연구기관에서 정규과정의 교육을 받거나 특정 연구를 하려는 사람
6. 기술연수(D-3)	법무부장관이 정하는 연수조건을 갖춘 사람으로서 국내의 산업체에서 연수를 받으려는 사람
7. 일반연수(D-4)	법무부장관이 정하는 요건을 갖춘 교육기관이나 기업체, 단체 등에서 교육 또는 연수를 받거나 연구활동에 종사하려는 사람[연수기관으로부터 체재비를 초과하는 보수(報酬)를 받거나 유학(D-2)·기술연수(D-3) 체류자격에 해당하는 사람은 제외한다]
8. 취재(D-5)	외국의 신문사, 방송사, 잡지사 또는 그 밖의 보도기관으로부터 파견되거나 외국 보도기관과의 계약에 따라 국내에 주재하면서 취재 또는 보도활동을 하려는 사람
9. 종교(D-6)	가. 외국의 종교단체 또는 사회복지단체로부터 파견되어 대한민국에 있는 지부 또는 유관 종교단체에서 종교활동을 하려는 사람 나. 대한민국 내의 종교단체 또는 사회복지단체의 초청을 받아 사회복지활동을 하려는 사람 다. 그 밖에 법무부장관이 인정하는 종교활동 또는 사회복지활동에 종사하려는 사람
10. 주재(D-7)	가. 외국의 공공기관·단체 또는 회사의 본사, 지사, 그 밖의 사업소 등에서 1년 이상 근무한 사람으로서 대한민국에 있는 그 계열회사, 자회사, 지점 또는 사무소 등에 필수 전문인력으로 파견되어 근무하려는 사람[기업투자(D-8) 체류자격에 해당하는 사람은 제외하며, 국가기간산업 또는 국책사업에 종사하려는 경우나 그 밖에 법무부장관이 필요하다고 인정하는 경우에는 1년 이상의 근무요건을 적용하지 않는다] 나. 「자본시장과 금융투자업에 관한 법률」 제9조제15항제1호에 따른 상장법인 또는 「공공기관의 운영에 관한 법률」 제4조제1항에 따른 공공기관이 설립한 해외 현지법인이나 해외지점에서 1년 이상 근무한 사람으로서 대한민국에 있는 그 본사나 본점에 파견되어 전문적인 지식·기술 또는 기능을 제공하거나 전수받으려는 사람(상장법인의 해외 현지법인이나 해외지점 중 본사의 투자금액이 미화 50만 달러 미만인 경우는 제외한다)

정답 19. ④

11. 기업투자(D-8)	가. 「외국인투자 촉진법」에 따른 외국인투자기업의 경영·관리 또는 생산·기술 분야에 종사하려는 필수전문인력으로서 법무부장관이 인정하는 사람[외국인이 경영하는 기업(법인은 제외한다)에 투자한 사람 및 국내에서 채용된 사람은 제외한다] 나. 지식재산권을 보유하는 등 우수한 기술력으로 「벤처기업육성에 관한 특별조치법」 제2조의2제1항제2호다목에 따른 벤처기업을 설립한 사람 중 같은 법 제25조에 따라 벤처기업 확인을 받은 사람 또는 이에 준하는 사람으로서 법무부장관이 인정하는 사람 다. 다음의 어느 하나에 해당하는 사람으로서 지식재산권을 보유하거나 이에 준하는 기술력 등을 가진 사람 중 법무부장관이 인정한 법인 창업자 　1) 국내에서 전문학사 이상의 학위를 취득한 사람 　2) 외국에서 학사 이상의 학위를 취득한 사람 　3) 관계 중앙행정기관의 장이 지식재산권 보유 등 우수한 기술력을 보유한 사람으로 인정하여 추천한 사람
12. 무역경영(D-9)	대한민국에 회사를 설립하여 경영하거나 무역, 그 밖의 영리사업을 위한 활동을 하려는 사람으로서 필수 전문인력에 해당하는 사람[수입기계 등의 설치, 보수, 조선 및 산업설비 제작·감독 등을 위하여 대한민국 내의 공공기관·민간단체에 파견되어 근무하려는 사람을 포함하되, 국내에서 채용하는 사람과 기업투자(D-8) 체류자격에 해당하는 사람은 제외한다]
13. 구직(D-10)	가. 교수(E-1)부터 특정활동(E-7)까지의 체류자격[예술흥행(E-6) 체류자격 중 법무부장관이 정하는 공연업소의 종사자는 제외한다]에 해당하는 분야에 취업하기 위하여 연수나 구직활동 등을 하려는 사람으로서 법무부장관이 인정하는 사람 나. 기업투자(D-8) 다목에 해당하는 법인의 창업 준비 등을 하려는 사람으로서 법무부장관이 인정하는 사람
14. 교수(E-1)	「고등교육법」 제14조제1항·제2항 또는 제17조에 따른 자격요건을 갖춘 외국인으로서 전문대학 이상의 교육기관이나 이에 준하는 기관에서 전문분야의 교육 또는 연구·지도 활동에 종사하려는 사람
15. 회화지도(E-2)	법무부장관이 정하는 자격요건을 갖춘 외국인으로서 외국어전문학원, 초등학교 이상의 교육기관 및 부설어학연구소, 방송사 및 기업체 부설 어학연수원, 그 밖에 이에 준하는 기관 또는 단체에서 외국어 회화지도에 종사하려는 사람
16. 연구(E-3)	대한민국 내 공공기관·민간단체으로부터 초청을 받아 각종 연구소에서 자연과학 분야의 연구, 사회과학·인문학·예체능 분야의 연구 또는 산업상 고도기술의 연구·개발에 종사하려는 사람[교수(E-1) 체류자격에 해당하는 사람은 제외한다]
17. 기술지도(E-4)	자연과학 분야의 전문지식 또는 산업상 특수한 분야에 속하는 기술을 제공하기 위하여 대한민국 내 공공기관·민간단체로부터 초청을 받아 종사하려는 사람
18. 전문직업(E-5)	대한민국 법률에 따라 자격이 인정된 외국의 변호사, 공인회계사, 의사, 그 밖에 국가공인 자격이 있는 사람으로서 대한민국 법률에 따라 할 수 있도록 되어 있는 법률, 회계, 의료 등의 전문업무에 종사하려는 사람[교수(E-1) 체류자격에 해당하는 사람은 제외한다]

19. 예술흥행(E-6)	수익이 따르는 음악, 미술, 문학 등의 예술활동과 수익을 목적으로 하는 연예, 연주, 연극, 운동경기, 광고·패션 모델, 그 밖에 이에 준하는 활동을 하려는 사람
20. 특정활동(E-7)	대한민국 내의 공공기관·민간단체 등과의 계약에 따라 법무부장관이 특별히 지정하는 활동에 종사하려는 사람
20의2. 계절근로 (E-8)	법무부장관이 관계 중앙행정기관의 장과 협의하여 정하는 농작물 재배·수확(재배·수확과 연계된 원시가공 분야를 포함한다) 및 수산물 원시가공 분야에서 취업 활동을 하려는 사람으로서 법무부장관이 인정하는 사람
21. 비전문취업 (E-9)	「외국인근로자의 고용 등에 관한 법률」에 따른 국내 취업요건을 갖춘 사람 (일정 자격이나 경력 등이 필요한 전문직종에 종사하려는 사람은 제외한다)
22. 선원취업 (E-10)	다음 각 목에 해당하는 사람과 그 사업체에서 6개월 이상 노무를 제공할 것을 조건으로 선원근로계약을 체결한 외국인으로서 「선원법」 제2조제6호에 따른 부원(部員)에 해당하는 사람 가. 「해운법」 제3조제1호·제2호·제5호 또는 제23조제1호에 따른 사업을 경영하는 사람 나. 「수산업법」 제7조제1항제1호, 제40조제1항 또는 제51조제1항에 따른 사업을 경영하는 사람 다. 「크루즈산업의 육성 및 지원에 관한 법률」 제2조제7호에 따른 국적 크루즈사업자로서 같은 조 제4호에 따른 국제순항 크루즈선을 이용하여 사업을 경영하는 사람

23. 방문동거(F-1)	가. 친척 방문, 가족 동거, 피부양(被扶養), 가사정리, 그 밖에 이와 유사한 목적으로 체류하려는 사람으로서 법무부장관이 인정하는 사람
	나. 다음의 어느 하나에 해당하는 사람의 가사보조인
	  1) 외교(A-1), 공무(A-2) 체류자격에 해당하는 사람
	  2) 미화 50만 달러 이상을 투자한 외국투자가(법인인 경우 그 임직원을 포함한다)로서 기업투자(D-8), 거주(F-2), 영주(F-5), 결혼이민(F-6) 체류자격에 해당하는 사람
	  3) 인공지능(AI), 정보기술(IT), 전자상거래 등 기업정보화(e-business), 생물산업(BT), 나노기술(NT) 분야 등 법무부장관이 정하는 첨단·정보기술 업체에 투자한 외국투자가(법인인 경우 그 임직원을 포함한다)로서 기업투자(D-8), 거주(F-2), 영주(F-5), 결혼이민(F-6) 체류자격에 해당하는 사람
	  4) 취재(D-5), 주재(D-7), 무역경영(D-9), 교수(E-1)부터 특정활동(E-7)까지의 체류자격에 해당하거나 그 체류자격에서 거주(F-2) 바목 또는 별표 1의3 영주(F-5) 제1호의 체류자격으로 변경한 전문인력으로서 법무부장관이 인정하는 사람
	다. 외교(A-1)부터 협정(A-3)까지의 체류자격에 해당하는 사람의 동일한 세대에 속하지 않는 동거인으로서 그 체류의 필요성을 법무부장관이 인정하는 사람
	라. 그 밖에 부득이한 사유로 직업활동에 종사하지 않고 대한민국에 장기간 체류하여야 할 사정이 있다고 인정되는 사람

24. 거주(F-2)	가. 국민의 미성년 외국인 자녀 또는 별표 1의3 영주(F-5) 체류자격을 가지고 있는 사람의 배우자 및 그의 미성년 자녀 나. 국민과 혼인관계(사실상의 혼인관계를 포함한다)에서 출생한 사람으로서 법무부장관이 인정하는 사람 다. 난민의 인정을 받은 사람 라. 「외국인투자 촉진법」에 따른 외국투자가 등으로 다음의 어느 하나에 해당하는 사람 　1) 미화 50만 달러 이상을 투자한 외국인으로서 기업투자(D-8) 체류자격으로 3년 이상 계속 체류하고 있는 사람 　2) 미화 50만 달러 이상을 투자한 외국법인이 「외국인투자 촉진법」에 따른 국내 외국인투자기업에 파견한 임직원으로서 3년 이상 계속 체류하고 있는 사람 　3) 미화 30만 달러 이상을 투자한 외국인으로서 2명 이상의 국민을 고용하고 있는 사람 마. 별표 1의3 영주(F-5) 체류자격을 상실한 사람 중 국내 생활관계의 권익보호 등을 고려하여 법무부장관이 국내에서 계속 체류하여야 할 필요가 있다고 인정하는 사람(강제퇴거된 사람은 제외한다) 바. 외교(A-1)부터 협정(A-3)까지의 체류자격 외의 체류자격으로 대한민국에 5년 이상 계속 체류하여 생활 근거지가 국내에 있는 사람으로서 법무부장관이 인정하는 사람 사. 삭제 〈2022. 12. 27.〉 아. 「국가공무원법」 또는 「지방공무원법」에 따라 공무원으로 임용된 사람으로서 법무부장관이 인정하는 사람 자. 나이, 학력, 소득 등이 법무부장관이 정하여 고시하는 기준에 해당하는 사람 차. 투자지역, 투자대상, 투자금액 등 법무부장관이 정하여 고시하는 기준에 따라 부동산 등 자산에 투자한 사람 또는 법인의 임원, 주주 등으로서 법무부장관이 인정하는 외국인. 이 경우 법인에 대해서는 법무부장관이 투자금액 등을 고려하여 체류자격 부여인원을 정한다. 카. 법무부장관이 대한민국에 특별한 기여를 했거나 공익의 증진에 이바지했다고 인정하는 사람 타. 자목부터 카목까지의 규정에 해당하는 사람의 배우자 및 자녀(법무부장관이 정하는 요건을 갖춘 자녀만 해당한다) 파. 「지방자치분권 및 지역균형발전에 관한 특별법」 제2조제12호에 따른 인구감소지역 등에서의 인력 수급과 지역 활력 회복을 지원하기 위하여 법무부장관이 대상 업종·지역, 해당 지역 거주·취업 여부 및 그 기간 등을 고려하여 고시하는 기준에 해당하는 사람
25. 동반(F-3)	문화예술(D-1), 유학(D-2), 일반연수(D-4)부터 특정활동(E-7)까지, 거주(F-2), 재외동포(F-4) 및 방문취업(H-2)의 체류자격에 해당하는 사람의 배우자 및 미성년 자녀로서 배우자가 없는 사람. 다만, 거주(F-2)의 체류자격 중 타목의 체류자격에 해당하는 사람은 제외한다.
26. 재외동포(F-4)	「재외동포의 출입국과 법적 지위에 관한 법률」 제2조제2호에 해당하는 사람

27. 결혼이민(F-6)	가. 국민의 배우자 나. 국민과 혼인관계(사실상의 혼인관계를 포함한다)에서 출생한 자녀를 양육하고 있는 부 또는 모로서 법무부장관이 인정하는 사람 다. 국민인 배우자와 혼인한 상태로 국내에 체류하던 중 그 배우자의 사망이나 실종, 그 밖에 자신에게 책임이 없는 사유로 정상적인 혼인관계를 유지할 수 없는 사람으로서 법무부장관이 인정하는 사람
28. 관광취업(H-1)	대한민국과 "관광취업"에 관한 협정이나 양해각서 등을 체결한 국가의 국민으로서 협정 등의 내용에 따라 관광과 취업활동을 하려는 사람(협정 등의 취지에 반하는 업종이나 국내법에 따라 일정한 자격요건을 갖추어야 하는 직종에 취업하려는 사람은 제외한다)

가. 체류자격에 해당하는 사람: 「재외동포의 출입국과 법적 지위에 관한 법률」 제2조제2호에 따른 외국국적동포(이하 "외국국적동포"라 한다)에 해당하고, 다음의 어느 하나에 해당하는 18세 이상인 사람 중에서 나목의 활동범위 내에서 체류하려는 사람으로서 법무부장관이 인정하는 사람[재외동포(F-4) 체류자격에 해당하는 사람은 제외한다]
  1) 출생 당시에 대한민국 국민이었던 사람으로서 가족관계등록부, 폐쇄등록부 또는 제적부에 등재되어 있는 사람 및 그 직계비속
  2) 국내에 주소를 둔 대한민국 국민 또는 별표 1의3 영주(F-5) 제5호에 해당하는 사람의 8촌 이내의 혈족 또는 4촌 이내의 인척으로부터 초청을 받은 사람
  3) 「국가유공자 등 예우 및 지원에 관한 법률」 제4조에 따른 국가유공자와 그 유족 등에 해당하거나 「독립유공자예우에 관한 법률」 제4조에 따른 독립유공자와 그 유족 또는 그 가족에 해당하는 사람
  4) 대한민국에 특별한 공로가 있거나 대한민국의 국익 증진에 기여한 사람
  5) 유학(D-2) 체류자격으로 1학기 이상 재학 중인 사람의 부모 및 배우자
  6) 국내 외국인의 체류질서 유지를 위하여 법무부장관이 정하는 기준 및 절차에 따라 자진하여 출국한 사람
  7) 1)부터 6)까지의 규정에 준하는 사람으로서 나목의 활동범위 내에서 체류할 필요가 있다고 법무부장관이 정하여 고시하는 사람
나. 활동범위
  1) 방문, 친척과의 일시 동거, 관광, 요양, 견학, 친선경기, 비영리 문화예술활동, 회의 참석, 학술자료 수집, 시장조사·업무연락·계약 등 상업적 용무, 그 밖에 이와 유사한 목적의 활동
  2) 「통계법」 제22조에 따라 통계청장이 작성·고시하는 한국표준산업분류[대분류E 및 대분류G부터 대분류U까지의 산업분류(이하 이 표에서 "서비스업분류"라 한다)는 제외한다]에 따른 다음 산업 분야에서의 활동
    가) 작물 재배업(011)
    나) 축산업(012)
    다) 작물재배 및 축산 관련 서비스업(014)
    라) 연근해 어업(03112)

　　　　　　　　　　　　　　　마) 양식 어업(0321)

　　　　　　　　　　　　　　　바) 금속 광업(06)

　　　　　　　　　　　　　　　사) 연료용을 제외한 비금속광물 광업(07)

　　　　　　　　　　　　　　　아) 삭제 〈2022. 12. 27.〉

　　　　　　　　　　　　　　　자) 광업 지원 서비스업(08)

　　　　　　　　　　　　　　　차) 제조업(10~34). 다만, 상시 사용하는 근로자 수가 300명 미만이거나 자본금이 80억원 이하인 업체에 취업하는 경우로 한정한다.

　　　　　　　　　　　　　　　카) 삭제 〈2022. 12. 27.〉

　　　　　　　　　　　　　　　타) 삭제 〈2022. 12. 27.〉

　　　　　　　　　　　　　　　파) 건설업(41~42). 다만, 발전소·제철소·석유화학 건설현장의 건설업체 중 업종이 산업·환경설비 공사인 업체에 취업하는 경우는 제외한다.

　　　　　　　　　　　　3) 「통계법」 제22조에 따라 통계청장이 작성·고시하는 한국표준산업분류 중 서비스업분류에 따른 산업 분야에서의 활동. 다만, 다음의 산업분야에서의 활동은 제외한다.

　　　　　　　　　　　　　　　가) 수도업(36)

　　　　　　　　　　　　　　　나) 환경 정화 및 복원업(39)

　　　　　　　　　　　　　　　다) 자동차 및 부품 판매업(45)

　　　　　　　　　　　　　　　라) 육상 운송 및 파이프라인 운송업(49). 다만, 육상 여객 운송업(492)은 허용한다.

29. 방문취업 (H-2)

　　　　　　　　　　　　　　　마) 수상 운송업(50)

　　　　　　　　　　　　　　　바) 항공 운송업(51)

　　　　　　　　　　　　　　　사) 창고 및 운송 관련 서비스업(52). 다만, 다음의 산업분야는 허용한다.

　　　　　　　　　　　　　　　　　(1) 냉장·냉동창고업(52102). 다만, 내륙에 위치한 업체에 취업하는 경우로 한정한다.

　　　　　　　　　　　　　　　　　(2) 물류 터미널 운영업(52913). 다만, 「통계법」 제22조에 따라 통계청장이 작성·고시하는 한국표준직업분류에 따른 하역 및 적재 관련 단순 종사원(92101)으로 취업하는 경우로 한정한다.

　　　　　　　　　　　　　　　　　(3) 항공 및 육상 화물 취급업(52941). 다만, 다음의 경우로 한정한다.

　　　　　　　　　　　　　　　　　　　(가) 「축산물 위생관리법」 제2조제3호에 따른 식육을 운반하는 업체에 취업하는 경우

　　　　　　　　　　　　　　　　　　　(나) 「생활물류서비스산업발전법」 제2조제3호가목에 따른 택배서비스사업을 하는 업체에 통계청장이 작성·고시하는 한국표준직업분류에 따른 하역 및 적재 관련 단순 종사원(92101)으로 취업하는 경우

　　　　　　　　　　　　　　　아) 출판업(58). 다만, 서적, 잡지 및 기타 인쇄물 출판업(581)은 허용한다.

　　　　　　　　　　　　　　　자) 우편 및 통신업(61)

　　　　　　　　　　　　　　　차) 컴퓨터 프로그래밍, 시스템 통합 및 관리업(62)

　　　　　　　　　　　　　　　카) 정보서비스업(63)

	타) 금융업(64)
	파) 보험 및 연금업(65)
	하) 금융 및 보험 관련 서비스업(66)
	거) 부동산업(68)
	너) 연구개발업(70)
	더) 전문 서비스업(71)
	러) 건축기술, 엔지니어링 및 기타 과학기술 서비스업(72)
	머) 사업시설 관리 및 조경 서비스업(74). 다만, 사업시설 유지관리 서비스업(741)과 건물 및 산업설비 청소업(7421)은 허용한다.
	버) 고용 알선 및 인력 공급업(751). 다만, 「가사근로자의 고용개선 등에 관한 법률」 제2조제2호에 따른 가사서비스 제공기관에 취업하는 경우는 허용한다.
	서) 공공행정, 국방 및 사회보장행정(84)
	어) 교육 서비스업(85)
	저) 국제 및 외국기관(99)
30. 기타(G-1)	별표 1, 이 표 중 외교(A-1)부터 방문취업(H-2)까지 또는 별표 1의3의 체류자격에 해당하지 않는 사람으로서 법무부장관이 인정하는 사람

20 「언론중재 및 피해구제 등에 관한 법률」상 언론중재위원회(이하 "중재위원회"라 한다)의 설치에 관한 내용으로 가장 적절하지 않은 것은?

① 중재위원회는 40명 이상 90명 이내의 중재위원으로 구성한다.
② 중재위원회에 위원장 1명과 2명 이내의 부위원장 및 2명 이내의 감사를 두며, 각각 중재위원 중에서 호선한다.
③ 위원장, 부위원장, 감사 및 중재위원의 임기는 각각 2년으로 하며, 연임할 수 없다.
④ 중재위원회의 회의는 재적위원 과반수의 출석과 출석위원 과반수의 찬성으로 의결한다.

[해설]

제7조(언론중재위원회의 설치) ① 언론등의 보도 또는 매개(언론보도등)로 인한 분쟁의 조정·중재 및 침해 사항을 심의하기 위하여 언론중재위원회를 둔다.
  ② 중재위원회는 다음 각 호의 사항을 심의한다.
    1. 중재부의 구성에 관한 사항
    2. 중재위원회규칙의 제정·개정 및 폐지에 관한 사항
    3. 제11조 제2항에 따른 사무총장의 임명 동의
    4. 제32조에 따른 시정권고의 결정 및 그 취소결정
    5. 그 밖에 중재위원회 위원장이 회의에 부치는 사항
  ③ 중재위원회는 **40명 이상 90명 이내**의 중재위원으로 구성하며, 중재위원은 다음 각 호의 사람 중에서 **문화체육관광부장관**이 위촉한다. 이 경우 제1호부터 제3호까지의 위원은 각각 중재위원 정수의 5분의 1 이상이 되어야 한다.
    1. 법관의 자격이 있는 사람 중에서 법원행정처장이 추천한 사람
    2. 변호사의 자격이 있는 사람 중에서 「변호사법」 제78조에 따른 대한변호사협회의 장이 추천한 사람
    3. 언론사의 취재·보도 업무에 10년 이상 종사한 사람
    4. 그 밖에 언론에 관하여 학식과 경험이 풍부한 사람
  ④ 중재위원회에 **위원장 1명**과 **2명 이내의 부위원장** 및 **2명 이내의 감사**를 두며, 각각 중재위원 중에서 호선한다.
  ⑤ 위원장·부위원장·감사 및 중재위원의 **임기는 각각 3년**으로 하며, **한 차례만 연임**할 수 있다.
  ⑥ 위원장은 중재위원회를 대표하고 중재위원회의 업무를 총괄한다.
  ⑦ 부위원장은 위원장을 보좌하며, 위원장이 부득이한 사유로 직무를 수행할 수 없을 때에는 중재위원회규칙으로 정하는 바에 따라 그 직무를 대행한다.
  ⑧ 감사는 중재위원회의 업무 및 회계를 감사한다.
  ⑨ 중재위원회의 회의는 재적위원 과반수의 출석과 출석위원 과반수의 찬성으로 의결한다.
  ⑩ 중재위원은 명예직으로 한다. 다만, 대통령령으로 정하는 바에 따라 수당과 실비보상을 받을 수 있다.
  ⑪ 중재위원회의 구성·조직 및 운영에 필요한 사항은 중재위원회규칙으로 정한다.

16년 제1차 경찰공무원(순경)채용시험 문제

– 공채(남 · 여) · 경찰행정학과특채 · 101경비단 –
응시 번호 :   이름 :

[경찰학개론]

01 다음 중 경찰의 권한과 책임의 소재에 따라 구분한 것으로 가장 적절한 것은?

① 국가경찰과 자치경찰　　　　　　② 예방경찰과 진압경찰
③ 보안경찰과 협의의 행정경찰　　　④ 질서경찰과 봉사경찰

02 「국가경찰과 자치경찰의 조직 및 운영에 관한 법률」상 시 · 도경찰청 및 경찰서에 관한 설명으로 가장 적절하지 <u>않은</u> 것은? (기출 수정)

① 「경찰공무원법」 제7조에도 불구하고 시 · 도경찰청장은 경찰청장이 시 · 도자치경찰위원회와 협의하여 추천한 사람 중에서 행정안전부장관의 제청으로 국무총리를 거쳐 대통령이 임용한다.
② 시 · 도경찰청장은 국가경찰사무에 대해서는 경찰청장의 지휘 · 감독을, 자치경찰사무에 대해서는 시 · 도자치경찰위원회의 지휘 · 감독을 받아 관할구역의 소관 사무를 관장하고 소속 공무원 및 소속 경찰기관의 장을 지휘 · 감독한다. 다만, 수사에 관한 사무에 대해서는 국가수사본부장의 지휘 · 감독을 받아 관할구역의 소관 사무를 관장하고 소속 공무원 및 소속 경찰기관의 장을 지휘 · 감독한다.
③ 시 · 도경찰청장 소속으로 지구대 또는 파출소를 두고, 그 설치기준은 치안수요 · 교통 · 지리 등 관할구역의 특성을 고려하여 행정안전부령으로 정한다. 다만, 필요한 경우에는 출장소를 둘 수 있다.
④ 경찰서장은 시 · 도경찰청장의 지휘 · 감독을 받아 관할구역의 소관 사무를 관장하고 소속 공무원을 지휘 · 감독한다.

03 다음의 내용이 설명하는 경찰의 부정부패이론으로 가장 적절한 것은?

> 부정부패의 원인은 자질이 없는 경찰관들이 모집단계에서 배제되지 못하고 조직 내에 유입됨으로써 전체경찰이 부패할 가능성이 있다고 보면서, 부정부패의 원인을 조직의 체계보다는 개인적 결함으로 보고 있다.

① 전체사회 가설   ② 구조원인 가설
③ 썩은 사과 가설   ④ 미끄러지기 쉬운 경사로 이론

04 「경찰공무원법」상 경찰공무원의 임용결격사유에 관한 설명으로 옳은 것은 모두 몇 개인가?

> ㉠ 피성년후견인 또는 피한정후견인
> ㉡ 파산선고를 받고 복권되지 아니한 사람
> ㉢ 자격정지 이상의 형을 선고받은 사람
> ㉣ 자격정지 이상의 형의 선고유예를 선고받고 그 유예기간 중에 있는 사람
> ㉤ 징계에 의하여 파면 또는 해임처분을 받은 사람

① 2개   ② 3개   ③ 4개   ④ 5개

05 「경찰공무원법」상 징계에 관한 설명으로 가장 적절하지 <u>않은</u> 것은? (기출 수정)

① 경무관 이상의 경찰공무원에 대한 징계의결은 「국가공무원법」에 따라 보통징계위원회에서 한다.

② 총경 이하의 경찰공무원에 대한 징계의결을 하기 위하여 대통령령으로 정하는 경찰기관 및 해양경찰관서에 경찰공무원 징계위원회를 둔다.

③ 찰공무원의 징계는 징계위원회의 의결을 거쳐 징계위원회가 설치된 소속 기관의 장이 하되, 「국가공무원법」에 따라 국무총리 소속으로 설치된 징계위원회에서 의결한 징계는 경찰청장 또는 해양경찰청장이 한다. 다만, 파면·해임·강등 및 정직은 징계위원회의 의결을 거쳐 해당 경찰공무원의 임용권자가 하되, 경무관 이상의 강등 및 정직과 경정 이상의 파면 및 해임은 경찰청장 또는 해양경찰청장의 제청으로 행정안전부장관 또는 해양수산부장관과 국무총리를 거쳐 대통령이 하고, 총경 및 경정의 강등 및 정직은 경찰청장 또는 해양경찰청장이 한다.

④ 징계처분, 휴직처분, 면직처분, 그 밖에 의사에 반하는 불리한 처분에 대한 행정소송은 경찰청장 또는 해양경찰청장을 피고로 한다.

06 「국가공무원법」상 공무원의 복무에 관한 다음 설명 중 가장 적절하지 <u>않은</u> 것은?

① 공무원은 노동운동이나 그 밖에 공무 외의 일을 위한 집단 행위를 하여서는 아니 된다. 또한, 사실상 노무에 종사하는 공무원도 포함한다.

② 공무원이 외국 정부로부터 영예나 증여를 받을 경우에는 대통령의 허가를 받아야 한다.

③ 공무원은 공무 외에 영리를 목적으로 하는 업무에 종사하지 못하며 소속 기관장의 허가 없이 다른 직무를 겸할 수 없다.

④ 공무원은 정당이나 그 밖의 정치단체의 결성에 관여하거나 이에 가입할 수 없다.

07 「경찰관 직무집행법」상 경찰장비에 관한 다음 설명 중 가장 적절하지 <u>않은</u> 것은?

① 경찰관은 직무수행 중 경찰장비를 사용할 수 있다. 다만, 사람의 생명이나 신체에 위해를 끼칠 수 있는 경찰장비(이하 "위해성 경찰장비"라 한다)를 사용할 때에는 필요한 안전교육과 안전검사를 받은 후 사용하여야 한다.

② 경찰청장은 위해성 경찰장비를 새로 도입하려는 경우에는 대통령령으로 정하는 바에 따라 안전성 검사를 실시하여 그 안전성 검사의 결과보고서를 국회 소관 상임위원회에 제출하여야 한다. 이 경우 안전성 검사에는 외부 전문가를 참여시킬 수 있다.

③ 경찰관이 휴대하여 범인 검거와 범죄 진압 등의 직무 수행에 사용하는 수갑, 포승, 경찰봉, 방패는 "경찰장구"에 해당한다.

④ 경찰관은 현행범이나 사형·무기 또는 장기 3년 이상의 징역이나 금고에 해당하는 죄를 범한 범인의 체포 또는 도주 방지를 위한 직무를 수행하기 위해서 필요하다고 인정되는 상당한 이유가 있을 때에는 그 사태를 합리적으로 판단하여 필요한 한도에서 경찰장구를 사용할 수 있다.

08 「위해성 경찰장비의 사용기준 등에 관한 규정」에 대한 설명으로 가장 적절하지 <u>않은</u> 것은?

① 경찰관은 불법집회·시위로 인하여 발생할 수 있는 타인 또는 경찰관의 생명·신체의 위해와 재산·공공시설의 위험을 방지하기 위하여 필요한 때에는 최소한의 범위안에서 경찰봉 또는 호신용경봉을 사용할 수 있다.

② 경찰관은 14세 이하의 자 또는 임산부에 대하여 전자충격기 또는 전자방패를 사용하여서는 아니된다.

③ 경찰관은 전극침 발사장치가 있는 전자충격기를 사용하는 경우 상대방의 얼굴을 향하여 전극침을 발사하여서는 아니된다.

④ 경찰관은 최루탄발사기로 최루탄을 발사하는 경우 30도 이상의 발사각을 유지하여야 하고, 가스차·살수차 또는 특수진압차의 최루탄발사대로 최루탄을 발사하는 경우에는 15도 이상의 발사각을 유지하여야 한다.

09 「경비업법」상 경비업무의 종류에 대한 정의로 가장 적절하지 <u>않은</u> 것은?

① 특수경비업무 - 공항(항공기를 포함한다) 등 대통령령이 정하는 국가중요시설의 경비 및 도난·화재 그 밖의 위험발생을 방지하는 업무를 말한다.

② 기계경비업무 - 경비대상시설에 설치한 기기에 의하여 감지·송신된 정보를 그 경비 대상시설내의 장소에 설치한 관제시설의 기기로 수신하여 도난·화재 등 위험 발생을 방지하는 업무를 말한다.

③ 시설경비업무 - 경비를 필요로 하는 시설 및 장소에서의 도난·화재 그 밖의 혼잡 등으로 인한 위험발생을 방지하는 업무를 말한다.

④ 신변보호업무 - 사람의 생명이나 신체에 대한 위해의 발생을 방지하고 그 신변을 보호하는 업무를 말한다.

10 「보안업무규정」상 비밀보호에 관한 설명으로 <u>틀린</u> 것은 모두 몇 개인가?

> ㉠ 각급기관의 장은 비밀의 분류·취급·유통 및 이관 등의 모든 과정에서 비밀이 누설되거나 유출되지 아니하도록 보안대책을 수립하여 시행하여야 한다.
>
> ㉡ 비밀은 해당 등급의 비밀취급 인가를 받은 사람만 취급할 수 있다.
>
> ㉢ 비밀은 적절히 보호할 수 있는 최고등급으로 분류하되, 과도하거나 과소하게 분류해서는 아니 된다.
>
> ㉣ 비밀은 그 자체의 내용과 가치의 정도에 따라 분류하여야 하며, 다른 비밀과 관련해서 분류해서는 아니 된다.
>
> ㉤ 경찰청장은 Ⅱ급 및 Ⅲ급비밀 취급 인가권자이다.

① 1개   ② 2개   ③ 3개   ④ 4개

11 「공공기관의 정보공개에 관한 법률」상 불복절차에 관한 다음 설명 중 가장 적절하지 <u>않은</u> 것은?

① 공공기관은 이의신청을 받은 날부터 7일 이내에 그 이의신청에 대하여 결정하고 그 결과를 청구인에게 지체 없이 문서로 통지하여야 한다. 다만, 부득이한 사유로 정하여진 기간 이내에 결정할 수 없을 때에는 그 기간이 끝나는 날의 다음 날부터 기산하여 10일의 범위에서 연장할 수 있으며, 연장 사유를 청구인에게 통지하여야 한다.

② 청구인이 정보공개와 관련한 공공기관의 결정에 대하여 불복이 있거나 정보공개 청구 후 20일이 경과하도록 정보공개 결정이 없는 때에는 「행정심판법」에서 정하는 바에 따라 행정심판을 청구할 수 있다.

③ 청구인은 이의신청 절차를 거치지 아니하고 행정심판을 청구할 수 있다.

④ 청구인이 정보공개와 관련한 공공기관의 결정에 대하여 불복이 있거나 정보공개 청구 후 20일이 경과하도록 정보공개 결정이 없는 때에는 「행정소송법」에서 정하는 바에 따라 행정소송을 제기할 수 있다.

12 「가정폭력범죄의 처벌 등에 관한 특례법」상 가정폭력 범죄에 해당하는 것은 모두 몇 개인가?

㉠ 살인	㉡ 폭행
㉢ 중상해	㉣ 영아유기
㉤ 특수공갈	

① 1개   ② 2개   ③ 3개   ④ 4개

13 범죄첩보는 수사첩보의 한 내용으로서 범죄수사상 참고가 될 만한 제반사항을 의미하는 것으로 수사의 단서가 될 수 있는 것은 물론 범죄로의 이행이 예상되는 사안이나 이미 발생한 범죄에 관한 사항 등이 모두 대상이 된다. 다음 중 범죄첩보의 특징을 설명한 것으로 가장 적절하지 <u>않은</u> 것은?

① 결과지향성 – 범죄첩보는 수사 후 현출되는 결과가 있어야 한다.

② 혼합성 – 범죄첩보는 그 속에 하나의 원인과 결과가 내포되어 있어야 한다.

③ 가치변화성 – 범죄첩보는 시간이 경과함에 따라 가치가 감소한다.

④ 결합성 – 범죄첩보는 여러 첩보가 서로 결합되어 이루어진다.

14 「통합방위법」상 국가중요시설에 관한 다음 설명 중 가장 적절하지 <u>않은</u> 것은?

① 국가중요시설의 관리자(소유자를 포함한다. 이하 같다)는 경비·보안 및 방호책임을 지며, 통합방위사태에 대비하여 자체방호계획을 수립하여야 한다. 이 경우 국가중요시설의 관리자는 자체방호계획을 수립하기 위하여 필요하면 지방경찰청장 또는 지역군사령관에게 협조를 요청할 수 있다.

② 지방경찰청장 또는 지역군사령관은 통합방위사태에 대비하여 국가중요시설에 대한 방호지원계획을 수립·시행하여야 한다.

③ 국가중요시설의 평시 경비·보안활동에 대한 지도·감독은 관계 행정기관의 장과 국가정보원장이 수행한다.

④ 국가중요시설은 경찰청장이 관계 행정기관의 장 및 국가정보원장과 협의하여 지정한다.

15 「도로교통법」상 주차금지 장소로 옳은 것은 모두 몇 개인가?

> ㉠ 다중이용업소의 영업장이 속한 건축물로 소방본부장의 요청에 의하여 지방경찰청장이 지정한 곳으로 부터 5미터 이내인 곳
> ㉡ 터널 안 및 다리 위
> ㉢ 지방경찰청장이 도로에서의 위험을 방지하고 교통의 안전과 원활한 소통을 확보하기 위하여 필요하다고 인정하여 지정한 곳
> ㉣ 도로공사를 하고 있는 경우에는 그 공사구역의 양쪽 가장 자리로부터 5미터 이내인 곳

① 1개   ② 2개   ③ 3개   ④ 4개

16 「도로교통법」 및 동법 시행규칙 상 제1종 보통면허로 운전할 수 있는 것은 모두 몇 개인가? (기출 수정)

> ㉠ 승용자동차
> ㉡ 승차정원 15인 이하의 승합자동차
> ㉢ 원동기장치자전거
> ㉣ 총중량 10톤 미만의 특수자동차(구난차 포함한다)
> ㉤ 건설기계(도로를 운행하는 5톤 미만의 지게차로 한정한다)

① 2개   ② 3개   ③ 4개   ④ 5개

17 「집회 및 시위에 관한 법률」에서 사용하는 용어의 정의로 가장 적절하지 <u>않은</u> 것은?

① "시위"란 여러 사람이 공동의 목적을 가지고 도로, 광장, 공원 등 일반인이 자유로이 통행할 수 있는 장소를 행진하거나 위력 또는 기세를 보여, 불특정한 여러 사람의 의견에 영향을 주거나 제압을 가하는 행위를 말한다.

② "주관자"란 자기 이름으로 자기 책임 아래 집회나 시위를 여는 사람이나 단체를 말한다. 주관자는 주최자를 따로 두어 집회 또는 시위의 실행을 맡아 관리하도록 위임할 수 있다. 이 경우 주최자는 그 위임의 범위 안에서 주관자로 본다.

③ "질서유지인"이란 주최자가 자신을 보좌하여 집회 또는 시위의 질서를 유지하게 할 목적으로 임명한 자를 말한다.

④ "옥외집회"란 천장이 없거나 사방이 폐쇄되지 아니한 장소에서 여는 집회를 말한다.

18 대상국의 기밀 탐지, 전복, 태업 등을 효과적으로 수행하기 위한 지하조직형태를 간첩망이라 한다. 다음의 내용이 설명하는 간첩망의 형태를 가장 적절하게 나열한 것은?

㉠ 지하당 구축에 흔히 사용하는 형태로, 간첩이 3명 이내의 행동공작원을 포섭하여 직접 지휘하고 공작원 간 횡적 연락을 차단시키는 활동조직

㉡ 간첩이 주공작원 2~3명을 두고, 주공작원은 그 밑에 각각 2~3명의 행동공작원을 두는 조직형태

㉢ 합법적 신분을 이용하여 적국의 이념이나 사상에 동조하도록 유도하여 공작목표를 달성하기 위한 조직형태

---

① ㉠ 삼각형　　　　㉡ 피라미드형　　　　㉢ 서클형

② ㉠ 삼각형　　　　㉡ 피라미드형　　　　㉢ 레포형

③ ㉠ 피라미드형　　㉡ 삼각형　　　　　㉢ 서클형

④ ㉠ 피라미드형　　㉡ 삼각형　　　　　㉢ 레포형

19 「출입국관리법」 및 동법 시행령 상 다음의 내용이 설명하는 외국인의 체류자격으로 가장 적절하게 나열한 것은?

> ㉠ 수익이 따르는 음악, 미술, 문학 등의 예술활동과 수익을 목적으로 하는 연예, 연주, 연극, 운동경기, 광고·패션 모델, 그 밖에 이에 준하는 활동을 하려는 사람
> ㉡ 법무부장관이 정하는 자격요건을 갖춘 외국인으로서 외국어전문학원, 초등학교 이상의 교육기관 및 부설어학연구소, 방송사 및 기업체 부설 어학연수원, 그 밖에 이에 준하는 기관 또는 단체에서 외국어 회화지도에 종사하려는 사람

① ㉠ D−1   ㉡ A−2   ② ㉠ D−1   ㉡ E−2
③ ㉠ E−6   ㉡ A−2   ④ ㉠ E−6   ㉡ E−2

20 「언론중재 및 피해구제 등에 관한 법률」상 언론중재위원회(이하 "중재위원회"라 한다)의 설치에 관한 내용으로 가장 적절하지 <u>않은</u> 것은?

① 중재위원회는 40명 이상 90명 이내의 중재위원으로 구성한다.
② 중재위원회에 위원장 1명과 2명 이내의 부위원장 및 2명 이내의 감사를 두며, 각각 중재위원 중에서 호선한다.
③ 위원장, 부위원장, 감사 및 중재위원의 임기는 각각 2년으로 하며, 연임할 수 없다.
④ 중재위원회의 회의는 재적위원 과반수의 출석과 출석위원 과반수의 찬성으로 의결한다.

모｜범｜답｜안 **경찰학개론**

1. ①	2. ③	3. ③	4. ④	5. ①	6. ①	7. ②	8. ②	9. ②	10. ①
11. ①	12. ④	13. ③	14. ④	15. ④	16. ②	17. ②	18. ①	19. ④	20. ③

경찰공무원(순경) 공채

01 자치경찰제도와 비교하여 국가경찰제도가 갖는 장점으로 가장 적절하지 <u>않은</u> 것은?

① 국가권력을 배경으로 강력하고 광범위한 집행력을 행사할 수 있다.
② 전국적으로 통계의 정확성을 기할 수 있다.
③ 경찰조직의 운영·개혁이 상대적으로 용이하다.
④ 타 행정부문과의 긴밀한 협조·조정이 원활하다.

해설

구분	국가경찰제도	자치경찰제도
장점	- 국가권력을 바탕으로 강력한 기능을 발휘 가능 - 조직의 통일적 운영과 경찰활동의 능률성 기동성을 발휘할 수 있다. - 타 행정부문과 긴밀한 협조, 조정이 원활하다. - 전국적인 통계자료의 정확성을 기할 수 있다.	- 각 지방의 특성에 적합한 경찰행정이 가능 - 인권보장과 민주성이 보장되어 주민들의 지지를 받기 쉽다. - 지방별로 독립된 조직이므로 조직 운영의 개혁이 용이하다.
단점	- 정부의 특정정책 수행에 이용되어 본연의 임무를 벗어날 우려가 있다. - 관료화되어 주민과 멀어지고 국민을 위한 봉사가 저해될 수 있다. - 각 지방의 특수성 창의성이 저해되기 쉽다.	- 전국적 광역적 활동에 부적합하다. - 타 경찰기관과의 협조 응원체제가 곤란하다. - 전국적인 기동성이 약하다. - 조직체계가 무질서 해지기 쉽다. - 지방세력이 간섭하여 정실에 흐르기 쉽다. - 통계자료에 정확을 기하기 힘들다.

정답 1. ③

02 「국회법」과 관련된 경찰의 지역관할에 대한 설명으로 가장 적절하지 <u>않은</u> 것은?

① 국회에 파견된 국가경찰공무원은 국회의장의 지휘를 받아 국회 회의장 건물 밖에서 경호한다.

② 국회 회의장 안에 있는 국회의원은 국회의장의 명령 없이 이를 체포할 수 없다.

③ 국회의장은 국회의 경호를 위하여 필요한 때에는 국회운영위원회의 동의를 얻어 일정한 기간을 정하여 정부에 대하여 필요한 국가경찰공무원의 파견을 요구할 수 있다.

④ 국회 안에 현행범인이 있을 때에는 국가경찰공무원은 국회의장에게 보고 후 지시를 받아 체포하여야 한다.

> [해설]
>
> **국회법 제143조(의장의 경호권)** 의장은 회기 중 국회의 질서를 유지하기 위하여 국회 안에서 경호권을 행사한다.
>
> **제144조(경위와 경찰관)** ① 국회의 경호를 위하여 국회에 경위를 둔다.
>
> ② 의장은 국회의 경호를 위하여 필요할 때에는 국회운영위원회의 동의를 받아 일정한 기간을 정하여 정부에 국가경찰공무원의 파견을 요구할 수 있다.
>
> ③ 경호업무는 의장의 지휘를 받아 수행하되, 경위는 회의장 건물 안에서, 국가경찰공무원은 회의장 건물 밖에서 경호한다.
>
> **제145조(회의의 질서 유지)** ① 의원이 본회의 또는 위원회의 회의장에서 이 법 또는 국회규칙을 위반하여 회의장의 질서를 어지럽혔을 때에는 의장이나 위원장은 경고나 제지를 할 수 있다.
>
> ② 제1항의 조치에 따르지 아니하는 의원에 대해서는 의장이나 위원장은 당일 회의에서 발언하는 것을 금지하거나 퇴장시킬 수 있다.
>
> ③ 의장이나 위원장은 회의장이 소란하여 질서를 유지하기 곤란하다고 인정할 때에는 회의를 중지하거나 산회를 선포할 수 있다.
>
> **제150조(현행범인의 체포)** 경위나 국가경찰공무원은 국회 안에 현행범인이 있을 때에는 체포한 후 의장의 지시를 받아야 한다. 다만, 회의장 안에서는 의장의 명령 없이 의원을 체포할 수 없다.
>
> **헌법 제44조** ① 국회의원은 현행범인인 경우를 제외하고는 회기 중 국회의 동의없이 체포 또는 구금되지 아니한다.
>
> ② 국회의원이 회기 전에 체포 또는 구금된 때에는 현행범인이 아닌 한 국회의 요구가 있으면 회기 중 석방된다.
>
> **제45조** 국회의원은 국회에서 직무상 행한 발언과 표결에 관하여 국회 외에서 책임을 지지 아니한다.
>
> **제46조** ① 국회의원은 청렴의 의무가 있다.
>
> ② 국회의원은 국가이익을 우선하여 양심에 따라 직무를 행한다.
>
> ③ 국회의원은 그 지위를 남용하여 국가·공공단체 또는 기업체와의 계약이나 그 처분에 의하여 재산상의 권리·이익 또는 직위를 취득하거나 타인을 위하여 그 취득을 알선할 수 없다.

03 「국가경찰과 자치경찰의 조직 및 운영에 관한 법률」상 국가경찰위원회에 관한 설명으로 가장 적절하지 <u>않은</u> 것은? (기출 수정)

① 국가경찰위원회는 위원장 1명을 포함한 7명의 위원으로 구성하되, 위원장 및 5명의 위원은 비상임으로 하고, 1명의 위원은 상임으로 한다.

② 위원은 행정안전부장관의 제청으로 국무총리를 거쳐 대통령이 임명한다.

③ 경찰, 검찰, 국가정보원 직원 또는 군인의 직에 있거나 그 직에서 퇴직한 날부터 3년이 지나지 아니한 사람은 위원이 될 수 없다.

④ 위원의 임기는 3년으로 하며, 연임(連任)할 수 있다. 이 경우 보궐위원의 임기는 전임자 임기의 남은 기간으로 한다.

[해설]

제7조(국가경찰위원회의 설치) ① 국가경찰행정에 관하여 제10조제1항 각 호의 사항을 심의·의결하기 위하여 행정안전부에 국가경찰위원회를 둔다.

② 국가경찰위원회는 위원장 1명을 포함한 7명의 위원으로 구성하되, 위원장 및 5명의 위원은 비상임(非常任)으로 하고, 1명의 위원은 상임(常任)으로 한다.

③ 제2항에 따른 위원 중 상임위원은 정무직으로 한다.

제8조(국가경찰위원회 위원의 임명 및 결격사유 등) ① 위원은 행정안전부장관의 제청으로 국무총리를 거쳐 대통령이 임명한다.

② 행정안전부장관은 위원 임명을 제청할 때 경찰의 정치적 중립이 보장되도록 하여야 한다.

③ 위원 중 2명은 법관의 자격이 있는 사람이어야 한다.

④ 위원은 특정 성(性)이 10분의 6을 초과하지 아니하도록 노력하여야 한다.

⑤ 다음 각 호의 어느 하나에 해당하는 사람은 위원이 될 수 없으며, 위원이 다음 각 호의 어느 하나에 해당하는 경우에는 당연퇴직한다.

1. 정당의 당원이거나 당적을 이탈한 날부터 3년이 지나지 아니한 사람

2. 선거에 의하여 취임하는 공직에 있거나 그 공직에서 퇴직한 날부터 3년이 지나지 아니한 사람

3. 경찰, 검찰, 국가정보원 직원 또는 군인의 직에 있거나 그 직에서 퇴직한 날부터 3년이 지나지 아니한 사람

4. 「국가공무원법」 제33조 각 호의 어느 하나에 해당하는 사람. 다만, 「국가공무원법」 제33조제2호 및 제5호에 해당하는 경우에는 같은 법 제69조제1호 단서에 따른다.

⑥ 위원에 대해서는 「국가공무원법」 제60조 및 제65조를 준용한다.

제9조(국가경찰위원회 위원의 임기 및 신분보장) ① 위원의 임기는 3년으로 하며, 연임(連任)할 수 없다. 이 경우 보궐위원의 임기는 전임자 임기의 남은 기간으로 한다.

② 위원은 중대한 신체상 또는 정신상의 장애로 직무를 수행할 수 없게 된 경우를 제외하고는 그 의사에 반하여 면직되지 아니한다.

04 다음 중 훈령에 대한 설명으로 옳은 것은 모두 몇 개인가?

⊙ 훈령은 구체적인 법령의 근거 없이도 발할 수 있다.
ⓒ 훈령의 내용은 하급관청의 직무상 독립된 범위에 속하는 사항이여야 한다.
ⓒ 하급경찰관청의 법적 행위가 훈령에 위반하여 행해진 경우 원칙적으로 위법이 아니며, 그 행위의 효력에는 영향이 없다.
ⓔ 훈령은 원칙적으로 일반적·추상적 사항에 대해서 발해져야 하지만, 개별적·구체적 사항에 대해서도 발해질 수 있다.

① 1개   ② 2개   ③ 3개   ④ 4개

> **해설**

ⓒ 훈령의 내용은 하급관청의 **직무상 독립된 범위에 속하는 사항이 아닌 것**에 대한 내용이어야 한다.
    경찰서장의 고유한(독립된) 권한이 아닌 것에 대한 내용이어야 한다.

ⓒ 하급경찰관청의 법적 행위가 훈령에 위반하여 행해진 경우 원칙적으로 위법이 아니며, 그 행위의 효력에는 영향이 없다(=유효하다)
※ 훈령 = 행정규칙(공무원 내부에만 적용) 예: 경찰청공무원행동강령(경찰청훈령)
제1조(목적) 이 규칙은 「부패방지 및 국민권익위원회의 설치와 운영에 관한 법률」 제8조 및 공무원 행동강령에 따라 경찰청(소속기관, 시·도경찰청, 경찰서를 포함한다)소속 **공무원이 준수하여야 할 행동기준**을 규정하는 것을 목적으로 한다.

⊙ 훈령은 구체적인 법령의 근거 없이도 발할 수 있다.
    훈령은 행정규칙이므로 국민에게 영향을 미치지 않는다 = 법적근거가 필요 없다.

ⓔ 훈령은 원칙적으로 일반적·추상적 사항에 대해서 발해져야 하지만, 개별적·구체적 사항에 대해서도 발해질 수 있다.

> **참고** 훈령의 실질적 요건과 형식적 요건

실질적 요건	형식적 요건
① 내용이 실현 가능하고 명확할 것 ② 내용이 적법하고 타당할 것 ③ 공익에 반하지 않을 것	① 훈령권이 있는 상급관청이 발한 것일 것 ② 직무상 독립한 범위에 속하는 사항이 아닌 것 ③ 하급관청의 권한 내의 사항에 관한 것일 것

05 환경설계를 통한 범죄예방(CPTED)에 대한 설명으로 가장 적절하지 <u>않은</u> 것은?

① 자연적 감시 – 건축물이나 시설물의 설계 시 가시권을 최대 확보, 외부침입에 대한 감시기능을 확대하여 범죄행위의 발견 가능성을 증가시키고, 범죄기회를 감소시킬 수 있다는 원리이다.

② 자연적 접근통제 – 사적 공간에 대한 경계를 표시하여 주민들의 책임의식과 소유의식을 증대함으로써 사적 공간에 대한 관리권과 권리를 강화시키고, 외부인들에게는 침입에 대한 불법사실을 인식시켜 범죄기회를 차단하는 원리이다.

③ 활동의 활성화 – 지역사회의 설계 시 주민들이 모여서 상호의견을 교환하고 유대감을 증대할 수 있는 공공장소를 설치하고 이용하도록 함으로써 '거리의 눈'을 활용한 자연적 감시와 접근통제의 기능을 확대하는 원리이다.

④ 유지관리 – 처음 설계된 대로 혹은 개선한 의도대로 기능을 지속적으로 유지하도록 관리함으로써 범죄예방을 위한 환경설계의 장기적이고 지속적인 효과를 유지하는 원리이다.

해설 환경설계를 통한 범죄예방: CPTED 원리

원리	개념	예
자연적 감시	건출물·시설물을 설계할 때 가시권을 확보(누구나 쉽게 침입자를 관찰할 수 있도록)하여, 외부침입에 대한 감시기능을 확대함으로써, 범죄행위의 발견 가능성을 증가시키고, 범죄기회를 감소시켜 범죄를 예방·억제하는 원리	가시권 확대를 위한 건물의 배치 시선, 조명 및 조경의 설치
자연적 접근통제	건물이나 주택 또는 특정 지역내 수상한 사람이 침입하기 어렵게 설계하여 접근에 대한 심리적 부담을 증가시켜 범죄을 예방하는 원리	출입구 최소화·단일화 첨단기 설치 방범창·잠금장치·방범경보장치
영역성 강화	**사적공간에 대한 경계선을 표시**하여 **거주자들의 소유·책임의식을 강화시키고** 범죄행위 발견 가능성을 증대시키고, 범죄기회 감소를 통한 범죄를 예방·억제할 수 있다는 원리, (**외부 침입자**에게 스스로 **불법이라는 사실을 인식시켜** 범죄기회를 차단하는 원리)	울타리·표지판 설치 사적·공적 공간 구분
활동의 활성화	공공장소에 대한 주민들의 활발한 사용을 유도하여 '거리의 눈(eye on the street)'에 의한 자연스러운 감시를 강화시키고 접근통제의 기능을 확대하는 원리	놀이터, 공원, 레크레이션 시설설치 체육시설의 접근성과 이용의 증대 정자의 위치 및 활용성에 대한 설계

06 「경찰관 직무집행법」상 명시된 경찰관의 경찰장구 · 분사기 · 최루탄 · 무기 등의 사용 관련 규정에 대한 설명으로 가장 적절하지 <u>않은</u> 것은?

① 경찰장구는 사형 · 무기 또는 장기 3년 이상의 징역이나 금고에 해당하는 죄를 범한 범인의 체포 또는 도주 방지를 위해서 사용할 수 있다.

② 분사기 및 최루탄은 공무집행에 대한 항거의 제지를 위해서 사용할 수 있다.

③ "무기"라 함은 인명 또는 신체에 위해를 가할 수 있도록 제작된 권총 · 소총 · 도검 등을 말한다.

④ 살수차 · 분사기 · 최루탄 · 무기를 사용한 경우 그 책임자는 사용일시 · 장소 · 대상, 현장책임자, 종류, 수량 등을 기록하여 보관하여야 한다.

해설

제10조(경찰장비의 사용 등) ① 경찰관은 직무수행 중 경찰장비를 사용할 수 있다. 다만, 사람의 생명이나 신체에 위해를 끼칠 수 있는 경찰장비("위해성 경찰장비")를 사용할 때에는 필요한 안전교육과 안전검사를 받은 후 사용하여야 한다.

② 제1항 본문에서 "경찰장비"란 무기, 경찰장구, 경찰착용기록장치, 최루제와 그 발사장치, 살수차, 감식기구, 해안 감시기구, 통신기기, 차량 · 선박 · 항공기 등 경찰이 직무를 수행할 때 필요한 장치와 기구를 말한다.

③ 경찰관은 경찰장비를 함부로 개조하거나 경찰장비에 임의의 장비를 부착하여 일반적인 사용법과 달리 사용함으로써 다른 사람의 생명 · 신체에 위해를 끼쳐서는 아니 된다.

④ 위해성 경찰장비는 필요한 최소한도에서 사용하여야 한다.

⑤ 경찰청장은 위해성 경찰장비를 새로 도입하려는 경우에는 대통령령으로 정하는 바에 따라 안전성 검사를 실시하여 그 안전성 검사의 결과보고서를 국회 소관 상임위원회에 제출하여야 한다. 이 경우 안전성 검사에는 외부 전문가를 참여시켜야 한다.

⑥ 위해성 경찰장비의 종류 및 그 사용기준, 안전교육 · 안전검사의 기준 등은 대통령령으로 정한다. [전문개정 2014. 5. 20.] [시행일: 2024. 7. 31.] 제10조

제10조의2(경찰장구의 사용) ① 경찰관은 다음 각 호의 직무를 수행하기 위하여 필요하다고 인정되는 상당한 이유가 있을 때에는 그 사태를 합리적으로 판단하여 필요한 한도에서 경찰장구를 사용할 수 있다.

　　1. 현행범이나 사형 · 무기 또는 장기 3년 이상의 징역이나 금고에 해당하는 죄를 범한 범인의 체포 또는 도주 방지

　　2. 자신이나 다른 사람의 생명 · 신체의 방어 및 보호

　　3. 공무집행에 대한 항거(抗拒) 제지

② 제1항에서 "경찰장구"란 경찰관이 휴대하여 범인 검거와 범죄 진압 등의 직무 수행에 사용하는 수갑, 포승(捕繩), 경찰봉, 방패 등을 말한다.

제10조의3(분사기 등의 사용) 경찰관은 다음 각 호의 직무를 수행하기 위하여 부득이한 경우에는 현장책임자가 판단하여 필요한 최소한의 범위에서 분사기(「총포 · 도검 · 화약류 등의 안전관리에 관한 법률」에 따른 분사기를 말하며, 그에 사용하는 최루 등의 작용제를 포함) 또는 최루탄을 사용할 수 있다.

　　1. 범인의 체포 또는 범인의 도주 방지

　　2. 불법집회 · 시위로 인한 자신이나 다른 사람의 생명 · 신체와 재산 및 공공시설 안전에 대한 현저한 위해의 발생 억제

제10조의4(무기의 사용) ① 경찰관은 범인의 체포, 범인의 도주 방지, 자신이나 다른 사람의 생명·신체의 방어 및 보호, 공무집행에 대한 항거의 제지를 위하여 필요하다고 인정되는 상당한 이유가 있을 때에는 그 사태를 합리적으로 판단하여 필요한 한도에서 무기를 사용할 수 있다. 다만, 다음 각 호의 어느 하나에 해당할 때를 제외하고는 사람에게 위해를 끼쳐서는 아니 된다.
  1. 「형법」에 규정된 정당방위와 긴급피난에 해당할 때
  2. 다음 각 목의 어느 하나에 해당하는 때에 그 행위를 방지하거나 그 행위자를 체포하기 위하여 무기를 사용하지 아니하고는 다른 수단이 없다고 인정되는 상당한 이유가 있을 때
    가. 사형·무기 또는 장기 3년 이상의 징역이나 금고에 해당하는 죄를 범하거나 범하였다고 의심할 만한 충분한 이유가 있는 사람이 경찰관의 직무집행에 항거하거나 도주하려고 할 때
    나. 체포·구속영장과 압수·수색영장을 집행하는 과정에서 경찰관의 직무집행에 항거하거나 도주하려고 할 때
    다. 제3자가 가목 또는 나목에 해당하는 사람을 도주시키려고 경찰관에게 항거할 때
    라. 범인이나 소요를 일으킨 사람이 무기·흉기 등 위험한 물건을 지니고 경찰관으로부터 3회 이상 물건을 버리라는 명령이나 항복하라는 명령을 받고도 따르지 아니하면서 계속 항거할 때
  3. 대간첩 작전 수행 과정에서 무장간첩이 항복하라는 경찰관의 명령을 받고도 따르지 아니할 때
② 제1항에서 "무기"란 사람의 생명이나 신체에 위해를 끼칠 수 있도록 제작된 권총·소총·도검 등을 말한다.
③ 대간첩·대테러 작전 등 국가안전에 관련되는 작전을 수행할 때에는 개인화기 외에 공용화기를 사용할 수 있다.

제10조의5(경찰착용기록장치의 사용) ① 경찰관은 다음 각 호의 어느 하나에 해당하는 직무 수행을 위하여 필요한 경우에는 필요한 최소한의 범위에서 경찰착용기록장치를 사용할 수 있다.
  1. 경찰관이 「형사소송법」 제200조의2, 제200조의3, 제201조 또는 제212조에 따라 피의자를 체포 또는 구속하는 경우
  2. 범죄 수사를 위하여 필요한 경우로서 다음 각 목의 요건을 모두 갖춘 경우
    가. 범행 중이거나 범행 직전 또는 직후일 것
    나. 증거보전의 필요성 및 긴급성이 있을 것
  3. 제5조제1항에 따른 인공구조물의 파손이나 붕괴 등의 위험한 사태가 발생한 경우
  4. 경찰착용기록장치에 기록되는 대상자("기록대상자")로부터 그 기록의 요청 또는 동의를 받은 경우
  5. 제4조제1항 각 호에 해당하는 것이 명백하고 응급구호가 필요하다고 믿을 만한 상당한 이유가 있는 경우
  6. 제6조에 따라 사람의 생명·신체에 위해를 끼치거나 재산에 중대한 손해를 끼칠 우려가 있는 범죄행위를 긴급하게 예방 및 제지하는 경우
  7. 경찰관이 「해양경비법」 제12조 또는 제13조에 따라 해상검문검색 또는 추적·나포하는 경우
  8. 경찰관이 「수상에서의 수색·구조 등에 관한 법률」에 따라 같은 법 제2조제4호의 수난구호 업무 시 수색 또는 구조를 하는 경우
  9. 그 밖에 제1호부터 제8호까지에 준하는 경우로서 대통령령으로 정하는 경우
② 이 법에서 "경찰착용기록장치"란 경찰관이 신체에 착용 또는 휴대하여 직무수행 과정을 근거리에서 영상·음성으로 기록할 수 있는 기록장치 또는 그 밖에 이와 유사한 기능을 갖춘 기계장치를 말한다. [본조신설 2024. 1. 30.] [시행일: 2024. 7. 31.] 제10조의5

제10조의6(경찰착용기록장치의 사용 고지 등) ① 경찰관이 경찰착용기록장치를 사용하여 기록하는 경우로서 이동형 영상정보처리기기로 사람 또는 그 사람과 관련된 사물의 영상을 촬영하는 때에는 불빛, 소리, 안내판 등 대통령령으로 정하는 바에 따라 촬영 사실을 표시하고 알려야 한다.

② 제1항에도 불구하고 제10조의5제1항 각 호에 따른 경우로서 불가피하게 고지가 곤란한 경우에는 제3항에 따라 영상음성기록을 전송 · 저장하는 때에 그 고지를 못한 사유를 기록하는 것으로 대체할 수 있다.

③ 경찰착용기록장치로 기록을 마친 영상음성기록은 지체 없이 제10조의7에 따른 영상음성기록정보 관리체계를 이용하여 영상음성기록정보 데이터베이스에 전송 · 저장하도록 하여야 하며, 영상음성기록을 임의로 편집 · 복사하거나 삭제하여서는 아니 된다.

④ 그 밖에 경찰착용기록장치의 사용기준 및 관리 등에 필요한 사항은 대통령령으로 정한다.
[본조신설 2024. 1. 30.] [시행일: 2024. 7. 31.] 제10조의6

제10조의7(영상음성기록정보 관리체계의 구축 · 운영) 경찰청장 및 해양경찰청장은 경찰착용기록장치로 기록한 영상 · 음성을 저장하고 데이터베이스로 관리하는 영상음성기록정보 관리체계를 구축 · 운영하여야 한다.
[본조신설 2024. 1. 30.] [시행일: 2024. 7. 31.] 제10조의7

제11조(사용기록의 보관) 제10조제2항에 따른 살수차, 제10조의3에 따른 분사기, 최루탄 또는 제10조의4에 따른 무기를 사용하는 경우 그 책임자는 사용 일시 · 장소 · 대상, 현장책임자, 종류, 수량 등을 기록하여 보관하여야 한다.

07 「경찰공무원법」상 시보임용에 대한 설명으로 옳은 것은?

① 경정 이하 경찰공무원을 신규채용할 때에는 시보임용하고, 그 기간이 만료된 날 정규 경찰공무원으로 임용한다.

② 직위해제기간 및 징계에 의한 정직처분이나 감봉처분을 받은 기간은 시보임용기간에 산입하지 않지만, 휴직기간은 시보임용 기간에 산입한다.

③ 퇴직한 경찰공무원으로서 퇴직 시 재직하였던 계급의 채용시험에 합격한 사람을 재임용하는 경우 시보임용을 거치지 아니한다.

④ 시보임용기간 중에 있는 경찰공무원이 근무성적 또는 교육훈련 성적이 불량할 때는 면직시키거나 면직을 제청하여야 한다.

해설

제13조(시보임용) ① 경정 이하의 경찰공무원을 신규 채용할 때에는 1년간 시보(試補)로 임용하고, 그 기간이 만료된 다음 날에 정규 경찰공무원으로 임용한다.

② 휴직기간, 직위해제기간 및 징계에 의한 정직처분 또는 감봉처분을 받은 기간은 제1항에 따른 시보임용기간에 산입하지 아니한다.

③ 시보임용기간 중에 있는 경찰공무원이 근무성적 또는 교육훈련성적이 불량할 때에는 「국가공무원법」 제68조 및 이 법 제28조에도 불구하고 면직시키거나 면직을 제청할 수 있다.

④ 다음 각 호의 어느 하나에 해당하는 경우에는 시보임용을 거치지 아니한다. 〈개정 2024. 2. 13.〉

　1. 경찰대학을 졸업한 사람 또는 경위공개경쟁채용시험합격자로서 정하여진 교육훈련을 마친 사람을 경위로 임용하는 경우

　2. 경찰공무원으로서 대통령령으로 정하는 상위계급으로의 승진에 필요한 자격 요건을 갖추고 임용예정 계급에 상응하는 공개경쟁 채용시험에 합격한 사람을 해당 계급의 경찰공무원으로 임용하는 경우

　3. 퇴직한 경찰공무원으로서 퇴직 시에 재직하였던 계급의 채용시험에 합격한 사람을 재임용하는 경우

　4. 자치경찰공무원을 그 계급에 상응하는 경찰공무원으로 임용하는 경우 [시행일: 2024. 8. 14.] 제13조

08 다음은 공직 분류 방식 중 계급제와 직위분류제에 대한 설명이다. 옳은 것은 모두 몇 개인가?

> ㉠ 직위분류제는 계급제에 비해서 보수결정의 합리적인 기준을 제시하는 것이 장점이다.
> ㉡ 계급제는 이해력이 넓어져 직위분류제에 비해서 기관 간의 횡적 협조가 용이한 편이다.
> ㉢ 직위분류제는 프랑스에서 처음 실시된 후 독일 등으로 전파되었다.
> ㉣ 우리나라의 공직 분류는 계급제 위주에 직위분류제적 요소를 가미한 혼합형태라고 할 수 있다.

① 1개   ② 2개   ③ 3개   ④ 4개

해설
〈틀린 보기〉 ㉢ 직위분류제는 프랑스에서 처음 실시된 후 독일 등으로 전파되었다. (×)
 ※ 직위분류제는 관료적인 전통을 이어 받지 않고 산업화 된 미국(시카고)에서 출발하였다.

참고 개념정의 및 기출 표현

직위분류제 (직무·일 중심)	– 직무의 수행능력과 성과로 보수 등을 결정하는 공무원 인사제도. – 직위분류제는 일의 종류와 난이도, 책임도에 따라 직급이 같더라도 서로 다른 보수를 받는다. – 권한과 책임의 영역이 명확하며, 객관적인 실적평가가 가능한 공직분류제이다. – 계급제 보다 비신축적이다. – 행정의 전문화가 용이하며, 권한과 책임의 한계가 명확하다. – 직무를 중요시하며, 직무분석과 직무평가의 중요성을 강조하는 제도이다. – 시험·채용·전직의 합리적 기준을 제공하여 인사행정의 합리화를 기할 수 있고 '동일직무에 대한 동일보수의 원칙'을 확립함으로써 보수제도의 합리적 기준을 제시할 수 있다. – 계급제와 직위분류제의 관계는 양립될 수 없는 상호배타적 관계가 아니라, 서로의 결함을 시정할 수 있는 상호보완적인 관계에 있다고 볼 수 있다.
계급제 (사람중심)	– 일하는 사람의 특성(자격, 능력, 신분)을 기준으로 계급을 만들어 공직을 분류하는 방식. – 계급제는 사람중심으로 선발한다(다양한 부서 및 경과의 경험이 있어서 이해력이 넓다). – 인사배치가 융통적이다. – 계급수가 적고 계급간 차별이 심하며, 외부로부터 충원이 힘든 폐쇄형의 충원방식을 취하고 있다. – 널리 일반적 교양·능력을 가진 사람을 채용하여 신분보장과 함께 장기간에 걸쳐 능력이 키워지므로 공무원이 보다 종합적·신축적인 능력을 가질 수 있다.

09 다음 중 「경찰관 직무집행법」상 규정된 즉시강제에 해당하는 것은 모두 몇 개인가?

㉠ 불심검문	㉡ 범죄의 예방 및 제지	㉢ 무기의 사용
㉣ 보호조치	㉤ 위험방지를 위한 출입	

① 2개　　　　　② 3개　　　　　③ 4개　　　　　④ 5개

해설 ※ 즉시강제란?

행정상 의무이행을 강제하기 위한 행정상 강제집행과는 달리 목전의 급박한 장해를 제거하여야 할 필요가 있는 경우, 미리 의무를 명할 시간적 여유가 없을 때, 그 성질상 의무를 명하여서는 목적달성이 곤란할 때, 그리고 직접 국민의 신체 또는 재산에 실력을 가하여 경찰상 필요한 상태를 실현시키는 작용으로서 일종의 권력적 사실행위이다

※「경찰관 직무집행법」상 즉시강제

제3조(불심검문), 제4조(보호조치 등), 제5조(위험 발생의 방지 등), 제6조(범죄의 예방과 제지), 제7조(위험 방지를 위한 출입), 제10조의4(무기의 사용)

→ 제3조(불심검문)에 대해서는 즉시강제로 보는 견해와 경찰의 임의조사로 보는 견해간의 학설 대립이 있다. (출제당시 복수정답 처리)

참고 「경찰관 직무집행법」상 즉시강제 구분

대인적 즉시강제	㉠ 불심검문(제3조) - 학설대립(즉시강제 vs. 임의조사) ㉡ 보호조치(제4조) ㉢ 범죄의 예방과 제지(제6조) ㉣ 경찰장구의 사용(제10조의2) ㉤ 분사기 등의 사용(제10조의3) ㉥ 무기의 사용(제10조의4)
대물적 즉시강제	임시영치(제4조 제3항)
대가택 즉시강제	위험방지를 위한 출입 및 대간첩작전 지역 내 검색(제7조)
혼합적 즉시강제	위험발생의 방지조치(제5조)

10 「경찰감찰규칙」에 대한 설명으로 가장 적절하지 <u>않은</u> 것은?

① 경찰기관장은 1년 이상 성실히 근무한 감찰관에 대해서는 희망부서를 고려하여 전보한다.

② 감찰관은 소속 경찰공무원 등의 의무위반사실에 대한 민원을 접수하였을 때에는 접수일로부터 2개월 내에 신속히 처리하여야 한다.

③ 감찰관은 심야(오후 10시부터 오전 6시까지를 말한다)에 조사를 하여서는 아니 된다. 다만, 사안에 따라 신속한 조사가 필요하고, 조사대상자로부터 심야조사 동의서를 받은 경우에는 심야에도 조사할 수 있다.

④ 감찰관은 상급 경찰기관장의 지시에 따라 일정기간 동안 소속 경찰기관이 아닌 다른 경찰기관의 소속 직원의 복무실태, 업무추진 실태 등을 점검할 수 있다.

해설

제7조(감찰관의 신분보장) ① 경찰기관의 장은 감찰관이 제5조에 따른 결격사유에 해당되는 것으로 밝혀졌을 경우와 다음 각 호의 어느 하나에 해당하는 경우를 제외하고는 2년 이내에 본인의 의사에 반하여 전보하여서는 아니 된다. 다만, 승진 등 인사관리상 필요한 경우에는 그러하지 아니하다.
    1. 징계사유가 있는 경우
    2. 형사사건에 계류된 경우
    3. 질병 등으로 감찰업무를 수행할 수 없거나 직무수행 능력이 현저히 부족하다고 판단되는 경우
    4. 고압·권위적인 감찰활동을 반복하여 물의를 야기한 경우
② 경찰기관의 장은 1년 이상 성실히 근무한 감찰관에 대해서는 희망부서를 고려하여 전보한다.
제14조(교류감찰) 경찰기관의 장은 상급 경찰기관의 장의 지시에 따라 소속 감찰관으로 하여금 일정기간 동안 다른 경찰기관 소속 직원의 복무실태, 업무추진 실태 등을 점검하게 할 수 있다.
제32조(심야조사의 금지) ① 감찰관은 심야(자정부터 오전 6시까지를 말한다)에 조사를 하여서는 아니 된다.
② 제1항에도 불구하고 감찰관은 조사대상자 또는 그 변호인의 심야조사 요청이 있는 경우에는 예외적으로 심야조사를 할 수 있다. 이 경우 심야조사의 사유를 조서에 명확히 기재하여야 한다.
제35조(민원사건의 처리) ① 감찰관은 소속공무원의 의무위반사실에 대한 민원을 접수한 경우 접수일로부터 2개월 내에 신속히 처리하여야 한다. 다만, 부득이한 사유로 민원을 기한 내에 처리할 수 없을 때에는 소속 경찰기관의 감찰부서장에게 보고하여 그 처리 기간을 연장할 수 있다.

11 「경찰관 직무집행법」 제2조 제7호의 개괄적 수권조항 인정 여부에 있어 찬성 측의 논거로 가장 적절하지 <u>않은</u> 것은?

① 경찰권의 성질상 경찰권의 발동사태를 상정해서 경찰권 발동의 요건 · 한계를 입법기관이 일일이 규정한다는 것은 불가능하다.

② 개괄적 수권조항은 개별조항이 없는 경우에만 보충적으로 적용하면 된다.

③ 개괄적 수권조항으로 인한 경찰권 남용의 가능성은 조리 상의 한계 등으로 충분히 통제가 가능하다.

④ 「경찰관 직무집행법」 제2조 제7호는 단지 경찰의 직무범위만을 정한 것으로서 본질적으로는 조직법적 성질의 규정이다.

해설

| 경찰권 발동 | ① 권력적 작용: 조직법＋작용법(수권법) |
| | ② 비권력적 작용: 조직법 |

| 수권방법 2가지 | ① 원칙: 개별적 수권조항 |
| | ② 예외: 개괄적(포괄적) 수권 조항(경직법 제2조 제7호) |

제2조(직무의 범위) 경찰관은 다음 각 호의 직무를 수행한다.
7. 그 밖에 공공의 안녕과 질서 유지 (구체적 내용 無)

긍정	부정
예) 전화금융사기(보이스피싱) 범죄 "경찰관직무집행법 2조 7호를 근거로 체포가능하다"	예) 전화금융사기(보이스피싱) 범죄 "경찰관직무집행법 2조 7호를 근거로 **체포불가능하다**" 경찰관직무집행법 ＝ 작용법 2조 7호 직무범위 ＝ 조직법 근거만 있고 ∴ 작용법적 근거가 없기 때문에 경찰권 발동할 수 없다.

12 「경범죄처벌법」상 규정된 내용에 대한 설명으로 가장 적절하지 <u>않은</u> 것은?

① 주거가 확인된 경우라면 어떠한 경우라도 「경범죄처벌법」을 위반한 사람을 체포할 수 없다.

② 거짓 광고, 업무방해, 암표매매의 경우 20만 원 이하의 벌금, 구류 또는 과료의 형으로 처벌한다.

③ 「경범죄처벌법」 위반의 죄를 짓도록 시키거나 도와준 사람은 죄를 지은 사람에 준하여 벌한다.

④ 「경범죄처벌법」상의 범칙금 통고처분서를 받은 사람은 통고처분서를 받은 날로부터 10일 이내에 범칙금을 납부하여야 한다.

[해설]

형사소송법 제214조(경미사건과 현행범인의 체포) 다액 50만원이하의 벌금, 구류 또는 과료에 해당하는 죄의 현행범인에 대하여는 범인의 **주거가 분명하지 아니한 때**에 한하여 제212조(현행범인의 체포) 내지 제213조(체포된 현행범인의 인도)의 규정을 적용한다.

제3조(경범죄의 종류) ① 다음 각 호의 어느 하나에 해당하는 사람은 **10만원 이하의 벌금, 구류 또는 과료**(科料)의 형으로 처벌한다.

1. (빈집 등에의 침입) 다른 사람이 살지 아니하고 관리하지 아니하는 집 또는 그 울타리 · 건조물(建造物) · 배 · 자동차 안에 정당한 이유 없이 들어간 사람

2. (**흉기의 은닉휴대**) 칼 · 쇠몽둥이 · 쇠톱 등 사람의 생명 또는 신체에 중대한 위해를 끼치거나 집이나 그 밖의 건조물에 침입하는 데에 사용될 수 있는 연장이나 기구를 정당한 이유 없이 숨겨서 지니고 다니는 사람

3. (폭행 등 예비) 다른 사람의 신체에 위해를 끼칠 것을 공모(共謀)하여 예비행위를 한 사람이 있는 경우 그 공모를 한 사람

5. (시체 현장변경 등) 사산아(死産兒)를 감추거나 정당한 이유 없이 변사체 또는 사산아가 있는 현장을 바꾸어 놓은 사람

6. (도움이 필요한 사람 등의 신고불이행) 자기가 관리하고 있는 곳에 도움을 받아야 할 노인, 어린이, 장애인, 다친 사람 또는 병든 사람이 있거나 시체 또는 사산아가 있는 것을 알면서 이를 관계 공무원에게 지체 없이 신고하지 아니한 사람

7. (관명사칭 등) 국내외의 공직(公職), 계급, 훈장, 학위 또는 그 밖에 법령에 따라 정하여진 명칭이나 칭호 등을 거짓으로 꾸며 대거나 자격이 없으면서 법령에 따라 정하여진 제복, 훈장, 기장 또는 기념장(記念章), 그 밖의 표장(標章) 또는 이와 비슷한 것을 사용한 사람

8. (물품강매 · 호객행위) 요청하지 아니한 물품을 억지로 사라고 한 사람, 요청하지 아니한 일을 해주거나 재주 등을 부리고 그 대가로 돈을 달라고 한 사람 또는 여러 사람이 모이거나 다니는 곳에서 영업을 목적으로 떠들썩하게 손님을 부른 사람

9. (광고물 무단부착 등) 다른 사람 또는 단체의 집이나 그 밖의 인공구조물과 자동차 등에 함부로 광고물 등을 붙이거나 내걸거나 끼우거나 글씨 또는 그림을 쓰거나 그리거나 새기는 행위 등을 한 사람 또는 다른 사람이나 단체의 간판, 그 밖의 표시물 또는 인공구조물을 함부로 옮기거나 더럽히거나 훼손한 사람 또는 공공장소에서 광고물 등을 함부로 뿌린 사람

10. (마시는 물 사용방해) 사람이 마시는 물을 더럽히거나 사용하는 것을 방해한 사람

11. (쓰레기 등 투기) 담배꽁초, 껌, 휴지, 쓰레기, 죽은 짐승, 그 밖의 더러운 물건이나 못쓰게 된 물건을 함부로 아무 곳에나 버린 사람

12. (노상방뇨 등) 길, 공원, 그 밖에 여러 사람이 모이거나 다니는 곳에서 함부로 침을 뱉거나 대소변을 보거나 또는 그렇게 하도록 시키거나 개 등 짐승을 끌고 와서 대변을 보게 하고 이를 치우지

아니한 사람

13. (의식방해) 공공기관이나 그 밖의 단체 또는 개인이 하는 행사나 의식을 못된 장난 등으로 방해하거나 행사나 의식을 하는 자 또는 그 밖에 관계 있는 사람이 말려도 듣지 아니하고 행사나 의식을 방해할 우려가 뚜렷한 물건을 가지고 행사장 등에 들어간 사람

14. (단체가입 강요) 싫다고 하는데도 되풀이하여 단체 가입을 억지로 강요한 사람

15. (자연훼손) 공원·명승지·유원지나 그 밖의 녹지구역 등에서 풀·꽃·나무·돌 등을 함부로 꺾거나 캔 사람 또는 바위·나무 등에 글씨를 새기거나 하여 자연을 훼손한 사람

16. (타인의 가축·기계 등 무단조작) 다른 사람 또는 단체의 소나 말, 그 밖의 짐승 또는 매어 놓은 배·뗏목 등을 함부로 풀어 놓거나 자동차 등의 기계를 조작한 사람

17. (물길의 흐름 방해) 개천·도랑이나 그 밖의 물길의 흐름에 방해될 행위를 한 사람

18. (구걸행위 등) 다른 사람에게 구걸하도록 시켜 올바르지 아니한 이익을 얻은 사람 또는 공공장소에서 구걸을 하여 다른 사람의 통행을 방해하거나 귀찮게 한 사람

19. (**불안감조성**) 정당한 이유 없이 길을 막거나 시비를 걸거나 주위에 모여들거나 뒤따르거나 몹시 거칠게 겁을 주는 말이나 행동으로 다른 사람을 불안하게 하거나 귀찮고 불쾌하게 한 사람 또는 여러 사람이 이용하거나 다니는 도로·공원 등 공공장소에서 고의로 험악한 문신(文身)을 드러내어 다른 사람에게 혐오감을 준 사람

20. (음주소란 등) 공회당·극장·음식점 등 여러 사람이 모이거나 다니는 곳 또는 여러 사람이 타는 기차·자동차·배 등에서 몹시 거친 말이나 행동으로 주위를 시끄럽게 하거나 술에 취하여 이유 없이 다른 사람에게 주정한 사람

21. (인근소란 등) 악기·라디오·텔레비전·전축·종·확성기·전동기(電動機) 등의 소리를 지나치게 크게 내거나 큰소리로 떠들거나 노래를 불러 이웃을 시끄럽게 한 사람

22. (위험한 불씨 사용) 충분한 주의를 하지 아니하고 건조물, 수풀, 그 밖에 불붙기 쉬운 물건 가까이에서 불을 피우거나 휘발유 또는 그 밖에 불이 옮아붙기 쉬운 물건 가까이에서 불씨를 사용한 사람

23. (물건 던지기 등 위험행위) 다른 사람의 신체나 다른 사람 또는 단체의 물건에 해를 끼칠 우려가 있는 곳에 충분한 주의를 하지 아니하고 물건을 던지거나 붓거나 또는 쏜 사람

24. (인공구조물 등의 관리소홀) 무너지거나 넘어지거나 떨어질 우려가 있는 인공구조물이나 그 밖의 물건에 대하여 관계 공무원으로부터 고칠 것을 요구받고도 필요한 조치를 게을리하여 여러 사람을 위험에 빠트릴 우려가 있게 한 사람

25. (위험한 동물의 관리 소홀) 사람이나 가축에 해를 끼치는 버릇이 있는 개나 그 밖의 동물을 함부로 풀어놓거나 제대로 살피지 아니하여 나다니게 한 사람

26. (동물 등에 의한 행패 등) 소나 말을 놀라게 하여 달아나게 하거나 개나 그 밖의 동물을 시켜 사람이나 가축에게 달려들게 한 사람

27. (무단소등) 여러 사람이 다니거나 모이는 곳에 켜 놓은 등불이나 다른 사람 또는 단체가 표시를 하기 위하여 켜 놓은 등불을 함부로 끈 사람

28. (공중통로 안전관리소홀) 여러 사람이 다니는 곳에서 위험한 사고가 발생하는 것을 막을 의무가 있으면서도 등불을 켜 놓지 아니하거나 그 밖의 예방조치를 게을리한 사람

29. (공무원 원조불응) 눈·비·바람·해일·지진 등으로 인한 재해, 화재·교통사고·범죄, 그 밖의 급작스러운 사고가 발생하였을 때에 현장에 있으면서도 정당한 이유 없이 관계 공무원 또는 이를 돕는 사람의 현장출입에 관한 지시에 따르지 아니하거나 공무원이 도움을 요청하여도 도움을 주지 아니한 사람

30. (거짓 인적사항 사용) 성명, 주민등록번호, 등록기준지, 주소, 직업 등을 거짓으로 꾸며대고 배나 비행기를 타거나 인적사항을 물을 권한이 있는 공무원이 적법한 절차를 거쳐 묻는 경우 정당한 이유 없이 다른 사람의 인적사항을 자기의 것으로 거짓으로 꾸며댄 사람

31. (미신요법) 근거 없이 신기하고 용한 약방문인 것처럼 내세우거나 그 밖의 미신적인 방법으로 병을

정답 12. ①

진찰 · 치료 · 예방한다고 하여 사람들의 마음을 홀리게 한 사람

32. (야간통행제한 위반) 전시 · 사변 · 천재지변, 그 밖에 사회에 위험이 생길 우려가 있을 경우에 경찰 청장이나 해양경찰청장이 정하는 야간통행제한을 위반한 사람

33. (과다노출) 공개된 장소에서 공공연하게 성기 · 엉덩이 등 신체의 주요한 부위를 노출하여 다른 사람에게 부끄러운 느낌이나 불쾌감을 준 사람

34. (지문채취 불응) 범죄 피의자로 입건된 사람의 신원을 지문조사 외의 다른 방법으로는 확인할 수 없어 경찰공무원이나 검사가 지문을 채취하려고 할 때에 정당한 이유 없이 이를 거부한 사람

35. (자릿세 징수 등) 여러 사람이 모이거나 쓸 수 있도록 개방된 시설 또는 장소에서 좌석이나 주차할 자리를 잡아 주기로 하거나 잡아주면서, 돈을 받거나 요구하거나 돈을 받으려고 다른 사람을 귀찮게 따라다니는 사람

36. (행렬방해) 공공장소에서 승차 · 승선, 입장 · 매표 등을 위한 행렬에 끼어들거나 떠밀거나 하여 그 행렬의 질서를 어지럽힌 사람

37. (무단 출입) 출입이 금지된 구역이나 시설 또는 장소에 정당한 이유 없이 들어간 사람

38. (총포 등 조작장난) 여러 사람이 모이거나 다니는 곳에서 충분한 주의를 하지 아니하고 총포, 화약류, 그 밖에 폭발의 우려가 있는 물건을 다루거나 이를 가지고 장난한 사람

39. (무임승차 및 무전취식) 영업용 차 또는 배 등을 타거나 다른 사람이 파는 음식을 먹고 정당한 이유 없이 제 값을 치르지 아니한 사람

40. (장난전화 등) 정당한 이유 없이 다른 사람에게 전화 · 문자메시지 · 편지 · 전자우편 · 전자문서 등을 여러 차례 되풀이하여 괴롭힌 사람

41. (**지속적 괴롭힘**) 상대방의 명시적 의사에 반하여 지속적으로 접근을 시도하여 면회 또는 교제를 요구하거나 지켜보기, 따라다니기, 잠복하여 기다리기 등의 행위를 반복하여 하는 사람

② 다음 각 호의 어느 하나에 해당하는 사람은 **20만원 이하의 벌금, 구류 또는 과료**의 형으로 처벌한다.

1. (**출판물의 부당게재 등**) 올바르지 아니한 이익을 얻을 목적으로 다른 사람 또는 단체의 사업이나 사사로운 일에 관하여 신문, 잡지, 그 밖의 출판물에 어떤 사항을 싣거나 싣지 아니할 것을 약속하고 돈이나 물건을 받은 사람

2. (**거짓 광고**) 여러 사람에게 물품을 팔거나 나누어 주거나 일을 해주면서 다른 사람을 속이거나 잘못 알게 할 만한 사실을 들어 광고한 사람

3. (**업무방해**) 못된 장난 등으로 다른 사람, 단체 또는 공무수행 중인 자의 업무를 방해한 사람

4. (**암표매매**) 흥행장, 경기장, 역, 나루터, 정류장, 그 밖에 정하여진 요금을 받고 입장시키거나 승차 또는 승선시키는 곳에서 웃돈을 받고 입장권 · 승차권 또는 승선권을 다른 사람에게 되판 사람

③ 다음 각 호의 어느 하나에 해당하는 사람은 **60만원 이하의 벌금, 구류 또는 과료**의 형으로 처벌한다.

1. (**관공서에서의 주취소란**) 술에 취한 채로 관공서에서 몹시 거친 말과 행동으로 주정하거나 시끄럽게 한 사람

2. (**거짓신고**) 있지 아니한 범죄나 재해 사실을 공무원에게 거짓으로 신고한 사람

제4조(교사 · 방조) 제3조의 죄를 짓도록 시키거나 도와준 사람은 죄를 지은 사람에 준하여 벌한다.

제5조(형의 면제와 병과) 제3조에 따라 사람을 벌할 때에는 그 사정과 형편을 헤아려서 그 형을 면제하거나 구류와 과료를 함께 과(科)할 수 있다.

제8조(범칙금의 납부) ① 제7조에 따라 통고처분서를 받은 사람은 통고처분서를 받은 날부터 10일 이내에 경찰청장 · 해양경찰청장 또는 철도특별사법경찰대장이 지정한 은행, 그 지점이나 대리점, 우체국 또는 제주특별자치도지사가 지정하는 금융기관이나 그 지점에 범칙금을 납부하여야 한다. 다만, 천재지변이나 그 밖의 부득이한 사유로 말미암아 그 기간 내에 범칙금을 납부할 수 없을 때에는 그 부득이한 사유가 없어지게 된 날부터 5일 이내에 납부하여야 한다.

② 제1항에 따른 납부기간에 범칙금을 납부하지 아니한 사람은 납부기간의 마지막 날의 다음 날부터 20일 이내에 통고받은 범칙금에 그 금액의 100분의 20을 더한 금액을 납부하여야 한다.

③ 제1항 또는 제2항에 따라 범칙금을 납부한 사람은 그 범칙행위에 대하여 다시 처벌받지 아니한다.

13 「가정폭력범죄의 처벌 등에 관한 특례법」에 대한 설명으로 가장 적절하지 않은 것은?

① 검사는 가정폭력범죄가 재발될 우려가 있다고 인정하는 경우에는 직권으로 또는 사법 경찰관의 신청에 의하여 법원에 피해자 또는 가정구성원의 주거 또는 점유하는 방실 로부터의 퇴거 등 격리, 피해자 또는 가정구성원의 주거·직장 등에서 100미터 이내 의 접근 금지, 의료기관이나 그 밖의 요양소에 위탁의 임시조치를 청구할 수 있다.

② 사법경찰관은 응급조치에도 불구하고 가정폭력범죄가 재발될 우려가 있고, 긴급을 요 하여 법원의 임시조치 결정을 받을 수 없을 때에는 직권 또는 피해자나 그 법정대리 인의 신청에 의하여 긴급임시조치를 할 수 있다.

③ 임시조치의 청구는 긴급임시조치를 한 때부터 48시간 이내에 청구하여야 하며, 긴급 임시조치결정서를 첨부하여야 한다.

④ 「형법」상 유기죄는 가정폭력범죄에 해당한다.

해설

제8조(임시조치의 청구 등) ① 검사는 가정폭력범죄가 재발될 우려가 있다고 인정하는 경우에는 직권으로 또는 **사법경찰관**의 신청에 의하여 법원에 제29조제1항**제1호·제2호 또는 제3호**의 **임시조치**를 청구할 수 있다.

② 검사는 가정폭력행위자가 제1항의 청구에 의하여 결정된 **임시조치를 위반하여 가정폭력범죄가 재발될 우려가 있다고 인정하는 경우**에는 직권으로 또는 사법경찰관의 신청에 의하여 **법원에 제29조제1항제5 호**의 임시조치를 청구할 수 있다.

③ 제1항 및 제2항의 경우 피해자 또는 그 법정대리인은 검사 또는 사법경찰관에게 제1항 및 제2항에 따른 임시조치의 청구 또는 그 신청을 요청하거나 이에 관하여 의견을 진술할 수 있다.

④ 제3항에 따른 요청을 받은 사법경찰관은 제1항 및 제2항에 따른 임시조치를 신청하지 아니하는 경우에는 검사에게 그 사유를 보고하여야 한다.

제29조(임시조치) ① 판사는 가정보호사건의 원활한 조사·심리 또는 피해자 보호를 위하여 필요하다고 인정하는 경우에는 결정으로 가정폭력행위자에게 다음 각 호의 어느 하나에 해당하는 임시조치를 할 수 있다.
1. 피해자 또는 가정구성원의 주거 또는 점유하는 방실(房室)로부터의 퇴거 등 격리
2. 피해자 또는 가정구성원이나 그 주거·직장 등에서 100미터 이내의 접근 금지
3. 피해자 또는 가정구성원에 대한 「전기통신기본법」 제2조제1호의 전기통신을 이용한 접근 금지
4. **의료기관**이나 그 밖의 **요양소에의 위탁**
5. 국가경찰관서의 **유치장** 또는 **구치소**에의 **유치**
6. 상담소등에의 **상담위탁**

제8조의2(긴급임시조치) ① 사법경찰관은 제5조에 따른 응급조치에도 불구하고 가정폭력범죄가 재발될 우려가 있고, **긴급을 요하여** 법원의 임시조치 결정을 받을 수 없을 때에는 직권 또는 피해자나 그 법정대리인의 신청에 의하여 제29조**제1항제1호부터 제3호**까지의 어느 하나에 해당하는 조치("**긴급임시조치**")를 할 수 있다.

② 사법경찰관은 제1항에 따라 긴급임시조치를 한 경우에는 즉시 긴급임시조치결정서를 작성하여야 한다.

③ 제2항에 따른 긴급임시조치결정서에는 범죄사실의 요지, 긴급임시조치가 필요한 사유 등을 기재하여야 한다.

정답 13. ①

제8조의3(긴급임시조치와 임시조치의 청구) ① 사법경찰관이 제8조의2제1항에 따라 긴급임시조치를 한 때에는 지체 없이 검사에게 제8조에 따른 임시조치를 신청하고, 신청받은 검사는 법원에 임시조치를 청구하여야 한다. 이 경우 임시조치의 청구는 긴급임시조치를 한 때부터 **48시간 이내**에 청구하여야 하며, 제8조의2제2항에 따른 긴급임시조치결정서를 첨부하여야 한다.

② 제1항에 따라 임시조치를 청구하지 아니하거나 **법원이 임시조치의 결정을 하지 아니한 때**에는 즉시 긴급임시조치를 **취소**하여야 한다.

제2조(정의) 이 법에서 사용하는 용어의 뜻은 다음과 같다.

1. "**가정폭력**"이란 가정구성원 사이의 신체적, 정신적 또는 재산상 피해를 수반하는 행위를 말한다.
2. "**가정구성원**"이란 다음 각 목의 어느 하나에 해당하는 사람을 말한다.
    가. **배우자**(사실상 혼인관계에 있는 사람을 포함) 또는 배우자였던 사람
    나. 자기 또는 배우자와 직계존비속관계(사실상의 양친자관계를 포함)에 있거나 있었던 사람
    다. 계부모와 자녀의 관계 또는 적모와 서자의 관계에 있거나 있었던 사람
    라. 동거하는 친족
3. "**가정폭력범죄**"란 가정폭력으로서 다음 각 목의 어느 하나에 해당하는 죄를 말한다.
    가. 「형법」 상해와 폭행의 죄 중 제257조(상해, 존속상해), 제258조(중상해, 존속중상해), 제258조의2(특수상해), 제260조(폭행, 존속폭행)제1항·제2항, 제261조(특수폭행) 및 제264조(상습범)의 죄
    나. 「형법」 유기와 학대의 죄 중 제271조(유기, 존속유기)제1항·제2항, 제272조(영아유기), 제273조(학대, 존속학대) 및 제274조(아동혹사)의 죄
    다. 「형법」 체포와 감금의 죄 중 제276조(체포, 감금, 존속체포, 존속감금), 제277조(중체포, 중감금, 존속중체포, 존속중감금), 제278조(특수체포, 특수감금), 제279조(상습범) 및 제280조(미수범)의 죄
    라. 「형법」 협박의 죄 중 제283조(협박, 존속협박)제1항·제2항, 제284조(특수협박), 제285조(상습범)(제283조의 죄에만 해당한다) 및 제286조(미수범)의 죄
    마. 「형법」 강간과 추행의 죄 중 제297조(강간), 제297조의2(유사강간), 제298조(강제추행), 제299조(준강간, 준강제추행), 제300조(미수범), 제301조(강간등 상해·치상), 제301조의2(강간등 살인·치사), 제302조(미성년자등에 대한 간음), 제305조(미성년자에 대한 간음, 추행), 제305조의2(상습범)(제297조, 제297조의2, 제298조부터 제300조까지의 죄에 한한다)의 죄
    바. 「형법」 명예에 관한 죄 중 제307조(명예훼손), 제308조(사자의 명예훼손), 제309조(출판물등에 의한 명예훼손) 및 제311조(모욕)의 죄
    사. 「형법」 주거침입의 죄
    아. 「형법」 권리행사를 방해하는 죄 중 제324조(강요) 및 제324조의5(미수범)(제324조의 죄에만 해당한다)의 죄
    자. 「형법」 사기와 공갈의 죄 중 제350조(공갈), 제350조의2(특수공갈) 및 제352조(미수범)(제350조, 제350조의2의 죄에만 해당한다)의 죄
    차. 「형법」 손괴의 죄 중 제366조(재물손괴등) 및 제369조(특수손괴)제1항의 죄
    카. 「성폭력범죄의 처벌 등에 관한 특례법」 제14조(카메라 등을 이용한 촬영) 및 제15조(미수범)(제14조의 죄에만 해당한다)의 죄
    타. 「정보통신망 이용촉진 및 정보보호 등에 관한 법률」 제74조제1항제3호의 죄
    파. 가목부터 타목까지의 죄로서 다른 법률에 따라 가중처벌되는 죄

4. "가정폭력행위자"란 가정폭력범죄를 범한 사람 및 가정구성원인 공범을 말한다.

5. "피해자"란 가정폭력범죄로 인하여 직접적으로 피해를 입은 사람을 말한다.

6. "가정보호사건"이란 가정폭력범죄로 인하여 이 법에 따른 보호처분의 대상이 되는 사건을 말한다.

8. "아동"이란 「아동복지법」 제3조제1호에 따른 **아동(18세 미만인 사람)**을 말한다.

제3조(다른 법률과의 관계) 가정폭력범죄에 대하여는 이 법을 우선 적용한다. 다만, 아동학대범죄에 대하여는 「아동학대범죄의 처벌 등에 관한 특례법」을 우선 적용한다.

〈가정폭력 범죄에 해당하지 않는 것〉

1. 살인죄 2. 강도죄 3. 절도죄 4. 사기죄 5. 횡령 · 배임죄 6. 약취 · 유인죄 7. 주거침입죄
8. 퇴거불응죄 9. 공무집행방해죄 10. 업무방해죄 11. 중손괴 · 특수손괴죄 12. 인질강요죄
13. 상해치상죄 14. 폭행치사상죄 15. 유기치사상죄 16. 체포감금치상죄 등

〈가정폭력범죄에 해당하는 것〉

1. 상해 · 폭행죄 2. 학대 · 유기죄 3. 체포 · 감금죄 4. 협박죄 · 아동혹사죄 5. 강간 · 추행죄
6. 명예훼손 · 모욕죄 7. 신체 · 주거 수색의 죄 8. 강요죄 9. 공갈죄 10. 재물손괴죄
11. 영아유기 12. 중상해 13. 특수공갈

---

14 「실종아동등의 보호 및 지원에 관한 법률」상 사용하는 용어의 정의에 대한 설명으로 가장 적절하지 <u>않은</u> 것은?

① "아동등"이란 실종 당시 19세 미만인 아동, 지적장애인, 자폐성장애인 또는 정신장애인, 치매환자에 해당하는 사람을 말한다.

② "실종아동등"이란 약취(略取) 유인(誘引) 또는 유기(遺棄)되거나 사고를 당하거나 가출하거나 길을 잃는 등의 사유로 인하여 보호자로부터 이탈(離脫)된 아동 등을 말한다.

③ "보호자"란 친권자, 후견인이나 그 밖에 다른 법률에 따라 아동 등을 보호하거나 부양할 의무가 있는 사람을 말한다.
다만, 보호시설의 장 또는 종사자는 제외한다.

④ "보호시설"이란 사회복지시설 및 인가·신고 등이 없이 아동 등을 보호하는 시설로서 사회복지시설에 준하는 시설을 말한다.

[해설]
제2조(정의) 이 법에서 사용하는 용어의 정의는 다음과 같다.

1. "아동등"이란 다음 각 목의 어느 하나에 해당하는 사람을 말한다.
   가. 실종 당시 **18세 미만**인 아동
   나. 「장애인복지법」 제2조의 장애인 중 **지적장애인, 자폐성장애인 또는 정신장애인**
   다. 「치매관리법」 제2조 제2호의 **치매환자**

2. "실종아동등"이란 약취·유인 또는 유기되거나 사고를 당하거나 가출하거나 길을 잃는 등의 사유로 인하여 보호자로부터 이탈된 아동등을 말한다.

3. "보호자"란 친권자, 후견인이나 그 밖에 다른 법률에 따라 아동등을 보호하거나 부양할 의무가 있는 사람을 말한다. 다만, 제4호의 보호시설의 장 또는 종사자는 제외한다.

4. "보호시설"이란 「사회복지사업법」 제2조제4호에 따른 사회복지시설 및 인가·신고 등이 없이 아동 등을 보호하는 시설로서 사회복지시설에 준하는 시설을 말한다.

5. "유전자검사"란 개인 식별을 목적으로 혈액·머리카락·침 등의 검사대상물로부터 유전자를 분석하는 행위를 말한다.

6. "유전정보"란 유전자검사의 결과로 얻어진 정보를 말한다.

7. "신상정보"란 이름·나이·사진 등 특정인임을 식별하기 위한 정보를 말한다.

2016 제2차 경찰공무원 **63** •••

15 다음은 다중범죄의 정책적 치료법 중 무엇에 대한 설명인가?

> 불만집단과 이에 반대하는 대중의견을 크게 부각하여 불만집단이 위압되어 자진해산 및 분산되도록 하는 방법이다.

① 선수승화법   ② 전이법
③ 지연정화법   ④ 경쟁행위법

해설

경쟁행위법	불만집단과 **반대되는 여론을 크게 부각**시켜 불만집단이 위압되어 스스로 해산 및 분산되도록 하는 방법
지연정화법	불만집단의 고조된 주장을 시간을 끌어 이성적으로 생각할 기회를 부여하고 정서적으로 감정을 둔화시켜 흥분을 가라앉게 하는 방법을 지연정화법이라 한다.
전이법	다중범죄의 발생징후나 이슈가 있을 때 집단이나 국민들의 관심을 집중시킬 수 있는 경이적인 사건을 폭로하거나 규모가 큰 행사를 개최하여 원래의 이슈가 상대적으로 약화되도록 하는 방법
선수승화법	특정사안의 불만집단에 대한 정보활동을 강화하여 사전에 불만 및 분쟁요인을 찾아내어 해소시켜 주는 방법

2016
제2차

정답 14. ①   15. ④

16 「집회 및 시위에 관한 법률 및 동법 시행령」에 대한 설명으로 가장 적절하지 <u>않은</u> 것은? (기출 수정)

① 이 법의 집회 및 시위를 최대한 효율적으로 관리 및 통제하고, 집회에 대한 허가제를 정착하기 위한 것이다. 또한 위법한 시위로부터 국민을 보호하기 위해 불법집회, 미신고집회, 신고범위를 일탈한 집회 등에 대한 저지 및 해산이 신속하게 이루어지도록 하는 것을 목적으로 한다.

② "질서유지선"이란 관할 경찰서장이나 시ㆍ도경찰청장이 적법한 집회 및 시위를 보호하고 질서유지나 원활한 교통 소통을 위하여 집회 또는 시위의 장소나 행진 구간을 일정하게 구획하여 설정한 띠, 방책, 차선 등의 경계 표지를 말한다.

③ 소음 측정 장소는 피해자가 위치한 건물의 외벽에서 소음원 방향으로 1~3.5m 떨어진 지점으로 하되, 소음도가 높을 것으로 예상되는 지점의 지면 위 1.2~1.5m 높이에서 측정한다. 다만, 주된 건물의 경비 등을 위하여 사용되는 부속 건물, 광장ㆍ공원이나 도로상의 영업시설물, 공원의 관리사무소 등은 소음 측정 장소에서 제외한다.

④ 옥외집회나 시위를 주최하려는 자는 그에 관한 다음 각 호의 사항 모두를 적은 신고서를 옥외집회나 시위를 시작하기 720시간 전부터 48시간 전에 관할 경찰서장에게 제출하여야 한다. 다만, 옥외집회 또는 시위 장소가 두 곳 이상의 경찰서의 관할에 속하는 경우에는 관할 시ㆍ도경찰청장에게 제출하여야 하고, 두 곳 이상의 시ㆍ도경찰청 관할에 속하는 경우에는 주최지를 관할하는 시ㆍ도경찰청장에게 제출하여야 한다.

> **해설**
> **제1조(목적)** 이 법은 적법한 집회(集會) 및 시위(示威)를 최대한 보장하고 위법한 시위로부터 국민을 보호함으로써 집회 및 시위의 권리 보장과 공공의 안녕질서가 적절히 조화를 이루도록 하는 것을 목적으로 한다.
>
> **제2조(정의)** 이 법에서 사용하는 용어의 뜻은 다음과 같다.
> 1. "옥외집회"란 천장이 없거나 사방이 폐쇄되지 아니한 장소에서 여는 집회를 말한다.
> 2. "시위"란 여러 사람이 공동의 목적을 가지고 도로, 광장, 공원 등 일반인이 자유로이 통행할 수 있는 장소를 행진하거나 위력(威力) 또는 기세(氣勢)를 보여, 불특정한 여러 사람의 의견에 영향을 주거나 제압(制壓)을 가하는 행위를 말한다.
> 3. "주최자(主催者)"란 자기 이름으로 자기 책임 아래 집회나 시위를 여는 사람이나 단체를 말한다. 주최자는 주관자(主管者)를 따로 두어 집회 또는 시위의 실행을 맡아 관리하도록 위임할 수 있다. 이 경우 주관자는 그 위임의 범위 안에서 주최자로 본다.
> 4. "질서유지인"이란 주최자가 자신을 보좌하여 집회 또는 시위의 질서를 유지하게 할 목적으로 임명한 자를 말한다.
> 5. "질서유지선"이란 관할 경찰서장이나 시ㆍ도경찰청장이 적법한 집회 및 시위를 보호하고 질서유지나 원활한 교통 소통을 위하여 집회 또는 시위의 장소나 행진 구간을 일정하게 구획하여 설정한 띠, 방책(防柵), 차선(車線) 등의 경계 표지(標識)를 말한다.
> 6. "경찰관서"란 국가경찰관서를 말한다.

제6조(옥외집회 및 시위의 신고 등) ① 옥외집회나 시위를 주최하려는 자는 그에 관한 다음 각 호의 사항 모두를 적은 **신고서**를 옥외집회나 시위를 시작하기 **720시간** 전부터 **48시간** 전에 관할 경찰서장에게 **제출하여야 한다.** 다만, 옥외집회 또는 시위 장소가 두 곳 이상의 경찰서의 관할에 속하는 경우에는 관할 시·도경찰청장에게 제출하여야 하고, 두 곳 이상의 시·도경찰청 관할에 속하는 경우에는 **주최지를 관할하는** 시·도경찰청장에게 제출하여야 한다.

    1. 목적
    2. 일시(필요한 시간을 포함한다)
    3. 장소
    4. 주최자(단체인 경우에는 그 대표자를 포함한다), 연락책임자, 질서유지인에 관한 다음 각 목의 사항
        가. 주소
        나. 성명
        다. 직업
        라. 연락처
    5. 참가 예정인 단체와 인원
    6. 시위의 경우 그 방법(진로와 약도를 포함한다)

■ **집회 및 시위에 관한 법률 시행령 [별표 2] 〈개정 2023. 10. 17.〉**

확성기등의 소음기준(제14조 관련)

[단위: dB(A)]

소음도 구분		대상 지역	시간대		
			주간 (07:00 ~ 해지기 전)	야간 (해진 후 ~ 24:00)	심야 (00:00 ~ 07:00)
대상 소음도	등가 소음도 (Leq)	주거지역, 학교, 종합병원	65 이하	60 이하	55 이하
		공공도서관	65 이하	60 이하	
		그 밖의 지역	75 이하	65 이하	
	최고 소음도 (Lmax)	주거지역, 학교, 종합병원	85 이하	80 이하	75 이하
		공공도서관	85 이하	80 이하	
		그 밖의 지역	95 이하		

비고
1. 확성기등의 소음은 관할 경찰서장(현장 경찰공무원)이 측정한다.
2. 소음 측정 장소는 피해자가 위치한 건물의 외벽에서 소음원 방향으로 1 ~ 3.5m 떨어진 지점으로 하되, 소음도가 높을 것으로 예상되는 지점의 지면 위 1.2 ~ 1.5m 높이에서 측정한다. 다만, 주된 건물의 경비 등을 위하여 사용되는 부속 건물, 광장·공원이나 도로상의 영업시설물, 공원의 관리사무소 등은 소음 측정 장소에서 제외한다.
3. 제2호의 장소에서 확성기등의 대상소음이 있을 때 측정한 소음도를 측정소음도로 하고, 같은 장소에서 확성기등의 대상소음이 없을 때 5분간 측정한 소음도를 배경소음도로 한다.

정답 16. ①

5. 등가소음도는 10분간(소음 발생 시간이 10분 이내인 경우에는 그 발생 시간 동안을 말한다) 측정한다. 다만, 다음 각 목에 해당하는 대상 지역의 경우에는 등가소음도를 5분간(소음 발생 시간이 5분 이내인 경우에는 그 발생 시간 동안을 말한다) 측정한다.

　가. 주거지역, 학교, 종합병원

　나. 공공도서관

6. 최고소음도는 확성기등의 대상소음에 대해 매 측정 시 발생된 소음도 중 가장 높은 소음도를 측정하며, 동일한 집회·시위에서 측정된 최고소음도가 1시간 내에 3회 이상 위 표의 최고소음도 기준을 초과한 경우 소음기준을 위반한 것으로 본다. 다만, 다음 각 목에 해당하는 대상 지역의 경우에는 1시간 내에 2회 이상 위 표의 최고소음도 기준을 초과한 경우 소음기준을 위반한 것으로 본다.

　가. 주거지역, 학교, 종합병원

　나. 공공도서관

7. 다음 각 목에 해당하는 행사(중앙행정기관이 개최하는 행사만 해당한다)의 진행에 영향을 미치는 소음에 대해서는 그 행사의 개최시간에 한정하여 위 표의 주거지역의 소음기준을 적용한다.

　가. 「국경일에 관한 법률」 제2조에 따른 국경일의 행사

　나. 「각종 기념일 등에 관한 규정」 별표에 따른 각종 기념일 중 주관 부처가 국가보훈부인 기념일의 행사

2016 제2차 경찰공무원 **67** • • •

17 「보안관찰법」상 규정된 내용으로 가장 적절하지 <u>않은</u> 것은?

① "보안관찰처분대상자"라 함은 보안관찰해당범죄 또는 이와 경합된 범죄로 금고이상의 형의 선고를 받고 그 형기 합계가 3년 이상인 자로서 형의 전부 또는 일부의 집행을 받은 사실이 있는 자를 말한다.

② 보안관찰대상자는 그 형의 집행을 받고 있는 교도소, 소년교도소, 구치소, 유치장, 군교도소 또는 영창(이하 "교도소등"이라 한다)에서 출소 전에 거주예정지 기타 대통령령으로 정하는 사항을 교도소등의 장을 경유하여 거주예정지 관할경찰서장에게 신고하고, 출소 후 7일 이내에 그 거주예정지 관할경찰서장에게 출소사실을 신고하여야 한다.

③ 보안관찰대상자는 교도소등에서 출소한 후 신고사항에 변동이 있을 때에는 지체 없이 그 변동된 사항을 관할경찰서장에게 신고하여야 한다.

④ 교도소등의 장은 보안관찰처분대상자가 생길 때에는 지체 없이 보안관찰처분심의위원회와 거주예정지를 관할하는 검사 및 경찰서장에게 통보하여야 한다.

[해설]

제3조(보안관찰처분대상자)   이 법에서 "보안관찰처분대상자"라 함은 보안관찰해당범죄 또는 이와 경합된 범죄로 금고 이상의 형의 선고를 받고 그 형기합계가 3년 이상인 자로서 형의 전부 또는 일부의 집행을 받은 사실이 있는 자를 말한다.

제6조(보안관찰처분대상자의 신고)   ① 보안관찰처분대상자는 대통령령이 정하는 바에 따라 그 형의 집행을 받고 있는 교도소, 소년교도소, 구치소, 유치장, 군교도소 또는 영창(교도소등)에서 출소 전에 거주예정지 기타 대통령령으로 정하는 사항을 교도소등의 장을 경유하여 거주예정지 관할경찰서장에게 신고하고, 출소 후 7일 이내에 그 거주예정지 관할경찰서장에게 출소사실을 신고하여야 한다.

② 보안관찰처분대상자는 교도소등에서 출소한 후 신고사항에 변동이 있을 때에는 변동이 있는 날부터 7일 이내에 그 변동된 사항을 관할경찰서장에게 신고하여야 한다.

③ 교도소등의 장은 보안관찰처분대상자가 생길 때에는 지체없이 보안관찰처분심의위원회와 거주예정지를 관할하는 검사 및 경찰서장에게 통고하여야 한다.

18 음주운전 관련 판례에 대한 설명으로 가장 적절하지 않은 것은?

① 경찰관이 음주운전 단속시 운전자의 요구에 따라 곧바로 채혈을 실시하지 않은 채 호흡측정기에 의한 음주측정을 하고 1시간 12분이 경과한 후에야 채혈을 하였다는 사정만으로는 위 행위가 법령에 위배된다거나 객관적 정당성을 상실하여 운전자가 음주운전 단속과정에서 받을 수 있는 권익이 현저하게 침해되었다고 단정하기 어렵다.

② 피고인의 음주와 음주운전을 목격한 참고인이 있는 상황에서 경찰관이 음주 및 음주운전 종료로부터 약 5시간 후 집에서 자고 있는 피고인을 연행하여 음주측정을 요구한 데에 대하여 피고인이 불응한 경우, 도로교통법상의 음주측정불응죄가 성립하지 않는다.

③ 어떤 사람이 자동차를 움직이게 할 의도 없이 다른 목적을 위하여 자동차의 원동기(모터)의 시동을 걸었는데, 실수로 기어 등 자동차의 발진에 필요한 장치를 건드려 원동기의 추진력에 의하여 자동차가 움직이거나 또는 불안전한 주차상태나 도로여건 등으로 인하여 자동차가 움직이게 된 경우는 자동차의 운전에 해당하지 아니한다.

④ 경찰관이 술에 취한 상태에서 자동차를 운전한 것으로 보이는 피고인을 경찰관직무집행법에 따른 보호조치 대상자로 보아 경찰관서로 데려온 직후 음주측정을 요구하였는데 피고인이 불응하여 음주측정불응죄로 기소된 사안에서 위법한 보호조치 상태를 이용하여 음주측정 요구가 이루어졌다는 등의 특별한 사정이 없는 한 피고인의 행위는 음주측정불응죄에 해당한다.

[해설]

대법원 2001. 8. 24. 선고 2000도6026 판결

【판시사항】

[3] 피고인의 음주와 음주운전을 목격한 참고인이 있는 상황에서 경찰관이 음주 및 음주운전 종료로부터 약 5시간 후 집에서 자고 있는 피고인을 연행하여 음주측정을 요구한 데에 대하여 피고인이 불응한 경우, 도로교통법상의 음주측정불응죄가 성립한다고 본 사례

【이유】

1. 피고인은 2000. 4. 6. 낮부터 친구와 함께 충북 청원군 ○○식당에서 술을 마시다가 17:30경 사소한 일을 트집잡아 맥주병, 유리컵, 사기그릇과 현관 유리문을 손괴한 후, 식당 주인이 보상을 요구하면서 항의하자 화물차를 타고 도주한 사실, 식당 주인의 신고로 경찰관이 같은 날 22:25경 집에서 자고 있던 피고인을 검거하여 파출소로 연행한 후 피고인에게 음주측정을 요구하였으나 피고인이 이에 응하지 않은 사실을 인정할 수 있다.

19 「출입국관리법」상 상륙의 종류와 내용에 대한 설명으로 가장 적절하지 <u>않은</u> 것은?

① 출입국관리공무원은 선박 등에 타고 있는 외국인(승무원을 포함한다)이 질병이나 그 밖의 사고로 긴급히 상륙할 필요가 있다고 인정되면 그 선박 등의 장이나 운수업자의 신청을 받아 30일의 범위에서 긴급상륙을 허가할 수 있다.

② 지방출입국 · 외국인관서의 장은 조난을 당한 선박 등에 타고 있는 외국인(승무원을 포함한다)을 긴급히 구조할 필요가 있다고 인정하면 그 선박 등의 장, 운수업자, 「수상에서의 수색 · 구조등에 관한 법률」에 따른 구호업무 집행자 또는 그 외국인을 구조한 선박 등의 장의 신청에 의하여 30일의 범위에서 재난상륙허가를 할 수 있다.

③ 지방출입국 · 외국인관서의 장은 선박 등에 타고 있는 외국인이 「난민법」 제2조 제1호에 규정된 이유나 그 밖에 이에 준하는 이유로 그 생명 · 신체 또는 신체의 자유를 침해받을 공포가 있는 영역에서 도피하여 곧바로 대한민국에 비호(庇護)를 신청하는 경우 그 외국인을 상륙시킬 만한 상당한 이유가 있다고 인정되면 법무부장관의 승인을 받아 90일의 범위에서 난민 임시상륙허가를 할 수 있다. 이 경우 법무부장관은 외교부장관과 협의하여야 한다.

④ 출입국관리공무원은 관광을 목적으로 대한민국과 외국 해상을 국제적으로 순회하여 운항하는 여객운송선박 중 법무부령으로 정하는 선박에 승선한 외국인승객에 대하여 그 선박의 장 또는 운수업자가 상륙허가를 신청하면 5일의 범위에서 승객의 관광상륙을 허가할 수 있다.

[해설]

제14조의2(관광상륙허가) ① 출입국관리공무원은 관광을 목적으로 대한민국과 외국 해상을 국제적으로 순회하여 운항하는 여객운송선박 중 법무부령으로 정하는 선박에 승선한 외국인승객에 대하여 그 선박의 장 또는 운수업자가 상륙허가를 신청하면 **3일의 범위**에서 승객의 **관광상륙**을 허가할 수 있다.

제15조(긴급상륙허가) ① 출입국관리공무원은 선박등에 타고 있는 외국인(승무원을 포함)이 질병이나 그 밖의 사고로 긴급히 상륙할 필요가 있다고 인정되면 그 선박등의 장이나 운수업자의 신청을 받아 **30일의 범위**에서 **긴급상륙을** 허가할 수 있다.

제16조(재난상륙허가) ① 지방출입국 · 외국인관서의 장은 조난을 당한 선박등에 타고 있는 외국인(승무원을 포함)을 긴급히 구조할 필요가 있다고 인정하면 그 선박등의 장, 운수업자, 구호업무 집행자 또는 그 외국인을 구조한 선박등의 장의 신청에 의하여 **30일의 범위**에서 **재난상륙허가를** 할 수 있다.

제16조의2(난민 임시상륙허가) ① 지방출입국 · 외국인관서의 장은 선박등에 타고 있는 외국인이 「난민법」 제2조 제1호에 규정된 이유나 그 밖에 이에 준하는 이유로 그 생명 · 신체 또는 신체의 자유를 침해받을 공포가 있는 영역에서 도피하여 곧바로 대한민국에 비호(庇護)를 신청하는 경우 그 외국인을 상륙시킬 만한 상당한 이유가 있다고 인정되면 법무부장관의 승인을 받아 **90일의 범위**에서 **난민 임시상륙허가를** 할 수 있다.

20 「범죄인 인도법」상 절대적 인도거절 사유에 해당하지 <u>않은</u> 것은?

① 대한민국 또는 청구국의 법률에 따라 인도범죄에 관한 공소시효 또는 형의 시효가 완성된 경우
② 인도범죄에 관하여 대한민국 법원에서 재판이 계속 중이거나 재판이 확정된 경우
③ 범죄인의 인도범죄 외의 범죄에 관하여 대한민국 법원에 재판이 계속 중인 경우 또는 범죄인이 형을 선고받고 그 집행이 끝나지 아니하거나 면제되지 아니한 경우
④ 범죄인이 인종, 종교, 국적, 성별, 정치적 신념 또는 특정 사회단체에 속한 것 등을 이유로 처벌되거나 그 밖의 불리한 처분을 받을 염려가 있다고 인정되는 경우

[해설]

제7조(절대적 인도거절 사유) 다음 각 호의 어느 하나에 해당하는 경우에는 범죄인을 **인도하여서는 아니 된다.**

1. 대한민국 또는 청구국의 법률에 따라 인도범죄에 관한 공소시효 또는 형의 시효가 완성된 경우
2. 인도범죄에 관하여 대한민국 법원에서 재판이 계속 중이거나 재판이 확정된 경우
3. 범죄인이 인도범죄를 범하였다고 의심할 만한 상당한 이유가 없는 경우. 다만, 인도범죄에 관하여 청구국에서 유죄의 재판이 있는 경우는 제외한다.
4. 범죄인이 인종, 종교, 국적, 성별, 정치적 신념 또는 특정 사회단체에 속한 것 등을 이유로 처벌되거나 그 밖의 불리한 처분을 받을 염려가 있다고 인정되는 경우

제9조(임의적 인도거절 사유) 다음 각 호의 어느 하나에 해당하는 경우에는 범죄인을 **인도하지 아니할 수 있다.**

1. 범죄인이 대한민국 **국민**인 경우
2. 인도범죄의 전부 또는 일부가 대한민국 **영역**에서 범한 것인 경우
3. 범죄인의 인도범죄 **외의 범죄**에 관하여 대한민국 법원에 재판이 계속 중인 경우 또는 범죄인이 형을 선고받고 그 집행이 끝나지 아니하거나 면제되지 아니한 경우
4. 범죄인이 인도범죄에 관하여 **제3국**(청구국이 아닌 외국을 말한다. 이하 같다)에서 재판을 받고 처벌되었거나 처벌받지 아니하기로 확정된 경우
5. 인도범죄의 성격과 범죄인이 처한 환경 등에 비추어 범죄인을 인도하는 것이 **비인도적**이라고 인정되는 경우

16년 제2차 경찰공무원(순경)채용시험 문제

– 일반경찰(남 · 여) · 101경비단 · 전의경대체요원 –

응시 번호 :　　　　　이름 :　　　　【문제지 이상유무 확인 :　　　　(서명) 】

[경찰학개론]

01 자치경찰제도와 비교하여 국가경찰제도가 갖는 장점으로 가장 적절하지 <u>않은</u> 것은?

① 국가권력을 배경으로 강력하고 광범위한 집행력을 행사할 수 있다.
② 전국적으로 통계의 정확성을 기할 수 있다.
③ 경찰조직의 운영 · 개혁이 상대적으로 용이하다.
④ 타 행정부문과의 긴밀한 협조 · 조정이 원활하다.

02 「국회법」과 관련된 경찰의 지역관할에 대한 설명으로 가장 적절하지 <u>않은</u> 것은?

① 국회에 파견된 국가경찰공무원은 국회의장의 지휘를 받아 국회 회의장 건물 밖에서 경호한다.
② 국회 회의장 안에 있는 국회의원은 국회의장의 명령 없이 이를 체포할 수 없다.
③ 국회의장은 국회의 경호를 위하여 필요한 때에는 국회운영위원회의 동의를 얻어 일정한 기간을 정하여 정부에 대하여 필요한 국가경찰공무원의 파견을 요구할 수 있다.
④ 국회 안에 현행범인이 있을 때에는 국가경찰공무원은 국회의장에게 보고 후 지시를 받아 체포하여야 한다.

03 「국가경찰과 자치경찰의 조직 및 운영에 관한 법률」상 국가경찰위원회에 관한 설명으로 가장 적절하지 <u>않은</u> 것은? (기출 수정)

① 국가경찰위원회는 위원장 1명을 포함한 7명의 위원으로 구성하되, 위원장 및 5명의 위원은 비상임으로 하고, 1명의 위원은 상임으로 한다.
② 위원은 행정안전부장관의 제청으로 국무총리를 거쳐 대통령이 임명한다.
③ 경찰, 검찰, 국가정보원 직원 또는 군인의 직에 있거나 그 직에서 퇴직한 날부터 3년이 지나지 아니한 사람은 위원이 될 수 없다.
④ 위원의 임기는 3년으로 하며, 연임(連任)할 수 있다. 이 경우 보궐위원의 임기는 전임자 임기의 남은 기간으로 한다.

04 다음 중 훈령에 대한 설명으로 옳은 것은 모두 몇 개인가?

> ㉠ 훈령은 구체적인 법령의 근거 없이도 발할 수 있다.
> ㉡ 훈령의 내용은 하급관청의 직무상 독립된 범위에 속하는 사항이여야 한다.
> ㉢ 하급경찰관청의 법적 행위가 훈령에 위반하여 행해진 경우 원칙적으로 위법이 아니며, 그 행위의 효력에는 영향이 없다.
> ㉣ 훈령은 원칙적으로 일반적·추상적 사항에 대해서 발해져야 하지만, 개별적·구체적 사항에 대해서도 발해질 수 있다.

① 1개   ② 2개   ③ 3개   ④ 4개

05 환경설계를 통한 범죄예방(CPTED)에 대한 설명으로 가장 적절하지 <u>않은</u> 것은?

① 자연적 감시 – 건축물이나 시설물의 설계 시 가시권을 최대 확보, 외부침입에 대한 감시기능을 확대하여 범죄행위의 발견 가능성을 증가시키고, 범죄기회를 감소시킬 수 있다는 원리이다.

② 자연적 접근통제 – 사적 공간에 대한 경계를 표시하여 주민들의 책임의식과 소유의식을 증대함으로써 사적 공간에 대한 관리권과 권리를 강화시키고, 외부인들에게는 침입에 대한 불법사실을 인식시켜 범죄기회를 차단하는 원리이다.

③ 활동의 활성화 – 지역사회의 설계 시 주민들이 모여서 상호의견을 교환하고 유대감을 증대할 수 있는 공공장소를 설치하고 이용하도록 함으로써 '거리의 눈'을 활용한 자연적 감시와 접근통제의 기능을 확대하는 원리이다.

④ 유지관리 – 처음 설계된 대로 혹은 개선한 의도대로 기능을 지속적으로 유지하도록 관리함으로써 범죄예방을 위한 환경설계의 장기적이고 지속적인 효과를 유지하는 원리이다.

06 「경찰관 직무집행법」상 명시된 경찰관의 경찰장구·분사기·최루탄·무기 등의 사용 관련 규정에 대한 설명으로 가장 적절하지 <u>않은</u> 것은?

① 경찰장구는 사형·무기 또는 장기 3년 이상의 징역이나 금고에 해당하는 죄를 범한 범인의 체포 또는 도주 방지를 위해서 사용할 수 있다.

② 분사기 및 최루탄은 공무집행에 대한 항거의 제지를 위해서 사용할 수 있다.

③ "무기"라 함은 인명 또는 신체에 위해를 가할 수 있도록 제작된 권총·소총·도검 등을 말한다.

④ 살수차·분사기·최루탄·무기를 사용한 경우 그 책임자는 사용일시·장소·대상, 현장책임자, 종류, 수량 등을 기록하여 보관하여야 한다.

2016 제2차 경찰공무원 **73** ●●●

07 「경찰공무원법」상 시보임용에 대한 설명으로 옳은 것은?

① 경정 이하 경찰공무원을 신규채용할 때에는 시보임용하고, 그 기간이 만료된 날 정규 경찰공무원으로 임용한다.

② 직위해제기간 및 징계에 의한 정직처분이나 감봉처분을 받은 기간은 시보임용기간에 산입하지 않지만, 휴직기간은 시보임용 기간에 산입한다.

③ 퇴직한 경찰공무원으로서 퇴직 시 재직하였던 계급의 채용시험에 합격한 사람을 재임 용하는 경우 시보임용을 거치지 아니한다.

④ 시보임용기간 중에 있는 경찰공무원이 근무성적 또는 교육훈련 성적이 불량할 때는 면직시키거나 면직을 제청하여야 한다.

08 다음은 공직 분류 방식 중 계급제와 직위분류제에 대한 설명이다. 옳은 것은 모두 몇 개 인가?

> ㉠ 직위분류제는 계급제에 비해서 보수결정의 합리적인 기준을 제시하는 것이 장점이다.
> ㉡ 계급제는 이해력이 넓어져 직위분류제에 비해서 기관 간의 횡적 협조가 용이한 편이다.
> ㉢ 직위분류제는 프랑스에서 처음 실시된 후 독일 등으로 전파되었다.
> ㉣ 우리나라의 공직 분류는 계급제 위주에 직위분류제적 요소를 가미한 혼합형태라고 할 수 있다.

① 1개   ② 2개   ③ 3개   ④ 4개

09 다음 중 「경찰관 직무집행법」상 규정된 즉시강제에 해당하는 것은 모두 몇 개인가?

> ㉠ 불심검문   ㉡ 범죄의 예방 및 제지   ㉢ 무기의 사용
> ㉣ 보호조치   ㉤ 위험방지를 위한 출입

① 2개   ② 3개   ③ 4개   ④ 5개

10 「경찰감찰규칙」에 대한 설명으로 가장 적절하지 <u>않은</u> 것은?

① 경찰기관장은 1년 이상 성실히 근무한 감찰관에 대해서는 희망부서를 고려하여 전보한다.
② 감찰관은 소속 경찰공무원 등의 의무위반사실에 대한 민원을 접수하였을 때에는 접수일로부터 2개월 내에 신속히 처리하여야 한다.
③ 감찰관은 심야(오후 10시부터 오전 6시까지를 말한다)에 조사를 하여서는 아니 된다. 다만, 사안에 따라 신속한 조사가 필요하고, 조사대상자로부터 심야조사 동의서를 받은 경우에는 심야에도 조사할 수 있다.
④ 감찰관은 상급 경찰기관장의 지시에 따라 일정기간 동안 소속 경찰기관이 아닌 다른 경찰기관의 소속 직원의 복무실태, 업무추진 실태 등을 점검할 수 있다.

11 「경찰관 직무집행법」 제2조 제7호의 개괄적 수권조항 인정 여부에 있어 찬성 측의 논거로 가장 적절하지 <u>않은</u> 것은?

① 경찰권의 성질상 경찰권의 발동사태를 상정해서 경찰권 발동의 요건·한계를 입법기관이 일일이 규정한다는 것은 불가능하다.
② 개괄적 수권조항은 개별조항이 없는 경우에만 보충적으로 적용하면 된다.
③ 개괄적 수권조항으로 인한 경찰권 남용의 가능성은 조리 상의 한계 등으로 충분히 통제가 가능하다.
④ 「경찰관 직무집행법」 제2조 제7호는 단지 경찰의 직무범위만을 정한 것으로서 본질적으로는 조직법적 성질의 규정이다.

12 「경범죄처벌법」상 규정된 내용에 대한 설명으로 가장 적절하지 <u>않은</u> 것은?

① 주거가 확인된 경우라면 어떠한 경우라도 「경범죄처벌법」을 위반한 사람을 체포할 수 없다.
② 거짓 광고, 업무방해, 암표매매의 경우 20만 원 이하의 벌금, 구류 또는 과료의 형으로 처벌한다.
③ 「경범죄처벌법」 위반의 죄를 짓도록 시키거나 도와준 사람은 죄를 지은 사람에 준하여 벌한다.
④ 「경범죄처벌법」상의 범칙금 통고처분서를 받은 사람은 통고처분서를 받은 날로부터 10일 이내에 범칙금을 납부하여야 한다.

13 「가정폭력범죄의 처벌 등에 관한 특례법」에 대한 설명으로 가장 적절하지 <u>않은</u> 것은?

① 검사는 가정폭력범죄가 재발될 우려가 있다고 인정하는 경우에는 직권으로 또는 사법경찰관의 신청에 의하여 법원에 피해자 또는 가정구성원의 주거 또는 점유하는 방실로부터의 퇴거 등 격리, 피해자 또는 가정구성원의 주거·직장 등에서 100미터 이내의 접근 금지, 의료기관이나 그 밖의 요양소에 위탁의 임시조치를 청구할 수 있다.

② 사법경찰관은 응급조치에도 불구하고 가정폭력범죄가 재발될 우려가 있고, 긴급을 요하여 법원의 임시조치 결정을 받을 수 없을 때에는 직권 또는 피해자나 그 법정대리인의 신청에 의하여 긴급임시조치를 할 수 있다.

③ 임시조치의 청구는 긴급임시조치를 한 때부터 48시간 이내에 청구하여야 하며, 긴급임시조치결정서를 첨부하여야 한다.

④ 「형법」상 유기죄는 가정폭력범죄에 해당한다.

14 「실종아동등의 보호 및 지원에 관한 법률」상 사용하는 용어의 정의에 대한 설명으로 가장 적절하지 <u>않은</u> 것은?

① "아동등"이란 실종 당시 19세 미만인 아동, 지적장애인, 자폐성장애인 또는 정신장애인, 치매환자에 해당하는 사람을 말한다.

② "실종아동등"이란 약취(略取) 유인(誘引) 또는 유기(遺棄)되거나 사고를 당하거나 가출하거나 길을 잃는 등의 사유로 인하여 보호자로부터 이탈(離脫)된 아동 등을 말한다.

③ "보호자"란 친권자, 후견인이나 그 밖에 다른 법률에 따라 아동 등을 보호하거나 부양할 의무가 있는 사람을 말한다.
다만, 보호시설의 장 또는 종사자는 제외한다.

④ "보호시설"이란 사회복지시설 및 인가·신고 등이 없이 아동 등을 보호하는 시설로서 사회복지시설에 준하는 시설을 말한다.

15 다음은 다중범죄의 정책적 치료법 중 무엇에 대한 설명인가?

> 불만집단과 이에 반대하는 대중의견을 크게 부각하여 불만집단이 위압되어 자진해산 및 분산되도록 하는 방법이다.

① 선수승화법　　　　　　　　　② 전이법
③ 지연정화법　　　　　　　　　④ 경쟁행위법

16 「집회 및 시위에 관한 법률 및 동법 시행령」에 대한 설명으로 가장 적절하지 <u>않은</u> 것은? (기출 수정)

① 이 법의 집회 및 시위를 최대한 효율적으로 관리 및 통제하고, 집회에 대한 허가제를 정착하기 위한 것이다. 또한 위법한 시위로부터 국민을 보호하기 위해 불법집회, 미신고집회, 신고범위를 일탈한 집회 등에 대한 저지 및 해산이 신속하게 이루어지도록 하는 것을 목적으로 한다.

② "질서유지선"이란 관할 경찰서장이나 시·도경찰청장이 적법한 집회 및 시위를 보호하고 질서유지나 원활한 교통 소통을 위하여 집회 또는 시위의 장소나 행진 구간을 일정하게 구획하여 설정한 띠, 방책, 차선 등의 경계 표지를 말한다.

③ 소음 측정 장소는 피해자가 위치한 건물의 외벽에서 소음원 방향으로 1~3.5m 떨어진 지점으로 하되, 소음도가 높을 것으로 예상되는 지점의 지면 위 1.2~1.5m 높이에서 측정한다. 다만, 주된 건물의 경비 등을 위하여 사용되는 부속 건물, 광장·공원이나 도로상의 영업시설물, 공원의 관리사무소 등은 소음 측정 장소에서 제외한다.

④ 옥외집회나 시위를 주최하려는 자는 그에 관한 다음 각 호의 사항 모두를 적은 신고서를 옥외집회나 시위를 시작하기 720시간 전부터 48시간 전에 관할 경찰서장에게 제출하여야 한다. 다만, 옥외집회 또는 시위 장소가 두 곳 이상의 경찰서의 관할에 속하는 경우에는 관할 시·도경찰청장에게 제출하여야 하고, 두 곳 이상의 시·도경찰청 관할에 속하는 경우에는 주최지를 관할하는 시·도경찰청장에게 제출하여야 한다.

17 「보안관찰법」상 규정된 내용으로 가장 적절하지 <u>않은</u> 것은?

① "보안관찰처분대상자"라 함은 보안관찰해당범죄 또는 이와 경합된 범죄로 금고이상의 형의 선고를 받고 그 형기 합계가 3년 이상인 자로서 형의 전부 또는 일부의 집행을 받은 사실이 있는 자를 말한다.

② 보안관찰대상자는 그 형의 집행을 받고 있는 교도소, 소년교도소, 구치소, 유치장, 군교도소 또는 영창(이하 "교도소등"이라 한다)에서 출소 전에 거주예정지 기타 대통령령으로 정하는 사항을 교도소등의 장을 경유하여 거주예정지 관할경찰서장에게 신고하고, 출소 후 7일 이내에 그 거주예정지 관할경찰서장에게 출소사실을 신고하여야 한다.

③ 보안관찰대상자는 교도소등에서 출소한 후 신고사항에 변동이 있을 때에는 지체 없이 그 변동된 사항을 관할경찰서장에게 신고하여야 한다.

④ 교도소등의 장은 보안관찰처분대상자가 생길 때에는 지체 없이 보안관찰처분심의위원회와 거주예정지를 관할하는 검사 및 경찰서장에게 통보하여야 한다.

18 음주운전 관련 판례에 대한 설명으로 가장 적절하지 <u>않은</u> 것은?

① 경찰관이 음주운전 단속시 운전자의 요구에 따라 곧바로 채혈을 실시하지 않은 채 호흡측정기에 의한 음주측정을 하고 1시간 12분이 경과한 후에야 채혈을 하였다는 사정만으로는 위 행위가 법령에 위배된다거나 객관적 정당성을 상실하여 운전자가 음주운전 단속과정에서 받을 수 있는 권익이 현저하게 침해되었다고 단정하기 어렵다.

② 피고인의 음주와 음주운전을 목격한 참고인이 있는 상황에서 경찰관이 음주 및 음주운전 종료로부터 약 5시간 후 집에서 자고 있는 피고인을 연행하여 음주측정을 요구한 데에 대하여 피고인이 불응한 경우, 도로교통법상의 음주측정불응죄가 성립하지 않는다.

③ 어떤 사람이 자동차를 움직이게 할 의도 없이 다른 목적을 위하여 자동차의 원동기(모터)의 시동을 걸었는데, 실수로 기어 등 자동차의 발진에 필요한 장치를 건드려 원동기의 추진력에 의하여 자동차가 움직이거나 또는 불안전한 주차상태나 도로여건 등으로 인하여 자동차가 움직이게 된 경우는 자동차의 운전에 해당하지 아니한다.

④ 경찰관이 술에 취한 상태에서 자동차를 운전한 것으로 보이는 피고인을 경찰관직무집행법에 따른 보호조치 대상자로 보아 경찰관서로 데려온 직후 음주측정을 요구하였는데 피고인이 불응하여 음주측정불응죄로 기소된 사안에서 위법한 보호조치 상태를 이용하여 음주측정 요구가 이루어졌다는 등의 특별한 사정이 없는 한 피고인의 행위는 음주측정불응죄에 해당한다.

19 「출입국관리법」상 상륙의 종류와 내용에 대한 설명으로 가장 적절하지 <u>않은</u> 것은?

① 출입국관리공무원은 선박 등에 타고 있는 외국인(승무원을 포함한다)이 질병이나 그 밖의 사고로 긴급히 상륙할 필요가 있다고 인정되면 그 선박 등의 장이나 운수업자의 신청을 받아 30일의 범위에서 긴급상륙을 허가할 수 있다.

② 지방출입국 · 외국인관서의 장은 조난을 당한 선박 등에 타고 있는 외국인(승무원을 포함한다)을 긴급히 구조할 필요가 있다고 인정하면 그 선박 등의 장, 운수업자, 「수상에서의 수색 · 구조등에 관한 법률」에 따른 구호업무 집행자 또는 그 외국인을 구조한 선박 등의 장의 신청에 의하여 30일의 범위에서 재난상륙허가를 할 수 있다.

③ 지방출입국 · 외국인관서의 장은 선박 등에 타고 있는 외국인이 「난민법」 제2조 제1호에 규정된 이유나 그 밖에 이에 준하는 이유로 그 생명 · 신체 또는 신체의 자유를 침해받을 공포가 있는 영역에서 도피하여 곧바로 대한민국에 비호(庇護)를 신청하는 경우 그 외국인을 상륙시킬 만한 상당한 이유가 있다고 인정되면 법무부장관의 승인을 받아 90일의 범위에서 난민 임시상륙허가를 할 수 있다. 이 경우 법무부장관은 외교부장관과 협의하여야 한다.

④ 출입국관리공무원은 관광을 목적으로 대한민국과 외국 해상을 국제적으로 순회하여 운항하는 여객운송선박 중 법무부령으로 정하는 선박에 승선한 외국인승객에 대하여 그 선박의 장 또는 운수업자가 상륙허가를 신청하면 5일의 범위에서 승객의 관광상륙을 허가할 수 있다.

20「범죄인 인도법」상 절대적 인도거절 사유에 해당하지 <u>않은</u> 것은?

① 대한민국 또는 청구국의 법률에 따라 인도범죄에 관한 공소시효 또는 형의 시효가 완성된 경우

② 인도범죄에 관하여 대한민국 법원에서 재판이 계속 중이거나 재판이 확정된 경우

③ 범죄인의 인도범죄 외의 범죄에 관하여 대한민국 법원에 재판이 계속 중인 경우 또는 범죄인이 형을 선고받고 그 집행이 끝나지 아니하거나 면제되지 아니한 경우

④ 범죄인이 인종, 종교, 국적, 성별, 정치적 신념 또는 특정 사회단체에 속한 것 등을 이유로 처벌되거나 그 밖의 불리한 처분을 받을 염려가 있다고 인정되는 경우

모 | 범 | 답 | 안   **경찰학개론**

| 1. ③ | 2. ④ | 3. ④ | 4. ③ | 5. ② | 6. ② | 7. ③ | 8. ③ | 9. ③,④ | 10. ③ |
| 11. ④ | 12. ① | 13. ① | 14. ① | 15. ④ | 16. ① | 17. ② | 18. ② | 19. ④ | 20. ③ |

2017
제1차

경찰학개론 기출문제
경찰공무원(순경) 공채

2017년 3월 18일 시행

2017
제1차

01 경찰의 부정부패 원인에 대한 설명으로 가장 적절한 것은?

① 미국의 월슨은 '시카고 시민이 경찰을 부패시켰다'며 '구조원인 가설'을 주장하였다.

② 니더호퍼, 로벅, 바커 등이 주장한 '전체사회 가설'은 '미끄러지기 쉬운 경사로 이론'과 관련이 깊다.

③ 셔먼의 '미끄러지기 쉬운 경사로 이론'에 의하면 공짜 커피 한 잔도 부패에 해당한다.

④ 선배경찰의 부패행태로부터 신임경찰이 차츰 사회화되어 신임경찰도 기존 경찰처럼 부패로 물들게 된다는 이론은 '구조원인 가설'이다.

해설

구조원인가설	니더호퍼, 로벅, 바커 등이 주장, 교육훈련을 통해 국가에 충성하고 정의사회를 구현하겠다는 신임경찰관이 일선경찰기관에 배치된 후, 그들의 선배, 동료들에 의해 만들어진 부패된 경찰조직속에서 사회화 과정을 거치면서 점차 부패의 길로 들어선다는 가설
썩은사과가설	경찰관 모집할 때 자질이 없는 경찰관(잠재적 부패 경찰관)들이 모집단계에서 걸러내지 못한 경우, 그로부터 정의로운 경찰관들까지도 부패에 빠져들게 된다는 가설
전체사회가설	미국의 경찰학자 '월슨' 의해 등장, 우리의 전체사회가 경찰관의 부패를 만의 하나라도 묵인 또는 용인할 때 경찰관은 자기도 모르게 부패행위에 빠져들게 된다는 것. 시민사회의 부패가 경찰부패로 이어질 수 있다는 가설
미끄러운 경사로이론	부패에 해당하지 않는 작은 호의(공짜커피, 무료식사)가 습관화 될 경우 미끄러운 경사로를 타고 내려오듯이 점점 더 큰 호의를 받게 되어 결국 부패와 범죄로 빠진다는 가설

정답 1. ④

02 「경찰청 공무원 행동강령」에 대한 설명으로 가장 적절하지 <u>않은</u> 것은? (기출 변형)

① 공무원은 상급자가 자기 또는 타인의 부당한 이익을 위하여 공정한 직무수행을 현저하게 해치는 지시를 하였을 때에는 그 사유를 상급자에게 소명하고 지시에 따르지 아니하거나 행동강령책임관과 상담할 수 있다.

② 공무원은 「범죄수사규칙」 제30조에 따른 경찰관서 내 수사 지휘에 대한 이의제기와 관련하여 행동강령책임관에게 상담을 요청할 수 있다.

③ 공무원은 수사·단속의 대상이 되는 업소 중 경찰청장이 지정하는 유형의 업소 관계자와 부적절한 사적 접촉을 하여서는 아니 되며, 공적 또는 사적으로 접촉한 경우 소속 기관장에게 승인을 받아야 한다.

④ 공무원은 정치인이나 정당 등으로부터 부당한 직무수행을 강요받거나 청탁을 받은 경우에는 별지 제9호 서식 또는 전자우편 등의 방법으로 소속 기관의 장에게 보고하거나 행동강령책임관과 상담하여야 한다.

해설

제4조(공정한 직무수행을 해치는 지시에 대한 처리) ① 공무원은 상급자가 자기 또는 타인의 부당한 이익을 위하여 공정한 직무수행을 현저하게 해치는 지시를 하였을 때에는 별지 제1호 서식 또는 전자우편 등의 방법으로 그 사유를 상급자에게 소명하고 지시에 따르지 아니하거나, 별지 제2호 서식 또는 전자우편 등의 방법으로 제23조에 따라 지정된 행동강령에 관한 업무를 담당하는 공무원("행동강령책임관")과 상담할 수 있다.
② 제1항에 따라 지시를 이행하지 아니하였는데도 같은 지시가 반복될 때에는 즉시 행동강령책임관과 상담하여야 한다.

제4조의2(부당한 수사지휘에 대한 이의제기) ① 공무원은 「범죄수사규칙」 제30조에 따른 경찰관서 내 수사지휘에 대한 이의제기와 관련하여 행동강령책임관에게 상담을 요청할 수 있다.
② 제1항의 상담요청을 받은 행동강령책임관은 해당 지휘의 취소·변경이 필요하다고 인정되면 소속기관장에게 보고하여야 한다.

제5조의2(수사·단속 업무의 공정성 강화) ① 공무원은 수사·단속의 대상이 되는 업소 중 경찰청장이 지정하는 유형의 업소 관계자와 부적절한 사적 접촉을 하여서는 아니 되며, 공적 또는 사적으로 접촉한 경우 경찰청장이 정하는 방법에 따라 신고하여야 한다.
② 공무원은 수사 중인 사건의 관계자(해당 사건의 처리와 법률적·경제적 이해관계가 있는 자로서 경찰청장이 지정하는 자를 말한다)와 부적절한 사적접촉을 해서는 아니 되며, 소속 경찰관서 내에서만 접촉하여야 한다. 다만, 현장 조사 등 공무상 필요한 경우 외부에서 접촉할 수 있으며, 이 경우에는 수사서류 등 공문서에 기록하여야 한다.

제6조(특혜의 배제) 공무원은 직무를 수행함에 있어 지연·혈연·학연·종교 등을 이유로 특정인에게 특혜를 주어서는 아니 된다.

제7조(예산의 목적 외 사용 금지) 공무원은 여비, 업무추진비 등 공무 활동을 위한 예산을 목적 외의 용도로 사용하여 소속 기관에 재산상 손해를 입혀서는 아니 된다.

제8조(정치인 등의 부당한 요구에 대한 처리) ① 공무원은 정치인이나 정당 등으로부터 부당한 직무수행을 강요받거나 청탁을 받은 경우에는 별지 제9호 서식 또는 전자우편 등의 방법으로 소속 기관의 장에게 보고하거나 행동강령책임관과 상담하여야 한다.
② 제1항에 따라 보고를 받은 소속 기관의 장이나 상담을 한 행동강령책임관은 그 공무원이 공정한 직무수행을 할 수 있도록 적절한 조치를 하여야 한다.

03 「국가경찰과 자치경찰의 조직 및 운영에 관한 법률」상 경찰위원회에 대한 설명으로 옳고 그름의 표시(○, ✕)가 바르게 된 것은? (기출 변형)

> ㉠ 국가경찰위원회는 위원장 1명을 포함한 7명의 위원으로 구성하되, 위원장 및 5명의 위원은 비상임으로 하고, 1명의 위원은 상임으로 한다.
> ㉡ 위원 중 2명은 법관의 자격이 있는 사람이어야 한다.
> ㉢ 위원은 행정안전부장관의 제청으로 국무총리를 거쳐 대통령이 임명한다.
> ㉣ 위원의 임기는 3년으로 하며, 연임할 수 없다. 이 경우 보궐위원의 임기는 전임자 임기의 남은 기간으로 한다.

① ㉠ ✕, ㉡ ✕, ㉢ ○, ㉣ ✕
② ㉠ ○, ㉡ ✕, ㉢ ✕, ㉣ ○
③ ㉠ ○, ㉡ ○, ㉢ ○, ㉣ ○
④ ㉠ ○, ㉡ ○, ㉢ ✕, ㉣ ✕

해설

제7조(국가경찰위원회의 설치) ① 국가경찰행정에 관하여 제10조제1항 각 호의 사항을 심의 · 의결하기 위하여 행정안전부에 국가경찰위원회를 둔다.
② 국가경찰위원회는 위원장 1명을 포함한 7명의 위원으로 구성하되, 위원장 및 5명의 위원은 비상임(非常任)으로 하고, 1명의 위원은 상임(常任)으로 한다.
③ 제2항에 따른 위원 중 상임위원은 정무직으로 한다.

제8조(국가경찰위원회 위원의 임명 및 결격사유 등) ① 위원은 행정안전부장관의 제청으로 국무총리를 거쳐 대통령이 임명한다.
② 행정안전부장관은 위원 임명을 제청할 때 경찰의 정치적 중립이 보장되도록 하여야 한다.
③ 위원 중 2명은 법관의 자격이 있는 사람이어야 한다.
④ 위원은 특정 성(性)이 10분의 6을 초과하지 아니하도록 노력하여야 한다.
⑤ 다음 각 호의 어느 하나에 해당하는 사람은 위원이 될 수 없으며, 위원이 다음 각 호의 어느 하나에 해당하는 경우에는 당연퇴직한다.
  1. 정당의 당원이거나 당적을 이탈한 날부터 3년이 지나지 아니한 사람
  2. 선거에 의하여 취임하는 공직에 있거나 그 공직에서 퇴직한 날부터 3년이 지나지 아니한 사람
  3. 경찰, 검찰, 국가정보원 직원 또는 군인의 직에 있거나 그 직에서 퇴직한 날부터 3년이 지나지 아니한 사람
  4. 「국가공무원법」 제33조 각 호의 어느 하나에 해당하는 사람. 다만, 「국가공무원법」 제33조제2호 및 제5호에 해당하는 경우에는 같은 법 제69조제1호 단서에 따른다.
⑥ 위원에 대해서는 「국가공무원법」 제60조 및 제65조를 준용한다.

제9조(국가경찰위원회 위원의 임기 및 신분보장) ① 위원의 임기는 3년으로 하며, 연임(連任)할 수 없다. 이 경우 보궐위원의 임기는 전임자 임기의 남은 기간으로 한다.
② 위원은 중대한 신체상 또는 정신상의 장애로 직무를 수행할 수 없게 된 경우를 제외하고는 그 의사에 반하여 면직되지 아니한다.

04 「질서위반행위규제법」에 대한 설명으로 가장 적절한 것은? (기출 변형)

① 질서위반행위의 성립과 과태료 처분은 처분 시의 법률에 따른다.
② 고의 또는 과실이 없는 질서위반행위는 과태료를 부과한다.
③ 2인 이상이 질서위반행위에 가담한 때에는 각자가 질서위반행위를 한 것으로 본다.
④ 과태료는 행정청의 과태료 부과처분이나 법원의 과태료 재판이 확정된 후 3년간 징수하지 아니하거나 집행하지 아니하면 시효로 인하여 소멸한다.

[해설]

제2조(정의) 이 법에서 사용하는 용어의 뜻은 다음과 같다.
1. "질서위반행위"란 법률(지방자치단체의 조례를 포함)상의 의무를 위반하여 과태료를 부과하는 행위를 말한다. 다만, 다음 각 목의 어느 하나에 해당하는 행위를 제외한다.
   가. 대통령령으로 정하는 사법(私法)상 · 소송법상 의무를 위반하여 과태료를 부과하는 행위
   나. 대통령령으로 정하는 법률에 따른 징계사유에 해당하여 과태료를 부과하는 행위
2. "행정청"이란 행정에 관한 의사를 결정하여 표시하는 국가 또는 지방자치단체의 기관, 그 밖의 법령 또는 자치법규에 따라 행정권한을 가지고 있거나 위임 또는 위탁받은 공공단체나 그 기관 또는 사인(私人)을 말한다.
3. "당사자"란 질서위반행위를 한 자연인 또는 법인(법인이 아닌 사단 또는 재단으로서 대표자 또는 관리인이 있는 것을 포함)을 말한다.

제3조(법 적용의 시간적 범위) ① 질서위반행위의 성립과 과태료 처분은 행위 시의 법률에 따른다.
② 질서위반행위 후 법률이 변경되어 그 행위가 질서위반행위에 해당하지 아니하게 되거나 과태료가 변경되기 전의 법률보다 가볍게 된 때에는 법률에 특별한 규정이 없는 한 변경된 법률을 적용한다.
③ 행정청의 과태료 처분이나 법원의 과태료 재판이 확정된 후 법률이 변경되어 그 행위가 질서위반행위에 해당하지 아니하게 된 때에는 변경된 법률에 특별한 규정이 없는 한 과태료의 징수 또는 집행을 면제한다.

제4조(법 적용의 장소적 범위) ① 이 법은 대한민국 영역 안에서 질서위반행위를 한 자에게 적용한다.
② 이 법은 대한민국 영역 밖에서 질서위반행위를 한 대한민국의 국민에게 적용한다.
③ 이 법은 대한민국 영역 밖에 있는 대한민국의 선박 또는 항공기 안에서 질서위반행위를 한 외국인에게 적용한다.

제6조(질서위반행위 법정주의) 법률에 따르지 아니하고는 어떤 행위도 질서위반행위로 과태료를 부과하지 아니한다.

제7조(고의 또는 과실) 고의 또는 과실이 없는 질서위반행위는 과태료를 부과하지 아니한다.

제8조(위법성의 착오) 자신의 행위가 위법하지 아니한 것으로 오인하고 행한 질서위반행위는 그 오인에 정당한 이유가 있는 때에 한하여 과태료를 부과하지 아니한다.

제9조(책임연령) 14세가 되지 아니한 자의 질서위반행위는 과태료를 부과하지 아니한다. 다만, 다른 법률에 특별한 규정이 있는 경우에는 그러하지 아니하다.

제10조(심신장애) ① 심신(心神)장애로 인하여 행위의 옳고 그름을 판단할 능력이 없거나 그 판단에 따른 행위를 할 능력이 없는 자의 질서위반행위는 과태료를 부과하지 아니한다.
② 심신장애로 인하여 제1항에 따른 능력이 미약한 자의 질서위반행위는 과태료를 감경한다.
③ 스스로 심신장애 상태를 일으켜 질서위반행위를 한 자에 대하여는 제1항 및 제2항을 적용하지 아니한다.

제12조(다수인의 질서위반행위 가담) ① 2인 이상이 질서위반행위에 가담한 때에는 각자가 질서위반행위를 한 것으로 본다.

② 신분에 의하여 성립하는 질서위반행위에 신분이 없는 자가 가담한 때에는 신분이 없는 자에 대하여도 질서위반행위가 성립한다.

③ 신분에 의하여 과태료를 감경 또는 가중하거나 과태료를 부과하지 아니하는 때에는 그 신분의 효과는 신분이 없는 자에게는 미치지 아니한다.

제15조(과태료의 시효) ① 과태료는 행정청의 과태료 부과처분이나 법원의 과태료 재판이 확정된 후 5년간 징수하지 아니하거나 집행하지 아니하면 시효로 인하여 소멸한다.

② 제1항에 따른 소멸시효의 중단·정지 등에 관하여는 「국세기본법」 제28조를 준용한다.

05 「경찰공무원법」상 시보임용에 대한 설명 중 가장 적절하지 <u>않은</u> 것은? (기출 변형)

① 퇴직한 경찰공무원으로서 퇴직 시에 재직하였던 계급의 채용시험에 합격한 사람을 재임용하는 경우에는 시보임용을 거치지 아니한다.

② 경정 이하의 경찰공무원을 신규 채용할 때에는 1년간 시보(試補)로 임용하고, 그 기간이 만료된 다음 날에 정규 경찰공무원으로 임용한다.

③ 경찰대학을 졸업한 사람 또는 경위공개경쟁채용시험합격자로서 정하여진 교육훈련을 마친 사람을 경위로 임용하는 경우에는 시보임용을 거치지 아니한다.

④ 자치경찰공무원을 그 계급에 상응하는 경찰공무원으로 임용하는 경우에는 시보임용을 거쳐야 한다.

해설

제13조(시보임용) ① 경정 이하의 경찰공무원을 신규 채용할 때에는 1년간 시보(試補)로 임용하고, 그 기간이 만료된 다음 날에 정규 경찰공무원으로 임용한다.

② 휴직기간, 직위해제기간 및 징계에 의한 정직처분 또는 감봉처분을 받은 기간은 제1항에 따른 시보임용기간에 산입하지 아니한다.

③ 시보임용기간 중에 있는 경찰공무원이 근무성적 또는 교육훈련성적이 불량할 때에는 「국가공무원법」 제68조 및 이 법 제28조에도 불구하고 면직시키거나 면직을 제청할 수 있다.

④ 다음 각 호의 어느 하나에 해당하는 경우에는 시보임용을 거치지 아니한다.

1. 경찰대학을 졸업한 사람 또는 경위공개경쟁채용시험합격자로서 정하여진 교육훈련을 마친 사람을 경위로 임용하는 경우
2. 경찰공무원으로서 대통령령으로 정하는 상위계급으로의 승진에 필요한 자격 요건을 갖추고 임용예정 계급에 상응하는 공개경쟁 채용시험에 합격한 사람을 해당 계급의 경찰공무원으로 임용하는 경우
3. 퇴직한 경찰공무원으로서 퇴직 시에 재직하였던 계급의 채용시험에 합격한 사람을 재임용하는 경우
4. 자치경찰공무원을 그 계급에 상응하는 경찰공무원으로 임용하는 경우

정답 4. ③ 5. ④

06 「위해성 경찰장비의 사용기준 등에 관한 규정」에 대한 설명으로 가장 적절하지 <u>않은</u> 것은? (기출 변형)

① 경찰관은 총기 또는 폭발물을 가지고 대항하는 경우를 제외하고는 14세미만의 자 또는 임산부에 대하여 권총 또는 소총을 발사하여서는 아니된다.

② 가스차 · 살수차 · 특수진압차 · 물포 · 석궁 · 다목적발사기 및 도주차량차단장비는 '기타장비'에 포함된다.

③ 근접분사기 · 가스분사기 · 가스발사총(고무탄 발사겸용을 제외한다) 및 최루탄(그 발사장치를 포함)은 '분사기 · 최루탄등'에 포함된다.

④ 권총 · 소총 · 기관총(기관단총을 포함한다. 이하 같다) · 산탄총 · 유탄발사기 · 박격포 · 3인치포 · 함포 · 크레모아 · 수류탄 · 폭약류 및 도검은 '무기'에 포함된다.

해설

제2조(위해성 경찰장비의 종류) 「경찰관 직무집행법」 제10조제1항 단서에 따른 사람의 생명이나 신체에 위해를 끼칠 수 있는 경찰장비("위해성 경찰장비")의 종류는 다음 각 호와 같다.

    1. 경찰장구: 수갑 · 포승(捕繩) · 호송용포승 · 경찰봉 · 호신용경봉 · 전자충격기 · 방패 및 전자방패

    2. 무기: 권총 · 소총 · 기관총(기관단총을 포함한다. 이하 같다) · 산탄총 · 유탄발사기 · 박격포 · 3인치포 · 함포 · 크레모아 · 수류탄 · 폭약류 및 도검

    3. 분사기 · 최루탄등: 근접분사기 · 가스분사기 · 가스발사총(고무탄 발사겸용을 포함) 및 최루탄(그 발사장치를 포함)

    4. 기타장비: 가스차 · 살수차 · 특수진압차 · 물포 · 석궁 · 다목적발사기 및 도주차량차단장비

제10조(권총 또는 소총의 사용제한) ① 경찰관은 법 제10조의4의 규정에 의하여 권총 또는 소총을 사용하는 경우에 있어서 범죄와 무관한 다중의 생명 · 신체에 위해를 가할 우려가 있는 때에는 이를 사용하여서는 아니된다. 다만, 권총 또는 소총을 사용하지 아니하고는 타인 또는 경찰관의 생명 · 신체에 대한 중대한 위험을 방지할 수 없다고 인정되는 때에는 필요한 최소한의 범위안에서 이를 사용할 수 있다.

② 경찰관은 총기 또는 폭발물을 가지고 대항하는 경우를 제외하고는 14세미만의 자 또는 임산부에 대하여 권총 또는 소총을 발사하여서는 아니된다.

07 「경찰공무원법」상 규정이다. ( ) 안에 들어갈 숫자를 모두 더한 값은? (기출 변형)

> 경찰공무원의 정년은 다음과 같다.
> 1. 연령정년: 60세
> 2. 계급정년
>   치안감: ( )년, 경무관: ( )년, 총경: ( )년, 경정: ( )년

① 35　　　　　　　② 34　　　　　　　③ 33　　　　　　　④ 32

해설

제30조(정년) ① 경찰공무원의 정년은 다음과 같다.
　　1. 연령정년: 60세
　　2. 계급정년
　　　　치안감: 4년
　　　　경무관: 6년
　　　　총경: 11년
　　　　경정: 14년

② 징계로 인하여 강등(경감으로 강등된 경우를 포함한다)된 경찰공무원의 계급정년은 제1항제2호에도 불구하고 다음 각 호에 따른다.
　1. 강등된 계급의 계급정년은 강등되기 전 계급 중 가장 높은 계급의 계급정년으로 한다.
　2. 계급정년을 산정할 때에는 강등되기 전 계급의 근무연수와 강등 이후의 근무연수를 합산한다.

③ 수사, 정보, 외사, 안보, 자치경찰사무 등 특수 부문에 근무하는 경찰공무원으로서 대통령령으로 정하는 바에 따라 지정을 받은 사람은 총경 및 경정의 경우에는 4년의 범위에서 대통령령으로 정하는 바에 따라 제1항제2호에 따른 계급정년을 연장할 수 있다. 〈개정 2024. 2. 13.〉

④ 경찰청장 또는 해양경찰청장은 전시·사변이나 그 밖에 이에 준하는 비상사태에서는 2년의 범위에서 제1항제2호에 따른 계급정년을 연장할 수 있다. 이 경우 경무관 이상의 경찰공무원에 대해서는 행정안전부장관 또는 해양수산부장관과 국무총리를 거쳐 대통령의 승인을 받아야 하고, 총경·경정의 경찰공무원에 대해서는 국무총리를 거쳐 대통령의 승인을 받아야 한다.

⑤ 경찰공무원은 그 정년이 된 날이 1월에서 6월 사이에 있으면 6월 30일에 당연퇴직하고, 7월에서 12월 사이에 있으면 12월 31일에 당연퇴직한다.

⑥ 제1항제2호에 따른 계급정년을 산정할 때 제주특별자치도의 자치경찰공무원으로 근무한 경력이 있는 경찰공무원의 경우에는 그 계급에 상응하는 자치경찰공무원으로 근무한 연수(年數)를 산입한다.

08 「공공기관의 정보공개에 관한 법률」에 대한 설명으로 가장 적절하지 <u>않은</u> 것은? (기출 변형)

① 공공기관이 보유·관리하는 정보는 국민의 알권리 보장 등을 위하여 이 법에서 정하는 바에 따라 적극적으로 공개하여야 한다.

② 청구인이 정보공개와 관련한 공공기관의 결정에 대하여 불복이 있거나 정보공개 청구 후 20일이 경과하도록 정보공개 결정이 없는 때에는 「행정심판법」에서 정하는 바에 따라 행정심판을 청구할 수 있다.

③ 공공기관은 제10조에 따라 정보공개의 청구를 받으면 그 청구를 받은 날부터 10일 이내에 공개 여부를 결정하여야 한다.

④ 공공기관은 이의신청을 받은 날부터 7일 이내에 그 이의신청에 대하여 결정하고 그 결과를 청구인에게 지체 없이 문서로 통지하여야 한다. 다만, 부득이한 사유로 정하여진 기간 이내에 결정할 수 없을 때에는 그 기간이 끝나는 날부터 기산하여 7일의 범위에서 연장할 수 있으며, 연장 사유를 청구인에게 통지하여야 한다.

> **해설**
>
> 제3조(정보공개의 원칙) 공공기관이 보유·관리하는 정보는 국민의 알권리 보장 등을 위하여 이 법에서 정하는 바에 따라 적극적으로 공개하여야 한다.
>
> 제11조(정보공개 여부의 결정) ① 공공기관은 제10조에 따라 정보공개의 청구를 받으면 그 청구를 받은 날부터 10일 이내에 공개 여부를 결정하여야 한다.
>
> ② 공공기관은 부득이한 사유로 제1항에 따른 기간 이내에 공개 여부를 결정할 수 없을 때에는 그 기간이 끝나는 날의 다음 날부터 기산(起算)하여 10일의 범위에서 공개 여부 결정기간을 연장할 수 있다. 이 경우 공공기관은 연장된 사실과 연장 사유를 청구인에게 지체 없이 문서로 통지하여야 한다.
>
> 제19조(행정심판) ① 청구인이 정보공개와 관련한 공공기관의 결정에 대하여 불복이 있거나 정보공개 청구 후 20일이 경과하도록 정보공개 결정이 없는 때에는 「행정심판법」에서 정하는 바에 따라 **행정심판**을 청구할 수 있다. 이 경우 국가기관 및 지방자치단체 외의 공공기관의 결정에 대한 감독행정기관은 관계 중앙행정기관의 장 또는 지방자치단체의 장으로 한다.
>
> ② 청구인은 제18조에 따른 이의신청 절차를 거치지 아니하고 행정심판을 청구할 수 있다.
>
> 제18조(이의신청) ① 청구인이 정보공개와 관련한 공공기관의 비공개 결정 또는 부분 공개 결정에 대하여 불복이 있거나 정보공개 청구 후 20일이 경과하도록 정보공개 결정이 없는 때에는 공공기관으로부터 정보공개 여부의 결정 통지를 받은 날 또는 정보공개 청구 후 20일이 경과한 날부터 30일 이내에 해당 공공기관에 문서로 이의신청을 할 수 있다.
>
> ② 국가기관등은 제1항에 따른 이의신청이 있는 경우에는 심의회를 개최하여야 한다. 다만, 다음 각 호의 어느 하나에 해당하는 경우에는 심의회를 개최하지 아니할 수 있으며 개최하지 아니하는 사유를 청구인에게 문서로 통지하여야 한다.
>
> 1. 심의회의 심의를 이미 거친 사항
> 2. 단순·반복적인 청구
> 3. 법령에 따라 비밀로 규정된 정보에 대한 청구
>
> ③ 공공기관은 이의신청을 받은 날부터 7일 이내에 그 이의신청에 대하여 결정하고 그 결과를 청구인에게 지체 없이 문서로 통지하여야 한다. 다만, 부득이한 사유로 정하여진 기간 이내에 결정할 수 없을 때에는 그 기간이 끝나는 날의 **다음 날**부터 기산하여 7일의 범위에서 연장할 수 있으며, 연장 사유를 청구인에게 통지하여야 한다.
>
> ④ 공공기관은 이의신청을 각하(却下) 또는 기각(棄却)하는 결정을 한 경우에는 청구인에게 행정심판 또는 행정소송을 제기할 수 있다는 사실을 제3항에 따른 결과 통지와 함께 알려야 한다.

2017 제1차 경찰공무원 **87** ● ● ●

09 공직분류 방식 중 계급제와 직위분류제에 대한 설명이다. 가장 적절하지 <u>않은</u> 것은?

① 계급제는 사람을, 직위분류제는 직무를 중요시한다.
② 직위분류제는 계급제보다 권한의 한계가 불명확하다.
③ 공직을 평생직장으로 이해하는 직업공무원제도의 정착에는 직위분류제보다 계급제가 유리하다.
④ 우리나라의 공직 분류는 계급제 위주에 직위분류제적 요소를 가미한 혼합형태라고 할 수 있다.

해설

구분	계급제	직위분류제
의의	직위에 보임하고 있는 공무원의 자격 및 신분을 중심으로 계급을 만드는 제도	행정기관을 구성하는 개개인의 직위에 내포되어 있는 직무의 종류와 책임에 따라 여러 직종과 등급 및 직급으로 분류하는 제도
분류방법	사람 중심	직무 중심
충원방식	폐쇄형의 충원방식 채택 (외부로의 충원이 어려움)	개방형의 충원방식 채택
장점	- 널리 일반적 교양과 능력을 가진 사람을 채용하여 신분보장과 함께 장기간에 걸쳐 능력이 키워지므로 공무원이 보다 종합적인 능력을 가질 수 있고, 이해력이 넓어 기관 간의 협조가 용이함 - 기관 간에 횡적 협조가 가능 - 직업공무원제도의 정착에 보다 유리	- 시험, 채용, 전직의 합리적 기준을 제공하여 인사행정의 합리화를 기함 - '동일직무 동일보수 원칙' 확립함으로써 보수제도의 합리적 기준을 제시 - 전직이 제한되고 동일한 직무를 장기간 담당하게 되어 행정의 전문화에 기여하고 **권한과 책임의 한계가 명확함**
단점	보통 계급의 수가 적지만 계급 간의 차별이 심함	유능한 일반행정가의 확보 곤란, 인사배치의 비융통성, 신분보장의 미흡
우리나라	계급제 위주에 직위분류제적 요소를 가미한 형태	

정답 8. ④ 9. ②

10 「경찰 감찰 규칙」에 대한 설명으로 가장 적절한 것은? (기출 변형)

① 감찰관은 심야(오후 10시부터 오전 6시까지를 말한다)에 조사를 하여서는 아니 된다. 다만, 사안에 따라 신속한 조사가 필요하고, 조사대상자로부터 심야조사 동의서를 받은 경우에는 심야에도 조사할 수 있다.

② 감찰관은 소속 경찰기관의 관할구역 안에서 활동하여야 한다. 다만, 상급 경찰기관의 장의 지시가 있는 경우에는 관할구역 밖에서도 활동할 수 있다.

③ 감찰관은 검찰·경찰, 그 밖의 수사기관으로부터 수사개시 통보를 받은 경우에는 징계의결 요구권자의 결재를 받아 해당 기관으로부터 수사결과의 통보를 받을 때까지 감찰조사, 징계의결요구 등의 절차를 진행해야 한다.

④ 감찰관은 감찰조사를 실시하기 전에 조사대상자에게 의무위반행위 사실의 요지를 알릴 수 없지만, 다른 감찰관의 참여를 요구할 수 있음은 고지하여야 한다.

> 해설

제12조(감찰활동의 관할) 감찰관은 소속 경찰기관의 관할구역 안에서 활동하여야 한다. 다만, 상급 경찰기관의 장의 지시가 있는 경우에는 관할구역 밖에서도 활동할 수 있다.

제13조(특별감찰) 경찰기관의 장은 의무위반행위가 자주 발생하거나 그 발생 가능성이 높다고 인정되는 시기, 업무분야 및 경찰관서 등에 대하여는 일정기간 동안 전반적인 조직관리 및 업무추진 실태 등을 집중 점검할 수 있다.

제14조(교류감찰) 경찰기관의 장은 상급 경찰기관의 장의 지시에 따라 소속 감찰관으로 하여금 일정기간 동안 다른 경찰기관 소속 직원의 복무실태, 업무추진 실태 등을 점검하게 할 수 있다.

제15조(감찰활동의 착수) ① 감찰관은 소속공무원의 의무위반행위에 관한 단서(현장인지, 진정·탄원 등을 포함한다)를 수집·접수한 경우 소속 경찰기관의 감찰부서장에게 보고하여야 한다.
② 감찰부서장은 제1항에 따른 보고를 받은 경우 감찰 대상으로서의 적정성을 검토한 후 감찰활동 착수 여부를 결정하여야 한다.

제29조(감찰조사 전 고지) ① 감찰관은 감찰조사를 실시하기 전에 조사대상자에게 **의무위반행위 사실의 요지를 알려야 한다.**
② 제1항의 경우 감찰관은 조사대상자에게 제28조제1항 각 호의 사항을 신청할 수 있다는 사실을 고지하여야 한다.

제32조(심야조사의 금지) ① 감찰관은 심야(**자정**부터 오전 6시까지를 말한다)에 조사를 하여서는 아니 된다.
② 제1항에도 불구하고 감찰관은 조사대상자 또는 그 변호인의 별지 제6호 서식에 의한 심야조사 요청이 있는 경우에는 예외적으로 심야조사를 할 수 있다. 이 경우 심야조사의 사유를 조서에 명확히 기재하여야 한다.

제36조(기관통보사건의 처리) ① 감찰관은 다른 경찰기관 또는 검찰, 감사원 등 다른 행정기관으로부터 통보받은 소속공무원의 의무위반행위에 대해서는 통보받은 날로부터 **1개월** 이내에 신속히 처리하여야 한다.
② 감찰관은 검찰·경찰, 그 밖의 수사기관으로부터 수사개시 통보를 받은 경우에는 징계의결요구권자의 결재를 받아 해당 기관으로부터 수사결과의 통보를 받을 때까지 감찰조사, 징계의결요구 등의 절차를 진행하지 아니 할 수 있다.

11 「경비업법」상 경비업에 대한 설명이다. 다음 중 옳은 것을 모두 고른 것은?

> ㉠ 경비업의 업무에는 시설경비, 호송경비, 신변보호, 기계경비, 특수경비가 있다.
>
> ㉡ 신변보호업무는 사람의 생명이나 신체에 대한 위해의 발생을 방지하고 그 신변을 보호하는 업무이다.
>
> ㉢ 시설경비업무는 공항(항공기를 포함) 등 대통령령이 정하는 국가중요시설의 경비 및 도난·화재 그 밖의 위험발생을 방지하는 업무이다.
>
> ㉣ 기계경비업무는 경비대상시설에 설치한 기기에 의하여 감지·송신된 정보를 그 경비대상시설 내의 장소에 설치한 관제시설의 기기로 수신하여 도난·화재 등 위험발생을 방지하는 업무이다.

① 없음   ② ㉠, ㉡
③ ㉠, ㉡, ㉢   ④ ㉠, ㉡, ㉢, ㉣

해설

제2조(정의) 이 법에서 사용하는 용어의 정의는 다음과 같다.

1. "경비업"이라 함은 다음에 해당하는 업무의 전부 또는 일부를 도급받아 행하는 영업을 말한다.

　가. 시설경비업무: 경비를 필요로 하는 시설 및 장소(경비대상시설)에서의 **도난·화재** 그 밖의 **혼잡** 등으로 인한 위험발생을 방지하는 업무

　나. 호송경비업무: 운반중에 있는 현금·유가증권·귀금속·상품 그 밖의 물건에 대하여 도난·화재 등 위험발생을 방지하는 업무

　다. 신변보호업무: 사람의 생명이나 신체에 대한 위해의 발생을 방지하고 그 신변을 보호하는 업무

　라. 기계경비업무: 경비대상시설에 설치한 기기에 의하여 감지·송신된 정보를 그 경비대상시설**외의** 장소에 설치한 관제시설의 기기로 수신하여 도난·화재 등 위험발생을 방지하는 업무

　마. 특수경비업무: 공항(항공기를 포함한다) 등 대통령령이 정하는 국가중요시설의 경비 및 도난·화재 그 밖의 위험발생을 방지하는 업무

12 「실종아동등의 보호 및 지원에 관한 법률」과 「실종아동등 및 가출인 업무처리 규칙」상 용어의 설명으로 가장 적절한 것은? (기출 변형)

① '아동등'이란 실종신고 당시 18세 미만인 아동, 「장애인복지법」 제2조의 장애인 중 지적장애인, 자폐 성장애인 또는 정신장애인 및 「치매관리법」 제2조 제2호의 치매환자를 말한다.

② '발생지'란 실종아동등 및 가출인이 실종·가출 전 최종적으로 목격되었거나 목격되었을 것으로 추정하여 신고자 등이 진술한 장소를 말하며, 신고자 등이 최종 목격 장소를 진술하지 못하거나, 목격되었을 것으로 추정되는 장소가 대중교통시설 등일 경우 또는 실종·가출 발생 후 10일이 경과한 때에는 실종아동등 및 가출인의 실종 전 최종 주거지를 말한다.

③ '발견지'란 실종아동등 또는 가출인을 발견하여 보호 중인 장소를 말하며, 발견한 장소와 보호 중인 장소가 서로 다른 경우에는 발견한 장소를 말한다.

④ '장기실종아동등'이란 보호자로부터 신고를 접수한 지 48시간이 경과한 후에도 발견되지 않은 찾는 실종아동등을 말한다.

> **해설**
>
> **실종아동등의 보호 및 지원에 관한 법률 제2조(정의)** 이 법에서 사용하는 용어의 정의는 다음과 같다.
>   1. "아동등"이란 다음 각 목의 어느 하나에 해당하는 사람을 말한다.
>   가. **실종 당시 18세 미만인 아동**
>   나. 「장애인복지법」 제2조의 장애인 중 지적장애인, 자폐성장애인 또는 정신장애인
>   다. 「치매관리법」 제2조제2호의 치매환자
>   2. "실종아동등"이란 약취(略取)·유인(誘引) 또는 유기(遺棄)되거나 사고를 당하거나 가출하거나 길을 잃는 등의 사유로 인하여 보호자로부터 이탈(離脫)된 아동등을 말한다.
>   3. "보호자"란 친권자, 후견인이나 그 밖에 다른 법률에 따라 아동등을 보호하거나 부양할 의무가 있는 사람을 말한다. 다만, 제4호의 보호시설의 장 또는 종사자는 제외한다.
>   4. "보호시설"이란 「사회복지사업법」 제2조제4호에 따른 사회복지시설 및 인가·신고 등이 없이 아동등을 보호하는 시설로서 사회복지시설에 준하는 시설을 말한다.
>   5. "유전자검사"란 개인 식별(識別)을 목적으로 혈액·머리카락·침 등의 검사대상물로부터 유전자를 분석하는 행위를 말한다.
>   6. "유전정보"란 유전자검사의 결과로 얻어진 정보를 말한다.
>   7. "신상정보"란 이름·나이·사진 등 특정인(特定人)임을 식별하기 위한 정보를 말한다.
>
> **실종아동등 및 가출인 업무처리 규칙 제2조(정의)** 이 규칙에서 사용하는 용어의 뜻은 다음과 같다.
>   1. "아동등"이란 「실종아동등의 보호 및 지원에 관한 법률」 제2조제1호에 따른 실종 당시 18세 미만 아동, 지적·자폐성·정신장애인, 치매환자를 말한다.
>   2. "실종아동등"이란 법 제2조제2호에 따른 사유로 인하여 보호자로부터 이탈된 아동등을 말한다.
>   3. "찾는실종아동등"이란 보호자가 찾고 있는 실종아동등을 말한다.
>   4. "보호실종아동등"이란 보호자가 확인되지 않아 경찰관이 보호하고 있는 실종아동등을 말한다.
>   5. **"장기실종아동등"**이란 보호자로부터 신고를 접수한 지 48시간이 경과한 후에도 발견되지 않은 찾는 실종아동등을 말한다.
>   6. "가출인"이란 신고 당시 보호자로부터 이탈된 18세 이상의 사람을 말한다.
>   7. **"발생지"**란 실종아동등 및 가출인이 실종·가출 전 최종적으로 목격되었거나 목격되었을 것으로 추정하여 신고자 등이 진술한 장소를 말하며, 신고자 등이 최종 목격 장소를 진술하지 못하거나, 목격

되었을 것으로 추정되는 장소가 대중교통시설 등일 경우 또는 실종·가출 발생 후 **1개월**이 경과한 때에는 실종아동등 및 가출인의 실종 전 최종 주거지를 말한다.

8. "**발견지**"란 실종아동등 또는 가출인을 발견하여 보호 중인 장소를 말하며, 발견한 장소와 보호 중인 장소가 서로 다른 경우에는 **보호 중인 장소**를 말한다.

9. "국가경찰 수사 범죄"란 「자치경찰사무와 시·도자치경찰위원회의 조직 및 운영 등에 관한 규정」 제3조제1호부터 제5호까지 또는 제6호나목의 범죄가 아닌 범죄를 말한다.

10. "실종·유괴경보 문자메시지"란 실종·유괴경보가 발령된 경우 「실종아동등의 보호 및 지원에 관한 법률 시행령」 제4조의5제7항에 따른 공개정보를 시민들에게 널리 알리기 위하여 휴대폰에 전달하는 문자메시지를 말한다.

13 「집회 및 시위에 관한 법률 시행령」에 대한 설명이다. 옳은 것을 모두 고른 것은?

> ㉠ 관할 경찰관서장이 권한을 부여하면 관할 경찰서 경비교통과장도 해산명령의 주체가 될 수 있다.
> ㉡ 자진 해산 요청은 직접 집회주최자에게 공개적으로 하여야 한다.
> ㉢ 자진 해산 요청에 따르지 아니하는 경우에는 세 번 이상 자진 해산할 것을 명령하고, 참가자들이 해산명령에도 불구하고, 해산하지 아니하면 직접 해산시킬 수 있다.
> ㉣ 종결선언은 주최자에게 요청하되, 주최자의 소재를 알 수 없는 경우에는 주관자·연락책임자 및 질서유지인에게 하여야 하며 종결선언의 요청은 필요적 절차로 생략할 수 없다.

① ㉠, ㉡   ② ㉠, ㉢

③ ㉡, ㉢   ④ ㉢, ㉣

해설

제17조(집회 또는 시위의 자진 해산의 요청 등) 집회 또는 시위를 해산시키려는 때에는 관할 경찰관서장 또는 관할 경찰관서장으로부터 권한을 부여받은 국가경찰공무원은 다음 각 호의 순서에 따라야 한다. 다만, 법 제20조 제1항 제1호·제2호 또는 제4호에 해당하는 집회·시위의 경우(법으로 금지된 집회나 시위/옥외집회 금지시간·장소)와 주최자·주관자·연락책임자 및 질서유지인이 집회 또는 시위 장소에 없는 경우에는 종결 선언의 요청을 생략할 수 있다.

1. 종결 선언의 요청
주최자에게 집회 또는 시위의 종결 선언을 요청하되, 주최자의 소재를 알 수 없는 경우에는 주관자·연락책임자 또는 질서유지인을 통하여 종결 선언을 요청할 수 있다.

2. 자진 해산의 요청
제1호의 종결 선언 요청에 따르지 아니하거나 종결 선언에도 불구하고 집회 또는 시위의 참가자들이 집회 또는 시위를 계속하는 경우에는 직접 참가자들에 대하여 자진 해산할 것을 요청한다.

3. 해산명령 및 직접 해산
제2호에 따른 자진 해산 요청에 따르지 아니하는 경우에는 세 번 이상 자진 해산할 것을 명령하고, 참가자들이 해산명령에도 불구하고 해산하지 아니하면 직접 해산시킬 수 있다.

14 「국민보호와 공공안전을 위한 테러방지법」에 대한 설명으로 가장 적절한 것은?

① 국가테러대책위원회 위원장은 대통령으로 한다.

② '테러단체'란 국제연합(UN)이 지정한 테러단체를 말한다.

③ '테러위험인물'이란 테러를 실행 · 계획 · 준비하거나 테러에 참가할 목적으로 국적국이 아닌 국가의 테러단체에 가입하거나 가입하기 위하여 이동 또는 이동을 시도하는 내국인 · 외국인을 말한다.

④ 국가정보원장은 테러위험인물에 대하여 출입국 · 금융거래 및 통신이용 등 관련 정보를 수집하여야 한다.

> **해설**
>
> 제2조(정의) 이 법에서 사용하는 용어의 뜻은 다음과 같다.
>
> 　1. "**테러**"란 국가 · 지방자치단체 또는 외국 정부(외국 지방자치단체와 조약 또는 그 밖의 국제적인 협약에 따라 설립된 국제기구를 포함한다)의 권한행사를 방해하거나 의무 없는 일을 하게 할 목적 또는 는 공중을 협박할 목적으로 하는 다음 각 목의 행위를 말한다.
>
> 　　가. **사람**을 살해하거나 사람의 신체를 상해하여 생명에 대한 위험을 발생하게 하는 행위 또는 사람을 체포 · 감금 · 약취 · 유인하거나 인질로 삼는 행위
>
> 　　나. **항공기**와 관련된 다음 어느 하나에 해당하는 행위
>
> 　　　1) 운항중인 항공기를 추락시키거나 전복 · 파괴하는 행위, 그 밖에 운항중인 항공기의 안전을 해칠 만한 손괴를 가하는 행위
>
> 　　　2) 폭행이나 협박, 그 밖의 방법으로 운항중인 항공기를 강탈하거나 항공기의 운항을 강제하는 행위
>
> 　　　3) 항공기의 운항과 관련된 항공시설을 손괴하거나 조작을 방해하여 항공기의 안전운항에 위해를 가하는 행위
>
> 　　다. **선박** 또는 **해상구조물과** 관련된 다음 어느 하나에 해당하는 행위
>
> 　　　1) 운항 중인 선박 또는 해상구조물을 파괴하거나, 그 안전을 위태롭게 할 만한 정도의 손상을 가하는 행위(운항 중인 선박이나 해상구조물에 실려 있는 **화물**에 손상을 가하는 행위를 포함한다)
>
> 　　　2) 폭행이나 협박, 그 밖의 방법으로 운항 중인 선박 또는 해상구조물을 강탈하거나 선박의 운항을 강제하는 행위
>
> 　　　3) 운항 중인 선박의 안전을 위태롭게 하기 위하여 그 선박 운항과 관련된 기기 · 시설을 파괴하거나 중대한 손상을 가하거나 기능장애 상태를 야기하는 행위
>
> 　　라. 사망 · 중상해 또는 중대한 물적 손상을 유발하도록 제작되거나 그러한 위력을 가진 **생화학 · 폭발성 · 소이성 무기나 장치를** 다음 어느 하나에 해당하는 차량 또는 시설에 배치하거나 폭발시키거나 그 밖의 방법으로 이를 사용하는 행위
>
> 　　　1) 기차 · 전차 · 자동차 등 사람 또는 물건의 운송에 이용되는 차량으로서 공중이 이용하는 차량
>
> 　　　2) 위에 해당하는 차량의 운행을 위하여 이용되는 시설 또는 도로, 공원, 역, 그 밖에 공중이 이용하는 시설
>
> 　　　3) 전기나 가스를 공급하기 위한 시설, 공중의 음용수를 공급하는 수도, 전기통신을 이용하기 위한 시설 및 그 밖의 시설로서 공용으로 제공되거나 공중이 이용하는 시설
>
> 　　　4) 석유, 가연성 가스, 석탄, 그 밖의 연료 등의 원료가 되는 물질을 제조 또는 정제하거나 연료로 만들기 위하여 처리 · 수송 또는 저장하는 시설
>
> 　　　5) 공중이 출입할 수 있는 건조물 · 항공기 · 선박으로서 1)부터 4)까지에 해당하는 것을 제외한 시설
>
> 　　마. **핵물질, 방사성물질** 또는 **원자력시설과** 관련된 다음 각각의 어느 하나에 해당하는 행위

      1) 원자로를 파괴하여 사람의 생명·신체 또는 재산을 해하거나 그 밖에 공공의 안전을 위태롭게 하는 행위

      2) 방사성물질 등과 원자로 및 관계 시설, 핵연료주기시설 또는 방사선발생장치를 부당하게 조작하여 사람의 생명이나 신체에 위험을 가하는 행위

      3) 핵물질을 수수·소지·소유·보관·사용·운반·개조·처분 또는 분산하는 행위

      4) 핵물질이나 원자력시설을 파괴·손상 또는 그 원인을 제공하거나 원자력시설의 정상적인 운전을 방해하여 방사성물질을 배출하거나 방사선을 노출하는 행위

2. "테러단체"란 국제연합(UN)이 지정한 테러단체를 말한다.

3. "테러위험인물"이란 테러단체의 **조직원**이거나 테러단체 **선전**, 테러자금 **모금·기부**, 그 밖에 테러 예비·음모·선전·선동을 하였거나 하였다고 의심할 상당한 이유가 있는 사람을 말한다.

4. "외국인테러전투원"이란 테러를 **실행·계획·준비**하거나 테러에 참가할 목적으로 국적국이 아닌 국가의 **테러단체에 가입**하거나 가입하기 위하여 **이동** 또는 이동을 시도하는 내국인·외국인을 말한다.

5. "테러자금"이란 「공중 등 협박목적 및 대량살상무기확산을 위한 자금조달행위의 금지에 관한 법률」 제2조 제1호에 따른 공중 등 협박목적을 위한 자금을 말한다.

6. "대테러활동"이란 테러 관련 정보의 수집, 테러위험인물의 관리, 테러에 이용될 수 있는 위험물질 등 테러수단의 안전관리, 인원·시설·장비의 보호, 국제행사의 안전확보, 테러위협에의 대응 및 무력진압 등 테러 예방과 대응에 관한 제반 활동을 말한다.

7. "관계기관"이란 대테러활동을 수행하는 국가기관, 지방자치단체, 그 밖에 대통령령으로 정하는 기관을 말한다.

8. "대테러조사"란 대테러활동에 필요한 정보나 자료를 수집하기 위하여 현장조사·문서열람·시료채취 등을 하거나 조사대상자에게 자료제출 및 진술을 요구하는 활동을 말한다.

제5조(국가테러대책위원회) ① 대테러활동에 관한 정책의 중요사항을 심의·의결하기 위하여 국가테러대책위원회를 둔다.

② 대책위원회는 국무총리 및 관계기관의 장 중 대통령령으로 정하는 사람으로 구성하고 **위원장은 국무총리**로 한다.

③ 대책위원회는 다음 각 호의 사항을 심의·의결한다.

  1. 대테러활동에 관한 국가의 정책 수립 및 평가

  2. 국가 대테러 기본계획 등 중요 중장기 대책 추진사항

  3. 관계기관의 대테러활동 역할 분담·조정이 필요한 사항

  4. 그 밖에 위원장 또는 위원이 대책위원회에서 심의·의결할 필요가 있다고 제의하는 사항

④ 그 밖에 대책위원회의 구성·운영 등에 필요한 사항은 대통령령으로 정한다.

제9조(테러위험인물에 대한 정보 수집 등) ① **국가정보원장**은 테러위험인물에 대하여 출입국·금융거래 및 통신이용 등 관련 **정보를 수집할 수 있다**. 이 경우 출입국·금융거래 및 통신이용 등 관련 정보의 수집에 있어서는 「출입국관리법」, 「관세법」, 「특정 금융거래정보의 보고 및 이용 등에 관한 법률」, 「통신비밀보호법」의 절차에 따른다.

② **국가정보원장**은 제1항에 따른 정보 수집 및 분석의 결과 테러에 이용되었거나 이용될 가능성이 있는 금융거래에 대하여 **지급정지** 등의 조치를 취하도록 **금융위원회 위원장에게 요청할 수 있다**.

③ **국가정보원장**은 테러위험인물에 대한 **개인정보**와 **위치정보**를 「개인정보 보호법」 제2조의 개인정보처리자와 「위치정보의 보호 및 이용 등에 관한 법률」 제5조의 위치정보**사업자에게 요구할 수 있다**.

④ 국가정보원장은 대테러활동에 필요한 정보나 자료를 수집하기 위하여 대테러조사 및 테러위험인물에 대한 **추적**을 **할 수 있다**. 이 경우 사전 또는 사후에 대책위원회 위원장에게 보고하여야 한다.

정답 14. ②

15 「도로교통법」 및 「도로교통법 시행규칙」상 제1종 특수면허로 운전할 수 없는 것을 모두 고른 것은?

㉠ 소방차	㉡ 구급차
㉢ 배기량 125cc인 이륜자동차	㉣ 승차정원 10명인 승합자동차

① 없음   ② ㉠, ㉡
③ ㉠, ㉡, ㉢   ④ ㉠, ㉡, ㉢, ㉣

해설 ■ 도로교통법 시행규칙 [별표 18]

운전할 수 있는 차의 종류(제53조 관련)

운전면허		운전할 수 있는 차량
종별	구분	

제1종	대형면허	1. 승용자동차 2. 승합자동차
		3. 화물자동차 5. 건설기계
		  가. 덤프트럭, 아스팔트살포기, 노상안정기
		  나. 콘크리트믹서트럭, 콘크리트펌프, 천공기(트럭 적재식)
		  다. 콘크리트믹서트레일러, 아스팔트콘크리트재생기
		  라. 도로보수트럭, 3톤 미만의 지게차
		6. 특수자동차[대형견인차, 소형견인차 및 구난차("구난차등")는 제외한다]
		7. 원동기장치자전거

	보통면허	1. 승용자동차 2. 승차정원 15명 이하의 승합자동차 4. 적재중량 12톤 미만의 화물자동차 5. 건설기계(도로를 운행하는 3톤 미만의 지게차로 한정한다) 6. 총중량 10톤 미만의 특수자동차(구난차등은 제외한다) 7. 원동기장치자전거
	소형면허	1. 3륜화물자동차 2. 3륜승용자동차 3. 원동기장치자전거
	특수면허 — 대형견인차	1. 견인형 특수자동차 2. 제2종 보통면허로 운전할 수 있는 차량
	특수면허 — 소형견인차	1. 총중량 3.5톤 이하의 견인형 특수자동차 2. 제2종 보통면허로 운전할 수 있는 차량
	특수면허 — 구난차	1. 구난형 특수자동차 2. 제2종보통면허로 운전할 수 있는 차량
제2종	보통면허	1. 승용자동차 2. 승차정원 10명 이하의 승합자동차 3. 적재중량 4톤 이하의 화물자동차 4. 총중량 3.5톤 이하의 특수자동차(구난차등은 제외한다) 5. 원동기장치자전거
	소형면허	1. 이륜자동차(운반차를 포함한다) 2. 원동기장치자전거
	원동기장치자전거면허	원동기장치자전거

📌**참고**

도로교통법 제2조(정의)   이 법에서 사용하는 용어의 뜻은 다음과 같다.

　22. "긴급자동차"란 다음 각 목의 자동차로서 그 본래의 긴급한 용도로 사용되고 있는 자동차를 말한다.

　　　가. 소방차

　　　나. 구급차

　　　다. 혈액 공급차량

　　　라. 그 밖에 대통령령으로 정하는 자동차

시행령 제2조(긴급자동차의 종류)   ① 「도로교통법」 제2조제22호라목에서 "대통령령으로 정하는 자동차"란 긴급한 용도로 사용되는 다음 각 호의 어느 하나에 해당하는 자동차를 말한다. 다만, **제6호부터 제11호까지의 자동차는** 이를 사용하는 사람 또는 기관 등의 신청에 의하여 시·도경찰청장이 지정하는 경우로 한정한다.

1. **경찰용 자동차** 중 범죄수사, 교통단속, 그 밖의 긴급한 경찰업무 수행에 사용되는 자동차
2. **국군** 및 **주한 국제연합군용 자동차** 중 군 내부의 질서 유지나 부대의 질서 있는 이동을 유도(誘導)하는 데 사용되는 자동차
3. **수사기관의 자동차** 중 범죄수사를 위하여 사용되는 자동차
4. 다음 각 목의 어느 하나에 해당하는 시설 또는 기관의 자동차 중 도주자의 체포 또는 수용자, 보호관찰 대상자의 **호송·경비**를 위하여 사용되는 자동차

　　가. 교도소·소년교도소 또는 구치소

　　나. 소년원 또는 소년분류심사원

　　다. 보호관찰소
5. 국내외 요인(要人)에 대한 **경호업무** 수행에 공무(公務)로 사용되는 자동차
6. 전기사업, 가스사업, 그 밖의 공익사업을 하는 기관에서 위험 방지를 위한 응급작업에 사용되는 자동차
7. 민방위업무를 수행하는 기관에서 긴급예방 또는 복구를 위한 출동에 사용되는 자동차
8. 도로관리를 위하여 사용되는 자동차 중 도로상의 위험을 방지하기 위한 응급작업에 사용되거나 운행이 제한되는 자동차를 단속하기 위하여 사용되는 자동차
9. 전신·전화의 수리공사 등 응급작업에 사용되는 자동차
10. 긴급한 우편물의 운송에 사용되는 자동차
11. 전파감시업무에 사용되는 자동차

② 제1항 각 호에 따른 자동차 외에 다음 각 호의 어느 하나에 해당하는 자동차는 긴급자동차로 본다.
1. 제1항제1호에 따른 경찰용 긴급자동차에 의하여 유도되고 있는 자동차
2. 제1항제2호에 따른 국군 및 주한 국제연합군용의 긴급자동차에 의하여 유도되고 있는 국군 및 주한 국제연합군의 자동차
3. 생명이 위급한 환자 또는 부상자나 수혈을 위한 혈액을 운송 중인 자동차

📌**정답** 15. ②

16 정보의 배포수단에 대한 설명 중 가장 적절하게 연결된 것은?

> ⊙ 통상 개인적인 대화의 형태로 이루어지며, 질문에 대한 답변이나 토의 형태로 직접 전달하는 방법이다.
>
> ⓛ 정보사용자 또는 다수 인원에게 신속히 전달하는 경우에 이용되는 방법으로 강연식이나 문답식으로 진행되며, 현용정보의 배포수단으로 많이 이용된다.
>
> ⓒ 정보분석관이 가장 많이 활용하는 방법으로 정기간행물에 포함시키는 것이 적절하지 못한 긴급한 정보를 전달하는 데 주로 사용되며, 신속성이 중요하다.
>
> ⓔ 매일 24시간에 걸친 정치, 경제, 사회, 문화 등 제반 정세의 변화를 중점적으로 망라한 보고서로사전에 고안된 양식에 의해 매일 작성되며, 제한된 범위에서 배포된다.

① ⊙ 비공식적 방법 ⓛ 브리핑 ⓒ 메모 ⓔ 일일정보보고서
② ⊙ 비공식적 방법 ⓛ 브리핑 ⓒ 전신 ⓔ 특별보고서
③ ⊙ 브리핑 ⓛ 비공식적 방법 ⓒ 메모 ⓔ 특별보고서
④ ⊙ 브리핑 ⓛ 비공식적 방법 ⓒ 전신 ⓔ 일일정보보고서

해설 〈정보배포의 수단〉

비공식적 방법	- 통상 개인적인 대화의 형태로 이루어지며, 분석관과 정책결정자 사이, 정보기관의 대표 사이, 분석관 사이에 사용된다.
브리핑	- 정보사용자 또는 다수 인원에 대하여 개인의 정보내용을 요약하며 구두로 설명하는 것을 말한다. - 통상 강연식, 문답식으로 진행되며 시간을 절감하는 데 이점이 있고 특히 현용정보의 배포수단으로써 많이 이용된다.
메모	- 정보분석관이 가장 많이 활용하는 방법으로 정보사용자 또는 관계기관에 대하여 메모의 형식으로 정보를 배포하는데 신속성이 생명이다. - 정기간행물에 적절히 포함시킬 수 없는 긴급한 정보, 즉 현용정보를 전달하는데 주로 사용한다.
일일정보 보고서	- 매일 24시간에 걸친 정치, 경제, 사회, 문화 등 제반 정세의 변화를 중심으로 망라한 보고서이다. - 사전에 고안된 양식에 의해 매일 작성되어 제한된 대상에게 배포되며 대부분 현용정보이므로 신속한 전달이 중요시 된다.

17 「도로교통법」상 '주차금지장소'에 대한 설명으로 가장 적절하지 <u>않은</u> 것은? (기출 수정)

① 터널 안 및 다리 위
② 도로공사를 하고 있는 경우에는 그 공사 구역의 양쪽 가장자리로부터 5미터 이내인 곳
③ 지방경찰청장이 도로에서의 위험을 방지하고 교통의 안전과 원활한 소통을 확보하기 위하여 필요하다고 인정하여 지정한 곳
④ 「다중이용업소의 안전관리에 관한 특별법」에 따른 다중이용업소의 영업장이 속한 건축물로 소방본부장의 요청에 의하여 지방경찰청장이 지정한 곳으로부터 3미터 이내인 곳

해설
제33조(주차금지의 장소) 모든 차의 운전자는 다음 어느 하나에 해당하는 곳에 차를 **주차**해서는 **아니 된다.**
　1. 터널 안 및 다리 위
　2. 다음 각 목의 곳으로부터 **5미터** 이내인 곳
　　가. 도로공사를 하고 있는 경우에는 그 공사 구역의 양쪽 가장자리
　　나. 「다중이용업소의 안전관리에 관한 특별법」에 따른 다중이용업소의 영업장이 속한 건축물로 소방본부장의 요청에 의하여 지방경찰청장이 지정한 곳
　3. 시·도경찰청장이 도로에서의 위험을 방지하고 교통의 안전과 원활한 소통을 확보하기 위하여 필요하다고 인정하여 지정한 곳

18 「보안관찰법」상 보안관찰 해당범죄가 <u>아닌</u> 것은?

① 「형법」상 내란죄　　　　　　② 「군형법」상 일반이적죄
③ 「국가보안법」상 목적수행죄　④ 「국가보안법」상 금품수수죄

해설
제2조(보안관찰해당범죄) 이 법에서 "보안관찰해당범죄"라 함은 다음 각 호의 하나에 해당하는 죄를 말한다.
　1. 형법 제88조(내란목적의 살인죄)
　2. 군형법 제5조(반란) 제9조 제2항(반란 불보고: 이적죄) 및 제11조(군대 및 군용시설 제공: 시설제공 이적죄)
　3. 국가보안법 제4조(목적수행), 제5조(자진지원·금품수수), 제6조(잠입·탈출), 제9조 제1항(편의제공: 총포·탄약·화약 기타 무기를 제공한 자)

정답 16. ① 17. ④ 18. ①

19 간첩망의 형태에 대한 설명 중 가장 적절한 것은?

① 단일형은 간첩이 단일 특수목적을 수행하기 위해 동조자를 포섭하지 않고 단독으로 활동하는 점조직으로 대남간첩이 가장 많이 사용하며, 간첩 상호간에 종적·횡적 연락의 차단으로 보안 유지 및 신속한 활동이 가능하며 활동 범위가 넓고 공작 성과가 높다는 장점이 있다.

② 삼각형은 지하당조직에서 주로 사용하는 간첩망 형태로, 지하당 구축을 하명받은 간첩이 3명 이내의 행동공작원을 포섭하여 직접 지휘하고 포섭된 공작원 간의 횡적 연락을 차단시키는 활동 조직이다.

③ 피라미드형은 간첩 밑에 주공작원 2~3명을 두고, 주공작원은 그 밑에 각각 2~3명의 행동공작원을 두는 조직형태로 일시에 많은 공작을 입체적으로 수행할 수 있어 활동 범위가 넓고 조직 구성에 많은 시간이 소요되지 않는다는 장점이 있다.

④ 레포형은 삼각형 조직에 있어서 간첩과 주공작원 간, 행동공작원 상호간에 연락원을 두고 종·횡으로 연결하는 형태이다.

해설

삼각형	- 지하당조직에서 흔히 사용하는 망형태로서 지하당구축을 하명받은 간첩은 3명을 초과하지 않는 범위 내에서 행동공작원을 포섭하여 직접 지휘하고 포섭된 공작원 간의 횡적 연락을 차단시켜시는 활동조직
써클형	- 간첩이 합법적 신분을 이용하여 공·사무활동을 합법적으로 하면서 대상국의 정치·사회문제를 이용, 적국의 이념이나 사상에 동조하도록 유도하여 공작의 목표를 당성하기 위한 조직형태
단일형	- 간첩이 단일특수목적을 수행하기 위해 동조자를 포섭하지 않고 단독으로 활동하는 점조직. - 장기간 잠복하면서 간첩활동도 중지하고 필요한 인간관계의 형성 또는 합법적인 지위보고를 확보하고 은신하다가 결정적인 시기에 부여된 특수목적을 수행하는 간첩망이다. - 보안유지 및 신속한 활동이 가능한 장점이 있지만, 활동범위가 좁고 공적 성과가 비교적 낮다는 단점이 있다.
피라미드형	- 간첩 밑에 주공작원 2~3명을 두고 주공작원은 그 밑에 2~3명의 행동공작원을 두는 조직형태 - 많은 공작을 입체적으로 수행할 수 있고 활동범위가 넓다는 장점이 있지만, 행동의 노출이 쉽고 일망타진 가능성이 높으며 조직구성원에 많은 시간이 소요된다는 단점이 있다.
레포형	- 레포란 연락 또는 연락원을 뜻하는 공산당 용어인데 현재 사용되고 있지 않는 용어이다. - 레포형이란 피라미드형 조직에 있어서 간첩과 주공작원 사이에, 행동공작원 상호간에 연락원을 두고 종·횡으로 연결하는 형태이다.

20 「출입국관리법」 제4조에는 국민의 출국 금지 기간에 대하여 정하고 있다. 다음 ( ) 안에 들어갈 숫자를 모두 더한 값은? (단, 기간연장은 없음)

> ㉠ 범죄 수사를 위하여 출국이 적당하지 아니하다고 인정되는 사람: ( )개월 이내
> ㉡ 형사재판에 계속 중인 사람: ( )개월 이내
> ㉢ 징역형의 집행이 끝나지 아니한 사람: ( )개월 이내
> ㉣ 소재를 알 수 없어 기소중지결정이 된 사람: ( )개월 이내
> ㉤ 도주 등 특별한 사유가 있어 수사진행이 어려운 사람: ( )개월 이내

① 10　　　　② 16　　　　③ 19　　　　④ 20

해설

제4조(출국의 금지) ① **법무부장관**은 다음 각 호의 어느 하나에 해당하는 국민에 대하여는 **6개월** 이내의 기간을 정하여 출국을 금지할 수 있다.
1. 형사재판에 계속(係屬) 중인 사람
2. 징역형이나 금고형의 집행이 끝나지 아니한 사람
3. 대통령령으로 정하는 금액 이상의 벌금이나 추징금을 내지 아니한 사람
4. 대통령령으로 정하는 금액 이상의 국세·관세 또는 지방세를 정당한 사유 없이 그 납부기한까지 내지 아니한 사람
5. 「양육비 이행확보 및 지원에 관한 법률」 제21조의4제1항에 따른 양육비 채무자 중 양육비이행심의위원회의 심의·의결을 거친 사람
6. 그 밖에 제1호부터 제5호까지의 규정에 준하는 사람으로서 대한민국의 이익이나 공공의 안전 또는 경제질서를 해칠 우려가 있어 그 출국이 적당하지 아니하다고 법무부령으로 정하는 사람

② 법무부장관은 범죄 **수사**를 위하여 출국이 적당하지 아니하다고 인정되는 사람에 대하여는 **1개월** 이내의 기간을 정하여 **출국**을 금지할 수 있다. 다만, 다음 각 호에 해당하는 사람은 그 호에서 정한 기간으로 한다.
1. **소재**를 알 수 없어 기소중지 또는 수사중지(피의자중지로 한정한다)된 사람 또는 **도주** 등 특별한 사유가 있어 수사진행이 어려운 사람: **3개월** 이내
2. 기소중지 또는 수사중지(피의자중지로 한정한다)된 경우로서 **체포영장** 또는 **구속영장**이 발부된 사람: 영장 유효기간 이내

③ 중앙행정기관의 장 및 법무부장관이 정하는 관계 기관의 장은 소관 업무와 관련하여 제1항 또는 제2항 각 호의 어느 하나에 해당하는 사람이 있다고 인정할 때에는 법무부장관에게 출국금지를 요청할 수 있다.

④ 출입국관리공무원은 출국심사를 할 때에 제1항 또는 제2항에 따라 출국이 금지된 사람을 출국시켜서는 아니 된다.

17년 제1차 경찰공무원(순경)채용시험 문제

– 일반경찰(남·여)·101경비단·전의경대체요원 –

응시 번호 :   이름 :   【문제지 이상유무 확인 :   (서명) 】

[경찰학개론]

---

01 경찰의 부정부패 원인에 대한 설명으로 가장 적절한 것은?

① 미국의 윌슨은 '시카고 시민이 경찰을 부패시켰다'며 '구조원인 가설'을 주장하였다.

② 니더호퍼, 로벅, 바커 등이 주장한 '전체사회 가설'은 '미끄러지기 쉬운 경사로 이론'과 관련이 깊다.

③ 셔먼의 '미끄러지기 쉬운 경사로 이론'에 의하면 공짜 커피 한 잔도 부패에 해당한다.

④ 선배경찰의 부패행태로부터 신임경찰이 차츰 사회화되어 신임경찰도 기존 경찰처럼 부패로 물들게 된다는 이론은 '구조원인 가설'이다.

02 「경찰청 공무원 행동강령」에 대한 설명으로 가장 적절하지 <u>않은</u> 것은? (기출 변형)

① 공무원은 상급자가 자기 또는 타인의 부당한 이익을 위하여 공정한 직무수행을 현저하게 해치는 지시를 하였을 때에는 그 사유를 상급자에게 소명하고 지시에 따르지 아니하거나 행동강령책임관과 상담할 수 있다.

② 공무원은 「범죄수사규칙」 제30조에 따른 경찰관서 내 수사 지휘에 대한 이의제기와 관련하여 행동강령책임관에게 상담을 요청할 수 있다.

③ 공무원은 수사·단속의 대상이 되는 업소 중 경찰청장이 지정하는 유형의 업소 관계자와 부적절한 사적 접촉을 하여서는 아니 되며, 공적 또는 사적으로 접촉한 경우 소속 기관장에게 승인을 받아야 한다.

④ 공무원은 정치인이나 정당 등으로부터 부당한 직무수행을 강요받거나 청탁을 받은 경우에는 별지 제9호 서식 또는 전자우편 등의 방법으로 소속 기관의 장에게 보고하거나 행동강령책임관과 상담하여야 한다.

03 「국가경찰과 자치경찰의 조직 및 운영에 관한 법률」상 경찰위원회에 대한 설명으로 옳고 그름의 표시(○, ×)가 바르게 된 것은? (기출 변형)

> ㉠ 국가경찰위원회는 위원장 1명을 포함한 7명의 위원으로 구성하되, 위원장 및 5명의 위원은 비상임으로 하고, 1명의 위원은 상임으로 한다.
> ㉡ 위원 중 2명은 법관의 자격이 있는 사람이어야 한다.
> ㉢ 위원은 행정안전부장관의 제청으로 국무총리를 거쳐 대통령이 임명한다.
> ㉣ 위원의 임기는 3년으로 하며, 연임할 수 없다. 이 경우 보궐위원의 임기는 전임자 임기의 남은 기간으로 한다.

① ㉠ ×, ㉡ ×, ㉢ ○, ㉣ ×
② ㉠ ○, ㉡ ×, ㉢ ×, ㉣ ○
③ ㉠ ○, ㉡ ○, ㉢ ○, ㉣ ○
④ ㉠ ○, ㉡ ○, ㉢ ×, ㉣ ×

04 「질서위반행위규제법」에 대한 설명으로 가장 적절한 것은? (기출 변형)

① 질서위반행위의 성립과 과태료 처분은 처분 시의 법률에 따른다.
② 고의 또는 과실이 없는 질서위반행위는 과태료를 부과한다.
③ 2인 이상이 질서위반행위에 가담한 때에는 각자가 질서위반행위를 한 것으로 본다.
④ 과태료는 행정청의 과태료 부과처분이나 법원의 과태료 재판이 확정된 후 3년간 징수하지 아니하거나 집행하지 아니하면 시효로 인하여 소멸한다.

05 「경찰공무원법」상 시보임용에 대한 설명 중 가장 적절하지 <u>않은</u> 것은? (기출 변형)

① 퇴직한 경찰공무원으로서 퇴직 시에 재직하였던 계급의 채용시험에 합격한 사람을 재임용하는 경우에는 시보임용을 거치지 아니한다.
② 경정 이하의 경찰공무원을 신규 채용할 때에는 1년간 시보(試補)로 임용하고, 그 기간이 만료된 다음 날에 정규 경찰공무원으로 임용한다.
③ 경찰대학을 졸업한 사람 또는 경위공개경쟁채용시험합격자로서 정하여진 교육훈련을 마친 사람을 경위로 임용하는 경우에는 시보임용을 거치지 아니한다.
④ 자치경찰공무원을 그 계급에 상응하는 경찰공무원으로 임용하는 경우에는 시보임용을 거쳐야 한다.

06 「위해성 경찰장비의 사용기준 등에 관한 규정」에 대한 설명으로 가장 적절하지 <u>않은</u> 것은? (기출 변형)

① 경찰관은 총기 또는 폭발물을 가지고 대항하는 경우를 제외하고는 14세미만의 자 또는 임산부에 대하여 권총 또는 소총을 발사하여서는 아니된다.
② 가스차 · 살수차 · 특수진압차 · 물포 · 석궁 · 다목적발사기 및 도주차량차단장비는 '기타장비'에 포함된다.
③ 근접분사기 · 가스분사기 · 가스발사총(고무탄 발사겸용을 제외한다) 및 최루탄(그 발사장치를 포함)은 '분사기 · 최루탄등'에 포함된다.
④ 권총 · 소총 · 기관총(기관단총을 포함한다. 이하 같다) · 산탄총 · 유탄발사기 · 박격포 · 3인치포 · 함포 · 크레모아 · 수류탄 · 폭약류 및 도검은 '무기'에 포함된다.

07 「경찰공무원법」상 규정이다. ( ) 안에 들어갈 숫자를 모두 더한 값은? (기출 변형)

> 경찰공무원의 정년은 다음과 같다.
> 1. 연령정년: 60세
> 2. 계급정년
>   치안감: ( )년, 경무관: ( )년, 총경: ( )년, 경정: ( )년

① 35　　　　　② 34　　　　　③ 33　　　　　④ 32

08 「공공기관의 정보공개에 관한 법률」에 대한 설명으로 가장 적절하지 <u>않은</u> 것은? (기출 변형)

① 공공기관이 보유 · 관리하는 정보는 국민의 알권리 보장 등을 위하여 이 법에서 정하는 바에 따라 적극적으로 공개하여야 한다.
② 청구인이 정보공개와 관련한 공공기관의 결정에 대하여 불복이 있거나 정보공개 청구 후 20일이 경과하도록 정보공개 결정이 없는 때에는 「행정심판법」에서 정하는 바에 따라 행정심판을 청구할 수 있다.
③ 공공기관은 제10조에 따라 정보공개의 청구를 받으면 그 청구를 받은 날부터 10일 이내에 공개 여부를 결정하여야 한다.
④ 공공기관은 이의신청을 받은 날부터 7일 이내에 그 이의신청에 대하여 결정하고 그 결과를 청구인에게 지체 없이 문서로 통지하여야 한다. 다만, 부득이한 사유로 정하여진 기간 이내에 결정할 수 없을 때에는 그 기간이 끝나는 날부터 기산하여 7일의 범위에서 연장할 수 있으며, 연장 사유를 청구인에게 통지하여야 한다.

09 공직분류 방식 중 계급제와 직위분류제에 대한 설명이다. 가장 적절하지 <u>않은</u> 것은?

① 계급제는 사람을, 직위분류제는 직무를 중요시한다.
② 직위분류제는 계급제보다 권한의 한계가 불명확하다.
③ 공직을 평생직장으로 이해하는 직업공무원제도의 정착에는 직위분류제보다 계급제가 유리하다.
④ 우리나라의 공직 분류는 계급제 위주에 직위분류제적 요소를 가미한 혼합형태라고 할 수 있다.

10 「경찰 감찰 규칙」에 대한 설명으로 가장 적절한 것은? (기출 변형)

① 감찰관은 심야(오후 10시부터 오전 6시까지를 말한다)에 조사를 하여서는 아니 된다. 다만, 사안에 따라 신속한 조사가 필요하고, 조사대상자로부터 심야조사 동의서를 받은 경우에는 심야에도 조사할 수 있다.
② 감찰관은 소속 경찰기관의 관할구역 안에서 활동하여야 한다. 다만, 상급 경찰기관의 장의 지시가 있는 경우에는 관할구역 밖에서도 활동할 수 있다.
③ 감찰관은 검찰·경찰, 그 밖의 수사기관으로부터 수사개시 통보를 받은 경우에는 징계의결 요구권자의 결재를 받아 해당 기관으로부터 수사결과의 통보를 받을 때까지 감찰조사, 징계의결요구 등의 절차를 진행해야 한다.
④ 감찰관은 감찰조사를 실시하기 전에 조사대상자에게 의무위반행위 사실의 요지를 알릴 수 없지만, 다른 감찰관의 참여를 요구할 수 있음은 고지하여야 한다.

11 「경비업법」상 경비업에 대한 설명이다. 다음 중 옳은 것을 모두 고른 것은?

> ㉠ 경비업의 업무에는 시설경비, 호송경비, 신변보호, 기계경비, 특수경비가 있다.
> ㉡ 신변보호업무는 사람의 생명이나 신체에 대한 위해의 발생을 방지하고 그 신변을 보호하는 업무이다.
> ㉢ 시설경비업무는 공항(항공기를 포함) 등 대통령령이 정하는 국가중요시설의 경비 및 도난·화재 그 밖의 위험발생을 방지하는 업무이다.
> ㉣ 기계경비업무는 경비대상시설에 설치한 기기에 의하여 감지·송신된 정보를 그 경비대상시설 내의 장소에 설치한 관제시설의 기기로 수신하여 도난·화재 등 위험발생을 방지하는 업무이다.

① 없음
② ㉠, ㉡
③ ㉠, ㉡, ㉢
④ ㉠, ㉡, ㉢, ㉣

12 「실종아동등의 보호 및 지원에 관한 법률」과 「실종아동등 및 가출인 업무처리 규칙」상 용어의 설명으로 가장 적절한 것은? (기출 변형)

① '아동등'이란 실종신고 당시 18세 미만인 아동, 「장애인복지법」 제2조의 장애인 중 지적장애인, 자폐 성장애인 또는 정신장애인 및 「치매관리법」 제2조 제2호의 치매환자를 말한다.

② '발생지'란 실종아동등 및 가출인이 실종·가출 전 최종적으로 목격되었거나 목격되었을 것으로 추정하여 신고자 등이 진술한 장소를 말하며, 신고자 등이 최종 목격 장소를 진술하지 못하거나, 목격되었을 것으로 추정되는 장소가 대중교통시설 등일 경우 또는 실종·가출 발생 후 10일이 경과한 때에는 실종아동등 및 가출인의 실종 전 최종 주거지를 말한다.

③ '발견지'란 실종아동등 또는 가출인을 발견하여 보호 중인 장소를 말하며, 발견한 장소와 보호 중인 장소가 서로 다른 경우에는 발견한 장소를 말한다.

④ '장기실종아동등'이란 보호자로부터 신고를 접수한 지 48시간이 경과한 후에도 발견되지 않은 찾는 실종아동등을 말한다.

13 「집회 및 시위에 관한 법률 시행령」에 대한 설명이다. 옳은 것을 모두 고른 것은?

> ㉠ 관할 경찰관서장이 권한을 부여하면 관할 경찰서 경비교통과장도 해산명령의 주체가 될 수 있다.
> ㉡ 자진 해산 요청은 직접 집회주최자에게 공개적으로 하여야 한다.
> ㉢ 자진 해산 요청에 따르지 아니하는 경우에는 세 번 이상 자진 해산할 것을 명령하고, 참가자들이 해산명령에도 불구하고, 해산하지 아니하면 직접 해산시킬 수 있다.
> ㉣ 종결선언은 주최자에게 요청하되, 주최자의 소재를 알 수 없는 경우에는 주관자·연락책임자 및 질서유지인에게 하여야 하며 종결선언의 요청은 필요적 절차로 생략할 수 없다.

① ㉠, ㉡   ② ㉠, ㉢
③ ㉡, ㉢   ④ ㉢, ㉣

14 「국민보호와 공공안전을 위한 테러방지법」에 대한 설명으로 가장 적절한 것은?

① 국가테러대책위원회 위원장은 대통령으로 한다.
② '테러단체'란 국제연합(UN)이 지정한 테러단체를 말한다.
③ '테러위험인물'이란 테러를 실행 · 계획 · 준비하거나 테러에 참가할 목적으로 국적국이 아닌 국가의 테러단체에 가입하거나 가입하기 위하여 이동 또는 이동을 시도하는 내국인 · 외국인을 말한다.
④ 국가정보원장은 테러위험인물에 대하여 출입국 · 금융거래 및 통신이용 등 관련 정보를 수집하여야 한다.

15 「도로교통법」 및 「도로교통법 시행규칙」상 제1종 특수면허로 운전할 수 없는 것을 모두 고른 것은?

㉠ 소방차	㉡ 구급차
㉢ 배기량 125cc인 이륜자동차	㉣ 승차정원 10명인 승합자동차

① 없음
② ㉠, ㉡
③ ㉠, ㉡, ㉢
④ ㉠, ㉡, ㉢, ㉣

16 정보의 배포수단에 대한 설명 중 가장 적절하게 연결된 것은?

㉠ 통상 개인적인 대화의 형태로 이루어지며, 질문에 대한 답변이나 토의 형태로 직접 전달하는 방법이다.
㉡ 정보사용자 또는 다수 인원에게 신속히 전달하는 경우에 이용되는 방법으로 강연식이나 문답식으로 진행되며, 현용정보의 배포수단으로 많이 이용된다.
㉢ 정보분석관이 가장 많이 활용하는 방법으로 정기간행물에 포함시키는 것이 적절하지 못한 긴급한 정보를 전달하는 데 주로 사용되며, 신속성이 중요하다.
㉣ 매일 24시간에 걸친 정치, 경제, 사회, 문화 등 제반 정세의 변화를 중점적으로 망라한 보고서로사전에 고안된 양식에 의해 매일 작성되며, 제한된 범위에서 배포된다.

① ㉠ 비공식적 방법　㉡ 브리핑　㉢ 메모　㉣ 일일정보보고서
② ㉠ 비공식적 방법　㉡ 브리핑　㉢ 전신　㉣ 특별보고서
③ ㉠ 브리핑　㉡ 비공식적 방법　㉢ 메모　㉣ 특별보고서
④ ㉠ 브리핑　㉡ 비공식적 방법　㉢ 전신　㉣ 일일정보보고서

17 「도로교통법」상 '주차금지장소'에 대한 설명으로 가장 적절하지 <u>않은</u> 것은? (기출 수정)

① 터널 안 및 다리 위
② 도로공사를 하고 있는 경우에는 그 공사 구역의 양쪽 가장자리로부터 5미터 이내인 곳
③ 지방경찰청장이 도로에서의 위험을 방지하고 교통의 안전과 원활한 소통을 확보하기 위하여 필요하다고 인정하여 지정한 곳
④ 「다중이용업소의 안전관리에 관한 특별법」에 따른 다중이용업소의 영업장이 속한 건축물로 소방본부장의 요청에 의하여 지방경찰청장이 지정한 곳으로부터 3미터 이내인 곳

18 「보안관찰법」상 보안관찰 해당범죄가 <u>아닌</u> 것은?

① 「형법」상 내란죄   ② 「군형법」상 일반이적죄
③ 「국가보안법」상 목적수행죄   ④ 「국가보안법」상 금품수수죄

19 간첩망의 형태에 대한 설명 중 가장 적절한 것은?

① 단일형은 간첩이 단일 특수목적을 수행하기 위해 동조자를 포섭하지 않고 단독으로 활동하는 점조직으로 대남간첩이 가장 많이 사용하며, 간첩 상호간에 종적·횡적 연락의 차단으로 보안 유지 및 신속한 활동이 가능하며 활동 범위가 넓고 공작 성과가 높다는 장점이 있다.
② 삼각형은 지하당조직에서 주로 사용하는 간첩망 형태로, 지하당 구축을 하명받은 간첩이 3명 이내의 행동공작원을 포섭하여 직접 지휘하고 포섭된 공작원 간의 횡적 연락을 차단시키는 활동 조직이다.
③ 피라미드형은 간첩 밑에 주공작원 2~3명을 두고, 주공작원은 그 밑에 각각 2~3명의 행동공작원을 두는 조직형태로 일시에 많은 공작을 입체적으로 수행할 수 있어 활동 범위가 넓고 조직 구성에 많은 시간이 소요되지 않는다는 장점이 있다.
④ 레포형은 삼각형 조직에 있어서 간첩과 주공작원 간, 행동공작원 상호간에 연락원을 두고 종·횡으로 연결하는 형태이다.

20 「출입국관리법」 제4조에는 국민의 출국 금지 기간에 대하여 정하고 있다. 다음 ( ) 안에 들어갈 숫자를 모두 더한 값은? (단, 기간연장은 없음)

㉠ 범죄 수사를 위하여 출국이 적당하지 아니하다고 인정되는 사람: ( )개월 이내

㉡ 형사재판에 계속 중인 사람: ( )개월 이내

㉢ 징역형의 집행이 끝나지 아니한 사람: ( )개월 이내

㉣ 소재를 알 수 없어 기소중지결정이 된 사람: ( )개월 이내

㉤ 도주 등 특별한 사유가 있어 수사진행이 어려운 사람: ( )개월 이내

---

① 10   ② 16   ③ 19   ④ 20

모 | 범 | 답 | 안   **경찰학개론**

| 1. ④ | 2. ③ | 3. ③ | 4. ③ | 5. ④ | 6. ③ | 7. ① | 8. ④ | 9. ② | 10. ② |
| 11. ② | 12. ④ | 13. ② | 14. ② | 15. ② | 16. ① | 17. ④ | 18. ① | 19. ② | 20. ③ |

2017
제2차

경찰학개론 기출문제

경찰공무원(순경) 공채

2017년 9월 2일 시행

01 경찰의 개념 중 형식적 의미의 경찰과 실질적 의미의 경찰에 대한 설명으로 가장 적절한 것은?

① 실질적 의미의 경찰 개념은 이론상·학문상 정립된 개념이 아닌 실무상으로 정립된 개념이며, 독일 행정법학에서 유래하였다.

② 경찰이 아닌 다른 일반 행정기관 또한 경찰과 마찬가지로 형식적 의미의 경찰에 해당하는 활동을 할 수 있다.

③ 실질적 의미의 경찰은 형식적 의미의 경찰 개념보다 넓은 의미로 형식적 의미의 경찰을 모두 포괄하는 상위 개념이다.

④ 형식적 의미의 경찰이란 실정법상 보통 경찰기관에 분배되어 있는 임무를 달성하기 위해 행하여지는 경찰 활동을 의미한다.

> [해설]
>
> 1. 실질적 의미의 경찰
>   - 국가의 일반통치권에 의거하여 국민에게 명령·강제하는 제반 권력작용을 말한다.
>   - 경찰이 아닌 다른 기관의 명령적·강제적 권력작용도 포함된다.
>   - 보건, 의료, 세무, 산림, 문화, 환경 등을 담당하는 국가기관의 권력작용(특별사법경찰기관)도 포함된다.
>   - 지방자치단체가 행하는 주·정차 단속과 같은 권력작용도 포함된다.
>
> 2. 형식적 의미의 경찰
>   - 국가의 권력작용에 속하는지 여부와 무관하게 법률 규정에 의거하여 경찰조직이 현실적으로 수행하는 사무 또는 역할을 총칭하는 것이다.
>   - 국가의 권력작용에 속한다고 해도 경찰조직이 직접 담당하지 않으면 형식적 의미의 경찰이 아니다.
>   - 권력작용과 무관해도 경찰조직에서 현실적으로 수행하면 형식적 경찰로 간주된다.
>   - 계몽·지도·봉사·지원 및 정보업무와 대공업무는 형식적 의미의 경찰개념에 포함된다.

02 경찰의 임무에 대한 설명으로 가장 적절하지 <u>않은</u> 것은?

① '공공의 안녕과 질서에 대한 위험방지'가 경찰의 궁극적 임무라 할 수 있다.

② 오늘날 대부분의 생활 영역에 대한 법적 규범화 추세에 따라 공공질서 개념의 사용 가능 분야는 점점 축소되고 있다.

③ '공공의 안녕'이란 개념은 '법질서의 불가침성'과 '국가의 존립 및 국가기관의 기능성의 불가침성'으로 나눌 수 있는 바, 이 중 '국가의 존립 및 국가기관의 기능성의 불가침성'이 공공의 안녕의 제1요소이다.

④ 경찰의 개입은 구체적 위험 내지 적어도 추상적 위험이 있을 때 가능하다.

해설

〈보기〉 ③ '공공의 안녕'이란 법질서의 불가침성, 국가의 존립과 국가기관의 기능의 불가침성, 개인의 권리와 법익의 불가침성으로 구분된다. **법질서의 불가침성은 공공의 안녕의 제1요소**이다.

① 경찰의 임무는 행정조직법상 경찰기관에 배분된 것을 의미함으로 '공공의 안녕과 질서에 대한 위험방지'가 경찰의 궁극적 임무라 할 수 있다.

② 오늘날 대부분의 생활 영역에 대한 법적 규범화 추세가 성문화되어 감에 따라, 공공질서 개념의 사용 가능 분야는 점점 축소되고 있다.

④ 경찰의 개입은 구체적 처분을 통한 개임과 경찰상 명령을 통한 개입이 있으며, 구체적 위험뿐만 아니라 적어도 추상적 위험이 있을 때도 개입 가능하다.

03 경찰의 부정부패 현상과 그 원인에 대한 설명으로 가장 적절한 것은?

① 사회 전체가 경찰 부패를 묵인하거나 조장할 때 경찰은 부패 행위를 하게 되며 시민 사회의 부패가 경찰 부패의 주원인으로 보는 이론은 전체사회 가설이다.

② 일부 부패경찰을 모집 단계에서 배제하지 못하여 조직 전체를 부패로 물들게 한다는 구조원인 가설은 부패의 원인을 개인적 결함이 아닌 조직의 체계적 원인으로 파악한다.

③ 미끄러지기 쉬운 경사로 이론은 부패에 해당하는 작은 호의가 습관화 될 경우 미끄러운 경사로를 타고 내려오듯이 점점 더 큰 부패와 범죄로 빠진다는 가설이다.

④ 썩은 사과 가설은 신임 경찰관들이 그들의 선배 경찰관들에 의해 조직의 부패 전통 내에서 사회화 되어 신임 경찰도 기존 경찰처럼 부패로 물들게 된다고 주장한다.

해설 〈경찰부패의 원인에 대한 이론〉

전체사회가설	미국의 경찰학자 '윌슨'에 의해 등장한 것으로, 우리의 전체사회가 경찰관의 부패를 만의 하나라도 묵인 또는 용인하게 되면, 경찰관은 자연스럽게 부패행위에 빠져들게 된다는 가설이다.
구조원인가설	**니더호퍼, 로벅, 바커** 등이 주창한 가설로서, 신임경찰관들이 교육훈련을 통해 국가에 충성하고 정의사회를 구현하겠다는 다짐과 열정이 일선경찰기관에 배치된 후, 그들의 선배나 동료들에 의해 만들어진 부패된 전통과 조직문화 속에서 사회화됨으로써 부패의 길로 들어선다는 가설이다.
썩은사과가설	경찰관 모집할 때 **자질이 없는 경찰관**(잠재적 부패 경찰관)들이 모집단계에서 걸러내지 못한 경우, 그로 인해 정의로운 경찰관들과 조직전체가 부패할 가능성이 있다는 가설 〈개인적 성격이 부패한 사람, 부도덕한 인격의 소유자 등을 의미하며, 경찰관 모집단계에서 자질이 없거나 적합하지 않는 사람을 경찰조직으로 유입되지 않도록 차단하는 것이 얼마나 중요한지 강조하는 것〉
미끄러지기 쉬운 경사로이론	**셔먼**이 주장한 이론으로, 부패에 해당하지 않는 작은 호의(공짜 커피, 작은선물)가 습관화 될 경우, 미끄러운 경사로를 타고 내려오듯이 점점 더 큰 부패와 범죄로 빠진다는 가설이다.

04 우리나라 경찰의 역사와 제도에 대한 설명이다. 과거에서 현재 순으로 가장 바르게 나열한 것은?

> ㉠ 경찰관 해외주재관제도 신설 ㉡ 「경찰관 직무집행법」 제정
> ㉢ 경찰위원회 신설 ㉣ 「경찰공무원법」 제정
> ㉤ 내무부 치안국을 치안본부로 개편

① ㉡-㉠-㉤-㉣-㉢ ② ㉡-㉠-㉣-㉤-㉢
③ ㉡-㉣-㉠-㉤-㉢ ④ ㉣-㉡-㉤-㉢-㉠

해설
㉡ 「경찰관 직무집행법」 제정 - 1953년   ㉠ 경찰관 해외주재관제도 신설 - 1966년
㉣ 「경찰공무원법」 제정 - 1969년   ㉤ 내무부 치안국을 치안본부로 개편 - 1974년
㉢ 경찰위원회 신설 - 1991년

05 「경찰법」상 경찰위원회에 대한 설명으로 가장 적절한 것은?

① 경찰위원회는 경찰의 민주주의와 정치적 중립성을 보장하기 위하여 경찰청에 설치한 독립적 심의·의결 기구이다.
② 경찰위원회는 위원장 1명을 포함한 7명의 위원으로 구성되며 위원장 및 1명의 위원은 상임으로 하고, 5명의 위원은 비상임으로 한다.
③ 국가경찰의 부패 방지와 청렴도 향상에 관한 주요 정책사항은 경찰위원회의 심의·의결을 거쳐야한다.
④ 경찰위원회의 회의는 재적위원 과반수의 출석과 재적위원 과반수의 찬성으로 의결한다.

해설
제5조(경찰위원회의 설치) ① 경찰행정에 관하여 제9조 제1항 각 호의 사항을 심의·의결하기 위하여 행정안전부에 경찰위원회를 둔다.
  ② 위원회는 위원장 1명을 포함한 7명의 위원으로 구성하되, 위원장 및 5명의 위원은 비상임으로 하고, 1명의 위원은 상임으로 한다.
제9조(위원회의 심의·의결 사항) ① 다음 각 호의 사항은 위원회의 심의·의결을 거쳐야 한다.
  1. 국가경찰의 인사, 예산, 장비, 통신 등에 관한 주요정책 및 국가경찰 업무 발전에 관한 사항
  2. 인권보호와 관련되는 국가경찰의 운영·개선에 관한 사항
  3. 국가경찰의 부패 방지와 청렴도 향상에 관한 주요 정책사항
  4. 국가경찰 임무 외에 다른 국가기관으로부터의 업무협조 요청에 관한 사항
  5. 제주특별자치도의 자치경찰에 대한 국가경찰의 지원·협조 및 협약체결의 조정 등에 관한 주요 정책사항
  6. 그 밖에 행정안전부장관 및 경찰청장이 중요하다고 인정하여 위원회의 회의에 부친 사항
제10조(위원회의 운영 등) ② 위원회의 회의는 재적위원 과반수의 출석과 출석위원 과반수의 찬성으로 의결한다.

정답 3. ① 4. ② 5. ③

06 「경찰공무원징계령」상 경찰공무원 징계에 대하여 설명한 것이다. 옳은 것을 모두 고른 것은?

> ⊙ 경찰공무원 보통징계위원회는 해당 징계위원회가 설치된 경찰기관 소속 경정 이하 경찰 공무원에 대한 징계등 사건을 심의·의결한다.
> ⓛ 경찰공무원 보통징계위원회는 위원장 1명을 포함하여 3명 이상 7명 이하의 공무원위원 과 민간위원으로 구성한다.
> ⓒ 징계등 의결 요구를 받은 징계위원회는 그 요구서를 받은 날부터 30일 이내에 징계등에 관한 의결을 하여야 한다. 다만, 부득이한 사유가 있을 때에는 해당 징계등 의결을 요구 한 경찰기관의 장의 승인을 받아 30일 이내의 범위에서 그 기간을 연장할 수 있다.
> ⓔ 징계위원회의 위원 중 징계등 심의 대상자의 친족이나 그 징계 사유와 관계가 있는 사람 은 그 징계등 사건의 심의에 관여하지 못한다.
> ⓜ 징계위원회는 징계등 사건을 의결할 때에는 징계등 심의대상자의 평소 행실, 근무성적, 공적(功績), 뉘우치는 정도와 징계등 의결을 요구한 자의 의견을 고려할 수 있다.

① ⊙, ⓛ, ⓜ   ② ⓛ, ⓒ, ⓔ
③ ⓛ, ⓒ, ⓜ   ④ ⓛ, ⓒ, ⓔ, ⓜ

해설
제4조(징계위원회의 관할) ① 중앙징계위원회는 총경 및 경정에 대한 징계 또는 징계부가금 사건을 심의·의결한다.
② 보통징계위원회는 해당 징계위원회가 설치된 경찰기관 소속 **경감** 이하 경찰공무원에 대한 징계등 사건 을 심의·의결한다. 다만, 다음 각 호의 기관에 설치된 보통징계위원회는 각 호의 구분에 따른 경찰공 무원에 대한 징계등 사건을 심의·의결한다.
  1. 경정 이상의 경찰공무원을 장으로 하는 경찰서, 경찰기동대·해양경찰서 등 총경 이상의 경찰공무원 을 장으로 하는 경찰기관 및 정비창: 소속 경위 이하의 경찰공무원
  2. 의무경찰대 및 경비함정 등 경찰청장 또는 해양경찰청장이 지정하는 경감 이상의 경찰공무원을 장 으로 하는 경찰기관: 소속 경사 이하의 경찰공무원
제6조(징계위원회의 구성 등) ① 중앙징계위원회는 위원장 1명을 포함하여 5명 이상 7명 이하의 공무원위 원과 민간위원으로 구성하고, 보통징계위원회는 위원장 1명을 포함하여 3명 이상 7명 이하의 공무원위원 과 민간위원으로 구성한다.
다만, 해양경찰청에 두는 중앙징계위원회의 경우 징계등 심의 대상자보다 상위 계급인 소속 공무원(해양경 찰청장은 제외한다)의 수가 제3항에 따른 민간위원을 제외한 위원 수에 미달되는 등의 사유로 중앙징계위 원회를 구성하는 것이 곤란한 경우에는 3명 이상 7명 이하의 위원으로 구성할 수 있다.
제11조(징계등 의결 기한) ① 징계등 의결 요구를 받은 징계위원회는 그 요구서를 받은 날부터 30일 이내 에 징계등에 관한 의결을 하여야 한다. 다만, 부득이한 사유가 있을 때에는 해당 징계등 의결을 요구한 경 찰기관의 장의 승인을 받아 30일 이내의 범위에서 그 기간을 연장할 수 있다.
제15조(제척, 기피 및 회피) ① 징계위원회의 위원 중 징계등 심의 대상자의 친족이나 그 징계 사유와 관계 가 있는 사람은 그 징계등 사건의 심의에 관여하지 못한다.
제16조(징계등의 정도) 징계위원회는 징계등 사건을 의결할 때에는 징계등 심의 대상자의 평소 행실, 근무 성적, 공적, 뉘우치는 정도와 징계등 의결을 요구한 자의 의견을 고려하여야 한다.

07 경찰공무원의 권리와 의무에 대한 설명으로 가장 적절하지 않은 것은?

① 「국가공무원법」상 공무원은 소속 상관의 허가 또는 정당한 사유가 없으면 직장을 이 탈하지 못한다.

② 복종의 의무와 관련하여, 「경찰공무원법」은 국가경찰공무원이 구체적 사건수사와 관 련된 상관의 적법성 또는 정당성에 대하여 이견이 있을 때에는 이의를 제기할 수 있 다고 규정하고 있다.

③ 「국가공무원법」상 공무원은 공무 외에 영리를 목적으로 하는 업무에 종사하지 못하며 소속 기관장의 허가 없이 다른 직무를 겸할 수 없다.

④ 「공직자윤리법」상 등록의무자(취업심사대상자)는 퇴직일부터 3년간 퇴직 전 5년 동안 소속하였던 부서 또는 기관의 업무와 밀접한 관련성이 있는 취업제한기관에 취업할 수 없다. 다만, 관할 공직자윤리위원회의 승인을 받은 때에는 그러하지 아니하다.

해설

국가공무원법 제58조(직장 이탈 금지) ① 공무원은 소속 상관의 허가 또는 정당한 사유가 없으면 직장을 이탈하지 못한다.

② 수사기관이 공무원을 구속하려면 그 소속 기관의 장에게 미리 통보하여야 한다. 다만, 현행범은 그러하 지 아니하다.

국가공무원법 제64조(영리 업무 및 겸직 금지) ① 공무원은 공무 외에 영리를 목적으로 하는 업무에 종사 하지 못하며 소속 기관장의 허가 없이 다른 직무를 겸할 수 있다.

경찰법 제24조(직무수행) ① 국가경찰공무원은 상관의 지휘·감독을 받아 직무를 수행하고, 그 직무수행에 관하여 서로 협력하여야 한다.

② 국가경찰공무원은 구체적 사건수사와 관련된 제1항의 지휘·감독의 적법성 또는 정당성에 대하여 이견 이 있을 때에는 이의를 제기할 수 있다.

공직자윤리법 제17조(퇴직공직자의 취업제한) ① 등록의무자(취업심사대상자)는 퇴직일부터 3년간 퇴직 전 5년 동안 소속하였던 부서 또는 기관의 업무와 밀접한 관련성이 있는 취업제한기관에 취업할 수 없다. 다 만, 관할 공직자윤리위원회의 승인을 받은 때에는 그러하지 아니하다.

08 「경찰관 직무집행법 및 동법 시행령」상 손실보상에 대한 설명으로 가장 적절하지 <u>않은</u> 것은?

① 국가는 경찰관의 적법한 직무집행으로 인하여 손실발생의 원인에 대하여 책임이 있는 자가 자신의 책임에 상응하는 정도를 초과하는 재산상의 손실을 입은 경우 손실을 입은 자에 대하여 정당한 보상을 하여야 한다.

② 보상을 청구할 수 있는 권리는 손실이 있음을 안 날부터 3년, 손실이 발생한 날부터 5년간 행사하지 아니하면 시효의 완성으로 소멸한다.

③ 경찰공무원의 직무집행으로 인하여 발생한 손실보상청구 사건을 심의하기 위하여 경찰청, 해양경찰청, 지방경찰청 및 지방해양경찰청, 경찰서 및 해양경찰서에 손실보상심의위원회를 설치한다.

④ 손실보상심의위원회의 회의는 재적위원 과반수의 출석으로 개의하고, 출석위원 과반수의 찬성으로 의결한다.

> [해설]
>
> 제11조의2(손실보상) ① 국가는 경찰관의 적법한 직무집행으로 인하여 다음 각 호의 어느 하나에 해당하는 손실을 입은 자에 대하여 정당한 보상을 하여야 한다.
>
> 　　1. 손실발생의 원인에 대하여 책임이 없는 자가 재산상의 손실을 입은 경우(손실발생의 원인에 대하여 책임이 없는 자가 경찰관의 직무집행에 자발적으로 협조하거나 물건을 제공하여 재산상의 손실을 입은 경우를 포함한다)
>
> 　　2. 손실발생의 원인에 대하여 책임이 있는 자가 자신의 책임에 상응하는 정도를 초과하는 재산상의 손실을 입은 경우
>
> ② 보상을 청구할 수 있는 권리는 손실이 있음을 안 날부터 3년, 손실이 발생한 날부터 5년간 행사하지 아니하면 시효의 완성으로 소멸한다.
>
> ③ 제1항에 따른 손실보상신청 사건을 심의하기 위하여 손실보상심의위원회를 둔다.
>
> 경찰관 직무집행법 시행령 제11조(손실보상심의위원회의 설치 및 구성) ① 소속 경찰공무원의 직무집행으로 인하여 발생한 손실보상청구 사건을 심의하기 위하여 경찰청, 해양경찰청, 지방경찰청 및 지방해양경찰청에 손실보상심의위원회를 설치한다.
>
> 제13조(손실보상심의위원회의 운영) ① 위원장은 위원회의 회의를 소집하고, 그 의장이 된다.
>
> ② 위원회의 회의는 재적위원 과반수의 출석으로 개의하고, 출석위원 과반수의 찬성으로 의결한다.

09 매슬로우(Maslow)의 욕구 이론에 대한 설명으로 가장 적절하지 <u>않은</u> 것은?

① 매슬로우는 욕구를 생리적 욕구(Physiological Needs), 안전의 욕구(Safety Needs), 사회적 욕구(Social Needs), 존경의 욕구(Esteem Needs), 자기실현 욕구(Self-actualization Needs)로 구분하였다.

② 안전의 욕구는 현재 및 장래의 신분이나 생활에 대한 불안 해소에 관한 것으로 신분보장, 연금제도 등을 통해 충족시켜 줄 수 있다.

③ 존경의 욕구는 동료·상사·조직 전체에 대한 친근감·귀속감 충족에 관한 것으로 인간관계의 개선, 고충처리 상담 등을 통해 충족시켜 줄 수 있다.

④ 생리적 욕구는 의·식·주 및 건강 등에 관한 것으로 적정보수제도, 휴양제도 등을 통해 충족시켜 줄 수 있다.

해설 매슬로우(Maslow)가 주장한 욕구 5단계

단계 구분	내 용	적 용
5단계(Self-actualization Needs) (자아실현의 욕구)	성취감 충족 및 자기발전과 자기 완성의 욕구	공정하고 합리적인 승진, 공무원 단체활용
4단계(Esteem Needs) (존경의 욕구)	존경, 타인으로부터 인정	참여 확대, 권한의 위임, 제안제도, 포상제도(이달의 경찰관 시상)
3단계(Social Needs) (사회적 욕구)	동료, 상사, 조직원에 대한 애정 및 소속감 충족	인간관계의 개선, 고충처리상담
2단계(Safety Needs) (안전의 욕구)	공무원 신분이나 생활에 대한 불안감 해소	신분보장 연금제도
1단계(Physiological Needs) (생리적 욕구)	의식주 및 건강에 관한 욕구	적정보수제도, 휴양제도

10 「경찰장비관리규칙」상 무기 및 탄약관리에 대한 설명으로 가장 적절하지 <u>않은</u> 것은?

① '집중무기고'란 경찰인력 및 경찰기관별 무기책정기준에 따라 배정된 개인화기와 공용화기를 집중보관 · 관리하기 위하여 각 경찰기관에 설치된 시설을 말한다.

② 탄약고는 무기고와 분리되어야 하며 가능한 본 청사와 격리된 독립 건물로 하여야 한다.

③ 경찰서에 설치된 집중무기고의 열쇠는 일과시간은 경무과장, 일과 후는 상황관리관이 보관 · 관리한다. 다만, 휴가 · 비번 등으로 관리책임자 공백 시는 별도 관리책임자를 지정하여야 한다.

④ 경찰기관의 장이 무기를 휴대한 자 중에서 대여한 무기 · 탄약을 즉시 회수하여야 하는 대상은 '변태성벽이 있는 자', '형사사건의 조사의 대상이 된 자', '사의를 표명한 자', '기타 경찰기관의 장이 부적합하다고 판단한 자'이다.

> [해설]
> 제112조(정의) 이 장에서 사용하는 용어의 정의는 다음과 같다.
>   1. "무기"란 인명 또는 신체에 위해를 가할 수 있도록 제작된 권총 · 소총 · 도검 등을 말한다.
>   2. "집중무기고"란 경찰인력 및 경찰기관별 무기책정기준에 따라 배정된 개인화기와 공용화기를 집중보관 · 관리하기 위하여 각 경찰기관에 설치된 시설을 말한다.
>   3. "탄약고"란 경찰탄약을 집중 보관하기 위하여 타용도의 사무실, 무기고 등과 분리 설치된 보관시설을 말한다.
>   4. "간이무기고"란 경찰기관의 각 기능별 운용부서에서 효율적 사용을 위하여 집중무기고로부터 무기 · 탄약의 일부를 대여 받아 별도로 보관 · 관리하는 시설을 말한다.
>   5. "무기 · 탄약 관리책임자"란 경찰기관의 장으로부터 무기 · 탄약 관리 업무를 위임받아 집중무기고 및 간이무기고에 보관된 무기 · 탄약을 총괄하여 관리 · 감독하는 자를 말한다.
>   6. "무기 · 탄약 취급담당자"란 무기 · 탄약 관리에 관한 업무를 분장받아 해당 경찰기관의 무기 · 탄약의 보관 · 운반 · 수리 · 입출고 등 무기 · 탄약 관리사무에 종사하는 자를 말한다.
> 제115조(무기고 및 탄약고 설치) ② 무기고와 탄약고는 견고하게 만들고 환기 · 방습장치와 방화시설 및 총가시설 등이 완비되어야 한다.
>   ③ 탄약고는 무기고와 분리되어야 하며 가능한 본 청사와 격리된 독립 건물로 하여야 한다.
>   ④ 무기고와 탄약고의 환기통 등에는 손이 들어가지 않도록 쇠창살 시설을 하고, 출입문은 2중으로 하여 각 1개소 이상씩 자물쇠를 설치하여야 한다.
>   ⑤ 무기 · 탄약고 비상벨은 상황실과 숙직실 등 초동조치 가능장소와 연결하고, 외곽에는 철조망장치와 조명등 및 순찰함을 설치하여야 한다.
> 제120조(무기 · 탄약의 회수 및 보관) ① 경찰기관의 장은 무기를 휴대한 자 중에서 다음 각 호에 해당하는 자가 발생한 때에는 즉시 대여한 **무기 · 탄약을 회수하여야** 한다.
>   1. 직무상의 비위 등으로 인하여 징계대상이 된 자
>   2. 형사사건의 조사의 대상이 된 자
>   3. 사의를 표명한 자
>   ② 경찰기관의 장은 무기를 휴대한 자 중에서 다음 각 호에 해당하는 자가 있을 때에는 대여한 **무기 · 탄약을 회수** 또는 **보관할 수** 있다.
>   1. 평소에 불평이 심하고 염세비관하는 자
>   2. 주벽이 심한 자
>   3. 변태성벽이 있는 자
>   4. 가정환경이 불화한 자

5. 기타 경찰기관의 장이 부적합하다고 판단한 자
③ 경찰기관의 장은 무기를 휴대한 자 중에서 다음 각 호에 해당하는 경우에는 대여한 무기 · 탄약을 무기고에 보관하도록 하여야 한다.
  1. 술자리 또는 연회장소에 출입할 경우
  2. 상사의 사무실을 출입할 경우
  3. 기타 정황을 판단하여 필요하다고 인정되는 경우

11 범죄통제이론에 대한 설명으로 가장 적절하지 않은 것은?

① '억제이론'은 인간의 자유 의지를 인정하지 않는 결정론적 인간관에 바탕을 두고 특별예방효과에 중점을 둔다.
② '치료 및 갱생이론'은 생물학적 · 심리학적 범죄 이론에 바탕을 두고 있다.
③ '합리적 선택이론'은 인간이 자유 의지를 가지고 있다고 가정하고 합리적인 인간관을 전제로 하므로 비결정론적 인간관에 바탕을 두고 있다.
④ '일상활동이론'의 범죄 발생 3요소는 '동기가 부여된 잠재적 범죄자(motivated offender)', '적절한 대상(suitable target)', '보호자의 부재(absence of capable guardianship)'이다.

해설
① '억제이론'은 인간의 자유 의지를 인정하는 비결정론적 인간관에 바탕을 두고 **일반예방효과**에 중점을 둔다.
② 생물학적 · 심리학적 범죄이론에서는 범죄자의 '치료와 갱생'을 통한 사후적인 측면을 강조하고 있으며, 이러한 '치료와 갱생'이 긍정적으로 범죄예방에 효과가 있다고 본다.
③ '합리적 선택이론'은 인간이 자유 의지를 가지고 있다고 가정하고, 합리적인 인간임을 전제로 하므로 비결정론적 인간관에 바탕을 두고 있다.
④ '일상활동이론'의 범죄 발생 3요소는 '동기가 부여된 잠재적 범죄자(motivated offender)', '적절한 대상(suitable target)', '보호자의 부재(absence of capable guardianship)'이다.

12 「아동 · 청소년의 성보호에 관한 법률」에 대한 설명으로 가장 적절하지 <u>않은</u> 것은?

① 아동 · 청소년이용음란물을 제작 · 수입 또는 수출한 자(동법 제11조 제1항)에 대하여 미수범 처벌 규정을 두고 있다.

② 아동 · 청소년의 성을 사기 위하여 아동 · 청소년을 유인하거나 성을 팔도록 권유한 자(동법 제13조 제2항)의 경우 미수범 처벌규정이 없다.

③ 법원은 아동 · 청소년 대상 성범죄를 범한 「소년법」 제2조의 소년에 대하여 형의 선고를 유예하는 경우에는 반드시 보호관찰을 명하여야 한다.

④ 음주 또는 약물로 인한 심신장애 상태에서 아동 · 청소년대상 성폭력 범죄를 범한 때에는 「형법」 제10조 제1항 · 제2항 및 제11조(심신장애자 · 농아자 감면규정)를 적용하지 아니한다.

> **해설**
>
> **제11조(아동 · 청소년이용음란물의 제작 · 배포 등)** ① 아동 · 청소년이용음란물을 제작 · 수입 또는 수출한 자는 무기징역 또는 5년 이상의 유기징역에 처한다.
>
> ② 영리를 목적으로 아동 · 청소년이용음란물을 판매 · 대여 · 배포 · 제공하거나 이를 목적으로 소지 · 운반하거나 공연히 전시 또는 상영한 자는 10년 이하의 징역에 처한다.
>
> ③ 아동 · 청소년이용음란물을 배포 · 제공하거나 공연히 전시 또는 상영한 자는 7년 이하의 징역 또는 5천만원 이하의 벌금에 처한다.
>
> ④ 아동 · 청소년이용음란물을 제작할 것이라는 정황을 알면서 아동 · 청소년을 아동 · 청소년이용음란물의 제작자에게 알선한 자는 3년 이상의 징역에 처한다.
>
> ⑤ 아동 · 청소년이용음란물임을 알면서 이를 소지한 자는 1년 이하의 징역 또는 2천만원 이하의 벌금에 처한다.
>
> ⑥ 제1항의 미수범은 처벌한다.
>
> **제13조(아동 · 청소년의 성을 사는 행위 등)** ① 아동 · 청소년의 성을 사는 행위를 한 자는 1년 이상 10년 이하의 징역 또는 2천만원 이상 5천만원 이하의 벌금에 처한다.
>
> ② 아동 · 청소년의 성을 사기 위하여 아동 · 청소년을 유인하거나 성을 팔도록 권유한 자는 1년 이하의 징역 또는 1천만원 이하의 벌금에 처한다.
>
> **제21조(형벌과 수강명령 등의 병과)** ① 법원은 아동 · 청소년대상 성범죄를 범한 「소년법」 제2조의 소년에 대하여 형의 선고를 유예하는 경우에는 반드시 보호관찰을 명하여야 한다.
>
> **제19조(「형법」상 감경규정에 관한 특례)** 음주 또는 약물로 인한 심신장애 상태에서 아동 · 청소년대상 성폭력범죄를 범한 때에는 「형법」 제10조 제1항 · 제2항 및 제11조(심신장애인 · 농아자 감면규정)를 적용하지 아니할 수 있다.

13 「통합방위법」상 통합방위작전 및 경찰작전에 대한 설명으로 가장 적절한 것은?

① 대통령 소속으로 중앙 통합방위협의회를 둔다.

② '갑종사태'란 일정한 조직 체계를 갖춘 적의 대규모 병력 침투 또는 대량살상무기(大量 殺傷武器) 공격 등의 도발로 발생한 비상사태로서 통합방위본부장 또는 지역군사령관 의 지휘·통제 하에 통합방위작전을 수행하여야 할 사태를 말한다.

③ 시·도경찰청장 또는 경찰서장은 통합방위사태가 선포된 때에는 인명·신체에 대한 위해를 방지하기 위하여 즉시 작전지역에 있는 주민이나 체류 중인 사람에게 대피할 것을 명하여야 한다.

④ '을종사태'란 일부 또는 여러 지역에서 적이 침투·도발하여 단기간 내에 치안이 회복 되기 어려워 시·도경찰청장의 지휘·통제 하에 통합방위작전을 수행하여야 할 사태 를 말한다.

해설

제4조(중앙 통합방위협의회) ① 국무총리 소속으로 중앙 통합방위협의회(중앙협의회)를 둔다.

제2조(정의) 이 법에서 사용하는 용어의 뜻은 다음과 같다.

6. "갑종사태"란 일정한 조직체계를 갖춘 적의 대규모 병력 침투 또는 대량살상무기 공격 등의 도발로 발생한 비상사태로서 통합방위본부장 또는 지역군사령관의 지휘·통제 하에 통합방위작전을 수행하 여야 할 사태를 말한다.

7. "을종사태"란 일부 또는 여러 지역에서 적이 침투·도발하여 단기간 내에 치안이 회복되기 어려워 지역군사령관의 지휘·통제 하에 통합방위작전을 수행하여야 할 사태를 말한다.

8. "병종사태"란 적의 침투·도발 위협이 예상되거나 소규모의 적이 침투하였을 때에 시·도경찰청장, 지역군사령관 또는 함대사령관의 지휘·통제 하에 통합방위작전을 수행하여 단기간 내에 치안이 회 복될 수 있는 사태를 말한다.

제16조(통제구역 등) ① 시·도지사 또는 시장·군수·구청장은 다음 각 호의 어느 하나에 해당하면 대통 령령으로 정하는 바에 따라 인명·신체에 대한 위해를 방지하기 위하여 필요한 통제구역을 설정하고, 통합 방위작전 또는 경계태세 발령에 따른 군·경 합동작전에 관련되지 아니한 사람에 대하여는 출입을 금지· 제한하거나 그 통제구역으로부터 퇴거할 것을 명할 수 있다.

1. 통합방위사태가 선포된 경우
2. 적의 침투·도발 징후가 확실하여 경계태세 1급이 발령된 경우

제17조(대피명령) ① 시·도지사 또는 시장·군수·구청장은 통합방위사태가 선포된 때에는 인명·신체에 대한 위해를 방지하기 위하여 즉시 작전지역에 있는 주민이나 체류 중인 사람에게 대피할 것을 명할 수 있다.

② 제1항에 따른 대피명령은 방송·확성기·벽보, 그 밖에 대통령령으로 정하는 방법에 따라 공고하여야 한다.

③ 안전대피방법과 대피명령의 실시방법·절차 등에 관하여 필요한 사항은 대통령령으로 정한다.

14 「청원경찰법 및 동법 시행령」상 청원경찰에 대한 설명으로 가장 적절한 것은?

① 청원경찰은 청원주와 배치된 기관·시설 또는 사업장 등의 구역을 관할하는 경찰서장의 감독을 받아 그 경비구역만의 경비를 목적으로 필요한 범위에서 「경찰법」에 따른 경찰관의 직무를 수행한다.

② 관할 경찰서장은 청원경찰이 직무상에 의무를 위반하거나 직무를 태만히 할 때 징계처분을 하여야 한다.

③ 관할 경찰서장은 매달 1회 이상 청원경찰을 배치한 경비구역에 대하여 복무규율과 근무 상황을 감독하여야 한다.

④ 청원경찰의 임용자격은 19세 이상인 사람이며, 남자의 경우에는 군복무를 마쳤거나 군복무가 면제된 사람으로 한정한다.

해설

제3조(청원경찰의 직무) 청원경찰은 청원경찰의 배치 결정을 받은 자(청원주)와 배치된 기관·시설 또는 사업장 등의 구역을 관할하는 경찰서장의 감독을 받아 그 경비구역만의 경비를 목적으로 필요한 범위에서 「경찰관 직무집행법」에 따른 경찰관의 직무를 수행한다.

제5조의2(청원경찰의 징계) ① 청원주는 청원경찰이 다음 어느 하나에 해당하는 때에는 대통령령으로 정하는 징계절차를 거쳐 징계처분을 하여야 한다.
    1. 직무상의 의무를 위반하거나 직무를 태만히 한 때
    2. 품위를 손상하는 행위를 한 때

시행령 제17조(감독) 관할 경찰서장은 매달 1회 이상 청원경찰을 배치한 경비구역에 대하여 다음 각 호의 사항을 감독하여야 한다.
    1. 복무규율과 근무 상황
    2. 무기의 관리 및 취급 사항

제3조(임용자격) 법 제5조 제3항에 따른 청원경찰의 임용자격은 다음 각 호와 같다.
    1. 18세 이상인 사람. 다만, 남자의 경우에는 군복무를 마쳤거나 군복무가 면제된 사람으로 한정한다.
    2. 행정안전부령으로 정하는 신체조건에 해당하는 사람

15 「도로교통법」 제2조 용어의 정의에 대한 설명으로 가장 적절하지 <u>않은</u> 것은?

① '자전거횡단도'란 자전거가 일반도로를 횡단할 수 있도록 안전표지로 표시한 도로의 부분을 말한다.

② '교차로'란 '十'자로, 'T'자로나 그 밖에 둘 이상의 도로(보도와 차도가 구분되어 있는 도로에서는 차도를 말한다)가 교차하는 부분을 말한다.

③ '길가장자리구역'이란 보도와 차도가 구분되어 있는 도로에서 보행자의 안전을 확보하기 위하여 안전표지 등으로 경계를 표시한 도로의 가장자리 부분을 말한다.

④ '안전표지'란 교통안전에 필요한 주의 · 규제 · 지시 등을 표시하는 표지판이나 도로의 바닥에 표시하는 기호 · 문자 또는 선 등을 말한다.

해설

제2조(정의) 이 법에서 사용하는 용어의 뜻은 다음과 같다.

　9. "자전거횡단도"란 자전거가 일반도로를 횡단할 수 있도록 안전표지로 표시한 도로의 부분을 말한다.

　11. "길가장자리구역"이란 보도와 차도가 구분되지 아니한 도로에서 보행자의 안전을 확보하기 위하여 안전표지 등으로 경계를 표시한 도로의 가장자리 부분을 말한다.

　13. "교차로"란 '십'자로, 'T'자로나 그 밖에 둘 이상의 도로(보도와 차도가 구분되어 있는 도로에서는 차도를 말한다)가 교차하는 부분을 말한다.

　16. "안전표지"란 교통안전에 필요한 주의 · 규제 · 지시 등을 표시하는 표지판이나 도로의 바닥에 표시하는 기호 · 문자 또는 선 등을 말한다.

16 「도로교통법」상 운전면허 결격사유에 대한 설명으로 가장 적절하지 <u>않은</u> 것은?

① 19세 미만(원동기장치자전거의 경우에는 16세 미만)인 사람은 운전면허를 받을 수 없다.

② 제1종 대형면허 또는 제1종 특수면허를 받으려는 경우로서 19세 미만이거나 자동차(이륜자동차는 제외한다)의 운전경험이 1년 미만인 사람은 운전면허를 받을 수 없다.

③ 듣지 못하는 사람(제1종 운전면허 중 대형면허·특수면허만 해당한다), 앞을 보지 못하는 사람(한쪽 눈만 보지 못하는 사람의 경우에는 제1종 운전면허 중 대형면허·특수면허만 해당한다)이나 그 밖에 대통령령으로 정하는 신체장애인은 운전면허를 받을 수 없다.

④ 교통상의 위험과 장해를 일으킬 수 있는 정신질환자 또는 뇌전증 환자로서 대통령령으로 정하는 사람은 운전면허를 받을 수 없다.

> **해설**
>
> 제82조(운전면허의 결격사유) ① 다음 어느 하나에 해당하는 사람은 운전면허를 받을 수 없다.
> 1. 18세 미만(원동기장치자전거의 경우에는 16세 미만)인 사람
> 2. 교통상의 위험과 장해를 일으킬 수 있는 정신질환자 또는 뇌전증 환자로서 대통령령으로 정하는 사람
> 3. 듣지 못하는 사람(제1종 운전면허 중 대형면허·특수면허만 해당한다), 앞을 보지 못하는 사람(한쪽 눈만 보지 못하는 사람의 경우에는 제1종 운전면허 중 대형면허·특수면허만 해당한다)이나 그 밖에 대통령령으로 정하는 신체장애인
> 4. 양쪽 팔의 팔꿈치관절 이상을 잃은 사람이나 양쪽 팔을 전혀 쓸 수 없는 사람. 다만, 본인의 신체장애 정도에 적합하게 제작된 자동차를 이용하여 정상적인 운전을 할 수 있는 경우에는 그러하지 아니하다.
> 5. 교통상의 위험과 장해를 일으킬 수 있는 마약·대마·향정신성의약품 또는 알코올 중독자로서 대통령령으로 정하는 사람
> 6. 제1종 대형면허 또는 제1종 특수면허를 받으려는 경우로서 19세 미만이거나 자동차(이륜자동차는 제외한다)의 운전경험이 1년 미만인 사람

17 「보안업무규정」상 신원조사에 대하여 설명한 것이다. 옳은 것을 모두 고른 것은? (기출 수정)

⊙ 국가정보원장은 제3조제2호(국가안전보장에 한정된 국가 기밀을 취급하는 인원)에 해당하는 사람의 충성심·신뢰성 등을 확인하기 위하여 신원조사를 한다.
ⓛ 관계 기관의 장은 '비밀취급 인가 예정자'에 해당하는 사람에 대하여 국가정보원장에게 신원조사를 요청해야 한다.
ⓒ 관계 기관의 장은 '국가보안시설·보호장비를 관리하는 기관 등의 장(해당 국가보안시설 등의 관리 업무를 수행하는 소속 직원을 포함한다)'에 해당하는 사람에 대하여 국가정보원장에게 신원조사를 요청해야 한다.
ⓔ 국가정보원장은 신원조사 결과 국가안전보장에 해를 끼칠 정보가 있음이 확인된 사람에 대해서는 관계 기관의 장에게 그 사실을 통보하여야 한다.

---

① ⊙, ⓛ
② ⊙, ⓒ
③ ⊙, ⓛ, ⓒ, ⓔ
④ ⊙, ⓒ, ⓔ

해설

제36조(신원조사) ① 국가정보원장은 제3조제2호(국가안전보장에 한정된 국가 기밀을 취급하는 인원)에 해당하는 사람의 충성심·신뢰성 등을 확인하기 위하여 신원조사를 한다.
③ 관계 기관의 장은 다음 각 호에 해당하는 사람에 대하여 국가정보원장에게 신원조사를 요청해야 한다.
　1. 공무원 임용 예정자(국가안전보장에 한정된 국가 기밀을 취급하는 직위에 임용될 예정인 사람으로 한정한다)
　2. 비밀취급 인가 예정자
　3. 국가보안시설·보호장비를 관리하는 기관 등의 장(해당 국가보안시설 등의 관리 업무를 수행하는 소속 직원을 포함한다)
　4. 그 밖에 다른 법령에서 정하는 사람이나 각급기관의 장이 국가안전보장을 위하여 필요하다고 인정하는 사람

제37조(신원조사 결과의 처리) ① 국가정보원장은 신원조사 결과 국가안전보장에 해를 끼칠 정보가 있음이 확인된 사람에 대해서는 관계 기관의 장에게 그 사실을 통보하여야 한다.
② 제1항에 따라 통보를 받은 관계 기관의 장은 신원조사 결과에 따라 필요한 보안대책을 마련하여야 한다.

18 「집회 및 시위에 관한 법률」에 대한 설명으로 가장 적절한 것은? (기출 수정)

① '주관자'란 자기 이름으로 자기 책임 아래 집회나 시위를 여는 사람이나 단체를 말한다.

② 집회 또는 시위의 주최자는 집회 또는 시위의 질서 유지에 관하여 자신을 보좌하도록 18세 이상의 사람을 질서유지인으로 임명하여야 한다.

③ 주최자는 신고한 옥외집회 또는 시위를 하지 아니하게 된 경우에는 신고서에 적힌 집회 일시 24시간 전에 그 철회사유 등을 적은 철회신고서를 관할경찰관서장에게 제출하여야 한다.

④ 관할 경찰서장 또는 시·도경찰청장은 신고서를 접수하면 신고자에게 접수 일시를 적은 접수증을 12시간 이내에 내어야 한다.

[해설]

제2조(정의) 이 법에서 사용하는 용어의 뜻은 다음과 같다.

1. "옥외집회"란 천장이 없거나 사방이 폐쇄되지 아니한 장소에서 여는 집회를 말한다.
2. "시위"란 여러 사람이 공동의 목적을 가지고 도로, 광장, 공원 등 일반인이 자유로이 통행할 수 있는 장소를 행진하거나 위력(威力) 또는 기세(氣勢)를 보여, 불특정한 여러 사람의 의견에 영향을 주거나 제압(制壓)을 가하는 행위를 말한다.
3. "주최자(主催者)"란 자기 이름으로 자기 책임 아래 집회나 시위를 여는 사람이나 단체를 말한다. 주최자는 주관자(主管者)를 따로 두어 집회 또는 시위의 실행을 맡아 관리하도록 위임할 수 있다. 이 경우 주관자는 그 위임의 범위 안에서 주최자로 본다.
4. "질서유지인"이란 주최자가 자신을 보좌하여 집회 또는 시위의 질서를 유지하게 할 목적으로 임명한 자를 말한다.
5. "질서유지선"이란 관할 경찰서장이나 시·도경찰청장이 적법한 집회 및 시위를 보호하고 질서유지나 원활한 교통 소통을 위하여 집회 또는 시위의 장소나 행진 구간을 일정하게 구획하여 설정한 띠, 방책(防柵), 차선(車線) 등의 경계 표지(標識)를 말한다.
6. "경찰관서"란 국가경찰관서를 말한다.

제6조(옥외집회 및 시위의 신고 등) ② 관할 경찰서장 또는 시·도경찰청장은 제1항에 따른 신고서를 접수하면 신고자에게 접수 일시를 적은 **접수증을 즉시** 내주어야 한다.

③ 주최자는 제1항에 따라 신고한 옥외**집회 또는 시위를 하지 아니하게 된 경우**에는 신고서에 적힌 집회 일시 **24시간** 전에 그 철회사유 등을 적은 철회신고서를 관할경찰관서장에게 제출하여야 한다.

④ 제3항에 따라 철회신고서를 받은 관할경찰관서장은 제8조제3항에 따라 금지 통고를 한 집회나 시위가 있는 경우에는 그 금지 통고를 받은 주최자에게 제3항에 따른 사실을 즉시 알려야 한다.

제16조(주최자의 준수 사항) ① 집회 또는 시위의 주최자는 집회 또는 시위에 있어서의 질서를 유지하여야 한다.

② 집회 또는 시위의 주최자는 집회 또는 시위의 질서 유지에 관하여 자신을 보좌하도록 **18세 이상**의 사람을 질서유지인으로 임명할 수 있다.

③ 집회 또는 시위의 주최자는 제1항에 따른 질서를 유지할 수 없으면 그 집회 또는 시위의 종결(終結)을 선언하여야 한다.

19 「보안관찰법」에 대한 설명으로 가장 적절하지 <u>않은</u> 것은? (기출 수정)

① 보안관찰처분대상자라 함은 보안관찰해당범죄 또는 이와 경합된 범죄로 금고 이상의 형의 선고를 받고 그 형기합계가 3년 이상인 자로서 형의 전부 또는 일부의 집행을 받은 사실이 있는 자를 말한다.

② 보안관찰처분대상자는 출소 후 7일 이내에 그 거주예정지 관할경찰서장에게 출소사실을 신고하여야 한다.

③ 피보안관찰자는 보안관찰처분결정고지를 받은 날부터 7일 이내에 일정한 사항을 주거지를 관할하는 지구대·파출소장을 거쳐 관할경찰서장에게 신고하여야 한다.

④ 피보안관찰자는 주거지를 이전하거나 국외여행 또는 7일 이상 주거를 이탈하여 여행하고자 할 때에는 미리 거주예정지, 여행예정지 등을 지구대·파출소장을 거쳐 관할경찰서장에게 신고하여야 한다.

해설

제3조(보안관찰처분대상자) 이 법에서 "보안관찰처분대상자"라 함은 보안관찰해당범죄 또는 이와 경합된 범죄로 금고 이상의 형의 선고를 받고 그 형기합계가 3년 이상인 자로서 형의 전부 또는 일부의 집행을 받은 사실이 있는 자를 말한다.

제6조(보안관찰처분대상자의 신고) ① 보안관찰처분대상자는 대통령령이 정하는 바에 따라 그 형의 집행을 받고 있는 교도소, 소년교도소, 구치소, 유치장 또는 군교도소에서 출소전에 거주예정지 기타 대통령령으로 정하는 사항을 교도소등의 장을 경유하여 거주예정지 관할경찰서장에게 신고하고, **출소후 7일 이내에** 그 거주예정지 관할경찰서장에게 출소사실을 신고하여야 한다. 제20조제3항에 해당하는 경우에는 법무부장관이 제공하는 거주할 장소("거소")를 거주예정지로 신고하여야 한다.

② 보안관찰처분대상자는 교도소등에서 출소한 후 제1항의 **신고사항에 변동이 있을 때**에는 변동이 있는 날부터 7일이내에 그 변동된 사항을 관할경찰서장에게 신고하여야 한다. 다만, 제20조제3항에 의하여 거소제공을 받은 자가 주거지를 이전하고자 할 때에는 미리 관할경찰서장에게 신고를 하여야 한다.

제18조(신고사항) ① 보안관찰처분을 받은 자는 보안관찰처분결정고지를 받은 날부터 **7일 이내**에 다음 각호의 사항을 주거지를 관할하는 지구대 또는 파출소의 장을 거쳐 관할경찰서장에게 신고하여야 한다. 제20조제3항에 해당하는 경우에는 법무부장관이 제공하는 거소를 주거지로 신고하여야 한다.

④ 피보안관찰자가 주거지를 이전하거나 국외여행 또는 **10일 이상** 주거를 이탈하여 여행하고자 할 때에는 미리 거주예정지, 여행예정지 기타 대통령령이 정하는 사항을 지구대·파출소장을 거쳐 관할경찰서장에게 **신고하여야 한다.** 다만, 제20조제3항에 의하여 거소제공을 받은 자가 주거지를 이전하고자 할 때에는 제20조제5항에 의하여 거소변경을 신청하여 변경결정된 거소를 거주예정지로 신고하여야 한다.

제20조(보호) ③ 법무부장관은 보안관찰처분대상자 또는 피보안관찰자중 국내에 가족이 없거나 가족이 있어도 인수를 거절하는 자에 대하여는 대통령령이 정하는 바에 의하여 거소를 제공할 수 있다.

20 「출입국관리법」상 외국인의 입국금지 사유로 가장 적절하지 <u>않은</u> 것은?

① 감염병환자, 마약류중독자, 그 밖에 공중위생상 위해를 끼칠 염려가 있다고 인정되는 사람

② 강제퇴거명령을 받고 출국한 후 5년이 지난 사람

③ 사리 분별력이 없고 국내에서 체류활동을 보조할 사람이 없는 정신장애인, 국내체류비용을 부담할 능력이 없는 사람, 그 밖에 구호가 필요한 사람

④ 경제질서 또는 사회질서를 해치거나 선량한 풍속을 해치는 행동을 할 염려가 있다고 인정할 만한 상당한 이유가 있는 사람

해설

제11조(입국의 금지 등) ① 법무부장관은 다음 어느 하나에 해당하는 외국인에 대하여는 입국을 금지할 수 있다.

1. 감염병환자, 마약류중독자, 그 밖에 공중위생상 위해를 끼칠 염려가 있다고 인정되는 사람

2. 「총포·도검·화약류 등의 안전관리에 관한 법률」에서 정하는 총포·도검·화약류 등을 위법하게 가지고 입국하려는 사람

3. 대한민국의 이익이나 공공의 안전을 해치는 행동을 할 염려가 있다고 인정할 만한 상당한 이유가 있는 사람

4. 경제질서 또는 사회질서를 해치거나 선량한 풍속을 해치는 행동을 할 염려가 있다고 인정할 만한 상당한 이유가 있는 사람

5. 사리 분별력이 없고 국내에서 체류활동을 보조할 사람이 없는 정신장애인, 국내체류비용을 부담할 능력이 없는 사람, 그 밖에 구호가 필요한 사람

6. 강제퇴거명령을 받고 출국한 후 5년이 지나지 아니한 사람

7. 1910년 8월 29일부터 1945년 8월 15일까지 사이에 다음 각 목의 어느 하나에 해당하는 정부의 지시를 받거나 그 정부와 연계하여 인종, 민족, 종교, 국적, 정치적 견해 등을 이유로 사람을 학살·학대하는 일에 관여한 사람

   가. 일본 정부

   나. 일본 정부와 동맹 관계에 있던 정부

   다. 일본 정부의 우월한 힘이 미치던 정부

8. 제1호부터 제7호까지의 규정에 준하는 사람으로서 법무부장관이 그 입국이 적당하지 아니하다고 인정하는 사람

17년 제2차 경찰공무원(순경)채용시험 문제

– 일반경찰(남 · 여) · 101경비단 · 전의경대체요원 –

응시 번호 :   이름 :   【문제지 이상유무 확인 :   (서명) 】

[경찰학개론]

01 경찰의 개념 중 형식적 의미의 경찰과 실질적 의미의 경찰에 대한 설명으로 가장 적절한 것은?

① 실질적 의미의 경찰 개념은 이론상 · 학문상 정립된 개념이 아닌 실무상으로 정립된 개념이며, 독일 행정법학에서 유래하였다.

② 경찰이 아닌 다른 일반 행정기관 또한 경찰과 마찬가지로 형식적 의미의 경찰에 해당하는 활동을 할 수 있다.

③ 실질적 의미의 경찰은 형식적 의미의 경찰 개념보다 넓은 의미로 형식적 의미의 경찰을 모두 포괄하는 상위 개념이다.

④ 형식적 의미의 경찰이란 실정법상 보통 경찰기관에 분배되어 있는 임무를 달성하기 위해 행하여지는 경찰 활동을 의미한다.

02 경찰의 임무에 대한 설명으로 가장 적절하지 <u>않은</u> 것은?

① '공공의 안녕과 질서에 대한 위험방지'가 경찰의 궁극적 임무라 할 수 있다.

② 오늘날 대부분의 생활 영역에 대한 법적 규범화 추세에 따라 공공질서 개념의 사용 가능 분야는 점점 축소되고 있다.

③ '공공의 안녕'이란 개념은 '법질서의 불가침성'과 '국가의 존립 및 국가기관의 기능성의 불가침성'으로 나눌 수 있는 바, 이 중 '국가의 존립 및 국가기관의 기능성의 불가침성'이 공공의 안녕의 제1요소이다.

④ 경찰의 개입은 구체적 위험 내지 적어도 추상적 위험이 있을 때 가능하다.

03 경찰의 부정부패 현상과 그 원인에 대한 설명으로 가장 적절한 것은?

① 사회 전체가 경찰 부패를 묵인하거나 조장할 때 경찰은 부패 행위를 하게 되며 시민 사회의 부패가 경찰 부패의 주원인으로 보는 이론은 전체사회 가설이다.

② 일부 부패경찰을 모집 단계에서 배제하지 못하여 조직 전체를 부패로 물들게 한다는 구조원인 가설은 부패의 원인을 개인적 결함이 아닌 조직의 체계적 원인으로 파악한다.

③ 미끄러지기 쉬운 경사로 이론은 부패에 해당하는 작은 호의가 습관화 될 경우 미끄러운 경사로를 타고 내려오듯이 점점 더 큰 부패와 범죄로 빠진다는 가설이다.

④ 썩은 사과 가설은 신임 경찰관들이 그들의 선배 경찰관들에 의해 조직의 부패 전통 내에서 사회화 되어 신임 경찰도 기존 경찰처럼 부패로 물들게 된다고 주장한다.

04 우리나라 경찰의 역사와 제도에 대한 설명이다. 과거에서 현재 순으로 가장 바르게 나열한 것은?

㉠ 경찰관 해외주재관제도 신설	㉡ 「경찰관 직무집행법」 제정
㉢ 경찰위원회 신설	㉣ 「경찰공무원법」 제정
㉤ 내무부 치안국을 치안본부로 개편	

① ㉡-㉠-㉤-㉣-㉢   ② ㉡-㉠-㉣-㉤-㉢
③ ㉡-㉣-㉠-㉤-㉢   ④ ㉣-㉡-㉤-㉢-㉠

05 「경찰법」상 경찰위원회에 대한 설명으로 가장 적절한 것은?

① 경찰위원회는 경찰의 민주주의와 정치적 중립성을 보장하기 위하여 경찰청에 설치한 독립적 심의·의결 기구이다.

② 경찰위원회는 위원장 1명을 포함한 7명의 위원으로 구성되며 위원장 및 1명의 위원은 상임으로 하고, 5명의 위원은 비상임으로 한다.

③ 국가경찰의 부패 방지와 청렴도 향상에 관한 주요 정책사항은 경찰위원회의 심의·의결을 거쳐야한다.

④ 경찰위원회의 회의는 재적위원 과반수의 출석과 재적위원 과반수의 찬성으로 의결한다.

06 「경찰공무원징계령」상 경찰공무원 징계에 대하여 설명한 것이다. 옳은 것을 모두 고른 것은?

> ㉠ 경찰공무원 보통징계위원회는 해당 징계위원회가 설치된 경찰기관 소속 경정 이하 경찰 공무원에 대한 징계등 사건을 심의·의결한다.
> ㉡ 경찰공무원 보통징계위원회는 위원장 1명을 포함하여 3명 이상 7명 이하의 공무원위원 과 민간위원으로 구성한다.
> ㉢ 징계등 의결 요구를 받은 징계위원회는 그 요구서를 받은 날부터 30일 이내에 징계등에 관한 의결을 하여야 한다. 다만, 부득이한 사유가 있을 때에는 해당 징계등 의결을 요구 한 경찰기관의 장의 승인을 받아 30일 이내의 범위에서 그 기간을 연장할 수 있다.
> ㉣ 징계위원회의 위원 중 징계등 심의 대상자의 친족이나 그 징계 사유와 관계가 있는 사람 은 그 징계등 사건의 심의에 관여하지 못한다.
> ㉤ 징계위원회는 징계등 사건을 의결할 때에는 징계등 심의대상자의 평소 행실, 근무성적, 공적(功績), 뉘우치는 정도와 징계등 의결을 요구한 자의 의견을 고려할 수 있다.

① ㉠, ㉡, ㉤　　　　　　② ㉡, ㉢, ㉣
③ ㉡, ㉢, ㉤　　　　　　④ ㉡, ㉢, ㉣, ㉤

07 경찰공무원의 권리와 의무에 대한 설명으로 가장 적절하지 <u>않은</u> 것은?

① 「국가공무원법」상 공무원은 소속 상관의 허가 또는 정당한 사유가 없으면 직장을 이 탈하지 못한다.
② 복종의 의무와 관련하여, 「경찰공무원법」은 국가경찰공무원이 구체적 사건수사와 관 련된 상관의 적법성 또는 정당성에 대하여 이견이 있을 때에는 이의를 제기할 수 있 다고 규정하고 있다.
③ 「국가공무원법」상 공무원은 공무 외에 영리를 목적으로 하는 업무에 종사하지 못하며 소속 기관장의 허가 없이 다른 직무를 겸할 수 없다.
④ 「공직자윤리법」상 등록의무자(취업심사대상자)는 퇴직일부터 3년간 퇴직 전 5년 동안 소속하였던 부서 또는 기관의 업무와 밀접한 관련성이 있는 취업제한기관에 취업할 수 없다. 다만, 관할 공직자윤리위원회의 승인을 받은 때에는 그러하지 아니하다.

08 「경찰관 직무집행법 및 동법 시행령」상 손실보상에 대한 설명으로 가장 적절하지 <u>않은</u> 것은?

① 국가는 경찰관의 적법한 직무집행으로 인하여 손실발생의 원인에 대하여 책임이 있는 자가 자신의 책임에 상응하는 정도를 초과하는 재산상의 손실을 입은 경우 손실을 입은 자에 대하여 정당한 보상을 하여야 한다.

② 보상을 청구할 수 있는 권리는 손실이 있음을 안 날부터 3년, 손실이 발생한 날부터 5년간 행사하지 아니하면 시효의 완성으로 소멸한다.

③ 경찰공무원의 직무집행으로 인하여 발생한 손실보상청구 사건을 심의하기 위하여 경찰청, 해양경찰청, 지방경찰청 및 지방해양경찰청, 경찰서 및 해양경찰서에 손실보상심의위원회를 설치한다.

④ 손실보상심의위원회의 회의는 재적위원 과반수의 출석으로 개의하고, 출석위원 과반수의 찬성으로 의결한다.

09 매슬로우(Maslow)의 욕구 이론에 대한 설명으로 가장 적절하지 <u>않은</u> 것은?

① 매슬로우는 욕구를 생리적 욕구(Physiological Needs), 안전의 욕구(Safety Needs), 사회적 욕구(Social Needs), 존경의 욕구(Esteem Needs), 자기실현 욕구(Self-actualization Needs)로 구분하였다.

② 안전의 욕구는 현재 및 장래의 신분이나 생활에 대한 불안 해소에 관한 것으로 신분보장, 연금제도 등을 통해 충족시켜 줄 수 있다.

③ 존경의 욕구는 동료·상사·조직 전체에 대한 친근감·귀속감 충족에 관한 것으로 인간관계의 개선, 고충처리 상담 등을 통해 충족시켜 줄 수 있다.

④ 생리적 욕구는 의·식·주 및 건강 등에 관한 것으로 적정보수제도, 휴양제도 등을 통해 충족시켜 줄 수 있다.

10 「경찰장비관리규칙」상 무기 및 탄약관리에 대한 설명으로 가장 적절하지 <u>않은</u> 것은?

① '집중무기고'란 경찰인력 및 경찰기관별 무기책정기준에 따라 배정된 개인화기와 공용화기를 집중보관·관리하기 위하여 각 경찰기관에 설치된 시설을 말한다.

② 탄약고는 무기고와 분리되어야 하며 가능한 본 청사와 격리된 독립 건물로 하여야 한다.

③ 경찰서에 설치된 집중무기고의 열쇠는 일과시간은 경무과장, 일과 후는 상황관리관이 보관·관리한다. 다만, 휴가·비번 등으로 관리책임자 공백 시는 별도 관리책임자를 지정하여야 한다.

④ 경찰기관의 장이 무기를 휴대한 자 중에서 대여한 무기·탄약을 즉시 회수하여야 하는 대상은 '변태성벽이 있는 자', '형사사건의 조사의 대상이 된 자', '사의를 표명한 자', '기타 경찰기관의 장이 부적합하다고 판단한 자'이다.

11 범죄통제이론에 대한 설명으로 가장 적절하지 <u>않은</u> 것은?

① '억제이론'은 인간의 자유 의지를 인정하지 않는 결정론적 인간관에 바탕을 두고 특별예방효과에 중점을 둔다.

② '치료 및 갱생이론'은 생물학적·심리학적 범죄 이론에 바탕을 두고 있다.

③ '합리적 선택이론'은 인간이 자유 의지를 가지고 있다고 가정하고 합리적인 인간관을 전제로 하므로 비결정론적 인간관에 바탕을 두고 있다.

④ '일상활동이론'의 범죄 발생 3요소는 '동기가 부여된 잠재적 범죄자(motivated offender)', '적절한 대상(suitable target)', '보호자의 부재(absence of capable guardianship)'이다.

12 「아동·청소년의 성보호에 관한 법률」에 대한 설명으로 가장 적절하지 <u>않은</u> 것은?

① 아동·청소년이용음란물을 제작·수입 또는 수출한 자(동법 제11조 제1항)에 대하여 미수범 처벌 규정을 두고 있다.

② 아동·청소년의 성을 사기 위하여 아동·청소년을 유인하거나 성을 팔도록 권유한 자(동법 제13조 제2항)의 경우 미수범 처벌규정이 없다.

③ 법원은 아동·청소년 대상 성범죄를 범한 「소년법」 제2조의 소년에 대하여 형의 선고를 유예하는 경우에는 반드시 보호관찰을 명하여야 한다.

④ 음주 또는 약물로 인한 심신장애 상태에서 아동·청소년대상 성폭력 범죄를 범한 때에는 「형법」 제10조 제1항·제2항 및 제11조(심신장애자·농아자 감면규정)를 적용하지 아니한다.

13 「**통합방위법**」상 통합방위작전 및 경찰작전에 대한 설명으로 가장 적절한 것은?

① 대통령 소속으로 중앙 통합방위협의회를 둔다.

② '갑종사태'란 일정한 조직 체계를 갖춘 적의 대규모 병력 침투 또는 대량살상무기(大量殺傷武器) 공격 등의 도발로 발생한 비상사태로서 통합방위본부장 또는 지역군사령관의 지휘·통제 하에 통합방위작전을 수행하여야 할 사태를 말한다.

③ 시·도경찰청장 또는 경찰서장은 통합방위사태가 선포된 때에는 인명·신체에 대한 위해를 방지하기 위하여 즉시 작전지역에 있는 주민이나 체류 중인 사람에게 대피할 것을 명하여야 한다.

④ '을종사태'란 일부 또는 여러 지역에서 적이 침투·도발하여 단기간 내에 치안이 회복되기 어려워 시·도경찰청장의 지휘·통제 하에 통합방위작전을 수행하여야 할 사태를 말한다.

14 「**청원경찰법 및 동법 시행령**」상 청원경찰에 대한 설명으로 가장 적절한 것은?

① 청원경찰은 청원주와 배치된 기관·시설 또는 사업장 등의 구역을 관할하는 경찰서장의 감독을 받아 그 경비구역만의 경비를 목적으로 필요한 범위에서 「경찰법」에 따른 경찰관의 직무를 수행한다.

② 관할 경찰서장은 청원경찰이 직무상에 의무를 위반하거나 직무를 태만히 할 때 징계처분을 하여야 한다.

③ 관할 경찰서장은 매달 1회 이상 청원경찰을 배치한 경비구역에 대하여 복무규율과 근무 상황을 감독하여야 한다.

④ 청원경찰의 임용자격은 19세 이상인 사람이며, 남자의 경우에는 군복무를 마쳤거나 군복무가 면제된 사람으로 한정한다.

15 「**도로교통법**」제2조 용어의 정의에 대한 설명으로 가장 적절하지 <u>않은</u> 것은?

① '자전거횡단도'란 자전거가 일반도로를 횡단할 수 있도록 안전표지로 표시한 도로의 부분을 말한다.

② '교차로'란 '十'자로, 'T'자로나 그 밖에 둘 이상의 도로(보도와 차도가 구분되어 있는 도로에서는 차도를 말한다)가 교차하는 부분을 말한다.

③ '길가장자리구역'이란 보도와 차도가 구분되어 있는 도로에서 보행자의 안전을 확보하기 위하여 안전표지 등으로 경계를 표시한 도로의 가장자리 부분을 말한다.

④ '안전표지'란 교통안전에 필요한 주의·규제·지시 등을 표시하는 표지판이나 도로의 바닥에 표시하는 기호·문자 또는 선 등을 말한다.

16 「도로교통법」상 운전면허 결격사유에 대한 설명으로 가장 적절하지 <u>않은</u> 것은?

① 19세 미만(원동기장치자전거의 경우에는 16세 미만)인 사람은 운전면허를 받을 수 없다.

② 제1종 대형면허 또는 제1종 특수면허를 받으려는 경우로서 19세 미만이거나 자동차 (이륜자동차는 제외한다)의 운전경험이 1년 미만인 사람은 운전면허를 받을 수 없다.

③ 듣지 못하는 사람(제1종 운전면허 중 대형면허·특수면허만 해당한다), 앞을 보지 못하는 사람(한쪽 눈만 보지 못하는 사람의 경우에는 제1종 운전면허 중 대형면허·특수면허만 해당한다)이나 그 밖에 대통령령으로 정하는 신체장애인은 운전면허를 받을 수 없다.

④ 교통상의 위험과 장해를 일으킬 수 있는 정신질환자 또는 뇌전증 환자로서 대통령령으로 정하는 사람은 운전면허를 받을 수 없다.

17 「보안업무규정」상 신원조사에 대하여 설명한 것이다. 옳은 것을 모두 고른 것은? (기출 수정)

㉠ 국가정보원장은 제3조제2호(국가안전보장에 한정된 국가 기밀을 취급하는 인원)에 해당하는 사람의 충성심·신뢰성 등을 확인하기 위하여 신원조사를 한다.

㉡ 관계 기관의 장은 '비밀취급 인가 예정자'에 해당하는 사람에 대하여 국가정보원장에게 신원조사를 요청해야 한다.

㉢ 관계 기관의 장은 '국가보안시설·보호장비를 관리하는 기관 등의 장(해당 국가보안시설 등의 관리 업무를 수행하는 소속 직원을 포함한다)'에 해당하는 사람에 대하여 국가정보 원장에게 신원조사를 요청해야 한다.

㉣ 국가정보원장은 신원조사 결과 국가안전보장에 해를 끼칠 정보가 있음이 확인된 사람에 대해서는 관계 기관의 장에게 그 사실을 통보하여야 한다.

---

① ㉠, ㉡　　　　　　　　　　　　② ㉠, ㉢

③ ㉠, ㉡, ㉢, ㉣　　　　　　　　④ ㉠, ㉢, ㉣

18 「집회 및 시위에 관한 법률」에 대한 설명으로 가장 적절한 것은? (기출 수정)

① '주관자'란 자기 이름으로 자기 책임 아래 집회나 시위를 여는 사람이나 단체를 말한다.

② 집회 또는 시위의 주최자는 집회 또는 시위의 질서 유지에 관하여 자신을 보좌하도록 18세 이상의 사람을 질서유지인으로 임명하여야 한다.

③ 주최자는 신고한 옥외집회 또는 시위를 하지 아니하게 된 경우에는 신고서에 적힌 집회 일시 24시간 전에 그 철회사유 등을 적은 철회신고서를 관할경찰관서장에게 제출하여야 한다.

④ 관할 경찰서장 또는 시·도경찰청장은 신고서를 접수하면 신고자에게 접수 일시를 적은 접수증을 12시간 이내에 내어야 한다.

19 「보안관찰법」에 대한 설명으로 가장 적절하지 <u>않은</u> 것은? (기출 수정)

① 보안관찰처분대상자라 함은 보안관찰해당범죄 또는 이와 경합된 범죄로 금고 이상의 형의 선고를 받고 그 형기합계가 3년 이상인 자로서 형의 전부 또는 일부의 집행을 받은 사실이 있는 자를 말한다.

② 보안관찰처분대상자는 출소 후 7일 이내에 그 거주예정지 관할경찰서장에게 출소사실을 신고하여야 한다.

③ 피보안관찰자는 보안관찰처분결정고지를 받은 날부터 7일 이내에 일정한 사항을 주거지를 관할하는 지구대·파출소장을 거쳐 관할경찰서장에게 신고하여야 한다.

④ 피보안관찰자는 주거지를 이전하거나 국외여행 또는 7일 이상 주거를 이탈하여 여행하고자 할 때에는 미리 거주예정지, 여행예정지 등을 지구대·파출소장을 거쳐 관할경찰서장에게 신고하여야 한다.

20 「출입국관리법」상 외국인의 입국금지 사유로 가장 적절하지 <u>않은</u> 것은?

① 감염병환자, 마약류중독자, 그 밖에 공중위생상 위해를 끼칠 염려가 있다고 인정되는 사람

② 강제퇴거명령을 받고 출국한 후 5년이 지난 사람

③ 사리 분별력이 없고 국내에서 체류활동을 보조할 사람이 없는 정신장애인, 국내체류 비용을 부담할 능력이 없는 사람, 그 밖에 구호가 필요한 사람

④ 경제질서 또는 사회질서를 해치거나 선량한 풍속을 해치는 행동을 할 염려가 있다고 인정할 만한 상당한 이유가 있는 사람

모 | 범 | 답 | 안 **경찰학개론**

1. ④	2. ③	3. ①	4. ②	5. ③	6. ②	7. ②	8. ③	9. ③	10. ④
11. ①	12. ④	13. ②	14. ③	15. ③	16. ①	17. ③	18. ③	19. ④	20. ②

경찰학개론 기출문제

경찰공무원(순경) 공채

01 「경찰청 공무원 행동강령」에 대한 내용으로 가장 적절하지 <u>않은</u> 것은? (기출 수정)

① 공무원은 직무를 수행함에 있어 지연·혈연·학연·종교 등을 이유로 특정인에게 특혜를 주어서는 아니 된다.

② 공무원은 상급자가 자기 또는 타인의 부당한 이익을 위하여 공정한 직무수행을 현저하게 해치는 지시를 하였을 때 그 사유를 상급자에게 소명하고 지시에 따르지 아니하거나, 행동강령에 관한 업무를 담당하는 공무원(행동강령책임관)과 상담할 수 있다.

③ 공무원은 정치인이나 정당 등으로부터 부당한 직무수행을 강요받거나 청탁을 받은 경우에는 전자우편 등의 방법으로 소속 기관의 장에게 보고하거나 행동강령책임관과 상담하여야 한다.

④ 공무원은 「범죄수사규칙」 제30조에 따른 경찰관서 내 수사 지휘에 대한 이의제기와 관련하여 행동강령책임관에게 상담을 요청하여야 한다.

해설

제4조(공정한 직무수행을 해치는 지시에 대한 처리) ① 공무원은 상급자가 자기 또는 타인의 부당한 이익을 위하여 공정한 직무수행을 현저하게 해치는 지시를 하였을 때에는 별지 제1호 서식 또는 전자우편 등의 방법으로 그 사유를 상급자에게 소명하고 지시에 따르지 아니하거나, 별지 제2호 서식 또는 전자우편 등의 방법으로 제23조에 따라 지정된 행동강령에 관한 업무를 담당하는 공무원("행동강령책임관")과 상담할 수 있다.

② 제1항에 따라 지시를 이행하지 아니하였는데도 같은 지시가 반복될 때에는 즉시 행동강령책임관과 상담하여야 한다.

제4조의2(부당한 수사지휘에 대한 이의제기) ① 공무원은 「범죄수사규칙」 제30조에 따른 경찰관서 내 수사지휘에 대한 이의제기와 관련하여 행동강령책임관에게 상담을 요청할 수 있다.

② 제1항의 상담요청을 받은 행동강령책임관은 해당 지휘의 취소·변경이 필요하다고 인정되면 소속기관 장에게 보고하여야 한다.

제6조(특혜의 배제) 공무원은 직무를 수행함에 있어 지연·혈연·학연·종교 등을 이유로 특정인에게 특혜를 주어서는 아니 된다.

제8조(정치인 등의 부당한 요구에 대한 처리) ① 공무원은 정치인이나 정당 등으로부터 부당한 직무수행을 강요받거나 청탁을 받은 경우에는 별지 제9호 서식 또는 전자우편 등의 방법으로 소속 기관의 장에게 보고하거나 행동강령책임관과 상담하여야 한다.

② 제1항에 따라 보고를 받은 소속 기관의 장이나 상담을 한 행동강령책임관은 그 공무원이 공정한 직무수행을 할 수 있도록 적절한 조치를 하여야 한다.

정답 1. ④

02 다음 중 경찰을 경찰활동의 질과 내용에 따라 분류한 것으로 가장 적절한 것은?

① 질서경찰과 봉사경찰
② 보안경찰과 협의의 행정경찰
③ 행정경찰과 사법경찰
④ 보통경찰과 고등경찰

해설

① 질서경찰과 봉사경찰	경찰활동의 질과 내용에 따라 질서경찰과 봉사경찰로 분류한다.
② 보안경찰과 협의의 행정경찰	업무의 독자성에 따라 보안경찰과 협의의 행정경찰로 분류한다.
③ 행정경찰과 사법경찰	행정의 목적 또는 권력분립에 따라 행정경찰과 사법경찰로 분류한다.
④ 보통경찰과 고등경찰	사회적 가치나 보호법익에 따라 보통경찰과 고등경찰로 분류한다.

03 우리나라 경찰의 역사와 제도에 대한 설명이다. 시대 순으로 나열한 것은?

> ㉠ 「경찰법」 제정
> ㉡ 「경찰관 직무집행법」 제정
> ㉢ 최초로 여성 경찰관 채용
> ㉣ 제주 자치경찰 출범
> ㉤ 내무부 치안국을 치안본부로 개편

① ㉡ - ㉢ - ㉤ - ㉣ - ㉠
② ㉡ - ㉢ - ㉤ - ㉠ - ㉣
③ ㉢ - ㉡ - ㉠ - ㉤ - ㉣
④ ㉢ - ㉡ - ㉤ - ㉠ - ㉣

해설

㉢ 최초로 여성 경찰관 채용 - 1946년
㉡ 「경찰관 직무집행법」 제정 - 1953년
㉤ 내무부 치안국을 치안본부로 개편 - 1974년
㉠ 「경찰법」 제정 - 1991년
㉣ 제주 자치경찰 출범 - 2006년

참고 한국경찰조직의 연혁 – 시대순서별

1940년대	최초로 여성 경찰관 채용 – 1946년
1950년대	「경찰관 직무집행법」 제정 – 1953년, 국립과학수사연구소 – 1955년
1960년대	경찰관 해외주재관제도 신설 – 1966년, 「경찰공무원법」 제정 – 1969년
1970년대	내무부 치안국을 치안본부로 개편 – 1974년
1990년대	경찰위원회 신설 – 1991년, 「경찰법」 제정 1991년, 경찰서 '청문관제' 도입 – 1999년
2000년대	사이버테러대응센터 신설 – 2000년, 제주 자치경찰 출범 – 2006년, 경찰청 수사국 내 인권보호센터 신설 – 2006

04 「행정권한의 위임 및 위탁에 관한 규정」에 대한 내용으로 가장 적절하지 <u>않은</u> 것은?

① 위임이란 법률에 규정된 행정기관의 장의 권한 중 일부를 그 보조기관 또는 하급행정기관의 장이나 지방자치단체의 장에게 맡겨 그의 권한과 책임 아래 행사하도록 하는 것을 말한다.

② 위임 및 위탁기관은 수임 및 수탁기관의 수임 및 수탁사무 처리에 대하여 지휘·감독하고, 그 처리가 위법하거나 부당하다고 인정될 때에는 이를 취소하거나 정지시킬 수 있다.

③ 수임 및 수탁사무의 처리에 관한 책임은 수임 및 수탁기관에 있으므로, 위임 및 위탁기관의 장은 그에 대한 감독책임을 지지 않는다.

④ 위임 및 위탁기관은 위임 및 위탁사무 처리의 적정성을 확보하기 위하여 필요한 경우에는 수임 및 수탁기관의 수임 및 수탁사무 처리 상황을 수시로 감사할 수 있다.

해설

제2조(정의) 이 영에서 사용하는 용어의 뜻은 다음과 같다.

1. "위임"이란 법률에 규정된 행정기관의 장의 권한 중 일부를 그 보조기관 또는 하급행정기관의 장이나 지방자치단체의 장에게 맡겨 그의 권한과 책임 아래 행사하도록 하는 것을 말한다.
2. "위탁"이란 법률에 규정된 행정기관의 장의 권한 중 일부를 다른 행정기관의 장에게 맡겨 그의 권한과 책임 아래 행사하도록 하는 것을 말한다.
3. "민간위탁"이란 법률에 규정된 행정기관의 사무 중 일부를 지방자치단체가 아닌 법인·단체 또는 그 기관이나 개인에게 맡겨 그의 명의로 그의 책임 아래 행사하도록 하는 것을 말한다.
4. "위임기관"이란 자기의 권한을 위임한 해당 행정기관의 장을 말하고, "수임기관"이란 행정기관의 장의 권한을 위임받은 하급행정기관의 장 및 지방자치단체의 장을 말한다.
5. "위탁기관"이란 자기의 권한을 위탁한 해당 행정기관의 장을 말하고, "수탁기관"이란 행정기관의 권한을 위탁받은 다른 행정기관의 장과 사무를 위탁받은 지방자치단체가 아닌 법인·단체 또는 그 기관이나 개인을 말한다.

제6조(지휘·감독) 위임 및 위탁기관은 수임 및 수탁기관의 수임 및 수탁사무 처리에 대하여 지휘·감독하고, 그 처리가 위법하거나 부당하다고 인정될 때에는 이를 취소하거나 정지시킬 수 있다.

제8조(책임의 소재 및 명의 표시) ① 수임 및 수탁사무의 처리에 관한 책임은 수임 및 수탁기관에 있으며, 위임 및 위탁기관의 장은 그에 대한 **감독책임을 진다.**

제9조(권한의 위임 및 위탁에 따른 감사) 위임 및 위탁기관은 위임 및 위탁사무 처리의 적정성을 확보하기 위하여 필요한 경우에는 수임 및 수탁기관의 수임 및 수탁사무 처리 상황을 수시로 감사할 수 있다.

05 「국가공무원법」의 소청심사위원회에 대한 내용이다. 아래 ㈀부터 ㈃까지의 내용 중 옳고 그름의 표시(○, ×)가 바르게 된 것은? (기출 수정)

> ㈀ 행정기관 소속 공무원의 징계처분, 그 밖에 그 의사에 반하는 불리한 처분이나 부작위에 대한 소청을 심사 · 결정하게 하기 위하여 행정안전부에 소청심사위원회를 둔다.
> ㈁ 소청심사위원회의 상임위원의 임기는 3년으로 하며, 한 번만 연임할 수 있다.
> ㈂ 「공직선거법」에 따라 실시하는 선거에 후보자로 등록한 자는 소청심사위원회의 위원이 될 수 없다.
> ㈃ 소청심사위원회의 위원은 금고 이상의 형벌이나 장기의 심신 쇠약으로 직무를 수행할 수 없게 된 경우 외에는 본인의 의사에 반하여 면직되지 아니한다.

① ㈀ (×), ㈁ (○), ㈂ (○), ㈃ (○)　　② ㈀ (×), ㈁ (○), ㈂ (×), ㈃ (○)
③ ㈀ (○), ㈁ (×), ㈂ (×), ㈃ (○)　　④ ㈀ (×), ㈁ (×), ㈂ (○), ㈃ (×)

해설

제9조(소청심사위원회의 설치) ① 행정기관 소속 공무원의 징계처분, 그 밖에 그 의사에 반하는 불리한 처분이나 부작위에 대한 소청을 심사 · 결정하게 하기 위하여 **인사혁신처**에 소청심사위원회를 둔다.
② 국회, 법원, 헌법재판소 및 선거관리위원회 소속 공무원의 소청에 관한 사항을 심사 · 결정하게 하기 위하여 국회사무처, 법원행정처, 헌법재판소사무처 및 중앙선거관리위원회사무처에 각각 해당 소청심사위원회를 둔다.
③ 국회사무처, 법원행정처, 헌법재판소사무처 및 중앙선거관리위원회사무처에 설치된 소청심사위원회는 위원장 1명을 포함한 위원 5명 이상 7명 이하의 비상임위원으로 구성하고, 인사혁신처에 설치된 소청심사위원회는 위원장 1명을 포함한 5명 이상 7명 이하의 상임위원과 상임위원 수의 2분의 1 이상인 비상임위원으로 구성하되, 위원장은 정무직으로 보한다.

제10조(소청심사위원회위원의 자격과 임명) ① 소청심사위원회의 위원(위원장을 포함)은 다음 각 호의 어느 하나에 해당하고 인사행정에 관한 식견이 풍부한 자 중에서 국회사무총장, 법원행정처장, 헌법재판소사무처장, 중앙선거관리위원회사무총장 또는 인사혁신처장의 제청으로 국회의장, 대법원장, 헌법재판소장, 중앙선거관리위원회위원장 또는 대통령이 임명한다. 이 경우 인사혁신처장이 위원을 임명제청하는 때에는 국무총리를 거쳐야 하고, 인사혁신처에 설치된 소청심사위원회의 위원 중 비상임위원은 제1호 및 제2호의 어느 하나에 해당하는 자 중에서 임명하여야 한다.
　　1. 법관 · 검사 또는 변호사의 직에 5년 이상 근무한 자
　　2. 대학에서 행정학 · 정치학 또는 법률학을 담당한 부교수 이상의 직에 5년 이상 근무한 자
　　3. 3급 이상 공무원 또는 고위공무원단에 속하는 공무원으로 3년 이상 근무한 자
② 소청심사위원회의 상임위원의 임기는 3년으로 하며, 한 번만 연임할 수 있다.
④ 소청심사위원회의 상임위원은 다른 직무를 겸할 수 없다.
⑤ 소청심사위원회의 공무원이 아닌 위원은 「형법」이나 그 밖의 법률에 따른 벌칙을 적용할 때 공무원으로 본다.

제10조의2(소청심사위원회위원의 결격사유) ① 다음 각 호의 어느 하나에 해당하는 자는 소청심사위원회의 위원이 될 수 없다.
　　1. 제33조 각 호의 어느 하나에 해당하는 자
　　2. 「정당법」에 따른 정당의 당원
　　3. 「공직선거법」에 따라 실시하는 선거에 후보자로 등록한 자
② 소청심사위원회위원이 제1항 각 호의 어느 하나에 해당하게 된 때에는 당연히 퇴직한다.

제11조(소청심사위원회위원의 신분 보장) 소청심사위원회의 위원은 금고 이상의 형벌이나 장기의 심신 쇠약으로 직무를 수행할 수 없게 된 경우 외에는 본인의 의사에 반하여 면직되지 아니한다.

06 「위해성 경찰장비의 사용기준 등에 관한 규정」에 대한 내용으로 가장 적절하지 <u>않은</u> 것은?

① 경찰관은 범인·술에 취한 사람 또는 정신착란자의 자살 또는 자해기도를 방지하기 위하여 필요한 때에는 수갑·포승 또는 호송용포승을 사용할 수 있다.

② 경찰관은 총기 또는 폭발물을 가지고 대항하는 경우를 제외하고는 14세미만의 자 또는 임산부에 대하여 권총 또는 소총을 발사하여서는 아니된다.

③ 경찰관은 최루탄발사기로 최루탄을 발사하는 경우 30도이상의 발사각을 유지하여야 하고, 가스차·살수차 또는 특수진압차의 최루탄발사대로 최루탄을 발사하는 경우에는 15도이상의 발사각을 유지하여야 한다.

④ 경찰청장은 신규 도입 장비에 대한 안전성 검사를 실시한 후 3개월 이내에 안전성 검사 결과보고서를 국무회의에 제출하여야 한다.

해설

제5조(자살방지등을 위한 수갑등의 사용기준 및 사용보고) 경찰관은 범인·술에 취한 사람 또는 정신착란자의 자살 또는 자해기도를 방지하기 위하여 필요한 때에는 수갑·포승 또는 호송용포승을 사용할 수 있다. 이 경우 경찰관은 소속 국가경찰관서의 장(경찰청장·해양경찰청장·시·도경찰청장·지방해양경찰청장·경찰서장 또는 해양경찰서장 기타 경무관·총경·경정 또는 경감을 장으로 하는 국가경찰관서의 장을 말한다)에게 그 사실을 보고해야 한다.

제10조(권총 또는 소총의 사용제한) ① 경찰관은 법 제10조의4의 규정에 의하여 권총 또는 소총을 사용하는 경우에 있어서 범죄와 무관한 다중의 생명·신체에 위해를 가할 우려가 있는 때에는 이를 사용하여서는 아니된다. 다만, 권총 또는 소총을 사용하지 아니하고는 타인 또는 경찰관의 생명·신체에 대한 중대한 위험을 방지할 수 없다고 인정되는 때에는 필요한 최소한의 범위안에서 이를 사용할 수 있다.

② 경찰관은 총기 또는 폭발물을 가지고 대항하는 경우를 제외하고는 14세미만의 자 또는 임산부에 대하여 권총 또는 소총을 발사하여서는 아니된다.

제12조(가스발사총등의 사용제한) ① 경찰관은 범인의 체포 또는 도주방지, 타인 또는 경찰관의 생명·신체에 대한 방호, 공무집행에 대한 항거의 억제를 위하여 필요한 때에는 최소한의 범위안에서 가스발사총을 사용할 수 있다. 이 경우 경찰관은 1미터 이내의 거리에서 상대방의 얼굴을 향하여 이를 발사하여서는 아니된다.

② 경찰관은 최루탄발사기로 최루탄을 발사하는 경우 30도이상의 발사각을 유지하여야 하고, 가스차·살수차 또는 특수진압차의 최루탄발사대로 최루탄을 발사하는 경우에는 15도이상의 발사각을 유지하여야 한다.

제18조의2(신규 도입 장비의 안전성 검사) ① 경찰청장은 위해성 경찰장비를 새로 도입하려는 경우에는 법 제10조제5항에 따라 안전성 검사를 실시하여 새로 도입하려는 장비("신규 도입 장비")가 사람의 생명이나 신체에 미치는 영향을 평가하여야 한다.

② 제1항에 따른 안전성 검사는 신규 도입 장비와 관련된 분야의 외부 전문가가 신규 도입 장비의 주요 특성이나 작동원리에 기초하여 제시하는 검사방법 및 기준에 따라 실시하되, 신규 도입 장비에 대하여 일반적으로 인정되는 합리적인 검사방법이나 기준이 있을 경우 그 검사방법이나 기준에 따라 안전성 검사를 실시할 수 있다.

③ 법 제10조제5항 후단에 따라 안전성 검사에 참여한 외부 전문가는 안전성 검사가 끝난 후 30일 이내에 신규 도입 장비의 안전성 여부에 대한 의견을 경찰청장에게 제출하여야 한다.

④ 경찰청장은 신규 도입 장비에 대한 안전성 검사를 실시한 후 3개월 이내에 다음 각 호의 내용이 포함된 안전성 검사 결과보고서를 **국회 소관 상임위원회**에 제출하여야 한다.
1. 신규 도입 장비의 주요 특성 및 기본적인 작동 원리   2. 안전성 검사의 방법 및 기준
3. 안전성 검사에 참여한 외부 전문가의 의견   4. 안전성 검사 결과 및 종합 의견

정답 5. ① 6. ④

07 「범인검거 등 공로자 보상에 관한 규정」에 대한 내용으로 가장 적절하지 **않은** 것은?
(기출 수정)

① 사형, 무기징역 또는 무기금고, 장기 10년 이상의 징역 또는 금고에 해당하는 범죄에 대한 보상금 지급기준 금액은 50만원이다.

② 동일한 사람에게 지급결정일을 기준으로 연간(1월 1일부터 12월 31일까지를 말한다) 5회를 초과하여 보상금을 지급할 수 없다.

③ 보상금을 지급받을 사람이 동일한 원인으로 다른 법령에 따른 포상금·보상금 등을 지급받거나 지급받을 예정인 경우에는 그 포상금·보상금 등의 액수가 지급할 보상금 액과 동일하거나 이를 초과할 때에는 보상금을 지급하지 아니하며, 그 포상금·보상금 등의 액수가 지급할 보상금액보다 적을 때에는 그 금액을 공제하고 보상금액을 정하여야 한다.

④ 보상금 지급 심사·의결을 거쳐 지급이 이루어진 이후에는 동일한 사건에 대하여 보상금을 지급할 수 없다.

해설

제6조(보상금의 지급 기준) ① 시행령 제20조에 따른 보상금 지급기준 금액은 다음 각 호와 같다.
　　1. 사형, 무기징역 또는 무기금고, 장기 10년 이상의 징역 또는 금고에 해당하는 범죄: **100만원**
　　2. 장기 10년 미만의 징역 또는 금고에 해당하는 범죄: **50만원**
　　3. 장기 5년 미만의 징역 또는 금고, 장기 10년 이상의 자격정지 또는 벌금형: **30만원**
② 연쇄 살인, 사이버 테러 등과 같이 피해 규모가 심각하고 사회적 파장이 큰 범죄의 지급기준 금액은 **별표**에 따른다.
⑤ 동일한 사람에게 지급결정일을 기준으로 연간(1월 1일부터 12월 31일까지를 말한다) 5회를 초과하여 보상금을 지급할 수 없다.

제8조(보상금 중복 지급의 제한) 보상금을 지급받을 사람이 동일한 원인으로 다른 법령에 따른 포상금·보상금 등을 지급받거나 지급받을 예정인 경우에는 그 포상금·보상금 등의 액수가 지급할 보상금액과 동일하거나 이를 초과할 때에는 보상금을 지급하지 아니하며, 그 포상금·보상금 등의 액수가 지급할 보상금액보다 적을 때에는 그 금액을 공제하고 보상금액을 정하여야 한다.

제9조(보상금 이중 지급의 제한) 보상금 지급 심사·의결을 거쳐 지급이 이루어진 이후에는 동일한 사건에 대하여 보상금을 지급할 수 없다.

[별표] 피해 규모가 심각하고 사회적 파장이 큰 범죄의 지급기준 금액

기준금액	대　　　상
5억원 이하	• 3인 이상 살해 등 사회적 피해가 크고 국민의 안전을 위해 신속한 검거가 요구되는 사건 • 〈선거범죄〉 공무원의 불법 선거개입·선거운동 (3급 이상 공무원) • 〈선거범죄〉 불법선거운동조직 (유사기관 등) 설치·운영 • 〈선거범죄〉 후보자의 매수이해유도 행위 (방송신문 매수죄 포함) • 〈정치자금 수수〉 5천만원 이상 불법정치자금 수수 (공천대가 포함)

1억원 이하	• 2인 이하 살해 사건 • 「폭력행위 등 처벌에 관한 법률」 제4조의 폭력조직을 구성한 수괴 검거 사건 • 인질강도 사건 • 〈선거범죄〉 공무원의 불법 선거개입·선거운동 (4급 이하 공무원) • 〈선거범죄〉 후보자 이외의 매수이해유도 행위 (방송신문 매수죄 포함) • 〈선거범죄〉 후보자의 기부행위 • 〈정치자금수수〉 5천만원 미만 불법정치자금 수수 (공천대가 포함) • 〈뇌물〉 국회의원, 광역·기초자치단체장 및 해당 의회 의장, 교육감, 「공공기관의 운영에 관한 법률」상 공공기관장, 3급 이상 공무원의 수뢰 (공무원 의제자 포함) • 〈뇌물〉 수뢰 총액 1억원 이상 사건 • 〈문화재 범죄〉 국보·보물에 해당하거나 이에 상당하는 문화재의 도굴, 절취, 손상, 은닉, 국외 반출·수출 • 「특정경제범죄 가중처벌 등에 관한 법률」 제3조제1항제1호에 규정된 사기·횡령·배임 등 재산범죄(전화금융사기·보험사기·유사수신·보조금 부정수급 등)
5천만원 이하	• 약취유인·인신매매 사건 • 「폭력행위 등 처벌에 관한 법률」 제4조의 폭력조직을 구성한 부두목·고문 등 간부급 검거 사건 • 2명 이상이 사망한 방화 사건 • 〈선거범죄〉 후보자 이외의 기부 행위 • 〈선거범죄〉 허위사실공표·비방 등 행위 • 〈선거범죄〉 여론조작 등 여론조사 관련 불법행위 • 〈뇌물〉 수뢰총액 5천만원 이상 1억원 이하 사건 (공무원 의제자 포함) • 〈의료·의약 등 보건범죄〉 총 수신금액 1억원 이상 불법리베이트 수수 • 〈불량식품〉 위해식품* 제조·유통·판매사건 * 위해식품: 식품위생법 등 식품 관련법령에서 위해식품으로 규정하고, 실제사건에서 해당법령 위반으로 의율한 사건에 한정 • 〈문화재 범죄〉 국보·보물 이외 문화재의 도굴, 절취, 손상, 은닉, 국외반출·수출 • 「특정경제범죄 가중처벌 등에 관한 법률」 제3조제1항제2호에 규정된 사기·횡령·배임 등 재산범죄 (전화금융사기·보험사기·유사수신·보조금 부정수급 등) • 〈사이버 테러〉 주요 정부기관, 공·사 단체, 민간기업 등의 정보통신기반시설을 대상으로 해킹, 서비스 거부 공격, 악성 프로그램 유포 등 기술적 방법을 이용해 사회에 큰 파장을 발생시킨 사이버테러 사건 관련, 범인을 검거하거나 공격주체 규명에 그 공이 현저한 자 • 피해자가 10명 이상인 연쇄 강간 • 「성폭력범죄의 처벌 등에 관한 특례법」, 「아동·청소년의 성보호에 관한 법률」 등에 장기 무기징역 이상 규정된 성폭력 범죄 • 아동학대 치사 • 5년 이상 장기 실종아동 등(미성년자·장애인·정신질환자)을 발견하고, 발견된 실종자가 형법 또는 특별법상 범죄 피해자인 경우

정답 7. ①

2천만원 이하	• 2인 이상 조직적 강도 또는 2회 이상 연쇄 강도 사건 • 폭력조직 또는 이에 준하는 범죄단체 조직원들의 특수폭행, 특수상해, 특수공갈, 특수재물손괴 등 조직성 범죄 검거 사건 • 피해액 1억원 이상의 절도, 장물 사건 • 도주죄 및 「형의 집행 및 수용자의 처우에 관한 법률」 제133조의 출석의무 위반 사건 • 전자발찌 훼손 도주사건 • 피해액 1억원 이상의 연쇄방화 또는 인적피해가 발생한 방화 사건 • 피해액 1억원 이상의 절도, 장물 사건 • 1kg 이상 압수된 대규모 메스암페타민 · 코카인 · 헤로인 수출입 · 제조 · 유통사범 검거 사건 • 〈불법다단계 · 불법대부업〉 피해자가 다수인 불법 다단계 · 불법 대부업(채권추심 포함) 범죄 • 〈통화 위 · 변조〉 국내 · 국외 통화를 대량으로 위조 · 변조하여 유통한 범죄 • 〈뇌물〉 수뢰총액 5천만원 미만의 사건 (공무원 의제자 포함) • 〈의료 · 의약 등 보건범죄〉 총 수신금액 1억원 미만의 불법리베이트 수수 • 〈사이버 테러〉 주요 정부기관, 공 · 사 단체, 민간기업 등의 정보통신기반시설을 대상으로 해킹, 서비스 거부 공격, 악성 프로그램 유포 등 기술적 방법을 이용해 사회에 큰 파장을 일으키는 사이버테러 사건 관련, 사실관계 또는 범죄혐의자를 경찰공무원에게 신고하거나 범죄혐의자 활동을 제지해 미수에 그치게 하거나 피해를 최소화하는데 그 공이 현저한 자 • 조직적 · 집단적으로 이루어진 강간 · 강제추행 • 반복적 · 상습적으로 이루어진 강간 · 강제추행(피해자 수는 관계없음) • 아동학대 중상해 • 집단시설 내에서 다수 아동을 대상으로 이루어지거나 1개월 이상 지속된 아동학대 • 장기 실종아동 등(미성년자 · 장애인 · 정신질환자)을 발견하고, 발견된 실종자가 형법 또는 특별법상 범죄 피해자인 경우
1,500만원 이하	• 「폭력행위 등 처벌에 관한 법률」 제4조의 폭력조직에 가입 · 활동한 조직원 검거 사건 • 피해액 1억원 이상의 방화 사건 • 100g 이상 압수된 대규모 메스암페타민 · 코카인 · 헤로인 수출입 · 제조 · 유통 사범 검거 사건 • 교통사고 야기 후 도주사건으로 피해자 3명 이상이 30일 이내에 사망한 경우
1천만원 이하	• 강도상해 · 강도강간 사건 및 피해액 1백만원 이상의 강도 사건 • 피해액 1천만원 이상의 연쇄 방화 사건 • 피해액 1천만원 이상의 절도, 장물 사건 • 기타 마약류(양귀비 · 대마 제외) 수출입 · 제조사범 검거 사건 • 〈지식재산권 침해〉 제조 · 수입 · 대량 유통으로 특허권 · 상표권 등을 침해하거나 산업기술을 유출하여 지식재산권을 침해한 경우 • 교통사고 야기 후 도주사건으로 피해자 2명이 30일 이내에 사망한 경우 • 집단시설 내 아동학대, 1개월 이상 지속된 아동학대 • 피의자가 20명 이상인 조직적 · 집단적 학교폭력 • 노인 학대

5백만원 이하	• 상습적 · 고질적 공갈 · 업무방해 · 재물손괴 · 폭행 사건 • 범죄수익금 3억원 이상의 도박장소개설 사건 • 피해액 5백만원 이상 천만원 이하의 절도, 장물 사건 • 기타 마약류(양귀비 제외) 재배 · 판매사범 검거 사건 • 교통사고 야기 후 도주사건으로 피해자 1명이 30일 이내에 사망한 경우 • 1개월 이상 이루어지거나, 피해 가족구성원이 다수인 가정폭력 • 반복적 · 상습적으로 이루어진 학교폭력(피해자 수는 관계없음) • 권총 · 소총 · 엽총 · 공기총 및 화약 · 폭약의 불법 제조 · 판매 · 수입 · 소지 · 사용 사건 • 그 밖에 피해자가 다수이거나 범죄의 피해가 심각하여 방송 · 신문 등 언론에 대서 특필되는 등 사회적 이목이 집중된 사건
1백만원 이하	• 교통사고 야기 후 도주사건으로 피해자가 상해를 입은 경우

08 「물품관리법」상 물품관리에 대한 내용으로 가장 적절한 것은?

① 기획재정부장관은 각 중앙관서의 장이 수행하는 물품관리에 관한 업무를 총괄·조정한다.

② 각 중앙관서의 장은 물품관리관의 사무의 일부를 분장하는 분임물품관리관을 대통령령으로 정하는 바에 따라 두어야 한다.

③ 분임물품관리관이란 물품출납공무원의 사무의 일부를 분장하는 공무원을 말한다.

④ 물품관리관으로부터 대통령령으로 정하는 바에 따라 물품의 사용에 관한 사무를 위임받은 공무원을 물품운용관이라 한다.

해설

제7조(총괄기관)　① 기획재정부장관은 물품관리의 제도와 정책에 관한 사항을 관장하며, 물품관리에 관한 정책의 결정을 위하여 필요하면 조달청장이나 각 중앙관서의 장으로 하여금 물품관리 상황에 관한 보고를 하게 하거나 필요한 조치를 할 수 있다.

② 조달청장은 각 중앙관서의 장이 수행하는 물품관리에 관한 업무를 총괄·조정한다.

③ 조달청장은 각 중앙관서의 장이 수행하는 물품관리에 관한 사항에 대하여 다음 각 호의 조치를 할 수 있다.

　　1. 각 중앙관서의 장이 수행하는 물품관리 상황에 관한 자료의 요구 및 감사의 실시

　　2. 각 중앙관서의 장이 수행하는 물품관리에 관한 모범사례 등 주요 사항의 관보게재

　　3. 제35조 제1항에 따라 불용 결정된 물품의 재활용촉진에 관한 조치

　　4. 그 밖에 물품관리에 필요한 사항으로서 대통령령으로 정하는 조치

④ 조달청장이 제3항 제1호에 따라 실시하는 물품관리 상황에 관한 감사는 실지감사 또는 서면감사의 방법으로 한다.

제8조(관리기관)　각 중앙관서의 장은 그 소관 물품을 관리한다.

제9조(물품관리관)　① 각 중앙관서의 장은 그 소관 물품관리에 관한 사무를 소속 공무원에게 위임할 수 있고, 필요하면 다른 중앙관서의 소속 공무원에게 위임할 수 있다.

② 각 중앙관서의 장으로부터 물품관리에 관한 사무를 위임받은 공무원을 물품관리관이라 한다.

제10조(물품출납공무원)　① 물품관리관[그의 사무의 일부를 분장(分掌)하는 공무원을 포함한다.]은 대통령령으로 정하는 바에 따라 그가 소속된 관서의 공무원에게 그 관리하는 물품의 출납(出納)과 보관에 관한 사무(출납명령에 관한 사무는 제외한다)를 위임하여야 한다.

② 제1항에 따라 물품의 출납과 보관에 관한 사무를 위임받은 공무원을 물품출납공무원이라 한다.

제11조(물품운용관)　① 물품관리관은 대통령령으로 정하는 바에 따라 그가 소속된 관서의 공무원에게 국가의 사무 또는 사업의 목적과 용도에 따라서 물품을 사용하게 하거나 사용 중인 물품의 관리에 관한 사무(물품의 사용에 관한 사무)를 위임하여야 한다.

② 제1항에 따라 물품의 사용에 관한 사무를 위임받은 공무원을 물품운용관이라 한다.

09 「국가재정법」상 예산안의 편성에 대한 내용으로 가장 적절하지 <u>않은</u> 것은? (기출 수정)

① 각 중앙관서의 장은 매년 1월 31일까지 해당 회계연도부터 3회계연도 이상의 기간 동안의 신규사업 및 기획재정부장관이 정하는 주요 계속사업에 대한 중기사업계획서를 기획재정부장관에게 제출하여야 한다.

② 기획재정부장관은 국무회의의 심의를 거쳐 대통령의 승인을 얻은 다음 연도의 예산안편성지침을 매년 3월 31일까지 각 중앙관서의 장에게 통보하여야 한다.

③ 각 중앙관서의 장은 제29조의 규정에 따른 예산안편성지침에 따라 그 소관에 속하는 다음 연도의 세입세출예산 · 계속비 · 명시이월비 및 국고채무부담행위 요구서를 작성하여 매년 5월 31일까지 기획재정부장관에게 제출하여야 한다.

④ 정부는 제32조의 규정에 따라 대통령의 승인을 얻은 예산안을 회계연도 개시 120일 전까지 국회에 제출하여야 한다.

[해설]

제28조(중기사업계획서의 제출) 각 중앙관서의 장은 매년 1월 31일까지 해당 회계연도부터 5회계연도 이상의 기간 동안의 신규사업 및 기획재정부장관이 정하는 주요 계속사업에 대한 중기사업계획서를 기획재정부장관에게 제출하여야 한다.

제29조(예산안편성지침의 통보) ① 기획재정부장관은 국무회의의 심의를 거쳐 대통령의 승인을 얻은 다음 연도의 예산안편성지침을 매년 3월 31일까지 각 중앙관서의 장에게 통보하여야 한다.

제31조(예산요구서의 제출) ① 각 중앙관서의 장은 제29조의 규정에 따른 예산안편성지침에 따라 그 소관에 속하는 다음 연도의 세입세출예산 · 계속비 · 명시이월비 및 국고채무부담행위 요구서("예산요구서")를 작성하여 매년 5월 31일까지 기획재정부장관에게 제출하여야 한다.

제32조(예산안의 편성) 기획재정부장관은 제31조제1항의 규정에 따른 예산요구서에 따라 예산안을 편성하여 국무회의의 심의를 거친 후 대통령의 승인을 얻어야 한다.

제33조(예산안의 국회제출) 정부는 제32조의 규정에 따라 대통령의 승인을 얻은 예산안을 회계연도 개시 120일 전까지 국회에 제출하여야 한다.

10 「언론중재 및 피해구제 등에 관한 법률」상 언론중재위원회에 대한 내용으로 ㉠부터 ㉣에 들어갈 숫자를 모두 합한 값은?

> • 중재위원회는 (㉠)명 이상 (㉡)명 이내의 중재위원으로 구성한다.
> • 중재위원회에 위원장 1명과 (㉢)명 이내의 부위원장 및 (㉣)명 이내의 감사를 두며, 각각 중재위원 중에서 호선한다.

① 124　　　　　② 125　　　　　③ 134　　　　　④ 135

해설

제7조(언론중재위원회의 설치) ① 언론등의 보도 또는 매개("언론보도등")로 인한 분쟁의 조정·중재 및 침해사항을 심의하기 위하여 언론중재위원회를 둔다.

② 중재위원회는 다음 각 호의 사항을 심의한다.
　1. 중재부의 구성에 관한 사항
　2. 중재위원회규칙의 제정·개정 및 폐지에 관한 사항
　3. 제11조제2항에 따른 사무총장의 임명 동의
　4. 제32조에 따른 시정권고의 결정 및 그 취소결정
　5. 그 밖에 중재위원회 위원장이 회의에 부치는 사항

③ 중재위원회는 **40명 이상 90명 이내**의 중재위원으로 구성하며, 중재위원은 다음 각 호의 사람 중에서 **문화체육관광부장관**이 위촉한다. 이 경우 제1호부터 제3호까지의 위원은 각각 중재위원 정수의 **5분의 1 이상**이 되어야 한다.
　1. 법관의 자격이 있는 사람 중에서 법원행정처장이 추천한 사람
　2. 변호사의 자격이 있는 사람 중에서 「변호사법」 제78조에 따른 대한변호사협회의 장이 추천한 사람
　3. 언론사의 취재·보도 업무에 10년 이상 종사한 사람
　4. 그 밖에 언론에 관하여 학식과 경험이 풍부한 사람

④ 중재위원회에 **위원장 1명**과 **2명 이내**의 **부위원장** 및 **2명 이내**의 **감사**를 두며, 각각 중재위원 중에서 호선한다.

⑤ 위원장·부위원장·감사 및 중재위원의 임기는 각각 **3년**으로 하며, **한 차례**만 연임할 수 있다.

⑥ **위원장**은 중재위원회를 대표하고 중재위원회의 업무를 총괄한다.

⑦ 부위원장은 위원장을 보좌하며, 위원장이 부득이한 사유로 직무를 수행할 수 없을 때에는 중재위원회규칙으로 정하는 바에 따라 그 직무를 대행한다.

⑧ 감사는 중재위원회의 업무 및 회계를 감사한다.

⑨ 중재위원회의 회의는 **재적위원 과반수의 출석**과 **출석위원 과반수의 찬성**으로 의결한다.

⑩ 중재위원은 명예직으로 한다. 다만, 대통령령으로 정하는 바에 따라 수당과 실비보상을 받을 수 있다.

⑪ 중재위원회의 구성·조직 및 운영에 필요한 사항은 중재위원회규칙으로 정한다.

11 「집회 및 시위에 관한 법률 시행령」 제14조 별표 2의 확성기 등의 소음기준에 대한 내용으로 가장 적절하지 **않은** 것은? (기출 수정)

① 주거지역, 학교, 종합병원, 공공도서관에서 주간(07:00~해지기 전)에 확성기 등의 소음기준은 65이하이다.

② 그 밖의 지역에서 야간(해진 후~24:00) 및 심야(00:00~07:00)에 확성기 등의 소음기준은 65 이하이다.

③ 소음 측정 장소는 피해자가 위치한 건물 외벽에서 소음원 방향으로 1~3.5m 떨어진 지점으로 하되, 소음도가 높을 것으로 예상되는 지점의 지면 위 1.2m~1.5m 높이에서 측정하고, 주된 건물의 경비 등을 위하여 사용되는 부속 건물, 광장·공원이나 도로상의 영업 시설물, 공원의 관리사무소 등도 소음 측정 장소로 포함된다.

④ 확성기 등의 소음은 관할 경찰서장(현장 경찰공무원)이 측정한다.

해설 확성기등의 소음기준(제14조 관련)

[단위: dB(A)]

소음도 구분		대상 지역	시간대		
			주간 (07:00 ~ 해지기 전)	야간 (해진 후 ~ 24:00)	심야 (00:00 ~ 07:00)
대상 소음도	등가 소음도 (Leq)	주거지역, 학교, 종합병원	65 이하	60 이하	55 이하
		공공도서관	65 이하	60 이하	
		그 밖의 지역	75 이하	65 이하	
	최고 소음도 (Lmax)	주거지역, 학교, 종합병원	85 이하	80 이하	75 이하
		공공도서관	85 이하	80 이하	
		그 밖의 지역	95 이하		

비고

1. 확성기등의 소음은 관할 경찰서장(현장 경찰공무원)이 측정한다.
2. 소음 측정 장소는 피해자가 위치한 건물의 외벽에서 소음원 방향으로 1~3.5m 떨어진 지점으로 하되, 소음도가 높을 것으로 예상되는 지점의 지면 위 1.2~1.5m 높이에서 측정한다. 다만, 주된 건물의 경비 등을 위하여 사용되는 부속 건물, 광장·공원이나 도로상의 영업시설물, 공원의 관리사무소 등은 소음 측정 장소에서 제외한다.
3. 제2호의 장소에서 확성기등의 대상소음이 있을 때 측정한 소음도를 측정소음도로 하고, 같은 장소에서 확성기등의 대상소음이 없을 때 5분간 측정한 소음도를 배경소음도로 한다.
4. 측정소음도가 배경소음도보다 10dB 이상 크면 배경소음의 보정 없이 측정소음도를 대상소음도로 하고, 측정소음도가 배경소음도보다 3.0~9.9dB 차이로 크면 아래 표의 보정치에 따라 측정소음도에서 배경소음을 보정한 소음도를 대상소음도로 하며, 측정소음도가 배경소음도보다 3dB 미만으로 크면 다시 한 번 측정소음도를 측정하고, 다시 측정하여도 3dB 미만으로 크면 확성기 등의 소음으로 보지 아니한다.

정답 10. ③ 11. ③

12 「총포ㆍ도검ㆍ화약류 등의 안전관리에 관한 법률」에 대한 내용으로 가장 적절하지 <u>않은</u> 것은?

① "총포"란 권총, 소총, 기관총, 포, 엽총, 금속성 탄알이나 가스 등을 쏠 수 있는 장약 총포, 공기총(가스를 이용하는 것을 포함한다) 및 총포신ㆍ기관부 등 그 부품으로서 대통령령으로 정하는 것을 말한다.

② 자격정지 이상의 형을 선고받고 그 집행이 끝나거나 집행을 받지 아니하기로 확정된 후 3년이 지나지 아니한 자는 총포ㆍ도검ㆍ화약류ㆍ분사기ㆍ전자충격기ㆍ석궁 제조 업의 허가를 받을 수 없다.

③ 누구든지 유실ㆍ매몰 또는 정당하게 관리되고 있지 아니하는 총포ㆍ도검ㆍ화약류ㆍ분 사기ㆍ전자충격기ㆍ석궁이라고 인정되는 물건을 발견하거나 습득하였을 때에는 24시 간 이내에 가까운 경찰관서에 신고하여야 한다.

④ 화약류를 운반하려는 사람은 행정안전부령으로 정하는 바에 따라 발송지를 관할하는 경찰서장에게 신고하여야 한다. 다만, 대통령령으로 정하는 수량 이하의 화약류를 운 반하는 경우에는 그러하지 아니하다.

[해설]

제2조(정의) ① "총포"란 권총, 소총, 기관총, 포, 엽총, 금속성 탄알이나 가스 등을 쏠 수 있는 장약총포, 공 기총(가스를 이용하는 것을 포함) 및 총포신ㆍ기관부 등 그 부품으로서 대통령령으로 정하는 것을 말한다.
② "도검"이란 칼날의 길이가 15센티미터 이상인 칼ㆍ검ㆍ창ㆍ치도ㆍ비수 등으로서 성질상 흉기로 쓰이는 것과 칼날의 길이가 15센티미터 미만이라 할지라도 흉기로 사용될 위험성이 뚜렷한 것 중에서 대통령 령으로 정하는 것을 말한다.
④ "분사기"란 사람의 활동을 일시적으로 곤란하게 하는 최루 또는 질식 등을 유발하는 작용제를 분사할 수 있는 기기로서 대통령령으로 정하는 것을 말한다.
⑤ "전자충격기"란 사람의 활동을 일시적으로 곤란하게 하거나 인명에 위해를 주는 전류를 방류할 수 있는 기기로서 대통령령으로 정하는 것을 말한다.
⑥ "석궁"이란 활과 총의 원리를 이용하여 화살 등의 물체를 발사하여 인명에 위해를 줄 수 있는 것으로서 대통령령으로 정하는 것을 말한다.

제5조(제조업자의 결격사유) 다음 어느 하나에 해당하는 자는 총포ㆍ도검ㆍ화약류ㆍ분사기ㆍ전자충격기ㆍ 석궁 제조업의 허가를 받을 수 없다.
1. 금고 이상의 형을 선고받고 그 집행이 끝나거나 집행을 받지 아니하기로 확정된 후 3년이 지나지 아니한 자
2. 금고 이상의 형의 집행유예를 선고받고 그 유예기간이 끝난 날부터 1년이 지나지 아니한 자
3. 심신상실자, 마약ㆍ대마ㆍ향정신성의약품 또는 알코올 중독자, 그 밖에 이에 준하는 정신장애인
4. 20세 미만인 자
5. 피성년후견인 및 피한정후견인
6. 파산선고를 받고 복권되지 아니한 자
7. 제45조 제1항(거짓이나 그 밖의 옳지 못한 방법으로 허가를 받은 경우) 허가가 취소된 후 3년이 지 나지 아니한 자
8. 임원 중에 제1호부터 제7호까지의 어느 하나에 해당하는 자가 있는 법인 또는 단체

제23조(발견 · 습득의 신고 등) 누구든지 유실 · 매몰 또는 정당하게 관리되고 있지 아니하는 총포 · 도검 · 화약류 · 분사기 · 전자충격기 · 석궁이라고 인정되는 물건을 발견하거나 습득하였을 때에는 24시간 이내에 가까운 경찰관서에 신고하여야 하며, 국가경찰공무원(의무경찰을 포함한다)의 지시 없이 이를 만지거나 옮기거나 두들기거나 해체하여서는 아니 된다.

제26조(화약류의 운반) ① 화약류를 운반하려는 사람은 행정안전부령으로 정하는 바에 따라 발송지를 관할하는 경찰서장에게 신고하여야 한다. 다만, 대통령령으로 정하는 수량 이하의 화약류를 운반하는 경우에는 그러하지 아니하다.

② 제1항에 따른 운반신고를 받은 경찰서장은 행정안전부령으로 정하는 바에 따라 화약류운반신고증명서를 발급하여야 한다.

③ 화약류를 운반하는 사람은 제2항에 따라 발급받은 화약류운반신고증명서를 지니고 있어야 한다.

④ 화약류를 운반할 때에는 그 적재방법, 운반방법, 운반경로, 운반표지 등에 관하여 대통령령으로 정하는 기술상의 기준과 제2항에 따른 화약류운반신고증명서에 적힌 지시에 따라야 한다. 다만, 철도 · 선박 · 항공기로 운반하는 경우에는 그러하지 아니하다.

13 「경비업법」에 대한 내용으로 가장 적절하지 **않은** 것은? (기출 수정)

① 경비업은 법인이 아니면 이를 영위할 수 없다.

② 경비업을 영위하고자 하는 법인은 도급받아 행하고자 하는 경비업무를 특정하여 그 법인의 주사무소의 소재지를 관할하는 시 · 도경찰청장의 허가를 받아야 한다.

③ 경비업 허가의 유효기간은 허가받은 다음 날부터 5년으로 한다.

④ 경비업자는 집단민원현장에 경비원을 배치하는 때에는 경비지도사를 선임하고 그 장소에 배치하여 행정안전부령으로 정하는 바에 따라 경비원을 지도 · 감독하게 하여야 한다.

해설

제3조(법인) 경비업은 **법인**이 아니면 이를 영위할 수 없다.

제4조(경비업의 허가) ① 경비업을 영위하고자 하는 법인은 도급받아 행하고자 하는 경비업무를 특정하여 그 법인의 주사무소의 소재지를 관할하는 **시 · 도경찰청장**의 **허가**를 받아야 한다. 도급받아 행하고자 하는 경비업무를 변경하는 경우에도 또한 같다.

③ 제1항의 규정에 의하여 경비업의 허가를 받은 법인은 다음 각호에 해당하는 때에는 시 · 도경찰청장에게 **신고**하여야 한다.

    1. 영업을 폐업하거나 휴업한 때

    2. 법인의 명칭이나 대표자 · 임원을 변경한 때

    3. 법인의 주사무소나 출장소를 신설 · 이전 또는 폐지한 때

    4. 기계경비업무의 수행을 위한 관제시설을 신설 · 이전 또는 폐지한 때

    5. 특수경비업무를 개시하거나 종료한 때

    6. 그 밖에 대통령령이 정하는 중요사항을 변경한 때

제6조(허가의 유효기간 등) ① 경비업 허가의 유효기간은 **허가받은 날부터 5년**으로 한다.

제7조(경비업자의 의무) ① 경비업자는 경비대상시설의 소유자 또는 관리자("시설주")의 관리권의 범위안에서 경비업무를 수행하여야 하며, 다른 사람의 자유와 권리를 침해하거나 그의 정당한 활동에 간섭하여서는 아니된다.

② 경비업자는 경비업무를 성실하게 수행하여야 하고, 도급을 의뢰받은 경비업무가 **위법 또는 부당한 것일** 때에는 이를 거부하여야 한다.

③ 경비업자는 불공정한 계약으로 경비원의 권익을 침해하거나 경비업의 건전한 육성과 발전을 해치는 행위를 하여서는 아니된다.

④ 경비업자의 임 · 직원이거나 임 · 직원이었던 자는 다른 법률에 특별한 규정이 있는 경우를 제외하고는 그 직무상 알게 된 비밀을 누설하거나 다른 사람에게 제공하여 이용하도록 하는 등 부당한 목적을 위하여 사용하여서는 아니된다.

⑤ 경비업자는 **허가받은 경비업무외의 업무**에 경비원을 종사하게 하여서는 아니된다.

⑥ 경비업자는 집단민원현장에 경비원을 배치하는 때에는 경비지도사를 선임하고 그 장소에 배치하여 행정안전부령으로 정하는 바에 따라 경비원을 지도 · 감독하게 하여야 한다.

⑦ 특수경비업무를 수행하는 경비업자("특수경비업자")는 제4조제3항제5호의 규정에 의한 특수경비업무의 개시신고를 하는 때에는 **국가중요시설에 대한 특수경비업무**의 수행이 중단되는 경우 시설주의 동의를 얻어 다른 특수경비업자중에서 경비업무를 대행할 자("경비대행업자")를 지정하여 허가관청에 신고하여야 한다. 경비대행업자의 지정을 변경하는 경우에도 또한 같다.

⑧ 특수경비업자는 국가중요시설에 대한 특수경비업무를 중단하게 되는 경우에는 미리 이를 제7항의 규정에 의한 경비대행업자에게 통보하여야 하며, 경비대행업자는 통보받은 즉시 그 경비업무를 인수하여야

한다. 이 경우 제7항의 규정은 경비대행업자에 대하여 이를 준용한다.

⑨ 특수경비업자는 이 법에 의한 경비업과 경비장비의 제조·설비·판매업, 네트워크를 활용한 정보산업, 시설물 유지관리업 및 경비원 교육업 등 대통령령이 정하는 경비관련업외의 영업을 하여서는 아니된다.

제2조(정의) 이 법에서 사용하는 용어의 정의는 다음과 같다. 〈개정 2024. 1. 30.〉

1. "경비업"이라 함은 다음 각목의 1에 해당하는 업무("경비업무")의 전부 또는 일부를 도급받아 행하는 영업을 말한다.

가. 시설경비업무: 경비를 필요로 하는 시설 및 장소(이하 "경비대상시설"이라 한다)에서의 도난·화재 그 밖의 혼잡 등으로 인한 위험발생을 방지하는 업무

나. 호송경비업무: 운반중에 있는 현금·유가증권·귀금속·상품 그 밖의 물건에 대하여 도난·화재 등 위험발생을 방지하는 업무

다. 신변보호업무: 사람의 생명이나 신체에 대한 위해의 발생을 방지하고 그 신변을 보호하는 업무

라. 기계경비업무: 경비대상시설에 설치한 기기에 의하여 감지·송신된 정보를 그 경비대상시설외의 장소에 설치한 관제시설의 기기로 수신하여 도난·화재 등 위험발생을 방지하는 업무

마. 특수경비업무: 공항(항공기를 포함한다) 등 대통령령이 정하는 국가중요시설("국가중요시설")의 경비 및 도난·화재 그 밖의 위험발생을 방지하는 업무

바. **혼잡·교통유도경비업무**: 도로에 접속한 공사현장 및 사람과 차량의 통행에 위험이 있는 장소 또는 도로를 점유하는 행사장 등에서 교통사고나 그 밖의 혼잡 등으로 인한 위험발생을 방지하는 업무

2. "경비지도사"라 함은 경비원을 지도·감독 및 교육하는 자를 말하며 일반경비지도사와 기계경비지도사로 구분한다.

3. "경비원"이라 함은 제4조제1항의 규정에 의하여 경비업의 허가를 받은 법인("경비업자")이 채용한 고용인으로서 다음 각 목의 어느 하나에 해당하는 자를 말한다.

가. 일반경비원: 제1호 가목부터 라목까지 및 바목의 경비업무를 수행하는 자

나. 특수경비원: 제1호 마목의 경비업무를 수행하는 자

14 「(경찰청) 범죄수사규칙」의 영상녹화에 대한 내용으로 가장 적절하지 **않은** 것은? (기출 수정)

① 경찰관은 「경찰수사규칙」 제44조에 따라 영상녹화물을 제작할 때에는 영상녹화물 표면에 사건번호, 죄명, 진술자 성명 등 사건정보를 기재하여야 한다.

② 경찰관은 원본을 봉인하기 전에 진술자 또는 변호인이 녹화물의 시청을 요구하는 때에는 영상녹화물을 재생하여 시청하게 할 수 있다.

③ 경찰관은 피의자신문조서와 진술조서를 작성할 때 '형식에 흐르지 말고 추측이나 과장을 배제하며 범의 착수의 방법, 실행행위의 태양, 미수·기수의 구별, 공모사실 등 범죄 구성요건에 관한 사항에 대하여는 특히 명확히 기재할 것' 등을 주의하여야 한다.

④ 경찰관은 조사가 진행 중인 동안에는 수갑·포승 등을 해제하여야 한다. 다만, 자살, 자해, 도주, 폭행의 우려가 현저한 사람으로서 담당경찰관 및 유치인 보호주무자가 수갑·포승 등 사용이 반드시 필요하다고 인정한 사람에 대하여는 예외로 한다.

해설

제85조(영상녹화물의 제작·관리) ① 경찰관은 「경찰수사규칙」 제44조에 따라 영상녹화물을 제작할 때에는 영상녹화물 표면에 사건번호, 죄명, 진술자 성명 등 사건정보를 기재하여야 한다.
② 경찰관은 제1항에 따라 제작한 영상녹화물은 수사기록에 편철한다.
③ 경찰관은 피조사자의 기명날인 또는 서명을 받을 수 없는 경우에는 기명날인 또는 서명란에 그 취지를 기재하고 직접 기명날인 또는 서명한다.
④ 경찰관은 영상녹화물을 생성한 후 별지 제25호서식에 따른 영상녹화물 관리대장에 등록하여야 한다.

제86조(봉인 전 재생·시청) 경찰관은 원본을 봉인하기 전에 진술자 또는 변호인이 녹화물의 시청을 요구하는 때에는 영상녹화물을 재생하여 시청하게 하여야 한다. 이 경우 진술자 또는 변호인이 녹화된 내용에 대하여 이의를 진술하는 때에는 그 취지를 기재한 서면을 사건기록에 편철하여야 한다.

제73조(피의자신문조서 등 작성 시 주의사항) ① 경찰관은 피의자신문조서와 진술조서를 작성할 때에는 다음 각 호의 사항에 주의하여야 한다.
1. 형식에 흐르지 말고 추측이나 과장을 배제하며 범의 착수의 방법, 실행행위의 태양, 미수·기수의 구별, 공모사실 등 범죄 구성요건에 관한 사항에 대하여는 특히 명확히 기재할 것
2. 필요할 때에는 진술자의 진술 태도 등을 기입하여 진술의 내용뿐 아니라 진술 당시의 상황을 명백히 알 수 있도록 할 것
② 경찰관은 조사가 진행 중인 동안에는 수갑·포승 등을 해제하여야 한다. 다만, 자살, 자해, 도주, 폭행의 우려가 현저한 사람으로서 담당경찰관 및 유치인 보호주무자가 수갑·포승 등 사용이 반드시 필요하다고 인정한 사람에 대하여는 예외로 한다.

15 「성폭력범죄의 처벌 등에 관한 특례법」상 신상정보 등록 관련 내용으로 가장 적절하지 않은 것은? (기출 수정)

① 등록대상자가 6개월 이상 국외에 체류하기 위하여 출국하는 경우에는 미리 관할경찰 관서의 장에게 체류국가 및 체류기간 등을 허가받아야 한다.

② 신상정보 등록의 원인이 된 성범죄로 형의 선고를 유예받은 사람이 선고유예를 받은 날부터 2년이 경과하여 「형법」 제60조에 따라 면소된 것으로 간주되면 신상정보 등록을 면제한다.

③ 등록대상자의 신상정보의 등록·보존 및 관리 업무에 종사하거나 종사하였던 자는 직무상 알게 된 등록정보를 누설하여서는 아니 된다.

④ 등록정보의 공개는 여성가족부장관이 집행하고, 법무부장관은 등록정보의 공개에 필요한 정보를 여성가족부장관에게 송부하여야 한다.

> **해설**
>
> 제43조의2(출입국 시 신고의무 등) ① 등록대상자가 6개월 이상 국외에 체류하기 위하여 출국하는 경우에는 미리 관할경찰관서의 장에게 체류국가 및 체류기간 등을 **신고**하여야 한다.
>
> ② 제1항에 따라 신고한 등록대상자가 입국하였을 때에는 특별한 사정이 없으면 14일 이내에 관할경찰관서의 장에게 입국 사실을 신고하여야 한다. 제1항에 따른 신고를 하지 아니하고 출국하여 6개월 이상 국외에 체류한 등록대상자가 입국하였을 때에도 또한 같다.
>
> 제45조의2(신상정보 등록의 면제) ① 신상정보 등록의 원인이 된 성범죄로 형의 선고를 유예받은 사람이 선고유예를 받은 날부터 **2년**이 경과하여 「형법」 제60조에 따라 면소된 것으로 간주되면 신상정보 등록을 면제한다.
>
> 제47조(등록정보의 공개) ① 등록정보의 공개에 관하여는 「아동·청소년의 성보호에 관한 법률」 제49조, 제50조, 제52조, 제54조, 제55조 및 제65조를 적용한다.
>
> ② 등록정보의 공개는 **여성가족부장관**이 집행한다.
>
> ③ **법무부장관**은 등록정보의 공개에 필요한 정보를 여성가족부장관에게 송부하여야 한다.
>
> 제48조(비밀준수) 등록대상자의 신상정보의 등록·보존 및 관리 업무에 종사하거나 종사하였던 자는 직무상 알게 된 등록정보를 누설하여서는 아니 된다.

16 음주운전 관련 판례의 내용으로 가장 적절하지 <u>않은</u> 것은?

① 「형사소송법」규정에 위반하여 수사기관이 법원으로부터 영장 또는 감정처분허가장을 발부받지 아니한 채 피의자의 동의 없이 피의자의 신체로부터 혈액을 채취하고 더구나 사후적으로도 지체 없이 이에 대한 영장을 발부받지도 아니하고서 그 강제채혈한 피의자의 혈액 중 알코올농도에 관한 감정결과보고서 등은 피고인이나 변호인의 증거동의가 있다고 하더라도 유죄의 증거로 사용할 수 없다.

② 음주운전과 관련한 도로교통법위반죄의 범죄수사를 위하여 미성년자인 피의자의 혈액채취가 필요한 경우에도 피의자에게 의사능력이 있다면 피의자 본인만이 혈액채취에 관한 유효한 동의를 할 수 있고, 피의자에게 의사능력이 없는 경우에도 명문의 규정이 없는 이상 법정대리인이 피의자를 대리하여 동의할 수는 없다.

③ 「도로교통법」에 규정된 음주측정은 성질상 강제될 수 있는 것이 아니며 궁극적으로 당사자의 자발적인 협조가 필수적인 것이므로 이를 두고 법관의 영장을 필요로 하는 강제처분이라 할 수 없다. 따라서 주취운전의 혐의자에게 영장없는 음주측정에 응할 의무를 지우고 이에 불응한 사람을 처벌한다고 하더라도 영장주의에 위배되지 아니한다.

④ 위드마크 공식은 운전자가 음주한 상태에서 운전한 사실이 있는지에 대한 경험법칙에 의한 증거수집 방법이므로 경찰공무원에게 위드마크 공식의 존재 및 나아가 호흡측정에 의한 혈중알코올 농도가 음주운전 처벌기준 수치에 미달하였더라도 위드마크 공식에 의한 역추산 방식에 의하여 운전 당시의 혈중알코올농도를 산출할 경우 그 결과 음주운전 처벌기준 수치 이상이 될 가능성이 있다는 취지를 운전자에게 미리 고지하여야 할 의무가 있다.

해설

대법원 2017. 9. 21. 선고 2017도661 판결
보기④ 위드마크 공식은 운전자가 음주한 상태에서 운전한 사실이 있는지에 대한 경험법칙에 의한 증거수집 방법에 불과하다. 따라서 경찰공무원에게 위드마크 공식의 존재 및 나아가 호흡측정에 의한 혈중알코올농도가 음주운전 처벌기준 수치에 미달하였더라도 위드마크 공식에 의한 역추산 방식에 의하여운전 당시의 혈중알코올농도를 산출할 경우 그 결과가 음주운전 처벌기준 수치 이상이 될 가능성이 있다는 취지를 운전자에게 미리 고지하여야 할 **의무가 있다고 보기도 어렵다.**

대법원 2012. 11. 15. 선고 2011도15258 판결
보기① 수사기관이 법원으로부터 영장 또는 감정처분허가장을 발부받지 아니한 채 피의자의 동의 없이 피의자의 신체로부터 혈액을 채취하고 사후에도 지체 없이 영장을 발부받지 아니한 채 혈액 중 알코올농도에 관한 감정을 의뢰하였다면, 이러한 과정을 거쳐 얻은 감정의뢰회보 등은 형사소송법상 영장주의 원칙을 위반하여 수집하거나 그에 기초하여 획득한 증거로서, 원칙적으로 절차위반행위가 적법절차의 실질적인 내용을 침해하여 피고인이나 변호인의 동의가 있더라도 유죄의 증거로 사용할 수 없다.

대법원 2014. 11. 13. 선고 2013도1228 판결

보기② 형사소송법상 소송능력이란 소송당사자가 유효하게 소송행위를 할 수 있는 능력, 즉 피고인 또는 피의자가 자기의 소송상의 지위와 이해관계를 이해하고 이에 따라 방어행위를 할 수 있는 의사능력을 의미하는데, 피의자에게 의사능력이 있으면 직접 소송행위를 하는 것이 원칙이고, 피의자에게 의사능력이 없는 경우에는 형법 제9조 내지 제11조의 규정의 적용을 받지 아니하는 범죄사건에 한하여 예외적으로 법정대리인이 소송행위를 대리할 수 있다(형사소송법 제26조). 따라서 음주운전과 관련한 도로교통법 위반죄의 범죄수사를 위하여 미성년자인 피의자의 혈액채취가 필요한 경우에도 피의자에게 의사능력이 있다면 피의자 본인만이 혈액채취에 관한 유효한 동의를 할 수 있고, 피의자에게 의사능력이 없는 경우에도 명문의 규정이 없는 이상 법정대리인이 피의자를 대리하여 동의할 수는 없다.

전원재판부 96헌가11, 1997. 3. 27.

보기③ 「도로교통법」에 규정된 음주측정은 성질상 강제될 수 있는 것이 아니며 궁극적으로 당사자의 자발적인 협조가 필수적인 것이므로 이를 두고 법관의 영장을 필요로 하는 강제처분이라 할 수 없다. 따라서 주취운전의 혐의자에게 영장없는 음주측정에 응할 의무를 지우고 이에 불응한 사람을 처벌한다고 하더라도 영장주의에 위배되지 아니한다.

정답 16. ④

17 다중범죄의 정책적 치료법과 그에 대한 내용으로 가장 적절한 것은?

① 선수승화법 – 불만집단의 고조된 주장을 시간을 끌어 이성적으로 사고할 기회를 부여
하고 정서적으로 감정을 둔화시켜서 흥분을 가라앉게 하는 방법

② 전이법 – 다중범죄의 발생징후나 이슈가 있을 때 집단이나 국민들의 관심을 집중시킬
수 있는 경이적인 사건을 폭로하거나 규모가 큰 행사를 개최하여 그 발생징후나 이슈
가 상대적으로 약화되도록 하는 방법

③ 지연정화법 – 불만집단에 반대하는 대중의견을 크게 부각시켜 불만집단이 위압되어 자
진해산 및 분산되도록 하는 방법

④ 경쟁행위법 – 특정한 불만집단에 대한 정보활동을 강화하여 사전에 불만 및 분쟁요인
을 찾아내어 해소시켜 주는 방법

해설 다중범죄 치료법

선수승화법	경찰정보활동 강화하여 불만집단, 불만요인을 찾아내어 사전에 불만과 분쟁요인을 해결하는 방법
전이법	다중범죄 발생징후나 이슈가 있을 때 국민이나 집단의 관심을 집중시킬 수 있는 사건을 폭로하거나 규모가 큰 행사를 개최하여 원래의 이슈가 상대적으로 약화되도록 하는 방법
지연정화법	서로 상반된 불만집단이나 주장을 시간을 지연시키면서 정서적으로 안정을 갖게하고 흥분을 제거하여 이성적으로 해결되도록 유도하는 방법
경쟁행위법	불만집단과 반대되는 대중의견을 크게 부각시켜 불만집단이 위압되어 스스로 해산 및 분산되도록 하는 방법

2018 제1차 경찰공무원 **159** • • •

18 「국가보안법」의 보상과 원호에 대한 내용이다. 아래 ⑦부터 ②까지의 내용 중 옳고 그름의 표시(○, ×)가 바르게 된 것은?

> ⑦ 이 법의 죄를 범한 자를 수사기관 또는 정보기관에 통보하거나 체포한 자에게는 대통령령이 정하는 바에 따라 상금을 지급한다.
> ⓛ 반국가단체나 그 구성원 또는 그 지령을 받은 자로부터 금품을 취득하여 수사기관 또는 정보기관에 제공한 자에게는 그 가액의 2분의 1에 상당하는 범위 안에서 보로금을 지급할 수 있다. 반국가단체의 구성원 또는 그 지령을 받은 자가 제공한 때에도 또한 같다.
> ⓒ 보로금의 청구 및 지급에 관하여 필요한 사항은 대통령령으로 정한다.
> ② 이 법에 의한 상금과 보로금의 지급 및 제23조에 의한 보상 대상자를 심의 · 결정하기 위하여 법무부장관 소속하에 국가보안유공자 심사위원회를 둔다.

① ⑦ (○), ⓛ (×), ⓒ (○), ② (×) ② ⑦ (×), ⓛ (○), ⓒ (×), ② (○)
③ ⑦ (○), ⓛ (×), ⓒ (×), ② (×) ④ ⑦ (○), ⓛ (○), ⓒ (○), ② (○)

해설
제21조(상금) ① 이 법의 죄를 범한 자를 수사기관 또는 정보기관에 통보하거나 체포한 자에게는 대통령령이 정하는 바에 따라 상금을 지급한다.
  ② 이 법의 죄를 범한 자를 인지하여 체포한 수사기관 또는 정보기관에 종사하는 자에 대하여도 제1항과 같다.
  ③ 이 법의 죄를 범한 자를 체포할 때 반항 또는 교전상태하에서 부득이한 사유로 살해하거나 자살하게 한 경우에는 제1항에 준하여 상금을 지급할 수 있다.
제22조(보로금) ① 제21조의 경우에 압수물이 있는 때에는 상금을 지급하는 경우에 한하여 그 압수물 가액의 2분의 1에 상당하는 범위안에서 보로금을 지급할 수 있다.
  ② 반국가단체나 그 구성원 또는 그 지령을 받은 자로부터 금품을 취득하여 수사기관 또는 정보기관에 제공한 자에게는 그 가액의 2분의 1에 상당하는 범위안에서 보로금을 지급할 수 있다. 반국가단체의 구성원 또는 그 지령을 받은 자가 제공한 때에도 또한 같다.
  ③ 보로금의 청구 및 지급에 관하여 필요한 사항은 대통령령으로 정한다.
제24조(국가보안유공자 심사위원회) ① 이 법에 의한 상금과 보로금의 지급 및 제23조에 의한 보상대상자를 심의 · 결정하기 위하여 법무부장관소속하에 국가보안유공자 심사위원회를 둔다.

2018
제1차

정답 17. ② 18. ④

19 「범죄인 인도법」의 인도거절 사유에 대한 내용으로 가장 적절하지 <u>않은</u> 것은?

① 대한민국 또는 청구국의 법률에 따라 인도범죄에 관한 공소시효 또는 형의 시효가 완성된 경우에는 범죄인을 인도하여서는 아니 된다.

② 범죄인이 인종, 종교, 국적, 성별, 정치적 신념 또는 특정 사회단체에 속한 것 등을 이유로 처벌되거나 그 밖의 불리한 처분을 받을 염려가 있다고 인정되는 경우에는 범죄인을 인도하지 아니할 수 있다.

③ 범죄인의 인도범죄 외의 범죄에 관하여 대한민국 법원에 재판이 계속 중인 경우 또는 범죄인이 형을 선고받고 그 집행이 끝나지 아니하거나 면제되지 아니한 경우에는 범죄인을 인도하지 아니할 수 있다.

④ 범죄인이 인도범죄에 관하여 제3국(청구국이 아닌 외국을 말한다)에서 재판을 받고 처벌되었거나 처벌받지 아니하기로 확정된 경우에는 범죄인을 인도하지 아니할 수 있다.

[해설]

제7조(절대적 인도거절 사유) 다음 어느 하나에 해당하는 경우에는 범죄인을 인도하여서는 아니 된다.

1. 대한민국 또는 청구국의 법률에 따라 인도범죄에 관한 공소시효 또는 형의 시효가 완성된 경우
2. 인도범죄에 관하여 대한민국 법원에서 재판이 계속 중이거나 재판이 확정된 경우
3. 범죄인이 인도범죄를 범하였다고 의심할 만한 상당한 이유가 없는 경우. 다만, 인도범죄에 관하여 청구국에서 유죄의 재판이 있는 경우는 제외한다.
4. 범죄인이 인종, 종교, 국적, 성별, 정치적 신념 또는 특정 사회단체에 속한 것 등을 이유로 처벌되거나 그 밖의 불리한 처분을 받을 염려가 있다고 인정되는 경우

제9조(임의적 인도거절 사유) 다음 어느 하나에 해당하는 경우에는 범죄인을 인도하지 아니할 수 있다.

1. 범죄인이 대한민국 국민인 경우
2. 인도범죄의 전부 또는 일부가 대한민국 영역에서 범한 것인 경우
3. 범죄인의 인도범죄 외의 범죄에 관하여 대한민국 법원에 재판이 계속 중인 경우 또는 범죄인이 형을 선고받고 그 집행이 끝나지 아니하거나 면제되지 아니한 경우
4. 범죄인이 인도범죄에 관하여 제3국(청구국이 아닌 외국을 말한다.)에서 재판을 받고 처벌되었거나 처벌받지 아니하기로 확정된 경우
5. 인도범죄의 성격과 범죄인이 처한 환경 등에 비추어 범죄인을 인도하는 것이 비인도적이라고 인정되는 경우

20 현재의 수사구조에 대한 다음 주장 중 그 입장이 <u>다른</u> 것은?

① 검찰은 수사권과 기소권은 물론 영장청구권 및 형집행권을 가지고 있어, '견제와 균형'의 원리가 작동하지 않는다.

② 사법경찰관 작성 피의자신문조서와 검사 작성 피의자신문조서의 증거능력 차이로 인해 불필요한 중복조사가 이루어지고 있다.

③ 경찰이 현실적으로 대부분의 범죄를 수사하고 있지만, 검찰의 과도한 수사지휘로 수사업무의 효율성이 저하되고 있다.

④ 수사란 공소제기 및 유지를 위한 필수적인 과정이므로 검사가 수사에 적극 개입해야 한다.

해설 수사권 조정 찬반입장

〈수사권 조정 찬성론〉 수사권과 기소권을 분리하여, 경찰에 독립적인 수사권을 보장해야 한다는 입장	〈수사권 조정 반대론〉 검사가 계속 수사권을 가지고 지휘해야 한다는 입장
• 효율적 수사 　- 검사의 승인이 필요하여 절차적 지연이 발생하고 수사업무의 효율성이 저하되고 있다 • 국민의 편익저해 　- 경찰조사 후, 검찰조사로 인한 불필요한 이중조사 • 검찰로 권력 집중(검찰 견제 기구 부재) 　- 견제와 균형의 원리가 부재 • 현실과 법규범의 괴리 • 행정조직원리인 명령통일의 원리에 위배 　- 경찰(행정자치부), 검찰(법무부) 소속으로 타 행정조직에 상명하복을 요구하는 것은 행정조직원리에 위배 • 권한과 책임의 불일치(미해결 시 경찰로 비난 집중) 　- 부가적인 지시와 인력동원 등으로 인한 업무가 과중 • 수사요원의 사기 저하 　- 사법경찰이 수사의 주체성 결여에 따라 책임감과 윤리의식이 낮아진다.	• 수사란 공소제기를 위한 행위 　(수사는 공소제기와 불가분) 　- 범죄수사란 공소제기를 위한 준비단계이므로 소추권자인 검사가 수사단계부터 적극 개입해야 한다는 것 • 적정절차와 인권존중 　- 아직 경찰은 인권의식이 낮고 법률지식이 낮아 시민의 권리침해로 이어질 우려가 있다(경찰 = 수사전문가이지 법률의 전문가가 아니다) • 법집행의 왜곡방지 • 경찰로의 권력집중 방지 • 경찰국가화 • 경찰, 검찰에서 반복된 조사에 따른 실체적 진실 발견에 유리하다.

18년 제1차 경찰공무원(순경)채용시험 문제

– 일반경찰(남 · 여) · 101경비단 · 전의경대체요원 –

응시 번호 :   이름 :   【문제지 이상유무 확인 :   (서명) 】

[경찰학개론]

01 「경찰청 공무원 행동강령」에 대한 내용으로 가장 적절하지 <u>않은</u> 것은? (기출 수정)

① 공무원은 직무를 수행함에 있어 지연 · 혈연 · 학연 · 종교 등을 이유로 특정인에게 특혜를 주어서는 아니 된다.

② 공무원은 상급자가 자기 또는 타인의 부당한 이익을 위하여 공정한 직무수행을 현저하게 해치는 지시를 하였을 때 그 사유를 상급자에게 소명하고 지시에 따르지 아니하거나, 행동강령에 관한 업무를 담당하는 공무원(행동강령책임관)과 상담할 수 있다.

③ 공무원은 정치인이나 정당 등으로부터 부당한 직무수행을 강요받거나 청탁을 받은 경우에는 전자우편 등의 방법으로 소속 기관의 장에게 보고하거나 행동강령책임관과 상담하여야 한다.

④ 공무원은 「범죄수사규칙」 제30조에 따른 경찰관서 내 수사 지휘에 대한 이의제기와 관련하여 행동강령책임관에게 상담을 요청하여야 한다.

02 다음 중 경찰을 경찰활동의 질과 내용에 따라 분류한 것으로 가장 적절한 것은?

① 질서경찰과 봉사경찰
② 보안경찰과 협의의 행정경찰
③ 행정경찰과 사법경찰
④ 보통경찰과 고등경찰

03 우리나라 경찰의 역사와 제도에 대한 설명이다. 시대 순으로 나열한 것은?

㉠ 「경찰법」 제정	㉡ 「경찰관 직무집행법」 제정
㉢ 최초로 여성 경찰관 채용	㉣ 제주 자치경찰 출범
㉤ 내무부 치안국을 치안본부로 개편	

① ㉡ – ㉢ – ㉤ – ㉣ – ㉠
② ㉡ – ㉢ – ㉤ – ㉠ – ㉣
③ ㉢ – ㉡ – ㉠ – ㉤ – ㉣
④ ㉢ – ㉡ – ㉤ – ㉠ – ㉣

04 「행정권한의 위임 및 위탁에 관한 규정」에 대한 내용으로 가장 적절하지 <u>않은</u> 것은?

① 위임이란 법률에 규정된 행정기관의 장의 권한 중 일부를 그 보조기관 또는 하급행정기관의 장이나 지방자치단체의 장에게 맡겨 그의 권한과 책임 아래 행사하도록 하는 것을 말한다.

② 위임 및 위탁기관은 수임 및 수탁기관의 수임 및 수탁사무 처리에 대하여 지휘·감독하고, 그 처리가 위법하거나 부당하다고 인정될 때에는 이를 취소하거나 정지시킬 수 있다.

③ 수임 및 수탁사무의 처리에 관한 책임은 수임 및 수탁기관에 있으므로, 위임 및 위탁기관의 장은 그에 대한 감독책임을 지지 않는다.

④ 위임 및 위탁기관은 위임 및 위탁사무 처리의 적정성을 확보하기 위하여 필요한 경우에는 수임 및 수탁기관의 수임 및 수탁사무 처리 상황을 수시로 감사할 수 있다.

05 「국가공무원법」의 소청심사위원회에 대한 내용이다. 아래 ㉠부터 ㉣까지의 내용 중 옳고 그름의 표시(○, ×)가 바르게 된 것은? (기출 수정)

> ㉠ 행정기관 소속 공무원의 징계처분, 그 밖에 그 의사에 반하는 불리한 처분이나 부작위에 대한 소청을 심사·결정하게 하기 위하여 행정안전부에 소청심사위원회를 둔다.
> ㉡ 소청심사위원회의 상임위원의 임기는 3년으로 하며, 한 번만 연임할 수 있다.
> ㉢ 「공직선거법」에 따라 실시하는 선거에 후보자로 등록한 자는 소청심사위원회의 위원이 될 수 없다.
> ㉣ 소청심사위원회의 위원은 금고 이상의 형벌이나 장기의 심신 쇠약으로 직무를 수행할 수 없게 된 경우 외에는 본인의 의사에 반하여 면직되지 아니한다.

① ㉠ (×), ㉡ (○), ㉢ (○), ㉣ (○)　　② ㉠ (×), ㉡ (○), ㉢ (×), ㉣ (○)

③ ㉠ (○), ㉡ (×), ㉢ (×), ㉣ (○)　　④ ㉠ (×), ㉡ (×), ㉢ (○), ㉣ (×)

06 「위해성 경찰장비의 사용기준 등에 관한 규정」에 대한 내용으로 가장 적절하지 <u>않은</u> 것은?

① 경찰관은 범인·술에 취한 사람 또는 정신착란자의 자살 또는 자해기도를 방지하기 위하여 필요한 때에는 수갑·포승 또는 호송용포승을 사용할 수 있다.

② 경찰관은 총기 또는 폭발물을 가지고 대항하는 경우를 제외하고는 14세미만의 자 또는 임산부에 대하여 권총 또는 소총을 발사하여서는 아니된다.

③ 경찰관은 최루탄발사기로 최루탄을 발사하는 경우 30도이상의 발사각을 유지하여야 하고, 가스차·살수차 또는 특수진압차의 최루탄발사대로 최루탄을 발사하는 경우에는 15도이상의 발사각을 유지하여야 한다.

④ 경찰청장은 신규 도입 장비에 대한 안전성 검사를 실시한 후 3개월 이내에 안전성 검사 결과보고서를 국무회의에 제출하여야 한다.

07 「범인검거 등 공로자 보상에 관한 규정」에 대한 내용으로 가장 적절하지 <u>않은</u> 것은? (기출 수정)

① 사형, 무기징역 또는 무기금고, 장기 10년 이상의 징역 또는 금고에 해당하는 범죄에 대한 보상금 지급기준 금액은 50만원이다.

② 동일한 사람에게 지급결정일을 기준으로 연간(1월 1일부터 12월 31일까지를 말한다) 5회를 초과하여 보상금을 지급할 수 없다.

③ 보상금을 지급받을 사람이 동일한 원인으로 다른 법령에 따른 포상금·보상금 등을 지급받거나 지급받을 예정인 경우에는 그 포상금·보상금 등의 액수가 지급할 보상금액과 동일하거나 이를 초과할 때에는 보상금을 지급하지 아니하며, 그 포상금·보상금 등의 액수가 지급할 보상금액보다 적을 때에는 그 금액을 공제하고 보상금액을 정하여야 한다.

④ 보상금 지급 심사·의결을 거쳐 지급이 이루어진 이후에는 동일한 사건에 대하여 보상금을 지급할 수 없다.

08 「물품관리법」상 물품관리에 대한 내용으로 가장 적절한 것은?

① 기획재정부장관은 각 중앙관서의 장이 수행하는 물품관리에 관한 업무를 총괄·조정한다.

② 각 중앙관서의 장은 물품관리관의 사무의 일부를 분장하는 분임물품관리관을 대통령령으로 정하는 바에 따라 두어야 한다.

③ 분임물품관리관이란 물품출납공무원의 사무의 일부를 분장하는 공무원을 말한다.

④ 물품관리관으로부터 대통령령으로 정하는 바에 따라 물품의 사용에 관한 사무를 위임받은 공무원을 물품운용관이라 한다.

09 「국가재정법」상 예산안의 편성에 대한 내용으로 가장 적절하지 <u>않은</u> 것은? (기출 수정)

① 각 중앙관서의 장은 매년 1월 31일까지 해당 회계연도부터 3회계연도 이상의 기간 동안의 신규사업 및 기획재정부장관이 정하는 주요 계속사업에 대한 중기사업계획서를 기획재정부장관에게 제출하여야 한다.

② 기획재정부장관은 국무회의의 심의를 거쳐 대통령의 승인을 얻은 다음 연도의 예산안편성지침을 매년 3월 31일까지 각 중앙관서의 장에게 통보하여야 한다.

③ 각 중앙관서의 장은 제29조의 규정에 따른 예산안편성지침에 따라 그 소관에 속하는 다음 연도의 세입세출예산·계속비·명시이월비 및 국고채무부담행위 요구서를 작성하여 매년 5월 31일까지 기획재정부장관에게 제출하여야 한다.

④ 정부는 제32조의 규정에 따라 대통령의 승인을 얻은 예산안을 회계연도 개시 120일 전까지 국회에 제출하여야 한다.

10 「언론중재 및 피해구제 등에 관한 법률」상 언론중재위원회에 대한 내용으로 ㉠부터 ㉣에 들어갈 숫자를 모두 합한 값은?

> • 중재위원회는 (㉠)명 이상 (㉡)명 이내의 중재위원으로 구성한다.
> • 중재위원회에 위원장 1명과 (㉢)명 이내의 부위원장 및 (㉣)명 이내의 감사를 두며, 각각 중재위원 중에서 호선한다.

① 124   ② 125   ③ 134   ④ 135

11 「집회 및 시위에 관한 법률 시행령」 제14조 별표 2의 확성기 등의 소음기준에 대한 내용으로 가장 적절하지 <u>않은</u> 것은? (기출 수정)

① 주거지역, 학교, 종합병원, 공공도서관에서 주간(07:00~해지기 전)에 확성기 등의 소음기준은 65이하이다.

② 그 밖의 지역에서 야간(해진 후~24:00) 및 심야(00:00~07:00)에 확성기 등의 소음기준은 65 이하이다.

③ 소음 측정 장소는 피해자가 위치한 건물 외벽에서 소음원 방향으로 1~3.5m 떨어진 지점으로 하되, 소음도가 높을 것으로 예상되는 지점의 지면 위 1.2m~1.5m 높이에서 측정하고, 주된 건물의 경비 등을 위하여 사용되는 부속 건물, 광장·공원이나 도로상의 영업 시설물, 공원의 관리사무소 등도 소음 측정 장소로 포함된다.

④ 확성기 등의 소음은 관할 경찰서장(현장 경찰공무원)이 측정한다.

12 「총포 · 도검 · 화약류 등의 안전관리에 관한 법률」에 대한 내용으로 가장 적절하지 <u>않은</u> 것은?

① "총포"란 권총, 소총, 기관총, 포, 엽총, 금속성 탄알이나 가스 등을 쏠 수 있는 장약총포, 공기총(가스를 이용하는 것을 포함한다) 및 총포신 · 기관부 등 그 부품으로서 대통령령으로 정하는 것을 말한다.

② 자격정지 이상의 형을 선고받고 그 집행이 끝나거나 집행을 받지 아니하기로 확정된 후 3년이 지나지 아니한 자는 총포 · 도검 · 화약류 · 분사기 · 전자충격기 · 석궁 제조업의 허가를 받을 수 없다.

③ 누구든지 유실 · 매몰 또는 정당하게 관리되고 있지 아니하는 총포 · 도검 · 화약류 · 분사기 · 전자충격기 · 석궁이라고 인정되는 물건을 발견하거나 습득하였을 때에는 24시간 이내에 가까운 경찰관서에 신고하여야 한다.

④ 화약류를 운반하려는 사람은 행정안전부령으로 정하는 바에 따라 발송지를 관할하는 경찰서장에게 신고하여야 한다. 다만, 대통령령으로 정하는 수량 이하의 화약류를 운반하는 경우에는 그러하지 아니하다.

13 「경비업법」에 대한 내용으로 가장 적절하지 <u>않은</u> 것은? (기출 수정)

① 경비업은 법인이 아니면 이를 영위할 수 없다.

② 경비업을 영위하고자 하는 법인은 도급받아 행하고자 하는 경비업무를 특정하여 그 법인의 주사무소의 소재지를 관할하는 시 · 도경찰청장의 허가를 받아야 한다.

③ 경비업 허가의 유효기간은 허가받은 다음 날부터 5년으로 한다.

④ 경비업자는 집단민원현장에 경비원을 배치하는 때에는 경비지도사를 선임하고 그 장소에 배치하여 행정안전부령으로 정하는 바에 따라 경비원을 지도 · 감독하게 하여야 한다.

14 「(경찰청) 범죄수사규칙」의 영상녹화에 대한 내용으로 가장 적절하지 <u>않은</u> 것은? (기출 수정)

① 경찰관은 「경찰수사규칙」 제44조에 따라 영상녹화물을 제작할 때에는 영상녹화물 표면에 사건번호, 죄명, 진술자 성명 등 사건정보를 기재하여야 한다.

② 경찰관은 원본을 봉인하기 전에 진술자 또는 변호인이 녹화물의 시청을 요구하는 때에는 영상녹화물을 재생하여 시청하게 할 수 있다.

③ 경찰관은 피의자신문조서와 진술조서를 작성할 때 '형식에 흐르지 말고 추측이나 과장을 배제하며 범의 착수의 방법, 실행행위의 태양, 미수·기수의 구별, 공모사실 등 범죄 구성요건에 관한 사항에 대하여는 특히 명확히 기재할 것' 등을 주의하여야 한다.

④ 경찰관은 조사가 진행 중인 동안에는 수갑·포승 등을 해제하여야 한다. 다만, 자살, 자해, 도주, 폭행의 우려가 현저한 사람으로서 담당경찰관 및 유치인 보호주무자가 수갑·포승 등 사용이 반드시 필요하다고 인정한 사람에 대하여는 예외로 한다.

15 「성폭력범죄의 처벌 등에 관한 특례법」상 신상정보 등록 관련 내용으로 가장 적절하지 <u>않은</u> 것은? (기출 수정)

① 등록대상자가 6개월 이상 국외에 체류하기 위하여 출국하는 경우에는 미리 관할경찰관서의 장에게 체류국가 및 체류기간 등을 허가받아야 한다.

② 신상정보 등록의 원인이 된 성범죄로 형의 선고를 유예받은 사람이 선고유예를 받은 날부터 2년이 경과하여 「형법」 제60조에 따라 면소된 것으로 간주되면 신상정보 등록을 면제한다.

③ 등록대상자의 신상정보의 등록·보존 및 관리 업무에 종사하거나 종사하였던 자는 직무상 알게 된 등록정보를 누설하여서는 아니 된다.

④ 등록정보의 공개는 여성가족부장관이 집행하고, 법무부장관은 등록정보의 공개에 필요한 정보를 여성가족부장관에게 송부하여야 한다.

16 음주운전 관련 판례의 내용으로 가장 적절하지 <u>않은</u> 것은?

① 「형사소송법」 규정에 위반하여 수사기관이 법원으로부터 영장 또는 감정처분허가장을 발부받지 아니한 채 피의자의 동의 없이 피의자의 신체로부터 혈액을 채취하고 더구나 사후적으로도 지체 없이 이에 대한 영장을 발부받지도 아니하고서 그 강제채혈한 피의자의 혈액 중 알코올농도에 관한 감정결과보고서 등은 피고인이나 변호인의 증거동의가 있다고 하더라도 유죄의 증거로 사용할 수 없다.

② 음주운전과 관련한 도로교통법위반죄의 범죄수사를 위하여 미성년자인 피의자의 혈액채취가 필요한 경우에도 피의자에게 의사능력이 있다면 피의자 본인만이 혈액채취에 관한 유효한 동의를 할 수 있고, 피의자에게 의사능력이 없는 경우에도 명문의 규정이 없는 이상 법정대리인이 피의자를 대리하여 동의할 수는 없다.

③ 「도로교통법」에 규정된 음주측정은 성질상 강제될 수 있는 것이 아니며 궁극적으로 당사자의 자발적인 협조가 필수적인 것이므로 이를 두고 법관의 영장을 필요로 하는 강제처분이라 할 수 없다. 따라서 주취운전의 혐의자에게 영장없는 음주측정에 응할 의무를 지우고 이에 불응한 사람을 처벌한다고 하더라도 영장주의에 위배되지 아니한다.

④ 위드마크 공식은 운전자가 음주한 상태에서 운전한 사실이 있는지에 대한 경험법칙에 의한 증거수집 방법이므로 경찰공무원에게 위드마크 공식의 존재 및 나아가 호흡측정에 의한 혈중알코올 농도가 음주운전 처벌기준 수치에 미달하였더라도 위드마크 공식에 의한 역추산 방식에 의하여 운전 당시의 혈중알코올농도를 산출할 경우 그 결과 음주운전 처벌기준 수치 이상이 될 가능성이 있다는 취지를 운전자에게 미리 고지하여야 할 의무가 있다.

17 다중범죄의 정책적 치료법과 그에 대한 내용으로 가장 적절한 것은?

① 선수승화법 – 불만집단의 고조된 주장을 시간을 끌어 이성적으로 사고할 기회를 부여하고 정서적으로 감정을 둔화시켜서 흥분을 가라앉게 하는 방법

② 전이법 – 다중범죄의 발생징후나 이슈가 있을 때 집단이나 국민들의 관심을 집중시킬 수 있는 경이적인 사건을 폭로하거나 규모가 큰 행사를 개최하여 그 발생징후나 이슈가 상대적으로 약화되도록 하는 방법

③ 지연정화법 – 불만집단에 반대하는 대중의견을 크게 부각시켜 불만집단이 위압되어 자진해산 및 분산되도록 하는 방법

④ 경쟁행위법 – 특정한 불만집단에 대한 정보활동을 강화하여 사전에 불만 및 분쟁요인을 찾아내어 해소시켜 주는 방법

18 「국가보안법」의 보상과 원호에 대한 내용이다. 아래 ㉠부터 ㉣까지의 내용 중 옳고 그름의 표시(○, ×)가 바르게 된 것은?

> ㉠ 이 법의 죄를 범한 자를 수사기관 또는 정보기관에 통보하거나 체포한 자에게는 대통령령이 정하는 바에 따라 상금을 지급한다.
>
> ㉡ 반국가단체나 그 구성원 또는 그 지령을 받은 자로부터 금품을 취득하여 수사기관 또는 정보기관에 제공한 자에게는 그 가액의 2분의 1에 상당하는 범위 안에서 보로금을 지급할 수 있다. 반국가단체의 구성원 또는 그 지령을 받은 자가 제공한 때에도 또한 같다.
>
> ㉢ 보로금의 청구 및 지급에 관하여 필요한 사항은 대통령령으로 정한다.
>
> ㉣ 이 법에 의한 상금과 보로금의 지급 및 제23조에 의한 보상 대상자를 심의·결정하기 위하여 법무부장관 소속하에 국가보안유공자 심사위원회를 둔다.

① ㉠ (○), ㉡ (×), ㉢ (○), ㉣ (×) 　② ㉠ (×), ㉡ (○), ㉢ (×), ㉣ (○)
③ ㉠ (○), ㉡ (×), ㉢ (×), ㉣ (×) 　④ ㉠ (○), ㉡ (○), ㉢ (○), ㉣ (○)

19 「범죄인 인도법」의 인도거절 사유에 대한 내용으로 가장 적절하지 <u>않은</u> 것은?

① 대한민국 또는 청구국의 법률에 따라 인도범죄에 관한 공소시효 또는 형의 시효가 완성된 경우에는 범죄인을 인도하여서는 아니 된다.

② 범죄인이 인종, 종교, 국적, 성별, 정치적 신념 또는 특정 사회단체에 속한 것 등을 이유로 처벌되거나 그 밖의 불리한 처분을 받을 염려가 있다고 인정되는 경우에는 범죄인을 인도하지 아니할 수 있다.

③ 범죄인의 인도범죄 외의 범죄에 관하여 대한민국 법원에 재판이 계속 중인 경우 또는 범죄인이 형을 선고받고 그 집행이 끝나지 아니하거나 면제되지 아니한 경우에는 범죄인을 인도하지 아니할 수 있다.

④ 범죄인이 인도범죄에 관하여 제3국(청구국이 아닌 외국을 말한다)에서 재판을 받고 처벌되었거나 처벌받지 아니하기로 확정된 경우에는 범죄인을 인도하지 아니할 수 있다.

20 현재의 수사구조에 대한 다음 주장 중 그 입장이 <u>다른</u> 것은?

① 검찰은 수사권과 기소권은 물론 영장청구권 및 형집행권을 가지고 있어, '견제와 균형'의 원리가 작동하지 않는다.

② 사법경찰관 작성 피의자신문조서와 검사 작성 피의자신문조서의 증거능력 차이로 인해 불필요한 중복조사가 이루어지고 있다.

③ 경찰이 현실적으로 대부분의 범죄를 수사하고 있지만, 검찰의 과도한 수사지휘로 수사업무의 효율성이 저하되고 있다.

④ 수사란 공소제기 및 유지를 위한 필수적인 과정이므로 검사가 수사에 적극 개입해야 한다.

모｜범｜답｜안 **경찰학개론**

1. ④ 2. ① 3. ④ 4. ③ 5. ① 6. ④ 7. ① 8. ④ 9. ① 10. ③

11. ③ 12. ② 13. ③ 14. ② 15. ① 16. ④ 17. ② 18. ④ 19. ② 20. ④

경찰공무원(순경) 공채

01 경찰의 부정부패 이론에 대한 설명으로 가장 적절하지 <u>않은</u> 것은?

① 윌슨이 주장한 전체사회가설은 '미끄러지기 쉬운 경사로 이론'과 유사하다.

② 구조원인가설에 따르면, 구조화된 조직적 부패는 서로가 문제점을 알면서도 눈감아주는 '침묵의 규범'을 형성한다.

③ 전체사회가설은 시민사회의 부패를 경찰부패의 주요 원인으로 본다.

④ 썩은사과가설은 일부 부패경찰이 조직 전체를 부패로 물들게 한다는 이론으로 부패의 원인을 조직의 체계적 원인으로 파악한다.

해설 〈경찰부패의 원인에 대한 이론〉

전체사회가설	– 미국의 경찰학자 '윌슨'에 의해 등장한 것으로, 시카고 경찰의 부패원인을 연구하여 시민사회의 부패가 경찰조직의 부패원인이라고 주장하였다. – 우리의 전체사회가 경찰관의 부패를 만의 하나라도 묵인·용인하게 되면, 경찰관들이 자연스럽게 부패행위에 빠져들게 된다는 것으로 셔먼의 미끄러운 경사로 이론과 매우 흡사하다.
구조원인가설	– 니더호퍼, 로벅, 바커 등이 주창한 가설로서, 신임경찰관들이 교육훈련을 통해 국가에 충성하고 정의사회를 구현하겠다는 다짐과 열정이 일선경찰기관에 배치된 후, 그들의 선배나 동료들에 의해 만들어진 부패된 전통과 조직문화 속에서 사회화됨으로써 부패의 길로 들어선다는 가설이다. – 경찰조직 내에 존재하는 비공식적 침묵코드(code of silence)로 인해 동료의 잘못된 비리행위 및 조직문제점에 대해 경찰관으로 하여금 침묵하게 만든다.
썩은사과가설	– 경찰관 모집할 때 자질이 없는 경찰관(잠재적 부패 경찰관)을 모집단계에서 걸러내지 못한 경우, 그로 인해 정의로운 경찰관들과 조직전체가 부패할 가능성이 있다는 가설로써 부패의 원인을 개인적 차원에서 파악하고 있다. – 개인적 성향이 부패한 사람, 부도덕한 인격의 소유자 등 경찰모집단계에서 자질이 없거나 적합하지 않는 사람을 경찰조직 내로 유입되지 않도록 차단하는 것이 얼마나 중요한지 강조한 이론이다.
미끄러지기 쉬운 경사로이론	– 셔먼이 주장한 이론으로, 부패에 해당하지 않는 작은 호의(공짜 커피, 작은 선물)가 습관화 될 경우, 미끄러운 경사로를 타고 내려오듯이 점점 더 큰 부패와 범죄로 빠진다는 가설이다.

정답 1. ④

02 다음은 한국 근·현대 경찰의 역사에 대한 설명이다. 아래 ㉠부터 ㉣까지의 내용 중 옳고 그름의 표시(○, ×)가 바르게 된 것은?

㉠ '경무청관제직장'에 의해 당시의 좌·우포도청을 합하여 경무부를 신설하고, 경무부의 장으로 경무사를 두었다.
㉡ 미군정 시기에는 경찰이 담당하였던 위생사무가 위생국으로 이관되는 등 비경찰화 작업이 진행되었다.
㉢ 구한말 일본이 한국의 경찰권을 강탈해 가는 과정은 '경찰 사무에 관한 취극서' – '재한국 외국인민에 대한 경찰에 관한 한일협정' – '한국 사법 및 감옥사무 위탁에 관한 각서' – '한국 경찰사무 위탁에 관한 각서'의 순서로 진행되었다.
㉣ 1953년 「경찰관 직무집행법」이 제정되었으며, 국민의 생명·신체·재산의 보호라는 영·미법적 사고가 반영되었다.

① ㉠ (○), ㉡ (○), ㉢ (○), ㉣ (○)　　② ㉠ (×), ㉡ (○), ㉢ (○), ㉣ (○)
③ ㉠ (×), ㉡ (○), ㉢ (×), ㉣ (○)　　④ ㉠ (○), ㉡ (×), ㉢ (○), ㉣ (×)

해설

㉠ 1894년 7월 14일 한국 최초의 경찰조직법 「경무청관제직장」과 한국최초의 경찰작용법 「행정경찰장정」을 제정하면서 최초의 근대경찰인 **경무청**이 한성부에 창설되었다.
　- 경무청관제직장에 의해 당시의 좌·우 포도청을 합쳐서 한성부에 **경무청**을 창설하고 경무청의 장은 경무사로 보하였다.

㉡ 1945년 '위생국 설치에 관한 건'에 따라 경무국 위생과를 폐지하고 경찰이 담당하던 위생사무를 이관하여 경찰의 직무범위가 축소되었다.

㉢		
경찰사무에 관한 취극서 (1908.10.29)	재한국 일본인에 대한 경찰사무의 지휘감독권을 일본관헌의 지휘감독을 받아 일본계 한국경찰관이 행사하도록 위양	
재한국 외국인민에 대한 경찰에 관한 한일협정 (1909.03.15)	재한국 외국인에 대한 경찰사무의 지휘감독권을 일본관헌의 지휘감독을 받아 일본계 한국경찰관이 행사하도록 위양	
한국사법 및 감옥 사무 위탁에 관한 각서 (1909.07.12)	한국의 사법 경찰권을 포함하는 사법과 감옥 사무를 일본에 위탁	
한국 경찰사무 위탁에 관한 각서 (1910.06.24)	한국의 경찰사무를 완전히 일본에 위탁하고 한국 측은 내부관제와 지방관제에서 경찰에 관한 규정을 삭제하고 경시청관제를 폐지하고 비용에 관한 것은 한국이 부담한다.	

㉣ 1953년 12월 14일 법률 제299호로 「경찰관직무집행법」이 제정되었으며, 국민의 생명·신체·재산의 보호라는 영·미법적 사고가 반영되었다.

03 「경찰법」에 대한 내용으로 가장 적절하지 <u>않은</u> 것은?

① 이 법은 국가경찰의 민주적인 관리·운영과 효율적인 임무수행을 위하여 국가경찰의 기본조직 및 직무 범위와 그 밖에 필요한 사항을 규정함을 목적으로 한다.

② 경찰청의 사무를 지역적으로 분담하여 수행하게 하기 위하여 특별시장·광역시장 및 도지사(이하 "시·도지사"라 한다) 소속으로 지방경찰청을 두고, 지방경찰청장 소속으로 경찰서를 둔다. 이 경우 인구, 행정구역, 면적, 지리적 특성, 교통 및 그 밖의 조건을 고려하여 시·도지사 소속으로 2개의 지방경찰청을 둘 수 있다.

③ 경찰청장을 행정안전부장관의 동의를 받아 국무총리를 거쳐 대통령이 임명한다. 이 경우 국회의 인사청문을 거쳐야 한다.

④ 경찰청장의 임기는 2년으로 하고, 중임할 수 없다.

[해설]

제1조(목적) 이 법은 국가경찰의 민주적인 관리·운영과 효율적인 임무수행을 위하여 국가경찰의 기본조직 및 직무 범위와 그 밖에 필요한 사항을 규정함을 목적으로 한다.

제2조(국가경찰의 조직) ① 치안에 관한 사무를 관장하게 하기 위하여 행정안전부장관 소속으로 경찰청을 둔다.

② 경찰청의 사무를 지역적으로 분담하여 수행하게 하기 위하여 특별시장·광역시장 및 도지사(이하 "시·도지사"라 한다) 소속으로 지방경찰청을 두고, 지방경찰청장 소속으로 경찰서를 둔다. 이 경우 인구, 행정구역, 면적, 지리적 특성, 교통 및 그 밖의 조건을 고려하여 시·도지사 소속으로 2개의 지방경찰청을 둘 수 있다.

제11조(경찰청장) ① 경찰청에 경찰청장을 두며, 경찰청장은 치안총감으로 보한다.

② 경찰청장은 경찰위원회의 동의를 받아 행정안전부장관의 제청으로 국무총리를 거쳐 대통령이 임명한다. 이 경우 국회의 인사청문을 거쳐야 한다.

③ 경찰청장은 국가경찰에 관한 사무를 총괄하고 경찰청 업무를 관장하며 소속 공무원 및 각급 국가경찰 기관의 장을 지휘·감독한다.

⑤ 경찰청장의 임기는 2년으로 하고, 중임(重任)할 수 없다.

⑥ 경찰청장이 직무를 집행하면서 헌법이나 법률을 위배하였을 때에는 국회는 탄핵 소추를 의결할 수 있다.

04 다음은 「경찰공무원법」 및 「경찰공무원 임용령」상 경찰공무원의 임용에 대하여 설명한 것이다. 옳은 것을 모두 고른 것은?

> ⊙ 휴직기간, 직위해제기간 및 징계에 의한 감봉처분 또는 견책처분을 받은 기간은 시보임용기간에 산입하지 아니한다.
> ⓛ 경정으로의 신규채용, 승진임용 및 면직은 경찰청장 또는 해양경찰청장의 제청으로 국무총리를 거쳐 대통령이 한다.
> ⓒ '징계에 의하여 파면 또는 해임처분을 받은 사람'은 경찰공무원으로 임용될 수 없다.
> ⓔ 경찰공무원은 임용장이나 임용통지서에 적힌 날짜에 임용된 것으로 보며, 사망으로 인한 면직은 사망한 날에 면직된 것으로 본다.
> ⓜ 총경의 전보, 휴직, 직위해제, 강등, 정직 및 복직은 경찰청장 또는 해양경찰청장이 한다.

① ⊙, ⓛ, ⓔ 　　　　　　　② ⊙, ⓒ, ⓔ
③ ⓛ, ⓒ, ⓜ 　　　　　　　④ ⓛ, ⓒ, ⓔ, ⓜ

해설

경찰공무원법 제10조(시보임용) ① 경정 이하의 경찰공무원을 신규채용할 때에는 1년간 시보로 임용하고, 그 기간이 만료된 다음 날에 정규 경찰공무원으로 임용한다.
② 휴직기간, 직위해제기간 및 징계에 의한 정직처분 또는 감봉처분을 받은 기간은 시보임용기간에 산입하지 아니한다.

경찰공무원법 제6조(임용권자) ① 총경 이상 경찰공무원은 경찰청장 또는 해양경찰청장의 추천을 받아 행정안전부장관 또는 해양수산부장관의 제청으로 국무총리를 거쳐 대통령이 임용한다. 다만, 해양경찰청장은 해양수산부장관의 제청으로 국무총리를 거쳐 대통령이 임명하고, 총경의 전보, 휴직, 직위해제, 강등, 정직 및 복직은 경찰청장 또는 해양경찰청장이 한다.
② 경정 이하의 경찰공무원은 경찰청장 또는 해양경찰청장이 임용한다. 다만, 경정으로의 신규채용, 승진임용 및 면직은 경찰청장 또는 해양경찰청장의 제청으로 국무총리를 거쳐 대통령이 한다.

경찰공무원법 제7조(임용자격 및 결격사유) ② 다음 어느 하나에 해당하는 사람은 경찰공무원으로 임용될 수 없다.
　　1. 대한민국 국적을 가지지 아니한 사람
　　2. 「국적법」에 따른 복수국적자
　　3. 피성년후견인 또는 피한정후견인
　　4. 파산선고를 받고 복권되지 아니한 사람
　　5. 자격정지 이상의 형을 선고받은 사람
　　6. 자격정지 이상의 형의 선고유예를 선고받고 그 유예기간 중에 있는 사람
　　7. 징계에 의하여 **파면 또는 해임처분**을 받은 사람

경찰공무원 임용령 제5조(임용시기) ① 경찰공무원은 임용장이나 임용통지서에 적힌 날짜에 임용된 것으로 보며, 임용일자를 소급해서는 아니 된다.
② 사망으로 인한 면직은 사망한 다음 날에 면직된 것으로 본다.

05 「경찰공무원 징계령」에 대한 내용으로 가장 적절하지 <u>않은</u> 것은?

① 징계위원회의 위원장은 위원회의 사무를 총괄하고 위원회를 대표하며, 표결권을 가진다.

② 징계위원회는 출석 통지를 하였음에도 불구하고 징계등 심의대상자가 정당한 사유 없이 출석하지 아니하였을 때에는 그 사실을 기록에 분명히 적고 서면심사로 징계등 의결을 할 수 있다. 다만, 징계등 심의 대상자의 소재가 분명하지 아니할 때에는 출석 통지를 관보에 게재하고, 그 게재일부터 10일이 지나면 출석 통지가 송달된 것으로 보며, 징계등 의결을 할 때에는 관보 게재의 사유와 그 사실을 기록에 분명히 적어야 한다.

③ 징계등 의결을 요구한 자는 경징계의 징계등 의결을 통지받았을 때에는 통지받은 날부터 15일 이내에 징계등을 집행하여야 한다.

④ 징계등 의결 요구를 받은 징계위원회는 그 요구서를 받은 날부터 30일 이내에 징계등에 관한 의결을 하여야 한다. 다만, 부득이한 사유가 있을 때에는 해당 징계등 심의 대상자에게 그 사유를 고지하고 30일 이내의 범위에서 그 기간을 연장할 수 있다.

해설

제8조(징계위원회의 회의) ① 징계위원회의 위원장은 위원회의 사무를 총괄하며 위원회를 대표한다.
② 징계위원회의 회의는 위원장이 소집한다.
③ 위원장은 표결권을 가진다.
④ 위원장이 부득이한 사유로 직무를 수행할 수 없을 때에는 출석한 위원 중 최상위 계급에 있거나 최상위 계급에 먼저 승진임용된 경찰공무원이 위원장이 된다.

제12조(징계등 심의 대상자의 출석) ③ 징계위원회는 출석 통지를 하였음에도 불구하고 징계등 심의 대상자가 정당한 사유 없이 출석하지 아니하였을 때에는 그 사실을 기록에 분명히 적고 서면심사로 징계등 의결을 할 수 있다. 다만, 징계등 심의 대상자의 소재가 분명하지 아니할 때에는 출석 통지를 관보에 게재하고, 그 게재일부터 10일이 지나면 출석 통지가 송달된 것으로 보며, 징계등 의결을 할 때에는 관보 게재의 사유와 그 사실을 기록에 분명히 적어야 한다.

제18조(경징계 등의 집행) ① 징계등 의결을 요구한 자는 경징계의 징계등 의결을 통지받았을 때에는 통지받은 날부터 15일 이내에 징계등을 집행하여야 한다.

제11조(징계등 의결 기한) ① 징계등 의결 요구를 받은 징계위원회는 그 요구서를 받은 날부터 30일 이내에 징계등에 관한 의결을 하여야 한다. 다만, 부득이한 사유가 있을 때에는 해당 징계등 의결을 요구한 경찰기관의 장의 승인을 받아 30일 이내의 범위에서 그 기간을 연장할 수 있다.

정답 4. ③ 5. ④

06 「경찰공무원 복무규정」상 기본강령과 그에 대한 내용으로 가장 적절하게 연결된 것은?

① 경찰사명: 경찰공무원은 주어진 사명을 다하기 위하여 긍지를 가지고 한마음 한뜻으로 굳게 뭉쳐 임무수행에 모든 역량을 기울여야 한다.
② 경찰정신: 경찰공무원은 국가와 민족을 위하여 충성과 봉사를 다하며, 국민의 생명·신체 및 재산을 보호하고, 공공의 안녕과 질서를 유지함을 그 사명으로 한다.
③ 규율: 경찰공무원은 성실하고 청렴한 생활태도로써 국민의 모범이 되어야 한다.
④ 책임: 경찰공무원은 창의와 노력으로써 소임을 완수하여야 하며, 직무수행의 결과에 대하여 책임을 진다.

해설

제3조(기본강령) 경찰공무원은 다음의 기본강령에 따라 복무하여야 한다.

1. 경찰사명
   경찰공무원은 국가와 민족을 위하여 충성과 봉사를 다하며, 국민의 생명·신체 및 재산을 보호하고, 공공의 안녕과 질서를 유지함을 그 사명으로 한다.
2. 경찰정신
   경찰공무원은 국민의 수임자로서 일상의 직무수행에 있어서 국민의 자유와 권리를 존중하는 호국·봉사·정의의 정신을 그 바탕으로 삼는다.
3. 규율
   경찰공무원은 법령을 준수하고 직무상의 명령에 복종하며, 상사에 대한 존경과 부하에 대한 신애로써 규율을 지켜야 한다.
4. 단결
   경찰공무원은 주어진 사명을 다하기 위하여 긍지를 가지고 한마음 한뜻으로 굳게 뭉쳐 임무수행에 모든 역량을 기울여야 한다.
5. 책임
   경찰공무원은 창의와 노력으로써 소임을 완수하여야 하며, 직무수행의 결과에 대하여 책임을 진다.
6. 성실·청렴
   경찰공무원은 성실하고 청렴한 생활태도로써 국민의 모범이 되어야 한다.

2018 제2차 경찰공무원 **177** • • •

07 「질서위반행위규제법」에 대한 내용으로 가장 적절한 것은?

① 18세가 되지 아니한 자의 질서위반행위는 과태료를 부과하지 아니한다. 다만, 다른 법률에 특별한 규정이 있는 경우에는 그러하지 아니한다.

② 행정청이 질서위반행위에 대하여 과태료를 부과하고자 하는 때에는 미리 당사자에게 대통령령으로 정하는 사항을 통지하고, 7일 이상의 기간을 정하여 의견을 제출할 기회를 주어야 한다. 이 경우 지정된 기일까지 의견 제출이 없는 경우에는 의견이 없는 것으로 본다.

③ 과태료는 행정청의 과태료 부과처분이나 법원의 과태료 재판이 확정된 후 3년간 징수하지 아니하거나 집행하지 아니하면 시효로 인하여 소멸한다.

④ 고의 또는 과실이 없는 질서위반행위는 과태료를 부과하지 아니한다.

해설

제6조(질서위반행위 법정주의) 법률에 따르지 아니하고는 어떤 행위도 질서위반행위로 과태료를 부과하지 아니한다.

제7조(고의 또는 과실) 고의 또는 과실이 없는 질서위반행위는 과태료를 부과하지 아니한다.

제8조(위법성의 착오) 자신의 행위가 위법하지 아니한 것으로 오인하고 행한 질서위반행위는 그 오인에 정당한 이유가 있는 때에 한하여 과태료를 부과하지 아니한다.

제9조(책임연령) 14세가 되지 아니한 자의 질서위반행위는 과태료를 부과하지 아니한다. 다만, 다른 법률에 특별한 규정이 있는 경우에는 그러하지 아니하다.

제10조(심신장애) ① 심신(心神)장애로 인하여 행위의 옳고 그름을 판단할 능력이 없거나 그 판단에 따른 행위를 할 능력이 없는 자의 질서위반행위는 과태료를 부과하지 아니한다.

② 심신장애로 인하여 제1항에 따른 능력이 미약한 자의 질서위반행위는 과태료를 감경한다.

③ 스스로 심신장애 상태를 일으켜 질서위반행위를 한 자에 대하여는 제1항 및 제2항을 적용하지 아니한다.

제16조(사전통지 및 의견 제출 등) ① 행정청이 질서위반행위에 대하여 과태료를 부과하고자 하는 때에는 미리 당사자에게 대통령령으로 정하는 사항을 통지하고, 10일 이상의 기간을 정하여 의견을 제출할 기회를 주어야 한다. 이 경우 지정된 기일까지 의견 제출이 없는 경우에는 의견이 없는 것으로 본다.

제15조(과태료의 시효) ① 과태료는 행정청의 과태료 부과처분이나 법원의 과태료 재판이 확정된 후 5년간 징수하지 아니하거나 집행하지 아니하면 시효로 인하여 소멸한다.

2018
제2차

정답 6. ④ 7. ④

08 「경찰관 직무집행법」 및 동법 시행령상 손실보상에 대한 설명으로 가장 적절하지 <u>않은</u> 것은?

① 보상을 청구할 수 있는 권리는 손실이 있음을 안 날부터 3년, 손실이 발생한 날부터 5년간 행사하지 아니하면 시효의 완성으로 소멸한다.

② 소속 경찰공무원의 직무집행으로 인하여 발생한 손실보상청구 사건을 심의하기 위하여 경찰청, 해양경찰청, 지방경찰청, 지방해양경찰청, 경찰서 및 해양경찰서에 손실보상 심의위원회를 설치하며, 위원회는 위원장 1명을 포함한 5명 이상 7명 이하의 위원으로 구성한다.

③ 보상금은 일시불로 지급하되, 예산 부족 등의 사유로 일시금으로 지급할 수 없는 특별한 사정이 있는 경우에는 청구인의 동의를 받아 분할하여 지급할 수 있다.

④ 손실보상의 기준, 보상금액, 지급절차 및 방법, 손실보상심의위원회의 구성 및 운영, 그 밖에 필요한 사항은 대통령령으로 정한다.

> **해설**
>
> **제11조의2(손실보상)** ① 국가는 경찰관의 적법한 직무집행으로 인하여 다음 각 호의 어느 하나에 해당하는 손실을 입은 자에 대하여 정당한 보상을 하여야 한다.
> 1. 손실발생의 원인에 대하여 책임이 없는 자가 재산상의 손실을 입은 경우(손실발생의 원인에 대하여 책임이 없는 자가 경찰관의 직무집행에 자발적으로 협조하거나 물건을 제공하여 재산상의 손실을 입은 경우를 포함한다)
> 2. 손실발생의 원인에 대하여 책임이 있는 자가 자신의 책임에 상응하는 정도를 초과하는 재산상의 손실을 입은 경우
> ② 보상을 청구할 수 있는 권리는 손실이 있음을 안 날부터 3년, 손실이 발생한 날부터 5년간 행사하지 아니하면 시효의 완성으로 소멸한다.
> ③ 손실보상신청 사건을 심의하기 위하여 손실보상심의위원회를 둔다.
> ④ 손실보상의 기준, 보상금액, 지급절차 및 방법, 손실보상심의위원회의 구성 및 운영, 그 밖에 필요한 사항은 대통령령으로 정한다.
>
> **시행령 제10조(손실보상의 지급절차 및 방법)** ⑤ 보상금은 다른 법률에 특별한 규정이 있는 경우를 제외하고는 현금으로 지급하여야 한다.
> ⑥ 보상금은 일시불로 지급하되, 예산 부족 등의 사유로 일시금으로 지급할 수 없는 특별한 사정이 있는 경우에는 청구인의 동의를 받아 분할하여 지급할 수 있다.
>
> **시행령 제11조(손실보상심의위원회의 설치 및 구성)** ① 소속 경찰공무원의 직무집행으로 인하여 발생한 손실보상청구 사건을 심의하기 위하여 경찰청, 해양경찰청, 지방경찰청 및 지방해양경찰청에 손실보상심의위원회를 설치한다.
> ② 위원회는 위원장 1명을 포함한 5명 이상 7명 이하의 위원으로 구성한다.
> ③ 위원회의 위원은 소속 경찰공무원과 다음 어느 하나에 해당하는 사람 중에서 경찰청장등이 위촉하거나 임명한다. 이 경우 위원의 과반수 이상은 경찰공무원이 아닌 사람으로 하여야 한다.
> 1. 판사·검사 또는 변호사로 5년 이상 근무한 사람
> 2. 학교에서 법학 또는 행정학을 가르치는 부교수 이상으로 5년 이상 재직한 사람
> 3. 경찰 업무와 손실보상에 관하여 학식과 경험이 풍부한 사람
> ④ 위촉위원의 임기는 2년으로 한다.
> ⑤ 위원회에 간사 1명을 두되, 간사는 소속 경찰공무원 중에서 경찰청장등이 지명한다.

제12조(위원장) ① 위원장은 위원 중에서 호선한다.
② 위원장은 위원회를 대표하며, 위원회의 업무를 총괄한다.
③ 위원장이 부득이한 사유로 직무를 수행할 수 없는 때에는 위원장이 미리 지명한 위원이 그 직무를 대행한다.
제13조(손실보상심의위원회의 운영) ① 위원장은 위원회의 회의를 소집하고, 그 의장이 된다.
② 위원회의 회의는 재적위원 과반수의 출석으로 개의하고, 출석위원 과반수의 찬성으로 의결한다.

09 다음은 「공공기관의 정보공개에 관한 법률」상 이의신청에 대한 설명이다. ⊙부터 ⑩까지에 들어갈 숫자를 모두 합한 값은?

> • 청구인이 정보공개와 관련한 공공기관의 비공개 결정 또는 부분 공개 결정에 대하여 불복이 있거나 정보공개 청구 후 (⊙)일이 경과하도록 정보공개 결정이 없는 때에는 공공기관으로부터 정보공개 여부의 결정 통지를 받은 날 또는 정보공개 청구 후 (ⓒ)일이 경과한 날부터 (ⓒ)일 이내에 해당 공공기관에 문서로 이의신청을 할 수 있다.
> • 공공기관은 이의신청을 받은 날부터 (ⓐ)일 이내에 그 이의신청에 대하여 결정하고 그 결과를 청구인에게 지체 없이 문서로 통지하여야 한다. 다만, 부득이한 사유로 정하여진 기간 이내에 결정할 수 없을 때에는 그 기간이 끝나는 날의 다음 날부터 기산하여 (⑩)일의 범위에서 연장할 수 있으며, 연장 사유를 청구인에게 통지하여야 한다.

① 84   ② 90   ③ 94   ④ 100

해설

제18조(이의신청) ① 청구인이 정보공개와 관련한 공공기관의 비공개 결정 또는 부분 공개 결정에 대하여 불복이 있거나 정보공개 청구 후 20일이 경과하도록 정보공개 결정이 없는 때에는 공공기관으로부터 정보공개 여부의 결정 통지를 받은 날 또는 정보공개 청구 후 20일이 경과한 날부터 30일 이내에 해당 공공기관에 문서로 이의신청을 할 수 있다.
③ 공공기관은 이의신청을 받은 날부터 7일 이내에 그 이의신청에 대하여 결정하고 그 결과를 청구인에게 지체 없이 문서로 통지하여야 한다. 다만, 부득이한 사유로 정하여진 기간 이내에 결정할 수 없을 때에는 그 기간이 끝나는 날의 다음 날부터 기산하여 7일의 범위에서 연장할 수 있으며, 연장 사유를 청구인에게 통지하여야 한다.

정답 8. ② 9. ①

10 「지역경찰의 조직 및 운영에 관한 규칙」에 대한 설명으로 가장 적절하지 <u>않은</u> 것은?

① 지역경찰의 근무는 행정근무, 상황근무, 순찰근무, 경계근무, 대기근무, 기타근무로 구분한다.

② 순찰팀의 수는 지역 치안수요 및 인력여건 등을 고려하여 경찰서장이 결정한다.

③ 관리팀 및 순찰팀의 인원은 지역 치안수요 및 인력여건 등을 고려하여 경찰서장이 결정한다.

④ '관리팀원 및 순찰팀원에 대한 일일근무 지정 및 지휘·감독'은 순찰팀장의 직무로 명시되어 있다.

> [해설]
>
> 제6조(하부조직) ① 지역경찰관서에는 관리팀과 상시·교대근무로 운영하는 복수의 순찰팀을 둔다.
>
> ② 순찰팀의 수는 지역 치안수요 및 인력여건 등을 고려하여 **시·도경찰청장**이 결정한다.
>
> ③ 관리팀 및 순찰팀의 인원은 지역 치안수요 및 인력여건 등을 고려하여 **경찰서장**이 결정한다.
>
> 제8조(순찰팀) ① 순찰팀은 범죄예방 순찰, 각종 사건사고에 대한 초동조치 등 현장 치안활동을 담당하며, 팀장은 경감 또는 경위로 보한다.
>
> ② 순찰팀장은 다음의 직무를 수행한다.
>
>   1. 근무교대시 주요 취급사항 및 장비 등의 인수인계 확인
>
>   2. 관리팀원 및 순찰팀원에 대한 일일근무 지정 및 지휘·감독
>
>   3. 관내 중요 사건 발생시 현장 지휘
>
>   4. 지역경찰관서장 부재시 업무 대행
>
> ③ 순찰팀장을 보좌하고 순찰팀장 부재시 업무를 대행하기 위해 순찰팀별로 부팀장을 둘 수 있다.
>
> 제2조(정의) 이 규칙에서 사용하는 용어의 정의는 다음과 같다.
>
>   1. "**지역경찰관서**"란 지구대 및 파출소를 말한다.
>
>   2. "지역경찰"이란 지역경찰관서 소속 경찰공무원 및 전투경찰순경을 말한다.
>
>   3. "지역경찰업무 담당부서"란 지역경찰관서 및 지역경찰과 관련된 사무를 처리하는 경찰청, **시·도경찰청**, 경찰서 소속의 모든 부서를 말한다.
>
> 제22조(근무의 종류) 지역경찰의 근무는 **행정근무, 상황근무, 순찰근무, 경계근무, 대기근무, 기타근무**로 구분한다.
>
> 제23조(행정근무) 행정근무를 지정받은 지역경찰은 지역경찰관서 내에서 다음의 업무를 수행한다.
>
>   1. 문서의 접수 및 처리
>
>   2. 시설·장비의 관리 및 예산의 집행
>
>   3. 각종 현황, 통계, 자료, 부책 관리
>
>   4. 기타 행정업무 및 지역경찰관서장이 지시한 업무
>
> 제24조(상황 근무) ① 상황근무를 지정받은 지역경찰은 지역경찰관서 및 치안센터 내에서 다음의 업무를 수행한다.
>
>   1. 시설 및 장비의 작동여부 확인
>
>   2. 방문민원 및 각종 신고사건의 접수 및 처리
>
>   3. 요보호자 또는 피의자에 대한 보호·감시
>
>   4. 중요 사건·사고 발생시 보고 및 전파
>
>   5. 기타 필요한 문서의 작성

제25조(순찰근무) ① 순찰근무는 그 수단에 따라 112 순찰, 방범오토바이 순찰, 자전거 순찰 및 도보 순찰 등으로 구분한다.

② 112 **순찰근무 및 야간 순찰근무는** 반드시 **2인 이상** 합동으로 지정하여야 한다.

③ 순찰근무를 지정받은 지역경찰은 지정된 근무구역에서 다음 각 호의 업무를 수행한다.

    1. 주민여론 및 범죄첩보 수집

    2. 각종 사건사고 발생시 초동조치 및 보고, 전파

    3. 범죄 예방 및 위험발생 방지 활동

    4. 경찰사범의 단속 및 검거

    5. 경찰방문 및 방범진단

    6. 통행인 및 차량에 대한 검문검색 등

④ 순찰근무를 할 때에는 다음 각호의 사항에 유의하여야 한다.

    1. 문제의식을 가지고 면밀하게 관찰

    2. 주민에 대한 정중하고 친절한 예우

    3. 돌발 상황에 대한 대비 및 경계 철저

    4. 지속적인 치안상황 확인 및 신속 대응

제26조(경계근무) ① 경계근무는 반드시 **2인 이상** 합동으로 지정하여야 한다.

② 경계근무를 지정받은 지역경찰은 지정된 장소에서 다음 각 호의 업무를 수행한다.

    1. 불순분자 및 범법자 등 색출을 위한 통행인 및 차량, 선박 등에 대한 검문검색 및 후속조치

    2. 비상 및 작전사태 등 발생시 차량, 선박 등의 통행 통제

제27조(대기근무) ① 대기 근무는 「경찰기관 상시근무 공무원의 근무시간 등에 관한 규칙」 제2조 제6호의 "대기"를 뜻한다. 〈"대기"라 함은 신고사건 출동 등 치안상황에 대응하기 위하여 일정시간 지정된 장소에서 근무태세를 갖추고 있는 형태의 근무를 말한다.〉

② 대기근무의 장소는 지역경찰관서 및 치안센터 내로 한다. 단, 식사시간을 대기 근무로 지정한 경우에는 식사 장소를 대기 근무 장소로 지정할 수 있다.

③ 대기근무를 지정받은 지역경찰은 지정된 장소에서 휴식을 취하되, 무전기를 청취하며 **10분 이내 출동**이 가능한 상태를 유지하여야 한다.

제28조(기타근무) ① 기타근무는 치안상황에 효과적으로 대응하기 위하여 지역경찰 관리자가 지정하는 근무로써 제23조부터 제27조까지 규정한 근무에 해당하지 않는 형태의 근무를 말한다.

② 기타근무의 근무내용 및 방법 등은 지역경찰관리자가 정한다.

제9조(지휘 및 감독) 지역경찰관서에 대한 지휘 및 감독은 다음 각호에 따른다.

    1. 경찰서장: 지역경찰관서의 운영에 관하여 총괄 지휘·감독

    2. 경찰서 각 과장: 각 과의 소관업무와 관련된 지역경찰의 업무에 관하여 지휘·감독

    3. 지역경찰관서장: 지역경찰관서의 시설·장비·예산 및 소속 지역경찰의 근무에 관한 제반사항을 지휘·감독

    4. 순찰팀장: 근무시간 중 소속 지역경찰을 지휘·감독

11 다음의 「청소년 보호법」 및 동법 시행령상 청소년유해업소 중 "청소년 출입·고용금지 업소"를 모두 고른 것은?

> ㉠ 「게임산업진흥에 관한 법률」에 따른 인터넷컴퓨터게임시설 제공업
> ㉡ 「게임산업진흥에 관한 법률」에 따른 일반게임제공업
> ㉢ 「영화 및 비디오물의 진흥에 관한 법률」 제2조 제16호에 따른 비디오물감상실업
> ㉣ 「영화 및 비디오물의 진흥에 관한 법률」에 따른 비디오물 소극장업

① ㉠, ㉢   ② ㉠, ㉣   ③ ㉡, ㉢   ④ ㉡, ㉣

해설

제2조(정의) 5. "청소년유해업소"란 청소년의 출입과 고용이 청소년에게 유해한 것으로 인정되는 업소(청소년 출입·고용금지업소), 청소년의 출입은 가능하나 고용이 청소년에게 유해한 것으로 인정되는 업소(청소년고용금지업소)를 말한다.

이 경우 업소의 구분은 그 업소가 영업을 할 때 다른 법령에 따라 요구되는 허가·인가·등록·신고 등의 여부와 관계없이 실제로 이루어지고 있는 영업행위를 기준으로 한다.

　가. **청소년 출입·고용금지업소**
　　1) 「게임산업진흥에 관한 법률」에 따른 **일반게임제공업** 및 복합유통게임제공업 중 대통령령으로 정하는 것
　　2) 「사행행위 등 규제 및 처벌 특례법」에 따른 사행행위영업
　　3) 「식품위생법」에 따른 식품접객업 중 대통령령으로 정하는 것
　　4) 「영화 및 비디오물의 진흥에 관한 법률」 제2조 제16호에 따른 **비디오물감상실업**·제한관람가비디오물소극장업 및 복합영상물제공업
　　5) 「음악산업진흥에 관한 법률」에 따른 노래연습장업 중 대통령령으로 정하는 것
　　6) 「체육시설의 설치·이용에 관한 법률」에 따른 무도학원업 및 무도장업
　　7) 전기통신설비를 갖추고 불특정한 사람들 사이의 음성대화 또는 화상대화를 매개하는 것을 주된 목적으로 하는 영업.
　　　다만, 「전기통신사업법」 등 다른 법률에 따라 통신을 매개하는 영업은 제외한다.
　　8) 불특정한 사람 사이의 신체적인 접촉 또는 은밀한 부분의 노출 등 성적 행위가 이루어지거나 이와 유사한 행위가 이루어질 우려가 있는 서비스를 제공하는 영업(여성가족부장관이 고시한 것)
　　9) 청소년유해매체물 및 청소년유해약물등을 제작·생산·유통하는 영업(청소년보호위원회가 결정하고 여성가족부장관이 고시한 것)
　　10) 「한국마사회법」 장외발매소(경마가 개최되는 날에 한정한다)
　　11) 「경륜·경정법」 장외매장(경륜·경정이 개최되는 날에 한정한다)

　나. **청소년고용금지업소**
　　1) 「게임산업진흥에 관한 법률」에 따른 청소년게임제공업 및 인터넷컴퓨터게임시설제공업
　　2) 「공중위생관리법」에 따른 숙박업, 목욕장업, 이용업 중 대통령령으로 정하는 것
　　3) 「식품위생법」에 따른 식품접객업 중 대통령령으로 정하는 것
　　4) 「영화 및 비디오물의 진흥에 관한 법률」에 따른 비디오물소극장업
　　5) 「화학물질관리법」에 따른 유해화학물질 영업.
　　　다만, 유해화학물질 사용과 직접 관련이 없는 영업으로서 대통령령으로 정하는 영업은 제외한다.
　　6) 회비 등을 받거나 유료로 만화를 빌려 주는 만화대여업
　　7) 청소년유해매체물 및 청소년유해약물등을 제작·생산·유통하는 영업(청소년보호위원회가 결정하고 여성가족부장관이 고시한 것)

12 다음 중 「집회 및 시위에 관한 법률」에 대한 설명으로 적절한 것을 모두 고른 것은?

> ㉠ 집회 또는 시위의 주최자 및 질서유지인은 특정한 사람이나 단체가 집회나 시위에 참가
> 하는 것을 막을 수 있다. 다만, 언론사의 기자는 출입이 보장되어야 하며, 이 경우 기자
> 는 신분증을 제시하고 기자임을 표시한 완장을 착용하여야 한다.
> ㉡ 단체는 「집회 및 시위에 관한 법률」상 "주최자"가 될 수 없다.
> ㉢ 집회 또는 시위의 주최자는 집회 또는 시위의 질서 유지에 관하여 자신을 보좌하도록 18
> 세 이상의 사람을 질서유지인으로 임명할 수 있다.
> ㉣ 학문, 예술, 체육, 종교, 의식, 친목, 오락, 관혼상제 및 국경행사에 관한 집회에는 '확성
> 기 등 사용의 제한'에 관한 규정을 적용하지 아니한다.

① ㉠, ㉡   ② ㉠, ㉢
③ ㉡, ㉢   ④ ㉠, ㉢, ㉣

해설

제4조(특정인 참가의 배제) 집회 또는 시위의 주최자 및 질서유지인은 특정한 사람이나 단체가 집회나 시위
에 참가하는 것을 막을 수 있다. 다만, 언론사의 기자는 출입이 보장되어야 하며, 이 경우 기자는 신분증을
제시하고 기자임을 표시한 완장을 착용하여야 한다.

제2조(정의) 이 법에서 사용하는 용어의 뜻은 다음과 같다.
    1. "옥외집회"란 천장이 없거나 사방이 폐쇄되지 아니한 장소에서 여는 집회를 말한다.
    2. "시위"란 여러 사람이 공동의 목적을 가지고 도로, 광장, 공원 등 일반인이 자유로이 통행할 수 있는
       장소를 행진하거나 위력 또는 기세를 보여, 불특정한 여러 사람의 의견에 영향을 주거나 제압을 가
       하는 행위를 말한다.
    3. "주최자"란 자기 이름으로 자기 책임 아래 집회나 시위를 여는 사람이나 단체를 말한다. 주최자는 주
       관자를 따로 두어 집회 또는 시위의 실행을 맡아 관리하도록 위임할 수 있다. 이 경우 주관자는 그
       위임의 범위 안에서 주최자로 본다.

제16조(주최자의 준수 사항) ① 집회 또는 시위의 주최자는 집회 또는 시위에 있어서의 질서를 유지하여야
한다.
  ② 집회 또는 시위의 주최자는 집회 또는 시위의 질서 유지에 관하여 자신을 보좌하도록 18세 이상의 사
    람을 질서유지인으로 임명할 수 있다.

제15조(적용의 배제) 학문, 예술, 체육, 종교, 의식, 친목, 오락, 관혼상제 및 국경행사에 관한 집회에는 제6
조부터 제12조까지의 규정(옥외집회 및 시위의 신고 등/신고서의 보완 등/집회 및 시위의 금지 또는 제한
통고/집회 및 시위의 금지 통고에 대한 이의 신청 등/옥외집회와 시위의 금지 시간/옥외집회와 시위의 금
지 장소/교통 소통을 위한 제한)을 적용하지 아니한다.

13 「경찰관 직무집행법」에 대한 내용으로 가장 적절하지 <u>않은</u> 것은?

① 「경찰관 직무집행법」 제2조는 직무의 범위에서 '범죄피해자 보호'를 규정하고 있다.

② 법률에서 정한 절차에 따라 체포·구속된 사람 또는 신체의 자유를 제한하는 판결이나 처분을 받은 사람을 수용하기 위하여 경찰서와 해양경찰서에 유치장을 둔다.

③ 경찰관은 '현행범이나 사형·무기 또는 장기 3년 이상의 징역이나 금고에 해당하는 죄를 범한 범인의 체포 또는 도주 방지', '자신이나 다른 사람의 생명·신체의 방어 및 보호', '공무집행에 대한 항거 제지'의 직무를 수행하기 위하여 필요하다고 인정되는 상당한 이유가 있을 때에는 그 사태를 합리적으로 판단하여 필요한 한도에서 경찰장구를 사용할 수 있다.

④ 경찰청장은 위해성 경찰장비를 새로 도입하려는 경우에는 대통령령으로 정하는 바에 따라 안전성 검사를 실시하여 그 안전성 검사의 결과보고서를 경찰위원회에 제출하여야 한다. 이 경우 안전성 검사에는 외부 전문가를 참여시켜야 한다.

[해설]
제2조(직무의 범위) 경찰관은 다음 각 호의 직무를 수행한다.
   1. 국민의 생명·신체 및 재산의 보호
   2. 범죄의 예방·진압 및 수사
   2의2. 범죄피해자 보호
   3. 경비, 주요 인사 경호 및 대간첩·대테러 작전 수행
   4. 치안정보의 수집·작성 및 배포
   5. 교통 단속과 교통 위해의 방지
   6. 외국 정부기관 및 국제기구와의 국제협력
   7. 그 밖에 공공의 안녕과 질서 유지
제9조(유치장) 법률에서 정한 절차에 따라 체포·구속된 사람 또는 신체의 자유를 제한하는 판결이나 처분을 받은 사람을 수용하기 위하여 경찰서와 해양경찰서에 유치장을 둔다.
제10조의2(경찰장구의 사용) ① 경찰관은 다음 각 호의 직무를 수행하기 위하여 필요하다고 인정되는 상당한 이유가 있을 때에는 그 사태를 합리적으로 판단하여 필요한 한도에서 경찰장구를 사용할 수 있다.
   1. 현행범이나 사형·무기 또는 장기 3년 이상의 징역이나 금고에 해당하는 죄를 범한 범인의 체포 또는 는 도주 방지
   2. 자신이나 다른 사람의 생명·신체의 방어 및 보호
   3. 공무집행에 대한 항거(抗拒) 제지
제10조(경찰장비의 사용 등) ⑤ 경찰청장은 위해성 경찰장비를 새로 도입하려는 경우에는 대통령령으로 정하는 바에 따라 안전성 검사를 실시하여 그 안전성 검사의 결과보고서를 국회 소관 상임위원회에 제출하여야 한다. 이 경우 안전성 검사에는 외부 전문가를 참여시켜야 한다.

14 「경찰 비상업무 규칙」상 용어의 정의로 가장 적절하지 <u>않은</u> 것은?

① "가용경력"이라 함은 총원에서 휴가·출장·교육·파견 등을 제외하고 실제 동원될 수 있는 모든 인원을 말한다.

② "정위치 근무"라 함은 감독순시·현장근무 및 사무실 대기 등 관할구역 내에 위치하는 것을 말한다.

③ "정착근무"라 함은 사무실 또는 상황과 관련된 현장에 위치하는 것을 말한다.

④ "작전준비태세"라 함은 '경계강화' 단계를 발령하기 이전에 별도의 경력을 동원하여 경찰작전부대의 출동태세 점검, 지휘관 및 참모의 비상연락망 구축 및 신속한 응소체제를 유지하며, 작전상황반을 운영하는 등 필요한 작전사항을 미리 조치하는 것을 말한다.

해설

제2조(정의) 이 훈령에서 사용하는 용어의 정의는 다음과 같다.

1. "비상상황"이라 함은 대간첩·테러, 대규모 재난 등의 긴급 상황이 발생하거나 발생할 우려가 있는 경우 또는 다수의 경력을 동원해야 할 치안수요가 발생하여 치안활동을 강화할 필요가 있는 때를 말한다.

2. "지휘선상 위치 근무"라 함은 비상연락체계를 유지하며 유사시 1시간 이내에 현장지휘 및 현장근무가 가능한 장소에 위치하는 것을 말한다.

3. "**정위치 근무**"라 함은 감독순시·현장근무 및 사무실 대기 등 관할구역 내에 위치하는 것을 말한다.

4. "**정착근무**"라 함은 사무실 또는 상황과 관련된 현장에 위치하는 것을 말한다.

5. "**필수요원**"이라 함은 전 경찰관 및 일반직공무원 중 경찰기관의 장이 지정한 자로 비상소집시 1시간 이내에 응소하여야 할 자를 말한다.

6. "**일반요원**"이라 함은 필수요원을 제외한 경찰관 등으로 비상소집시 2시간 이내에 응소하여야 할 자를 말한다.

7. "**가용경력**"이라 함은 총원에서 휴가·출장·교육·파견 등을 제외하고 실제 동원될 수 있는 모든 인원을 말한다.

8. "**소집관**"이라 함은 비상근무발령권자로부터 권한을 위임받아 비상근무발령에 따른 비상소집을 지휘·감독하는 주무참모 또는 상황관리관(치안상황실장)을 말한다.

9. "**작전준비태세**"라 함은 '경계강화' 단계를 발령하기 이전에 별도의 경력동원 없이 경찰작전부대의 출동태세 점검, 지휘관 및 참모의 비상연락망 구축 및 신속한 응소체제를 유지하며, 작전상황반을 운영하는 등 필요한 작전사항을 미리 조치하는 것을 말한다.

15 다음은 「도로교통법 시행규칙」상 각종 운전면허로 운전할 수 있는 차량의 종류를 표로
정리한 것이다. ㉠부터 ㉣까지 ( ) 안에 들어갈 숫자를 순서대로 나열한 것은?

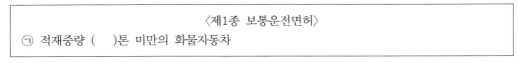

〈제1종 보통운전면허〉
㉠ 적재중량 ( )톤 미만의 화물자동차

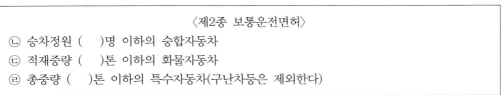

〈제2종 보통운전면허〉
㉡ 승차정원 ( )명 이하의 승합자동차
㉢ 적재중량 ( )톤 이하의 화물자동차
㉣ 총중량 ( )톤 이하의 특수자동차(구난차등은 제외한다)

① 10-12-4-3.5　　　　　　② 12-10-4-3.5
③ 12-10-4-4　　　　　　　④ 12-10-3.5-4

해설

제1종 보통면허	1. 승용자동차 2. 승차정원 15명 이하의 승합자동차 3. 승차정원 12명 이하의 긴급자동차(승용자동차 및 승합자동차로 한정한다) 4. 적재중량 12톤 미만의 화물자동차 5. 건설기계(도로를 운행하는 3톤 미만의 지게차로 한정한다) 6. 총중량 10톤 미만의 특수자동차(구난차등은 제외한다) 7. 원동기장치자전거
제2종 보통면허	1. 승용자동차 2. 승차정원 10명 이하의 승합자동차 3. 적재중량 4톤 이하의 화물자동차 4. 총중량 3.5톤 이하의 특수자동차(구난차등은 제외한다) 5. 원동기장치자전거

16 「교통사고처리 특례법」 제3조(처벌의 특례) 제2항 각호에 규정된 12개 예외 항목에 해당하지 <u>않는</u> 것은?

① 횡단보도에서의 보행자 보호의무를 위반하여 운전한 경우
② 자동차의 화물이 떨어지지 아니하도록 필요한 조치를 하지 아니하고 운전한 경우
③ 제한속도를 시속 10킬로미터 초과하여 운전한 경우
④ 철길건널목 통과방법을 위반하여 운전한 경우

해설

제3조(처벌의 특례) ① 차의 운전자가 교통사고로 인하여 「형법」 제268조(업무상과실·중과실 치사상)의 죄를 범한 경우에는 5년 이하의 금고 또는 2천만원 이하의 벌금에 처한다.

② 차의 교통으로 제1항의 죄 중 업무상과실치상죄 또는 중과실치상죄와 「도로교통법」 제151조(벌칙)의 죄를 범한 운전자에 대하여는 피해자의 명시적인 의사에 반하여 공소를 제기할 수 없다.

다만, 차의 운전자가 제1항의 죄 중 업무상과실치상죄 또는 중과실치상죄를 범하고도 피해자를 구호하는 등 「도로교통법」 제54조 제1항(사고발생 시의 조치)에 따른 조치를 하지 아니하고 도주하거나 피해자를 사고 장소로부터 옮겨 유기하고 도주한 경우, 같은 죄를 범하고 「도로교통법」 제44조 제2항(술에 취한 상태에서의 운전 금지)을 위반하여 음주측정 요구에 따르지 아니한 경우(운전자가 채혈 측정을 요청하거나 동의한 경우는 제외)와 다음 어느 하나에 해당하는 행위로 인하여 같은 죄를 범한 경우에는 그러하지 아니하다.

1. 신호기가 표시하는 **신호** 또는 교통정리를 하는 **경찰공무원등의 신호를 위반**하거나 통행금지 또는 일시정지를 내용으로 하는 **안전표지가 표시하는 지시**를 위반하여 운전한 경우
2. 중앙선을 침범하거나 횡단, 유턴 또는 후진한 경우
3. 제한속도를 시속 **20킬로미터** 초과하여 운전한 경우
4. 앞지르기의 방법·금지시기·금지장소 또는 **끼어들기**의 금지를 위반하거나 **고속도로에서의 앞지르기** 방법을 위반하여 운전한 경우
5. **철길건널목 통과방법을 위반**하여 운전한 경우
6. **횡단보도에서의 보행자 보호의무를 위반**하여 운전한 경우
7. **운전면허** 또는 건설기계조종사면허를 받지 아니하거나 국제운전면허증을 소지하지 아니하고 운전한 경우. 이 경우 운전면허 또는 건설기계조종사면허의 효력이 정지 중이거나 운전의 금지 중인 때에는 운전면허 또는 건설기계조종사면허를 받지 아니하거나 국제운전면허증을 소지하지 아니한 것으로 본다.
8. 술에 취한 상태에서 운전을 하거나 **약물**의 영향으로 정상적으로 운전하지 못할 우려가 있는 상태에서 운전한 경우
9. 보도가 설치된 도로의 보도를 침범하거나 보도 횡단방법을 위반하여 운전한 경우
10. **승객의 추락 방지의무를** 위반하여 운전한 경우
11. **어린이 보호구역**에서 같은 조 제1항에 따른 조치를 준수하고 어린이의 안전에 유의하면서 운전하여야 할 의무를 위반하여 어린이의 신체를 상해에 이르게 한 경우
12. **자동차의 화물**이 떨어지지 아니하도록 필요한 조치를 하지 아니하고 운전한 경우

17 「보안업무규정」상 신원조사에 대한 설명으로 가장 적절하지 <u>않은</u> 것은?

① 신원조사는 경찰청장이 직권으로 하거나 관계 기관의 장의 요청에 따라 한다.

② 공무원 임용 예정자는 신원조사의 대상이 된다.

③ 해외여행을 위하여 「여권법」에 따른 여권이나 「선원법」에 따른 선원수첩 등 신분증서 또는 「출입국관리법」에 따른 사증 등을 발급받으려는 사람(입국하는 교포를 포함한다)은 신원조사의 대상이 된다.

④ 국가정보원장은 신원조사 결과 국가안전보장에 해를 끼칠 정보가 있음이 확인된 사람에 대해서는 관계 기관의 장에게 그 사실을 통보하여야 한다.

> 해설
>
> 제33조(신원조사) ① 국가정보원장은 국가보안을 위하여 국가에 대한 충성심·성실성 및 신뢰성을 조사하기 위하여 신원조사를 한다.
> ② 신원조사는 국가정보원장이 직권으로 하거나 관계 기관의 장의 요청에 따라 한다.
> ③ 신원조사의 대상이 되는 사람은 다음과 같다.
>   1. 공무원 임용 예정자
>   2. 비밀취급 인가 예정자
>   3. 해외여행을 위하여 「여권법」에 따른 여권이나 「선원법」에 따른 선원수첩 등 신분증서 또는 「출입국관리법」에 따른 사증 등을 발급받으려는 사람(입국하는 교포를 포함)
>   4. 국가보안시설·보호장비를 관리하는 기관 등의 장
>   (해당 국가보안시설 등의 관리 업무를 수행하는 소속 직원을 포함)
>   5. 임직원을 임명할 때 정부의 승인이나 동의가 필요한 공공기관의 임직원
>   6. 그 밖에 다른 법령에서 정하는 사람이나 각급기관의 장이 국가보안상 필요하다고 인정하는 사람

18 다음 중 「북한이탈주민의 보호 및 정착지원에 관한 법률」에 대한 설명으로 적절한 것을 모두 고른 것은?

> ㉠ 보호대상자 중 북한의 군인이었던 자가 국군에 편입되기를 희망하더라도 국군으로 특별 임용할 수 없다.
> ㉡ 북한이탈주민으로서 「북한이탈주민의 보호 및 정착지원에 관한 법률」에 따른 보호를 받으려는 사람은 재외공관이나 그 밖의 행정기관의 장(각급 군부대의 장을 포함한다)에게 보호를 직접 신청하여야 한다. 다만, 보호를 직접 신청하지 아니할 수 있는 대통령령으로 정하는 사유가 있는 경우에는 그러하지 아니하다.
> ㉢ 북한이탈주민으로서 보호신청을 한 사람 중 위장탈출 혐의자는 보호대상자로 결정될 수 없다.
> ㉣ 통일부장관은 북한이탈주민대책협의회의 심의를 거쳐 보호대상자의 보호 및 정착지원에 관한 기본계획을 3년마다 수립·시행하여야 한다.

① ㉠, ㉡   ② ㉠, ㉣   ③ ㉡, ㉢   ④ ㉡, ㉣

해설
제18조(특별임용)   ① 북한에서의 자격이나 경력이 있는 사람 등 북한이탈주민으로서 공무원으로 채용하는 것이 필요하다고 인정되는 사람에 대하여는 「국가공무원법」 제28조제2항 및 「지방공무원법」 제27조제2항에도 불구하고 북한을 벗어나기 전의 자격·경력 등을 고려하여 국가공무원 또는 지방공무원으로 특별임용할 수 있다.
   ② 북한의 군인이었던 보호대상자가 국군에 편입되기를 희망하면 북한을 벗어나기 전의 계급, 직책 및 경력 등을 고려하여 국군으로 특별임용할 수 있다.
제7조(보호신청 등)   ① 북한이탈주민으로서 이 법에 따른 보호를 받으려는 사람은 재외공관이나 그 밖의 행정기관의 장(각급 군부대의 장을 포함)에게 보호를 직접 신청하여야 한다. 다만, 보호를 직접 신청하지 아니할 수 있는 대통령령으로 정하는 사유가 있는 경우에는 그러하지 아니하다.
제9조(보호 결정의 기준)   ① 보호 여부를 결정할 때 다음 어느 하나에 해당하는 사람은 보호대상자로 결정하지 아니할 수 있다.
   1. 항공기 납치, 마약거래, 테러, 집단살해 등 국제형사범죄자
   2. 살인 등 중대한 비정치적 범죄자
   3. 위장탈출 혐의자
   4. 체류국에 10년 이상 생활 근거지를 두고 있는 사람
   5. 국내 입국 후 1년이 지나서 보호신청한 사람
   6. 그 밖에 보호대상자로 정하는 것이 부적당하다고 대통령령으로 정하는 사람
제4조의3(기본계획 및 시행계획)   ① 통일부장관은 북한이탈주민 대책협의회의 심의를 거쳐 보호대상자의 보호 및 정착지원에 관한 기본계획을 3년마다 수립·시행하여야 한다.

19 다음은 「범죄인인도법」상 인도심사명령청구에 관한 설명이다. ( ) 안에 들어갈 말을 순서대로 바르게 나열한 것은?

> (   )장관은 (   )장관으로부터 「범죄인인도법」 제11조에 따른 인도청구서 등을 받았을 때에는 이를 (   ) 검사장에게 송부하고 그 소속검사로 하여금 (   )에 범죄인 인도허가 여부에 관한 심사를 청구하도록 명하여야 한다.

① 법무부 – 외교부 – 서울고등검찰청 – 서울고등법원
② 외교부 – 법무부 – 서울중앙지방검찰청 – 서울중앙지방법원
③ 외교부 – 법무부 – 서울고등검찰청 – 서울고등법원
④ 법무부 – 외교부 – 서울중앙지방검찰청 – 서울중앙지방법원

해설
제12조(법무부장관의 인도심사청구명령)   ① 법무부장관은 외교부장관으로부터 제11조에 따른 인도청구서 등을 받았을 때에는 이를 서울고등검찰청 검사장에게 송부하고 그 소속 검사로 하여금 서울고등법원에 범죄인의 인도허가 여부에 관한 심사를 청구하도록 명하여야 한다.

20 수사구조개혁에 관한 주장 또는 주장을 뒷받침하는 논거이다. 나머지 셋과 입장이 다른 하나는?

① 대표적인 권력기관인 경찰과 검찰을 수직적 관계로 두면 국가권력이 한 기관에 집중될 것이 우려되므로, 두 기관을 절연시켜 권한을 분산하여야 한다.

② 현행 수사구조 하에서는, 사건이 검찰에 송치된 후 피의자에 대한 중복조사가 이루어지고 있어 국민의 편익이 저해되고 있다.

③ 수사와 공소제기는 불가분의 관계이므로, 검사가 수사단계에서부터 적극 개입하여야 한다.

④ 공소제기의 객관성을 확보하기 위하여 수사와 기소를 분리하여야 한다.

해설 〈수사권 조정 찬성과 반대 입장〉

수사권 조정 찬성론 (경찰측 주장)	수사권 조정 반대론 (검찰측 주장)

• 효율적 수사(검사의 승인이 필요하여 절차적 지연발생)
• 국민의 편익저해
  − 경찰조사 후 검찰로 사건 송치하면 검찰에서 재수사하므로 중복조사로 인해 국민 편익이 저해된다.
• 검찰로 권력 집중(검찰 견제 기구 부재)
  − 경찰과 검찰을 수직적 관계로 두면 국가권력이 한 기관에 집중될 우려가 있다.
• 현실과 법규범의 괴리
• 행정조직원리인 명령통일의 원리에 위배
  − 경찰(행정자치부), 검찰(법무부) 소속으로 타 행정조직에 상명하복을 요구하는 것은 행정조직원리에 위배
• 권한과 책임의 불일치(미해결 시 경찰로 비난집중)
  − 부가적인 지시와 인력동원 등으로 인한 업무가 과중
• 수사요원의 사기 저하
  − 사법경찰이 수사의 주체성 결여에 따라 책임감과 윤리의식이 낮아진다.
	• 수사는 공소제기와 불가분
	  − 범죄수사란 공소제기 여부를 위한 준비단계이므로 소추권자인 검사가 수사단계부터 수사의 주체가 되어야 한다.
	• 적정절차와 인권존중
	  − 아직 경찰은 인권의식이 낮고 법률지식이 낮아 시민의 권리침해로 이어질 우려가 있다(경찰=수사전문가이지 법률의 전문가가 아니다).
	• 법집행의 왜곡방지
	• 경찰로의 권력집중 방지
	• 경찰국가화 우려
	• 경찰, 검찰에서 반복된 조사에 따른 실체적 진실의 발견에 유리하다.

정답 20. ③

18년 제2차 경찰공무원(순경)채용시험 문제

– 일반경찰(남 · 여) · 101경비단 · 전의경대체요원 –

응시 번호 :   이름 :   【문제지 이상유무 확인 :   (서명) 】

[경찰학개론]

01 경찰의 부정부패 이론에 대한 설명으로 가장 적절하지 <u>않은</u> 것은?

① 윌슨이 주장한 전체사회가설은 '미끄러지기 쉬운 경사로 이론'과 유사하다.
② 구조원인가설에 따르면, 구조화된 조직적 부패는 서로가 문제점을 알면서도 눈감아주는 '침묵의 규범'을 형성한다.
③ 전체사회가설은 시민사회의 부패를 경찰부패의 주요 원인으로 본다.
④ 썩은사과가설은 일부 부패경찰이 조직 전체를 부패로 물들게 한다는 이론으로 부패의 원인을 조직의 체계적 원인으로 파악한다.

02 다음은 한국 근 · 현대 경찰의 역사에 대한 설명이다. 아래 ㉠부터 ㉢까지의 내용 중 옳고 그름의 표시(○, ×)가 바르게 된 것은?

> ㉠ '경무청관제직장'에 의해 당시의 좌 · 우포도청을 합하여 경무부를 신설하고, 경무부의 장으로 경무사를 두었다.
> ㉡ 미군정 시기에는 경찰이 담당하였던 위생사무가 위생국으로 이관되는 등 비경찰화 작업이 진행되었다.
> ㉢ 구한말 일본이 한국의 경찰권을 강탈해 가는 과정은 '경찰 사무에 관한 취극서' – '재한국 외국인민에 대한 경찰에 관한 한일협정' – '한국 사법 및 감옥사무 위탁에 관한 각서' – '한국 경찰사무 위탁에 관한 각서'의 순서로 진행되었다.
> ㉣ 1953년 「경찰관 직무집행법」이 제정되었으며, 국민의 생명 · 신체 · 재산의 보호라는 영 · 미법적 사고가 반영되었다.

① ㉠ (○), ㉡ (○), ㉢ (○), ㉣ (○)   　② ㉠ (×), ㉡ (○), ㉢ (○), ㉣ (○)
③ ㉠ (×), ㉡ (○), ㉢ (×), ㉣ (○)   　④ ㉠ (○), ㉡ (×), ㉢ (○), ㉣ (×)

03 「경찰법」에 대한 내용으로 가장 적절하지 <u>않은</u> 것은?

① 이 법은 국가경찰의 민주적인 관리·운영과 효율적인 임무수행을 위하여 국가경찰의 기본조직 및 직무 범위와 그 밖에 필요한 사항을 규정함을 목적으로 한다.

② 경찰청의 사무를 지역적으로 분담하여 수행하게 하기 위하여 특별시장·광역시장 및 도지사(이하 "시·도지사"라 한다) 소속으로 지방경찰청을 두고, 지방경찰청장 소속으로 경찰서를 둔다. 이 경우 인구, 행정구역, 면적, 지리적 특성, 교통 및 그 밖의 조건을 고려하여 시·도지사 소속으로 2개의 지방경찰청을 둘 수 있다.

③ 경찰청장을 행정안전부장관의 동의를 받아 국무총리를 거쳐 대통령이 임명한다. 이 경우 국회의 인사청문을 거쳐야 한다.

④ 경찰청장의 임기는 2년으로 하고, 중임할 수 없다.

04 다음은 「경찰공무원법」 및 「경찰공무원 임용령」상 경찰공무원의 임용에 대하여 설명한 것이다. 옳은 것을 모두 고른 것은?

> ㉠ 휴직기간, 직위해제기간 및 징계에 의한 감봉처분 또는 견책처분을 받은 기간은 시보임 용기간에 산입하지 아니한다.
> ㉡ 경정으로의 신규채용, 승진임용 및 면직은 경찰청장 또는 해양경찰청장의 제청으로 국무 총리를 거쳐 대통령이 한다.
> ㉢ '징계에 의하여 파면 또는 해임처분을 받은 사람'은 경찰공무원으로 임용될 수 없다.
> ㉣ 경찰공무원은 임용장이나 임용통지서에 적힌 날짜에 임용된 것으로 보며, 사망으로 인한 면직은 사망한 날에 면직된 것으로 본다.
> ㉤ 총경의 전보, 휴직, 직위해제, 강등, 정직 및 복직은 경찰청장 또는 해양경찰청장이 한다.

① ㉠, ㉡, ㉣   ② ㉠, ㉢, ㉣
③ ㉡, ㉢, ㉤   ④ ㉡, ㉢, ㉣, ㉤

2018 제2차 경찰공무원 **193** •••

05 「경찰공무원 징계령」에 대한 내용으로 가장 적절하지 <u>않은</u> 것은?

① 징계위원회의 위원장은 위원회의 사무를 총괄하고 위원회를 대표하며, 표결권을 가진다.

② 징계위원회는 출석 통지를 하였음에도 불구하고 징계등 심의대상자가 정당한 사유 없이 출석하지 아니하였을 때에는 그 사실을 기록에 분명히 적고 서면심사로 징계등 의결을 할 수 있다. 다만, 징계등 심의 대상자의 소재가 분명하지 아니할 때에는 출석 통지를 관보에 게재하고, 그 게재일부터 10일이 지나면 출석 통지가 송달된 것으로 보며, 징계등 의결을 할 때에는 관보 게재의 사유와 그 사실을 기록에 분명히 적어야 한다.

③ 징계등 의결을 요구한 자는 경징계의 징계등 의결을 통지받았을 때에는 통지받은 날부터 15일 이내에 징계등을 집행하여야 한다.

④ 징계등 의결 요구를 받은 징계위원회는 그 요구서를 받은 날부터 30일 이내에 징계등에 관한 의결을 하여야 한다. 다만, 부득이한 사유가 있을 때에는 해당 징계등 심의 대상자에게 그 사유를 고지하고 30일 이내의 범위에서 그 기간을 연장할 수 있다.

06 「경찰공무원 복무규정」상 기본강령과 그에 대한 내용으로 가장 적절하게 연결된 것은?

① 경찰사명: 경찰공무원은 주어진 사명을 다하기 위하여 긍지를 가지고 한마음 한뜻으로 굳게 뭉쳐 임무수행에 모든 역량을 기울여야 한다.

② 경찰정신: 경찰공무원은 국가와 민족을 위하여 충성과 봉사를 다하며, 국민의 생명·신체 및 재산을 보호하고, 공공의 안녕과 질서를 유지함을 그 사명으로 한다.

③ 규율: 경찰공무원은 성실하고 청렴한 생활태도로써 국민의 모범이 되어야 한다.

④ 책임: 경찰공무원은 창의와 노력으로써 소임을 완수하여야 하며, 직무수행의 결과에 대하여 책임을 진다.

07 「질서위반행위규제법」에 대한 내용으로 가장 적절한 것은?

① 18세가 되지 아니한 자의 질서위반행위는 과태료를 부과하지 아니한다. 다만, 다른 법률에 특별한 규정이 있는 경우에는 그러하지 아니한다.

② 행정청이 질서위반행위에 대하여 과태료를 부과하고자 하는 때에는 미리 당사자에게 대통령령으로 정하는 사항을 통지하고, 7일 이상의 기간을 정하여 의견을 제출할 기회를 주어야 한다. 이 경우 지정된 기일까지 의견 제출이 없는 경우에는 의견이 없는 것으로 본다.

③ 과태료는 행정청의 과태료 부과처분이나 법원의 과태료 재판이 확정된 후 3년간 징수하지 아니하거나 집행하지 아니하면 시효로 인하여 소멸한다.

④ 고의 또는 과실이 없는 질서위반행위는 과태료를 부과하지 아니한다.

08 「경찰관 직무집행법」 및 동법 시행령상 손실보상에 대한 설명으로 가장 적절하지 <u>않은</u> 것은?

① 보상을 청구할 수 있는 권리는 손실이 있음을 안 날부터 3년, 손실이 발생한 날부터 5년간 행사하지 아니하면 시효의 완성으로 소멸한다.

② 소속 경찰공무원의 직무집행으로 인하여 발생한 손실보상청구 사건을 심의하기 위하여 경찰청, 해양경찰청, 지방경찰청, 지방해양경찰청, 경찰서 및 해양경찰서에 손실보상 심의위원회를 설치하며, 위원회는 위원장 1명을 포함한 5명 이상 7명 이하의 위원으로 구성한다.

③ 보상금은 일시불로 지급하되, 예산 부족 등의 사유로 일시금으로 지급할 수 없는 특별한 사정이 있는 경우에는 청구인의 동의를 받아 분할하여 지급할 수 있다.

④ 손실보상의 기준, 보상금액, 지급절차 및 방법, 손실보상심의위원회의 구성 및 운영, 그 밖에 필요한 사항은 대통령령으로 정한다.

09 다음은 「공공기관의 정보공개에 관한 법률」상 이의신청에 대한 설명이다. ㉠부터 ㉤까지에 들어갈 숫자를 모두 합한 값은?

> • 청구인이 정보공개와 관련한 공공기관의 비공개 결정 또는 부분 공개 결정에 대하여 불복이 있거나 정보공개 청구 후 (㉠)일이 경과하도록 정보공개 결정이 없는 때에는 공공기관으로부터 정보공개 여부의 결정 통지를 받은 날 또는 정보공개 청구 후 (㉡)일이 경과한 날부터 (㉢)일 이내에 해당 공공기관에 문서로 이의신청을 할 수 있다.
> • 공공기관은 이의신청을 받은 날부터 (㉣)일 이내에 그 이의신청에 대하여 결정하고 그 결과를 청구인에게 지체 없이 문서로 통지하여야 한다. 다만, 부득이한 사유로 정하여진 기간 이내에 결정할 수 없을 때에는 그 기간이 끝나는 날의 다음 날부터 기산하여 (㉤)일의 범위에서 연장할 수 있으며, 연장 사유를 청구인에게 통지하여야 한다.

① 84   ② 90   ③ 94   ④ 100

10 「지역경찰의 조직 및 운영에 관한 규칙」에 대한 설명으로 가장 적절하지 <u>않은</u> 것은?

① 지역경찰의 근무는 행정근무, 상황근무, 순찰근무, 경계근무, 대기근무, 기타근무로 구분한다.

② 순찰팀의 수는 지역 치안수요 및 인력여건 등을 고려하여 경찰서장이 결정한다.

③ 관리팀 및 순찰팀의 인원은 지역 치안수요 및 인력여건 등을 고려하여 경찰서장이 결정한다.

④ '관리팀원 및 순찰팀원에 대한 일일근무 지정 및 지휘 · 감독'은 순찰팀장의 직무로 명시되어 있다.

11 다음의 「청소년 보호법」 및 동법 시행령상 청소년유해업소 중 "청소년 출입·고용금지 업소"를 모두 고른 것은?

> ㉠ 「게임산업진흥에 관한 법률」에 따른 인터넷컴퓨터게임시설 제공업
> ㉡ 「게임산업진흥에 관한 법률」에 따른 일반게임제공업
> ㉢ 「영화 및 비디오물의 진흥에 관한 법률」 제2조 제16호에 따른 비디오물감상실업
> ㉣ 「영화 및 비디오물의 진흥에 관한 법률」에 따른 비디오물 소극장업

① ㉠, ㉢   ② ㉠, ㉣   ③ ㉡, ㉢   ④ ㉡, ㉣

12 다음 중 「집회 및 시위에 관한 법률」에 대한 설명으로 적절한 것을 모두 고른 것은?

> ㉠ 집회 또는 시위의 주최자 및 질서유지인은 특정한 사람이나 단체가 집회나 시위에 참가하는 것을 막을 수 있다. 다만, 언론사의 기자는 출입이 보장되어야 하며, 이 경우 기자는 신분증을 제시하고 기자임을 표시한 완장을 착용하여야 한다.
> ㉡ 단체는 「집회 및 시위에 관한 법률」상 "주최자"가 될 수 없다.
> ㉢ 집회 또는 시위의 주최자는 집회 또는 시위의 질서 유지에 관하여 자신을 보좌하도록 18세 이상의 사람을 질서유지인으로 임명할 수 있다.
> ㉣ 학문, 예술, 체육, 종교, 의식, 친목, 오락, 관혼상제 및 국경행사에 관한 집회에는 '확성기등 사용의 제한'에 관한 규정을 적용하지 아니한다.

① ㉠, ㉡
③ ㉡, ㉢
② ㉠, ㉢
④ ㉠, ㉢, ㉣

13 「경찰관 직무집행법」에 대한 내용으로 가장 적절하지 <u>않은</u> 것은?

① 「경찰관 직무집행법」 제2조는 직무의 범위에서 '범죄피해자 보호'를 규정하고 있다.

② 법률에서 정한 절차에 따라 체포·구속된 사람 또는 신체의 자유를 제한하는 판결이나 처분을 받은 사람을 수용하기 위하여 경찰서와 해양경찰서에 유치장을 둔다.

③ 경찰관은 '현행범이나 사형·무기 또는 장기 3년 이상의 징역이나 금고에 해당하는 죄를 범한 범인의 체포 또는 도주 방지', '자신이나 다른 사람의 생명·신체의 방어 및 보호', '공무집행에 대한 항거 제지'의 직무를 수행하기 위하여 필요하다고 인정되는 상당한 이유가 있을 때에는 그 사태를 합리적으로 판단하여 필요한 한도에서 경찰장구를 사용할 수 있다.

④ 경찰청장은 위해성 경찰장비를 새로 도입하려는 경우에는 대통령령으로 정하는 바에 따라 안전성 검사를 실시하여 그 안전성 검사의 결과보고서를 경찰위원회에 제출하여야 한다. 이 경우 안전성 검사에는 외부 전문가를 참여시켜야 한다.

14 「경찰 비상업무 규칙」상 용어의 정의로 가장 적절하지 <u>않은</u> 것은?

① "가용경력"이라 함은 총원에서 휴가·출장·교육·파견 등을 제외하고 실제 동원될 수 있는 모든 인원을 말한다.

② "정위치 근무"라 함은 감독순시·현장근무 및 사무실 대기 등 관할구역 내에 위치하는 것을 말한다.

③ "정착근무"라 함은 사무실 또는 상황과 관련된 현장에 위치하는 것을 말한다.

④ "작전준비태세"라 함은 '경계강화' 단계를 발령하기 이전에 별도의 경력을 동원하여 경찰작전부대의 출동태세 점검, 지휘관 및 참모의 비상연락망 구축 및 신속한 응소체제를 유지하며, 작전상황반을 운영하는 등 필요한 작전사항을 미리 조치하는 것을 말한다.

15 다음은 「도로교통법 시행규칙」상 각종 운전면허로 운전할 수 있는 차량의 종류를 표로 정리한 것이다. ㉠부터 ㉣까지 ( ) 안에 들어갈 숫자를 순서대로 나열한 것은?

〈제1종 보통운전면허〉

㉠ 적재중량 ( )톤 미만의 화물자동차

〈제2종 보통운전면허〉

㉡ 승차정원 ( )명 이하의 승합자동차
㉢ 적재중량 ( )톤 이하의 화물자동차
㉣ 총중량 ( )톤 이하의 특수자동차(구난차등은 제외한다)

---

① 10 − 12 − 4 − 3.5
② 12 − 10 − 4 − 3.5
③ 12 − 10 − 4 − 4
④ 12 − 10 − 3.5 − 4

16 「교통사고처리 특례법」 제3조(처벌의 특례) 제2항 각호에 규정된 12개 예외 항목에 해당하지 <u>않는</u> 것은?

① 횡단보도에서의 보행자 보호의무를 위반하여 운전한 경우
② 자동차의 화물이 떨어지지 아니하도록 필요한 조치를 하지 아니하고 운전한 경우
③ 제한속도를 시속 10킬로미터 초과하여 운전한 경우
④ 철길건널목 통과방법을 위반하여 운전한 경우

17 「보안업무규정」상 신원조사에 대한 설명으로 가장 적절하지 <u>않은</u> 것은?

① 신원조사는 경찰청장이 직권으로 하거나 관계 기관의 장의 요청에 따라 한다.
② 공무원 임용 예정자는 신원조사의 대상이 된다.
③ 해외여행을 위하여 「여권법」에 따른 여권이나 「선원법」에 따른 선원수첩 등 신분증서 또는 「출입국관리법」에 따른 사증 등을 발급받으려는 사람(입국하는 교포를 포함한다)은 신원조사의 대상이 된다.
④ 국가정보원장은 신원조사 결과 국가안전보장에 해를 끼칠 정보가 있음이 확인된 사람에 대해서는 관계 기관의 장에게 그 사실을 통보하여야 한다.

18 다음 중 「북한이탈주민의 보호 및 정착지원에 관한 법률」에 대한 설명으로 적절한 것을 모두 고른 것은?

> ㉠ 보호대상자 중 북한의 군인이었던 자가 국군에 편입되기를 희망하더라도 국군으로 특별 임용할 수 없다.
>
> ㉡ 북한이탈주민으로서 「북한이탈주민의 보호 및 정착지원에 관한 법률」에 따른 보호를 받으려는 사람은 재외공관이나 그 밖의 행정기관의 장(각급 군부대의 장을 포함한다)에게 보호를 직접 신청하여야 한다. 다만, 보호를 직접 신청하지 아니할 수 있는 대통령령으로 정하는 사유가 있는 경우에는 그러하지 아니하다.
>
> ㉢ 북한이탈주민으로서 보호신청을 한 사람 중 위장탈출 혐의자는 보호대상자로 결정될 수 없다.
>
> ㉣ 통일부장관은 북한이탈주민대책협의회의 심의를 거쳐 보호대상자의 보호 및 정착지원에 관한 기본계획을 3년마다 수립 · 시행하여야 한다.

① ㉠, ㉡   ② ㉠, ㉣   ③ ㉡, ㉢   ④ ㉡, ㉣

19 다음은 「범죄인인도법」상 인도심사명령청구에 관한 설명이다. ( ) 안에 들어갈 말을 순서대로 바르게 나열한 것은?

> (   )장관은 (   )장관으로부터 「범죄인인도법」 제11조에 따른 인도청구서 등을 받았을 때에는 이를 (   ) 검사장에게 송부하고 그 소속검사로 하여금 (   )에 범죄인 인도허가 여부에 관한 심사를 청구하도록 명하여야 한다.

① 법무부 – 외교부 – 서울고등검찰청 – 서울고등법원
② 외교부 – 법무부 – 서울중앙지방검찰청 – 서울중앙지방법원
③ 외교부 – 법무부 – 서울고등검찰청 – 서울고등법원
④ 법무부 – 외교부 – 서울중앙지방검찰청 – 서울중앙지방법원

20 수사구조개혁에 관한 주장 또는 주장을 뒷받침하는 논거이다. 나머지 셋과 입장이 다른 하나는?

① 대표적인 권력기관인 경찰과 검찰을 수직적 관계로 두면 국가권력이 한 기관에 집중될 것이 우려되므로, 두 기관을 절연시켜 권한을 분산하여야 한다.

② 현행 수사구조 하에서는, 사건이 검찰에 송치된 후 피의자에 대한 중복조사가 이루어지고 있어 국민의 편익이 저해되고 있다.

③ 수사와 공소제기는 불가분의 관계이므로, 검사가 수사단계에서부터 적극 개입하여야 한다.

④ 공소제기의 객관성을 확보하기 위하여 수사와 기소를 분리하여야 한다.

모|범|답|안 **경찰학개론**

1. ④	2. ②	3. ③	4. ③	5. ④	6. ④	7. ④	8. ②	9. ①	10. ②
11. ③	12. ②	13. ④	14. ④	15. ②	16. ③	17. ①	18. ④	19. ①	20. ③

01 경찰의 기본적 임무 및 수단에 대한 설명으로 가장 적절하지 <u>않은</u> 것은?

① 경찰강제는 경찰상 강제집행(대집행 · 강제징수 · 집행벌 · 즉시강제 등)과 직접강제가 있는데, 경찰상 강제집행은 의무의 존재 및 그 불이행을 전제로 한다는 점에서 이를 전제로 하지 아니하고 급박한 경우에 행하여지는 경찰상 직접강제와 구별된다.

② 공공질서란 각 개인의 행동에 대한 불문규범의 총체로, 시대에 따라 변화하는 상대적 · 유동적 개념이다.

③ 경찰의 직무에는 범죄의 예방 · 진압, 범죄피해자 보호가 포함된다.

④ 「형사소송법」은 임의 수사를 원칙으로 하고, 강제수사를 예외적으로 허용하고 있다.

> **해설** ① 경찰강제는 **경찰상 강제집행**(대집행, 강제징수, 집행벌, 직접강제 등)과 **경찰상 즉시강제**가 있는데, 경찰상 강제집행은 의무의 존재 및 그 불이행을 전제로 한다는 점에서 이를 건제로 하지 아니하고 급박한 경우에 행하여지는 경찰상 즉시강제와 구별된다.

02 권한의 위임과 대리에 관한 설명으로 가장 적절하지 <u>않은</u> 것은?

① 임의대리는 복대리가 허용되지 않는 것이 원칙이다.

② 복대리의 성격은 임의대리에 해당한다.

③ 원칙적으로 대리관청이 대리행위에 대한 행정소송의 피고가 된다.

④ 수임관청이 권한의 위임에서 쟁송의 당사자가 된다.

> **해설**
> 〈보기〉 ③ 일반적으로 **피대리관청**이 행정소송의 피고가 된다.

정답 1. ① 2. ③

03 「부정청탁 및 금품등 수수의 금지에 관한 법률」에 대한 설명으로 가장 적절하지 **않은** 것은?

① 원활한 직무수행 목적으로 제공되는 음식물·경조사비·선물 등으로서 대통령령으로 정하는 가액 범위 안의 금품등은 수수 금지의 예외 사유이다.

② 사회상규에 따라 허용되는 금품등은 수수 금지의 예외 사유이다.

③ 공직자등은 직무 관련 여부 및 기부·후원·증여 등 그 명목에 관계없이 동일인으로부터 1회에 100만원 또는 매 회계연도에 300만 원을 초과하는 금품등을 받거나 요구 또는 약속해서는 아니 된다.

④ 사적 거래(증여 포함)로 인한 채무의 이행 등 정당한 권원(權原)에 의하여 제공되는 금품등은 수수 금지의 예외 사유이다.

해설

제8조(금품등의 수수 금지) ① 공직자등은 직무 관련 여부 및 기부·후원·증여 등 그 명목에 관계없이 동일인으로부터 1회에 100만원 또는 매 회계연도에 300만원을 초과하는 금품등을 받거나 요구 또는 약속해서는 아니 된다.

② 공직자등은 직무와 관련하여 대가성 여부를 불문하고 제1항에서 정한 금액 이하의 금품등을 받거나 요구 또는 약속해서는 아니 된다.

③ 제10조의 외부강의등에 관한 사례금 또는 다음 각 호의 어느 하나에 해당하는 금품등의 경우에는 제1항 또는 제2항에서 수수를 금지하는 **금품등에 해당하지 아니한다.**

1. 공공기관이 소속 공직자등이나 파견 공직자등에게 지급하거나 상급 공직자등이 위로·격려·포상 등의 목적으로 하급 공직자등에게 제공하는 금품등

2. 원활한 직무수행 또는 사교·의례 또는 부조의 목적으로 제공되는 **음식물·경조사비·선물** 등으로서 대통령령으로 정하는 가액 범위 안의 금품등

3. **사적 거래(증여는 제외한다)로 인한 채무의 이행 등 정당한 권원(權原)에 의하여 제공되는 금품등**

4. 공직자등의 친족(「민법」 제777조에 따른 친족을 말한다)이 제공하는 금품등

5. 공직자등과 관련된 직원상조회·동호인회·동창회·향우회·친목회·종교단체·사회단체 등이 정하는 기준에 따라 구성원에게 제공하는 금품등 및 그 소속 구성원 등 공직자등과 특별히 장기적·지속적인 친분관계를 맺고 있는 자가 질병·재난 등으로 어려운 처지에 있는 공직자등에게 제공하는 금품등

6. 공직자등의 직무와 관련된 공식적인 행사에서 주최자가 참석자에게 통상적인 범위에서 일률적으로 제공하는 교통, 숙박, 음식물 등의 금품등

7. 불특정 다수인에게 배포하기 위한 기념품 또는 홍보용품 등이나 경연·추첨을 통하여 받는 보상 또는 상품 등

8. 그 밖에 다른 법령·기준 또는 **사회상규에 따라 허용되는 금품등**

④ 공직자등의 배우자는 공직자등의 직무와 관련하여 제1항 또는 제2항에 따라 공직자등이 받는 것이 금지되는 금품등(이하 "수수 금지 금품등"이라 한다)을 받거나 요구하거나 제공받기로 약속해서는 아니 된다.

⑤ 누구든지 공직자등에게 또는 그 공직자등의 배우자에게 수수 금지 금품등을 제공하거나 그 제공의 약속 또는 의사표시를 해서는 아니 된다.

〈부정청탁 및 금품등 수수의 금지에 관한 법률 시행령〉
제17조(사교 · 의례 등 목적으로 제공되는 음식물 · 경조사비 등의 가액 범위) 법 제8조 제3항 제2호에서 "대통령령으로 정하는 가액 범위"란 별표 1에 따른 금액을 말한다.

[별표 1] 음식물 · 경조사비 · 선물 등의 가액 범위(제17조 관련)

1. **음식물:** 3만원 (제공자와 공직자등이 함께 하는 식사, 다과, 주류, 음료, 그 밖에 이에 준하는 것을 말한다)
2. **경조사비:** 축의금 · 조의금은 5만원. 다만, 축의금 · 조의금을 대신하는 화환 · 조화는 10만원으로 한다.
3. **선물:** 금전, 유가증권, 제1호의 음식물 및 제2호의 경조사비를 제외한 일체의 물품, 그 밖에 이에 준하는 것은 5만원. 다만, 농수산물 및 농수산가공품은 10만원으로 한다(농수산물을 원료 또는 재료의 50퍼센트를 넘게 사용하여 가공한 제품만 해당하며, 이하 "농수산가공품"이라 한다).
비고 가. 제1호, 제2호 본문 · 단서 및 제3호 본문 · 단서의 각각의 가액 범위는 각각에 해당하는 것을 **모두 합산한 금액으로 한다.** 나. 제2호 본문의 축의금 · 조의금과 같은 호 단서의 화환 · 조화를 함께 받은 경우 또는 제3호 본문의 선물과 같은 호 단서의 농수산물 · 농수산가공품을 함께 받은 경우에는 **각각 그 가액을 합산한다.** 이 경우 가액 범위는 10만원으로 하되, 제2호 본문 또는 단서나 제3호 본문 또는 단서의 가액 범위를 각각 초과해서는 안된다. 다. 제1호의 음식물, 제2호의 경조사비 및 제3호의 선물 중 2가지 이상을 함께 받은 경우에는 그 가액을 합산한다. 이 경우 가액 범위는 함께 받은 음식물, 경조사비 및 선물의 가액 범위 중 가장 높은 금액으로 하되, 제1호부터 제3호까지의 규정에 따른 가액 범위를 각각 초과해서는 안 된다.

정답 3. ④

04 「**경찰공무원법**」상 경찰공무원의 임용에 대한 설명으로 가장 적절한 것은?

① 총경 이상의 경찰공무원은 경찰청장의 제청으로 국무총리를 거쳐 대통령이 임용한다.

② 퇴직한 경찰공무원으로서 퇴직 시에 재직하였던 계급의 채용시험에 합격한 사람을 재임용하는 경우 시보임용을 거치지 않는다.

③ 경찰청장은 경찰공무원의 채용시험 또는 경찰간부후보생 공개경쟁선발시험에서 부정행위를 한 응시자에 대하여는 해당 시험을 정지 또는 무효로 하고, 그 처분이 있은 날부터 3년간 시험응시자격을 정지한다.

④ 경찰청장은 경찰공무원의 임용에 관한 권한의 일부를 소속기관등의 장에게 위임할 수 없다.

해설

제6조(임용권자) ① **총경 이상 경찰공무원**은 경찰청장 또는 해양경찰청장의 **추천**을 받아 **행정안전부장관** 또는 해양수산부장관의 **제청**으로 국무총리를 거쳐 대통령이 **임용**한다. 다만, 해양경찰청장은 해양수산부장관의 제청으로 국무총리를 거쳐 대통령이 임명하고, **총경의 전보, 휴직, 직위해제, 강등, 정직 및 복직**은 경찰청장 또는 해양경찰청장이 한다.

② **경정 이하의 경찰공무원**은 경찰청장 또는 해양경찰청장이 임용한다. 다만, **경정으로의 신규채용, 승진임용 및 면직**은 경찰청장 또는 해양경찰청장의 제청으로 국무총리를 거쳐 대통령이 한다.

③ **경찰청장** 또는 해양경찰청장은 대통령령으로 정하는 바에 따라 **경찰공무원의 임용에 관한 권한의 일부**를 소속 기관의 장, **지방경찰청장** 또는 지방해양경찰관서의 장에게 **위임할 수 있다.**

④ 경찰청장, 해양경찰청장 또는 제3항에 따라 임용권을 위임받은 자는 행정안전부령 또는 해양수산부령으로 정하는 바에 따라 소속 경찰공무원의 **인사기록을 작성·보관하여야** 한다.

제10조(시보임용) ① 경정 이하의 경찰공무원을 신규채용할 때에는 1년간 시보(試補)로 임용하고, 그 기간이 만료된 다음 날에 정규 경찰공무원으로 임용한다.

② 휴직기간, 직위해제기간 및 징계에 의한 정직처분 또는 감봉처분을 받은 기간은 제1항에 따른 시보임용기간에 산입하지 아니한다.

③ 시보임용기간 중에 있는 경찰공무원이 근무성적 또는 교육훈련성적이 불량할 때에는 「국가공무원법」 제68조 및 이 법 제22조에도 불구하고 면직시키거나 면직을 제청할 수 있다.

④ 다음 각 호의 어느 하나에 해당하는 경우에는 시보임용을 거치지 아니한다.

 1. 경찰대학을 졸업한 사람 또는 경찰간부후보생으로서 정하여진 교육을 마친 사람을 경위로 임용하는 경우

 2. 경찰공무원으로서 대통령령으로 정하는 상위계급으로의 승진에 필요한 자격 요건을 갖추고 임용예정 계급에 상응하는 공개경쟁 채용시험에 합격한 사람을 해당 계급의 경찰공무원으로 임용하는 경우

 3. 퇴직한 경찰공무원으로서 퇴직 시에 재직하였던 계급의 채용시험에 합격한 사람을 재임용하는 경우

 4. 자치경찰공무원을 그 계급에 상응하는 경찰공무원으로 임용하는 경우

제8조의2(부정행위자에 대한 제재) 경찰청장 또는 해양경찰청장은 경찰공무원의 채용시험 또는 경찰간부후보생 공개경쟁선발시험에서 부정행위를 한 응시자에 대하여는 해당 시험을 정지 또는 무효로 하고, 그 처분이 있은 날부터 **5년간** 시험응시자격을 정지한다.

2019 제1차 경찰공무원 **205** •••

05 경찰하명에 대한 설명으로 가장 적절하지 **않은** 것은?

① 경찰하명이란 경찰목적을 달성하기 위해 상대방에게 일정한 작위·부작위·수인·급부의 의무를 명하는 행정행위이다.

② 경찰하명 위반 시에는 경찰상 강제집행의 대상이 되거나 경찰벌이 과해질 수 있으나, 하명을 위반한 행위의 법적 효력에는 원칙적으로 영향을 미치지 않는다.

③ 경찰하명의 상대방인 수명자는 수인의무를 지므로 경찰하명이 위법하더라도 손해배상을 청구할 수 없다.

④ 경찰하명이 있는 경우, 상대방은 행정주체에 대하여만 의무를 이행할 책임이 있고 그 이외의 제3자에 대하여 법상의무를 부담하는 것은 아니다.

해설

〈보기〉③ 위법한 경찰하명으로 권리·이익을 침해당한 자는 행정쟁송을 통한 취소를 구할 수 있음은 물론 국가배상법에 의한 국가배상청구소송을 제기할 수도 **있다.**

참고 경찰하명

개념	국가의 일반통치권에 의거한 경찰의 목적을 위하여 국민에 대하여 특정한 의무를 명하는 행정행위
성질	의사표시를 구성요소로 하는 법률적 행위(준법률적 행위: ×)
종류	(1) 작위하명(作爲下命): 일정한 행위를 적극적으로 명하는 것이다. 　– **예)** 총포·도검·화약류의 제출을 명하는 경우(총포·도검·화약류 등의 안전관리에 관한 법률) 　– 집회신고의무 (2) 부작위하명(不作爲下命, 경찰금지(警察禁止)): 경찰상의 금지를 내용으로 한다. 금지는 그 행위 자체가 선량한 풍속 기타 사회질서에 반하여 사회적으로 유해하기 때문에 행하여지는 절대적 금지 　– **예)** 미성년자의 음주·흡연 및 남녀혼숙 등의 금지와 단순히 허가를 받지 아니하고 일정한 행위를 하는 것을 금지하는 상대적 금지(예컨대, 무면허운전의 금지)로 분류된다. (3) 급부하명(給付下命): 경찰상의 목적을 위해 **금전 또는 물품의 납입을 명하는** 것이다. 　– **예)** 조세부과처분, 경찰상의 대집행의 비용징수·수수료의 납부 등을 들 수 있다. (4) 수인하명(受忍下命): 경찰상의 강제에 반항하여서는 아니된다는 것을 명하는 것이다. 　– **예)** 경찰관의 위험방지를 위한 출입(경찰관 직무집행법 제7조), 강제건강진단(전염병예방법 제9조)

정답 4. ② 5. ③

06 경찰공무원의 징계에 대한 설명으로 가장 적절하지 <u>않은</u> 것은?

① 파면 징계처분을 받은 자(재직기간 5년 미만)의 퇴직급여는 1/4을 감액한 후 지급한다.

② 성폭력, 성희롱 및 성매매에 따른 강등 징계처분을 받은 자는 그 처분의 집행이 끝난 날부터 24개월이 지나지 않은 경우 승진임용될 수 없다.

③ 정직 징계처분을 받은 자는 1개월 이상 3개월 이하의 기간 동안 직무에 종사하지 못하며, 정직기간 중 보수는 3/1을 감한다.

④ 임용(제청)권자는 승진후보자 명부에 기록된 사람이 승진임용되기 전에 정직 이상 징계처분을 받은 경우에는 승진후보자 명부에서 그 후보자를 제외하여야 한다.

해설

공무원연금법 제65조(형벌 등에 따른 급여의 제한) ① 공무원이거나 공무원이었던 사람이 다음 각 호의 어느 하나에 해당하는 경우에는 대통령령으로 정하는 바에 따라 퇴직급여 및 퇴직수당의 일부를 줄여 지급한다.

    1. 재직 중의 사유로 금고 이상의 형이 확정된 경우(직무와 관련이 없는 과실로 인한 경우 및 소속 상관의 정당한 직무상의 명령에 따르다가 과실로 인한 경우는 제외한다. 이하 제3항에서 같다)

    2. 탄핵 또는 징계에 의하여 파면된 경우

    3. 금품 및 향응 수수, 공금의 횡령·유용으로 징계에 의하여 해임된 경우

공무원연금법 시행령 제61조(형벌 등에 따른 퇴직급여 및 퇴직수당의 감액) ① 공무원 또는 공무원이었던 사람이 법 제65조제1항 각 호의 어느 하나에 해당하게 되었을 때에는 다음 각 호의 구분에 따라 **퇴직급여 및 퇴직수당을 감액한 후 지급한다.**

    1. 법 제65조 제1항 제1호 및 제2호에 해당하는 사람

        가. 재직기간이 5년 미만인 사람의 퇴직급여: 4분의 1

        나. 재직기간이 5년 이상인 사람의 퇴직급여: 2분의 1

        다. 퇴직수당: 2분의 1

    2. 법 제65조 제1항 제3호에 해당하는 사람

        가. 재직기간이 5년 미만인 사람의 퇴직급여: 8분의 1

        나. 재직기간이 5년 이상인 사람의 퇴직급여: 4분의 1

        다. 퇴직수당: 4분의 1

경찰공무원 승진임용 규정 제6조(승진임용의 제한) ① 다음 어느 하나에 해당하는 경찰공무원은 **승진임용될 수 없다.**

    1. 징계의결 요구, 징계처분, 직위해제, 휴직 또는 시보임용 기간 중에 있는 사람

    (공무상 질병 또는 부상으로 인하여 휴직한 사람을 특별승진임용하는 경우는 제외한다)

    2. 징계처분의 집행이 끝난 날부터 다음 각 목의 구분에 따른 기간이 지나지 아니한 사람

    (징계처분과 성폭력, 성희롱 및 성매매에 따른 징계처분의 경우에는 각각 **6개월을 더한 기간**)

        가. **강등·정직: 18개월**

        나. 감봉: 12개월

        다. 견책: 6개월

    3. 징계에 관하여 경찰공무원과 다른 법령을 적용받는 공무원으로 재직하다가 경찰공무원으로 임용된 사람으로서, 종전의 신분에서 징계처분을 받고 그 징계처분의 집행이 끝난 날부터 다음 각 목의 구분에 따른 기간이 지나지 아니한 사람

        가. 강등: 18개월

        나. 근신·영창 또는 그 밖에 이와 유사한 징계처분: 6개월

국가공무원법 제80조(징계의 효력) ① 강등은 1계급 아래로 직급을 내리고 공무원신분은 보유하나 3개월간 직무에 종사하지 못하며 그 기간 중 보수는 전액을 감한다.

③ 정직은 1개월 이상 3개월 이하의 기간으로 하고, 정직 처분을 받은 자는 그 기간 중 공무원의 신분은 보유하나 직무에 종사하지 못하며 **보수는 전액을 감한다.**

④ 감봉은 1개월 이상 3개월 이하의 기간 동안 보수의 3분의 1을 감한다.

⑤ 견책(譴責)은 전과(前過)에 대하여 훈계하고 회개하게 한다.

⑥ 공무원으로서 징계처분을 받은 자에 대하여는 그 처분을 받은 날 또는 그 집행이 끝난 날부터 대통령 령등으로 정하는 기간 동안 승진임용 또는 승급할 수 없다. 다만, 징계처분을 받은 후 직무수행의 공적 으로 포상 등을 받은 공무원에 대하여는 대통령령등으로 정하는 바에 따라 승진임용이나 승급을 제한 하는 기간을 단축하거나 면제할 수 있다.

공무원임용령 제32조(승진임용의 제한) ① 공무원이 다음 각 호의 어느 하나에 해당하는 경우에는 승진임 용될 수 없다.

1. 징계처분 요구 또는 징계의결 요구, 징계처분, 직위해제, 휴직 또는 시보임용 기간 중에 있는 경우

2. 징계처분의 집행이 끝난 날부터 다음 각 목의 기간이 지나지 않은 경우

(징계처분과 성폭력, 성희롱 및 성매매에 따른 징계처분의 경우에는 각각 6개월을 더한 기간)

가. 강등 · 정직: 18개월

나. 감봉: 12개월

다. 견책: 6개월

경찰공무원 승진임용 규정 제24조(심사승진후보자 명부의 작성) ① 임용권자나 임용제청권자는 승진심사위 원회에서 승진임용예정자로 선발된 사람에 대하여 **심사승진후보자 명부를 작성하여야 한다.**

② 심사승진후보자 명부의 작성에 관하여는 제23조 제2항을 준용한다.

(승진심사 종합평가**성적이 우수한 사람 순으로 작성**하되, 동점자가 있는 경우, 행정안전부령에 정한 순 서에 따라 선순위자를 결정한다)

③ 임용권자나 임용제청권자는 심사승진후보자 명부에 기록된 사람이 승진임용되기 전에 **정직 이상의** 징계처분을 받은 경우에는 심사승진후보자 **명부에서 그 사람을 제외하여야 한다.**

07 「행정절차법」상 행정지도에 대한 설명으로 가장 적절하지 <u>않은</u> 것은?

① 반드시 문서의 형식으로 하여야만 한다.

② 임의성 원칙을 명문화하고 있다.

③ 행정기관이 그 소관 사무의 범위에서 일정한 행정목적을 실현하기 위하여 특정인에게 일정한 행위를 하거나 하지아니하도록 지도, 권고, 조언 등을 하는 행정작용을 말한다.

④ 행정지도의 상대방은 해당 행정지도의 방식·내용 등에 관하여 행정기관에 의견제출을 할 수 있다.

> 해설

제49조(행정지도의 방식) ① 행정지도를 하는 자는 그 상대방에게 그 행정지도의 취지 및 내용과 신분을 밝혀야 한다.

② 행정지도가 **말로 이루어지는 경우**에 상대방이 제1항의 사항을 적은 서면의 교부를 요구하면 그 행정지도를 하는 자는 직무 수행에 특별한 지장이 없으면 이를 교부하여야 한다.

제48조(행정지도의 원칙) ① 행정지도는 그 목적 달성에 필요한 최소한도에 그쳐야 하며, **행정지도의 상대방의 의사에 반하여 부당하게 강요하여서는 아니 된다.**

(* 임의성 원칙 – 행정지도에 따르지 않았다고 하여 불이익하게 하지 말것)

제2조(정의) 이 법에서 사용하는 용어의 뜻은 다음과 같다.

　　1. "행정청"이란 다음 각 목의 자를 말한다.

　　　가. 행정에 관한 의사를 결정하여 표시하는 국가 또는 지방자치단체의 기관

　　　나. 그 밖에 법령 또는 자치법규(이하 "법령등"이라 한다)에 따라 행정권한을 가지고 있거나 위임 또는 위탁받은 공공단체 또는 그 기관이나 사인(私人)

　　2. "처분"이란 행정청이 행하는 구체적 사실에 관한 법 집행으로서의 공권력의 행사 또는 그 거부와 그 밖에 이에 준하는 행정작용(行政作用)을 말한다.

　　3. "**행정지도**"란 행정기관이 그 소관 사무의 범위에서 일정한 행정목적을 실현하기 위하여 특정인에게 일정한 행위를 하거나 하지 아니하도록 지도, 권고, 조언 등을 하는 행정작용을 말한다.

제50조(의견제출) 행정지도의 **상대방**은 해당 행정지도의 방식·내용 등에 관하여 **행정기관에 의견제출을 할 수 있다.**

08 경찰권 발동의 조리상 한계에 대한 설명으로 가장 적절하지 **않은** 것은?

① 경찰비례의 원칙이란 경찰작용에 있어 목적 실현을 위한 수단과 당해 목적 사이에 합리적인 비례관계가 있어야 한다는 원칙이다.

② 경찰비례의 원칙의 내용 중 상당성의 원칙은 경찰권 발동에 따른 이익보다 사인의 피해가 더 큰 경우 경찰권을 발동해서는 안 된다는 원칙으로서 최소침해원칙이라고도 한다.

③ 경찰책임의 원칙이란 경찰권은 경찰위반상태에 책임이 있는 자에게만 발동되어야 한다는 원칙이다.

④ 경찰책임 원칙의 예외로서 긴급한 필요가 있는 경우 경찰책임 있는 자가 아닌 제3자에 대한 경찰권 발동이 허용되는 경우가 있다.

해설
〈보기〉 ② **최소침해원칙**은 일정한 목적을 달성할 수 있는 수단이 여러 가지 있는 경우에, 행정기관은 관계자에게 가장 적은 부담을 주는 수단을 선택해야 한다는 원칙으로 경찰비례 원칙의 세부원칙 중 **필요성의 원칙**에 대한 내용이다.

09 경찰통제의 유형이 가장 바르게 연결된 것은?

① 내부통제: 청문감사관 제도, 경찰위원회, 직무명령권

② 외부통제: 국민권익위원회, 소청심사위원회, 국민감사청구제도

③ 사전통제: 행정예고제, 상급기관의 하급기관에 대한 감독권

④ 사후통제: 사법부에 의한 사법심사, 국회의 입법권 · 예산심의권

해설
내부통제: 청문감사관 제도, 직무명령권
외부통제: 경찰위원회, 국민권익위원회, 소청심사위원회, 국민감사청구제도
사전통제: 행정예고제, 국회의 입법권, 예산심의권
사후통제: 사법부에 의한 사법심사, 상급기관의 학급기관에 대한 감독권

정답 7. ① 8. ② 9. ②

10 「경찰관 직무집행법」상 불심검문에 대한 설명으로 가장 적절한 것은?

① 경찰관은 상대방의 신원확인이 불가능하거나 교통에 방해된다고 인정될 때에는 임의 동행을 요구할 수 있다.

② 경찰관은 임의동행한 사람의 가족이나 친지 등에게 동행한 경찰관의 신분, 동행 장소, 동행 목적과 이유를 알리거나 본인으로 하여금 즉시 연락할 수 있는 기회를 주어야 하며, 변호인의 도움을 받을 권리가 있음을 알려야 한다.

③ 경찰관은 질문을 하거나 임의동행을 요구할 경우 자신의 신분을 표시하는 증표를 제시하면서 소속과 성명을 밝혀야 한다. 이때 증표는 경찰공무원증뿐만 아니라 흉장도 포함된다.

④ 경찰관이 불심검문 시 흉기조사 뿐만 아니라, 흉기 이외의 일반소지품 조사도 할 수 있다고 규정하고 있다.

> **해설**
> 경찰관 직무집행법 제3조(불심검문) ① 경찰관은 다음 각 호의 어느 하나에 해당하는 사람을 정지시켜 질문할 수 있다.
> ② 경찰관은 사람을 정지시킨 장소에서 질문을 하는 것이 **그 사람에게 불리하거나 교통에 방해가 된다**고 인정될 때에는 질문을 하기 위하여 가까운 경찰서·지구대·파출소 또는 출장소(경찰관서)로 동행할 것을 요구할 수 있다. 이 경우 동행을 요구받은 사람은 그 요구를 거절할 수 있다.
> ③ 경찰관은 사람에게 질문을 할 때에 그 사람이 **흉기**를 가지고 있는지를 조사할 수 있다.
> ④ 경찰관은 질문을 하거나 동행을 요구할 경우 자신의 **신분을 표시하는 증표를 제시**하면서 소속과 성명을 밝히고 질문이나 동행의 목적과 이유를 설명하여야 하며, 동행을 요구하는 경우에는 동행 장소를 밝혀야 한다.
> ⑤ 경찰관은 동행한 사람의 가족이나 친지 등에게 동행한 경찰관의 신분, 동행 장소, 동행 목적과 이유를 알리거나 본인으로 하여금 즉시 연락할 수 있는 기회를 주어야 하며, 변호인의 도움을 받을 권리가 있음을 알려야 한다.

11 계급제와 직위분류제에 대한 설명으로 가장 적절하지 <u>않은</u> 것은?

① 직위분류제의 경우 직무중심 분류로서 계급제보다 인사배치에 신축성을 기할 수 있다.
② 계급제의 경우 널리 일반적 교양, 능력을 갖춘 사람을 채용하여 장기간에 걸쳐 능력을 향상시키므로 공무원이 종합적, 신축적인 능력을 갖출 수 있다.
③ 직위분류제의 경우 동일한 직무를 장기간 담당하게 되어 행정의 전문화에 기여한다.
④ 우리나라의 공직분류는 계급제 위주에 직위분류제적 요소를 가미한 혼합형태라고 할 수 있다.

해설 개념정의 및 기출 표현

계급제 (사람중심)	- 일하는 사람의 특성(자격, 능력, 신분)을 기준으로 계급을 만들어 공직을 분류하는 방식. - 계급제는 사람중심으로 선발한다(다양한 부서 및 경과의 경험이 있어서 이해력이 넓다). - 인사배치가 융통적이다. - 계급수가 적고 계급간 차별이 심하며, 외부로부터 충원이 힘든 폐쇄형의 충원방식을 취하고 있다. - 널리 일반적 교양·능력을 가진 사람을 채용하여 신분보장과 함께 장기간에 걸쳐 능력이 키워지므로 공무원이 보다 종합적·신축적인 능력을 가질 수 있다.
직위분류제 (직무·일 중심)	- 직무의 수행능력과 성과로 보수 등을 결정하는 공무원 인사제도. - 직위분류제는 일의 종류와 난이도, 책임도에 따라 직급이 같더라도 서로 다른 보수를 받는다. - 권한과 책임의 영역이 명확하며, 객관적인 실적평가가 가능한 공직분류제이다. - 계급제 보다 **비신축적**이다. - 행정의 전문화가 용이하며, 권한과 책임의 한계가 명확하다. - 직무를 중요시하며, 직무분석과 직무평가의 중요성을 강조하는 제도이다. - 시험·채용·전직의 합리적 기준을 제공하여 인사행정의 합리화를 기할 수 있고 '동일직무에 대한 동일보수의 원칙'을 확립함으로써 보수제도의 합리적 기준을 제시할 수 있다. - 계급제와 직위분류제의 관계는 양립될 수 없는 상호배타적 관계가 아니라, 서로의 결함을 시정할 수 있는 상호보완적인 관계에 있다고 볼 수 있다.

12 CPTED(환경설계를 통한 범죄예방)의 원리와 그 내용 및 종류에 설명으로 가장 적절하지 않은 것은?

① '자연적 감시'란 건축물이나 시설물의 설계 시 가시권을 최대한 확보하고 외부침입에 대한 감시기능을 증가시키며, 범죄기회를 감소시킬 수 있다는 원리로서, 그 종류로는 조명·조경·가시권 확대를 위한 건물의 배치 등이 있다.

② '영역성의 강화'란 사적공간에 대한 경계를 표시하여 주민들의 책임의식과 소유의식을 증대 시킴으로 사적공간에 대한 관리권과 권리를 강화시키고, 외부인들에게는 침입에 대한 불법사실을 인식시켜 범죄기회를 차단한다는 원리이며, 종류는 출입구의 최소화, 통행로의 설계, 사적·공적 공간의 구분이 있다.

③ '활동의 활성화'란 지역사회의 설계 시 주민들이 모여서 상호의견을 교환하고 유대감을 증대할 수 있는 공공장소를 설치하고 이용하도록 함으로써 자연적 감시와 접근통제의 기능을 확대한다는 원리이며, 그 종류로는 체육시설의 접근성과 이용의 증대, 벤치·정자의 위치 및 활용성에 대한 설계가 있다.

④ '유지관리'란 처음 설계된 대로 혹은 개선한 의도대로 기능을 지속적으로 유지하도록 관리함으로써 범죄예방을 위한 환경설계의 정기적이고 지속적인 효과를 유지한다는 원리이며, 종류로는 파손의 즉시보수, 청결유지, 조명·조경의 관리가 있다.

해설 환경설계를 통한 범죄예방: CPTED 원리

원리	개념	예
자연적 감시	건축물·시설물을 설계할 때 가시권을 확보(누구나 쉽게 침입자를 관찰할 수 있도록)하여, 외부침입에 대한 감시기능을 확대함으로써, 범죄행위의 발견 가능성을 증가시키고, 범죄기회를 감소시켜 범죄를 예방·억제하는 원리	• 가시권 확대를 위한 건물의 배치 • 시선, 조명 및 조경의 설치
자연적 접근통제	건물이나 주택 또는 특정 지역내 수상한 사람이 침입하기 어렵게 설계하여 접근에 대한 심리적 부담을 증가시켜 범죄를 예방하는 원리	• **출입구 최소화**·단일화 • 차단기 설치 • 방범창·잠금장치·방범경보장치
영역성 강화	사적공간에 대한 경계선을 표시하여 **거주자들의 소유·책임의식을 강화**시키고 범죄행위 발견 가능성을 증대시키고, 범죄기회 감소를 통한 범죄를 예방·억제할 수 있다는 원리(**외부 침입자**에게 스스로 **불법**이라는 **사실을 인식**시켜 범죄기회를 차단하는 원리)	• 울타리·표지판 설치 • **사적·공적 공간 구분**
활동의 활성화	공공장소에 대한 주민들의 활발한 사용을 유도하여 '**거리의 눈**(eye on the street)'에 의한 자연스러운 감시를 강화시키고 접근통제의 기능을 확대하는 원리	• 놀이터, 공원, 레크에이션 시설 설치 • 체육시설의 접근성과 이용의 증대 • 정자의 위치 및 활용성에 대한 설계

13 「재난 및 안전관리 기본법」상 재난관리 체계에 대한 설명으로 옳은 것은?

① 특별재난지역 선포는 대응 단계에서의 활동이다.
② 재난분야 위기관리 매뉴얼 작성은 예방 단계에서의 활동이다.
③ 재난관리체계 등의 평가는 대비 단계에서의 활동이다.
④ 재난피해조사는 복구 단계에서의 활동이다.

해설 재난관리체계

	의의	활동
예방(또는 완화) 단계 (Mitigation Phase)	재난요인을 사전에 제거하려는 행위, 피해 가능성을 최소화 하거나 피해를 분산시키는 행위를 의미	① 정부합동안전점검 ② 재난관리체계 등의 평가
대비 단계 (Preparedness Phase)	재난을 경감하려는 노력에도 불구하고 재난 발생을 완전히 제거시킬 수 없으므로 재난 발생을 예상하여 그 피해를 최소화하고, 원활한 대응을 위한 준비를 수행하는 과정	① 기능별 재난대응 활동계획 작성 ② 재난분야 위기관리 매뉴얼 작성 ③ 재난대비 훈련
대응 단계 (Response Phase)	실제 재난이 발생했을 때 수행해야 할 행동을 의미.	① 응급조치 ② 긴급구조 등
복구 단계 (Recovery Phase)	재난으로 인한 혼란상태가 상당히 안정되고 응급적인 인명구조와 재산의 보호활동이 이루어진 후에 재난 전의 정상상태로 회복시키기 위한 활동을 하는 단계.	① **재난피해조사** ② 특별재난지역 선포 등

2019
제1차

14 다음은 마약류에 대한 설명이다. 옳은 것으로 묶인 것은?

> ㉠ 마약이라 함은 양귀비, 아편, 대마와 이로부터 추출되는 모든 알칼로이드로서 대통령령으로 정하는 것을 말한다.
> ㉡ GHB(일명 물뽕)는 무색, 무취, 무미의 액체로 유럽 등지에서 데이트 강간약물로도 불린다.
> ㉢ LSD는 곡물의 곰팡이, 보리, 맥각에서 추출한 물질을 인공합성시켜 만든 것으로 무색, 무취, 무미하다.
> ㉣ 코카인은 「마약류 관리에 관한 법률」에서 규제하는 향정신성 의약품에 해당한다.
> ㉤ 마약성분을 갖고 있으나 다른 약들과 혼합되어 마약으로 다시 제조하거나 제제할 수 없고, 그것에 의하여 신체적 또는 정신적 의존성을 일으키지 아니하는 것으로서 총리령으로 정하는 것을 한외마약이라고 한다.
> ㉥ 한외마약은 코데날, 코데잘, 코데솔, 코데인, 유코데, 세코날 등이 있다.

① ㉠, ㉥   ② ㉡, ㉢
③ ㉢, ㉤   ④ ㉣, ㉤

해설

마약류 관리에 관한 법률(약칭: 마약류관리법) 제2조(정의) 이 법에서 사용하는 용어의 뜻은 다음과 같다.
1. "**마약류**"란 **마약 · 향정신성의약품** 및 **대마**를 말한다.
2. "**마약**"이란 다음 각 목의 어느 하나에 해당하는 것을 말한다.
   가. **양귀비**: 양귀비과(科)의 파파베르 솜니페룸 엘(Papaver somniferum L.), 파파베르 세티게룸 디시(Papaver setigerum DC.) 또는 파파베르 브락테아툼(Papaver bracteatum)
   나. **아편**: 양귀비의 액즙(液汁)이 응결(凝結)된 것과 이를 가공한 것. 다만, 의약품으로 가공한 것은 제외한다.
   다. **코카 잎**[엽]: 코카 관목[灌木: 에리드록시론속(屬)의 모든 식물을 말한다]의 잎. 다만, 엑고닌 · 코카인 및 엑고닌 알칼로이드 성분이 모두 제거된 잎은 제외한다.
   라. **양귀비, 아편** 또는 **코카 잎**에서 추출되는 **모든 알카로이드** 및 그와 동일한 **화학적 합성품**으로서 **대통령령으로** 정하는 것
   마. 가목부터 라목까지에 규정된 것 외에 그와 동일하게 남용되거나 해독(害毒) 작용을 일으킬 우려가 있는 화학적 합성품으로서 대통령령으로 정하는 것
   바. 가목부터 마목까지에 열거된 것을 함유하는 혼합물질 또는 혼합제제.
   다만, **다른 약물이나 물질과 혼합되어** 가목부터 마목까지에 열거된 것으로 **다시 제조하거나 제제(製劑)할 수 없고**, 그것에 의하여 신체적 또는 정신적 **의존성을 일으키지 아니하는** 것으로서 **총리령으로 정하는 것**[한외마약]은 제외한다.
3. "**향정신성의약품**"이란 인간의 중추신경계에 작용하는 것으로서 이를 오용하거나 남용할 경우 인체에 심각한 위해가 있다고 인정되는 다음 각 목의 어느 하나에 해당하는 것으로서 대통령령으로 정하는 것을 말한다.
   가. **오용하거나 남용할 우려**가 심하고 **의료용으로 쓰이지 아니하며** 안전성이 **결여되어** 있는 것으로서 이를 오용하거나 남용할 경우 심한 신체적 또는 정신적 **의존성**을 일으키는 **약물** 또는 이를 함유하는 물질
   나. 오용하거나 남용할 우려가 심하고 **매우 제한된 의료용**으로만 쓰이는 것으로서 이를 오용하거나 남용할 경우 심한 신체적 또는 정신적 의존성을 일으키는 약물 또는 이를 함유하는 물질

다. 가목과 나목에 규정된 것보다 오용하거나 남용할 우려가 상대적으로 적고 의료용으로 쓰이는 것으로서 이를 오용하거나 남용할 경우 그리 심하지 아니한 신체적 의존성을 일으키거나 심한 정신적 의존성을 일으키는 약물 또는 이를 함유하는 물질

라. 다목에 규정된 것보다 오용하거나 남용할 우려가 상대적으로 적고 의료용으로 쓰이는 것으로서 이를 오용하거나 남용할 경우 다목에 규정된 것보다 신체적 또는 정신적 의존성을 일으킬 우려가 적은 약물 또는 이를 함유하는 물질

마. 가목부터 라목까지에 열거된 것을 함유하는 혼합물질 또는 혼합제제. 다만, 다른 약물 또는 물질과 혼합되어 가목부터 라목까지에 열거된 것으로 다시 제조하거나 제제할 수 없고, 그것에 의하여 신체적 또는 정신적 의존성을 일으키지 아니하는 것으로서 총리령으로 정하는 것은 제외한다.

4. "대마"란 다음 각 목의 어느 하나에 해당하는 것을 말한다.

다만, **대마초**[칸나비스 사티바 엘(Cannabis sativa L)을 말한다. 이하 같다]의 **종자(種子)** · **뿌리** 및 성숙한 대마초의 **줄기**와 그 **제품은** 제외한다.

가. **대마초**와 그 **수지(樹脂)**

나. 대마초 또는 그 수지를 **원료**로 하여 제조된 **모든 제품**

다. 가목 또는 나목에 규정된 것과 동일한 **화학적 합성품**으로서 대통령령으로 정하는 것

라. 가목부터 다목까지에 규정된 것을 함유하는 **혼합물질** 또는 **혼합제제**

〈보기〉 ⊎ 코데인은 천연마약에 해당한다.

참고 **마약의 분류**

천연마약	양귀비, 생아편, 몰핀, 코데인, 테바인, 코카인, 크랙 등
한외마약	고데날, 코데잘, 코데솔, 유코데, 세코날 등
합성마약	페치딘계, 메사돈계, 프로폭시펜, 아미노부텐, 모리피난, 벤조모르핀 등
반합성마약	헤로인, 히드로모르핀, 옥시코돈, 히이드로폰 등

G.H.B 〈Gamma Hydroxy Butrate〉	**향정신성의약품의 하나로 신종마약**, 액체 상태로 주로 **물이나 술 등에 타서** 마시기 때문에 일명 '**물뽕**'이라함. **무색·무취로 짠맛**이 나며, 소다수 등 음료에 몇 방울 타서 마시게 되면 10~15분 내에 약물효과가 나타나기 시작하여 3~4시간 지속된다. 약물효과로는 기분이 좋아지고 다소 취한듯 하면서도 몸이 처지는 듯한 느낌이 든다. GHB는 성범죄용으로도 악용되어 '**데이트 강간약물**'로 불리기도 한다. 다량 복용시 혼수 정신착란 등의 환각 증세가 나타나고 강한 흥분작용을 일으켜 미국에서는 성 폭력범들이 주로 이용해 '데이트시 강간할 때 쓰는 약'이라는 뜻의 '데이트 레이프 드러그(date rape drug)'로 불리기도 한다.
L.S.D 〈lysergic acid diethylamide〉	LSD(Lysergic acid diethylamide)는 강력한 환각제로 1943년 알버트 호프만이 맥각균에서 합성한 물질로서 **무색·무미·무취한 백색 분말**이다. 정제나 캡슐·액체 등 다양한 방법으로 유통되며, 주로 **각설탕이나 껌·과자·각설탕·빵 등에 첨가시켜 먹거**나 종이·우표의 뒷면 등에 묻혀놓고 뜯어서 입에 넣는 방법으로 사용된다. 1960년대에는 비행 청소년들이 주로 LSD를 복용하였지만, 1940년대와 1950년대에는 놀라운 효능이 있는 약물로 알려져 수천 명의 정신과 환자들을 치료하는데 사용되었다. 오늘날 LSD는 주로 기분 전환용 마약으로 사용되고 있다. 이 약물을 복용하면 다채로운 환각 증상(정체성 상실, 시간 왜곡, 공감각)을 경험하게 되며, 복용한 양에 따라 최대 12시간까지 효과가 지속된다. 또한 저체온증, 열, 맥박수 증가, 발한, 발작, 불면증을 일으키기도 한다. LSD는 환각 증상을 동반하고 정신병을 유발하는 것으로 알려져 있으며 심리적 의존현상으로 인해 약을 복용하면서 환각을 반복 경험하도록 만든다.
엑스터시 (Ecstasy)	신종마약으로 일컬어지는 '**엑스터시**'(XTC)는 **화학물질을 합성해 만든 인공마약**으로 성적충동을 느끼게 하며 황홀경에 빠지게 하는 기분전환용의 강한 환각제이다. 엑스터시는 1914년 메틸렌디옥시 **메스암페타민(MDMA)이라는 명칭의 식욕감퇴제로 처음 개발**됐다. 그리고 지난 1960년 한때 정신치료약물로 사용되기도 했지만 부작용으로 인해 그 후 임상 연구사용까지 법으로 금지된 상태이다. 알약 형태의 엑스터시를 복용하고 20분-1시간이 지나면 입이 마르고 **동공이 확대**되면서 극적인 **흥분감을 경험**하게 되는데 보통 4-6시간 효과가 지속되고 필로폰보다 3~4배의 환각효과가 있다. 네덜란드에서 주로 제조돼 북유럽 젊은층이 많이 사용한다. 투약하고 머리를 흔들며 춤을 추면 환각효과가 커져 '**도리도리**'라고도 불린다.
야바 (YABA)	말처럼 힘이 솟고 발기에 좋은 약이라고 알려져 있는데 이른바 야마(藥馬)를 복용하기 쉽게 정제나 캡슐 형태로 개량한 신종 마약이다. 한국에서는 2000년도부터 남용사례가 나타났다. 「야바」는 대만에서 개발된 「야마」와 같이 히로뽕에 카페인, 헤로인 과 진해거담제 주재료인 코데인 등 각종 환각성분이 혼합된 것이나 다른 점은 주사기로 투약하는 불편을 없애기 위해 **당분을 첨가해 정제나 캡슐로 만들어 복용**할 수 있다. 각종 환각성분의 복합작용으로 히로뽕 등 기존 마약을 단독 투약했을때 보다 훨씬 강력한 환각효과가 발생한다. 한번 복용하면 3일간 잠을 자지 않을 수 있고 공격적 성향, 피해 망상증 등 심각한 정신장애를 야기시키며 중 독성도 훨씬 더 강하다.

15 현재 경찰과 검찰 간의 수사구조에 대한 설명으로 가장 적절한 것은?

① 체포, 구속, 압수수색 영장은 객관성과 독립성이 보장된 법관이 발부하므로 검사뿐만 아니라 사법경찰관도 법관에게 영장을 청구할 수 있다.

② 「형사소송법」에는 검사와 사법경찰관이 수사와 공소제기, 공소유지의 원활한 수행을 위하여 서로 협력하도록 규정되어 있다.

③ 사법경찰관은 모든 사건에 대하여 종국적 수사종결권을 가지고 있다.

④ 수사구조개혁과 관련하여 2018년 6월 21일에 '수사권 조정 합의문'이 발표되었다.

해설 형사소송법

제195조(검사와 사법경찰관의 관계 등) ① 검사와 **사법경찰관**은 수사, 공소제기 및 공소유지에 관하여 서로 **협력하여야 한다.** [본조신설 2020. 2. 4]

제197조(사법경찰관리) ① 경무관, 총경, 경정, 경감, 경위는 **사법경찰관으로서 범죄의 혐의가 있다고 사료**하는 때에는 범인, 범죄사실과 증거를 **수사한다.** 〈개정 2020. 2. 4〉

제197조의2(보완수사요구) ① 검사는 다음 각 호의 어느 하나에 해당하는 경우에 사법경찰관에게 **보완수사**를 요구할 수 있다.

　　1. 송치사건의 공소제기 여부 결정 또는 공소의 유지에 관하여 필요한 경우

　　2. 사법경찰관이 신청한 영장의 청구 여부 결정에 관하여 필요한 경우

② **사법경찰관**은 제1항의 요구가 있는 때에는 정당한 이유가 없는 한 지체 없이 이를 이행하고, 그 **결과**를 검사에게 **통보하여야 한다.**

③ 검찰총장 또는 각급 검찰청 검사장은 **사법경찰관이 정당한 이유** 없이 제1항의 요구에 따르지 아니하는 때에는 권한 있는 사람에게 해당 사법경찰관의 **직무배제** 또는 **징계**를 요구할 수 있고, 그 징계 절차는 「공무원 징계령」 또는 「경찰공무원 징계령」에 따른다. [본조신설 2020. 2. 4]

제200조의2(영장에 의한 체포) ① 피의자가 죄를 범하였다고 의심할 만한 상당한 이유가 있고, 정당한 이유 없이 제200조의 규정에 의한 출석요구에 응하지 아니하거나 응하지 아니할 우려가 있는 때에는 **검사는** 관할 지방법원**판사**에게 **청구**하여 체포영장을 발부받아 피의자를 체포할 수 있고, **사법경찰관**은 검사에게 **신청**하여 검사의 청구로 관할지방법원판사의 체포영장을 발부받아 피의자를 체포할 수 있다.

16 「도로교통법」상 음주운전과 관련된 내용이다. 아래 ㉠부터 ㉣까지의 내용 중 옳고 그름의 표시(O, X)가 바르게 된 것은? (단, '술에 취한 상태'는 혈중알코올농도가 0.03퍼센트 이상인 경우로 전제함)

> ㉠ 술에 취한 상태에서 자전거를 운전하는 사람은 처벌된다.
> ㉡ 음주운전 3회 이상 위반으로 벌금형을 확정 받고 면허가 취소된 경우, 면허가 취소된 날부터 3년간 면허시험 응시자격이 제한된다.
> ㉢ 무면허인 자가 술에 취한 상태에서 자동차 등을 운전한 경우, 무면허운전죄와 음주운전죄는 실체적 경합관계에 있다.
> ㉣ 도로가 아닌 곳에서 술에 취한 상태로 자동차 등을 운전하더라도 음주단속의 대상이 된다.

① ㉠ (O), ㉡ (O), ㉢ (×), ㉣ (×)   ② ㉠ (O), ㉡ (×), ㉢ (O), ㉣ (O)
③ ㉠ (O), ㉡ (×), ㉢ (×), ㉣ (O)   ④ ㉠ (×), ㉡ (O), ㉢ (O), ㉣ (×)

해설

제156조(벌칙) 다음 각 호의 어느 하나에 해당하는 사람은 20만원 이하의 벌금이나 구류 또는 과료(科料)에 처한다.

> 11. 제44조제1항을 위반하여 술에 취한 상태에서 **자전거등을 운전한 사람**

제44조(술에 취한 상태에서의 운전 금지) ① 누구든지 술에 취한 상태에서 **자동차등**(건설기계 외의 건설기계를 포함한다), 노면전차 또는 자전거를 운전하여서는 아니 된다.
　② 경찰공무원은 교통의 안전과 위험방지를 위하여 필요하다고 인정하거나 술에 취한 상태에서 **자동차등**, 노면전차 또는 자전거를 운전하였다고 인정할 만한 **상당한 이유**가 있는 경우에는 운전자가 술에 취하였는지를 **호흡조사로 측정**할 수 있다. 이 경우 운전자는 경찰공무원의 측정에 응하여야 한다.
　③ 제2항에 따른 측정 결과에 불복하는 운전자에 대하여는 그 운전자의 동의를 받아 **혈액 채취** 등의 방법으로 다시 측정할 수 있다.
　④ 운전이 금지되는 술에 취한 상태의 기준은 운전자의 **혈중알코올농도**가 **0.03퍼센트 이상**인 경우로 한다.

참고 대법원 1987. 2. 24. 선고 86도2731 판결

> **〈판결요지〉**
> 형법 제40조에서 말하는 1개의 행위란 법적 평가를 떠나 사회관념상 행위가 사물자연의 상태로서 1개로 평가되는 것을 말하는바, 무면허인데다가 술이 취한 상태에서 오토바이를 운전하였다는 것은 위의 관점에서 분명히 1개의 운전행위라 할 것이고 이 행위에 의하여 도로교통법 제111조제2호, 제40조와 제109조제2호, 제41조제1항의 각 죄에 동시에 해당하는 것이니 두 죄는 형법 제40조의 상상적 경합관계에 있다고 할 것이다.

참고 운전면허 응시제한 기간

제한기간	사 유
5년 제한	무면허, 음주운전, 약물복용, 과로운전, 공동위험행위 중 사상사고 야기후 필요한 구호조치를 하지 않고 도주
4년 제한	5년제한 이외의 사유로 사상사고 야기후 도주
3년 제한	음주운전을 하다가 2회이상 교통사고를 야기
	자동차 이용 범죄, 자동차 강·절취한 자가 무면허로 운전한 경우
2년 제한	3회 이상 무면허운전
	운전면허시험 대리응시를 한 경우
	운전면허시험 대리응시를 하고 원동기면허를 취득하고자 하는 경우
	공동위험행위로 2회 이상으로 면허취소 시
	부당한 방법으로 면허 취득 또는 이용, 운전면허시험 대리응시
	다른 사람의 자동차 강·절취한 자
	음주운전 2회 이상, 측정불응 2회 이상 자
	음주운전, 측정불응을 하다가 교통사고를 일으킨 경우
1년 제한	무면허운전
	공동위험행위로 운전면허가 취소된 자가 원동기면허를 취득하고자 하는 경우
	자동차 이용범죄
	2년 제한 이외의 사유로 면허가 취소된 경우
6개월 제한	단순음주, 단순무면허, 자동차이용범죄로 면허취소 후 원동기면허를 취득하고자 하는 경우
바로 응시 가능한 경우	적성검사 또는 면허갱신 미필자
	2종에 응시하는 1종면허 적성검사 불합격자

17 「집회 및 시위에 관한 법률」에 대한 설명으로 가장 적절하지 <u>않은</u> 것은?

① 군인 · 검사 · 경찰관이 폭행, 협박, 그 밖의 방법으로 평화적인 집회 또는 시위를 방해한 경우 3년 이하의 징역에 처한다.

② 관할 경찰서장은 집회신고서의 기재 사항에 미비점을 발견하면 접수증을 교부한 때로부터 12시간 이내에 주최자에게 24시간을 기한으로 그 기재사항을 보완할 것을 통고할 수 있다.

③ 헌법재판소의 결정에 따라 해산된 정당의 목적을 달성하기 위한 집회 또는 시위는 주최하여서는 아니 된다.

④ 집회신고서를 접수한 때로부터 48시간이 경과한 이후에도 남은 기간의 집회시위에 대해 금지통고를 할 수 있는 경우가 있다.

> **해설**
>
> 집회 및 시위에 관한 법률 제3조(집회 및 시위에 대한 방해 금지) ① 누구든지 폭행, 협박, 그 밖의 방법으로 평화적인 집회 또는 시위를 방해하거나 질서를 문란하게 하여서는 아니 된다.
>
> ② 누구든지 폭행, 협박, 그 밖의 방법으로 집회 또는 시위의 주최자나 질서유지인의 이 법의 규정에 따른 임무 수행을 방해하여서는 아니 된다.
>
> ③ 집회 또는 시위의 주최자는 평화적인 집회 또는 시위가 방해받을 염려가 있다고 인정되면 관할 경찰관서에 그 사실을 알려 보호를 요청할 수 있다. 이 경우 관할 경찰관서의 장은 정당한 사유 없이 보호 요청을 거절하여서는 아니 된다.
>
> 제22조(벌칙) ① 제3조제1항 또는 제2항을 위반한 자는 3년 이하의 징역 또는 300만원 이하의 벌금에 처한다. 다만, **군인 · 검사** 또는 **경찰관**이 제3조제1항 또는 제2항을 위반한 경우에는 **5년 이하의 징역**에 처한다.

18 「북한이탈주민의 보호 및 정착지원에 관한 법률」 및 같은 법 시행령에 대한 설명으로 가장 적절한 것은?

① 북한이탈주민이란 군사분계선 이북지역에 주소, 직계가족, 배우자, 직장 등을 두고 있는 사람으로서 북한을 벗어난 후 외국 국적을 취득한 사람을 말한다.

② 북한이탈주민으로서 「북한이탈주민의 보호 및 정착지원에 관한 법률」에 따른 보호를 받으려는 사람은 재외공관이나 그 밖의 행정기관의 장(각급 군부대의 장은 제외한다)에게 보호를 직접 신청하여야 한다.

③ 통일부장관은 '북한이탈주민 대책협의회'의 심의를 거쳐 북한이탈주민의 보호 여부를 결정한다. 단, 국가안보에 현저한 영향을 끼칠 우려가 있는 자의 경우 국방부장관이 보호 여부를 결정한다.

④ 통일부장관은 「북한이탈주민의 보호 및 정착지원에 관한 법률」에 따라 보호대상자가 거주지로 전입한 후 그의 신변안전을 위하여 국방부장관이나 경찰청장에게 협조를 요청할 수 있다.

해설

북한이탈주민의 보호 및 정착지원에 관한 법률 제2조(정의) 이 법에서 사용하는 용어의 뜻은 다음과 같다.
1. "북한이탈주민"이란 군사분계선 이북지역(북한)에 주소, 직계가족, 배우자, 직장 등을 두고 있는 사람으로서 북한을 벗어난 후 외국 국적을 취득하지 아니한 사람을 말한다.

제7조(보호신청 등) ① 북한이탈주민으로서 이 법에 따른 보호를 받으려는 사람은 재외공관이나 그 밖의 행정기관의 장(**각급 군부대의 장을 포함한다**. 이하 "재외공관장등"이라 한다)에게 보호를 직접 신청하여야 한다.

제8조(보호 결정 등) ① 통일부장관은 제7조제3항에 따른 통보를 받으면 협의회의 심의를 거쳐 보호 여부를 결정한다. 다만, **국가안전보장**에 현저한 영향을 줄 우려가 있는 사람에 대하여는 **국가정보원장**이 그 보호 여부를 결정하고, 그 결과를 지체 없이 통일부장관과 보호신청자에게 통보하거나 알려야 한다.

제22조의2(**거주지에서의 신변보호**) ① 통일부장관은 제22조에 따라 보호대상자가 거주지로 전입한 후 그의 신변안전을 위하여 국방부장관이나 경찰청장에게 협조를 요청할 수 있으며, 협조요청을 받은 국방부장관이나 경찰청장은 이에 협조한다.

19 다음은 국제형사사법 공조에 대한 설명이다. 옳지 <u>않은</u> 것으로 묶인 것은?

> ㉠ 요청국이 공조에 따라 취득한 증거를 공조요청의 대상이 된 범죄 이외의 수사나 재판에 사용해서는 안 된다는 원칙은 '특정상의 원칙'과 관련이 깊다.
>
> ㉡ 우리나라가 외국과 체결한 형사사법 공조조약과 「국제형사사법 공조법」의 규정이 상충되면 공조조약이 우선 적용된다.
>
> ㉢ 「국제형사사법 공조법」상 공조범죄가 대한민국의 법률에 의하여는 범죄를 구성하지 아니하거나 공소를 제기할 수 없는 범죄인 경우 공조를 하지 아니해야 한다.
>
> ㉣ 「국제형사사법 공조법」상 대한민국에서 수사가 진행 중이거나 재판에 계속된 범죄에 대하여 외국의 공조요청이 있는 경우 수사의 진행, 재판의 계속을 이유로 공조를 연기할 수 없다.

① ㉠, ㉡   ② ㉡, ㉢   ③ ㉡, ㉣   ④ ㉢, ㉣

해설

제6조(공조의 제한) 다음 각 호의 어느 하나에 해당하는 경우에는 **공조를 하지 아니할 수 있다.**

1. 대한민국의 주권, 국가안전보장, 안녕질서 또는 미풍양속을 해칠 우려가 있는 경우
2. 인종, 국적, 성별, 종교, 사회적 신분 또는 특정 사회단체에 속한다는 사실이나 정치적 견해를 달리한다는 이유로 처벌되거나 형사상 불리한 처분을 받을 우려가 있다고 인정되는 경우
3. 공조범죄가 정치적 성격을 지닌 범죄이거나, 공조요청이 정치적 성격을 지닌 다른 범죄에 대한 수사 또는 재판을 할 목적으로 한 것이라고 인정되는 경우
4. 공조범죄가 대한민국의 법률에 의하여는 **범죄를 구성하지 아니하거나** **공소를 제기할 수 없는 범죄**인 경우
5. 이 법에 요청국이 보증하도록 규정되어 있음에도 불구하고 요청국의 보증이 없는 경우

제7조(공조의 연기) 대한민국에서 **수사가 진행 중**이거나 **재판에 계속(係屬)**된 범죄에 대하여 외국의 공조요청이 있는 경우에는 그 수사 또는 재판 절차가 **끝날 때까지** 공조를 연기할 수 있다.

20 「경찰 인권보호 규칙」에 대한 설명으로 옳지 <u>않은</u> 것은?

① 경찰청 인권위원회는 위원장 1명을 포함하여 7명 이상 13명 이하의 위원으로 구성한다. 이때, 특정 성별이 전체 위원 수의 10분의 6을 초과하지 아니하여야 한다.

② 위원장과 위촉 위원의 임기는 위촉된 날로부터 2년으로 하며 위촉 위원은 두 차례만 연임할 수 있다.

③ 경찰청장은 매년 인권교육종합계획을 수립하여 시행하여야 한다.

④ 경찰관서의 장은 경찰청 인권교육종합계획의 내용을 반영하여 매년 인권교육 계획을 수립·시행하여야 한다.

해설

제5조(구성) ① 위원회는 위원장 1명을 포함하여 7명 이상 13명 이하의 위원으로 구성한다. 이때, 특정 성별이 전체 위원 수의 10분의 6을 초과하지 아니해야 한다.

제7조(임기) ① 위원장과 위촉 위원의 임기는 위촉된 날로부터 2년으로 하며 위원장의 직은 연임할 수 없고, 위촉 위원은 두 차례만 연임할 수 있다.

제18조(인권교육계획의 수립) ① **경찰청장**은 경찰관등이 근무하는 동안 지속적·체계적으로 교육을 받을 수 있도록 **3년** 단위로 **인권교육종합계획**을 수립하여 시행하여야 한다.
② **경찰관서의 장**은 제1항의 내용을 반영하여 **매년 인권교육** 계획을 수립하여 시행하여야 한다.

19년 제1차 경찰공무원(순경)채용시험 문제

− 공채(남 · 여) · 경찰행정학과특채 · 101경비단 −

응시 번호 :   이름 :

[경찰학개론]

01 경찰의 기본적 임무 및 수단에 대한 설명으로 가장 적절하지 <u>않은</u> 것은?

① 경찰강제는 경찰상 강제집행(대집행 · 강제징수 · 집행벌 · 즉시강제 등)과 직접강제가 있는데, 경찰상 강제집행은 의무의 존재 및 그 불이행을 전제로 한다는 점에서 이를 전제로 하지 아니하고 급박한 경우에 행하여지는 경찰상 직접강제와 구별된다.

② 공공질서란 각 개인의 행동에 대한 불문규범의 총체로, 시대에 따라 변화하는 상대적 · 유동적 개념이다.

③ 경찰의 직무에는 범죄의 예방 · 진압, 범죄피해자 보호가 포함된다.

④ 「형사소송법」은 임의 수사를 원칙으로 하고, 강제수사를 예외적으로 허용하고 있다.

02 권한의 위임과 대리에 관한 설명으로 가장 적절하지 <u>않은</u> 것은?

① 임의대리는 복대리가 허용되지 않는 것이 원칙이다.

② 복대리의 성격은 임의대리에 해당한다.

③ 원칙적으로 대리관청이 대리행위에 대한 행정소송의 피고가 된다.

④ 수임관청이 권한의 위임에서 쟁송의 당사자가 된다.

03 「부정청탁 및 금품등 수수의 금지에 관한 법률」에 대한 설명으로 가장 적절하지 <u>않은</u> 것은?

① 원활한 직무수행 목적으로 제공되는 음식물·경조사비·선물 등으로서 대통령령으로 정하는 가액 범위 안의 금품등은 수수 금지의 예외 사유이다.

② 사회상규에 따라 허용되는 금품등은 수수 금지의 예외 사유이다.

③ 공직자등은 직무 관련 여부 및 기부·후원·증여 등 그 명목에 관계없이 동일인으로부터 1회에 100만원 또는 매 회계연도에 300만 원을 초과하는 금품등을 받거나 요구 또는 약속해서는 아니 된다.

④ 사적 거래(증여 포함)로 인한 채무의 이행 등 정당한 권원(權原)에 의하여 제공되는 금품등은 수수 금지의 예외 사유이다.

04 「경찰공무원법」상 경찰공무원의 임용에 대한 설명으로 가장 적절한 것은?

① 총경 이상의 경찰공무원은 경찰청장의 제청으로 국무총리를 거쳐 대통령이 임용한다.

② 퇴직한 경찰공무원으로서 퇴직 시에 재직하였던 계급의 채용시험에 합격한 사람을 재임용하는 경우 시보임용을 거치지 않는다.

③ 경찰청장은 경찰공무원의 채용시험 또는 경찰간부후보생 공개경쟁선발시험에서 부정행위를 한 응시자에 대하여는 해당 시험을 정지 또는 무효로 하고, 그 처분이 있은 날부터 3년간 시험응시자격을 정지한다.

④ 경찰청장은 경찰공무원의 임용에 관한 권한의 일부를 소속기관등의 장에게 위임할 수 없다.

05 경찰하명에 대한 설명으로 가장 적절하지 <u>않은</u> 것은?

① 경찰하명이란 경찰목적을 달성하기 위해 상대방에게 일정한 작위·부작위·수인·급부의 의무를 명하는 행정행위이다.

② 경찰하명 위반 시에는 경찰상 강제집행의 대상이 되거나 경찰벌이 과해질 수 있으나, 하명을 위반한 행위의 법적 효력에는 원칙적으로 영향을 미치지 않는다.

③ 경찰하명의 상대방인 수명자는 수인의무를 지므로 경찰하명이 위법하더라도 손해배상을 청구할 수 없다.

④ 경찰하명이 있는 경우, 상대방은 행정주체에 대하여만 의무를 이행할 책임이 있고 그 이외의 제3자에 대하여 법상의무를 부담하는 것은 아니다.

06 경찰공무원의 징계에 대한 설명으로 가장 적절하지 <u>않은</u> 것은?

① 파면 징계처분을 받은 자(재직기간 5년 미만)의 퇴직급여는 1/4을 감액한 후 지급한다.
② 성폭력, 성희롱 및 성매매에 따른 강등 징계처분을 받은 자는 그 처분의 집행이 끝난 날부터 24개월이 지나지 않은 경우 승진임용될 수 없다.
③ 정직 징계처분을 받은 자는 1개월 이상 3개월 이하의 기간 동안 직무에 종사하지 못하며, 정직기간 중 보수는 3/1을 감한다.
④ 임용(제청)권자는 승진후보자 명부에 기록된 사람이 승진임용되기 전에 정직 이상 징계처분을 받은 경우에는 승진후보자 명부에서 그 후보자를 제외하여야 한다.

07 「행정절차법」상 행정지도에 대한 설명으로 가장 적절하지 <u>않은</u> 것은?

① 반드시 문서의 형식으로 하여야만 한다.
② 임의성 원칙을 명문화하고 있다.
③ 행정기관이 그 소관 사무의 범위에서 일정한 행정목적을 실현하기 위하여 특정인에게 일정한 행위를 하거나 하지아니하도록 지도, 권고, 조언 등을 하는 행정작용을 말한다.
④ 행정지도의 상대방은 해당 행정지도의 방식·내용 등에 관하여 행정기관에 의견제출을 할 수 있다.

08 경찰권 발동의 조리상 한계에 대한 설명으로 가장 적절하지 <u>않은</u> 것은?

① 경찰비례의 원칙이란 경찰작용에 있어 목적 실현을 위한 수단과 당해 목적 사이에 합리적인 비례관계가 있어야 한다는 원칙이다.
② 경찰비례의 원칙의 내용 중 상당성의 원칙은 경찰권 발동에 따른 이익보다 사인의 피해가 더 큰 경우 경찰권을 발동해서는 안 된다는 원칙으로서 최소침해원칙이라고도 한다.
③ 경찰책임의 원칙이란 경찰권은 경찰위반상태에 책임이 있는 자에게만 발동되어야 한다는 원칙이다.
④ 경찰책임 원칙의 예외로서 긴급한 필요가 있는 경우 경찰책임 있는 자가 아닌 제3자에 대한 경찰권 발동이 허용되는 경우가 있다.

09 경찰통제의 유형이 가장 바르게 연결된 것은?

① 내부통제: 청문감사관 제도, 경찰위원회, 직무명령권
② 외부통제: 국민권익위원회, 소청심사위원회, 국민감사청구제도
③ 사전통제: 행정예고제, 상급기관의 하급기관에 대한 감독권
④ 사후통제: 사법부에 의한 사법심사, 국회의 입법권·예산심의권

10 「경찰관 직무집행법」상 불심검문에 대한 설명으로 가장 적절한 것은?

① 경찰관은 상대방의 신원확인이 불가능하거나 교통에 방해된다고 인정될 때에는 임의
동행을 요구할 수 있다.
② 경찰관은 임의동행한 사람의 가족이나 친지 등에게 동행한 경찰관의 신분, 동행 장소,
동행 목적과 이유를 알리거나 본인으로 하여금 즉시 연락할 수 있는 기회를 주어야
하며, 변호인의 도움을 받을 권리가 있음을 알려야 한다.
③ 경찰관은 질문을 하거나 임의동행을 요구할 경우 자신의 신분을 표시하는 증표를 제
시하면서 소속과 성명을 밝혀야 한다. 이때 증표는 경찰공무원증뿐만 아니라 흉장도
포함된다.
④ 경찰관이 불심검문 시 흉기조사 뿐만 아니라, 흉기 이외의 일반소지품 조사도 할 수
있다고 규정하고 있다.

11 계급제와 직위분류제에 대한 설명으로 가장 적절하지 <u>않은</u> 것은?

① 직위분류제의 경우 직무중심 분류로서 계급제보다 인사배치에 신축성을 기할 수 있다.
② 계급제의 경우 널리 일반적 교양, 능력을 갖춘 사람을 채용하여 장기간에 걸쳐 능력을
향상시키므로 공무원이 종합적, 신축적인 능력을 갖출 수 있다.
③ 직위분류제의 경우 동일한 직무를 장기간 담당하게 되어 행정의 전문화에 기여한다.
④ 우리나라의 공직분류는 계급제 위주에 직위분류제적 요소를 가미한 혼합형태라고 할
수 있다.

12 CPTED(환경설계를 통한 범죄예방)의 원리와 그 내용 및 종류에 설명으로 가장 적절하지 않은 것은?

① '자연적 감시'란 건축물이나 시설물의 설계 시 가시권을 최대한 확보하고 외부침입에 대한 감시기능을 증가시키며, 범죄기회를 감소시킬 수 있다는 원리로서, 그 종류로는 조명·조경·가시권 확대를 위한 건물의 배치 등이 있다.

② '영역성의 강화'란 사적공간에 대한 경계를 표시하여 주민들의 책임의식과 소유의식을 증대 시킴으로 사적공간에 대한 관리권과 권리를 강화시키고, 외부인들에게는 침입에 대한 불법사실을 인식시켜 범죄기회를 차단한다는 원리이며, 종류는 출입구의 최소화, 통행로의 설계, 사적·공적 공간의 구분이 있다.

③ '활동의 활성화'란 지역사회의 설계 시 주민들이 모여서 상호의견을 교환하고 유대감을 증대할 수 있는 공공장소를 설치하고 이용하도록 함으로써 자연적 감시와 접근 통제의 기능을 확대한다는 원리이며, 그 종류로는 체육시설의 접근성과 이용의 증대, 벤치·정자의 위치 및 활용성에 대한 설계가 있다.

④ '유지관리'란 처음 설계된 대로 혹은 개선한 의도대로 기능을 지속적으로 유지하도록 관리함으로써 범죄예방을 위한 환경설계의 정기적이고 지속적인 효과를 유지한다는 원리이며, 종류로는 파손의 즉시보수, 청결유지, 조명·조경의 관리가 있다.

13 「재난 및 안전관리 기본법」상 재난관리 체계에 대한 설명으로 옳은 것은?

① 특별재난지역 선포는 대응 단계에서의 활동이다.
② 재난분야 위기관리 매뉴얼 작성은 예방 단계에서의 활동이다.
③ 재난관리체계 등의 평가는 대비 단계에서의 활동이다.
④ 재난피해조사는 복구 단계에서의 활동이다.

14 다음은 마약류에 대한 설명이다. 옳은 것으로 묶인 것은?

> ㉠ 마약이라 함은 양귀비, 아편, 대마와 이로부터 추출되는 모든 알칼로이드로서 대통령령으로 정하는 것을 말한다.
>
> ㉡ GHB(일명 물뽕)는 무색, 무취, 무미의 액체로 유럽 등지에서 데이트 강간약물로도 불린다.
>
> ㉢ LSD는 곡물의 곰팡이, 보리, 맥각에서 추출한 물질을 인공합성시켜 만든 것으로 무색, 무취, 무미하다.
>
> ㉣ 코카인은 「마약류 관리에 관한 법률」에서 규제하는 향정신성 의약품에 해당한다.
>
> ㉤ 마약성분을 갖고 있으나 다른 약들과 혼합되어 마약으로 다시 제조하거나 제제할 수 없고, 그것에 의하여 신체적 또는 정신적 의존성을 일으키지 아니하는 것으로서 총리령으로 정하는 것을 한외마약이라고 한다.
>
> ㉥ 한외마약은 코데날, 코데잘, 코데솔, 코데인, 유코네, 세코날 등이 있다.

① ㉠, ㉥   ② ㉡, ㉢

③ ㉢, ㉤   ④ ㉣, ㉤

15 현재 경찰과 검찰 간의 수사구조에 대한 설명으로 가장 적절한 것은?

① 체포, 구속, 압수수색 영장은 객관성과 독립성이 보장된 법관이 발부하므로 검사뿐만 아니라 사법경찰관도 법관에게 영장을 청구할 수 있다.

② 「형사소송법」에는 검사와 사법경찰관이 수사와 공소제기, 공소유지의 원활한 수행을 위하여 서로 협력하도록 규정되어 있다.

③ 사법경찰관은 모든 사건에 대하여 종국적 수사종결권을 가지고 있다.

④ 수사구조개혁과 관련하여 2018년 6월 21일에 '수사권 조정 합의문'이 발표되었다.

16 「도로교통법」상 음주운전과 관련된 내용이다, 아래 ㉠부터 ㉣까지의 내용 중 옳고 그름의 표시(O, X)가 바르게 된 것은? (단, '술에 취한 상태'는 혈중알코올농도가 0.03퍼센트 이상인 경우로 전제함)

> ㉠ 술에 취한 상태에서 자전거를 운전하는 사람은 처벌된다.
> ㉡ 음주운전 3회 이상 위반으로 벌금형을 확정 받고 면허가 취소된 경우, 면허가 취소된 날부터 3년간 면허시험 응시자격이 제한된다.
> ㉢ 무면허인 자가 술에 취한 상태에서 자동차 등을 운전한 경우, 무면허운전죄와 음주운전죄는 실체적 경합관계에 있다.
> ㉣ 도로가 아닌 곳에서 술에 취한 상태로 자동차 등을 운전하더라도 음주단속의 대상이 된다.

① ㉠ (O), ㉡ (O), ㉢ (×), ㉣ (×) 　 ② ㉠ (O), ㉡ (×), ㉢ (O), ㉣ (O)
③ ㉠ (O), ㉡ (×), ㉢ (×), ㉣ (O) 　 ④ ㉠ (×), ㉡ (O), ㉢ (O), ㉣ (×)

17 「집회 및 시위에 관한 법률」에 대한 설명으로 가장 적절하지 <u>않은</u> 것은?

① 군인 · 검사 · 경찰관이 폭행, 협박, 그 밖의 방법으로 평화적인 집회 또는 시위를 방해한 경우 3년 이하의 징역에 처한다.
② 관할 경찰서장은 집회신고서의 기재 사항에 미비점을 발견하면 접수증을 교부한 때로부터 12시간 이내에 주최자에게 24시간을 기한으로 그 기재사항을 보완할 것을 통고할 수 있다.
③ 헌법재판소의 결정에 따라 해산된 정당의 목적을 달성하기 위한 집회 또는 시위는 주최하여서는 아니 된다.
④ 집회신고서를 접수한 때로부터 48시간이 경과한 이후에도 남은 기간의 집회시위에 대해 금지통고를 할 수 있는 경우가 있다.

18 「북한이탈주민의 보호 및 정착지원에 관한 법률」 및 같은 법 시행령에 대한 설명으로 가장 적절한 것은?

① 북한이탈주민이란 군사분계선 이북지역에 주소, 직계가족, 배우자, 직장 등을 두고 있는 사람으로서 북한을 벗어난 후 외국 국적을 취득한 사람을 말한다.

② 북한이탈주민으로서 「북한이탈주민의 보호 및 정착지원에 관한 법률」에 따른 보호를 받으려는 사람은 재외공관이나 그 밖의 행정기관의 장(각급 군부대의 장은 제외한다)에게 보호를 직접 신청하여야 한다.

③ 통일부장관은 '북한이탈주민 대책협의회'의 심의를 거쳐 북한이탈주민의 보호 여부를 결정한다. 단, 국가안보에 현저한 영향을 끼칠 우려가 있는 자의 경우 국방부장관이 보호 여부를 결정한다.

④ 통일부장관은 「북한이탈주민의 보호 및 정착지원에 관한 법률」에 따라 보호대상자가 거주지로 전입한 후 그의 신변안전을 위하여 국방부장관이나 경찰청장에게 협조를 요청할 수 있다.

19 다음은 국제형사사법 공조에 대한 설명이다. 옳지 <u>않은</u> 것으로 묶인 것은?

㉠ 요청국이 공조에 따라 취득한 증거를 공조요청의 대상이 된 범죄 이외의 수사나 재판에 사용해서는 안 된다는 원칙은 '특정상의 원칙'과 관련이 깊다.

㉡ 우리나라가 외국과 체결한 형사사법 공조조약과 「국제형사사법 공조법」의 규정이 상충되면 공조조약이 우선 적용된다.

㉢ 「국제형사사법 공조법」상 공조범죄가 대한민국의 법률에 의하여는 범죄를 구성하지 아니하거나 공소를 제기할 수 없는 범죄인 경우 공조를 하지 아니해야 한다.

㉣ 「국제형사사법 공조법」상 대한민국에서 수사가 진행 중이거나 재판에 계속된 범죄에 대하여 외국의 공조요청이 있는 경우 수사의 진행, 재판의 계속을 이유로 공조를 연기할 수 없다.

---

① ㉠, ㉡   ② ㉡, ㉢   ③ ㉡, ㉣   ④ ㉢, ㉣

20 「경찰 인권보호 규칙」에 대한 설명으로 옳지 <u>않은</u> 것은?

① 경찰청 인권위원회는 위원장 1명을 포함하여 7명 이상 13명 이하의 위원으로 구성한다. 이때, 특정 성별이 전체 위원 수의 10분의 6을 초과하지 아니하여야 한다.

② 위원장과 위촉 위원의 임기는 위촉된 날로부터 2년으로 하며 위촉 위원은 두 차례만 연임할 수 있다.

③ 경찰청장은 매년 인권교육종합계획을 수립하여 시행하여야 한다.

④ 경찰관서의 장은 경찰청 인권교육종합계획의 내용을 반영하여 매년 인권교육 계획을 수립·시행하여야 한다.

경찰공무원(순경) 공채

01 18 ~ 20세기 독일과 프랑스에서의 경찰개념 형성 및 발달과정에 관한 설명으로 가장 적절하지 **않은** 것은?

① 경찰 개념을 소극적 질서유지로 제한하는 주요 법률과 판결을 시간적 순서대로 나열하면 프로이센 일반란트법(제10조)−프랑스 죄와 형벌법전(제16조)−크로이츠베르크 판결−프랑스 지방자치법전(제97조)−프로이센 경찰행정법(제4조)의 순이다.

② 크로이츠베르크 판결은 경찰의 직무범위는 위험방지 분야에 한정된다고 하는 사상이 법해석상 확정되는 계기가 되었다.

③ 프랑스 죄와 형벌법전은 행정경찰과 사법경찰을 최초로 구분하여 법제화하였다는 점에 의의가 있다.

④ 프랑스 지방자치법전은 경찰의 직무범위에서 협의의 행정경찰적 사무를 제외시킴으로써 경찰의 직무를 소극목적에 한정하였다.

해설

〈보기〉 ④ 프랑스 지방자치법전 제97조는 **자치제 경찰은 공공의 질서·안전 및 위생을 확보함을 목적으로** 한다고 규정하여 경찰 직무를 소극목적에 한정하고 있으나 **위생사무 등 협의의 행정경찰적 사무를 경찰의 직무범위에 포함**하고 있다.

〈보기〉 ① 프로이센 일반란트법(1794년)−프랑스 죄와 형벌법전(1795년)−크로이츠베르크 판결(1882년)−프랑스 지방자치법전(1884년)−프로이센 경찰행정법(1931년)

〈보기〉 ② 1882년 프로이센 고등행정법원이 크로이츠베르크 판결을 통해 경찰관청이 일반 수권 규정에 근거하여 법규명령을 발할 수 있는 분야는 위험방지 분야에 한정된다고 판시하였다. 이 판결은 경찰의 임무는 위험방지에 한정된다고 하는 사상이 법해석상 확정되는 계기가 되었다.

〈보기〉 ③ 프랑스 죄와 형벌법전은 행정경찰과 사법경찰을 최초로 구분하여 법제화 하였다.

정답 1. ④

02 경찰법의 법원(法源)에 관한 설명으로 가장 적절하지 <u>않은</u> 것은?

① 행정입법이란 행정부가 제정하는 법을 의미하며, 행정조직 내부의 사무처리기준에 관한 법규명령과 국민을 구속하는 효력이 있는 행정규칙으로 구분된다.

② 법규명령은 특별한 규정이 없는 한 공포일로부터 20일 경과 후 효력이 발생하나, 행정규칙은 공포를 요하지 않는다.

③ 최후의 보충적 법원으로서 조리는 일반적·보편적 정의를 의미하는 바, 경찰관청의 행위가 형식상 적법하더라도 조리에 위반할 경우 위법이 될 수 있다.

④ 판례에 의할 때 운전면허 취소사유에 해당하는 음주운전을 적발한 경찰관의 소속 경찰서장이 사무착오로 위반자에게 운전면허정지처분을 한 상태에서 위반자의 주소지 관할 지방경찰청장이 위반자에게 운전면허취소처분을 한 경우 이는 법의 일반원칙인 조리에 반하여 허용될 수 없다.

[해설]

〈보기〉 ① 행정입법이란 행정부가 제정하는 법을 의미하며, **국민을 구속하는 효력이 있는 법규명령**과 **행정조직 내부의 사무처리기준에 관한 행정규칙**으로 구분된다.

[참고] 판례(대법원 2000. 2. 25., 선고 99두10520 판결)

위 지방경찰청장의 운전면허 취소처분은 **법의 일반원칙인 조리의 내용 중 하나인 신뢰보호원칙에 위반**되어 결국 **조리에 위반하므로 위법한 처분**이 된다. 대법원은 "운전면허 취소사유에 해당하는 음주운전을 적발한 경찰관의 소속 경찰서장이 사무착오로 위반자에게 운전면허정지처분을 한 상태에서 위반자의 주소지 관할 지방경찰청장이 위반자에게 운전면허취소처분을 한 것은 **선행처분에 대한 당사자의 신뢰 및 법적 안정성을 저해하는 것으로서 허용될 수 없다**"고 판시하였다.

03 훈령과 직무명령에 관한 설명 중 옳지 <u>않은</u> 것을 모두 고른 것은?

> ㉠ 직무명령은 직무와 관련 없는 사생활에는 그 효력이 미치지 않는다.
> ㉡ 훈령은 일반적·추상적 사항에 대하여만 발할 수 있으며, 개별적·구체적 사항에 대해서는 발할 수 없다.
> ㉢ 훈령을 발하기 위해서는 법령의 구체적 근거를 요하나, 직무명령은 법령의 구체적 근거가 없이도 발할 수 있다.
> ㉣ 훈령의 종류에는 '협의의 훈령', '지시', '예규', '일일명령' 등이 있으며, 이 중 예규는 반복적 경찰사무의 기준을 제시하기 위하여 발하는 명령을 의미한다.
> ㉤ 훈령은 직무명령을 겸할 수 있으나, 직무명령은 훈령의 성질을 가질 수 없다.

① ㉠, ㉢   ② ㉡, ㉢   ③ ㉢, ㉤   ④ ㉣, ㉤

[해설] **틀린 지문** ㉡, ㉢

〈보기〉 ㉡ 훈령은 원칙적으로 일반적·추상적 사항에 대해서 발해야 하나, 개별적·구체적 사항에 대해서도 발해질 수 있다.

〈보기〉 ㉢ 훈령과 직무명령 모두 법령의 구체적인 근거 없이 발할 수 있다.

04 경찰부패 문제의 해결을 위해 다음과 같이 「경찰청 공무원 행동강령」을 개정하였다고 가정한다면, 이와 같은 개정의 근거가 된 경찰부패이론(가설)으로 가장 적절한 것은?

현행	개정안
공무원은 직무 관련 여부 및 기부 · 후원 · 증여 등 그 명목에 관계없이 동일인으로부터 1회에 100만원 또는 매 회계연도에 300만원을 초과하는 금품 등을 받거나 요구 또는 약속해서는 아니 된다.	공무원은 직무 관련 여부 및 기부 · 후원 · 증여 등 그 명목에 관계없이 어떠한 금품 등도 받거나 요구 또는 약속해서는 아니 된다.

① 썩은 사과 가설

② 미끄러지기 쉬운 경사로 이론

③ 형성재론

④ 구조원인 가설

[해설] 해당 사례는 1회 100만원, 매 회계연도 300만원 이하의 금품 등에 관하여는 예외적으로 허용되는 규정을 개정하여, 금액의 정도를 불문하고 **어떠한 금품도 허용하지 않음으로써 경찰의 부패를 예방하려는 입장**이라 이해할 수 있다.

이런 방법은 부패에 해당하지 않는 작은 호의가 점점 큰 부패로 이어질 수 있으므로, 작은 호의 조차도 허용하지 않아야 한다는 '미끄러지기 쉬운 경사로 이론'의 주장에서 근거를 찾을 수 있다.

[참고]

• '썩은 사과 가설' – 썩은 사과 1개가 상자 안 모든 사과를 썩게 만들듯, 일부의 부패경찰이 조직 전체를 부패로 물들게 한다는 이론으로 부패문제를 개인적 결함 문제로 바라본다. 이 이론은 모집단계에서 부패가능성 있는 자를 배제하여 '썩은 사과'가 상자(조직) 안으로 유입되지 않도록 하는 것(채용절차를 개선하는 방안)이 경찰부패 문제 해결을 위한 대표적 대안으로 제시된다.

• '미끄러지기 쉬운 경사로 이론' – 부패에 해당하지 않는 작은 호의가 습관화 될 경우, 미끄러운 경사로를 타고 내려오듯이 점점 더 큰 부패와 범죄로 빠진다는 가설이다. 이 이론에 따르면, 때 큰 부패를 막기 위해서는 사소한 호의라도 허용해서는 안 된다는 점을 강조한다.

• '구조원인 가설' – 신임경찰이 부패한 조직 전통 속에서 '사회화' 되면서 부패경찰이 된다는 가설로, 선배경찰의 부패행태로부터 신임경찰이 차츰 적응(동화)하면서 신임경찰도 기존 경찰들처럼 부패로 빠지게 된다는 이론이다.

• '형성재론' – 경찰활동에 대한 시민의 커피 · 음료 · 선물 · 식사 등 작은 호의나 감사(사례)표시는 경찰과 시민간의 협조관계를 만드는 긍정적 효과가 있으므로, 작은 호의는 허용되어야 한다는 주장이다.

[정답] 2. ① 3. ② 4. ②

05 「국가경찰과 자치경찰의 조직 및 운영에 관한 법률」 및 관련 내용에 대한 설명으로 가장 적절한 것은? (기출 수정)

① 1991년 「경찰법」 제정으로 내무부 치안국장이 경찰청장으로 변경되었고, 경찰청장은 행정관청으로 승격되었다.

② 국가경찰행정에 관하여 제10조 제1항 각 호의 사항을 심의·의결하기 위하여 행정안전부에 국가경찰위원회를 둔다.

③ 국가경찰위원회는 위원장 1명을 포함한 7명의 위원으로 구성하되, 위원장 및 5명의 위원은 상임으로 하고, 1명의 위원은 비상임으로 한다.

④ 시·도경찰청장 소속으로 지구대 또는 파출소를 두고, 그 설치기준은 치안수요·교통·지리 등 관할구역의 특성을 고려하여 행정안전부령으로 정한다. 다만, 필요한 경우에는 출장소를 둘 수 있다.

[해설]

〈보기〉① 1991년 「경찰법」 제정으로 **치안본부장**이 경찰청장으로 변경되었고, 경찰청장은 행정관청으로 승격되었다.

〈보기〉② **제7조(국가경찰위원회의 설치)** ① 국가경찰행정에 관하여 제10조제1항 각 호의 사항을 심의·의결하기 위하여 행정안전부에 국가경찰위원회를 둔다.

〈보기〉③ **제7조(국가경찰위원회의 설치)** ② 국가경찰위원회는 위원장 1명을 포함한 7명의 위원으로 구성하되, 위원장 및 5명의 위원은 비상임(非常任)으로 하고, 1명의 위원은 상임(常任)으로 한다.

〈보기〉④ **제30조(경찰서장)** ① 경찰서에 경찰서장을 두며, 경찰서장은 경무관, 총경(總警) 또는 경정(警正)으로 보한다.
  ② 경찰서장은 시·도경찰청장의 지휘·감독을 받아 관할구역의 소관 사무를 관장하고 소속 공무원을 지휘·감독한다.
  ③ **경찰서장** 소속으로 지구대 또는 파출소를 두고, 그 설치기준은 치안수요·교통·지리 등 관할구역의 특성을 고려하여 행정안전부령으로 정한다. 다만, 필요한 경우에는 출장소를 둘 수 있다.

06 경찰공무원의 의무 중 그 근거 법령이 나머지 셋과 다른 하나는?

① 법령을 준수하며 성실히 직무를 수행하여야 한다.
② 직무를 수행할 때 소속 상관의 직무상 명령에 복종하여야 한다.
③ 직무에 관하여 거짓으로 보고나 통보를 하여서는 아니 된다.
④ 소속 상관의 허가 또는 정당한 사유가 없으면 직장을 이탈하지 못한다.

[해설]

〈경찰공무원법〉

제24조(거짓 보고 등의 금지) ① 경찰공무원은 직무에 관하여 거짓으로 보고나 통보를 하여서는 아니 된다.
　② 경찰공무원은 직무를 게을리하거나 유기(遺棄)해서는 아니 된다.

〈국가공무원법〉

제55조(선서) 공무원은 취임할 때에 소속 기관장 앞에서 대통령령등으로 정하는 바에 따라 선서(宣誓)하여야 한다. 다만, 불가피한 사유가 있으면 취임 후에 선서하게 할 수 있다.
제56조(성실 의무) 모든 공무원은 법령을 준수하며 성실히 직무를 수행하여야 한다.
제57조(복종의 의무) 공무원은 직무를 수행할 때 소속 상관의 직무상 명령에 복종하여야 한다.
제58조(직장 이탈 금지) ① 공무원은 소속 상관의 허가 또는 정당한 사유가 없으면 직장을 이탈하지 못한다.
　② 수사기관이 공무원을 구속하려면 그 소속 기관의 장에게 미리 통보하여야 한다. 다만, 현행범은 그러하지 아니하다.
제59조(친절·공정의 의무) 공무원은 국민 전체의 봉사자로서 친절하고 공정하게 직무를 수행하여야 한다.
제59조의2(종교중립의 의무) ① 공무원은 종교에 따른 차별 없이 직무를 수행하여야 한다.
　② 공무원은 소속 상관이 제1항에 위배되는 직무상 명령을 한 경우에는 이에 따르지 아니할 수 있다.
제60조(비밀 엄수의 의무) 공무원은 재직 중은 물론 퇴직 후에도 직무상 알게 된 비밀을 엄수(嚴守)하여야 한다.
제61조(청렴의 의무) ① 공무원은 직무와 관련하여 직접적이든 간접적이든 사례·증여 또는 향응을 주거나 받을 수 없다.
　② 공무원은 직무상의 관계가 있든 없든 그 소속 상관에게 증여하거나 소속 공무원으로부터 증여를 받아서는 아니 된다.
제62조(외국 정부의 영예 등을 받을 경우) 공무원이 외국 정부로부터 영예나 증여를 받을 경우에는 대통령의 허가를 받아야 한다.
제63조(품위 유지의 의무) 공무원은 직무의 내외를 불문하고 그 품위가 손상되는 행위를 하여서는 아니 된다.
제64조(영리 업무 및 겸직 금지) ① 공무원은 공무 외에 영리를 목적으로 하는 업무에 종사하지 못하며 소속 기관장의 허가 없이 다른 직무를 겸할 수 없다.

07 경찰예산에 관한 설명으로 가장 적절하지 <u>않은</u> 것은?

① 정부 예산안이 국회를 통과하여 확정된 후에 새롭게 발생한 사유로 인하여 이미 성립한 예산에 변경을 가할 필요가 있을 때 편성하는 예산은 추가경정예산이다.

② 예산의 집행은 예산의 배정으로부터 시작되므로 예산이 확정되더라도 해당 예산이 배정되지 않은 상태에서는 지출원인행위를 할 수 없다.

③ 품목별 예산제도는 세출예산의 대상·성질에 따라 편성한 예산으로 집행에 대한 회계책임을 명백히 하고 경비사용의 적정화에 유리한 장점이 있다.

④ 기획재정부장관은 예산안을 편성하여 국무회의 심의를 거쳐 대통령의 승인을 얻어야 하며, 정부는 이 예산안을 회계연도 개시 90일 전까지 국회에 제출하여야 한다.

> **해설**
>
> 국가재정법 제33조(예산안의 국회제출) 정부는 제32조의 규정에 따라 대통령의 승인을 얻은 예산안을 회계연도 개시 120일 전까지 국회에 제출하여야 한다.
>
> 제31조(예산요구서의 제출) ① 각 중앙관서의 장은 제29조의 규정에 따른 예산안편성지침에 따라 그 소관에 속하는 다음 연도의 세입세출예산·계속비·명시이월비 및 국고채무부담행위 요구서(예산요구서)를 작성하여 매년 5월 31일까지 기획재정부장관에게 제출하여야 한다.
>
> ② 예산요구서에는 대통령령으로 정하는 바에 따라 예산의 편성 및 예산관리기법의 적용에 필요한 서류를 첨부하여야 한다.
>
> ③ 기획재정부장관은 제1항의 규정에 따라 제출된 예산요구서가 제29조의 규정에 따른 예산안편성지침에 부합하지 아니하는 때에는 기한을 정하여 이를 수정 또는 보완하도록 요구할 수 있다.
>
> 제32조(예산안의 편성) 기획재정부장관은 제31조제1항의 규정에 따른 예산요구서에 따라 예산안을 편성하여 국무회의의 심의를 거친 후 대통령의 승인을 얻어야 한다.

08 「언론중재 및 피해구제 등에 관한 법률」에 관한 설명으로 가장 적절하지 <u>않은</u> 것은?

① 사실적 주장에 관한 언론보도등이 진실하지 아니함으로 인하여 피해를 입은 자는 해당 언론보도등이 있음을 안 날부터 6개월 이내에 그 내용에 관한 정정보도를 청구할 수 있다.

② 언론등의 보도 또는 매개로 인한 분쟁의 조정·중재 및 침해사항을 심의하기 위하여 언론중재위원회를 둔다.

③ 정정보도는 해당 언론보도등이 있은 후 6개월이 경과하면 청구할 수 없다.

④ 정정보도의 청구를 받은 언론사의 대표자는 3일 이내에 그 수용 여부에 대한 통지를 청구인에게 발송하여야 한다.

> **해설**
>
> 제14조(정정보도 청구의 요건) ① 사실적 주장에 관한 언론보도등이 진실하지 아니함으로 인하여 피해를 입은 자(피해자)는 해당 언론보도등이 있음을 안 날부터 3개월 이내에 언론사, 인터넷뉴스서비스사업자 및 인터넷 멀티미디어 방송사업자(언론사등)에게 그 언론보도등의 내용에 관한 정정보도를 청구할 수 있다. 다만, 해당 언론보도등이 있은 후 6개월이 지났을 때에는 그러하지 아니하다.

09 경찰책임의 원칙에 관한 설명으로 가장 적절하지 <u>않은</u> 것은?

① 경찰책임의 원칙이란 경찰위반상태에 책임 있는 자에게만 경찰권이 발동되어야 한다는 원칙을 의미한다.

② 경찰책임의 예외로서 경찰긴급권은 급박성, 보충성 등의 요건이 충족되는 경우 경찰책임자가 아닌 제3자에게 경찰권 발동이 인정되는 경우를 의미한다. 법적근거는 요하지 않으나 제3자의 승낙이 있는 경우에 한하여 경찰긴급권의 발동이 허용된다. 다만 이 경우에도 생명·건강 등 제3자의 중대한 법익에 대한 침해는 허용되지 않는다.

③ 경찰책임의 종류에는 행위책임, 상태책임, 복합적 책임이 있다. 먼저 행위책임은 사람의 행위로 인해 경찰위반상태가 발생한 경우를 의미하며, 상태책임은 물건 또는 동물의 소유자·점유자·관리자가 그 지배범위 안에 속하는 물건·동물로 인해 경찰위반상태가 발생한 경우를 의미한다. 마지막으로 복합적 책임은 다수인의 행위책임, 다수의 상태책임 또는 행위·상태 책임이 중복되는 경우를 의미한다.

④ 경찰책임은 사회 공공의 안녕과 질서에 대한 객관적 위험상황이 존재하면 인정되며, 자연인·법인, 고의·과실, 위법성 유무, 의사·행위·책임능력의 유무 등을 불문한다.

해설

〈보기〉 ② 경찰긴급권은 급박성, 보충성 등의 요건이 충족되고 **법적 근거가 있는 경우 발동될 수 있다.** 또 경찰긴급권의 발동에 **제3자의 승낙을 요하지 않으며,** 다만 생명·건강 등 제3자의 중대한 법익에 대한 침해는 허용되지 않으며, 경찰긴급권의 대상이 된 비책임자가 입은 손실에 대한 보상은 이루어져야 한다.

10 경찰조직편성의 원리에 관한 설명으로 가장 적절하지 <u>않은</u> 것은?

① 통솔범위는 신설부서보다는 오래된 부서, 지리적으로 근접한 부서보다는 분산된 부서, 복잡한 업무보다는 단순한 업무의 경우에 넓어진다.

② 계층제는 조직의 경직화를 가져와 환경변화에 대한 조직의 신축적 대응을 어렵게 한다.

③ 조정의 원리는 구성원이나 단위기관의 활동을 전체적인 관점에서 통일하여 조직의 목표달성도를 높이려는 원리를 말한다.

④ 분업의 원리란 업무를 성질과 종류별로 구분하여 한 사람에게 한 가지의 동일한 업무만을 전담토록 하는 원리를 말한다.

해설

〈보기〉 ① 통솔범위는 신설부서보다는 오래된 부서, 지리적으로 **분산된 부서보다는 근접한 부서,** 복잡한 업무보다는 단순한 업무의 경우에 넓어진다.

11 「청소년 보호법」상 "청소년유해업소"에 관한 설명으로 가장 적절하지 <u>않은</u> 것은?

① 청소년 출입·고용금지업소와 청소년고용금지업소로 구분된다.

② 이 경우 업소의 구분은 그 업소가 영업을 할 때 다른 법령에 따라 요구되는 허가·인가·등록·신고 등의 여부와 관계없이 실제로 이루어지고 있는 영업행위를 기준으로 한다.

③ 사행행위 영업, 단란주점 영업, 유흥주점 영업소의 경우 청소년의 고용뿐 아니라 출입도 금지되어 있다.

④ 「식품위생법」에 따른 식품접객업 중 대통령령으로 정하는 것은 출입과 고용이 모두 금지되어 있다.

[해설]

청소년 보호법 제2조(정의) 이 법에서 사용하는 용어의 뜻은 다음과 같다.

　　1. "청소년"이란 만 **19세 미만**인 사람을 말한다. 다만, 만 19세가 되는 해의 1월 1일을 맞이한 사람은 제외한다.

　　5. "청소년유해업소"란 **청소년의 출입과 고용**이 청소년에게 유해한 것으로 인정되는 "청소년 출입·고용금지업소"와 **청소년의 출입은 가능**하나 **고용이 청소년에게 유해**한 것으로 인정되는 "청소년고용금지업소"를 말한다.

　　이 경우 업소의 구분은 그 업소가 영업을 할 때 다른 법령에 따라 요구되는 허가·인가·등록·신고 등의 여부와 관계없이 실제로 이루어지고 있는 영업행위를 기준으로 한다.

　　가. 청소년 출입·고용금지업소

　　　1) 「게임산업진흥에 관한 법률」에 따른 일반게임제공업 및 복합유통게임제공업 중 대통령령으로 정하는 것

　　　2) 「사행행위 등 규제 및 처벌 특례법」에 따른 사행행위영업

　　　3) 「식품위생법」에 따른 식품접객업 중 대통령령으로 정하는 것

　　　4) 「영화 및 비디오물의 진흥에 관한 법률」 제2조제16호에 따른 비디오물감상실업·제한관람가 비디오물소극장업 및 복합영상물제공업

　　　5) 「음악산업진흥에 관한 법률」에 따른 노래연습장업 중 대통령령으로 정하는 것

　　　6) 「체육시설의 설치·이용에 관한 법률」에 따른 무도학원업 및 무도장업

　　　7) 전기통신설비를 갖추고 불특정한 사람들 사이의 음성대화 또는 화상대화를 매개하는 것을 주된 목적으로 하는 영업. 다만, 「전기통신사업법」 등 다른 법률에 따라 통신을 매개하는 영업은 제외한다.

　　　8) 불특정한 사람 사이의 신체적인 접촉 또는 은밀한 부분의 노출 등 성적 행위가 이루어지거나 이와 유사한 행위가 이루어질 우려가 있는 서비스를 제공하는 영업으로서 청소년보호위원회가 결정하고 여성가족부장관이 고시한 것

　　　9) 청소년유해매체물 및 청소년유해약물등을 제작·생산·유통하는 영업 등 청소년의 출입과 고용이 청소년에게 유해하다고 인정되는 영업으로서 대통령령으로 정하는 기준에 따라 청소년보호위원회가 결정하고 여성가족부장관이 고시한 것

　　　10) 「한국마사회법」 제6조제2항에 따른 장외발매소

　　　11) 「경륜·경정법」 제9조제2항에 따른 장외매장

나. 청소년고용금지업소

1) 「게임산업진흥에 관한 법률」에 따른 청소년게임제공업 및 인터넷컴퓨터게임시설제공업

2) 「공중위생관리법」에 따른 숙박업, 목욕장업, 이용업 중 대통령령으로 정하는 것

3) 「식품위생법」에 따른 식품접객업 중 대통령령으로 정하는 것

4) 「영화 및 비디오물의 진흥에 관한 법률」에 따른 비디오물소극장업

5) 「화학물질관리법」에 따른 유해화학물질 영업. 다만, 유해화학물질 사용과 직접 관련이 없는 영업으로서 대통령령으로 정하는 영업은 제외한다.

6) 회비 등을 받거나 유료로 만화를 빌려 주는 만화대여업

7) 청소년유해매체물 및 청소년유해약물등을 제작·생산·유통하는 영업 등 청소년의 고용이 청소년에게 유해하다고 인정되는 영업으로서 대통령령으로 정하는 기준에 따라 청소년보호위원회가 결정하고 여성가족부장관이 고시한 것

12 다음은 관할지역 내 범죄문제 해결을 위해 경찰서별로 실시하고 있는 활동들이다. 각 활동들의 근거가 되는 범죄원인론을 가장 적절하게 연결한 것은?

> ㉠ A경찰서는 관내에서 음주소란과 폭행 등으로 적발된 청소년들을 형사입건하는 대신 지역사회 축제에서 실시되는 행사에 보안요원으로 봉사할 수 있는 기회를 제공하였다.
> ㉡ B경찰서는 지역사회에 만연해 있는 경미한 주취소란에 대해서도 예외 없이 엄격한 법집행을 실시하였다.
> ㉢ C경찰서는 관내 자전거 절도사건이 증가하자 관내 자전거 소유자들을 대상으로 자전거에 일련번호를 각인해 주는 서비스를 제공하였다.
> ㉣ D경찰서는 관내 청소년 비행 문제가 증가하자 청소년들을 대상으로 폭력 영상물의 폐해에 관한 교육을 실시하고, 해당 유형의 영상물에 대한 접촉을 삼가도록 계도하였다.

① ㉠-낙인이론, ㉡-깨진 유리창 이론, ㉢-상황적 범죄예방 이론, ㉣-차별적 동일시 이론
② ㉠-낙인이론, ㉡-깨진 유리창 이론, ㉢-상황적 범죄예방 이론, ㉣-차별적 접촉 이론
③ ㉠-상황적 범죄예방 이론, ㉡-깨진 유리창 이론, ㉢-낙인이론, ㉣-차별적 접촉 이론
④ ㉠-상황적 범죄예방 이론, ㉡-낙인이론, ㉢-깨진 유리창 이론, ㉣-차별적 동일시 이론

[해설]
- **낙인이론** – 사람을 범죄자로 만드는 것은 행위의 질적인 면이 아니라 사람들의 인식이라는 견해로, 사소한 1차적 비행에 대한 사회적 반응으로서 '낙인'이 심각한 2차적 비행 또는 범죄를 유발한다는 견해이다. 따라서 위 사례는 1차적 비행행위에 대해 낙인으로서 형사사법절차를 진행하는 대신 전환처우를 통해 2차적 비행 또는 범죄로 나아가는 것을 막고자 하는 경찰활동이라 할 수 있다.
- **깨진 유리창 이론** – 사소한 무질서가 심각한 범죄를 유발한다는 주장으로 B 경찰서는 사소한 무질서에 대해서도 엄격한 법집행을 강조하는 무관용 경찰활동(zero tolerance policing)을 실시함으로써 심각한 범죄를 예방하고자 한다.
- **일상활동 이론** – 범죄발생 3요소로 '동기 부여된 범죄자', '적절한 대상', '보호자의 부재' 주장한다. 이 중 '적절한 대상'을 범죄 대상으로서 적절하지 않도록 강화하여 범죄를 예방하는 Target Hardening 정책의 하나로 볼 수 있다. 또 상황적 범죄예방 이론의 한 유형으로서 보기도 하는 합리적 선택이론은 범죄행위를 비용과 이익을 고려한 합리적 선택의 결과로 본다. 일련번호가 각인된 자전거는 장물로 판매하기가 더욱 힘들어 질 것이며(이익의 감소), 추후라도 적발될 위험(비용)은 더욱 증가하게 된다.
- **차별적 동일시 이론** – 청소년들이 영화 등 매체 · 미디어 속 주인공을 모방하고 자신과 동일시하면서 범죄를 학습하게 된다는 이론이다. 사회학습이론의 범주에 포함된다는 점에서 차별적 접촉 이론과 공통점을 갖지만 차별적 접촉 이론은 범죄는 친밀한 관계 사이에서 학습된다고 보는 반면 차별적 동일시 이론은 친밀한 관계가 아닌 영화나 신문 등 미디어를 통해서도 학습될 수 있다고 보았다.

13 「재난 및 안전관리 기본법」에 관한 설명으로 가장 적절하지 <u>않은</u> 것은?

① "재난"이란 국민의 생명 · 신체 · 재산과 국가에 피해를 주거나 줄 수 있는 것으로서 자연재난과 사회재난으로 구분된다.
② "재난관리"란 재난의 예방 · 대비 · 대응 및 복구를 위하여 하는 모든 활동을 말한다.
③ 국무총리는 국가 및 지방자치단체가 행하는 재난 및 안전관리 업무를 총괄 · 조정한다.
④ 특별재난지역 선포는 재난관리 체계상 복구 단계에서의 활동에 해당된다.

해설

제3조(정의) 이 법에서 사용하는 용어의 뜻은 다음과 같다.
1. **"재난"**이란 국민의 생명 · 신체 · 재산과 국가에 피해를 주거나 줄 수 있는 것으로서 다음 각 목의 것을 말한다.
　가. **자연재난**: 태풍, 홍수, 호우, 강풍, 풍랑, 해일, 대설, 한파, 낙뢰, 가뭄, 폭염, 지진, 황사, 조류 대발생, 조수, 화산활동, 소행성 · 유성체 등 자연우주물체의 추락 · 충돌, 그 밖에 이에 준하는 자연현상으로 인하여 발생하는 재해
　나. **사회재난**: 화재 · 붕괴 · 폭발 · 교통사고(항공사고 및 해상사고를 포함한다) · 화생방사고 · 환경오염사고 등으로 인하여 발생하는 대통령령으로 정하는 규모 이상의 피해와 국가핵심기반의 마비, 「감염병의 예방 및 관리에 관한 법률」에 따른 감염병 또는 「가축전염병예방법」에 따른 가축전염병의 확산, 「미세먼지 저감 및 관리에 관한 특별법」에 따른 미세먼지 등으로 인한 피해
2. **"해외재난"**이란 대한민국의 영역 밖에서 대한민국 국민의 생명 · 신체 및 재산에 피해를 주거나 줄 수 있는 재난으로서 정부차원에서 대처할 필요가 있는 재난을 말한다.
3. **"재난관리"**란 재난의 **예방 · 대비 · 대응 및 복구**를 위하여 하는 모든 활동을 말한다.
4. **"안전관리"**란 재난이나 그 밖의 각종 사고로부터 사람의 생명 · 신체 및 재산의 안전을 확보하기 위하여 하는 모든 활동을 말한다.

제6조(재난 및 안전관리 업무의 총괄 · 조정) **행정안전부장관**은 국가 및 지방자치단체가 행하는 재난 및 안전관리 업무를 총괄 · 조정한다.

제60조(특별재난지역의 선포) ① 중앙대책본부장은 대통령령으로 정하는 규모의 재난이 발생하여 국가의 안녕 및 사회질서의 유지에 중대한 영향을 미치거나 피해를 효과적으로 수습하기 위하여 특별한 조치가 필요하다고 인정하거나 제3항에 따른 지역대책본부장의 요청이 타당하다고 인정하는 경우에는 중앙위원회의 심의를 거쳐 해당 지역을 특별재난지역으로 선포할 것을 대통령에게 건의할 수 있다.
② 제1항에 따라 특별재난지역의 선포를 건의받은 대통령은 해당 지역을 특별재난지역으로 선포할 수 있다.
③ 지역대책본부장은 관할지역에서 발생한 재난으로 인하여 제1항에 따른 사유가 발생한 경우에는 중앙대책본부장에게 특별재난지역의 선포 건의를 요청할 수 있다.

14 다음 중 무면허 운전에 해당하는 경우로 가장 적절한 것은?

① 제1종 보통면허를 소지한 甲이 구난차 등이 아닌 10톤의 특수자동차를 운전한 경우
② 제1종 대형면허를 소지한 乙이 구난차 등이 아닌 특수자동차를 운전한 경우
③ 제2종 보통면허를 소지한 丙이 승차정원 10인의 승합자동차를 운전한 경우
④ 제2종 보통면허를 소지한 丁이 적재중량 4톤의 화물자동차를 운전한 경우

해설

〈보기〉 ① 제1종 보통면허 소지자는 총중량 10톤 미만의 특수자동차를 운전할 수 있다.
단, '미만'의 경우 기준이 되는 수를 포함하지 않으므로, 이 경우에는 무면허운전에 해당한다.

■ 도로교통법 시행규칙 [별표 18] 〈개정 2021. 12. 31.〉

운전할 수 있는 차의 종류(제53조 관련)

운전면허		운전할 수 있는 차량
종별	구분	
제1종	대형면허	1. 승용자동차 2. 승합자동차 3. 화물자동차 5. 건설기계 　가. 덤프트럭, 아스팔트살포기, 노상안정기 　나. 콘크리트믹서트럭, 콘크리트펌프, 천공기(트럭 적재식) 　다. 콘크리트믹서트레일러, 아스팔트콘크리트재생기 　라. 도로보수트럭, 3톤 미만의 지게차 6. 특수자동차[**대형견인차, 소형견인차 및 구난차**(이하 "구난차등"이라 한다)는 제외한다] 7. 원동기장치자전거
	보통면허	1. 승용자동차 2. 승차정원 15명 이하의 승합자동차 4. 적재중량 12톤 미만의 화물자동차 5. 건설기계(도로를 운행하는 3톤 미만의 지게차로 한정한다) 6. 총중량 **10톤 미만의 특수자동차**(구난차등은 제외한다) 7. 원동기장치자전거
	소형면허	1. 3륜화물자동차 2. 3륜승용자동차 3. 원동기장치자전거
	특수면허 대형견인차	1. 견인형 특수자동차 2. 제2종 보통면허로 운전할 수 있는 차량
	특수면허 소형견인차	1. 총중량 3.5톤 이하의 견인형 특수자동차 2. 제2종 보통면허로 운전할 수 있는 차량
	특수면허 구난차	1. 구난형 특수자동차 2. 제2종보통면허로 운전할 수 있는 차량

제2종	보통면허	1. 승용자동차 2. 승차정원 10명 이하의 승합자동차 3. 적재중량 4톤 이하의 화물자동차 4. 총중량 3.5톤 이하의 특수자동차(구난차등은 제외한다) 5. 원동기장치자전거
	소형면허	1. 이륜자동차(운반차를 포함한다) 2. 원동기장치자전거
	원동기장치자 전거면허	원동기장치자전거
연습 면허	제1종 보통	1. 승용자동차 2. 승차정원 15명 이하의 승합자동차 3. 적재중량 12톤 미만의 화물자동차
	제2종 보통	1. 승용자동차 2. 승차정원 10명 이하의 승합자동차 3. 적재중량 4톤 이하의 화물자동차

15 정보의 배포와 관련된 설명으로 ㉠~㉤의 내용 중 옳고 그름의 표시(O, X)가 모두 바르게 된 것은?

> ㉠ 정보의 배포란 정보를 필요로 하는 개인이나 기관에게 적합한 내용을 적당한 시기에 제공하는 과정을 말하는 것으로, 적합한 형태를 갖출 필요는 없다.
> ㉡ 보안성의 원칙은 정보연구 및 판단이 누설되면 정보로서의 가치를 상실할 수 있으므로 이를 예방하기 위해 보안대책을 강구해야 한다는 것을 말한다.
> ㉢ 계속성의 원칙은 정보가 정보사용자에게 배포되었다면, 그 정보의 내용이 변화되었거나 관련 내용이 추가적으로 입수되었거나 할 경우 계속적으로 사용자에게 배포되어야 한다는 것을 말한다.
> ㉣ 정보배포의 주된 목적은 정책입안자 또는 정책결정자가 정보를 바탕으로 건전한 정책결정에 이르도록 하는 데 있다.
> ㉤ 정보는 먼저 생산된 것을 우선적으로 배포하여야 한다.

① ㉠ (×), ㉡ (×), ㉢ (O), ㉣ (×), ㉤ (O)
② ㉠ (×), ㉡ (O), ㉢ (O), ㉣ (O), ㉤ (×)
③ ㉠ (O), ㉡ (O), ㉢ (×), ㉣ (O), ㉤ (O)
④ ㉠ (×), ㉡ (O), ㉢ (O), ㉣ (×), ㉤ (×)

해설 틀린 보기 ㉠, ㉤

〈보기〉 ㉠ 정보의 배포란 정보를 필요로 하는 개인이나 기관에게 **적합한 형태와 내용을 갖추어서** 적당한 시기에 제공하는 과정을 말한다.
〈보기〉 ㉤ 정보는 **먼저 생산되었다고 우선적으로 배포하는 것이 아니다.** 정보의 배포 순위는 정보의 중요성과 긴급성에 따라 결정된다.

16 「남북교류협력에 관한 법률」에 관한 설명으로 가장 적절하지 <u>않은</u> 것은?

① 남한의 주민이 북한을 방문하거나 북한의 주민이 남한을 방문하려면 통일부장관의 방문 승인을 받아야 하며, 통일부장관이 발급한 증명서를 소지하여야 한다.

② 남한의 주민이 북한의 주민과 접촉하려면 통일부장관에게 미리 신고하여야 하는 것이 원칙이나 대통령령으로 정하는 부득이한 사유에 해당하는 경우에는 접촉한 후에 신고할 수 있다.

③ 남한과 북한 간의 거래는 국가 간의 거래가 아닌 민족내부의 거래로 본다..

④ 「남북교류협력에 관한 법률」상 "반출·반입"이란 매매, 교환, 임대차, 사용대차, 증여, 사용 등을 목적으로 하는 남한과 북한 간의 물품 등의 이동을 말하며, 단순히 제3국을 거치는 물품 등의 이동은 포함하지 않는다.

> **해설**
>
> 제2조(정의) 이 법에서 사용하는 용어의 뜻은 다음과 같다.
>   1. "출입장소"란 군사분계선 이북지역("북한")으로 가거나 북한으로부터 들어올 수 있는 군사분계선 이남지역("남한")의 항구, 비행장, 그 밖의 장소로서 대통령령으로 정하는 곳을 말한다.
>   2. "교역"이란 남한과 북한 간의 물품, 대통령령으로 정하는 용역 및 전자적 형태의 무체물("물품등")의 반출·반입을 말한다.
>   3. "반출·반입"이란 매매, 교환, 임대차, 사용대차, 증여, 사용 등을 목적으로 하는 남한과 북한 간의 물품등의 이동(단순히 **제3국을 거치는 물품등의 이동을 포함**한다)을 말한다.
>
> 제9조(남북한 방문) ① 남한의 주민이 북한을 방문하거나 북한의 주민이 남한을 방문하려면 대통령령으로 정하는 바에 따라 통일부장관의 방문승인을 받아야 하며, 통일부장관이 발급한 증명서(방문증명서)를 소지하여야 한다.
>
> 제9조의2(남북한 주민 접촉) ① 남한의 주민이 북한의 주민과 회합·통신, 그 밖의 방법으로 접촉하려면 통일부장관에게 미리 신고하여야 한다. 다만, 대통령령으로 정하는 부득이한 사유에 해당하는 경우에는 접촉한 후에 신고할 수 있다.
>
> 제12조(남북한 거래의 원칙) 남한과 북한 간의 거래는 국가 간의 거래가 아닌 민족내부의 거래로 본다.

17 「국적법」상 일반귀화의 요건에 관한 내용이다. ㉠~㉤의 내용 중 옳고 그름의 표시(○, ×)가 모두 바르게 된 것은?

> ㉠ 10년 이상 계속하여 대한민국에 주소가 있을 것
> ㉡ 대한민국에서 영주할 수 있는 체류자격을 가지고 있을 것
> ㉢ 대한민국의 「민법」상 성년일 것
> ㉣ 법령을 준수하는 등 대통령령으로 정하는 품행 단정의 요건을 갖출 것
> ㉤ 귀화를 허가하는 것이 국가안전보장·질서유지 또는 공공복리를 해치지 아니한다고 법무
> 부장관이 인정할 것

① ㉠ (×), ㉡ (○), ㉢ (○), ㉣ (×), ㉤ (○)
② ㉠ (○), ㉡ (×), ㉢ (○), ㉣ (○), ㉤ (×)
③ ㉠ (○), ㉡ (○), ㉢ (×), ㉣ (×), ㉤ (○)
④ ㉠ (×), ㉡ (○), ㉢ (○), ㉣ (×), ㉤ (×)

해설 **틀린 보기** ㉠, ㉣

제5조(일반귀화 요건) 외국인이 귀화허가를 받기 위해서는 제6조(간이귀하 요건)나 제7조(특별귀화 요건)에 해당하는 경우 외에는 다음 각 호의 요건을 갖추어야 한다.
　　1. **5년 이상** 계속하여 대한민국에 주소가 있을 것
　　1의2. 대한민국에서 영주할 수 있는 체류자격을 가지고 있을 것
　　2. 대한민국의 「민법」상 성년일 것
　　3. 법령을 준수하는 등 **법무부령**으로 정하는 품행 단정의 요건을 갖출 것
　　4. 자신의 자산이나 기능에 의하거나 생계를 같이하는 가족에 의존하여 생계를 유지할 능력이 있을 것
　　5. 국어능력과 대한민국의 풍습에 대한 이해 등 대한민국 국민으로서의 기본 소양을 갖고 있을 것
　　6. 귀화를 허가하는 것이 국가안전보장·질서유지 또는 공공복리를 해치지 아니한다고 법무부장관이 인정할 것

18 「출입국관리법 시행령」상 외국인의 체류자격에 대한 설명이다. ㉠~㉣의 괄호 안에 들어갈 내용이 가장 적절한 것은?

- A－(㉠), 외교: 대한민국정부가 접수한 외국정부의 외교사절단이나 영사기관의 구성원, 조약 또는 국제관행에 따라 외교사절과 동등한 특권과 면제를 받는 사람과 그 가족
- (㉡)－2, 유학: 전문대학 이상의 교육기관 또는 학술연구기관에서 정규과정의 교육을 받거나 특정 연구를 하려는 사람
- F－(㉢), 재외동포: 「재외동포의 출입국과 법적 지위에 관한 법률」상 대한민국의 국적을 보유하였던 자(대한민국정부 수립 전에 국외로 이주한 동포를 포함) 또는 그 직계비속으로서 외국국적을 취득한 자 중 대통령령으로 정하는 자(단순 노무행위 등 법령에서 규정한 취업활동에 종사하려는 사람은 제외)
- (㉣)－6, 예술흥행: 수익이 따르는 음악, 미술, 문학 등의 예술활동과 수익을 목적으로 하는 연예, 연주, 연극, 운동경기, 광고 · 패션 모델, 그 밖에 이에 준하는 활동을 하려는 사람

---

① ㉠ 2, ㉡ D, ㉢ 6, ㉣ E   ② ㉠ 2, ㉡ E, ㉢ 4, ㉣ F

③ ㉠ 1, ㉡ E, ㉢ 6, ㉣ F   ④ ㉠ 1, ㉡ D, ㉢ 4, ㉣ E

해설 출입국관리법 시행령 [별표 1의2] 〈개정 2023. 12. 12.〉

장기체류자격(제12조 관련)

체류자격(기호)	체류자격에 해당하는 사람 또는 활동범위
1. 외교(A-1)	대한민국정부가 접수한 외국정부의 외교사절단이나 영사기관의 구성원, 조약 또는 국제관행에 따라 외교사절과 동등한 특권과 면제를 받는 사람과 그 가족
5. 유학(D-2)	전문대학 이상의 교육기관 또는 학술연구기관에서 정규과정의 교육을 받거나 특정 연구를 하려는 사람
19. 예술흥행(E-6)	수익이 따르는 음악, 미술, 문학 등의 예술활동과 수익을 목적으로 하는 연예, 연주, 연극, 운동경기, 광고 · 패션 모델, 그 밖에 이에 준하는 활동을 하려는 사람
26. 재외동포(F-4)	「재외동포의 출입국과 법적 지위에 관한 법률」 제2조제2호에 해당하는 사람

참고 재외동포의 출입국과 법적 지위에 관한 법률(약칭: 재외동포법) 제2조(정의) 이 법에서 "재외동포"란 다음 각 호의 어느 하나에 해당하는 자를 말한다.
  2. 대한민국의 국적을 보유하였던 자(대한민국정부 수립 전에 국외로 이주한 동포를 포함한다) 또는 그 직계비속(直系卑屬)으로서 외국국적을 취득한 자 중 대통령령으로 정하는 자(외국국적동포)

19 경찰 수사와 관련한 설명으로 가장 적절하지 <u>않은</u> 것은?

① 「경찰법」제3조와 「경찰관 직무집행법」제2조에서 범죄수사를 명백히 경찰의 임무(직무)로 규정하고 있다.

② 수사진행에 있어 핵심이라 할 수 있는 영장청구는 사법경찰관이 직접 판사에게 할 수 있다.

③ 「형사소송법」과 「검찰청법」은 2011년 일부개정을 통해 사법경찰관의 수사개시권을 명문화하고 검사의 직무상 명령에 복종하도록 한 기존 규정을 삭제하였으나, 한편으로는 사법경찰관의 모든 수사에 대한 검사의 지휘권을 명시하였다.

④ 2019년 '검·경 수사권 조정을 위한 「형사소송법」·「검찰청법」 일부 개정안'이 국회에서 신속처리법안으로 지정되었다.

해설

헌법 제12조 ① 모든 국민은 **신체의 자유**를 가진다. 누구든지 **법률**에 의하지 아니하고는 **체포·구속·압수·수색** 또는 **심문**을 받지 아니하며, 법률과 적법한 절차에 의하지 아니하고는 처벌·보안처분 또는 강제노역을 받지 아니한다.

② 모든 국민은 **고문**을 받지 아니하며, 형사상 자기에게 **불리한 진술**을 강요당하지 아니한다.

③ 체포·구속·압수 또는 수색을 할 때에는 **적법한 절차**에 따라 검사의 신청에 의하여 **법관**이 발부한 **영장**을 **제시**하여야 한다. 다만, 현행범인인 경우와 장기 3년 이상의 형에 해당하는 죄를 범하고 도피 또는 증거인멸의 염려가 있을 때에는 사후에 영장을 청구할 수 있다.

④ 누구든지 체포 또는 구속을 당한 때에는 즉시 **변호인의 조력**을 받을 권리를 가진다. 다만, 형사피고인이 스스로 변호인을 구할 수 없을 때에는 법률이 정하는 바에 의하여 **국가가 변호인을 붙인다.**

⑤ 누구든지 체포 또는 구속의 이유와 변호인의 조력을 받을 권리가 있음을 고지받지 아니하고는 체포 또는 구속을 당하지 아니한다. 체포 또는 구속을 당한 자의 가족등 법률이 정하는 자에게는 그 이유와 일시·장소가 지체없이 통지되어야 한다.

⑥ 누구든지 체포 또는 구속을 당한 때에는 **적부의 심사**를 법원에 **청구할 권리**를 가진다.

⑦ 피고인의 자백이 고문·폭행·협박·구속의 부당한 장기화 또는 기망 기타의 방법에 의하여 자의로 진술된 것이 아니라고 인정될 때 또는 정식재판에 있어서 피고인의 **자백**이 그에게 **불리한 유일한 증거**일 때에는 이를 유죄의 증거로 삼거나 이를 이유로 **처벌할 수 없다.**

형사소송법 제195조(검사와 사법경찰관의 관계 등) ① 검사와 사법경찰관은 수사, 공소제기 및 공소유지에 관하여 서로 협력하여야 한다.

② 제1항에 따른 수사를 위하여 준수하여야 하는 일반적 수사준칙에 관한 사항은 대통령령으로 정한다. [본조신설 2020. 2. 4.]

제196조(검사의 수사) ① 검사는 범죄의 혐의가 있다고 사료하는 때에는 범인, 범죄사실과 증거를 수사한다.

② 검사는 제197조의3제6항, 제198조의2제2항 및 제245조의7제2항에 따라 사법경찰관으로부터 송치받은 사건에 관하여는 해당 사건과 동일성을 해치지 아니하는 범위 내에서 수사할 수 있다. 〈신설 2022. 5. 9.〉

제197조(사법경찰관리) ① 경무관, 총경, 경정, 경감, 경위는 사법경찰관으로서 범죄의 혐의가 있다고 사료하는 때에는 범인, 범죄사실과 증거를 수사한다.

② 경사, 경장, 순경은 사법경찰리로서 수사의 보조를 하여야 한다.

제197조의2(보완수사요구) ① 검사는 다음 각 호의 어느 하나에 해당하는 경우에 사법경찰관에게 보완수사를 요구할 수 있다.

1. 송치사건의 공소제기 여부 결정 또는 공소의 유지에 관하여 필요한 경우
2. 사법경찰관이 신청한 영장의 청구 여부 결정에 관하여 필요한 경우

② 사법경찰관은 제1항의 요구가 있는 때에는 정당한 이유가 없는 한 지체 없이 이를 이행하고, 그 결과를 검사에게 통보하여야 한다.

③ 검찰총장 또는 각급 검찰청 검사장은 사법경찰관이 정당한 이유 없이 제1항의 요구에 따르지 아니하는 때에는 권한 있는 사람에게 해당 사법경찰관의 직무배제 또는 징계를 요구할 수 있고, 그 징계 절차는 「공무원 징계령」 또는 「경찰공무원 징계령」에 따른다. [본조신설 2020. 2. 4.]

제200조의2(영장에 의한 체포) ① 피의자가 죄를 범하였다고 의심할 만한 상당한 이유가 있고, 정당한 이유 없이 제200조의 규정에 의한 **출석요구에 응하지 아니하거나** 응하지 아니할 우려가 있는 때에는 검사는 관할 지방법원판사에게 청구하여 체포영장을 발부받아 피의자를 체포할 수 있고, **사법경찰관**은 검사에게 신청하여 검사의 청구로 관할지방법원**판사의 체포영장**을 발부받아 피의자를 **체포할 수 있다.** 다만, 다액 50만원이하의 벌금, 구류 또는 과료에 해당하는 사건에 관하여는 피의자가 일정한 주거가 없는 경우 또는 정당한 이유없이 제200조의 규정에 의한 출석요구에 응하지 아니한 경우에 한한다.

② 제1항의 청구를 받은 지방법원판사는 상당하다고 인정할 때에는 체포영장을 발부한다. 다만, 명백히 체포의 필요가 인정되지 아니하는 경우에는 그러하지 아니하다.

③ 제1항의 청구를 받은 지방법원판사가 체포영장을 발부하지 아니할 때에는 청구서에 그 취지 및 이유를 기재하고 서명날인하여 청구한 검사에게 교부한다.

④ 검사가 제1항의 청구를 함에 있어서 동일한 범죄사실에 관하여 그 피의자에 대하여 전에 체포영장을 청구하였거나 발부받은 사실이 있는 때에는 다시 체포영장을 청구하는 취지 및 이유를 기재하여야 한다.

⑤ 체포한 피의자를 구속하고자 할 때에는 체포한 때부터 **48시간이내**에 제201조의 규정에 의하여 구속영장을 **청구**하여야 하고, 그 기간내에 구속영장을 청구하지 아니하는 때에는 피의자를 **즉시 석방**하여야 한다.

제200조의3(긴급체포) ① 검사 또는 사법경찰관은 피의자가 사형·무기 또는 장기 **3년이상의 징역**이나 금고에 해당하는 죄를 범하였다고 의심할 만한 상당한 이유가 있고, 다음 각 호의 어느 하나에 해당하는 사유가 있는 경우에 **긴급을 요하여** 지방법원판사의 체포영장을 **받을 수 없는 때**에는 그 사유를 알리고 **영장 없이** 피의자를 **체포할 수 있다.** 이 경우 긴급을 요한다 함은 피의자를 우연히 발견한 경우등과 같이 체포영장을 받을 시간적 여유가 없는 때를 말한다.

1. 피의자가 증거를 인멸할 염려가 있는 때
2. 피의자가 도망하거나 도망할 우려가 있는 때

② 사법경찰관이 제1항의 규정에 의하여 피의자를 체포한 경우에는 즉시 검사의 승인을 얻어야 한다.

③ 검사 또는 사법경찰관은 제1항의 규정에 의하여 피의자를 체포한 경우에는 즉시 긴급체포서를 작성하여야 한다.

④ 제3항의 규정에 의한 긴급체포서에는 범죄사실의 요지, 긴급체포의 사유등을 기재하여야 한다.

제215조(압수, 수색, 검증) ① 검사는 범죄수사에 필요한 때에는 피의자가 죄를 범하였다고 의심할 만한 정황이 있고 해당 사건과 관계가 있다고 인정할 수 있는 것에 한정하여 **지방법원판사**에게 청구하여 발부받은 **영장**에 의하여 압수, 수색 또는 **검증**을 할 수 있다.

② 사법경찰관이 범죄수사에 필요한 때에는 피의자가 죄를 범하였다고 의심할 만한 정황이 있고 해당 사건과 관계가 있다고 인정할 수 있는 것에 한정하여 검사에게 신청하여 검사의 청구로 지방법원판사가 발부한 영장에 의하여 압수, 수색 또는 검증을 할 수 있다.

20 다음은 한국경찰사에 있어서 자랑스러운 경찰의 표상에 관한 설명이다. ㉠~㉣에 해당하는 인물을 가장 바르게 나열한 것은?

> ㉠ 1919년 대한민국 임시정부의 초대 경무국장이다.
> ㉡ 5·18 광주 민주화운동 당시 전남도경국장으로서, 과격한 진압을 지시했던 군과 달리 '분산되는 자는 너무 추격하지 말 것, 부상자 발생치 않도록 할 것' 등과 '연행과정에서 학생의 피해가 없도록 유의하라'고 지시하였다. 신군부의 명령을 어겼다는 이유로 직위해제를 당했다.
> ㉢ 공비들의 근거지가 될 수 있는 사찰을 불태우라는 상부의 명령에 대해 현명하게 대처하여 화엄사(구례), 선운사(고창), 백양사(장성) 등 여러 사찰과 문화재를 보호하였다.
> ㉣ 1968년 1.21 무장공비침투사건 당시 군 방어선이 뚫린 상황에서 격투 끝에 청와대를 사수하였으며, 순국으로 대한민국을 지켜내고 조국의 발전을 가능하게 한 영웅적인 사례로 평가받고 있다.

① ㉠ 김 구, ㉡ 안병하, ㉢ 차일혁, ㉣ 정종수
② ㉠ 김원봉, ㉡ 안병하, ㉢ 최규식, ㉣ 정종수
③ ㉠ 김 구, ㉡ 차일혁, ㉢ 안병하, ㉣ 최규식
④ ㉠ 김 구, ㉡ 최규식, ㉢ 안병하, ㉣ 차일혁

해설

〈보기〉 ㉠ 김구 – 1919년 상하이에서 수립한 대한민국 임시정부의 초대 경무국장이다.

〈보기〉 ㉡ 안병하 – 비례의 원칙에 입각한 경찰권 행사와 시위대에 대한 인권보호를 강조한 인물로 평가받고 있다. 민주경찰, 인권경찰의 표상으로 평가받고 있으며, 5·18 광주 민주화운동 당시 과격한 진압을 지시했던 군과 달리, '분산되는 자는 너무 추격하지 말 것'을 지시하였다. 신군부의 명령을 어긴 죄로 직무유기 혐의로 직위해제를 당했다.

〈보기〉 ㉢ 차일혁 – 차일혁 경무관은 호국경찰, 인권경찰, 문화경찰의 표상으로 평가받고 있다. 공비들의 근거지가 될 수 있는 사찰들을 불태우라는 상부의 명령에 대하여 '절을 태우는 데는 한나절이면 족하지만, 세우는 데는 천 년 이상의 세월로도 부족하다.'며 사찰의 문짝만 태움으로써 화엄사(구례), 천은사(구례), 선운사(고창), 백양사(장성), 쌍계사(하동), 금산사(김제) 등 사찰과 문화재를 보호하였다.

〈보기〉 ㉣ 정종수 – 1968년 1.21 무장공비침투사건 당시 최규식 총경과 형사 7명이 차단하고 격투 끝에 청와대를 사수하였다. 군 방어선이 뚫린 상황에서 경찰관 최규식과 정종수의 순국으로 대한민국을 지켜내고 조국의 발전을 가능하게 한 영웅으로 평가받는다.

19년 제2차 경찰공무원(순경)채용시험 문제

– 공채(남 · 여) · 경찰행정학과특채 · 101경비단 –

응시 번호 : 　　　　　　　　　이름 :

[경찰학개론]

01 18 ~ 20세기 독일과 프랑스에서의 경찰개념 형성 및 발달과정에 관한 설명으로 가장 적절하지 **않은** 것은?

① 경찰 개념을 소극적 질서유지로 제한하는 주요 법률과 판결을 시간적 순서대로 나열하면 프로이센 일반란트법(제10조)–프랑스 죄와 형벌법전(제16조)–크로이츠베르크 판결–프랑스 지방자치법전(제97조)–프로이센 경찰행정법(제4조)의 순이다.

② 크로이츠베르크 판결은 경찰의 직무범위는 위험방지 분야에 한정된다고 하는 사상이 법해석상 확정되는 계기가 되었다.

③ 프랑스 죄와 형벌법전은 행정경찰과 사법경찰을 최초로 구분하여 법제화하였다는 점에 의의가 있다.

④ 프랑스 지방자치법전은 경찰의 직무범위에서 협의의 행정경찰적 사무를 제외시킴으로써 경찰의 직무를 소극목적에 한정하였다.

02 경찰법의 법원(法源)에 관한 설명으로 가장 적절하지 **않은** 것은?

① 행정입법이란 행정부가 제정하는 법을 의미하며, 행정조직 내부의 사무처리기준에 관한 법규명령과 국민을 구속하는 효력이 있는 행정규칙으로 구분된다.

② 법규명령은 특별한 규정이 없는 한 공포일로부터 20일 경과 후 효력이 발생하나, 행정규칙은 공포를 요하지 않는다.

③ 최후의 보충적 법원으로서 조리는 일반적·보편적 정의를 의미하는 바, 경찰관청의 행위가 형식상 적법하더라도 조리에 위반할 경우 위법이 될 수 있다.

④ 판례에 의할 때 운전면허 취소사유에 해당하는 음주운전을 적발한 경찰관의 소속 경찰서장이 사무착오로 위반자에게 운전면허정지처분을 한 상태에서 위반자의 주소지 관할 지방경찰청장이 위반자에게 운전면허취소처분을 한 경우 이는 법의 일반원칙인 조리에 반하여 허용될 수 없다.

03 훈령과 직무명령에 관한 설명 중 옳지 <u>않은</u> 것을 모두 고른 것은?

> ㉠ 직무명령은 직무와 관련 없는 사생활에는 그 효력이 미치지 않는다.
> ㉡ 훈령은 일반적 · 추상적 사항에 대하여만 발할 수 있으며, 개별적 · 구체적 사항에 대해서는 발할 수 없다.
> ㉢ 훈령을 발하기 위해서는 법령의 구체적 근거를 요하나, 직무명령은 법령의 구체적 근거가 없이도 발할 수 있다.
> ㉣ 훈령의 종류에는 '협의의 훈령', '지시', '예규', '일일명령' 등이 있으며, 이 중 예규는 반복적 경찰사무의 기준을 제시하기 위하여 발하는 명령을 의미한다.
> ㉤ 훈령은 직무명령을 겸할 수 있으나, 직무명령은 훈령의 성질을 가질 수 없다.

① ㉠, ㉢   ② ㉡, ㉢   ③ ㉢, ㉤   ④ ㉣, ㉤

04 경찰부패 문제의 해결을 위해 다음과 같이 「경찰청 공무원 행동강령」을 개정하였다고 가정한다면, 이와 같은 개정의 근거가 된 경찰부패이론(가설)으로 가장 적절한 것은?

현행	개정안
공무원은 직무 관련 여부 및 기부 · 후원 · 증여 등 그 명목에 관계없이 동일인으로부터 1회에 100만원 또는 매 회계연도에 300만원을 초과하는 금품 등을 받거나 요구 또는 약속해서는 아니 된다.	공무원은 직무 관련 여부 및 기부 · 후원 · 증여 등 그 명목에 관계없이 어떠한 금품 등도 받거나 요구 또는 약속해서는 아니 된다.

① 썩은 사과 가설   ② 미끄러지기 쉬운 경사로 이론
③ 형성재론   ④ 구조원인 가설

05 「국가경찰과 자치경찰의 조직 및 운영에 관한 법률」 및 관련 내용에 대한 설명으로 가장 적절한 것은? (기출 수정)

① 1991년 「경찰법」 제정으로 내무부 치안국장이 경찰청장으로 변경되었고, 경찰청장은 행정관청으로 승격되었다.

② 국가경찰행정에 관하여 제10조 제1항 각 호의 사항을 심의·의결하기 위하여 행정안전부에 국가경찰위원회를 둔다.

③ 국가경찰위원회는 위원장 1명을 포함한 7명의 위원으로 구성하되, 위원장 및 5명의 위원은 상임으로 하고, 1명의 위원은 비상임으로 한다.

④ 시·도경찰청장 소속으로 지구대 또는 파출소를 두고, 그 설치기준은 치안수요·교통·지리 등 관할구역의 특성을 고려하여 행정안전부령으로 정한다. 다만, 필요한 경우에는 출장소를 둘 수 있다.

06 경찰공무원의 의무 중 그 근거 법령이 나머지 셋과 다른 하나는?

① 법령을 준수하며 성실히 직무를 수행하여야 한다.

② 직무를 수행할 때 소속 상관의 직무상 명령에 복종하여야 한다.

③ 직무에 관하여 거짓으로 보고나 통보를 하여서는 아니 된다.

④ 소속 상관의 허가 또는 정당한 사유가 없으면 직장을 이탈하지 못한다.

07 경찰예산에 관한 설명으로 가장 적절하지 <u>않은</u> 것은?

① 정부 예산안이 국회를 통과하여 확정된 후에 새롭게 발생한 사유로 인하여 이미 성립한 예산에 변경을 가할 필요가 있을 때 편성하는 예산은 추가경정예산이다.

② 예산의 집행은 예산의 배정으로부터 시작되므로 예산이 확정되더라도 해당 예산이 배정되지 않은 상태에서는 지출원인행위를 할 수 없다.

③ 품목별 예산제도는 세출예산의 대상·성질에 따라 편성한 예산으로 집행에 대한 회계책임을 명백히 하고 경비사용의 적정화에 유리한 장점이 있다.

④ 기획재정부장관은 예산안을 편성하여 국무회의 심의를 거쳐 대통령의 승인을 얻어야 하며, 정부는 이 예산안을 회계연도 개시 90일 전까지 국회에 제출하여야 한다.

08 「언론중재 및 피해구제 등에 관한 법률」에 관한 설명으로 가장 적절하지 <u>않은</u> 것은?

① 사실적 주장에 관한 언론보도등이 진실하지 아니함으로 인하여 피해를 입은 자는 해당 언론보도등이 있음을 안 날부터 6개월 이내에 그 내용에 관한 정정보도를 청구할 수 있다.

② 언론등의 보도 또는 매개로 인한 분쟁의 조정·중재 및 침해사항을 심의하기 위하여 언론중재위원회를 둔다.

③ 정정보도는 해당 언론보도등이 있은 후 6개월이 경과하면 청구할 수 없다.

④ 정정보도의 청구를 받은 언론사의 대표자는 3일 이내에 그 수용 여부에 대한 통지를 청구인에게 발송하여야 한다.

09 경찰책임의 원칙에 관한 설명으로 가장 적절하지 <u>않은</u> 것은?

① 경찰책임의 원칙이란 경찰위반상태에 책임 있는 자에게만 경찰권이 발동되어야 한다는 원칙을 의미한다.

② 경찰책임의 예외로서 경찰긴급권은 급박성, 보충성 등의 요건이 충족되는 경우 경찰책임자가 아닌 제3자에게 경찰권 발동이 인정되는 경우를 의미한다. 법적근거는 요하지 않으나 제3자의 승낙이 있는 경우에 한하여 경찰긴급권의 발동이 허용된다. 다만 이 경우에도 생명·건강 등 제3자의 중대한 법익에 대한 침해는 허용되지 않는다.

③ 경찰책임의 종류에는 행위책임, 상태책임, 복합적 책임이 있다. 먼저 행위책임은 사람의 행위로 인해 경찰위반상태가 발생한 경우를 의미하며, 상태책임은 물건 또는 동물의 소유자·점유자·관리자가 그 지배범위 안에 속하는 물건·동물로 인해 경찰위반상태가 발생한 경우를 의미한다. 마지막으로 복합적 책임은 다수인의 행위책임, 다수의 상태책임 또는 행위·상태 책임이 중복되는 경우를 의미한다.

④ 경찰책임은 사회 공공의 안녕과 질서에 대한 객관적 위험상황이 존재하면 인정되며, 자연인·법인, 고의·과실, 위법성 유무, 의사·행위·책임능력의 유무 등을 불문한다.

10 경찰조직편성의 원리에 관한 설명으로 가장 적절하지 <u>않은</u> 것은?

① 통솔범위는 신설부서보다는 오래된 부서, 지리적으로 근접한 부서보다는 분산된 부서, 복잡한 업무보다는 단순한 업무의 경우에 넓어진다.

② 계층제는 조직의 경직화를 가져와 환경변화에 대한 조직의 신축적 대응을 어렵게 한다.

③ 조정의 원리는 구성원이나 단위기관의 활동을 전체적인 관점에서 통일하여 조직의 목표달성도를 높이려는 원리를 말한다.

④ 분업의 원리란 업무를 성질과 종류별로 구분하여 한 사람에게 한 가지의 동일한 업무만을 전담토록 하는 원리를 말한다.

11 「청소년 보호법」상 "청소년유해업소"에 관한 설명으로 가장 적절하지 <u>않은</u> 것은?

① 청소년 출입·고용금지업소와 청소년고용금지업소로 구분된다.

② 이 경우 업소의 구분은 그 업소가 영업을 할 때 다른 법령에 따라 요구되는 허가·인가·등록·신고 등의 여부와 관계없이 실제로 이루어지고 있는 영업행위를 기준으로 한다.

③ 사행행위 영업, 단란주점 영업, 유흥주점 영업소의 경우 청소년의 고용뿐 아니라 출입도 금지되어 있다.

④ 「식품위생법」에 따른 식품접객업 중 대통령령으로 정하는 것은 출입과 고용이 모두 금지되어 있다.

12 다음은 관할지역 내 범죄문제 해결을 위해 경찰서별로 실시하고 있는 활동들이다. 각 활동들의 근거가 되는 범죄원인론을 가장 적절하게 연결한 것은?

> ㉠ A경찰서는 관내에서 음주소란과 폭행 등으로 적발된 청소년들을 형사입건하는 대신 지역사회 축제에서 실시되는 행사에 보안요원으로 봉사할 수 있는 기회를 제공하였다.
>
> ㉡ B경찰서는 지역사회에 만연해 있는 경미한 주취소란에 대해서도 예외 없이 엄격한 법집행을 실시하였다.
>
> ㉢ C경찰서는 관내 자전거 절도사건이 증가하자 관내 자전거 소유자들을 대상으로 자전거에 일련번호를 각인해 주는 서비스를 제공하였다.
>
> ㉣ D경찰서는 관내 청소년 비행 문제가 증가하자 청소년들을 대상으로 폭력 영상물의 폐해에 관한 교육을 실시하고, 해당 유형의 영상물에 대한 접촉을 삼가도록 계도하였다.

① ㉠-낙인이론, ㉡-깨진 유리창 이론, ㉢-상황적 범죄예방 이론, ㉣-차별적 동일시 이론

② ㉠-낙인이론, ㉡-깨진 유리창 이론, ㉢-상황적 범죄예방 이론, ㉣-차별적 접촉 이론

③ ㉠-상황적 범죄예방 이론, ㉡-깨진 유리창 이론, ㉢-낙인이론, ㉣-차별적 접촉 이론

④ ㉠-상황적 범죄예방 이론, ㉡-낙인이론, ㉢-깨진 유리창 이론, ㉣-차별적 동일시 이론

13 「재난 및 안전관리 기본법」에 관한 설명으로 가장 적절하지 <u>않은</u> 것은?

① "재난"이란 국민의 생명·신체·재산과 국가에 피해를 주거나 줄 수 있는 것으로서 자연재난과 사회재난으로 구분된다.
② "재난관리"란 재난의 예방·대비·대응 및 복구를 위하여 하는 모든 활동을 말한다.
③ 국무총리는 국가 및 지방자치단체가 행하는 재난 및 안전관리 업무를 총괄·조정한다.
④ 특별재난지역 선포는 재난관리 체계상 복구 단계에서의 활동에 해당된다.

14 다음 중 무면허 운전에 해당하는 경우로 가장 적절한 것은?

① 제1종 보통면허를 소지한 甲이 구난차 등이 아닌 10톤의 특수자동차를 운전한 경우
② 제1종 대형면허를 소지한 乙이 구난차 등이 아닌 특수자동차를 운전한 경우
③ 제2종 보통면허를 소지한 丙이 승차정원 10인의 승합자동차를 운전한 경우
④ 제2종 보통면허를 소지한 丁이 적재중량 4톤의 화물자동차를 운전한 경우

15 정보의 배포와 관련된 설명으로 ㉠~㉢의 내용 중 옳고 그름의 표시(O, X)가 모두 바르게 된 것은?

> ㉠ 정보의 배포란 정보를 필요로 하는 개인이나 기관에게 적합한 내용을 적당한 시기에 제공하는 과정을 말하는 것으로, 적합한 형태를 갖출 필요는 없다.
> ㉡ 보안성의 원칙은 정보연구 및 판단이 누설되면 정보로서의 가치를 상실할 수 있으므로 이를 예방하기 위해 보안대책을 강구해야 한다는 것을 말한다.
> ㉢ 계속성의 원칙은 정보가 정보사용자에게 배포되었다면, 그 정보의 내용이 변화되었거나 관련 내용이 추가적으로 입수되었거나 할 경우 계속적으로 사용자에게 배포되어야 한다는 것을 말한다.
> ㉣ 정보배포의 주된 목적은 정책입안자 또는 정책결정자가 정보를 바탕으로 건전한 정책결정에 이르도록 하는 데 있다.
> ㉤ 정보는 먼저 생산된 것을 우선적으로 배포하여야 한다.

① ㉠ (×), ㉡ (×), ㉢ (O), ㉣ (×), ㉤ (O)
② ㉠ (×), ㉡ (O), ㉢ (O), ㉣ (O), ㉤ (×)
③ ㉠ (O), ㉡ (O), ㉢ (×), ㉣ (O), ㉤ (O)
④ ㉠ (×), ㉡ (O), ㉢ (O), ㉣ (×), ㉤ (×)

16 「남북교류협력에 관한 법률」에 관한 설명으로 가장 적절하지 <u>않은</u> 것은?

① 남한의 주민이 북한을 방문하거나 북한의 주민이 남한을 방문하려면 통일부장관의 방문 승인을 받아야 하며, 통일부장관이 발급한 증명서를 소지하여야 한다.

② 남한의 주민이 북한의 주민과 접촉하려면 통일부장관에게 미리 신고하여야 하는 것이 원칙이나 대통령령으로 정하는 부득이한 사유에 해당하는 경우에는 접촉한 후에 신고할 수 있다.

③ 남한과 북한 간의 거래는 국가 간의 거래가 아닌 민족내부의 거래로 본다..

④ 「남북교류협력에 관한 법률」상 "반출·반입"이란 매매, 교환, 임대차, 사용대차, 증여, 사용 등을 목적으로 하는 남한과 북한 간의 물품 등의 이동을 말하며, 단순히 제3국을 거치는 물품 등의 이동은 포함하지 않는다.

17 「국적법」상 일반귀화의 요건에 관한 내용이다. ㉠~㉤의 내용 중 옳고 그름의 표시(○, ×)가 모두 바르게 된 것은?

㉠ 10년 이상 계속하여 대한민국에 주소가 있을 것
㉡ 대한민국에서 영주할 수 있는 체류자격을 가지고 있을 것
㉢ 대한민국의 「민법」상 성년일 것
㉣ 법령을 준수하는 등 대통령령으로 정하는 품행 단정의 요건을 갖출 것
㉤ 귀화를 허가하는 것이 국가안전보장·질서유지 또는 공공복리를 해치지 아니한다고 법무부장관이 인정할 것

① ㉠ (×), ㉡ (○), ㉢ (○), ㉣ (×), ㉤ (○)
② ㉠ (○), ㉡ (×), ㉢ (○), ㉣ (○), ㉤ (×)
③ ㉠ (○), ㉡ (○), ㉢ (×), ㉣ (×), ㉤ (○)
④ ㉠ (×), ㉡ (○), ㉢ (○), ㉣ (×), ㉤ (×)

18 「출입국관리법 시행령」상 외국인의 체류자격에 대한 설명이다. ㉠~㉣의 괄호 안에 들어갈 내용이 가장 적절한 것은?

- A－(㉠), 외교: 대한민국정부가 접수한 외국정부의 외교사절단이나 영사기관의 구성원, 조약 또는 국제관행에 따라 외교사절과 동등한 특권과 면제를 받는 사람과 그 가족
- (㉡)－2, 유학: 전문대학 이상의 교육기관 또는 학술연구기관에서 정규과정의 교육을 받거나 특정 연구를 하려는 사람
- F－(㉢), 재외동포: 「재외동포의 출입국과 법적 지위에 관한 법률」상 대한민국의 국적을 보유하였던 자(대한민국정부 수립 전에 국외로 이주한 동포를 포함) 또는 그 직계비속으로서 외국국적을 취득한 자 중 대통령령으로 정하는 자(단순 노무행위 등 법령에서 규정한 취업활동에 종사하려는 사람은 제외)
- (㉣)－6, 예술흥행: 수익이 따르는 음악, 미술, 문학 등의 예술활동과 수익을 목적으로 하는 연예, 연주, 연극, 운동경기, 광고·패션 모델, 그 밖에 이에 준하는 활동을 하려는 사람

① ㉠ 2, ㉡ D, ㉢ 6, ㉣ E   ② ㉠ 2, ㉡ E, ㉢ 4, ㉣ F
③ ㉠ 1, ㉡ E, ㉢ 6, ㉣ F   ④ ㉠ 1, ㉡ D, ㉢ 4, ㉣ E

19 경찰 수사와 관련한 설명으로 가장 적절하지 <u>않은</u> 것은?

① 「경찰법」 제3조와 「경찰관 직무집행법」 제2조에서 범죄수사를 명백히 경찰의 임무(직무)로 규정하고 있다.
② 수사진행에 있어 핵심이라 할 수 있는 영장청구는 사법경찰관이 직접 판사에게 할 수 있다.
③ 「형사소송법」과 「검찰청법」은 2011년 일부개정을 통해 사법경찰관의 수사개시권을 명문화하고 검사의 직무상 명령에 복종하도록 한 기존 규정을 삭제하였으나, 한편으로는 사법경찰관의 모든 수사에 대한 검사의 지휘권을 명시하였다.
④ 2019년 '검·경 수사권 조정을 위한 「형사소송법」·「검찰청법」 일부 개정안'이 국회에서 신속처리법안으로 지정되었다.

20 다음은 한국경찰사에 있어서 자랑스러운 경찰의 표상에 관한 설명이다. ㉠~㉣에 해당하는 인물을 가장 바르게 나열한 것은?

㉠ 1919년 대한민국 임시정부의 초대 경무국장이다.

㉡ 5·18 광주 민주화운동 당시 전남도경국장으로서, 과격한 진압을 지시했던 군과 달리 '분산되는 자는 너무 추격하지 말 것, 부상자 발생치 않도록 할 것' 등과 '연행과정에서 학생의 피해가 없도록 유의하라'고 지시하였다. 신군부의 명령을 어겼다는 이유로 직위해제를 당했다.

㉢ 공비들의 근거지가 될 수 있는 사찰을 불태우라는 상부의 명령에 대해 현명하게 대처하여 화엄사(구례), 선운사(고창), 백양사(장성) 등 여러 사찰과 문화재를 보호하였다.

㉣ 1968년 1.21 무장공비침투사건 당시 군 방어선이 뚫린 상황에서 격투 끝에 청와대를 사수하였으며, 순국으로 대한민국을 지켜내고 조국의 발전을 가능하게 한 영웅적인 사례로 평가받고 있다.

---

① ㉠ 김 구, ㉡ 안병하, ㉢ 차일혁, ㉣ 정종수
② ㉠ 김원봉, ㉡ 안병하, ㉢ 최규식, ㉣ 정종수
③ ㉠ 김 구, ㉡ 차일혁, ㉢ 안병하, ㉣ 최규식
④ ㉠ 김 구, ㉡ 최규식, ㉢ 안병하, ㉣ 차일혁

모 l 범 l 답 l 안 **경찰학개론**

1. ④	2. ①	3. ②	4. ②	5. ②	6. ③	7. ④	8. ①	9. ②	10. ①
11. ④	12. ①	13. ③	14. ①	15. ②	16. ④	17. ①	18. ④	19. ②	20. ①

경찰학개론 기출문제

2020년 4월 4일 시행

경찰공무원(순경) 공채

01 다음은 형식적 의미의 경찰개념과 실질적 의미의 경찰개념에 대한 설명이다. 옳은 것은 모두 몇 개인가?

> ㉠ 형식적 의미의 경찰이 언제나 실질적 의미의 경찰이 되는 것은 아니며, 실질적 의미의 경찰이 모두 형식적 의미의 경찰이 되는 것도 아니다.
> ㉡ 실질적 의미의 경찰은 사회공공의 안녕과 질서유지를 위한 권력적 작용이므로 소극목적에 한정된다.
> ㉢ 형식적 의미의 경찰은 사회목적적 작용을 의미하며 작용을 중심으로 파악된 개념이고, 실질적 의미의 경찰은 조직을 기준으로 파악된 개념이다.
> ㉣ 실질적 의미의 경찰은 실무상 정립된 개념이 아니라 학문적으로 정립된 개념으로 독일 행정법학에서 유래하였다.
> ㉤ 「경찰관 직무집행법」 제2조에 규정된 경찰의 직무범위가 우리나라에서의 형식적 의미의 경찰개념에 해당한다.

① 2개   ② 3개   ③ 4개   ④ 5개

해설 옳은 보기 ㉠, ㉡, ㉣, ㉤

〈보기〉 ㉢ 형식적 의미의 경찰은 실정법상 보통경찰기관에 분배되어 있는 임무를 달성하기 위한 경찰활동을 의미하며, **조직을 중심**으로 파악된 개념이다. 반면에 실질적 의미의 경찰은 사회공공의 안녕과 질서를 유지하기 위하여 일반통치권에 의거하여 국민에게 명령·강제하는 권력적 작용을 의미하며, **작용을 중심**으로 파악된 개념이다.

2020
제1차

정답 1. ③

02 1829년 런던수도경찰청을 창설한 로버트 필 경(Sir Robert Peel)이 경찰조직을 운영하기 위하여 제시한 기본적인 원칙 중 가장 적절하지 <u>않은</u> 것은?

① 경찰의 기본적인 임무는 범죄에 대한 신속한 대응이다.
② 경찰의 성공은 시민의 인정에 의존한다.
③ 적절한 경찰관들을 확보하기 위한 교육훈련은 필수적인 것이다.
④ 경찰은 군대식으로 조직되어야 한다.

해설

〈보기〉 ① 경찰의 기본적인 임무는 **범죄 및 무질서의 예방**이다. 범죄에 대한 신속한 대응을 강조한 것은 미국경찰의 역사에서 개혁시대에 강조되었고 전통적 경찰활동의 특징이다.

[로버트 필 경(Sir Robert Peel) 기본원칙]
• 경찰은 안정되고, 능률적이고, 조직화되어야 한다.
• 경찰은 정부의 통제하에 있어야 한다.
• 범죄발생 사항은 반드시 전파되어야 한다.
• 경찰력의 배치는 시간적 · 지리적 특성에 따라야 한다.
• 자기감정을 조절할 줄 아는 것이 가장 중요한 경찰관의 자질이며 차분하고 확고한 태도가 완력보다 훨씬 효과적이다.
• 단정한 외관이 시민의 존중을 산다.
• 능률성을 높이기 위해 적임자를 선발하고 적절한 훈련을 해야 한다.
• 공공의 안전을 위해 모든 경찰관에게는 식별될 수 있는 번호가 부여되어야 한다.
• 경찰서는 시내중심지에 위치하여야 하며 주민이 쉽게 찾아올 수 있어야 한다.
• 경찰관은 반드시 수습기간을 거친 후에 채용되어야 한다.
• 경찰관은 항상 기록을 남기고 이를 차후 경찰력 배지를 위한 기준으로 삼아야 한다.

03 다음은 국가경찰과 자치경찰에 대한 설명이다. 옳은 것으로 묶인 것은?

> ㉠ 국가경찰은 자치경찰과 비교하여 인권과 민주성이 보장되어 주민들의 지지를 받기 쉽다.
> ㉡ 자치경찰은 국가경찰과 비교하여 권력적 수단보다는 비권력적 수단을 통해 국민의 생명과 신체 · 재산을 보호하고자 한다.
> ㉢ 국가경찰은 자치경찰과 비교하여 타 행정부문과의 긴밀한 협조 · 조정이 원활하다는 장점이 있다.
> ㉣ 자치경찰은 국가경찰과 비교하여 지역실정을 반영한 경찰조직의 운영 · 관리가 용이하다.
> ㉤ 국가경찰은 자치경찰과 비교하여 지역주민에 대한 경찰의 책임의식이 높다.

① ㉠, ㉡, ㉣
② ㉡, ㉢, ㉣
③ ㉡, ㉢, ㉤
④ ㉠, ㉣, ㉤

해설

〈보기〉 ㉠ 자치경찰은 국가경찰과 비교하여 인권과 민주성이 보장되어 주민들의 지지를 받기 용이하다.
〈보기〉 ㉤ 자치경찰은 국가경찰과 비교하여 지역주민에 대한 경찰의 책임의식이 높다.

04 정부 수립 이후 경찰과 관련된 설명으로 가장 적절하지 <u>않은</u> 것은?

① 1953년 경찰작용에 관한 기본법으로 제정된 「경찰관 직무집행법」에는 국민의 생명, 신체, 재산의 보호라는 영미법적 사고가 반영되었다.

② 1968년 '무장공비 침투사건(1·21 사태)' 당시 종로경찰서 자하문검문소에서 무장공비를 온몸으로 막아내고 순국한 최규식 경무관과 정종수 경사는 호국경찰, 인본경찰, 문화경찰의 표상이다.

③ 1980년 '5·18 민주화 운동' 당시 안병하 전남경찰국장과 이준규 목포서장은 신군부의 무장 강경진압 방침을 거부하였다.

④ 1987년 '6월 민주항쟁' 이후 경찰 내부에서는 정치적 중립을 지키지 못한 과오를 반성하고 경찰 중립화를 요구하는 성명 발표 등 자성의 목소리가 나왔다.

[해설]

〈보기〉 ② 1968년 무장공비 침투사건(1·21사태) 당시 종로경찰서 자하문검문소에서 무장공비를 온몸으로 막아내고 순국한 최규식 경무관과 정종수 경사는 **호국경찰**의 표상이다. 호국경찰, 인본경찰, 문화경찰의 표상의 대표인물은 차일혁이다.

최규식 경무관   정종수 경사

05 다음은 경찰부패에 대한 설명이다. 빈칸 ㉠부터 ㉣까지 들어갈 것으로 가장 적절하게 짝지어진 것은?

> - (㉠)은 니더호퍼, 로벅, 바커 등이 제시한 이론으로 부패의 사회화를 통하여 신임경찰이 기존의 부패한 경찰에 물들게 된다는 입장이다.
> - (㉡)은(는) 남의 비행에 대하여 일일이 참견하면서 도덕적 충고를 하는 것을 의미한다.
> - (㉢)은 공짜 커피, 작은 선물 등의 사소한 호의가 나중에는 큰 부패로 이어질 수 있다는 점을 강조한다.
> - (㉣)은(는) 도덕적 가치관이 붕괴되어 동료의 부패를 부패라고 인식하지 못하는 것을 의미하며, 부패를 잘못된 행위로 인식하고 있지만 동료라서 모르는 척하는 침묵의 규범과는 구별되는 개념이다.

① ㉠ 전체사회가설, ㉡ Whistle blowing, ㉢ 사회 형성재 이론, ㉣ Moral hazard
② ㉠ 구조원인가설, ㉡ Whistle blowing, ㉢ 미끄러지기 쉬운 경사로 이론, ㉣ Deep throat
③ ㉠ 전체사회가설, ㉡ Busy bodiness, ㉢ 사회 형성재 이론, ㉣ Deep throat
④ ㉠ 구조원인가설, ㉡ Busy bodiness, ㉢ 미끄러지기 쉬운 경사로 이론, ㉣ Moral hazard

해설 경찰 부패 관련 이론

전체사회 가설	윌슨(O. W. Wilson)이 시카고 경찰의 부패를 설명하기 위하여 주장한 전체사회 가설에 따르면, 사회 전체의 풍조와 정서가 경찰조직에 직접적인 영향을 미치게 되는데, 사회 전체가 경찰관의 부패를 묵인하거나 조장할 때 경찰관은 자연스럽게 부패행위를 하게 된다는 것이다. 윌슨은 '시카고 시민이 시카고 경찰을 부패시켰다'고 주장하였는데, 이는 시민사회의 부패가 경찰부패의 주요 원인이라고 보는 것이다.
구조원인 가설	구조원인 가설은 니더호퍼(A. Neitherhoffer), 로벅(J. Roebuck), 바커(T. Barker) 등이 제시한 이론으로 부패의 사회화를 통하여 신임경찰이 기존의 부패한 경찰에 물들게 된다는 입장이다.
썩은 사과 가설	사과 상자 속에서 애초에 문제가 있는 사과가 썩듯이, 처음부터 경찰관으로서의 자질이 없는 사람이 경찰관이 됨으로써 부패의 원인이 된다는 입장이다. 즉, 썩은 사과 가설은 부패의 원인을 조직의 체계적 원인보다는 경찰관 개인적 결함으로 보고 있다.
미끄러지기 쉬운 경사로 이론	셔먼(L. Sherman)의 미끄러지기 쉬운 경사로 이론은 공짜 커피, 작은 선물 등의 사소한 호의일지라도 습관화될 경우에는 미끄러운 경사로를 타고 내려오듯이 점점 더 큰 부패로 이어질 수 있다는 점을 강조한다. 반면에 사회 형성재 이론은 작은 사례나 호의는 경찰과 시민 간의 원만하고 긍정적인 사회관계를 만들어 주는 계기가 된다는 입장으로 작은 호의의 긍정적인 효과를 강조하고 있다.

Whistle blowing(내부고발)	동료나 상사의 부정행위에 대해 외부 감찰기관이나 언론 등을 통하여 조직 내부의 부정과 부패를 알리는 고발행위를 말한다. '침묵의 규범'과 반대되는 개념이라 할 수 있다.
Moral hazard (도덕적 해이)	도덕적 가치관이 붕괴되어 동료의 부패를 부패라고 인식하지 못하는 것을 의미한다. 부패를 잘못된 행위로 인식하고 있지만 동료라서 모르는 척 하는 침묵의 규범과는 구별되는 개념이다.
Deep Throat	'내부고발자'(Whistle-blower)를 의미하며, 기업이나 정부기관 내에 근무하는 내부자로서 조직의 불법이나 부정거래에 관한 정보를 신고하는 사람이다.
Busy bodiness	남의 비행에 대하여 일일이 참견하면서 도덕적 충고를 하는 것을 말한다.

정답 5. ④

06 다음은 「경찰공무원법」에 대한 설명이다. ㉠~㉤의 내용 중 옳고 그름의 표시(○, ×)가 모두 바르게 된 것은?

> ㉠ 경찰청장 또는 해양경찰청장은 경찰공무원의 채용시험 또는 경찰간부후보생 공개경쟁선발시험에서 부정행위를 한 응시자에 대해서는 해당 시험을 정지 또는 무효로 하고, 그 처분이 있은 날부터 5년간 시험응시자격을 정지한다.
>
> ㉡ 총경 이상 경찰공무원은 경찰청장 또는 해양경찰청장의 추천을 받아 행정안전부장관 또는 해양수산부장관의 제청으로 국무총리를 거쳐 대통령이 임용한다. 다만, 총경의 전보, 휴직, 직위해제, 강등, 정직 및 복직은 경찰청장 또는 해양경찰청장이 한다.
>
> ㉢ 경찰청장 또는 해양경찰청장은 전시·사변이나 그 밖에 이에 준하는 비상사태에서는 2년의 범위에서 계급정년을 연장할 수 있다. 이 경우 치안감의 경찰공무원에 대하여는 행정안전부장관 또는 해양수산부장관과 국무총리를 거쳐 대통령의 승인을 받아야 하고, 경무관·총경·경정의 경찰공무원에 대하여는 국무총리를 거쳐 대통령의 승인을 받아야 한다.
>
> ㉣ 순경을 경장으로 근속승진임용하려는 경우에는 해당 계급에서 5년 이상 근속자이어야 한다.
>
> ㉤ 경찰공무원은 그 정년이 된 날이 1월에서 6월 사이에 있으면 6월 30일에 당연퇴직하고, 7월에서 12월 사이에 있으면 12월 31일에 당연퇴직한다.

① ㉠ (○), ㉡ (○), ㉢ (○), ㉣ (×), ㉤ (○)
② ㉠ (○), ㉡ (×), ㉢ (○), ㉣ (○), ㉤ (×)
③ ㉠ (×), ㉡ (○), ㉢ (×), ㉣ (○), ㉤ (×)
④ ㉠ (○), ㉡ (○), ㉢ (×), ㉣ (×), ㉤ (○)

해설

〈보기〉㉠
제11조(부정행위자에 대한 제재) 경찰청장 또는 해양경찰청장은 경찰공무원의 채용시험 또는 경찰간부후보생 공개경쟁선발시험에서 부정행위를 한 응시자에 대해서는 해당 시험을 정지 또는 무효로 하고, 그 처분이 있은 날부터 5년간 시험응시자격을 정지한다.

〈보기〉㉡
제7조(임용권자) ① 총경 이상 경찰공무원은 경찰청장 또는 해양경찰청장의 추천을 받아 행정안전부장관 또는 해양수산부장관의 제청으로 국무총리를 거쳐 대통령이 임용한다. 다만, 총경의 전보, 휴직, 직위해제, 강등, 정직 및 복직은 경찰청장 또는 해양경찰청장이 한다.

〈보기〉㉢
제30조(정년) ④ 경찰청장 또는 해양경찰청장은 전시·사변이나 그 밖에 이에 준하는 비상사태에서는 2년의 범위에서 제1항제2호에 따른 계급정년을 연장할 수 있다. 이 경우 **경무관 이상**의 경찰공무원에 대해서는 행정안전부장관 또는 해양수산부장관과 국무총리를 거쳐 대통령의 승인을 받아야 하고, **총경·경정**의 경찰공무원에 대해서는 국무총리를 거쳐 대통령의 승인을 받아야 한다.

〈보기〉 ㉣

제16조(근속승진) ① 경찰청장 해당 계급에서 다음 각 호의 기간 동안 재직한 사람을 경장, 경사, 경위, 경감으로 각각 근속승진임용할 수 있다. 다만, 인사교류 경력이 있거나 주요 업무의 추진 실적이 우수한 공무원 등 경찰행정 발전에 기여한 공이 크다고 인정되는 경우에는 대통령령으로 정하는 바에 따라 그 기간을 단축할 수 있다.

    1. 순경을 경장으로 근속승진임용하려는 경우: 해당 계급에서 **4년** 이상 근속자

    2. 경장을 경사로 근속승진임용하려는 경우: 해당 계급에서 **5년** 이상 근속자

    3. 경사를 경위로 근속승진임용하려는 경우: 해당 계급에서 **6년 6개월** 이상 근속자

    4. 경위를 경감으로 근속승진임용하려는 경우: 해당 계급에서 **8년** 이상 근속자

〈보기〉 ㉤

제30조(정년) ① 경찰공무원의 정년은 다음과 같다.

    1. 연령정년: 60세

    2. 계급정년

        치안감: 4년

        경무관: 6년

        총경: 11년

        경정: 14년

⑤ 경찰공무원은 그 정년이 된 날이 1월에서 6월 사이에 있으면 6월 30일에 당연퇴직하고, 7월에서 12월 사이에 있으면 12월 31일에 당연퇴직한다.

정답 6. ④

07 「국가경찰과 자치경찰의 조직 및 운영에 관한 법률」상 국가경찰위원회에 대한 내용이다. ( )안에 들어갈 숫자의 합은? (기출 수정)

○ 국가경찰위원회는 위원장 1명을 포함한 ( )명의 위원으로 구성하되, 위원장 및 5명의 위원은 비상임으로 하고, 1명의 위원은 상임으로 한다.

○ 위원 중 ( )명은 법관의 자격이 있는 사람이어야 한다.

○ 위원은 특정 성(性)이 10분의 ( )을 초과하지 아니하도록 노력하여야 한다.

○ 위원의 임기는 ( )년으로 하며, 연임할 수 없다.

---

① 16   ② 17   ③ 18   ④ 19

해설

제7조(국가경찰위원회의 설치) ② 국가경찰위원회는 위원장 1명을 포함한 7명의 위원으로 구성하되, 위원장 및 5명의 위원은 비상임(非常任)으로 하고, 1명의 위원은 상임(常任)으로 한다.

제8조(국가경찰위원회 위원의 임명 및 결격사유 등) ③ 위원 중 2명은 법관의 자격이 있는 사람이어야 한다. ④ 위원은 특정 성(性)이 10분의 6을 초과하지 아니하도록 노력하여야 한다.

제9조(국가경찰위원회 위원의 임기 및 신분보장) ① 위원의 임기는 3년으로 하며, 연임(連任)할 수 없다. 이 경우 보궐위원의 임기는 전임자 임기의 남은 기간으로 한다.

08 「경찰공무원 임용령」상 임용권의 위임에 대한 설명 중 가장 적절하지 <u>않은</u> 것은? (기출 수정)

① 경찰청장은 시·도지사에게 해당 특별시·광역시·특별자치시·도 또는 특별자치도의 자치경찰사무를 담당하는 경찰공무원 중 경정의 전보·파견·휴직·직위해제 및 복직에 관한 권한과 경감 이하의 임용권(신규채용 및 면직에 관한 권한은 포함한다)을 위임한다.

② 임용권을 위임받은 시·도지사는 경감 또는 경위로의 승진임용에 관한 권한을 제외한 임용권을 시·도자치경찰위원회에 다시 위임한다.

③ 경찰청장은 국가수사본부장에게 국가수사본부 안에서의 경정 이하에 대한 전보권을 위임한다.

④ 임용권을 위임받은 시·도자치경찰위원회는 시·도지사와 시·도경찰청장의 의견을 들어 그 권한의 일부를 시·도경찰청장에게 다시 위임할 수 있다.

해설

제4조(임용권의 위임 등) ① 경찰청장은 특별시장·광역시장·특별자치시장·도지사 또는 특별자치도지사(시·도지사)에게 해당 특별시·광역시·특별자치시·도 또는 특별자치도의 자치경찰사무를 담당하는 경찰공무원 중 경정의 전보·파견·휴직·직위해제 및 복직에 관한 권한과 경감 이하의 임용권(신규채용 및 면직에 관한 권한은 **제외한다**)을 위임한다.

② 경찰청장은 국가수사본부장에게 국가수사본부 안에서의 경정 이하에 대한 전보권을 위임한다.

③ 경찰청장은 경찰대학·경찰인재개발원·중앙경찰학교·경찰수사연수원·경찰병원 및 시·도경찰청(소속기관등)의 장에게 그 소속 경찰공무원 중 경정의 전보·파견·휴직·직위해제 및 복직에 관한 권한과 경감 이하의 임용권을 위임한다.

④ 임용권을 위임받은 시·도지사는 경감 또는 경위로의 승진임용에 관한 권한을 제외한 임용권을 시·도자치경찰위원회에 다시 위임한다.

⑤ 임용권을 위임받은 시·도자치경찰위원회는 시·도지사와 시·도경찰청장의 의견을 들어 그 권한의 일부를 시·도경찰청장에게 다시 위임할 수 있다.

09 「경찰관 직무집행법」에 대한 내용으로 옳지 <u>않은</u> 것은 모두 몇 개인가?

> ㉠ 일반적 수권조항의 존재를 부정하는 학자들에 따르면 「경찰관 직무집행법」 제2조 제7호
> 는 경찰의 직무범위만을 정한 것으로서 본질적으로 조직법적 성질의 규정에 해당한다고
> 주장한다.
> ㉡ 경찰관은 수상한 행동이나 그 밖의 주위 사정을 합리적으로 판단해 볼 때 보호조치대상
> 자에 해당하는 것이 명백하고 응급구호가 필요하다고 믿을 만한 상당한 이유가 있는 사
> 람을 발견하였을 때에는 보건의료기관이나 공공구호기관에 긴급구호를 요청하거나 경찰
> 관서에 보호하는 등 적절한 조치를 하여야 한다.
> ㉢ 구호대상자를 경찰관서에서 보호하는 기간은 24시간을 초과할 수 없고, 물건을 경찰관서
> 에 임시로 영치하는 기간은 10일을 초과할 수 없다.
> ㉣ 경찰관은 '현행범이나 사형·무기 또는 장기 3년 이상의 징역이나 금고에 해당하는 죄를
> 범한 범인의 체포 또는 도주 방지', '자신이나 다른 사람의 생명·신체 및 재산의 보호',
> '공무집행에 대한 항거 제지'의 직무를 수행하기 위하여 필요하다고 인정되는 상당한 이
> 유가 있을 때에는 그 사태를 합리적으로 판단하여 필요한 한도 내에서 경찰장구를 사용
> 할 수 있다.
> ㉤ 경찰청장 또는 시·도경찰청장은 제3항의 손실보상심의위원회의 심의·의결에 따라 보
> 상금을 지급하고, 거짓 또는 부정한 방법으로 보상금을 받은 사람에 대하여는 해당 보상
> 금을 환수할 수 있다.

① 1개　　　　　② 2개　　　　　③ 3개　　　　　④ 4개

해설 틀린 보기 ㉡, ㉣, ㉤

〈보기〉 ㉡

제4조(보호조치 등) ① 경찰관은 수상한 행동이나 그 밖의 주위 사정을 합리적으로 판단해 볼 때 다음 각
　호의 어느 하나에 해당하는 것이 명백하고 응급구호가 필요하다고 믿을 만한 상당한 이유가 있는 사람(구
　호대상자)을 발견하였을 때에는 보건의료기관이나 공공구호기관에 긴급구호를 요청하거나 경찰관서에 보호
　하는 등 적절한 **조치를 할 수 있다.**
　　1. 정신착란을 일으키거나 술에 취하여 자신 또는 다른 사람의 생명·신체·재산에 위해를 끼칠 우려
　　　가 있는 사람
　　2. 자살을 시도하는 사람
　　3. 미아, 병자, 부상자 등으로서 적당한 보호자가 없으며 응급구호가 필요하다고 인정되는 사람. 다만,
　　　본인이 구호를 거절하는 경우는 제외한다.

〈보기〉 ㉣

제10조의2(경찰장구의 사용) ① 경찰관은 다음 각 호의 직무를 수행하기 위하여 필요하다고 인정되는 상당
　한 이유가 있을 때에는 그 사태를 합리적으로 판단하여 필요한 한도에서 경찰장구를 사용할 수 있다.
　　1. 현행범이나 사형·무기 또는 장기 3년 이상의 징역이나 금고에 해당하는 죄를 범한 범인의 체포 또
　　　는 도주 방지
　　2. 자신이나 다른 사람의 **생명·신체의 방어 및 보호**
　　3. 공무집행에 대한 항거 제지

〈보기〉 ㉤
제11조의2(손실보상) ④ 경찰청장 또는 시 · 도경찰청장은 제3항의 손실보상심의위원회의 심의 · 의결에 따라 보상금을 지급하고, 거짓 또는 부정한 방법으로 보상금을 받은 사람에 대하여는 해당 보상금을 환수하여야 한다.

참고 경찰관 직무집행법 제2조 제7호 관련 학설

1. 긍정설
   - 경찰권의 성질상 입법기관이 미리 경찰권의 발동사태를 상정해서 모든 요건을 법률에 규정하는 것은 불가능하므로 일반적 수권조항이 필요하다.
   - 일반조항은 개별적 규정이 없는 때에 한하여 보충적으로 적용되는 것이므로 일반조항이 가능하다.
   - 일반조항으로 인한 경찰권 발동의 남용 가능성은 조리상의 한계 등으로 충분히 통제될 수 있으므로 경찰권 발동의 근거로서 일반조항이 가능하다.
   - 경찰권 발동의 조리상의 한계이론을 논하는 것 자체가 일반조항을 전제로 한 것이다.
   - 독일의 경우, 일반조항을 인정하는 것이 학설과 판례를 통하여 확립된 전통이다.

2. 부정설
   - 경찰권의 발동에는 반드시 법률적 근거가 있어야 하므로, 이런 경우 법률은 당연히 경찰작용의 근거로서 개별적 경찰작용법이어야 한다. 따라서 포괄적·일반적 수권법은 허용되지 않는다.
   - 헌법에서 질서유지를 위한 국민의 자유와 권리의 제한은 법률로서만 할 수 있도록 규정하고 있다.
   - 경찰관 직무집행법 제2조 제7호는 경찰의 직무범위만을 정한 것으로서 본질적으로 조직법적 성질의 규정에 해당한다.
   - 법률유보 원칙의 엄격한 적용을 받는다.
   - 경찰권 발동에는 개별적인 작용법에 의한 구체적인 수권규정이 필요하다.

10 「경찰 물리력 행사의 기준과 방법에 관한 규칙」에 대한 설명으로 가장 적절하지 <u>않은</u> 것은?

① 경찰관이 물리력 사용 시 준수하여야 할 기본원칙, 물리력 사용의 정도, 각 물리력 수단의 사용 한계 및 유의사항을 규정함으로써 국민과 경찰관의 생명 · 신체를 보호하고 인권을 보장하며 경찰 법집행의 정당성을 확보하는 데에 그 목적이 있다.

② 경찰관은 성별, 장애, 인종, 종교 및 성정체성 등에 대한 선입견을 가지고 차별적으로 물리력을 사용하여서는 아니 된다.

③ 경찰관은 이미 경찰목적을 달성하여 더 이상 물리력을 사용할 필요가 없는 경우에는 물리력 사용을 즉시 중단하여야 한다.

④ 대상자가 경찰관의 지시, 통제를 따르지 않고 비협조적이지만 경찰관 또는 제3자에 대해 직접적인 위해를 가하지 않는 경우에 경찰봉이나 방패 등으로 대상자의 신체 중요 부위 또는 급소 부위를 가격할 수 있다.

해설

경찰 물리력 행사의 기준과 방법에 관한 규칙

1. 목적

　이 규칙은 경찰관이 물리력 사용 시 준수하여야 할 기본원칙, 물리력 사용의 정도, 각 물리력 수단의 사용 한계 및 유의사항을 규정함으로써 국민과 경찰관의 생명 · 신체를 보호하고 인권을 보장하며 경찰 법집행 의 정당성을 확보하는 데에 그 목적이 있다.

2. 경찰 물리력 사용 시 유의사항

　– 경찰관은 경찰청이 공인한 물리력 수단을 사용하여야 한다.
　– **경찰관은 성별, 장애, 인종, 종교 및 성정체성 등에 대한 선입견을 가지고 차별적으로 물리력을 사용하 여서는 아니 된다.**
　– 경찰관은 대상자의 신체 및 건강상태, 장애유형 등을 고려하여 물리력을 사용하여야 한다.
　– **경찰관은 이미 경찰목적을 달성하여 더 이상 물리력을 사용할 필요가 없는 경우에는 물리력 사용을 즉 시 중단하여야 한다.**
　– 경찰관은 대상자를 징벌하거나 복수할 목적으로 물리력을 사용하여서는 아니 된다.
　– 경찰관은 오직 상황의 빠른 종결이나, 직무수행의 편의를 위한 목적으로 물리력을 사용하여서는 아니 된다.

3. 대상자 행위

대상자가 경찰관 또는 제3자에 대해 보일 수 있는 행위는 그 위해의 정도에 따라 ① 순응, ② 소극적 저항, ③ 적극적 저항, ④ 폭력적 공격, ⑤ 치명적 공격 등 다섯 단계로 구별한다.

1. 순응 대상자가 경찰관의 지시, 통제에 따르는 상태를 말한다. 다만, 대상자가 경찰관의 요구에 즉각 응하지 않고 약간의 시간만 지체하는 경우는 '순응'으로 본다.
2. 소극적 저항 대상자가 **경찰관의 지시, 통제를 따르지 않고 비협조적이지만 경찰관 또는 제3자에 대해 직접적인 위해를 가하지 않는** 상태를 말한다. 경찰관이 정당한 이동 명령을 발하였음에도 가만히 서있거나 앉아 있는 등 전혀 움직이지 않는 상태, 일부러 몸의 힘을 모두 빼거나, 고정된 물체를 꽉 잡고 버팀으로써 움직이지 않으려는 상태 등이 이에 해당한다.
3. 적극적 저항 대상자가 자신에 대한 경찰관의 체포·연행 등 정당한 공무집행을 방해하지만 경찰관 또는 제3자에 대해 위해 수준이 낮은 행위만을 하는 상태를 말한다. 대상자가 자신을 체포·연행하려는 경찰관으로부터 물리적으로 이탈하거나 도주하려는 행위, 체포·연행을 위해 팔을 잡으려는 경찰관의 손을 뿌리치거나, 경찰관을 밀고 잡아끄는 행위, 경찰관에게 침을 뱉거나 경찰관을 밀치는 행위 등이 이에 해당한다.
4. 폭력적 공격 대상자가 경찰관 또는 제3자에 대해 신체적 위해를 가하는 상태를 말한다. 대상자가 경찰관에게 폭력을 행사하려는 자세를 취하여 그 행사가 임박한 상태, 주먹·발 등을 사용해서 경찰관에 대해 신체적 위해를 초래하고 있거나 임박한 상태, 강한 힘으로 경찰관을 밀거나 잡아당기는 등 완력을 사용해 체포에서 벗어나려고 하는 상태 등이 이에 해당한다.
5. 치명적 공격 대상자가 경찰관 또는 제3자에 대해 사망 또는 심각한 부상을 초래할 수 있는 행위를 하는 상태를 말한다. 총기류(공기총·엽총·사제권총 등), 흉기(칼·도끼·낫 등), 둔기(망치·쇠파이프 등)를 이용하여 경찰관, 제3자에 대해 위력을 행사하고 있거나 위해 발생이 임박한 경우, 경찰관이나 제3자의 목을 세게 조르거나 무차별 폭행하는 등 생명·신체에 대해 중대한 위해가 발생할 정도의 위험한 폭력을 행사하는 경우가 이에 해당한다.

4. 경찰관 대응 수준

대상자 행위에 따른 경찰관의 대응 수준은 ① 협조적 통제, ② 접촉 통제, ③ 저위험 물리력, ④ 중위험 물리력, ⑤ 고위험 물리력 등 다섯 단계로 구별한다.

2.2.1. 협조적 통제

'순응' 이상의 상태인 대상자에 대해 사용할 수 있는 물리력 수준으로서, 대상자의 협조를 유도하거나 협조에 따른 물리력을 말한다. 그 종류는 다음과 같다.

가. 현장 임장

나. 언어적 통제

다. 체포 등을 위한 수갑 사용

라. 안내·체포 등에 수반한 신체적 물리력

2.2.2. 접촉 통제

'소극적 저항' 이상의 상태인 대상자에 대해 사용할 수 있는 물리력 수준으로서, 대상자 신체 접촉을 통해 경찰목적 달성을 강제하지만 신체적 부상을 야기할 가능성은 극히 낮은 물리력을 말한다. 그 종류는 다음과 같다.

가. 신체 일부 잡기·밀기·잡아끌기, 쥐기·누르기·비틀기

나. 경찰봉 양 끝 또는 방패를 잡고 대상자의 신체에 안전하게 밀착한 상태에서 대상자를 특정 방향으로 밀거나 잡아당기기

2.2.3. 저위험 물리력

'적극적 저항' 이상의 상태인 대상자에 대해 사용할 수 있는 물리력 수준으로서, 대상자가 통증을 느낄 수 있으나 신체적 부상을 당할 가능성은 낮은 물리력을 말한다. 그 종류는 다음과 같다.

가. 목을 압박하여 제압하거나 관절을 꺾는 방법, 팔·다리를 이용해 움직이지 못하도록 조르는 방법, 다리를 걸거나 들쳐 매는 등 균형을 무너뜨려 넘어뜨리는 방법, 대상자가 넘어진 상태에서 움직이지 못하게 위에서 눌러 제압하는 방법

나. 분사기 사용(다른 저위험 물리력 이하의 수단으로 제압이 어렵고, 경찰관이나 대상자의 부상 등의 방지를 위해 필요한 경우)

2.2.4. 중위험 물리력

'폭력적 공격' 이상의 상태의 대상자에 대해 사용할 수 있는 물리력 수준으로서, 대상자에게 신체적 부상을 입힐 수 있으나 생명·신체에 대한 중대한 위해 발생 가능성은 낮은 물리력을 말한다. 그 종류는 다음과 같다.

가. 손바닥, 주먹, 발 등 신체부위를 이용한 가격

나. 경찰봉으로 중요부위가 아닌 신체 부위를 찌르거나 가격

다. 방패로 강하게 압박하거나 세게 미는 행위

라. 전자충격기 사용

2.2.5. 고위험 물리력

가. '치명적 공격' 상태의 대상자로 인해 경찰관 또는 제3자의 생명·신체에 급박하고 중대한 위해가 초래될 가능성이 있는 경우 최후의 수단으로 사용할 수 있는 물리력 수준으로서, 대상자의 사망 또는 심각한 부상을 초래할 수 있는 물리력을 말한다.

나. 경찰관은 대상자의 '치명적 공격' 상황에서도 현장상황이 급박하지 않은 경우에는 낮은 수준의 물리력을 우선적으로 사용하여 상황을 종결시킬 수 있도록 노력하여야 한다.

다. '고위험 물리력'의 종류는 다음과 같다.

　1) 권총 등 총기류 사용

　2) **경찰봉, 방패, 신체적 물리력으로 대상자의 신체 중요 부위 또는 급소 부위 가격**, 대상자의 목을 강하게 조르거나 신체를 강한 힘으로 압박하는 행위

11 경찰상 즉시강제에 대한 설명으로 가장 적절하지 않은 것은?

① 경찰상 즉시강제는 권력적 사실행위인 처분이기 때문에 행정쟁송이 가능하다.

② 즉시강제의 절차적 한계에 있어서 영장주의의 적용 여부에 대하여 영장필요설이 통설과 판례이다.

③ 경찰상 즉시강제 시 필요 이상으로 실력을 행사하여 경찰책임자 이외의 자에게 유형력을 행사하는 것은 위법이 된다.

④ 적법한 즉시강제에 대한 구제로 손실보상을 청구할 수 있으며, 일정한 요건하에서 「형법」상 위법성조각사유에 해당하는 긴급피난도 가능하다.

해설

〈보기〉 ① 행정상 즉시강제는 이른바 권력적 사실행위로서 행정쟁송의 대상인 '처분 등'에 해당한다고 할 수 있다. 다만 즉시강제 성질상 단기간 내에 종료되는 것이 대부분이므로 처분의 취소·변경 등처럼 쟁송을 통한 법률상의 이익이 존재하지 않으므로 행정소송에 의한 구제는 적합하지 아니하다.

〈보기〉 ② 즉시강제의 절차적 한계에 있어서 즉시강제의 특수성을 고려하여 경찰목적 달성에 불가피한 합리적인 사정이 있는 경우에는 **영장을 요하지 않는다**는 **견해가 절충설이고 통설·판례이다**. 원칙적으로 헌법상 영장주의는 권력억제와 기본권 보장을 목적으로 하므로 경찰상 즉시강제에도 원칙적으로 적용되어야 하나, 즉시강제의 특수성을 고려하여 경찰목적 달성에 불가피한 합리적 사정이 있는 경우에 한하여 영장주의의 예외가 인정된다고 보는 견해이다.

〈보기〉 ③ 경찰상 즉시강제 시 필요 이상으로 실력을 행사하여 상대방의 신체를 침해하거나, 경찰책임자 이외의 자에게 유형력을 행사하는 것은 위법이다.

〈보기〉 ④ 적법한 즉시강제에 대한 구제로 손실보상을 청구할 수 있으며, 일정한 요건 하에서 「형법」상 위법성조각사유에 해당하는 긴급피난도 가능하다. 위법한 즉시강제에 대한 구제로 행정쟁송(행정심판＋행정소송)과 기타 정당방위, 행정상 손해배상, 처분청의 취소정지, 공무원의 징계책임, 공무원의 형사책임, 청원, 고발, 고소 등이 있다.

12 경찰조직편성의 원리에 대한 설명으로 가장 적절하지 **않은** 것은?

① 계층제의 원리의 무리한 적용은 행정능률과 횡적 조정을 저해한다.

② 통솔범위의 원리에서 통솔범위는 계층 수, 업무의 복잡성, 조직 규모의 크기와 반비례 관계이다.

③ 관리자의 공백 등에 의한 업무의 공백에 대비하기 위하여 조직은 권한의 위임·대리 또는 유고관리자의 사전지정 등을 활용하여 명령통일의 한계를 완화할 수 있다.

④ 분업화의 정도가 높아질수록 조정과 통합이 어려워져서 할거주의가 초래될 수 있다.

해설

〈보기〉 ① **계층제(hierarchy)의 원리**: 권한 및 책임의 정도에 따라 직무를 계층화함으로써 상·하 계층 간에 직무상 지휘·감독관계(상관과 부하의 관계)가 있도록 조직하는 원리를 말한다. 즉, 상위 계층으로 갈수록 권한과 책임이 무거운 직무를 수행하도록 편성하는 것으로 지휘·명령의 신속한 수행, 권한 및 책임 한계의 경로가 명확, **조직 내 갈등의 조절 수단**, **업무의 적정 배분** 등에 있어 **장점**이 있으나 동태적 인간관계 형성 저해, 조직의 경직화, 의사소통의 왜곡과 자유로운 의사소통의 저해, 무리하게 적용할 경우 행정능률과 종적 조정 저해 등의 단점이 있다(임창호 외, 2022).

※ 계층제의 장점과 단점

장점	단점
① 지휘·명령의 신속한 수행 ② 권한 및 책임 한계의 경로가 명확 ③ 내부통제를 통한 업무의 신중한 처리 ④ 조직 내 갈등의 조절수단 ⑤ 승진의 유인 ⑥ 조직의 질서 및 통일성의 확보 ⑦ 업무의 적정 배분	① 기관장의 독단화 ② 동태적 인간관계 형성 저해, 조직의 경직화 ③ 계층의 수가 많을수록 관리비용의 증가 ④ 의사소통 왜곡과 자유로운 의사소통의 저해 ⑤ 새로운 지식·기술의 신속한 도입 곤란 ⑥ 변화하는 환경에 대한 조직의 적응성 저해 ⑦ 인간을 지배하는 신분상의 상하관계 형성 ⑧ 계층제의 원리를 무리하게 적용할 경우에 행정능률과 종적 조정을 저해

※ 명령통일의 원리를 무리하게 적용할 경우, 행정능률(행정의 전문화)과 횡적조정(수평적 조정)을 저해한다.

13 다음은 경찰직업공무원제도에 대한 설명이다. 옳은 것은 모두 몇 개인가?

> ㉠ 실적주의는 직업공무원제로 발전되어 가는 기반이 되지만, 실적주의가 바로 직업공무원
>   제도를 의미하는 것은 아니다.
> ㉡ 행정의 안정성, 계속성, 독립성, 중립성 확보가 용이하다.
> ㉢ 행정통제 및 행정책임 확보가 용이하다.
> ㉣ 젊은 인재의 채용을 위한 연령제한으로 공직 임용의 기회균등을 저해한다.

① 1개   ② 2개   ③ 3개   ④ 4개

해설 **틀린 보기** ㉢

〈보기〉 ㉢ 직업공무원제도란 사회에 첫발을 내딛는 사람들이 공직을 명예로운 직업으로 선택하고, 공직에 근무하는 것을 보람 있는 일로 생각하면서 일생 동안 공직에 봉사할 수 있도록 하는 공무원제도를 의미한다.

 – 헌법 제7조 제2항은 "공무원의 신분과 정치적 중립성은 법률이 정하는 바에 의하여 보장된다."고 규정함으로써 '신분보장'과 '정치적 중립성'을 본질적 구성요소로 하는 직업공무원제도를 규정하고 있다.

 – 직업공무원제도는 실적주의를 기반으로 하지만, 실적주의가 바로 직업공무원 제도를 의미하는 것은 아니다. 직업공무원제도는 행정의 안전성, 계속성, 독립성, 중립성 확보에 유리하나 젊은 인재의 채용을 위한 연령제한으로 공직 임용의 기회균등을 저해할 수 있고, 공직집단의 보수화·관료화로 행정통제 및 행정책임의 확보가 곤란하다.

14 다음은 환경설계를 통한 범죄예방(CPTED)에 대한 설명이다. 〈보기 1〉과 〈보기 2〉의 내용이 가장 적절하게 연결된 것은?

〈보기 1〉

(가) 사적공간에 대한 경계를 표시하여 주민들의 책임의식과 소유의식을 증대함으로써 사적 공간에 대한 관리권과 권리를 강화시키고, 외부인들에게는 침입에 대한 불법사실을 인식시켜 범죄기회를 차단하는 원리

(나) 건축물이나 시설물 설계 시 가시권을 최대한 확보, 외부침입에 대한 감시기능을 확대함으로써 범죄행위의 발견 가능성을 증가시키고 범죄기회를 감소시킬 수 있다는 원리

(다) 일정한 지역에 접근하는 사람들을 정해진 공간으로 유도하거나 외부인의 출입을 통제하도록 설계함으로써 접근에 대한 심리적 부담을 증대시켜 범죄를 예방하는 원리

(라) 지역사회 설계 시 주민들이 모여서 상호의견을 교환하고 유대감을 증대할 수 있는 공공장소를 설치하고 이용하도록 함으로써 '거리의 눈'을 활용한 자연적 감시와 접근통제의 기능을 확대하는 원리

〈보기 2〉

㉠ 조명, 조경, 가시권 확대를 위한 건물의 배치

㉡ 체육시설의 접근성과 이용의 증대, 벤치·정자의 위치 및 활용성에 대한 설계

㉢ 울타리·펜스의 설치, 사적·공적 공간의 구분

㉣ 잠금장치, 통행로의 설계, 출입구의 최소화

---

① (가) ㉢, (나) ㉡, (다) ㉣, (라) ㉠   ② (가) ㉣, (나) ㉠, (다) ㉢, (라) ㉡

③ (가) ㉢, (나) ㉠, (다) ㉣, (라) ㉡   ④ (가) ㉣, (나) ㉡, (다) ㉢, (라) ㉠

해설

〈보기 2〉

  ㉠ 조명, 조경, 가시권 확대를 위한 건물의 배치 – **자연적 감시**

  ㉡ 체육시설의 접근성과 이용의 증대, 벤치·정자의 위치 및 활용성에 대한 설계 – **활동의 활성화**

  ㉢ 울타리·펜스의 설치, 사적·공적 공간의 구분 – **영역성의 강화**

  ㉣ 잠금장치, 통행로의 설계, 출입구의 최소화 – **자연적 접근통제**

참고 환경설계를 통한 범죄예방(Crime Prevention Through Environmental Design)

(가) 영역성 강화 – 사적공간에 대한 경계를 표시하여 주민들의 책임의식과 소유의식을 증대함으로써 사적공간에 대한 관리권과 권리를 강화시키고, 외부인들에게는 침입에 대한 불법사실을 인식시켜 범죄기회를 차단하는 원리(예: 울타리·펜스의 설치, 사적·공적 공간의 구분)

(나) 자연적 감시 – 건축물이나 시설물의 설계 시 가시권을 최대한 확보, 외부침입에 대한 감시기능을 확대함으로써 범죄행위의 발견 가능성을 증가시키고 범죄기회를 감소시킬 수 있다는 원리(예: 조명, 조경, 가시권 확대를 위한 건물의 배치)

(다) 자연적 접근통제 – 일정한 지역에 접근하는 사람들을 정해진 공간으로 유도하거나 외부인의 출입을 통제하도록 설계함으로써 접근에 대한 심리적 부담을 증대시켜 범죄를 예방하는 원리(예: 잠금장치, 통행로의 설계, 출입구의 최소화)

(라) 활동의 활성화 – 지역사회의 설계 시 주민들이 모여서 상호의견을 교환하고 유대감을 증대할 수 있는 공공장소를 설치하고 이용하도록 함으로써 '거리의 눈'을 활용한 자연적 감시와 접근통제의 기능을 확대하는 원리(예: 체육시설의 접근성과 이용의 증대, 벤치·정자의 위치 및 활용성에 대한 설계)

정답 14. ③

15 지역사회 경찰활동(Community Policing)에 대한 설명으로 가장 적절하지 <u>않은</u> 것은?

① 업무평가의 주요한 척도는 사후진압을 강조한 범인검거율이 아닌 사전예방을 강조한 범죄나 무질서의 감소율이다.

② 지역사회 경찰활동의 프로그램으로 이웃지향적 경찰활동, 전략지향적 경찰활동, 문제 지향적 경찰활동 등이 있다.

③ 타 기관과는 권한과 책임 문제로 인한 갈등구조가 아닌 지역사회 문제해결의 공동목 적 수행을 위한 협력구조를 이룬다.

④ 지역사회 문제해결을 위한 경찰업무 영역의 확대로 일선 경찰관에 대한 감독자의 지 휘 · 통제가 강조된다.

[해설]

〈보기〉 ④ 지역사회 경찰활동은 지역사회의 다양한 문제를 해결하기 위해 기존의 전통적경찰활동의 가치에 서 벗어나 지역주민과 협력하고 타기관과 유기적 관계를 형성함으로써 그 가치를 실현시킬 수 있다고 보 았다. 일선 경찰관에 대한 감독자의 지휘 · 통제가 강조되어 일선 경찰관의 재량이 축소되는 것은 전통적 경찰활동에 대한 설명이다.

16 「청원경찰법 및 동법 시행령」상 청원경찰에 대한 설명으로 가장 적절하지 <u>않은</u> 것은?

① 청원경찰에 대한 징계의 종류는 파면, 해임, 정직, 감봉 및 견책으로 구분한다.

② 청원주는 청원경찰을 신규로 배치하거나 이동배치하였을 때에는 배치지(이동배치의 경우에는 종전의 배치지)를 관할하는 경찰서장에게 그 사실을 통보하여야 한다.

③ 청원경찰(국가기관이나 지방자치단체에 근무하는 청원경찰을 포함한다)의 직무상 불법 행위에 대한 배상책임에 관하여는 「민법」의 규정을 따른다.

④ 청원경찰이 그 배치지의 특수성 등으로 특수복장을 착용할 필요가 있을 때에는 청원 주는 지방경찰청장의 승인을 받아 특수복장을 착용하게 할 수 있다.

해설

청원경찰법 제10조의2(청원경찰의 불법행위에 대한 배상책임) 청원경찰(국가기관이나 지방자치단체에 근무 하는 청원경찰은 **제외한다**)의 직무상 불법행위에 대한 배상책임에 관하여는 「민법」의 규정을 따른다.

청원경찰법 제5조의2(청원경찰의 징계) ① 청원주는 청원경찰이 다음 각 호의 어느 하나에 해당하는 때에 는 대통령령으로 정하는 징계절차를 거쳐 징계처분을 하여야 한다.
  1. 직무상의 의무를 위반하거나 직무를 태만히 한 때
  2. 품위를 손상하는 행위를 한 때
② 청원경찰에 대한 징계의 종류는 파면, 해임, 정직, 감봉 및 견책으로 구분한다.
③ 청원경찰의 징계에 관하여 그 밖에 필요한 사항은 대통령령으로 정한다.

청원경찰법 시행령 제6조(배치 및 이동) ① 청원주는 청원경찰을 신규로 배치하거나 이동배치하였을 때에는 배치지(이동배치의 경우에는 종전의 배치지)를 관할하는 경찰서장에게 그 사실을 통보하여야 한다.

청원경찰법 시행령 제14조(복제) ① 청원경찰의 복제(服制)는 제복 · 장구(裝具) 및 부속물로 구분한다.
② 청원경찰의 제복 · 장구 및 부속물에 관하여 필요한 사항은 행정안전부령으로 정한다.
③ 청원경찰이 그 배치지의 특수성 등으로 특수복장을 착용할 필요가 있을 때에는 청원주는 시 · 도경찰청 장의 승인을 받아 특수복장을 착용하게 할 수 있다.

17 「집회 및 시위에 관한 법률」에 대한 설명으로 가장 적절한 것은?

① 적법한 절차에 따라 설정한 질서유지선을 경찰관의 경고에도 불구하고 정당한 사유 없이 상당 시간 침범하거나 손괴·은닉·이동 또는 제거하거나 그 밖의 방법으로 그 효용을 해친 자는 6개월 이하의 징역 또는 50만원 이하의 벌금·구류 또는 과료에 처한다.

② 옥외집회 또는 시위 장소가 두 곳 이상의 경찰서의 관할에 속하는 경우에는 주최지를 관할하는 경찰서장에게 신고서를 제출하여야 한다.

③ 관할경찰서장은 신고서의 기재 사항에 미비한 점을 발견하면 접수증을 교부한 때부터 12시간 이내에 주최자에게 24시간을 기한으로 그 기재 사항을 보완할 것을 통고하여야 한다.

④ "주관자"란 자기 이름으로 자기 책임 아래 집회나 시위를 여는 사람이나 단체를 말한다. 주관자는 주최자를 따로 두어 집회 또는 시위의 실행을 맡아 관리하도록 위임할 수 있다.

[해설]

〈보기〉 ①

제24조(벌칙) 다음 각 호의 어느 하나에 해당하는 자는 **6개월 이하의 징역 또는 50만원 이하의 벌금·구류 또는 과료**에 처한다.

　　1. 주최자 또는 질서유지인이 참가를 배제했는데도 그 집회 또는 시위에 참가한 자
　　2. 신고를 거짓으로 하고 집회 또는 시위를 개최한 자
　　3. 설정한 질서유지선을 경찰관의 경고에도 불구하고 정당한 사유 없이 상당 시간 침범하거나 손괴·은닉·이동 또는 제거하거나 그 밖의 방법으로 그 효용을 해친 자
　　4. 명령을 위반하거나 필요한 조치를 거부·방해한 자

〈보기〉 ②

제6조(옥외집회 및 시위의 신고 등) ① 옥외집회나 시위를 주최하려는 자는 그에 관한 사항[1. 목적, 2. 일시(필요한 시간을 포함한다), 3. 장소, 4. 주최자(단체인 경우에는 그 대표자를 포함한다), 연락책임자, 질서유지인에 관한 다음 각 목의 사항] 모두를 적은 신고서를 옥외집회나 시위를 시작하기 720시간 전부터 48시간 전에 관할 경찰서장에게 제출하여야 한다.

다만, 옥외집회 또는 시위 장소가 **두 곳 이상의 경찰서의 관할에 속하는 경우에는 관할 시·도경찰청장에게 제출**하여야 하고, 두 곳 이상의 시·도경찰청 관할에 속하는 경우에는 주최지를 관할하는 시·도경찰청장에게 제출하여야 한다.

〈보기〉 ③

제7조(신고서의 보완 등) ① 관할경찰관서장은 신고서의 기재 사항에 미비한 점을 발견하면 접수증을 교부한 때부터 12시간 이내에 주최자에게 24시간을 기한으로 그 기재 사항을 보완할 것을 **통고할 수 있다.**

② 보완 통고는 보완할 사항을 분명히 밝혀 서면으로 주최자 또는 연락책임자에게 송달하여야 한다.

〈보기〉 ④

제2조(정의) 이 법에서 사용하는 용어의 뜻은 다음과 같다.

　　1. "옥외집회"란 천장이 없거나 사방이 폐쇄되지 아니한 장소에서 여는 집회를 말한다.
　　2. "시위"란 여러 사람이 공동의 목적을 가지고 도로, 광장, 공원 등 일반인이 자유로이 통행할 수 있는 장소를 행진하거나 위력(威力) 또는 기세(氣勢)를 보여, 불특정한 여러 사람의 의견에 영향을 주거나 제압(制壓)을 가하는 행위를 말한다.
　　3. **"주최자(主催者)"**란 자기 이름으로 자기 책임 아래 집회나 시위를 여는 사람이나 단체를 말한다. 주최자는 주관자(主管者)를 따로 두어 집회 또는 시위의 실행을 맡아 관리하도록 위임할 수 있다.

18 「도로교통법 시행규칙」상 안전표지에 대한 설명 중 적절하지 <u>않은</u> 것을 모두 고른 것은?

> ㉠ 보조표지 – 도로상태가 위험하거나 도로 또는 그 부근에 위험물이 있는 경우에 필요한 안전조치를 할 수 있도록 이를 도로사용자에게 알리는 표지
>
> ㉡ 규제표지 – 도로교통의 안전을 위하여 각종 제한·금지 등의 규제를 하는 경우에 이를 도로사용자에게 알리는 표지
>
> ㉢ 노면표시 – 주의표지·규제표지 또는 지시표지의 주기능을 보충하여 도로사용자에게 알리는 표지
>
> ㉣ 지시표지 – 도로의 통행방법·통행구분 등 도로교통의 안전을 위하여 필요한 지시를 하는 경우에 도로사용자가 이에 따르도록 알리는 표지

① ㉠㉡   ② ㉡㉢   ③ ㉠㉢   ④ ㉡㉣

해설

도로교통법 시행규칙 제8조(안전표지) ① 법 제4조제1항에 따른 안전표지는 다음 각 호와 같이 구분한다.

1. 주의표지 – 도로상태가 위험하거나 도로 또는 그 부근에 위험물이 있는 경우에 필요한 안전조치를 할 수 있도록 이를 도로사용자에게 알리는 표지
2. 규제표지 – 도로교통의 안전을 위하여 각종 제한·금지 등의 규제를 하는 경우에 이를 도로사용자에게 알리는 표지
3. 지시표지 – 도로의 통행방법·통행구분 등 도로교통의 안전을 위하여 필요한 지시를 하는 경우에 도로사용자가 이에 따르도록 알리는 표지
4. 보조표지 – 주의표지·규제표지 또는 지시표지의 주기능을 보충하여 도로사용자에게 알리는 표지
5. 노면표시 – 도로교통의 안전을 위하여 각종 주의·규제·지시 등의 내용을 노면에 기호·문자 또는 선으로 도로사용자에게 알리는 표지

19 마약류에 대한 설명으로 가장 적절한 것은?

① 러미나(덱스트로메트로판)는 강한 중추신경 억제성 진해작용이 있으며, 의존성과 독성이 강한 특징이 있다.

② 카리소프로돌(일명 S정)은 골격근 이완의 효과가 있는 근골격계 질환 치료제로서 과다복용 시 인사불성, 혼수쇼크, 호흡저하, 사망에까지 이르게 할 수 있다.

③ GHB는 무색, 무취, 무미의 액체로 소다수 등 음료수에 타서 복용하여 '물 같은 히로뽕'이라는 뜻으로 일명 물뽕으로 불리고 있다.

④ 사일로시빈은 미국의 텍사스나 멕시코 북부지역에서 자생하는 선인장인 페이요트(Peyote)에서 추출·합성한 향정신성의약품이다.

[해설]

〈보기〉 ① 러미나(덱스트로메트로판)는 강한 중추신경 억제성 진해작용이 있으나, **의존성과 독성은 없어(약하다)** 코데인 대용으로 널리 시판되고 있다. 러미나는 청소년들이 소주에 타서 마시기도 하는데 이를 '정글쥬스'라고도 한다.

〈보기〉 ④ 메스칼린(Mescaline)은 미국의 텍사스나 멕시코 북부지역에서 자생하는 선인장인 페이요트(Peyote)에서 추출·합성한 향정신성의약품이다.

G.H.B 〈Gamma Hydroxy Butrate〉	**향정신성의약품의 하나로 신종마약**, 액체 상태로 주로 **물이나 술 등에 타서** 마시기 때문에 일명 '**물뽕**'이라 한다. **무색·무취**로 **짠맛**이 나며, 소다수 등 음료에 몇 방울 타서 마시게 되면 10~15분 내에 약물효과가 나타나기 시작하여 3~4시간 지속된다. 약물효과로는 기분이 좋아지고 다소 취한듯 하면서도 몸이 처지는 듯한 느낌이 든다. GHB는 성범죄용으로도 악용되어 '**데이트 강간약물**'로 불리기도 한다. 다량 복용시 혼수 정신착란 등의 환각 증세가 나타나고 강한 흥분작용을 일으켜 미국에서는 성 폭력범들이 주로 이용해 '데이트시 강간할 때 쓰는 약'이라는 뜻의 '데이트 레이프 드러그(date rape drug)'로 불리기도 한다.
L.S.D 〈lysergic acid diethylamide〉	LSD(Lysergic acid diethylamide)는 강력한 환각제로 1943년 알버트 호프만이 맥각균에서 합성한 물질로서 **무색·무미·무취한 백색 분말**이다. 정제나 캡슐·액체 등 다양한 방법으로 유통되며, 주로 **각설탕이나 껌·과자·각설탕·빵 등에 첨가시켜 먹거나** 종이·우표의 뒷면 등에 묻혀놓고 뜯어서 입에 넣는 방법으로 사용된다. 1960년대에는 비행 청소년들이 주로 LSD를 복용하였지만, 1940년대와 1950년대에는 놀라운 효능이 있는 약물로 알려져 수천 명의 정신과 환자들을 치료하는 데 사용되었다. 오늘날 LSD는 주로 기분 전환용 마약으로 사용되고 있다. 이 약물을 복용하면 다채로운 환각 증상(정체성 상실, 시간 왜곡, 공감각)을 경험하게 되며, 복용한 양에 따라 최대 12시간까지 효과가 지속된다. 또한 저체온증, 열, 맥박수 증가, 발한, 발작, 불면증을 일으키기도 한다. LSD는 환각 증상을 동반하고 정신병을 유발하는 것으로 알려져 있으며 심리적 의존현상으로 인해 약을 복용하면서 환각을 반복 경험하도록 만든다.

엑스터시 (Ecstasy)	신종마약으로 일컬어지는 '엑스터시'(XTC)는 화학물질을 합성해 만든 인공마약으로 성적충동을 느끼게 하며 황홀경에 빠지게 하는 기분전환용의 강한 환각제이다. 엑스터시는 1914년 메틸렌디옥시 **메스암페타민(MDMA)이라는 명칭의 식욕감퇴제로 처음 개발**됐다. 그리고 지난 1960년 한때 정신치료약물로 사용되기도 했지만 부작용으로 인해 그 후 임상 연구사용까지 법으로 금지된 상태이다. 알약 형태의 엑스터시를 복용하고 20분–1시간이 지나면 입이 마르고 **동공이 확대**되면서 극적인 **흥분감을 경험**하게 되는데 보통 4–6시간 효과가 지속되고 필로폰보다 3~4배의 환각효과가 있다. 네덜란드에서 주로 제조돼 북유럽 젊은층이 많이 사용한다. 투약하고 머리를 흔들며 춤을 추면 환각효과가 커져 '**도리도리**'라고도 불린다.
야바 (YABA)	말처럼 힘이 솟고 발기에 좋은 약이라고 알려져 있는데 이른바 야마(藥馬)를 복용하기 쉽게 정제나 캡슐 형태로 개량한 신종 마약이다. 한국에서는 2000년도부터 남용사례가 나타났다. 「야바」는 대만에서 개발된 「야마」와 같이 히로뽕에 카페인, 헤로인 과 진해거담제 주재료인 코데인 등 각종 환각성분이 혼합된 것이나 다른 점은 주사기로 투약하는 불편을 없애기 위해 **당분을 첨가해 정제나 캡슐로 만들어 복용**할 수 있다. 각종 환각성분의 복합작용으로 히로뽕 등 기존 마약을 단독 투약했을때 보다 훨씬 강력한 환각효과가 발생한다. 한번 복용하면 3일간 잠을 자지 않을 수 있고 공격적 성향, 피해 망상증 등 심각한 정신장애를 야기시키며 중 독성도 훨씬 더 강하다.

20 다음은 다문화 사회의 접근유형에 대한 설명이다. 〈보기 1〉과 〈보기 2〉의 내용이 가장 적절하게 연결된 것은?

〈보기 1〉

(가) 소수집단이 자결(Self-determination)의 원칙을 내세워 문화적 공존을 넘어서는 소수민족 집단만의 공동체 건설을 지향한다.

(나) 차별을 금지하고 사회참여를 위해 기회평등을 보장하는 것으로, 사회통합을 위해 문화적 다양성을 인정하며 민족 집단의 존재를 인정하지만 시민 생활과 공적 생활에서는 주류 사회의 문화, 언어, 사회관습을 따를 것을 요구한다.

(다) 다문화주의를 결과에 있어서의 평등보장이라는 측면에서 접근하는 것으로, 문화적 소수자가 현실적으로 문화적 다수자와의 경쟁에서 불리한 위치에 있다는 것을 전제로 소수집단의 사회참가를 촉진하기 위해 적극적인 법적·재정적 원조를 한다.

〈보기 2〉

㉠ 조합주의적 다문화주의   ㉡ 급진적 다문화주의   ㉢ 자유주의적 다문화주의

---

① (가) ㉠, (나) ㉢, (다) ㉡   ② (가) ㉡, (나) ㉢, (다) ㉠
③ (가) ㉠, (나) ㉡, (다) ㉢   ④ (가) ㉡, (나) ㉠, (다) ㉢

해설

다문화 사회의 접근유형	
자유주의적 다문화주의 (동화주의)	차별을 금지하고 사회참여를 위해 기회평등을 보장하는 것으로, 사회통합을 위해 문화적 다양성을 인정하며 민족 집단의 존재를 인정하지만 시민생활과 공적생활에서는 주류 사회의 문화, 언어, 사회관습을 따를 것을 요구한다.
급진적 다문화주의	소수집단이 자결(Self-determination)의 원칙을 내세워 문화적 공존을 넘어서는 소수민족 집단만의 공동체 건설을 지향한다. 주류사회의 문화·언어·규범·가치·생활양식을 부정하고 독자적인 생활방식을 추구하는 입장이다.
조합주의적 다문화주의 (다원주의)	다문화주의를 결과에 있어서의 평등보장이라는 측면에서 접근하는 것으로, 문화적 소수자가 현실적으로 문화적 다수자와의 경쟁에서 불리한 위치에 있다는 것을 전제로 소수집단의 사회참가를 촉진하기 위해 적극적인 법적·재정적 원조를 한다.

정답 20. ②

기출문제 원본

20년 제1차 경찰공무원(순경)채용시험 문제

– 공채(남 · 여) · 경찰행정학과특채 · 101경비단 –

응시 번호 :   이름 :

[경찰학개론]

01 다음은 형식적 의미의 경찰개념과 실질적 의미의 경찰개념에 대한 설명이다. 옳은 것은 모두 몇 개인가?

> ⊙ 형식적 의미의 경찰이 언제나 실질적 의미의 경찰이 되는 것은 아니며, 실질적 의미의 경찰이 모두 형식적 의미의 경찰이 되는 것도 아니다.
>
> ⓛ 실질적 의미의 경찰은 사회공공의 안녕과 질서유지를 위한 권력적 작용이므로 소극목적에 한정된다.
>
> ⓒ 형식적 의미의 경찰은 사회목적적 작용을 의미하며 작용을 중심으로 파악된 개념이고, 실질적 의미의 경찰은 조직을 기준으로 파악된 개념이다.
>
> ⓔ 실질적 의미의 경찰은 실무상 정립된 개념이 아니라 학문적으로 정립된 개념으로 독일 행정법학에서 유래하였다.
>
> ⓜ 「경찰관 직무집행법」 제2조에 규정된 경찰의 직무범위가 우리나라에서의 형식적 의미의 경찰개념에 해당한다.

① 2개   ② 3개   ③ 4개   ④ 5개

02 1829년 런던수도경찰청을 창설한 로버트 필 경(Sir Robert Peel)이 경찰조직을 운영하기 위하여 제시한 기본적인 원칙 중 가장 적절하지 <u>않은</u> 것은?

① 경찰의 기본적인 임무는 범죄에 대한 신속한 대응이다.

② 경찰의 성공은 시민의 인정에 의존한다.

③ 적절한 경찰관들을 확보하기 위한 교육훈련은 필수적인 것이다.

④ 경찰은 군대식으로 조직되어야 한다.

03 다음은 국가경찰과 자치경찰에 대한 설명이다. 옳은 것으로 묶인 것은?

> ㉠ 국가경찰은 자치경찰과 비교하여 인권과 민주성이 보장되어 주민들의 지지를 받기 쉽다.
> ㉡ 자치경찰은 국가경찰과 비교하여 권력적 수단보다는 비권력적 수단을 통해 국민의 생명과 신체 · 재산을 보호하고자 한다.
> ㉢ 국가경찰은 자치경찰과 비교하여 타 행정부문과의 긴밀한 협조 · 조정이 원활하다는 장점이 있다.
> ㉣ 자치경찰은 국가경찰과 비교하여 지역실정을 반영한 경찰조직의 운영 · 관리가 용이하다.
> ㉤ 국가경찰은 자치경찰과 비교하여 지역주민에 대한 경찰의 책임의식이 높다.

① ㉠, ㉡, ㉣   ② ㉡, ㉢, ㉣
③ ㉡, ㉢, ㉤   ④ ㉠, ㉣, ㉤

04 정부 수립 이후 경찰과 관련된 설명으로 가장 적절하지 않은 것은?

① 1953년 경찰작용에 관한 기본법으로 제정된 「경찰관 직무집행법」에는 국민의 생명, 신체, 재산의 보호라는 영미법적 사고가 반영되었다.
② 1968년 '무장공비 침투사건(1 · 21 사태)' 당시 종로경찰서 자하문검문소에서 무장공비를 온몸으로 막아내고 순국한 최규식 경무관과 정종수 경사는 호국경찰, 인본경찰, 문화경찰의 표상이다.
③ 1980년 '5 · 18 민주화 운동' 당시 안병하 전남경찰국장과 이준규 목포서장은 신군부의 무장 강경진압 방침을 거부하였다.
④ 1987년 '6월 민주항쟁' 이후 경찰 내부에서는 정치적 중립을 지키지 못한 과오를 반성하고 경찰 중립화를 요구하는 성명 발표 등 자성의 목소리가 나왔다.

05 다음은 경찰부패에 대한 설명이다. 빈칸 ㉠부터 ㉣까지 들어갈 것으로 가장 적절하게 짝지어진 것은?

- (㉠)은 니더호퍼, 로벅, 바커 등이 제시한 이론으로 부패의 사회화를 통하여 신임경찰이 기존의 부패한 경찰에 물들게 된다는 입장이다.
- (㉡)은(는) 남의 비행에 대하여 일일이 참견하면서 도덕적 충고를 하는 것을 의미한다.
- (㉢)은 공짜 커피, 작은 선물 등의 사소한 호의가 나중에는 큰 부패로 이어질 수 있다는 점을 강조한다.
- (㉣)은(는) 도덕적 가치관이 붕괴되어 동료의 부패를 부패라고 인식하지 못하는 것을 의미하며, 부패를 잘못된 행위로 인식하고 있지만 동료라서 모르는 척하는 침묵의 규범과는 구별되는 개념이다.

① ㉠ 전체사회가설, ㉡ Whistle blowing, ㉢ 사회 형성재 이론,   ㉣ Moral hazard
② ㉠ 구조원인가설, ㉡ Whistle blowing, ㉢ 미끄러지기 쉬운 경사로 이론, ㉣ Deep throat
③ ㉠ 전체사회가설, ㉡ Busy bodiness, ㉢ 사회 형성재 이론,   ㉣ Deep throat
④ ㉠ 구조원인가설, ㉡ Busy bodiness, ㉢ 미끄러지기 쉬운 경사로 이론, ㉣ Moral hazard

06 다음은 「경찰공무원법」에 대한 설명이다. ㉠~㉤의 내용 중 옳고 그름의 표시(○, ×)가 모두 바르게 된 것은?

㉠ 경찰청장 또는 해양경찰청장은 경찰공무원의 채용시험 또는 경찰간부후보생 공개경쟁선발시험에서 부정행위를 한 응시자에 대해서는 해당 시험을 정지 또는 무효로 하고, 그 처분이 있은 날부터 5년간 시험응시자격을 정지한다.

㉡ 총경 이상 경찰공무원은 경찰청장 또는 해양경찰청장의 추천을 받아 행정안전부장관 또는 해양수산부장관의 제청으로 국무총리를 거쳐 대통령이 임용한다. 다만, 총경의 전보, 휴직, 직위해제, 강등, 정직 및 복직은 경찰청장 또는 해양경찰청장이 한다.

㉢ 경찰청장 또는 해양경찰청장은 전시·사변이나 그 밖에 이에 준하는 비상사태에서는 2년의 범위에서 계급정년을 연장할 수 있다. 이 경우 치안감의 경찰공무원에 대하여는 행정안전부장관 또는 해양수산부장관과 국무총리를 거쳐 대통령의 승인을 받아야 하고, 경무관·총경·경정의 경찰공무원에 대하여는 국무총리를 거쳐 대통령의 승인을 받아야 한다.

㉣ 경장을 경사로 근속승진임용하려는 경우에는 해당 계급에서 5년 이상 근속자이어야 한다.

㉤ 경찰공무원은 그 정년이 된 날이 1월에서 6월 사이에 있으면 6월 30일에 당연퇴직하고, 7월에서 12월 사이에 있으면 12월 31일에 당연퇴직한다.

① ㉠ (○), ㉡ (○), ㉢ (○), ㉣ (×), ㉤ (○)
② ㉠ (○), ㉡ (×), ㉢ (○), ㉣ (○), ㉤ (×)
③ ㉠ (×), ㉡ (○), ㉢ (×), ㉣ (○), ㉤ (×)
④ ㉠ (○), ㉡ (○), ㉢ (×), ㉣ (×), ㉤ (○)

07 「국가경찰과 자치경찰의 조직 및 운영에 관한 법률」상 국가경찰위원회에 대한 내용이다. ( )안에 들어갈 숫자의 합은? (기출 수정)

> ㉠ 국가경찰위원회는 위원장 1명을 포함한 ( )명의 위원으로 구성하되, 위원장 및 5명의 위원은 비상임으로 하고, 1명의 위원은 상임으로 한다.
> ㉡ 위원 중 ( )명은 법관의 자격이 있는 사람이어야 한다.
> ㉢ 위원은 특정 성(性)이 10분의 ( )을 초과하지 아니하도록 노력하여야 한다.
> ㉣ 위원의 임기는 ( )년으로 하며, 연임할 수 없다.

① 16   ② 17   ③ 18   ④ 19

08 「경찰공무원 임용령」상 임용권의 위임에 대한 설명 중 가장 적절하지 <u>않은</u> 것은? (기출 수정)

① 경찰청장은 시·도지사에게 해당 특별시·광역시·특별자치시·도 또는 특별자치도의 자치경찰사무를 담당하는 경찰공무원 중 경정의 전보·파견·휴직·직위해제 및 복직에 관한 권한과 경감 이하의 임용권(신규채용 및 면직에 관한 권한은 포함한다)을 위임한다.

② 임용권을 위임받은 시·도지사는 경감 또는 경위로의 승진임용에 관한 권한을 제외한 임용권을 시·도자치경찰위원회에 다시 위임한다.

③ 경찰청장은 국가수사본부장에게 국가수사본부 안에서의 경정 이하에 대한 전보권을 위임한다.

④ 임용권을 위임받은 시·도자치경찰위원회는 시·도지사와 시·도경찰청장의 의견을 들어 그 권한의 일부를 시·도경찰청장에게 다시 위임할 수 있다.

09 「경찰관 직무집행법」에 대한 내용으로 옳지 <u>않은</u> 것은 모두 몇 개인가?

> ㉠ 일반적 수권조항의 존재를 부정하는 학자들에 따르면 「경찰관 직무집행법」 제2조 제7호
> 는 경찰의 직무범위만을 정한 것으로서 본질적으로 조직법적 성질의 규정에 해당한다고
> 주장한다.
>
> ㉡ 경찰관은 수상한 행동이나 그 밖의 주위 사정을 합리적으로 판단해 볼 때 보호조치대상
> 자에 해당하는 것이 명백하고 응급구호가 필요하다고 믿을 만한 상당한 이유가 있는 사
> 람을 발견하였을 때에는 보건의료기관이나 공공구호기관에 긴급구호를 요청하거나 경찰
> 관서에 보호하는 등 적절한 조치를 하여야 한다.
>
> ㉢ 구호대상자를 경찰관서에서 보호하는 기간은 24시간을 초과할 수 없고, 물건을 경찰관서
> 에 임시로 영치하는 기간은 10일을 초과할 수 없다.
>
> ㉣ 경찰관은 '현행범이나 사형ㆍ무기 또는 장기 3년 이상의 징역이나 금고에 해당하는 죄를
> 범한 범인의 체포 또는 도주 방지', '자신이나 다른 사람의 생명ㆍ신체 및 재산의 보호',
> '공무집행에 대한 항거 제지'의 직무를 수행하기 위하여 필요하다고 인정되는 상당한 이
> 유가 있을 때에는 그 사태를 합리적으로 판단하여 필요한 한도 내에서 경찰장구를 사용
> 할 수 있다.
>
> ㉤ 경찰청장 또는 시ㆍ도경찰청장은 제3항의 손실보상심의위원회의 심의ㆍ의결에 따라 보
> 상금을 지급하고, 거짓 또는 부정한 방법으로 보상금을 받은 사람에 대하여는 해당 보상
> 금을 환수하여야 한다.

① 1개   ② 2개   ③ 3개   ④ 4개

10 「경찰 물리력 행사의 기준과 방법에 관한 규칙」에 대한 설명으로 가장 적절하지 <u>않은</u> 것은?

① 경찰관이 물리력 사용 시 준수하여야 할 기본원칙, 물리력 사용의 정도, 각 물리력 수
 단의 사용 한계 및 유의사항을 규정함으로써 국민과 경찰관의 생명ㆍ신체를 보호하고
 인권을 보장하며 경찰 법집행의 정당성을 확보하는 데에 그 목적이 있다.

② 경찰관은 성별, 장애, 인종, 종교 및 성정체성 등에 대한 선입견을 가지고 차별적으로
 물리력을 사용하여서는 아니 된다.

③ 경찰관은 이미 경찰목적을 달성하여 더 이상 물리력을 사용할 필요가 없는 경우에는
 물리력 사용을 즉시 중단하여야 한다.

④ 대상자가 경찰관의 지시, 통제를 따르지 않고 비협조적이지만 경찰관 또는 제3자에
 대해 직접적인 위해를 가하지 않는 경우에 경찰봉이나 방패 등으로 대상자의 신체 중
 요 부위 또는 급소 부위를 가격할 수 있다.

11 경찰상 즉시강제에 대한 설명으로 가장 적절하지 <u>않은</u> 것은?

① 경찰상 즉시강제는 권력적 사실행위인 처분이기 때문에 행정쟁송이 가능하다.

② 즉시강제의 절차적 한계에 있어서 영장주의의 적용 여부에 대하여 영장필요설이 통설과 판례이다.

③ 경찰상 즉시강제 시 필요 이상으로 실력을 행사하여 경찰책임자 이외의 자에게 유형력을 행사하는 것은 위법이 된다.

④ 적법한 즉시강제에 대한 구제로 손실보상을 청구할 수 있으며, 일정한 요건하에서 「형법」상 위법성조각사유에 해당하는 긴급피난도 가능하다.

12 경찰조직편성의 원리에 대한 설명으로 가장 적절하지 <u>않은</u> 것은?

① 계층제의 원리의 무리한 적용은 행정능률과 횡적 조정을 저해한다.

② 통솔범위의 원리에서 통솔범위는 계층 수, 업무의 복잡성, 조직 규모의 크기와 반비례 관계이다.

③ 관리자의 공백 등에 의한 업무의 공백에 대비하기 위하여 조직은 권한의 위임·대리 또는 유고관리자의 사전지정 등을 활용하여 명령통일의 한계를 완화할 수 있다.

④ 분업화의 정도가 높아질수록 조정과 통합이 어려워져서 할거주의가 초래될 수 있다.

13 다음은 경찰직업공무원제도에 대한 설명이다. 옳은 것은 모두 몇 개인가?

> ㉠ 실적주의는 직업공무원제로 발전되어 가는 기반이 되지만, 실적주의가 바로 직업공무원제도를 의미하는 것은 아니다.
> ㉡ 행정의 안정성, 계속성, 독립성, 중립성 확보가 용이하다.
> ㉢ 행정통제 및 행정책임 확보가 용이하다.
> ㉣ 젊은 인재의 채용을 위한 연령제한으로 공직 임용의 기회균등을 저해한다.

① 1개 ② 2개 ③ 3개 ④ 4개

14 다음은 환경설계를 통한 범죄예방(CPTED)에 대한 설명이다. 〈보기 1〉과 〈보기 2〉의 내용이 가장 적절하게 연결된 것은?

〈보기 1〉

(가) 사적공간에 대한 경계를 표시하여 주민들의 책임의식과 소유의식을 증대함으로써 사적공간에 대한 관리권과 권리를 강화시키고, 외부인들에게는 침입에 대한 불법사실을 인식시켜 범죄기회를 차단하는 원리

(나) 건축물이나 시설물 설계 시 가시권을 최대한 확보, 외부침입에 대한 감시기능을 확대함으로써 범죄행위의 발견 가능성을 증가시키고 범죄기회를 감소시킬 수 있다는 원리

(다) 일정한 지역에 접근하는 사람들을 정해진 공간으로 유도하거나 외부인의 출입을 통제하도록 설계함으로써 접근에 대한 심리적 부담을 증대시켜 범죄를 예방하는 원리

(라) 지역사회 설계 시 주민들이 모여서 상호의견을 교환하고 유대감을 증대할 수 있는 공공장소를 설치하고 이용하도록 함으로써 '거리의 눈'을 활용한 자연적 감시와 접근통제의 기능을 확대하는 원리

〈보기 2〉

㉠ 조명, 조경, 가시권 확대를 위한 건물의 배치

㉡ 체육시설의 접근성과 이용의 증대, 벤치·정자의 위치 및 활용성에 대한 설계

㉢ 울타리·펜스의 설치, 사적·공적 공간의 구분

㉣ 잠금장치, 통행로의 설계, 출입구의 최소화

① (가) ㉢, (나) ㉡, (다) ㉣, (라) ㉠
② (가) ㉣, (나) ㉠, (다) ㉢, (라) ㉡
③ (가) ㉢, (나) ㉠, (다) ㉣, (라) ㉡
④ (가) ㉣, (나) ㉡, (다) ㉢, (라) ㉠

15 지역사회 경찰활동(Community Policing)에 대한 설명으로 가장 적절하지 <u>않은</u> 것은?

① 업무평가의 주요한 척도는 사후진압을 강조한 범인검거율이 아닌 사전예방을 강조한 범죄나 무질서의 감소율이다.

② 지역사회 경찰활동의 프로그램으로 이웃지향적 경찰활동, 전략지향적 경찰활동, 문제지향적 경찰활동 등이 있다.

③ 타 기관과는 권한과 책임 문제로 인한 갈등구조가 아닌 지역사회 문제해결의 공동목적 수행을 위한 협력구조를 이룬다.

④ 지역사회 문제해결을 위한 경찰업무 영역의 확대로 일선 경찰관에 대한 감독자의 지휘·통제가 강조된다.

16 「청원경찰법 및 동법 시행령」상 청원경찰에 대한 설명으로 가장 적절하지 <u>않은</u> 것은?

① 청원경찰에 대한 징계의 종류는 파면, 해임, 정직, 감봉 및 견책으로 구분한다.

② 청원주는 청원경찰을 신규로 배치하거나 이동배치하였을 때에는 배치지(이동배치의 경우에는 종전의 배치지)를 관할하는 경찰서장에게 그 사실을 통보하여야 한다.

③ 청원경찰(국가기관이나 지방자치단체에 근무하는 청원경찰을 포함한다)의 직무상 불법행위에 대한 배상책임에 관하여는 「민법」의 규정을 따른다.

④ 청원경찰이 그 배치지의 특수성 등으로 특수복장을 착용할 필요가 있을 때에는 청원주는 지방경찰청장의 승인을 받아 특수복장을 착용하게 할 수 있다.

17 「집회 및 시위에 관한 법률」에 대한 설명으로 가장 적절한 것은?

① 적법한 절차에 따라 설정한 질서유지선을 경찰관의 경고에도 불구하고 정당한 사유 없이 상당 시간 침범하거나 손괴·은닉·이동 또는 제거하거나 그 밖의 방법으로 그 효용을 해친 자는 6개월 이하의 징역 또는 50만원 이하의 벌금·구류 또는 과료에 처한다.

② 옥외집회 또는 시위 장소가 두 곳 이상의 경찰서의 관할에 속하는 경우에는 주최지를 관할하는 경찰서장에게 신고서를 제출하여야 한다.

③ 관할경찰서장은 신고서의 기재 사항에 미비한 점을 발견하면 접수증을 교부한 때부터 12시간 이내에 주최자에게 24시간을 기한으로 그 기재 사항을 보완할 것을 통고하여야 한다.

④ "주관자"란 자기 이름으로 자기 책임 아래 집회나 시위를 여는 사람이나 단체를 말한다. 주관자는 주최자를 따로 두어 집회 또는 시위의 실행을 맡아 관리하도록 위임할 수 있다.

18 「도로교통법 시행규칙」상 안전표지에 대한 설명 중 적절하지 <u>않은</u> 것을 모두 고른 것은?

> ㉠ 보조표지 – 도로상태가 위험하거나 도로 또는 그 부근에 위험물이 있는 경우에 필요한 안전조치를 할 수 있도록 이를 도로사용자에게 알리는 표지
>
> ㉡ 규제표지 – 도로교통의 안전을 위하여 각종 제한·금지 등의 규제를 하는 경우에 이를 도로사용자에게 알리는 표지
>
> ㉢ 노면표시 – 주의표지·규제표지 또는 지시표지의 주기능을 보충하여 도로사용자에게 알리는 표지
>
> ㉣ 지시표지 – 도로의 통행방법·통행구분 등 도로교통의 안전을 위하여 필요한 지시를 하는 경우에 도로사용자가 이에 따르도록 알리는 표지

① ㉠㉡   ② ㉡㉢   ③ ㉠㉢   ④ ㉡㉣

19 마약류에 대한 설명으로 가장 적절한 것은?

① 러미나(덱스트로메트로판)는 강한 중추신경 억제성 진해작용이 있으며, 의존성과 독성이 강한 특징이 있다.

② 카리소프로돌(일명 S정)은 골격근 이완의 효과가 있는 근골격계 질환 치료제로서 과다복용 시 인사불성, 혼수쇼크, 호흡저하, 사망에까지 이르게 할 수 있다.

③ GHB는 무색, 무취, 무미의 액체로 소다수 등 음료수에 타서 복용하여 '물 같은 히로뽕'이라는 뜻으로 일명 물뽕으로 불리고 있다.

④ 사일로시빈은 미국의 텍사스나 멕시코 북부지역에서 자생하는 선인장인 페이요트 (Peyote)에서 추출 · 합성한 향정신성의약품이다.

20 다음은 다문화 사회의 접근유형에 대한 설명이다. 〈보기 1〉과 〈보기 2〉의 내용이 가장 적절하게 연결된 것은?

〈보기 1〉

(가) 소수집단이 자결(Self-determination)의 원칙을 내세워 문화적 공존을 넘어서는 소수민족 집단만의 공동체 건설을 지향한다.

(나) 차별을 금지하고 사회참여를 위해 기회평등을 보장하는 것으로, 사회통합을 위해 문화적 다양성을 인정하며 민족 집단의 존재를 인정하지만 시민 생활과 공적 생활에서는 주류 사회의 문화, 언어, 사회관습을 따를 것을 요구한다.

(다) 다문화주의를 결과에 있어서의 평등보장이라는 측면에서 접근하는 것으로, 문화적 소수자가 현실적으로 문화적 다수자와의 경쟁에서 불리한 위치에 있다는 것을 전제로 소수집단의 사회참가를 촉진하기 위해 적극적인 법적 · 재정적 원조를 한다.

〈보기 2〉

㉠ 조합주의적 다문화주의   ㉡ 급진적 다문화주의   ㉢ 자유주의적 다문화주의

① (가) ㉠, (나) ㉢, (다) ㉡
② (가) ㉡, (나) ㉢, (다) ㉠
③ (가) ㉠, (나) ㉡, (다) ㉢
④ (가) ㉡, (나) ㉠, (다) ㉢

모 | 범 | 답 | 안   **경찰학개론**

| 1. ③ | 2. ① | 3. ② | 4. ② | 5. ④ | 6. ④ | 7. ③ | 8. ① | 9. ③ | 10. ④ |
| 11. ② | 12. ① | 13. ③ | 14. ③ | 15. ④ | 16. ③ | 17. ① | 18. ③ | 19. ② | 20. ② |

경찰학개론 기출문제
경찰공무원(순경) 공채

2020년 8월 29일 시행

01 경찰의 임무를 공공의 안녕과 질서에 대한 위험의 방지라고 정의할 때, 이에 대한 설명으로 가장 적절한 것은?

① '공공의 안녕'이란 개념은 '법질서의 불가침성'과 '국가의 존립 및 국가기관 기능성의 불가침성', '개인의 권리와 법익의 보호'를 포함하며, 이 중 공공의 안녕의 제1요소는 '개인의 권리와 법익의 보호'이다.

② '공공의 질서'란 원만한 공동체 생활을 위해 개인이 준수해야 할 불문규범의 총체를 의미하며, 법적 안전성 확보를 위해 불문규범이 성문화되어가는 현상으로 인하여 그 영역이 점차 축소되고 있다.

③ 경찰이 의무에 합당한 사려 깊은 상황판단을 했음에도 불구하고 위험을 잘못 긍정한 경우를 '오상위험'이라고 한다.

④ 위험의 현실화 여부에 따라 '추상적 위험'과 '구체적 위험'으로 구분할 수 있으며 경찰의 개입은 구체적 위험의 경우에만 정당화된다.

해설

〈보기〉① '공공의 안녕'이란 개념은 '법질서의 불가침성'과 '국가의 존립 및 국가기관 기능성의 불가침성', '개인의 권리와 법익의 보호'를 포함하며, 이 중 공공의 안녕의 제1요소는 '**법질서의 불가침성**'이다.

〈보기〉③ 경찰이 의무에 합당한 사려 깊은 상황판단을 했음에도 불구하고 위험을 잘못 긍정한 경우를 '**외관적 위험**'이라고 한다.

〈보기〉④ 위험의 현실화 여부에 따라 '추상적 위험(위험이 단순히 가설적이고 상상적인 경우)'과 '구체적 위험(위험이 개개의 경우에 실제로 존재하는 경우)'으로 구분할 수 있으며, 경찰의 개입은 **구체적 위험 또는 추상적 위험이 있을 때 가능**하며, 추상적 위험 이전단계에서는 경찰개입이 허용되지 않는다.

02 경찰의 관할에 대한 설명으로 가장 적절하지 <u>않은</u> 것은?

① 사물관할은 경찰이 처리할 수 있고 또 처리해야 하는 사무내용의 범위를 말하며 우리나라는 범죄수사에 대한 임무가 경찰의 사물관할로 인정되고 있다.

② 경찰은 중대한 죄를 범하고 도주하는 현행범인을 추적하는 때에는 주한미군 시설 및 구역 내에서 범인을 체포할 수 있다.

③ 외교공관은 국제법상 치외법권지역이나 화재, 감염병 발생과 같은 긴급한 상황에서는 외교사절의 동의 없이도 외교공관에 들어갈 수 있다.

④ 국회 경위와 경찰공무원은 국회 안에 현행범인이 있을 때에는 국회의장의 지시를 받은 후 체포하여야 한다.

해설
국회법 제150조(현행범인의 체포) 경위나 경찰공무원은 국회 안에 현행범인이 있을 때에는 **체포한 후 의장의 지시**를 받아야 한다. 다만, 회의장 안에서는 의장의 명령 없이 의원을 체포할 수 없다.

03 다음은 자랑스러운 경찰의 표상에 대한 서술이다. 해당 인물을 바르게 나열한 것은?

> ㉠ 성산포경찰서장 재직 시 계엄군의 예비검속자 총살 명령에 '부당함으로 불이행'한다고 거부하고 주민들을 방면함
>
> ㉡ 1946년 5월 미군정하 제1기 여자경찰간부로 임용되며 국립경찰에 투신하였고 1952년부터 2년간 서울여자경찰서장을 역임하며 풍속·소년·여성보호 업무를 담당함(여자경찰제도는 당시 권위적인 사회 속에서 선진적이고 민주적인 제도였음)
>
> ㉢ 5·18 광주 민주화운동 당시 무장 강경진압 방침이 내려오자 '분산되는 자는 너무 추적하지 말 것, 부상자가 발생하지 않도록 할 것' 등을 지시하여 비례의 원칙에 입각한 경찰권행사 및 인권보호를 강조함
>
> ㉣ 임시정부 경무국 경호원 및 의경대원으로 활동하였고 1926년 12월 식민수탈의 심장인 식산은행과 동양척식회사에 폭탄을 투척하였음

① ㉠ 안맥결, ㉡ 문형순, ㉢ 최규식, ㉣ 나석주
② ㉠ 문형순, ㉡ 안맥결, ㉢ 안병하, ㉣ 나석주
③ ㉠ 안병하, ㉡ 문형순, ㉢ 나석주, ㉣ 이준규
④ ㉠ 문형순, ㉡ 안맥결, ㉢ 안병하, ㉣ 이준규

해설 부록 '참경찰 인물열전' 내용을 참고.

04 문제지향 경찰활동에 대한 설명으로 가장 적절하지 <u>않은</u> 것은?

① 일선경찰관에게 문제해결 권한과 필요한 시간을 부여하고 범죄분석자료를 제공한다.

② 조사 – 분석 – 대응 – 평가로 이루어진 문제해결과정을 제시한다.

③ 「형법」의 적용은 여러 대응 수단 중 하나에 불과하다.

④ 거주자들에게 지역에 관한 정보를 제공하며, 주민들은 민간순찰을 실시한다.

[해설]

〈보기〉 ④는 이웃지향 경찰활동에 관한 내용이다.

지역사회 경찰활동의 주요 개념 정리

주요 개념	내용
지역중심 경찰활동 (Community–oriented Policing)	① 지역사회와 경찰 사이의 새로운 관계를 증진시키는 조직적인 전략이고 원리이다. ② 지역사회에서의 전반적인 삶의 질 향상을 목표로 하고 있다. ③ 경찰과 지역사회가 마약 · 범죄와 범죄에 대한 두려움, 사회적 · 물리적 무질서 그리고 전반적인 지역의 타락과 같은 당대의 문제들을 확인하고 우선순위를 정하여 해결하고자 함께 노력한다.
문제지향적 경찰활동 (Problem–oriented Policing)	① 지역사회의 문제를 해결하기 위한 여러 가지 방안을 중점으로 우선순위를 재평가, 각각의 문제에 따른 형태별 대응을 강조하고 있다. ② 조사(Scanning) – 분석(Analysis) – 대응(Response) – 평가(Assessment)로 이루어진 문제해결과정 즉 SARA 모델을 제시한다. ③ 일선경찰관에게 문제해결 권한과 필요한 시간을 부여하고 범죄분석자료를 제공, 대중정보와 비평을 적극적으로 수용한다.
이웃지향적 경찰활동 (Neighborhood– oriented Policing)	① 지역에서 범죄는 비공식적 사회통제의 약화와 경제적 궁핍이 소외를 정당화하기 때문에 일어난다고 본다. ② 지역조직은 경찰관에게서 중요한 역할을 부여받으며, 서로를 위해 감시하고 공식적인 민간순찰을 한다. ③ 지역조직은 거주자들에게 지역에 관한 정보를 제공하며, 경찰과 협동해서 범죄를 억제하는 기능을 수행한다.

* 출처: 경찰공제회(2022), 올라 실무종합 각론 I, 경찰공제회.

05 「국가경찰과 자치경찰의 조직 및 운영에 관한 법률」 제14조 경찰청장에 대한 설명으로 가장 적절하지 <u>않은</u> 것은? (기출 수정)

① 경찰청장은 국가경찰위원회의 동의를 받아 행정안전부장관의 제청으로 국무총리를 거쳐 대통령이 임명한다. 이 경우 국회의 인사청문을 거쳐야 한다.

② 경찰청장은 국가경찰사무를 총괄하고 경찰청 업무를 관장하며 소속 공무원 및 각급 경찰기관의 장을 지휘·감독한다.

③ 경찰청장이 직무를 집행하면서 헌법이나 법률을 위배하였을 때에는 국회는 탄핵 소추를 의결할 수 있다.

④ 경찰청장은 경찰의 수사에 관한 사무의 경우에는 개별 사건의 수사에 대하여 구체적으로 지휘·감독할 수 있다. 다만, 국민의 생명·신체·재산 또는 공공의 안전 등에 중대한 위험을 초래하는 긴급하고 중요한 사건의 수사에 있어서 경찰의 자원을 대규모로 동원하는 등 통합적으로 현장 대응할 필요가 있다고 판단할 만한 상당한 이유가 있는 때에는 제16조에 따른 국가수사본부장을 통하여 개별 사건의 수사에 대하여 구체적으로 지휘·감독할 수 없다.

> **해설**
> 제14조(경찰청장) ① 경찰청에 경찰청장을 두며, 경찰청장은 치안총감(治安總監)으로 보한다.
> ② 경찰청장은 국가경찰위원회의 동의를 받아 행정안전부장관의 제청으로 국무총리를 거쳐 대통령이 임명한다. 이 경우 국회의 인사청문을 거쳐야 한다.
> ③ 경찰청장은 국가경찰사무를 총괄하고 경찰청 업무를 관장하며 소속 공무원 및 각급 경찰기관의 장을 지휘·감독한다.
> ④ 경찰청장의 임기는 2년으로 하고, 중임(重任)할 수 없다.
> ⑤ 경찰청장이 직무를 집행하면서 헌법이나 법률을 위배하였을 때에는 국회는 탄핵 소추를 의결할 수 있다.
> ⑥ 경찰청장은 경찰의 수사에 관한 사무의 경우에는 개별 사건의 수사에 대하여 구체적으로 지휘·감독할 수 **없다.** 다만, 국민의 생명·신체·재산 또는 공공의 안전 등에 중대한 위험을 초래하는 긴급하고 중요한 사건의 수사에 있어서 경찰의 자원을 대규모로 동원하는 등 통합적으로 현장 대응할 필요가 있다고 판단할 만한 상당한 이유가 있는 때에는 제16조에 따른 국가수사본부장을 통하여 개별 사건의 수사에 대하여 구체적으로 지휘·감독할 수 **있다.**

06 다음은 「경찰공무원법」 제8조 임용자격 및 결격사유에 대한 설명이다. ⊙～⑩의 내용 중 옳고 그름의 표시(○, ×)가 모두 바르게 된 것은? (기출 수정)

⊙ 미성년자에 대한 다음 각 목의 어느 하나에 해당하는 죄를 저질러 형 또는 치료감호가 확정된 사람(집행유예를 선고받은 후 그 집행유예기간이 경과한 사람을 포함한다)

　가. 「성폭력범죄의 처벌 등에 관한 특례법」 제2조에 따른 성폭력범죄

　나. 「아동·청소년의 성보호에 관한 법률」 제2조제2호에 따른 아동·청소년대상 성범죄

ⓛ 벌금의 형을 선고받은 사람

ⓒ 대한민국 국적을 가지지 아니한 사람

ⓔ 공무원으로 재직기간 중 직무와 관련하여 「형법」 제355조(횡령, 배임) 및 제356조(업무상의 횡령과 배임)에 규정된 죄를 범한 자로서 300만원 이상의 벌금형을 선고받고 그 형이 확정된 후 2년이 지난 사람

ⓜ 징계에 의하여 파면 또는 해임처분을 받은 사람

---

① ⊙ (○), ⓛ (○), ⓒ (○), ⓔ (×), ⓜ (○)
② ⊙ (○), ⓛ (×), ⓒ (○), ⓔ (○), ⓜ (×)
③ ⊙ (×), ⓛ (○), ⓒ (×), ⓔ (○), ⓜ (×)
④ ⊙ (○), ⓛ (×), ⓒ (○), ⓔ (×), ⓜ (○)

해설

제8조(임용자격 및 결격사유) ① 경찰공무원은 신체 및 사상이 건전하고 품행이 방정(方正)한 사람 중에서 임용한다.

② 다음 각 호의 어느 하나에 해당하는 사람은 경찰공무원으로 임용될 수 없다.

1. 대한민국 국적을 가지지 아니한 사람
2. 「국적법」 제11조의2제1항에 따른 복수국적자
3. 피성년후견인 또는 피한정후견인
4. 파산선고를 받고 복권되지 아니한 사람
5. **자격정지 이상의 형을 선고받은 사람**
6. 자격정지 이상의 형의 선고유예를 선고받고 그 유예기간 중에 있는 사람
7. 공무원으로 재직기간 중 직무와 관련하여 「형법」 제355조(횡령, 배임) 및 제356조(업무상의 횡령과 배임)에 규정된 죄를 범한 자로서 300만원 이상의 벌금형을 선고받고 그 형이 확정된 후 **2년이 지나지 아니한 사람**
8. 「성폭력범죄의 처벌 등에 관한 특례법」 제2조에 규정된 죄를 범한 사람으로서 100만원 이상의 벌금형을 선고받고 그 형이 확정된 후 3년이 지나지 아니한 사람
9. 미성년자에 대한 다음 각 목의 어느 하나에 해당하는 죄를 저질러 형 또는 치료감호가 확정된 사람(집행유예를 선고받은 후 그 집행유예기간이 경과한 사람을 포함한다)
　　가. 「성폭력범죄의 처벌 등에 관한 특례법」 제2조에 따른 성폭력범죄
　　나. 「아동·청소년의 성보호에 관한 법률」 제2조제2호에 따른 아동·청소년대상 성범죄
10. 징계에 의하여 파면 또는 해임처분을 받은 사람

07 경찰비례의 원칙에 대한 설명으로 가장 적절하지 <u>않은</u> 것은?

① 독일에서 경찰법상의 판례를 중심으로 발달하여 왔고 오늘날에는 행정법의 모든 영역에서 적용되는 원칙으로 이해되고 있다.

② 최소침해의 원칙은 협의의 비례원칙이라고도 불린다.

③ 「경찰관 직무집행법」 제1조 제2항이 명문으로 규정하고 있을 뿐만 아니라 헌법 제37조 제2항으로부터도 도출된다.

④ 적합성, 필요성, 상당성의 원칙으로 이루어져 있다.

해설

〈보기〉 ② 상당성의 원칙 - 협의의 비례원칙이라고도 불린다. 이 원칙은 경찰이 최소한도의 침해를 가하는 수단을 선택한 때에도 해당 수단으로 달성되는 공익이 그 수단으로 받게 될 상대방의 불이익보다 더 커야 한다는 것을 의미한다(노성훈, 2018, 경찰법).

08 A경찰서장은 동기부여이론 및 사기이론을 활용하여 소속경찰관들의 사기를 높이기 위한 방안을 모색하였다. 이론의 적용으로 가장 적절하지 <u>않은</u> 것은?

① Maslow의 욕구계층이론에 따라 존경의 욕구를 충족시켜주기 위하여 권한위임을 확대하였다.

② Herzberg의 동기위생요인이론에 따르면 사기진작을 위해서는 동기요인이 강화되어야 하므로 적성에 맞는 직무에 배정하고 책임감과 성취감을 느낄 수 있도록 독려하였다.

③ McGregor의 X이론에 따르면 인간은 근본적으로 업무에 대한 의욕을 가지고 있기 때문에 이러한 의욕을 강화시키기 위해 금전적 보상과 포상제도를 강화하였다.

④ McGregor의 Y이론을 적용하여 상급자의 일방적 지시와 명령을 줄이고 의사결정 과정에 일선 경찰관들의 참여를 확대시키도록 지시하였다.

해설

〈보기〉 ③ McGregor의 X이론에 따르면 인간은 기본적으로 일하기 싫어하며, 가능하면 일을 회피하고자 하는 존재이다. 따라서 X이론에 따르면 경찰조직 목표에 부합하지 않는 경찰들은 감찰과 징계와 같은 강압적인 수단을 동원하여 관리 · 통제해야 한다.

〈보기〉 ① (○) Maslow의 욕구계층이론에서 존경욕구를 충족시켜주기 위한 방안으로는 참여확대, 권한의 위임, 포상제도, 제안제도의 확대 등이 있다.

〈보기〉 ② (○) Herzberg의 동기위생요인에 따르면, 사기진작을 위해서는 위생요인보다는 동기요인을 강화해야 한다. 동기요인에는 책임성, 인정감, 성장과 발전, 성취감 등의 강화와 적성에 맞는 직무, 적정한 직무량 등이 있다.

〈보기〉 ④ (○) McGregor의 Y이론에 따르면, 일반적인 사람들은 일하기를 싫어하지 않기 때문에 관리자의 역할은 더 나은 작업관경을 제시하고 목표달성을 위한 독려와 개인의 목표와 조직의 목표의 연결 등 이라고 보았다. 따라서 이러한 조직관리 과정에서 일선의 의견이 반영되고 인간주의적 조직문화를 구축하여 일방적 명령보다는 평등적 의사결정 과정을 거치는 것이 동기부여에 더 바람직하다.

정답 6. ④ 7. ② 8. ③

09 「경찰관 직무집행법」 제4조의 보호조치에 대한 설명으로 가장 적절하지 **않은** 것은?

① 경찰관은 정신착란을 일으키거나 술에 취하여 자신 또는 다른 사람의 생명·신체·재산에 위해를 끼칠 우려가 있음이 명백하고 응급구호가 필요하다고 믿을 만한 상당한 이유가 있는 사람을 발견하였을 때 보건의료기관이나 공공구호기관에 긴급구호를 요청하거나 경찰관서에 보호할 수 있다.

② 미아, 병자, 부상자 등으로서 적당한 보호자가 없으며 응급구호가 필요하다고 인정되는 사람이 구호를 거절하지 않는 경우 경찰관은 보호조치를 할 수 있다.

③ 경찰관은 보호조치를 하였을 때에는 지체 없이 구호대상자의 가족, 친지 또는 그 밖의 연고자에게 그 사실을 알려야 하며, 구호대상자를 경찰관서에서 보호하는 기간은 6시간을 초과할 수 없다.

④ 경찰관은 보호조치를 하는 경우에 구호대상자가 휴대하고 있는 무기·흉기 등 위험을 일으킬 수 있는 것으로 인정되는 물건을 경찰관서에 임시로 영치할 수 있다.

> 해설
>
> **제4조(보호조치 등)** ① 경찰관은 수상한 행동이나 그 밖의 주위 사정을 합리적으로 판단해 볼 때 다음 각 호의 어느 하나에 해당하는 것이 명백하고 응급구호가 필요하다고 믿을 만한 상당한 이유가 있는 사람(구호대상자)을 발견하였을 때에는 보건의료기관이나 공공구호기관에 긴급구호를 요청하거나 경찰관서에 보호하는 등 적절한 조치를 할 수 있다.
> 1. 정신착란을 일으키거나 술에 취하여 자신 또는 다른 사람의 생명 · 신체 · 재산에 위해를 끼칠 우려가 있는 사람
> 2. 자살을 시도하는 사람
> 3. 미아, 병자, 부상자 등으로서 적당한 보호자가 없으며 응급구호가 필요하다고 인정되는 사람. 다만, 본인이 구호를 거절하는 경우는 제외한다.
>
> ② 긴급구호를 요청받은 보건의료기관이나 공공구호기관은 정당한 이유 없이 긴급구호를 거절할 수 없다.
> ③ 경찰관은 제1항의 조치를 하는 경우에 구호대상자가 휴대하고 있는 무기 · 흉기 등 위험을 일으킬 수 있는 것으로 인정되는 물건을 경찰관서에 임시로 영치(領置)하여 놓을 수 있다.
> ④ **경찰관은 제1항의 조치를 하였을 때에는 지체 없이 구호대상자의 가족, 친지 또는 그 밖의 연고자에게 그 사실을 알려야 하며,** 연고자가 발견되지 아니할 때에는 구호대상자를 적당한 공공보건의료기관이나 공공구호기관에 즉시 인계하여야 한다.
> ⑤ 경찰관은 제4항에 따라 구호대상자를 공공보건의료기관이나 공공구호기관에 인계하였을 때에는 즉시 그 사실을 소속 경찰서장이나 해양경찰서장에게 보고하여야 한다.
> ⑥ 제5항에 따라 보고를 받은 소속 경찰서장이나 해양경찰서장은 대통령령으로 정하는 바에 따라 구호대상자를 인계한 사실을 지체 없이 해당 공공보건의료기관 또는 공공구호기관의 장 및 그 감독행정청에 통보하여야 한다.
> ⑦ 제1항에 따라 **구호대상자를 경찰관서에서 보호하는 기간은 24시간을 초과할 수 없고,** 제3항에 따라 물건을 경찰관서에 임시로 영치하는 기간은 10일을 초과할 수 없다.

10 「경찰관 직무집행법」 및 「위해성 경찰장비의 사용기준 등에 관한 규정」상 경찰장비의 사용에 대한 설명으로 가장 적절하지 <u>않은</u> 것은? (기출 수정)

① 경찰관은 불법집회·시위로 인한 자신이나 다른 사람의 생명·신체와 재산 및 공공시설 안전에 대한 현저한 위해의 발생 억제를 위하여 필요한 상당한 이유가 있는 경우 경찰장구를 사용할 수 있다.

② 경찰관은 불법집회·시위 또는 소요사태로 인하여 발생할 수 있는 타인 또는 경찰관의 생명·신체의 위해와 재산·공공시설의 위험을 억제하기 위하여 부득이한 경우에는 현장책임자의 판단에 의하여 필요한 최소한의 범위에서 가스차를 사용할 수 있다.

③ 경찰관직무집행법에 따른 살수차, 분사기, 최루탄 또는 무기를 사용하는 경우 그 책임자는 사용 일시·장소·대상, 현장책임자, 종류, 수량 등을 기록하여 보관하여야 한다.

④ 경찰관은 범인·술에 취한 사람 또는 정신착란자의 자살 또는 자해기도를 방지하기 위하여 필요한 때에는 수갑·포승 또는 호송용포승을 사용할 수 있다.

> **해설**
>
> **경찰관 직무집행법 제10조의2(경찰장구의 사용)** ① 경찰관은 다음 각 호의 직무를 수행하기 위하여 필요하다고 인정되는 상당한 이유가 있을 때에는 그 사태를 합리적으로 판단하여 필요한 한도에서 경찰장구를 사용할 수 있다.
>   1. 현행범이나 사형·무기 또는 장기 3년 이상의 징역이나 금고에 해당하는 죄를 범한 범인의 체포 또는 도주 방지
>   2. 자신이나 다른 사람의 생명·신체의 방어 및 보호
>   3. 공무집행에 대한 항거 제지
> ② "경찰장구"란 경찰관이 휴대하여 범인 검거와 범죄 진압 등의 직무 수행에 사용하는 수갑, 포승, 경찰봉, 방패 등을 말한다.
>
> **경찰관 직무집행법 제11조(사용기록의 보관)** 제10조제2항에 따른 살수차, 제10조의3에 따른 분사기, 최루탄 또는 제10조의4에 따른 무기를 사용하는 경우 그 책임자는 사용 일시·장소·대상, 현장책임자, 종류, 수량 등을 기록하여 보관하여야 한다.
>
> **위해성 경찰장비의 사용기준 등에 관한 규정 제5조(자살방지등을 위한 수갑등의 사용기준 및 사용보고)** 경찰관은 **범인·술에 취한 사람** 또는 **정신착란자의 자살** 또는 자해기도를 방지하기 위하여 필요한 때에는 수갑·포승 또는 호송용포승을 사용할 수 있다. 이 경우 경찰관은 소속 국가경찰관서의 장(경찰청장·해양경찰청장·시·도경찰청장·지방해양경찰청장·경찰서장 또는 해양경찰서장 기타 경무관·총경·경정 또는 경감을 장으로 하는 국가경찰관서의 장을 말한다.이하 같다)에게 그 사실을 보고해야 한다.
>
> **위해성 경찰장비의 사용기준 등에 관한 규정 제13조(가스차·특수진압차·물포의 사용기준)** ① 경찰관은 **불법집회·시위** 또는 **소요사태**로 인하여 발생할 수 있는 타인 또는 경찰관의 생명·신체의 위해와 재산·공공시설의 위험을 억제하기 위하여 부득이한 경우에는 현장책임자의 판단에 의하여 필요한 최소한의 범위에서 **가스차**를 사용할 수 있다.

11 다음은 경찰예산의 과정을 순서 없이 나열한 것이다. 과정의 순서를 가장 바르게 나열한 것은?

> ㉠ 경찰청장은 다음 연도의 세입세출예산·계속비·명시이월비 및 국고 채무부담행위 요구서를 작성하여 기획재정부장관에게 제출한다.
> ㉡ 기획재정부장관은 대통령의 승인을 받은 국가결산보고서를 감사원에 제출하여야 한다.
> ㉢ 정부는 국가결산보고서를 국회에 제출하여야 한다.
> ㉣ 경찰청장은 예산배정요구서를 기획재정부장관에게 제출하여야 한다.
> ㉤ 기획재정부장관은 국무회의 심의를 거쳐 대통령의 승인을 얻은 다음 연도의 예산편성지침을 경찰청장에게 통보한다.
> ㉥ 정부는 대통령의 승인을 얻은 예산안을 국회에 제출하고 국회는 심의와 의결을 거쳐 예산안을 확정한다.

① ㉤-㉠-㉣-㉥-㉢-㉡
② ㉠-㉤-㉥-㉣-㉢-㉡
③ ㉤-㉠-㉥-㉣-㉡-㉢
④ ㉣-㉤-㉠-㉥-㉡-㉢

해설

㉤ 예산안편성지침의 통보(국가재정법 제29조) - ㉠ 예산요구서의 제출(국가재정법 제31조) - ㉥ 예산안의 국회제출(국가재정법 제33조) - ㉣ 중앙관서결산보고서의 작성 및 제출(국가재정법 제58조) - ㉡ 국가결산보고서의 작성 및 제출(국가재정법 제59조) - ㉢ 국가결산보고서의 국회제출(국가재정법 제61조)

국가재정법 제29조(예산안편성지침의 통보) ① 기획재정부장관은 국무회의의 심의를 거쳐 대통령의 승인을 얻은 다음 연도의 예산안편성지침을 매년 3월 31일까지 각 중앙관서의 장에게 통보하여야 한다.

제31조(예산요구서의 제출) ① 각 중앙관서의 장은 제29조의 규정에 따른 예산안편성지침에 따라 그 소관에 속하는 다음 연도의 세입세출예산·계속비·명시이월비 및 국고채무부담행위 요구서("예산요구서")를 작성하여 매년 5월 31일까지 기획재정부장관에게 제출하여야 한다.

제33조(예산안의 국회제출) 정부는 제32조의 규정에 따라 대통령의 승인을 얻은 예산안을 회계연도 개시 120일 전까지 국회에 제출하여야 한다.

제58조(중앙관서결산보고서의 작성 및 제출) ① 각 중앙관서의 장은 「국가회계법」에서 정하는 바에 따라 회계연도마다 작성한 결산보고서를 다음 연도 2월 말일까지 기획재정부장관에게 제출하여야 한다.

제59조(국가결산보고서의 작성 및 제출) 기획재정부장관은 「국가회계법」에서 정하는 바에 따라 회계연도마다 작성하여 대통령의 승인을 받은 국가결산보고서를 다음 연도 4월 10일까지 감사원에 제출하여야 한다.

제61조(국가결산보고서의 국회제출) 정부는 제60조에 따라 감사원의 검사를 거친 국가결산보고서를 다음 연도 5월 31일까지 국회에 제출하여야 한다.

12 경찰통제에 대한 설명으로 가장 적절하지 <u>않은</u> 것은?

① 경찰위원회제도와 국민감사청구제도는 경찰행정에 대하여 국민들의 참여를 보장하는 민주적 통제장치이다.

② 경찰의 위법행위에 대한 국가배상판결이나 행정심판에 의한 통제는 사법통제이며, 국가인권위원회와 국민권익위원회에 의한 통제는 행정통제이다.

③ 상급기관이 갖는 훈령권·직무명령권은 하급기관의 위법이나 재량권 행사의 오류를 시정할 수 있는 내부적 통제장치이다.

④ 국회가 갖는 입법권과 예산심의권은 사전통제에 해당하나 예산결산권과 국정감사·조사권은 사후통제에 해당한다.

해설 경찰의 위법행위에 대한 국가배상판결은 사법통제에 해당하지만, 행정심판에 의한 통제는 행정부 내부 통제에 해당한다.

입법통제 (국회의 의한 통제)	국회의 입법권, 예산의 심의의결권, 예산결산권, 경찰청장에 대한 탄핵소추의결권, 국정조사 및 감사권 등
사법통제 (법원에 의한 통제)	위법한 처분의 취소 등을 통하여 시정하게 할수 있으며, 공무원 개인에게 민사상, 형사상 책임을 물을 수 있다.
행정통제 (행정부에 의한 통제)	대통령에 의한 통제 감사원에 의한 통제 행정안전부장관에 의한 통제 국민권익위원회에 의한 통제(국무총리 소속) 중앙행정심판위원회에 의한 통제 국가인권위원회에 의한 통제 국가경찰위원회에 의한 통제(행정안전부) 소청심사위원회에 의한 통제(인사혁신처)
민중통제	언론기관, 여론, 정당 등을 통한 통제

13 다음은 경찰관들의 일탈 사례와 이를 설명하는 이론(가설)이다. 〈보기 1〉과 〈보기 2〉의 내용이 가장 적절하게 연결된 것은?

〈보기 1〉

(가) 경찰관 A는 동료경찰관들이 유흥업소 업주들로부터 접대를 받은 사실을 알고도 모른 체했다.

(나) 음주운전으로 징계처분을 받은 적이 있는 B가 다시 음주운전으로 적발되어 징계위원회에 회부되었다.

(다) 주류판매로 단속된 노래연습장 업주가 담당 경찰관 C에게 사건무마를 청탁하며 뇌물수수를 시도하였다.

〈보기 2〉

⊙ 썩은사과가설　　　　　　　　　　　ⓒ 미끄러지기 쉬운 경사로 이론
ⓒ 구조원인가설　　　　　　　　　　　ⓔ 전체사회가설

① (가) ⓒ, (나) ⊙, (다) ⓔ　　　　② (가) ⊙, (나) ⓒ, (다) ⓔ
③ (가) ⊙, (나) ⓒ, (다) ⓒ　　　　④ (가) ⓒ, (나) ⊙, (다) ⓒ

해설

〈보기〉(가) － ⓒ 동료경찰관의 부패를 눈감아 준 A: 동료나 상사의 부정부패를 눈감아 주는 침묵의 규율 (code of silence)은 경찰조직 내에서 직업적으로 사회화 되어가는 과정에서 학습되어지는 것이므로 조직 내 구조와 문화를 부패의 원인으로 보는 '구조원인가설'의 입장.

〈보기〉(나) － ⊙ 반복적으로 문제를 일으키는 B: 자질과 인성에 문제 있는 경찰관, 즉 자격이 없는 경찰관이 조직 내로 유입되어 지속적으로 문제를 일으킨다는 것은 '썩은사과가설'의 입장.

〈보기〉(다) － ⓔ 경찰관 C에게 업주가 뇌물수수를 시도: 경찰관이 요구하지 않았음에도 업주가 먼저 뇌물수수를 시도한 사례는 시민사회의 부패가 경찰의 부패로 이어진다는 '전체사회가설'의 입장.

14 「경범죄 처벌법」에 대한 설명으로 가장 적절하지 <u>않은</u> 것은?

① 범칙행위란 「경범죄 처벌법」 제3조 제1항 각 호부터 제3항 각 호 까지의 어느 하나에 해당하는 위반행위이다.

② 「경범죄 처벌법」 제3조의 죄를 짓도록 시키거나 도와준 사람은 죄를 지은 사람에 준하여 처벌한다.

③ "범칙자"란 범칙행위를 한 사람으로서 '피해자가 있는 행위를 한 사람', '죄를 지은 동기나 수단 및 결과를 헤아려볼 때 구류처분을 하는 것이 적절하다고 인정되는 사람', '범칙행위를 상습적으로 하는 사람', '18세 미만인 사람'의 어느 하나에도 해당하지 않는 사람을 말한다.

④ 술에 취한 채로 관공서에서 몹시 거친 말과 행동으로 주정하거나 시끄럽게 한 사람에 대해서 60만원 이하의 벌금, 구류 또는 과료의 형으로 처벌한다.

해설

제6조(정의) ① 이 장에서 "**범칙행위**"란 제3조제1항 각 호 및 **제2항 각 호**의 어느 하나에 해당하는 위반행위를 말하며, 그 구체적인 범위는 대통령령으로 정한다.

② 이 장에서 "**범칙자**"란 범칙행위를 한 사람으로서 다음 각 호의 어느 하나에 해당하지 아니하는 사람을 말한다.

    1. 범칙행위를 상습적으로 하는 사람

    2. 죄를 지은 동기나 수단 및 결과를 헤아려볼 때 구류처분을 하는 것이 적절하다고 인정되는 사람

    3. 피해자가 있는 행위를 한 사람

    4. 18세 미만인 사람

제4조(교사·방조) 제3조의 죄를 짓도록 시키거나 도와준 사람은 죄를 지은 사람에 준하여 벌한다.

제3조(경범죄의 종류) ③ 다음 각 호의 어느 하나에 해당하는 사람은 60만원 이하의 벌금, 구류 또는 과료의 형으로 처벌한다.

    1. (관공서에서의 주취소란) 술에 취한 채로 관공서에서 몹시 거친 말과 행동으로 주정하거나 시끄럽게 한 사람

    2. (거짓신고) 있지 아니한 범죄나 재해 사실을 공무원에게 거짓으로 신고한 사람

15 「성폭력범죄의 처벌 등에 관한 특례법」에 대한 설명으로 가장 적절하지 <u>않은</u> 것은? (기출 수정)

① 법원은 '19세미만피해자등'를 증인으로 신문하는 경우에 검사, 피해자 또는 그 법정대리인이 신청할 때에는 재판에 지장을 줄 우려가 있는 등 부득이한 경우가 아니면 피해자와 신뢰관계에 있는 사람을 동석하게 하여야 한다.

② 사법경찰관은 19세미만피해자등의 진술 내용과 조사 과정을 영상녹화장치로 녹화하고, 그 영상녹화물을 보존하여야 한다.

③ 경찰청장은 각 경찰서장으로 하여금 성폭력범죄 전담 사법경찰관을 지정하도록 하여 특별한 사정이 없으면 이들로 하여금 피해자를 조사하게 하여야 한다.

④ 수사기관과 법원은 성폭력범죄의 피해자를 조사하거나 심리 · 재판할 때 피해자가 편안한 상태에서 진술할 수 있는 환경을 조성하여야 하며, 조사 및 심리 · 재판 횟수는 필요한 범위에서 최대한으로 할 수 있다.

해설 · 법령

제34조(신뢰관계에 있는 사람의 동석) ① 법원은 다음 각 호의 어느 하나에 해당하는 피해자를 증인으로 신문하는 경우에 검사, 피해자 또는 그 법정대리인이 신청할 때에는 재판에 지장을 줄 우려가 있는 등 부득이한 경우가 아니면 피해자와 신뢰관계에 있는 사람을 동석하게 하여야 한다.
　　1. 제3조부터 제8조까지, 제10조, 제14조, 제14조의2, 제14조의3, 제15조(제9조의 미수범은 제외한다) 및 제15조의2에 따른 범죄의 피해자
　　2. 19세미만피해자등

제30조(19세미만피해자등 진술 내용 등의 영상녹화 및 보존 등) ① 검사 또는 사법경찰관은 19세미만피해자등의 진술 내용과 조사 과정을 영상녹화장치로 녹화(녹음이 포함된 것을 말하며, 이하 "영상녹화"라 한다)하고, 그 영상녹화물을 보존하여야 한다.

제26조(성폭력범죄의 피해자에 대한 전담조사제) ② 경찰청장은 각 경찰서장으로 하여금 성폭력범죄 전담 사법경찰관을 지정하도록 하여 특별한 사정이 없으면 이들로 하여금 피해자를 조사하게 하여야 한다.

제29조(수사 및 재판절차에서의 배려) ① 수사기관과 법원 및 소송관계인은 성폭력범죄를 당한 피해자의 나이, 심리 상태 또는 후유장애의 유무 등을 신중하게 고려하여 조사 및 심리 · 재판 과정에서 피해자의 인격이나 명예가 손상되거나 사적인 비밀이 침해되지 아니하도록 주의하여야 한다.
② 수사기관과 법원은 성폭력범죄의 피해자를 조사하거나 심리 · 재판할 때 피해자가 편안한 상태에서 진술할 수 있는 환경을 조성하여야 하며, 조사 및 심리 · 재판 횟수는 필요한 범위에서 **최소한**으로 하여야 한다.

16 「북한이탈주민의 보호 및 정착지원에 관한 법률」에 대한 설명으로 적절한 것만을 모두 고른 것은?

> ㉠ "북한이탈주민"이란 북한에 주소, 직계가족, 배우자, 직장 등을 두고 있는 사람으로서 북한을 벗어난 후 외국 국적을 취득한 사람을 말한다.
>
> ㉡ 이 법에 따른 보호 및 정착지원은 원칙적으로 개인을 단위로 하되, 필요하다고 인정하는 경우에는 대통령령으로 정하는 바에 따라 세대 단위로 할 수 있다.
>
> ㉢ 보호대상자를 정착지원시설에서 보호하는 기간은 1년 이내로 하고, 거주지에서 보호하는 기간은 5년으로 한다.
>
> ㉣ 북한이탈주민으로서 국내 입국 후 1년이 지나서 보호신청한 사람이나 체류국에 10년 이상 생활 근거지를 두고 있는 사람은 보호대상자로 결정하지 않을 수 있다.

① ㉠, ㉡　　　　② ㉠, ㉢　　　　③ ㉡, ㉢　　　　④ ㉡, ㉣

해설

제2조(정의) 이 법에서 사용하는 용어의 뜻은 다음과 같다.
1. "북한이탈주민"이란 군사분계선 이북지역(북한)에 주소, 직계가족, 배우자, 직장 등을 두고 있는 사람으로서 북한을 벗어난 후 외국 국적을 **취득하지 아니한 사람**을 말한다.

제5조(보호기준 등) ② 이 법에 따른 보호 및 정착지원은 원칙적으로 개인을 단위로 하되, 필요하다고 인정하는 경우에는 대통령령으로 정하는 바에 따라 세대를 단위로 할 수 있다.
③ 보호대상자를 정착지원시설에서 보호하는 기간은 1년 이내로 하고, 거주지에서 보호하는 기간은 5년으로 한다. 다만, 특별한 사유가 있는 경우에는 제6조에 따른 북한이탈주민 보호 및 정착지원협의회의 심의를 거쳐 그 기간을 단축하거나 연장할 수 있다.

제9조(보호 결정의 기준) ① 제8조제1항 본문에 따라 보호 여부를 결정할 때 다음 각 호의 어느 하나에 해당하는 사람은 보호대상자로 결정하지 아니할 수 있다.
1. 항공기 납치, 마약거래, 테러, 집단살해 등 국제형사범죄자
2. 살인 등 중대한 비정치적 범죄자
3. 위장탈출 혐의자
4. 국내 입국 후 **3년이 지나서** 보호신청한 사람
5. 그 밖에 국가안전보장·질서유지·공공복리에 대한 중대한 위해 발생 우려, 보호신청자의 경제적 능력 및 해외체류 여건 등을 고려하여 보호대상자로 정하는 것이 부적당하거나 보호 필요성이 현저히 부족하다고 대통령령으로 정하는 사람

17 음주운전 관련 판례에 대한 설명으로 가장 적절하지 <u>않은</u> 것은? (다툼이 있는 경우 판례에 의함)

① 음주운전 전력이 1회(벌금형) 있는 운전자가 한 달 내 2회에 걸친 음주운전으로 적발되어 두 사건이 동시에 기소된 사안에서, 「도로교통법」 제148조의2 제1항(벌칙)에 규정된 '음주운전 금지 규정을 2회 이상 위반한 사람'이란 음주운전으로 2회 이상 형의 선고를 받거나 유죄의 확정판결을 받은 자로 한정하여야 한다.

② 경찰공무원이 술에 취한 상태에 있다고 인정할 만한 상당한 이유가 있는 운전자에게 음주 여부를 확인하기 위하여 음주측정기에 의한 측정의 사전 단계로 음주감지기에 의한 시험을 요구하는 경우, 그 시험 결과에 따라 음주측정기에 의한 측정이 예정되어 있고 운전자가 그러한 사정을 인식하였음에도 음주감지기에 의한 시험에 명시적으로 불응함으로써 음주측정을 거부하겠다는 의사를 표명하였다면, 음주감지기에 의한 시험을 거부한 행위도 음주측정기에 의한 측정에 응할 의사가 없음을 객관적으로 명백하게 나타낸 것으로 볼 수 있다.

③ 주취운전자에 대한 경찰관의 권한 행사가 법률상 경찰관의 재량에 맡겨져 있다고 하더라도, 그러한 권한을 행사하지 아니한 것이 구체적인 상황 하에서 현저하게 합리성을 잃는 경우에는 경찰관의 직무상 의무를 위배한 것으로서 위법하다. 음주운전으로 적발된 주취운전자가 도로 밖으로 차량을 이동하겠다며 단속경찰관으로 부터 보관 중이던 차량열쇠를 반환받아 몰래 차량을 운전하여 가던 중 사고를 일으켰다면, 주의의무를 게을리 한 경찰관의 직무상 의무위반에 의한 국가배상 책임이 인정된다.

④ 음주운전과 관련한 「도로교통법」 위반죄의 범죄수사를 위하여 미성년자인 피의자의 혈액채취가 필요한 경우, 피의자에게 의사능력이 있다면 피의자 본인만이 혈액채취에 관한 유효한 동의를 할 수 있고, 피의자에게 의사능력이 없는 경우에도 명문의 규정이 없는 이상 법정대리인이 피의자를 대리하여 동의할 수는 없다.

해설

〈보기〉 ① 〈대법원 2018. 11. 15. 선고 2018도11378 판결〉

【판결요지】

도로교통법(이하 '법'이라 한다) 제44조 제1항은 술에 취한 상태에서 자동차 등의 운전을 금지하고, 법 제148조의2 제1항 제1호는 '제44조 제1항을 2회 이상 위반한 사람'으로서 다시 같은 조 제1항을 위반하여 술에 취한 상태에서 자동차 등을 운전한 사람을 1년 이상 3년 이하의 징역이나 500만 원 이상 1천만 원 이하의 벌금에 처한다고 정하고 있다.

법 제148조의2 제1항 제1호는 **행위주체를 단순히 2회 이상 음주운전 금지규정을 위반한 사람으로 정하고 있고, 이러한 음주운전 금지규정 위반으로 형을 선고받거나 유죄의 확정판결을 받은 경우 등으로 한정하고 있지 않다.** 이것은 음주운전 금지규정을 반복적으로 위반하는 사람의 반규범적 속성, 즉 교통법규에 대한 준법정신이나 안전의식의 현저한 부족 등을 양형에 반영하여 반복된 음주운전에 대한 처벌을 강화하고, 음주운전으로 발생할 국민의 생명·신체에 대한 위험을 예방하며 교통질서를 확립하기 위한 것으로 볼 수 있다.

위와 같은 법 제148조의2 제1항 제1호의 문언 내용과 입법 취지 등을 종합하면, 위 조항 중 '**제44조 제1항을 2회 이상 위반한 사람**'은 문언 그대로 2회 이상 음주운전 금지규정을 위반하여 음주운전을 하였던 사실이 인정되는 사람으로 해석해야 하고, 그에 대한 형의 선고나 유죄의 확정판결 등이 있어야만

하는 것은 아니다.

〈보기〉② 〈대법원 2017. 6. 15. 선고 2017도5115 판결〉

【판결요지】

도로교통법 제148조의2 제1항 제2호에서 말하는 '경찰공무원의 측정에 응하지 아니한 경우'란 전체적인 사건의 경과에 비추어 술에 취한 상태에 있다고 인정할 만한 상당한 이유가 있는 운전자가 음주측정에 응할 의사가 없음이 객관적으로 명백하다고 인정되는 때를 의미한다. 경찰공무원이 술에 취한 상태에 있다고 인정할 만한 상당한 이유가 있는 운전자에게 음주 여부를 확인하기 위하여 음주측정기에 의한 측정의 사전 단계로 음주감지기에 의한 시험을 요구하는 경우, 그 시험 결과에 따라 음주측정기에 의한 측정이 예정되어 있고 운전자가 그러한 사정을 인식하였음에도 음주감지기에 의한 시험에 명시적으로 불응함으로써 음주측정을 거부하겠다는 의사를 표명하였다면, 음주감지기에 의한 시험을 거부한 행위도 음주측정기에 의한 측정에 응할 의사가 없음을 객관적으로 명백하게 나타낸 것으로 볼 수 있다.

〈보기〉③ 〈대법원 1998. 5. 8. 선고 97다54482 판결〉

【판결요지】

[1] 주취 상태에서의 운전은 도로교통법 제41조의 규정에 의하여 금지되어 있는 범죄행위임이 명백하고 그로 인하여 자기 또는 타인의 생명이나 신체에 위해를 미칠 위험이 큰 점을 감안하면, 주취운전을 적발한 경찰관이 주취운전의 계속을 막기 위하여 취할 수 있는 조치로는, 단순히 주취운전의 계속을 금지하는 명령 이외에 다른 사람으로 하여금 대신하여 운전하게 하거나 당해 주취운전자가 임의로 제출한 차량열쇠를 일시 보관하면서 가족에게 연락하여 주취운전자와 자동차를 인수하게 하거나 또는 주취 상태에서 벗어난 후 다시 운전하게 하며 그 주취 정도가 심한 경우에 경찰관서에 일시 보호하는 것 등을 들 수 있고, 한편 주취운전이라는 범죄행위로 당해 음주운전자를 구속·체포하지 아니한 경우에도 필요하다면 그 차량열쇠는 범행 중 또는 범행 직후의 범죄장소에서의 압수로서 형사소송법 제216조 제3항에 의하여 영장 없이 이를 압수할 수 있다.

[2] 경찰관의 주취운전자에 대한 권한 행사가 관계 법률의 규정 형식상 경찰관의 재량에 맡겨져 있다고 하더라도, 그러한 권한을 행사하지 아니한 것이 구체적인 상황하에서 현저하게 합리성을 잃어 사회적 타당성이 없는 경우에는 경찰관의 직무상 의무를 위배한 것으로서 위법하게 된다.

[3] 음주운전으로 적발된 주취운전자가 도로 밖으로 차량을 이동하겠다며 단속경찰관으로부터 보관중이던 차량열쇠를 반환받아 몰래 차량을 운전하여 가던 중 사고를 일으킨 경우, 국가배상책임을 인정한다.

〈보기〉④ 〈대법원 2014. 11. 13. 선고 2013도1228 판결〉

【판결요지】

형사소송법상 소송능력이란 소송당사자가 유효하게 소송행위를 할 수 있는 능력, 즉 피고인 또는 피의자가 자기의 소송상의 지위와 이해관계를 이해하고 이에 따라 방어행위를 할 수 있는 의사능력을 의미하는데, 피의자에게 의사능력이 있으면 직접 소송행위를 하는 것이 원칙이고, 피의자에게 의사능력이 없는 경우에는 형법 제9조 내지 제11조의 규정의 적용을 받지 아니하는 범죄사건에 한하여 예외적으로 법정대리인이 소송행위를 대리할 수 있다(형사소송법 제26조). 따라서 음주운전과 관련한 도로교통법 위반죄의 범죄수사를 위하여 미성년자인 피의자의 혈액채취가 필요한 경우에도 피의자에게 의사능력이 있다면 피의자 본인만이 혈액채취에 관한 유효한 동의를 할 수 있고, 피의자에게 의사능력이 없는 경우에도 명문의 규정이 없는 이상 법정대리인이 피의자를 대리하여 동의할 수는 없다.

18 「재난 및 안전관리 기본법」에 대한 설명으로 가장 적절한 것은?

① "재난"이란 국민의 생명·신체·재산과 국가에 피해를 주거나 줄 수 있는 것으로서 자연재난과 인적재난으로 구분된다.

② "재난관리"란 재난의 예방·대응·복구 및 평가를 위하여 하는 모든 활동을 말한다.

③ 「재난 및 안전관리 기본법」상 대통령령으로 정하는 대규모 재난의 대응·복구 등에 관한 사항을 총괄·조정하고 필요한 조치를 하기 위하여 국무조정실에 중앙재난안전대책본부를 둔다.

④ 해외재난의 경우 외교부장관이 중앙대책본부장의 권한을 행사한다.

해설

제3조(정의) 이 법에서 사용하는 용어의 뜻은 다음과 같다.

1. **"재난"**이란 국민의 생명·신체·재산과 국가에 피해를 주거나 줄 수 있는 것으로서 다음 각 목의 것을 말한다.

   가. **자연재난**: 태풍, 홍수, 호우, 강풍, 풍랑, 해일, 대설, 한파, 낙뢰, 가뭄, 폭염, 지진, 황사, 조류 대 발생, 조수, 화산활동, 소행성·유성체 등 자연우주물체의 추락·충돌, 그 밖에 이에 준하는 자연현상으로 인하여 발생하는 재해

   나. **사회재난**: 화재·붕괴·폭발·교통사고(항공사고 및 해상사고를 포함한다)·화생방사고·환경오염사고 등으로 인하여 발생하는 대통령령으로 정하는 규모 이상의 피해와 국가핵심기반의 마비, 「감염병의 예방 및 관리에 관한 법률」에 따른 감염병 또는 「가축전염병예방법」에 따른 가축전염병의 확산, 「미세먼지 저감 및 관리에 관한 특별법」에 따른 미세먼지 등으로 인한 피해

2. **"해외재난"**이란 대한민국의 영역 밖에서 대한민국 국민의 생명·신체 및 재산에 피해를 주거나 줄 수 있는 재난으로서 정부차원에서 대처할 필요가 있는 재난을 말한다.

3. "재난관리"란 재난의 예방·대비·대응 및 복구를 위하여 하는 모든 활동을 말한다.

4. "안전관리"란 재난이나 그 밖의 각종 사고로부터 사람의 생명·신체 및 재산의 안전을 확보하기 위하여 하는 모든 활동을 말한다.

제14조(중앙재난안전대책본부 등) ① 대통령령으로 정하는 대규모 재난의 대응·복구(수습) 등에 관한 사항을 총괄·조정하고 필요한 조치를 하기 위하여 **행정안전부**에 중앙재난안전대책본부(중앙대책본부)를 둔다.

③ 중앙대책본부의 본부장은 행정안전부장관이 되며, 중앙대책본부장은 중앙대책본부의 업무를 총괄하고 필요하다고 인정하면 중앙재난안전대책본부회의를 소집할 수 있다. 다만, **해외재난의 경우**에는 **외교부장관**이, 「원자력시설 등의 방호 및 방사능 방재 대책법」 제2조제1항제8호에 따른 방사능재난의 경우에는 같은 법 제25조에 따른 중앙방사능방재대책본부의 장이 각각 **중앙대책본부장**의 권한을 행사한다.

참고 **재난관리는 아래 4단계로 구분된다.**

- 재난의 예방(제4장)
- 재난의 대비(제5장)
- 재난의 대응(제6장)
- 재난의 복구(제7장)

19 다음은 「범죄인 인도법」과 범죄인 인도의 원칙에 대한 설명이다. 옳은 것은 모두 몇 개인가?

> ㉠ 「범죄인 인도법」 제6조는 대한민국과 청구국의 법률에 따라 인도범죄가 사형, 무기징역, 무기금고, 장기 1년 이상의 징역 또는 금고에 해당하는 경우에만 범죄인인도가 가능하다고 규정하여 '쌍방가벌성의 원칙'과 '최소한의 중요성 원칙'을 모두 담고 있다.
> ㉡ 인도조약이 체결되어 있지 않은 경우에도 범죄인의 인도를 청구하는 국가가 동종의 범죄인 인도청구에 응한다는 보증을 하는 경우 「범죄인 인도법」을 적용한다는 원칙은 '상호주의 원칙'이다.
> ㉢ 자국민은 원칙적으로 인도의 대상이 아니라는 '자국민 불인도의 원칙'은 「범죄인 인도법」상 절대적 인도 거절사유로 규정되어 있다.
> ㉣ 인도범죄가 정치적 성격을 지닌 범죄이거나 그와 관련된 경우 범죄인을 인도하여서는 안 된다는 '정치범 불인도의 원칙'은 「범죄인 인도법」에 규정되어 있다. 다만 국가원수 암살, 집단학살 등은 정치범 불인도의 예외사유로 인정한다.

① 1개　　　　② 2개　　　　③ 3개　　　　④ 4개

해설 틀린 보기 ㉢

제6조(인도범죄) 대한민국과 청구국의 법률에 따라 인도범죄가 사형, 무기징역, 무기금고, 장기(長期) 1년 이상의 징역 또는 금고에 해당하는 경우에만 범죄인을 인도할 수 있다.

제4조(상호주의) 인도조약이 체결되어 있지 아니한 경우에도 범죄인의 인도를 청구하는 국가가 같은 종류 또는 유사한 인도범죄에 대한 대한민국의 범죄인 인도청구에 응한다는 보증을 하는 경우에는 이 법을 적용한다.

제9조(임의적 인도거절 사유) 다음 각 호의 어느 하나에 해당하는 경우에는 범죄인을 인도하지 아니할 수 있다.
1. 범죄인이 대한민국 국민인 경우 (자국민 불인도의 원칙)
2. 인도범죄의 전부 또는 일부가 대한민국 영역에서 범한 것인 경우
3. 범죄인의 인도범죄 외의 범죄에 관하여 대한민국 법원에 재판이 계속 중인 경우 또는 범죄인이 형을 선고받고 그 집행이 끝나지 아니하거나 면제되지 아니한 경우
4. 범죄인이 인도범죄에 관하여 제3국(청구국이 아닌 외국을 말한다. 이하 같다)에서 재판을 받고 처벌되었거나 처벌받지 아니하기로 확정된 경우
5. 인도범죄의 성격과 범죄인이 처한 환경 등에 비추어 범죄인을 인도하는 것이 비인도적(非人道的)이라고 인정되는 경우

제8조(정치적 성격을 지닌 범죄 등의 인도거절) ① 인도범죄가 정치적 성격을 지닌 범죄이거나 그와 관련된 범죄인 경우에는 범죄인을 인도하여서는 아니 된다. 다만, 인도범죄가 다음 각 호의 어느 하나에 해당하는 경우에는 그러하지 아니하다.
1. 국가원수·정부수반 또는 그 가족의 생명·신체를 침해하거나 위협하는 범죄
2. 다자간 조약에 따라 대한민국이 범죄인에 대하여 재판권을 행사하거나 범죄인을 인도할 의무를 부담하고 있는 범죄
3. 여러 사람의 생명·신체를 침해·위협하거나 이에 대한 위험을 발생시키는 범죄

20 「집회 및 시위에 관한 법률」 및 「집회 및 시위에 관한 법률 시행령」에 대한 설명으로 가장 적절한 것은?

① 집회 또는 시위의 주최자는 금지 통고를 받은 날부터 7일 이내에 해당 경찰관서의 바로 위의 상급경찰관서의 장에게 이의를 신청할 수 있다.

② 집회 또는 시위 금지통고에 대해 이의 신청을 받은 경찰관서장은 24시간 이내에 금지를 통고한 경찰관서장에게 이의 신청의 취지와 이유를 알리고, 답변서의 제출을 명하여야 한다.

③ 주최자는 신고한 옥외집회 또는 시위를 하지 아니하게 된 경우에는 신고서에 적힌 집회 일시 12시간 전에 철회신고서를 관할 경찰관서장에게 제출하여야 한다.

④ 관할 경찰관서장은 집회 및 시위 참가자들이 자진 해산 요청에 따르지 아니하는 경우, 세 번 이상 자진 해산할 것을 명령하고 그 이후에도 해산하지 아니하면 직접 해산시킬 수 있다.

> **해설**
>
> 제9조(집회 및 시위의 금지 통고에 대한 이의 신청 등) ① 집회 또는 시위의 주최자는 제8조에 따른 금지 통고를 받은 날부터 **10일 이내**에 해당 경찰관서의 바로 위의 상급경찰관서의 장에게 이의를 신청할 수 있다.
>
> 제6조(옥외집회 및 시위의 신고 등) ③ 주최자는 제1항에 따라 신고한 옥외집회 또는 시위를 하지 아니하게 된 경우에는 신고서에 적힌 집회 일시 **24시간 전**에 그 철회사유 등을 적은 철회신고서를 관할경찰관서장에게 제출하여야 한다.
>
> 시행령 제8조(이의 신청의 통지 및 답변서 제출) ① 법 제9조제1항에 따른 이의 신청을 받은 경찰관서장은 **즉시** 집회 또는 시위의 금지를 통고한 경찰관서장에게 이의 신청의 취지와 이유(이의 신청시 증거서류나 증거물을 제출한 경우에는 그 요지를 포함한다)를 알리고, 답변서의 제출을 명하여야 한다.
>
> 시행령 제17조(집회 또는 시위의 자진 해산의 요청 등) 집회 또는 시위를 해산시키려는 때에는 관할 경찰관서장 또는 관할 경찰관서장으로부터 권한을 부여받은 경찰공무원은 다음 각 호의 순서에 따라야 한다. 다만, 법 제20조제1항제1호·제2호 또는 제4호에 해당하는 집회·시위의 경우와 주최자·주관자·연락책임자 및 질서유지인이 집회 또는 시위 장소에 없는 경우에는 종결 선언의 요청을 생략할 수 있다.
>
> 1. 종결 선언의 요청
>   주최자에게 집회 또는 시위의 종결 선언을 요청하되, 주최자의 소재를 알 수 없는 경우에는 주관자·연락책임자 또는 질서유지인을 통하여 종결 선언을 요청할 수 있다.
>
> 2. 자진 해산의 요청
>   제1호의 종결 선언 요청에 따르지 아니하거나 종결 선언에도 불구하고 집회 또는 시위의 참가자들이 집회 또는 시위를 계속하는 경우에는 직접 참가자들에 대하여 자진 해산할 것을 요청한다.
>
> 3. 해산명령 및 직접 해산
>   제2호에 따른 **자진 해산 요청에 따르지 아니하는 경우에는 세 번 이상 자진 해산할 것을 명령**하고, 참가자들이 **해산명령에도 불구하고 해산하지 아니하면 직접 해산**시킬 수 있다.

정답 20. ④

20년 제2차 경찰공무원(순경)채용시험 문제

– 공채(남 · 여) · 경찰행정학과특채 · 101경비단 –

응시 번호 :　　　　　　　이름 :

[경찰학개론]

01 경찰의 임무를 공공의 안녕과 질서에 대한 위험의 방지라고 정의할 때, 이에 대한 설명으로 가장 적절한 것은?

① '공공의 안녕'이란 개념은 '법질서의 불가침성'과 '국가의 존립 및 국가기관 기능성의 불가침성', '개인의 권리와 법익의 보호'를 포함하며, 이 중 공공의 안녕의 제1요소는 '개인의 권리와 법익의 보호'이다.

② '공공의 질서'란 원만한 공동체 생활을 위해 개인이 준수해야 할 불문규범의 총체를 의미하며, 법적 안전성 확보를 위해 불문규범이 성문화되어가는 현상으로 인하여 그 영역이 점차 축소되고 있다.

③ 경찰이 의무에 합당한 사려 깊은 상황판단을 했음에도 불구하고 위험을 잘못 긍정한 경우를 '오상위험'이라고 한다.

④ 위험의 현실화 여부에 따라 '추상적 위험'과 '구체적 위험'으로 구분할 수 있으며 경찰의 개입은 구체적 위험의 경우에만 정당화된다.

02 경찰의 관할에 대한 설명으로 가장 적절하지 <u>않은</u> 것은?

① 사물관할은 경찰이 처리할 수 있고 또 처리해야 하는 사무내용의 범위를 말하며 우리나라는 범죄수사에 대한 임무가 경찰의 사물관할로 인정되고 있다.

② 경찰은 중대한 죄를 범하고 도주하는 현행범인을 추적하는 때에는 주한미군 시설 및 구역 내에서 범인을 체포할 수 있다.

③ 외교공관은 국제법상 치외법권지역이나 화재, 감염병 발생과 같은 긴급한 상황에서는 외교사절의 동의 없이도 외교공관에 들어갈 수 있다.

④ 국회 경위와 경찰공무원은 국회 안에 현행범인이 있을 때에는 국회의장의 지시를 받은 후 체포하여야 한다.

03 다음은 자랑스러운 경찰의 표상에 대한 서술이다. 해당 인물을 바르게 나열한 것은?

> ㉠ 성산포경찰서장 재직 시 계엄군의 예비검속자 총살 명령에 '부당함으로 불이행'한다고 거부하고 주민들을 방면함
>
> ㉡ 1946년 5월 미군정하 제1기 여자경찰간부로 임용되며 국립경찰에 투신하였고 1952년부터 2년간 서울여자경찰서장을 역임하며 풍속·소년·여성보호 업무를 담당함(여자경찰제도는 당시 권위적인 사회 속에서 선진적이고 민주적인 제도였음)
>
> ㉢ 5·18 광주 민주화운동 당시 무장 강경진압 방침이 내려오자 '분산되는 자는 너무 추적하지 말 것, 부상자가 발생하지 않도록 할 것' 등을 지시하여 비례의 원칙에 입각한 경찰권행사 및 인권보호를 강조함
>
> ㉣ 임시정부 경무국 경호원 및 의경대원으로 활동하였고 1926년 12월 식민수탈의 심장인 식산은행과 동양척식회사에 폭탄을 투척하였음

① ㉠ 안맥결, ㉡ 문형순, ㉢ 최규식, ㉣ 나석주
② ㉠ 문형순, ㉡ 안맥결, ㉢ 안병하, ㉣ 나석주
③ ㉠ 안병하, ㉡ 문형순, ㉢ 나석주, ㉣ 이준규
④ ㉠ 문형순, ㉡ 안맥결, ㉢ 안병하, ㉣ 이준규

04 문제지향 경찰활동에 대한 설명으로 가장 적절하지 <u>않은</u> 것은?

① 일선경찰관에게 문제해결 권한과 필요한 시간을 부여하고 범죄분석자료를 제공한다.
② 조사－분석－대응－평가로 이루어진 문제해결과정을 제시한다.
③ 「형법」의 적용은 여러 대응 수단 중 하나에 불과하다.
④ 거주자들에게 지역에 관한 정보를 제공하며, 주민들은 민간순찰을 실시한다.

05 「국가경찰과 자치경찰의 조직 및 운영에 관한 법률」 제14조 경찰청장에 대한 설명으로 가장 적절하지 <u>않은</u> 것은? (기출 수정)

① 경찰청장은 국가경찰위원회의 동의를 받아 행정안전부장관의 제청으로 국무총리를 거쳐 대통령이 임명한다. 이 경우 국회의 인사청문을 거쳐야 한다.

② 경찰청장은 국가경찰사무를 총괄하고 경찰청 업무를 관장하며 소속 공무원 및 각급 경찰기관의 장을 지휘 · 감독한다.

③ 경찰청장이 직무를 집행하면서 헌법이나 법률을 위배하였을 때에는 국회는 탄핵 소추를 의결할 수 있다.

④ 경찰청장은 경찰의 수사에 관한 사무의 경우에는 개별 사건의 수사에 대하여 구체적으로 지휘 · 감독할 수 있다. 다만, 국민의 생명 · 신체 · 재산 또는 공공의 안전 등에 중대한 위험을 초래하는 긴급하고 중요한 사건의 수사에 있어서 경찰의 자원을 대규모로 동원하는 등 통합적으로 현장 대응할 필요가 있다고 판단할 만한 상당한 이유가 있는 때에는 제16조에 따른 국가수사본부장을 통하여 개별 사건의 수사에 대하여 구체적으로 지휘 · 감독할 수 없다.

06 다음은 「경찰공무원법」 제8조 임용자격 및 결격사유에 대한 설명이다. ㉠~㉤의 내용 중 옳고 그름의 표시(○, ×)가 모두 바르게 된 것은? (기출 수정)

> ㉠ 미성년자에 대한 다음 각 목의 어느 하나에 해당하는 죄를 저질러 형 또는 치료감호가 확정된 사람(집행유예를 선고받은 후 그 집행유예기간이 경과한 사람을 포함한다)
> 　가. 「성폭력범죄의 처벌 등에 관한 특례법」 제2조에 따른 성폭력범죄
> 　나. 「아동 · 청소년의 성보호에 관한 법률」 제2조제2호에 따른 아동 · 청소년대상 성범죄
> ㉡ 벌금의 형을 선고받은 사람
> ㉢ 대한민국 국적을 가지지 아니한 사람
> ㉣ 공무원으로 재직기간 중 직무와 관련하여 「형법」 제355조(횡령, 배임) 및 제356조(업무상의 횡령과 배임)에 규정된 죄를 범한 자로서 300만원 이상의 벌금형을 선고받고 그 형이 확정된 후 2년이 지난 사람
> ㉤ 징계에 의하여 파면 또는 해임처분을 받은 사람

① ㉠ (○), ㉡ (○), ㉢ (○), ㉣ (×), ㉤ (○)

② ㉠ (○), ㉡ (×), ㉢ (○), ㉣ (○), ㉤ (×)

③ ㉠ (×), ㉡ (○), ㉢ (×), ㉣ (○), ㉤ (×)

④ ㉠ (○), ㉡ (×), ㉢ (○), ㉣ (×), ㉤ (○)

07 경찰비례의 원칙에 대한 설명으로 가장 적절하지 <u>않은</u> 것은?

① 독일에서 경찰법상의 판례를 중심으로 발달하여 왔고 오늘날에는 행정법의 모든 영역에서 적용되는 원칙으로 이해되고 있다.

② 최소침해의 원칙은 협의의 비례원칙이라고도 불린다.

③ 「경찰관 직무집행법」 제1조 제2항이 명문으로 규정하고 있을 뿐만 아니라 헌법 제37조 제2항으로부터도 도출된다.

④ 적합성, 필요성, 상당성의 원칙으로 이루어져 있다.

08 A경찰서장은 동기부여이론 및 사기이론을 활용하여 소속경찰관들의 사기를 높이기 위한 방안을 모색하였다. 이론의 적용으로 가장 적절하지 <u>않은</u> 것은?

① Maslow의 욕구계층이론에 따라 존경의 욕구를 충족시켜주기 위하여 권한위임을 확대하였다.

② Herzberg의 동기위생요인이론에 따르면 사기진작을 위해서는 동기요인이 강화되어야 하므로 적성에 맞는 직무에 배정하고 책임감과 성취감을 느낄 수 있도록 독려하였다.

③ McGregor의 X이론에 따르면 인간은 근본적으로 업무에 대한 의욕을 가지고 있기 때문에 이러한 의욕을 강화시키기 위해 금전적 보상과 포상제도를 강화하였다.

④ McGregor의 Y이론을 적용하여 상급자의 일방적 지시와 명령을 줄이고 의사결정 과정에 일선 경찰관들의 참여를 확대시키도록 지시하였다.

09 「경찰관 직무집행법」 제4조의 보호조치에 대한 설명으로 가장 적절하지 <u>않은</u> 것은?

① 경찰관은 정신착란을 일으키거나 술에 취하여 자신 또는 다른 사람의 생명·신체·재산에 위해를 끼칠 우려가 있음이 명백하고 응급구호가 필요하다고 믿을 만한 상당한 이유가 있는 사람을 발견하였을 때 보건의료기관이나 공공구호기관에 긴급구호를 요청하거나 경찰관서에 보호할 수 있다.

② 미아, 병자, 부상자 등으로서 적당한 보호자가 없으며 응급구호가 필요하다고 인정되는 사람이 구호를 거절하지 않는 경우 경찰관은 보호조치를 할 수 있다.

③ 경찰관은 보호조치를 하였을 때에는 지체 없이 구호대상자의 가족, 친지 또는 그 밖의 연고자에게 그 사실을 알려야 하며, 구호대상자를 경찰관서에서 보호하는 기간은 6시간을 초과할 수 없다.

④ 경찰관은 보호조치를 하는 경우에 구호대상자가 휴대하고 있는 무기·흉기 등 위험을 일으킬 수 있는 것으로 인정되는 물건을 경찰관서에 임시로 영치할 수 있다.

10 「경찰관 직무집행법」 및 「위해성 경찰장비의 사용기준 등에 관한 규정」상 경찰장비의 사용에 대한 설명으로 가장 적절하지 <u>않은</u> 것은? (기출 수정)

① 경찰관은 불법집회 · 시위로 인한 자신이나 다른 사람의 생명 · 신체와 재산 및 공공시설 안전에 대한 현저한 위해의 발생 억제를 위하여 필요한 상당한 이유가 있는 경우 경찰장구를 사용할 수 있다.

② 경찰관은 불법집회 · 시위 또는 소요사태로 인하여 발생할 수 있는 타인 또는 경찰관의 생명 · 신체의 위해와 재산 · 공공시설의 위험을 억제하기 위하여 부득이한 경우에는 현장책임자의 판단에 의하여 필요한 최소한의 범위에서 가스차를 사용할 수 있다.

③ 경찰관집무집행법에 따른 살수차, 분사기, 최루탄 또는 무기를 사용하는 경우 그 책임자는 사용 일시 · 장소 · 대상, 현장책임자, 종류, 수량 등을 기록하여 보관하여야 한다.

④ 경찰관은 범인 · 술에 취한 사람 또는 정신착란자의 자살 또는 자해기도를 방지하기 위하여 필요한 때에는 수갑 · 포승 또는 호송용포승을 사용할 수 있다.

11 다음은 경찰예산의 과정을 순서 없이 나열한 것이다. 과정의 순서를 가장 바르게 나열한 것은?

> ㉠ 경찰청장은 다음 연도의 세입세출예산 · 계속비 · 명시이월비 및 국고 채무부담행위 요구서를 작성하여 기획재정부장관에게 제출한다.
> ㉡ 기획재정부장관은 대통령의 승인을 받은 국가결산보고서를 감사원에 제출하여야 한다.
> ㉢ 정부는 국가결산보고서를 국회에 제출하여야 한다.
> ㉣ 경찰청장은 예산배정요구서를 기획재정부장관에게 제출하여야 한다.
> ㉤ 기획재정부장관은 국무회의 심의를 거쳐 대통령의 승인을 얻은 다음 연도의 예산편성지침을 경찰청장에게 통보한다.
> ㉥ 정부는 대통령의 승인을 얻은 예산안을 국회에 제출하고 국회는 심의와 의결을 거쳐 예산안을 확정한다.

① ㉤-㉠-㉣-㉥-㉢-㉡

② ㉠-㉤-㉥-㉣-㉢-㉡

③ ㉤-㉠-㉥-㉣-㉡-㉢

④ ㉣-㉤-㉠-㉥-㉡-㉢

12 경찰통제에 대한 설명으로 가장 적절하지 <u>않은</u> 것은?

① 경찰위원회제도와 국민감사청구제도는 경찰행정에 대하여 국민들의 참여를 보장하는 민주적 통제장치이다.

② 경찰의 위법행위에 대한 국가배상판결이나 행정심판에 의한 통제는 사법통제이며, 국가인권위원회와 국민권익위원회에 의한 통제는 행정통제이다.

③ 상급기관이 갖는 훈령권·직무명령권은 하급기관의 위법이나 재량권 행사의 오류를 시정할 수 있는 내부적 통제장치이다.

④ 국회가 갖는 입법권과 예산심의권은 사전통제에 해당하나 예산결산권과 국정감사·조사권은 사후통제에 해당한다.

13 다음은 경찰관들의 일탈 사례와 이를 설명하는 이론(가설)이다. 〈보기 1〉과 〈보기 2〉의 내용이 가장 적절하게 연결된 것은?

〈보기 1〉

(가) 경찰관 A는 동료경찰관들이 유흥업소 업주들로부터 접대를 받은 사실을 알고도 모른 체했다.

(나) 음주운전으로 징계처분을 받은 적이 있는 B가 다시 음주운전으로 적발되어 징계위원회에 회부되었다.

(다) 주류판매로 단속된 노래연습장 업주가 담당 경찰관 C에게 사건무마를 청탁하며 뇌물수수를 시도하였다.

〈보기 2〉

㉠ 썩은사과가설   ㉡ 미끄러지기 쉬운 경사로 이론

㉢ 구조원인가설   ㉣ 전체사회가설

---

① (가) ㉢, (나) ㉠, (다) ㉣   ② (가) ㉠, (나) ㉢, (다) ㉣

③ (가) ㉠, (나) ㉢, (다) ㉡   ④ (가) ㉢, (나) ㉠, (다) ㉡

14 「경범죄 처벌법」에 대한 설명으로 가장 적절하지 <u>않은</u> 것은?

① 범칙행위란 「경범죄 처벌법」 제3조 제1항 각 호부터 제3항 각 호 까지의 어느 하나에 해당하는 위반행위이다.

② 「경범죄 처벌법」 제3조의 죄를 짓도록 시키거나 도와준 사람은 죄를 지은 사람에 준하여 처벌한다.

③ "범칙자"란 범칙행위를 한 사람으로서 '피해자가 있는 행위를 한 사람', '죄를 지은 동기나 수단 및 결과를 헤아려볼 때 구류처분을 하는 것이 적절하다고 인정되는 사람', '범칙행위를 상습적으로 하는 사람', '18세 미만인 사람'의 어느 하나에도 해당하지 않는 사람을 말한다.

④ 술에 취한 채로 관공서에서 몹시 거친 말과 행동으로 주정하거나 시끄럽게 한 사람에 대해서 60만원 이하의 벌금, 구류 또는 과료의 형으로 처벌한다.

15 「성폭력범죄의 처벌 등에 관한 특례법」에 대한 설명으로 가장 적절하지 <u>않은</u> 것은? (기출 수정)

① 법원은 '19세미만피해자등'를 증인으로 신문하는 경우에 검사, 피해자 또는 그 법정대리인이 신청할 때에는 재판에 지장을 줄 우려가 있는 등 부득이한 경우가 아니면 피해자와 신뢰관계에 있는 사람을 동석하게 하여야 한다.

② 사법경찰관은 19세미만피해자등의 진술 내용과 조사 과정을 영상녹화장치로 녹화하고, 그 영상녹화물을 보존하여야 한다.

③ 경찰청장은 각 경찰서장으로 하여금 성폭력범죄 전담 사법경찰관을 지정하도록 하여 특별한 사정이 없으면 이들로 하여금 피해자를 조사하게 하여야 한다.

④ 수사기관과 법원은 성폭력범죄의 피해자를 조사하거나 심리·재판할 때 피해자가 편안한 상태에서 진술할 수 있는 환경을 조성하여야 하며, 조사 및 심리·재판 횟수는 필요한 범위에서 최대한으로 할 수 있다.

16 「북한이탈주민의 보호 및 정착지원에 관한 법률」에 대한 설명으로 적절한 것만을 모두 고른 것은?

> ㉠ "북한이탈주민"이란 북한에 주소, 직계가족, 배우자, 직장 등을 두고 있는 사람으로서 북한을 벗어난 후 외국 국적을 취득한 사람을 말한다.
> ㉡ 이 법에 따른 보호 및 정착지원은 원칙적으로 개인을 단위로 하되, 필요하다고 인정하는 경우에는 대통령령으로 정하는 바에 따라 세대 단위로 할 수 있다.
> ㉢ 보호대상자를 정착지원시설에서 보호하는 기간은 1년 이내로 하고, 거주지에서 보호하는 기간은 5년으로 한다.
> ㉣ 북한이탈주민으로서 국내 입국 후 1년이 지나서 보호신청한 사람이나 체류국에 10년 이상 생활 근거지를 두고 있는 사람은 보호대상자로 결정하지 않을 수 있다.

① ㉠, ㉡   ② ㉠, ㉢   ③ ㉡, ㉢   ④ ㉡, ㉣

17 음주운전 관련 판례에 대한 설명으로 가장 적절하지 <u>않은</u> 것은? (다툼이 있는 경우 판례에 의함)

① 음주운전 전력이 1회(벌금형) 있는 운전자가 한 달 내 2회에 걸친 음주운전으로 적발되어 두 사건이 동시에 기소된 사안에서, 「도로교통법」 제148조의2 제1항(벌칙)에 규정된 '음주운전 금지 규정을 2회 이상 위반한 사람'이란 음주운전으로 2회 이상 형의 선고를 받거나 유죄의 확정판결을 받은 자로 한정하여야 한다.

② 경찰공무원이 술에 취한 상태에 있다고 인정할 만한 상당한 이유가 있는 운전자에게 음주 여부를 확인하기 위하여 음주측정기에 의한 측정의 사전 단계로 음주감지기에 의한 시험을 요구하는 경우, 그 시험 결과에 따라 음주측정기에 의한 측정이 예정되어 있고 운전자가 그러한 사정을 인식하였음에도 음주감지기에 의한 시험에 명시적으로 불응함으로써 음주측정을 거부하겠다는 의사를 표명하였다면, 음주감지기에 의한 시험을 거부한 행위도 음주측정기에 의한 측정에 응할 의사가 없음을 객관적으로 명백하게 나타낸 것으로 볼 수 있다.

③ 주취운전자에 대한 경찰관의 권한 행사가 법률상 경찰관의 재량에 맡겨져 있다고 하더라도, 그러한 권한을 행사하지 아니한 것이 구체적인 상황 하에서 현저하게 합리성을 잃는 경우에는 경찰관의 직무상 의무를 위배한 것으로서 위법하다. 음주운전으로 적발된 주취운전자가 도로 밖으로 차량을 이동하겠다며 단속경찰관으로 부터 보관 중이던 차량열쇠를 반환받아 몰래 차량을 운전하여 가던 중 사고를 일으켰다면, 주의의무를 게을리 한 경찰관의 직무상 의무위반에 의한 국가배상 책임이 인정된다.

④ 음주운전과 관련한 「도로교통법」 위반죄의 범죄수사를 위하여 미성년자인 피의자의 혈액채취가 필요한 경우, 피의자에게 의사능력이 있다면 피의자 본인만이 혈액채취에 관한 유효한 동의를 할 수 있고, 피의자에게 의사능력이 없는 경우에도 명문의 규정이 없는 이상 법정대리인이 피의자를 대리하여 동의할 수는 없다.

18 「재난 및 안전관리 기본법」에 대한 설명으로 가장 적절한 것은?

① "재난"이란 국민의 생명·신체·재산과 국가에 피해를 주거나 줄 수 있는 것으로서 자연재난과 인적재난으로 구분된다.

② "재난관리"란 재난의 예방·대응·복구 및 평가를 위하여 하는 모든 활동을 말한다.

③ 「재난 및 안전관리 기본법」상 대통령령으로 정하는 대규모 재난의 대응·복구 등에 관한 사항을 총괄·조정하고 필요한 조치를 하기 위하여 국무조정실에 중앙재난안전 대책본부를 둔다.

④ 해외재난의 경우 외교부장관이 중앙대책본부장의 권한을 행사한다.

19 다음은 「범죄인 인도법」과 범죄인 인도의 원칙에 대한 설명이다. 옳은 것은 모두 몇 개 인가?

> ⊙ 「범죄인 인도법」 제6조는 대한민국과 청구국의 법률에 따라 인도범죄가 사형, 무기징역, 무기금고, 장기 1년 이상의 징역 또는 금고에 해당하는 경우에만 범죄인인도가 가능하다고 규정하여 '쌍방가벌성의 원칙'과 '최소한의 중요성 원칙'을 모두 담고 있다.
>
> ⓒ 인도조약이 체결되어 있지 않은 경우에도 범죄인의 인도를 청구하는 국가가 동종의 범죄인 인도청구에 응한다는 보증을 하는 경우 「범죄인 인도법」을 적용한다는 원칙은 '상호주의 원칙'이다.
>
> ⓒ 자국민은 원칙적으로 인도의 대상이 아니라는 '자국민 불인도의 원칙'은 「범죄인 인도법」 상 절대적 인도 거절사유로 규정되어 있다.
>
> ⓐ 인도범죄가 정치적 성격을 지닌 범죄이거나 그와 관련된 경우 범죄인을 인도하여서는 안 된다는 '정치범 불인도의 원칙'은 「범죄인 인도법」에 규정되어 있다. 다만 국가원수 암살, 집단학살 등은 정치범 불인도의 예외사유로 인정한다.

① 1개　　　　② 2개　　　　③ 3개　　　　④ 4개

20 「집회 및 시위에 관한 법률」 및 「집회 및 시위에 관한 법률 시행령」에 대한 설명으로 가장 적절한 것은?

① 집회 또는 시위의 주최자는 금지 통고를 받은 날부터 7일 이내에 해당 경찰관서의 바로 위의 상급경찰관서의 장에게 이의를 신청할 수 있다.

② 집회 또는 시위 금지통고에 대해 이의 신청을 받은 경찰관서장은 24시간 이내에 금지를 통고한 경찰관서장에게 이의 신청의 취지와 이유를 알리고, 답변서의 제출을 명하여야 한다.

③ 주최자는 신고한 옥외집회 또는 시위를 하지 아니하게 된 경우에는 신고서에 적힌 집회 일시 12시간 전에 철회신고서를 관할 경찰관서장에게 제출하여야 한다.

④ 관할 경찰관서장은 집회 및 시위 참가자들이 자진 해산 요청에 따르지 아니하는 경우, 세 번 이상 자진 해산할 것을 명령하고 그 이후에도 해산하지 아니하면 직접 해산시킬 수 있다.

모ㅣ범ㅣ답ㅣ안 **경찰학개론**

1. ②	2. ④	3. ②	4. ④	5. ④	6. ④	7. ②	8. ③	9. ③	10. ①
11. ③	12. ②	13. ①	14. ①	15. ④	16. ③	17. ①	18. ④	19. ③	20. ④

2021 제1차 경찰공무원(순경) 공채

01 경찰의 분류에 대한 설명으로 가장 적절하지 않은 것은?

① 행정경찰과 사법경찰: 경찰의 목적에 따라 구분하며, 프랑스의 「죄와 형벌법전」
(경죄처벌법전)에서 이와 같은 구분을 최초로 법제화하였다.

② 협의의 행정경찰과 보안경찰: 다른 행정작용에 부수하느냐의 여부에 따라 구분하며,
협의의 행정경찰은 경찰활동의 능률성과 기동성을 확보할 수 있고 보안경찰은 지역
실정을 반영한 경찰 조직의 운영과 관리가 가능하다.

③ 평시경찰과 비상경찰: 위해의 정도와 담당기관에 따라 구분하며, 평시경찰은 평온한
상태 하에서 일반경찰법규에 의하여 보통 경찰기관이 행하는 경찰작용이고 비상경찰
은 비상사태 발생이나 계엄선포 시 군대가 일반치안을 담당하는 경우이다.

④ 질서경찰과 봉사경찰: 경찰서비스의 질과, 내용에 따라 구분하면, 「경범죄 처벌법」 위
반자에 대한 통고처분은 질서경찰의 영역에, 교통정보의 제공은 봉사경찰의 영역에
해당한다.

해설

〈보기〉② 다른 행정작용에 부수하느냐 여부에 따라 협의의 행정경찰과 보안경찰로 구분한다.

• 협의의 행정경찰은 타 행정작용에 부수하여 그 행정작용과 관련해서 일어나는 공공의 안녕, 질서에 대한
위험을 방지하기 위해 행해지는 경찰작용을 말하고, 보안경찰은 사회공공의 안녕, 질서를 유지하기 위하
여 타 행정작용에 수반 없이 독립하여 행하여지는 작용이다.

• 국가경찰은 경찰활동의 능률성과 기동성을 확보할 수 있고 자치경찰은 지역 실정을 반영한 경찰조직의
운영과 관리가 가능하다.

정답 1. ②

02 코헨(Cchen)과 펠드버그(Feldberg)는 사회계약설 로부터 도출한 경찰활동의 기준(윤리표준)을 제시하였다. 이와 관련된 〈보기 1〉과 〈보기 2〉의 내용이 가장 적절하게 연결된 것은?

〈보기 1〉

(가) 경찰은 사회 전체의 필요에 의해 생겨난 조직으로, 경찰서비스에 대한 동등한 필요를 가진 사람들이 그것을 받을 동등한 기회를 가져야 한다.

(나) 경찰관은 자의적으로 권한을 행사해서는 안 되고, 물리력의 행사는 필요최소한에 그쳐야 하며, 시민의 신뢰에 합당한 방식으로 권한을 행사해야 한다.

(다) 경찰은 그들에게 부여된 사회적 역할 범위 내에서 활동을 하여야 하며, 이러한 범위 내의 활동을 함에 있어서도 상호 협력을 통해 경찰목적을 달성해야 한다.

〈보기 2〉

㉠ 공공의 신뢰 확보 ㉡ 공정한 접근의 보장
㉢ 생명과 재산의 안전 보호 ㉣ 협동과 역할 한계 준수

---

① (가) ㉠, (나) ㉡, (다) ㉣
② (가) ㉠, (나) ㉣, (다) ㉡
③ (가) ㉢, (나) ㉡, (다) ㉣
④ (가) ㉢, (나) ㉠, (다) ㉣

해설

(가) ㉡ 공정한 접근의 보장: 경찰은 사회전체의 필요에 의해 생겨난 조직으로 경찰서비스에 대한 동등한 필요를 가진 사람들이 그것을 받을 동등한 기회를 가져야 한다.

(나) ㉠ 공공의 신뢰확보: 시민들이 자신의 권리행사를 제한하고 치안을 경찰에게 믿고 맡겼다는 것을 인식하고 경찰이 거기에 부응하는 것을 의미한다. 경찰관은 자의적으로 권한을 행사해서는 안되며 물리력의 행사는 필요최소한에 그쳐야 하고, 사적인 이익을 위해서 자신의 직위를 이용해서는 안된다.

(다) ㉣ 협동과 역할한계 준수: 경찰은 그들에게 부여된 사회적 역할범위 내에서 활동을 하여야 하며, 이러한 범위 내의 활동을 함에 있어서도 상호협력을 통해 경찰목적을 달성해야 한다.

03 미군정시기의 경찰에 대한 설명으로 가장 적절하지 <u>않은</u> 것은?

① 경무국을 경무부로 승격·개편하였다.

② 소방업무를 민방위본부로 이관하고 경제경찰과 고등경찰을 폐지하는 등 비경찰화를 단행하였다.

③ 「정치범처벌법」, 「치안유지법」, 「예비검속법」이 폐지되었다.

④ 여자경찰제도를 신설하였다.

해설

보기①, 보기③, 보기④ 모두 미군정시기의 경찰에 대한 내용이다.

1940년대	1946년 – 최초로 여성 경찰관 채용 1949년 – 경찰병원 설치
1950년대	1953년 – 「경찰관 직무집행법」 제정, 해양경찰대 설치 1955년 – 국립과학수사연구소 설립
1960년대	1966년 – 경찰관 해외주재관제도 신설, 경찰윤리헌장 선포 1969년 – 「경찰공무원법」 제정, 경정, 경장 2계급 신설, 　　　　　2급지 경찰서장을 경정으로 격상
1970년대	1974년 – 내무부 치안국을 치안본부로 개편 **1975년 – 소방업무 민방위본부로 이관** 1979년 – 경찰대학치법 제정(1981년, 경찰대학 개교)
1990년대	1991년 – 「경찰법」 제정, 경찰위원회 신설, 치안본부 경찰청으로 승격, 경찰헌장 제정 1996년 – 해양경찰청 해양수산부로 이관 1999년 – 청문관제 도입, 운전면허시험관리단 신설
2000년대	2000년 – 사이버테러대응센터 신설 2005년 – 경찰병원 책임운영기관 지정 2006년 – 제주 자치경찰 출범, 경찰청 수사국 내 인권보호센터 신설
2010년대	2012년 – 지역 중심경찰서장을 총경에서 경무관으로 조정 2016년 – 경기도북부지방경찰청 신설
2020년대	2020년 – 국가수사본부 도입, 자치경찰제 도입 2021년 – 자치경찰제 시행 2022년 – 행정안전부 경찰국 설치

04 다음은 「행정권한의 위임 및 위탁에 관한 규정」에 대한 설명이다. 적절한 것만을 고른 것은 모두 몇 개인가?

○ 위임 및 위탁기관은, 수임 및 수탁기관의 수임 및 수탁사무 처리에 대하여 지휘·감독하고, 그 처리가 위법하거나 부당하다고 인정될 패에는 이를 취소하거나 정지시킬 수 있다.

○ 수임 및 수탁사두의 처리에 관하여 위임 및 위탁기관은 수임 및 수탁기관에 대하여 사전 승인을 받거나 협의를 할 것을 요구할 수 없다.

○ 수임 및 수탁사두의 처리에 관한 책임은 수임 및 수탁기관에 있으며, 위임 및 위탁기관의 장은 그에 대한 감독책임을 진다.

○ 수임 및 수탁사무에 관한 권한을 행사할 때에는 수임 및 수탁기관의 명의로 하여야 한다.

---

① 1개   ② 2개   ③ 3개   ④ 4개

해설

제6조(지휘·감독) 위임 및 위탁기관은 수임 및 수탁기관의 수임 및 수탁사무 처리에 대하여 지휘·감독하고, 그 처리가 위법하거나 부당하다고 인정될 때에는 이를 취소하거나 정지시킬 수 있다.

제7조(사전승인 등의 제한) 수임 및 수탁사무의 처리에 관하여 위임 및 위탁기관은 수임 및 수탁기관에 대하여 사전승인을 받거나 협의를 할 것을 요구할 수 없다.

제8조(책임의 소재 및 명의 표시) ① 수임 및 수탁사무의 처리에 관한 책임은 수임 및 수탁기관에 있으며, 위임 및 위탁기관의 장은 그에 대한 감독책임을 진다.
② 수임 및 수탁사무에 관한 권한을 행사할 때에는 수임 및 수탁기관의 명의로 하여야 한다.

05 「국가경찰과 자치경찰의 조직 및 운영에 관한 법률」상 시 · 도자치경찰위원회에 대한 설명으로 적절한 것만을 모두 고른 것은?

> ㉠ 위원장 1명을 포함한 7명의 위원으로 구성하되, 위원장과 1명의 위원은 상임으로 하고 5명의 위원은 비상임으로 한다.
>
> ㉡ 위원 중 2명은 법관의 자격이 있는 사람이어야 한다.
>
> ㉢ 위원은 시도의회가 추천하는 2명, 국가경찰위원회가 추천하는 1명, 해당 시도 교육감이 추천하는 1명, 시 · 도자치경찰위원회 위원추천위원회가 추천하는 2명, 시도지사가 지명하는 1명을 시 · 도지사가 임명한다.
>
> ㉣ 위원장은 비상임위원 중에서 호선하고, 상임위원은 시 · 도자치경찰위원회의 의결을 거쳐 위원 중에서 위원장의 제청으로 시 · 도지사가 임명한다. 이 경우 위원장과 상임위원은 지방자치단체의 공무원으로 한다.

① ㉠, ㉡   ② ㉠, ㉢   ③ ㉡, ㉢   ④ ㉢, ㉣

해설

제19조(시 · 도자치경찰위원회의 구성) ① 시 · 도자치경찰위원회는 위원장 1명을 포함한 7명의 위원으로 구성하되, 위원장과 1명의 위원은 상임으로 하고, 5명의 위원은 비상임으로 한다.

제8조(국가경찰위원회 위원의 임명 및 결격사유 등) ③ 위원 중 2명은 법관의 자격이 있는 사람이어야 한다.

제20조(시 · 도자치경찰위원회 위원의 임명 및 결격사유) ① 시 · 도자치경찰위원회 위원은 다음 각 호의 사람을 시 · 도지사가 임명한다.
1. 시 · 도의회가 추천하는 2명
2. 국가경찰위원회가 추천하는 1명
3. 해당 시 · 도 교육감이 추천하는 1명
4. 시 · 도자치경찰위원회 위원추천위원회가 추천하는 2명
5. 시 · 도지사가 지명하는 1명

③ 시 · 도자치경찰위원회 위원장은 위원 중에서 시 · 도지사가 임명하고, 상임위원은 시 · 도자치경찰위원회의 의결을 거쳐 위원 중에서 위원장의 제청으로 시 · 도지사가 임명한다. 이 경우 위원장과 상임위원은 지방자치단체의 공무원으로 한다.

2021
제1차

06 「경찰관 직무집행법」 및 「경찰관 직무집행법 시행령」상 손실 보상에 대한 설명으로 가장 적절한 것은?

① 손실발생의 원인에 대하여 책임이 없는 자가 경찰관의 적법한 직무집행으로 인하여 생명·신체 또는 재산상의 손실을 입은 경우(손실발생의 원인에 대하여 책임이 없는 자가 경찰관의 직무집행에 자발적으로 협조하거나 물건을 제공하여 생명 신체 또는 재산상의 손실을 입은 경우를 제외한다. 국가는 그 손실을 입은 자에 대하여 정당한 보상을 하여야 한다.

② 경찰청장 또는 시·도경찰청장은 손실보상심의위원회의 심의·의결에 따라 보상금을 지급하고, 거짓 또는 부정한 방법으로 보상금을 받은 사람에 대하여는 해당 보상금을 환수할 수 있다.

③ 손실보상심의위원회는 위원장 1명을 포함한 5명 이상 7명 이하의 위원으로 구성하며, 위원장이 부득이한 사유로 직무를 수행할 수 없는 때에는 상임위원, 위원 중 연장자순으로 위원장의 직무를 대행한다.

④ 보상금을 지급하기로 결정한 경우 경찰청장등(경찰청, 해양경찰청, 시·도경찰청 및 지방해양경찰청의 장)은 「경찰관 직무집행법 시행령」 제10조제3항에 따른 결정일부터 10일 이내에 보상금 지급 청구 승인 통지서에 결정 내용을 적어서 청구인에게 통지하여야 한다.

> **해설**
>
> **제11조의2(손실보상)** ① 국가는 경찰관의 적법한 직무집행으로 인하여 다음 각 호의 어느 하나에 해당하는 손실을 입은 자에 대하여 정당한 보상을 하여야 한다.
>
> 1. 손실발생의 원인에 대하여 책임이 없는 자가 생명·신체 또는 재산상의 손실을 입은 경우(손실발생의 원인에 대하여 책임이 없는 자가 경찰관의 직무집행에 자발적으로 협조하거나 물건을 제공하여 **생명·신체 또는 재산상의 손실을 입은 경우를 포함한다**)
> 2. 손실발생의 원인에 대하여 책임이 있는 자가 자신의 책임에 상응하는 정도를 초과하는 생명·신체 또는 재산상의 손실을 입은 경우
>
> ② 제1항에 따른 보상을 청구할 수 있는 권리는 손실이 있음을 안 날부터 3년, 손실이 발생한 날부터 5년간 행사하지 아니하면 시효의 완성으로 소멸한다.
>
> ③ 제1항에 따른 손실보상신청 사건을 심의하기 위하여 손실보상심의위원회를 둔다.
>
> ④ 경찰청장 또는 시·도경찰청장은 제3항의 손실보상심의위원회의 심의·의결에 따라 보상금을 지급하고, 거짓 또는 부정한 방법으로 보상금을 받은 사람에 대하여는 해당 보상금을 **환수하여야 한다.**
>
> **시행령 제11조(손실보상심의위원회의 설치 및 구성)** ② 위원회는 위원장 1명을 포함한 5명 이상 7명 이하의 위원으로 구성한다.
>
> **시행령 제12조(위원장)** ① 위원장은 위원 중에서 호선(互選)한다.
>
> ③ 위원장이 부득이한 사유로 직무를 수행할 수 없는 때에는 **위원장이 미리 지명한 위원**이 그 직무를 대행한다.
>
> **시행령 제10조(손실보상의 지급절차 및 방법)** ② 제1항에 따라 보상금 지급 청구서를 받은 국가경찰관서의 장은 해당 청구서를 제11조제1항에 따른 손실보상청구 사건을 심의할 손실보상심의위원회가 설치된 **경찰청, 해양경찰청, 시·도경찰청 및 지방해양경찰청의 장**에게 보내야 한다.
>
> ④ 경찰청장등은 제3항에 따른 결정일부터 **10일 이내**에 다음 각 호의 구분에 따른 통지서에 결정 내용을 적어서 청구인에게 통지하여야 한다.

07 「국가공무원법」상 직위해제에 대한 설명으로 가장 적절한 것은?

① 임용권자는 형사사건으로 기소된 자(약식명령이 청구된 자를 포함한다)에게 직위를 부여하지 아니할 수 있다.

② 임용권자는 신체·정신상의 장애로 장기 요양이 필요한 자에게 직위를 부여하지 아니할 수 있다.

③ 임용권자는 직무수행 능력이 부족하거나 근무성적이 극히 나빠 직위해제된 자에게 3개월의 범위에서 대기를 명한다.

④ 「국가공무원법」 제73조의3제1항에 따라 직위를 부여하지 아니한 경우에 그 직위해제 사유가 소멸되면 임용권자는 직위를 부여할 수 있다.

> **해설**
>
> 제73조의3(직위해제) ① 임용권자는 다음 각 호의 어느 하나에 해당하는 자에게는 직위를 부여하지 아니할 수 있다.
>> 2. 직무수행 능력이 부족하거나 근무성적이 극히 나쁜 자
>> 3. 파면·해임·강등 또는 정직에 해당하는 징계 의결이 요구 중인 자
>> 4. 형사 사건으로 기소된 자(약식명령이 청구된 자는 제외한다)
>> 5. 고위공무원단에 속하는 일반직공무원으로서 제70조의2제1항제2호부터 제5호까지의 사유로 적격심사를 요구받은 자
>> 6. 금품비위, 성범죄 등 대통령령으로 정하는 비위행위로 인하여 감사원 및 검찰·경찰 등 수사기관에서 조사나 수사 중인 자로서 비위의 정도가 중대하고 이로 인하여 정상적인 업무수행을 기대하기 현저히 어려운 자
>
> ② 제1항에 따라 직위를 부여하지 아니한 경우에 그 사유가 소멸되면 임용권자는 지체 없이 직위를 부여하여야 한다.
>
> ③ 임용권자는 제1항제2호에 따라 직위해제된 자에게 3개월의 범위에서 대기를 명한다.
>
> 제71조(휴직) ① 공무원이 다음 각 호의 어느 하나에 해당하면 임용권자는 본인의 의사에도 불구하고 **휴직**을 명하여야 한다.
>> 1. 신체·정신상의 장애로 장기 요양이 필요할 때
>> 2. 「병역법」에 따른 병역 복무를 마치기 위하여 징집 또는 소집된 때
>> 3. 천재지변이나 전시·사변, 그 밖의 사유로 생사(生死) 또는 소재(所在)가 불명확하게 된 때
>> 4. 그 밖에 법률의 규정에 따른 의무를 수행하기 위하여 직무를 이탈하게 된 때
>> 5. 「공무원의 노동조합 설립 및 운영 등에 관한 법률」 제7조에 따라 노동조합 전임자로 종사하게 된 때

2021
제1차

08 「경찰공무원 복무규정」상 경찰공무원의 의무에 대한 설명으로 가장 적절하지 <u>않은</u> 것은?

① 경찰공무원은 상사의 허가를 받거나 그 명령에 의한 경우를 제외 하고는 직무와 관계 없는 장소에서 직무수행을 하여서는 아니된다.

② 경찰공무원은 신규채용 · 승진 · 전보 · 파견 · 출장 · 연가 · 교육훈련기관에의 입교, 기타 신분관계 또는 근무관계 또는 근무관계의 변동이 있는 때에는 소속상관에게 신고를 하여야 한다.

③ 경찰공무원은 직위 또는 직권을 이용하여 부당하게 타인의 민사분쟁에 개입하여서는 아니된다.

④ 경찰공무원은 휴무일 또는 근무시간외에 2시간 이내에 직무에 복귀하기 어려운 지역 으로 여행을 하고자 할 때에는 소속상관의 허가를 받아야 한다.

> **해설**
>
> 제8조(지정장소외에서의 직무수행금지) 경찰공무원은 상사의 허가를 받거나 그 명령에 의한 경우를 제외하고는 직무와 관계없는 장소에서 직무수행을 하여서는 아니된다.
>
> 제9조(근무시간중 음주금지) 경찰공무원은 근무시간중 음주를 하여서는 아니된다. 다만, 특별한 사정이 있는 경우에는 예외로 하되, 이 경우 주기가 있는 상태에서 직무를 수행하여서는 아니된다.
>
> 제10조(민사분쟁에의 부당개입금지) 경찰공무원은 직위 또는 직권을 이용하여 부당하게 타인의 민사분쟁에 개입하여서는 아니된다.
>
> 제11조(상관에 대한 신고) 경찰공무원은 신규채용 · 승진 · 전보 · 파견 · 출장 · 연가 · 교육훈련기관에의 입교 기타 신분관계 또는 근무관계 또는 근무관계의 변동이 있는 때에는 소속상관에게 신고를 하여야 한다.
>
> 제12조(보고 및 통보) 경찰공무원은 치안상 필요한 상황의 보고 및 통보를 신속 · 정확 · 간결하게 하여야 한다.
>
> 제13조(여행의 제한) 경찰공무원은 휴무일 또는 근무시간외에 2시간 이내에 직무에 복귀하기 어려운 지역으로 여행을 하고자 할 때에는 소속 경찰기관의 장에게 **신고를 하여야 한다.** 다만, 치안상 특별한 사정이 있어 경찰청장, 해양경찰청장 또는 경찰기관의 장이 지정하는 기간중에는 소속경찰기관의 장의 허가를 받아야 한다.

09 「경찰공무원 징계령」상 경찰공무원 징계에 대한 설명으로 가장 적절한 것은?

① 징계위원회는 징계등 사건을 의결할 때에는 징계등 심의 대상자의 평소 행실, 근무 성적, 공적(SAO), 뉘우치는 정도와 징계등 의결을 요구한 자의 의견을 고려할 수 있다.

② 징계등 의결 요구를 받은 징계위원회는 그 요구서를 받은 날부터 60일 이내에 징계등에 관한 의결을 하여야 한다. 다만, 부득이한 사유가 있을 때에는 해당 징계등 의결을 요구한 경찰기관의 장의 승인을 받아 30일 이내의 범위에서 그 기간을 연장할 수 있다.

③ 징계등 심의 대상자의 소재가 분명하지 아니할 때에는 출석 통지를 관보에 게재하고, 그 게재일부터 7일이 지나면 출석 통지가 송달된 것으로 보며, 징계등 의결을 할 때에는 관보 게재의 사유와 그 사실을 기록에 분명히 적어야 한다.

④ 징계위원회의 의결은 위원장을 포함한 위원 과반수의 출석과 출석위원 과반수의 찬성으로 의결하되, 의견이 나뉘어 출석위원 과반수의 찬성을 얻지 못한 경우에는 출석위원 과반수가 될 때까지 징계등 심의 대상자에게 가장 불리한 의견을 제시한 위원의 수를 그 다음으로 불리한 의견을 제시한 위원의 수에 차례로 더하여 그 의견을 합의된 의견으로 본다.

해설

제16조(징계등의 정도) 징계위원회는 징계등 사건을 의결할 때에는 징계등 심의 대상자의 비위행위 당시 계급 및 직위, 비위행위가 공직 내외에 미치는 영향, 평소 행실, 공적(功績), 뉘우치는 정도나 그 밖의 정상과 징계등 의결을 요구한 자의 **의견을 고려해야** 한다.

제11조(징계등 의결 기한) ① 징계등 의결 요구를 받은 징계위원회는 그 요구서를 받은 **날부터 30일 이내**에 징계등에 관한 의결을 하여야 한다. 다만, 부득이한 사유가 있을 때에는 해당 징계등 의결을 요구한 경찰기관의 장의 승인을 받아 30일 이내의 범위에서 그 기한을 연기할 수 있다.

제12조(징계등 심의 대상자의 출석) ③ 징계위원회는 출석 통지를 하였음에도 불구하고 징계등 심의 대상자가 정당한 사유 없이 출석하지 아니하였을 때에는 그 사실을 기록에 분명히 적고 서면심사로 징계등 의결을 할 수 있다. 다만, 징계등 심의 대상자의 소재가 분명하지 아니할 때에는 출석 통지를 관보에 게재하고, 그 **게재일부터 10일이 지나면 출석** 통지가 송달된 것으로 보며, 징계등 의결을 할 때에는 관보 게재의 사유와 그 사실을 기록에 분명히 적어야 한다.

제14조(징계위원회의 의결) ① 징계위원회의 의결은 위원장을 포함한 위원 과반수의 출석과 출석위원 과반수의 찬성으로 의결하되, 의견이 나뉘어 출석위원 과반수의 찬성을 얻지 못한 경우에는 출석위원 과반수가 될 때까지 징계등 심의 대상자에게 가장 불리한 의견을 제시한 위원의 수를 그 다음으로 불리한 의견을 제시한 위원의 수에 차례로 더하여 그 의견을 합의된 의견으로 본다.

10 다음은 「위해성 경찰장비의 사용기준 등에 관한 규정」에 대한 설명이다. 적절한 것만을 고른 것은 모두 몇 개인가?

> ㉠ 경찰관은 소요사태로 인해 타인의 법익이나 공공의 안녕질서에 대한 직접적인 위험이 명백하게 초래되어 살수차 외의 경찰 장비로는 그 위험을 제거·완화시키는 것이 현저히 곤란한 경우에는 시·도경찰청장의 명령에 따라 살수차를 배치·사용 할 수 있다.
> ㉡ 경찰관은 총기 또는 폭발물을 가지고 대항하는 경우를 제외하고는 14세미만의 자 또는 임산부에 대하여 권총 또는 소총을 발사하여서는 아니된다.
> ㉢ 「경찰관 직무집행법」 제10조제5항 후단에 따라 안전성 검사에 참여한 외부 전문가는 안전성 점사가 끝난 후 3개월 이내에 신규 도입 장비의 안전성 여부에 대한 의견을 경찰청장에게 제출하여야 한다.
> ㉣ 국가경찰관서의 장(경찰청장·해양경찰청장·시·도경찰청장·지방해양경찰청장·경찰서장 또는 해양경찰서장 기타 경무관·총경·경정 또는 경감을 장으로 하는 국가경찰관서의 장을 말한다)은 폐기대상인 위해성 경찰장비 또는 성능이 저하된 위해성 경찰장비를 개조할 수 있으며, 소속경찰관으로 하여금 이를 본래의 용법에 준하여 사용하게 할 수 있다.
> ㉤ 「위해성 경찰장비의 사용기준 등에 관한 규정」 제2조제2호부터 제4호까지의 위해성 경찰장비(제4호의 경우에는 가스차만 해당한다)를 사용하는 경우 그 현장책임자 또는 사용자는 사용보고서를 작성하여 직근상급 감독자에게 보고하고, 직근 상급 감독자는 이를 3년간 보관하여야 한다.

① 1개　　　② 2개　　　③ 3개　　　④ 4개

해설 옳은 보기 ㉠, ㉡, ㉣

제13조의2(살수차의 사용기준) ① 경찰관은 다음 각 호의 어느 하나에 해당하여 살수차 외의 경찰장비로는 그 위험을 제거·완화시키는 것이 현저히 곤란한 경우에는 **시·도경찰청장의 명령**에 따라 살수차를 배치·사용할 수 있다.

　1. 소요사태로 인해 타인의 법익이나 공공의 안녕질서에 대한 직접적인 위험이 명백하게 초래되는 경우
　2. 「통합방위법」 제21조제4항에 따라 지정된 국가중요시설에 대한 직접적인 공격행위로 인해 해당 시설이 파괴되거나 기능이 정지되는 등 급박한 위험이 발생하는 경우

제10조(권총 또는 소총의 사용제한) ② 경찰관은 총기 또는 폭발물을 가지고 대항하는 경우를 제외하고는 14세미만의 자 또는 임산부에 대하여 권총 또는 소총을 발사하여서는 아니된다.

제18조의2(신규 도입 장비의 안전성 검사) ③ 법 제10조제5항 후단에 따라 안전성 검사에 참여한 외부 전문가는 안전성 검사가 끝난 후 **30일** 이내에 신규 도입 장비의 안전성 여부에 대한 의견을 **경찰청장에게** 제출하여야 한다.

제19조(위해성 경찰장비의 개조 등) 국가경찰관서의 장은 폐기대상인 위해성 경찰장비 또는 성능이 저하된 위해성 경찰장비를 개조할 수 있으며, 소속경찰관으로 하여금 이를 본래의 용법에 준하여 사용하게 할 수 있다.

제20조(사용기록의 보관 등) ① 제2조제2호부터 제4호까지의 위해성 경찰장비(제4호의 경우에는 **살수차만 해당한다**)를 사용하는 경우 그 현장책임자 또는 사용자는 별지 서식의 사용보고서를 작성하여 직근상급 감독자에게 보고하고, 직근상급 감독자는 이를 3년간 보관하여야 한다.

11 경찰상 강제집행 및 그 수단에 대한 설명으로 가장 적절하지 <u>않은</u> 것은?

① 경찰상 강제집행은 경찰하명에 의한 의무의 존재 및 그 불이행을 전제로 한다는 점에서 의무불이행을 전제로 하지 않는 경찰상 즉시강제와 구별된다.

② 경찰상 강제집행은 장래에 향하여 의무이행을 강제한다는 점에서 과거의 의무위반에 대한 제재인 경찰벌과 구별된다.

③ 강제징수란 의무자가 관련 법령상의 대체적 작위의무를 이행 하지 않을 경우, 당해 경찰관청이 스스로 행하거나 또는 제3자로 하여금 의무자가 하여야 할 행위를 하게 함으로써 의무의 이행이 있는 것과 같은 상태를 실현시킨 후 그 비용을 의무자로부터 징수하는 것이다.

④ 대집행의 근거가 되는 일반법으로는 「행정대집행법」이 있다.

> **해설** • 대집행이란 경찰법상의 대체적 작위의무를 이행하지 않을 경우 그 당해 경찰관청이 스스로 행하거나 또는 제3자로 하여금 의무자가 하여야 할 행위를 하게 함으로써 의무의 이행이 있는 것과 같은 상태를 실현시킨 후 그 비용을 의무자로부터 징수하는 권력적 사실행위이다.
>
> • 강제징수란 국민이 국가 또는 공공단체에 대해 부담하고 있는 공법상 금전급부 의무의 불이행이 있는 경우에 행정청이 강제적으로 의무자의 재산에 실력을 가하여 그 의무가 이행된 것과 같은 상태를 실현하는 작용이다.

12 범죄예방 관련 이론에 대한 설명으로 가장 적절하지 <u>않은</u> 것은?

① 합리적 선택이론은 거시적 범죄예방모델에 입각한 특별예방효과에 중점을 둔다.

② 깨진유리창이론에 이론적 근거를 두고 있는 무관용 경찰활동은 처벌의 확실성을 높여 범죄를 억제하는 전략이다.

③ 범죄패턴이론은 지리적 프로파일링을 통한 범행지역 예측 활성화에 기여할 수 있다.

④ 집합효율성은 지역사회 구성원 간의 연대감, 그리고 문제 상황 발생 시 구성원의 적극적인 개입의지를 결합한 개념이다.

> **해설**
>
> 〈보기〉① 합리적 선택이론은 특별예방효과가 아닌 일반예방효과에 중점을 둔다.
>
> 합리적선택이론은 범죄기회가 주어지면 누구든지 범죄를 저지를 수 있다고 보는 비결정론적 인간관에 가까우므로 특별예방효과보다는 일반예방효과에 중점을 둔다고 볼 수 있다.

정답 10. ③ 11. ③ 12. ①

13 경찰순찰에 대한 설명으로 가장 적절한 것은?

① 뉴왁(Newark)시 도보순찰실험은 도보순찰을 강화하여도 해당 순찰구역의 범죄율을 낮추지는 못하였으나, 도보순찰을 할 때 시민이 경찰서비스에 더 높은 만족감을 드러냈음을 확인하였다.

② 「지역경찰의 조직 및 운영에 관한 규칙」상 순찰팀장은 일근근무를 원칙으로 하며, 휴게시간, 휴무횟수 등 구체적인 사항은 「국가 공무원 복두규정」 및 「경찰기관 상시근무 공무원의 근무시간 등에 관한 규칙」이 규정한 범위 안에서 지역경찰관서장이 정한다.

③ 「지역경찰의 조직 및 운영에 관한 규칙」상 순찰근무를 지정받은 지역경찰은 지정된 근무구역에서 경찰사범의 단속 및 검거, 경찰방문 및 방범진단, 시설 및 장비의 작동여부 확인, 각종 현황, 통계, 자료 부책 관리와 같은 업무를 수행한다.

④ 워커(Samuel Walker)는 순찰의 3가지 기능으로 범죄의 억제, 대민 서비스 제공, 교통지도단속을 언급하였다.

──────

해설

〈보기〉 ① Newark市 도보순찰 실험 연구결과 및 시사점

〈연구 결과〉

- 도보순찰 근무가 범죄율을 감소시키지 않았다. 그러나 시민들을 더욱 안전하다고 느끼게 하였다. 도보순찰을 통해 감시, 관찰이 이루어지는 지역의 주민들은 다른지역의 주민들 보다 훨씬 더 안전하다고 느꼈다.
- 도보순찰 경찰관들은 주민들이 자신들을 더욱 더 강하게 지원해주었다는 것을 느꼈으며, 이것은 다시 시민들에 대한 경찰관의 태도에 긍정적인 영향을 미쳤다. (시민과 경찰과의 관계 개선에 효과 有)
- 순찰경찰관들은 고양된 직업윤리를 보여주었으며 직업에 대해 더욱 만족스러워 했다.
- 도보순찰은 관할구역 내에서 공공질서 수준을 높였다.
- 흑인 밀집 거주 지역에서도 백인경찰관이 도보순찰한 경우, 질서유지자로서 양자 모두에게 만족감을 주었다.

〈시사점〉

- Newark市 실험에서 도보순찰력의 차별적 투입은, 범죄억제 측면에서 유의미한 성과가 없었으나, 시민과의 관계 향상(경찰서비스에 대한 시민들의 만족감이 높음), 범죄에 대한 공포문제, 신고된 범죄건수, 범죄피해화, 범죄신고빈도, 범인체포, 경찰관의 직무 만족도 등 여러면에서 자동차 순찰근무 보다 훨씬 더 유의미한 성과가 나타났다.

〈보기〉 ④ 워커(Samuel Walker)는 순찰의 3가지 기능으로 범죄의 억제, 대민 서비스 제공, 공공안전감 증진을 언급하였다.

지역경찰의 조직 및 운영에 관한 규칙 제20조(복장 및 휴대장비) ① 지역경찰은 근무 중 「경찰복제에 관한 규칙」 제15조제1항에 규정된 근무장을 착용하는 것을 원칙으로 한다.

② 지역경찰은 근무 중 근무수행에 필요한 경찰봉, 수갑 등 경찰장구, 무기 및 무전기 등을 휴대하여야 한다.

③ 지역경찰관서장 및 순찰팀장("지역경찰관리자")은 필요한 경우 지역경찰의 복장 및 휴대장비를 조정할 수 있다.

제21조(근무형태 및 시간) ① 지역경찰관서장은 일근근무를 원칙으로 한다. 다만, 경찰서장은 필요하다고 인정되는 경우에는 지역경찰관서장의 근무시간을 조정하거나, 시간외·휴일 근무 등을 명할 수 있다.

② 관리팀은 일근근무를 원칙으로 한다. 다만, 지역경찰관서장은 필요하다고 인정되는 경우에는 근무시간을 조정하거나, 시간외·휴일 근무 등을 명할 수 있다.

③ 순찰팀장 및 순찰팀원은 상시·교대근무를 원칙으로 하며, 근무교대 시간 및 휴게시간, 휴무횟수 등 구체적인 사항은 「국가공무원 복무규정」 및 「경찰기관 상시근무 공무원의 근무시간 등에 관한 규칙」이 규정한 범위 안에서 시·도경찰청장이 정한다.

④ 치안센터 전담근무자의 근무형태 및 근무시간은 치안센터의 종류 및 운영시간 등을 고려하여 제1항부터 제3항까지의 규정을 준용하여 경찰서장이 정한다.

제22조(근무의 종류) 지역경찰의 근무는 행정근무, 상황근무, 순찰근무, 경계근무, 대기근무, 기타근무로 구분한다.

제23조(행정근무) 행정근무를 지정받은 지역경찰은 지역경찰관서 내에서 다음 각 호의 업무를 수행한다.
1. 문서의 접수 및 처리
2. 시설·장비의 관리 및 예산의 집행
3. **각종 현황, 통계, 자료, 부책 관리**
4. 기타 행정업무 및 지역경찰관서장이 지시한 업무

제24조(상황 근무) ① 상황근무를 지정받은 지역경찰은 지역경찰관서 및 치안센터 내에서 다음 각 호의 업무를 수행한다.
1. **시설 및 장비의 작동여부 확인**
2. 방문민원 및 각종 신고사건의 접수 및 처리
3. 요보호자 또는 피의자에 대한 보호·감시
4. 중요 사건·사고 발생시 보고 및 전파
5. 기타 필요한 문서의 작성

제25조(순찰근무) ① 순찰근무는 그 수단에 따라 112 순찰, 방범오토바이 순찰, 자전거 순찰 및 도보 순찰 등으로 구분한다.
② 112 순찰근무 및 야간 순찰근무는 반드시 2인 이상 합동으로 지정하여야 한다.
③ 순찰근무를 지정받은 지역경찰은 지정된 근무구역에서 다음 각 호의 업무를 수행한다.
1. 주민여론 및 범죄첩보 수집
2. 각종 사건사고 발생시 초동조치 및 보고, 전파
3. 범죄 예방 및 위험발생 방지 활동
4. **범법자의 단속 및 검거**
5. **경찰방문 및 방범진단**
6. 통행인 및 차량에 대한 검문검색 등
④ 순찰근무를 할 때에는 다음 각호의 사항에 유의하여야 한다.
1. 문제의식을 가지고 면밀하게 관찰
2. 주민에 대한 정중하고 친절한 예우
3. 돌발 상황에 대한 대비 및 경계 철저
4. 지속적인 치안상황 확인 및 신속 대응

제26조(경계근무) ① 경계근무는 반드시 2인 이상 합동으로 지정하여야 한다.
② 경계근무를 지정받은 지역경찰은 지정된 장소에서 다음 각 호의 업무를 수행한다.
1. 범법자 등을 단속·검거하기 위한 통행인 및 차량, 선박 등에 대한 검문검색 및 후속조치
2. 비상 및 작전사태 등 발생시 차량, 선박 등의 통행 통제

정답 13. ①

14 「경범죄 처벌법」에 대한 설명 중 가장 적절하지 <u>않은</u> 것은?

① 장난전화, 광고물 무단부착, 행렬방해, 흉기의 은닉휴대는 10만원 이하의 벌금, 구류 또는 과료의 형으로 처벌한다.

② 「경범죄 처벌법」 제7조제1항에 따라 범칙자로 인정되는 사람 일지라도 통고처분서 받기를 거부한 사람, 주거 또는 신원이 확실하지 아니한 사람, 그 밖에 통고처분을 하기가 매우 어려운 사람에 대하여는 통고처분하지 않는다.

③ 경범죄를 짓도록 시키거나 도와준 사람은 죄를 지은 사람에 준하여 벌하며, 경범죄의 미수범도 처벌한다.

④ 「경범죄 처벌법」 제8조제1항에 따른 납부기간에 범칙금을 납부 하지 아니한 사람은 납부기간의 마지막 날의 다음 날부터 20일 이내에 통고받은 범칙금에 그 금액의 100분의 20을 더한 금액을 납부하여야 한다.

> **해설**
>
> 제3조(경범죄의 종류) ① 다음 각 호의 어느 하나에 해당하는 사람은 **10만원 이하의 벌금, 구류 또는 과료**(科料)의 형으로 처벌한다.
>   1. (빈집 등에의 침입) 다른 사람이 살지 아니하고 관리하지 아니하는 집 또는 그 울타리·건조물(建造物)·배·자동차 안에 정당한 이유 없이 들어간 사람
>   2. **(흉기의 은닉휴대)** 칼·쇠몽둥이·쇠톱 등 사람의 생명 또는 신체에 중대한 위해를 끼치거나 집이나 그 밖의 건조물에 침입하는 데에 사용될 수 있는 연장이나 기구를 정당한 이유 없이 숨겨서 지니고 다니는 사람
>   3. (폭행 등 예비) 다른 사람의 신체에 위해를 끼칠 것을 공모(共謀)하여 예비행위를 한 사람이 있는 경우 그 공모를 한 사람
>   5. (시체 현장변경 등) 사산아(死産兒)를 감추거나 정당한 이유 없이 변사체 또는 사산아가 있는 현장을 바꾸어 놓은 사람
>   6. (도움이 필요한 사람 등의 신고불이행) 자기가 관리하고 있는 곳에 도움을 받아야 할 노인, 어린이, 장애인, 다친 사람 또는 병든 사람이 있거나 시체 또는 사산아가 있는 것을 알면서 이를 관계 공무원에게 지체 없이 신고하지 아니한 사람
>   7. (관명사칭 등) 국내외의 공직(公職), 계급, 훈장, 학위 또는 그 밖에 법령에 따라 정하여진 명칭이나 칭호 등을 거짓으로 꾸며 대거나 자격이 없으면서 법령에 따라 정하여진 제복, 훈장, 기장 또는 기념장(記念章), 그 밖의 표장(標章) 또는 이와 비슷한 것을 사용한 사람
>   8. (물품강매·호객행위) 요청하지 아니한 물품을 억지로 사라고 한 사람, 요청하지 아니한 일을 해주거나 재주 등을 부리고 그 대가로 돈을 달라고 한 사람 또는 여러 사람이 모이거나 다니는 곳에서 영업을 목적으로 떠들썩하게 손님을 부른 사람
>   9. **(광고물 무단부착 등)** 다른 사람 또는 단체의 집이나 그 밖의 인공구조물과 자동차 등에 함부로 광고물 등을 붙이거나 내걸거나 끼우거나 글씨 또는 그림을 쓰거나 그리거나 새기는 행위 등을 한 사람 또는 다른 사람이나 단체의 간판, 그 밖의 표시물 또는 인공구조물을 함부로 옮기거나 더럽히거나 훼손한 사람 또는 공공장소에서 광고물 등을 함부로 뿌린 사람
>   10. (마시는 물 사용방해) 사람이 마시는 물을 더럽히거나 사용하는 것을 방해한 사람
>   11. (쓰레기 등 투기) 담배꽁초, 껌, 휴지, 쓰레기, 죽은 짐승, 그 밖의 더러운 물건이나 못쓰게 된 물건을 함부로 아무 곳에나 버린 사람

12. (노상방뇨 등) 길, 공원, 그 밖에 여러 사람이 모이거나 다니는 곳에서 함부로 침을 뱉거나 대소변을 보거나 또는 그렇게 하도록 시키거나 개 등 짐승을 끌고 와서 대변을 보게 하고 이를 치우지 아니한 사람

13. (의식방해) 공공기관이나 그 밖의 단체 또는 개인이 하는 행사나 의식을 못된 장난 등으로 방해하거나 행사나 의식을 하는 자 또는 그 밖에 관계 있는 사람이 말려도 듣지 아니하고 행사나 의식을 방해할 우려가 뚜렷한 물건을 가지고 행사장 등에 들어간 사람

14. (단체가입 강요) 싫다고 하는데도 되풀이하여 단체 가입을 억지로 강요한 사람

15. (자연훼손) 공원·명승지·유원지나 그 밖의 녹지구역 등에서 풀·꽃·나무·돌 등을 함부로 꺾거나 캔 사람 또는 바위·나무 등에 글씨를 새기거나 하여 자연을 훼손한 사람

16. (타인의 가축·기계 등 무단조작) 다른 사람 또는 단체의 소나 말, 그 밖의 짐승 또는 매어 놓은 배·뗏목 등을 함부로 풀어 놓거나 자동차 등의 기계를 조작한 사람

17. (물길의 흐름 방해) 개천·도랑이나 그 밖의 물길의 흐름에 방해될 행위를 한 사람

18. (구걸행위 등) 다른 사람에게 구걸하도록 시켜 올바르지 아니한 이익을 얻은 사람 또는 공공장소에서 구걸을 하여 다른 사람의 통행을 방해하거나 귀찮게 한 사람

19. (불안감조성) 정당한 이유 없이 길을 막거나 시비를 걸거나 주위에 모여들거나 뒤따르거나 몹시 거칠게 겁을 주는 말이나 행동으로 다른 사람을 불안하게 하거나 귀찮고 불쾌하게 한 사람 또는 여러 사람이 이용하거나 다니는 도로·공원 등 공공장소에서 고의로 험악한 문신(文身)을 드러내어 다른 사람에게 혐오감을 준 사람

20. (음주소란 등) 공회당·극장·음식점 등 여러 사람이 모이거나 다니는 곳 또는 여러 사람이 타는 기차·자동차·배 등에서 몹시 거친 말이나 행동으로 주위를 시끄럽게 하거나 술에 취하여 이유 없이 다른 사람에게 주정한 사람

21. (인근소란 등) 악기·라디오·텔레비전·전축·종·확성기·전동기(電動機) 등의 소리를 지나치게 크게 내거나 큰소리로 떠들거나 노래를 불러 이웃을 시끄럽게 한 사람

22. (위험한 불씨 사용) 충분한 주의를 하지 아니하고 건조물, 수풀, 그 밖에 불붙기 쉬운 물건 가까이에서 불을 피우거나 휘발유 또는 그 밖에 불이 옮아붙기 쉬운 물건 가까이에서 불씨를 사용한 사람

23. (물건 던지기 등 위험행위) 다른 사람의 신체나 다른 사람 또는 단체의 물건에 해를 끼칠 우려가 있는 곳에 충분한 주의를 하지 아니하고 물건을 던지거나 붓거나 또는 쏜 사람

24. (인공구조물 등의 관리소홀) 무너지거나 넘어지거나 떨어질 우려가 있는 인공구조물이나 그 밖의 물건에 대하여 관계 공무원으로부터 고칠 것을 요구받고도 필요한 조치를 게을리하여 여러 사람을 위험에 빠트릴 우려가 있게 한 사람

25. (위험한 동물의 관리 소홀) 사람이나 가축에 해를 끼치는 버릇이 있는 개나 그 밖의 동물을 함부로 풀어놓거나 제대로 살피지 아니하여 나다니게 한 사람

26. (동물 등에 의한 행패 등) 소나 말을 놀라게 하여 달아나게 하거나 개나 그 밖의 동물을 시켜 사람이나 가축에게 달려들게 한 사람

27. (무단소등) 여러 사람이 다니거나 모이는 곳에 켜 놓은 등불이나 다른 사람 또는 단체가 표시를 하기 위하여 켜 놓은 등불을 함부로 끈 사람

28. (공중통로 안전관리소홀) 여러 사람이 다니는 곳에서 위험한 사고가 발생하는 것을 막을 의무가 있으면서도 등불을 켜 놓지 아니하거나 그 밖의 예방조치를 게을리한 사람

29. (공무원 원조불응) 눈·비·바람·해일·지진 등으로 인한 재해, 화재·교통사고·범죄, 그 밖의 급작스러운 사고가 발생하였을 때에 현장에 있으면서도 정당한 이유 없이 관계 공무원 또는 이를 돕는 사람의 현장출입에 관한 지시에 따르지 아니하거나 공무원이 도움을 요청하여도 도움을 주지 아니한 사람

2021 제1차

정답 **14. ③**

30. (거짓 인적사항 사용) 성명, 주민등록번호, 등록기준지, 주소, 직업 등을 거짓으로 꾸며대고 배나 비행기를 타거나 인적사항을 물을 권한이 있는 공무원이 적법한 절차를 거쳐 묻는 경우 정당한 이유 없이 다른 사람의 인적사항을 자기의 것으로 거짓으로 꾸며댄 사람
31. (미신요법) 근거 없이 신기하고 용한 약방문인 것처럼 내세우거나 그 밖의 미신적인 방법으로 병을 진찰·치료·예방한다고 하여 사람들의 마음을 홀리게 한 사람
32. (야간통행제한 위반) 전시·사변·천재지변, 그 밖에 사회에 위험이 생길 우려가 있을 경우에 경찰청장이나 해양경찰청장이 정하는 야간통행제한을 위반한 사람
33. (과다노출) 공개된 장소에서 공공연하게 성기·엉덩이 등 신체의 주요한 부위를 노출하여 다른 사람에게 부끄러운 느낌이나 불쾌감을 준 사람
34. (지문채취 불응) 범죄 피의자로 입건된 사람의 신원을 지문조사 외의 다른 방법으로는 확인할 수 없어 경찰공무원이나 검사가 지문을 채취하려고 할 때에 정당한 이유 없이 이를 거부한 사람
35. (자릿세 징수 등) 여러 사람이 모이거나 쓸 수 있도록 개방된 시설 또는 장소에서 좌석이나 주차할 자리를 잡아 주기로 하거나 잡아주면서, 돈을 받거나 요구하거나 돈을 받으려고 다른 사람을 귀찮게 따라다니는 사람
36. (**행렬방해**) 공공장소에서 승차·승선, 입장·매표 등을 위한 행렬에 끼어들거나 떠밀거나 하여 그 행렬의 질서를 어지럽힌 사람
37. (무단 출입) 출입이 금지된 구역이나 시설 또는 장소에 정당한 이유 없이 들어간 사람
38. (총포 등 조작장난) 여러 사람이 모이거나 다니는 곳에서 충분한 주의를 하지 아니하고 총포, 화약류, 그 밖에 폭발의 우려가 있는 물건을 다루거나 이를 가지고 장난한 사람
39. (무임승차 및 무전취식) 영업용 차 또는 배 등을 타거나 다른 사람이 파는 음식을 먹고 정당한 이유 없이 제 값을 치르지 아니한 사람
40. (**장난전화 등**) 정당한 이유 없이 다른 사람에게 전화·문자메시지·편지·전자우편·전자문서 등을 여러 차례 되풀이하여 괴롭힌 사람
41. (지속적 괴롭힘) 상대방의 명시적 의사에 반하여 지속적으로 접근을 시도하여 면회 또는 교제를 요구하거나 지켜보기, 따라다니기, 잠복하여 기다리기 등의 행위를 반복하여 하는 사람

② 다음 각 호의 어느 하나에 해당하는 사람은 **20만원 이하의 벌금, 구류 또는 과료의 형**으로 처벌한다.
1. (출판물의 부당게재 등) 올바르지 아니한 이익을 얻을 목적으로 다른 사람 또는 단체의 사업이나 사사로운 일에 관하여 신문, 잡지, 그 밖의 출판물에 어떤 사항을 싣거나 싣지 아니할 것을 약속하고 돈이나 물건을 받은 사람
2. (거짓 광고) 여러 사람에게 물품을 팔거나 나누어 주거나 일을 해주면서 다른 사람을 속이거나 잘못 알게 할 만한 사실을 들어 광고한 사람
3. (업무방해) 못된 장난 등으로 다른 사람, 단체 또는 공무수행 중인 자의 업무를 방해한 사람
4. (암표매매) 흥행장, 경기장, 역, 나루터, 정류장, 그 밖에 정하여진 요금을 받고 입장시키거나 승차 또는 승선시키는 곳에서 웃돈을 받고 입장권·승차권 또는 승선권을 다른 사람에게 되판 사람

③ 다음 각 호의 어느 하나에 해당하는 사람은 **60만원 이하의 벌금, 구류 또는 과료의 형**으로 처벌한다.
1. (관공서에서의 주취소란) 술에 취한 채로 관공서에서 몹시 거친 말과 행동으로 주정하거나 시끄럽게 한 사람
2. (거짓신고) 있지 아니한 범죄나 재해 사실을 공무원에게 거짓으로 신고한 사람

제4조(교사·방조) 제3조의 죄를 짓도록 시키거나 도와준 사람은 죄를 지은 사람에 준하여 벌한다(미수범 규정 無).

제5조(형의 면제와 병과) 제3조에 따라 사람을 벌할 때에는 그 사정과 형편을 헤아려서 그 형을 면제하거나 구류와 과료를 함께 과(科)할 수 있다.

제7조(통고처분) ① 경찰서장, 해양경찰서장, 제주특별자치도지사 또는 철도특별사법경찰대장은 범칙자로 인

정되는 사람에 대하여 그 이유를 명백히 나타낸 서면으로 범칙금을 부과하고 이를 납부할 것을 통고할 수 있다. 다만, 다음 각 호의 어느 하나에 해당하는 **사람에게는 통고하지 아니한다.**

    1. 통고처분서 받기를 거부한 사람

    2. 주거 또는 신원이 확실하지 아니한 사람

    3. 그 밖에 통고처분을 하기가 매우 어려운 사람

제8조(범칙금의 납부) ① 제7조에 따라 통고처분서를 받은 사람은 통고처분서를 받은 날부터 10일 이내에 경찰청장·해양경찰청장 또는 철도특별사법경찰대장이 지정한 은행, 그 지점이나 대리점, 우체국 또는 제주특별자치도지사가 지정하는 금융기관이나 그 지점에 범칙금을 납부하여야 한다. 다만, 천재지변이나 그 밖의 부득이한 사유로 말미암아 그 기간 내에 범칙금을 납부할 수 없을 때에는 그 부득이한 사유가 없어지게 된 날부터 5일 이내에 납부하여야 한다.

② 제1항에 따른 납부기간에 범칙금을 납부하지 아니한 사람은 **납부기간의 마지막 날의 다음 날부터 20일 이내에 통고받은 범칙금에 그 금액의 100분의 20을 더한 금액을 납부하여야 한다.**

15 「가정폭력범죄의 처벌 등에 관한 특례법」에 대한 설명으로 가장 적절하지 <u>않은</u> 것은?

① 가정폭력으로서 출판물 등에 의한 명예훼손, 재물손괴, 유사강간, 주거침입의 죄는 가정폭력범죄에 해당한다.

② 사법경찰관은 「가정폭력범죄의 처벌 등에 관한 특례법」 제5조에 따른 응급조치에도 불구하고 가정폭력범죄가 재발될 우려가 있고, 긴급을 요하여 법원의 임시조치 결정을 받을 수 없을 때에는 직권 또는 피해자나 그 법정대리인의 신청에 의하여 긴급임시 조치를 할 수 있다.

③ 법원은 가정폭력행위자에 대하여 유죄판결(선고유예는 제외)을 선고하거나 약식명령을 고지하는 경우에는 200시간의 범위에서 재범예방에 필요한 수강명령(「보호관찰 등에 관한 법률」에 따른 수강 명령) 또는 가정폭력 치료프로그램의 이수명령을 병과할 수 있다.

④ 가정폭력범죄 중 아동학대범죄에 대해서는 「청소년 보호법」을 우선 적용한다.

> **해설**

제3조(다른 법률과의 관계) 가정폭력범죄에 대하여는 이 법을 우선 적용한다. 다만, 아동학대범죄에 대하여는 「아동학대범죄의 처벌 등에 관한 특례법」을 우선 적용한다.

제5조(가정폭력범죄에 대한 응급조치) 진행 중인 가정폭력범죄에 대하여 신고를 받은 사법경찰관리는 즉시 현장에 나가서 다음 각 호의 조치를 하여야 한다.

    1. 폭력행위의 제지, 가정폭력행위자·피해자의 분리

      1의2. 「형사소송법」 제212조에 따른 현행범인의 체포 등 범죄수사

    2. 피해자를 가정폭력 관련 상담소 또는 보호시설로 인도(피해자가 동의한 경우만 해당한다)

    3. 긴급치료가 필요한 피해자를 의료기관으로 인도

    4. 폭력행위 재발 시 제8조에 따라 임시조치를 신청할 수 있음을 통보

    5. 제55조의2에 따른 피해자보호명령 또는 신변안전조치를 청구할 수 있음을 고지

제8조의2(긴급임시조치) ① 사법경찰관은 제5조에 따른 응급조치에도 불구하고 가정폭력범죄가 재발될 우려가 있고, 긴급을 요하여 법원의 임시조치 결정을 받을 수 없을 때에는 직권 또는 피해자나 그 법정대리인의 신청에 의하여 제29조제1항제1호부터 제3호까지의 어느 하나에 해당하는 조치("긴급임시조치")를 할 수 있다.

제3조의2(형벌과 수강명령 등의 병과) ① 법원은 가정폭력행위자에 대하여 유죄판결(선고유예는 제외한다)을 선고하거나 약식명령을 고지하는 경우에는 200시간의 범위에서 재범예방에 필요한 수강명령(「보호관찰 등에 관한 법률」에 따른 수강명령을 말한다) 또는 가정폭력 치료프로그램의 이수명령("이수명령")을 병과할 수 있다.

제2조(정의) 이 법에서 사용하는 용어의 뜻은 다음과 같다.

    1. "가정폭력"이란 가정구성원 사이의 신체적, 정신적 또는 재산상 피해를 수반하는 행위를 말한다.

    2. "가정구성원"이란 다음 각 목의 어느 하나에 해당하는 사람을 말한다.

      가. 배우자(사실상 혼인관계에 있는 사람을 포함한다. 이하 같다) 또는 배우자였던 사람

      나. 자기 또는 배우자와 직계존비속관계(사실상의 양친자관계를 포함한다. 이하 같다)에 있거나 있었던 사람

      다. 계부모와 자녀의 관계 또는 적모(嫡母)와 서자(庶子)의 관계에 있거나 있었던 사람

      라. 동거하는 친족

3. "**가정폭력범죄**"란 가정폭력으로서 다음 각 목의 어느 하나에 해당하는 죄를 말한다.

　가. 「형법」제2편제25장 상해와 폭행의 죄 중 제257조(상해, 존속상해), 제258조(중상해, 존속중상해), 제258조의2(특수상해), 제260조(폭행, 존속폭행)제1항·제2항, 제261조(특수폭행) 및 제264조(상습범)의 죄

　나. 「형법」제2편제28장 유기와 학대의 죄 중 제271조(유기, 존속유기)제1항·제2항, 제272조(영아유기), 제273조(학대, 존속학대) 및 제274조(아동혹사)의 죄

　다. 「형법」제2편제29장 체포와 감금의 죄 중 제276조(체포, 감금, 존속체포, 존속감금), 제277조(중체포, 중감금, 존속중체포, 존속중감금), 제278조(특수체포, 특수감금), 제279조(상습범) 및 제280조(미수범)의 죄

　라. 「형법」제2편제30장 협박의 죄 중 제283조(협박, 존속협박)제1항·제2항, 제284조(특수협박), 제285조(상습범)(제283조의 죄에만 해당한다) 및 제286조(미수범)의 죄

　마. 「형법」제2편제32장 강간과 추행의 죄 중 제297조(강간), 제297조의2(유사강간), 제298조(강제추행), 제299조(준강간, 준강제추행), 제300조(미수범), 제301조(강간등 상해·치상), 제301조의2(강간등 살인·치사), 제302조(미성년자등에 대한 간음), 제305조(미성년자에 대한 간음, 추행), 제305조의2(상습범)(제297조, 제297조의2, 제298조부터 제300조까지의 죄에 한한다)의 죄

　바. 「형법」제2편제33장 명예에 관한 죄 중 제307조(명예훼손), 제308조(사자의 명예훼손), 제309조(**출판물등에 의한 명예훼손**) 및 제311조(모욕)의 죄

　사. 「형법」제2편제36장 **주거침입의 죄**

　아. 「형법」제2편제37장 권리행사를 방해하는 죄 중 제324조(강요) 및 제324조의5(미수범)(제324조의 죄에만 해당한다)의 죄

　자. 「형법」제2편제39장 사기와 공갈의 죄 중 제350조(공갈), 제350조의2(특수공갈) 및 제352조(미수범)(제350조, 제350조의2의 죄에만 해당한다)의 죄

　차. 「형법」제2편제42장 손괴의 죄 중 제366조(**재물손괴등**) 및 제369조(특수손괴)제1항의 죄

　카. 「성폭력범죄의 처벌 등에 관한 특례법」제14조(카메라 등을 이용한 촬영) 및 제15조(미수범)(제14조의 죄에만 해당한다)의 죄

　타. 「정보통신망 이용촉진 및 정보보호 등에 관한 법률」제74조제1항제3호의 죄

　파. 가목부터 타목까지의 죄로서 다른 법률에 따라 가중처벌되는 죄

16 다음 중 「도로교통법」 및 「도로교통법 시행규칙」에 따라 제2종 보통 연습면허만을 받은 사람이 운전할 수 있는 차량의 개수는?

- 승차정원 10명 이하의 승합자동차
- 총중량 3.5톤 이하의 견인형 특수자동차
- 적재중량 4톤 이하의 화물자동차
- 건설기계(도로를 운행하는 3톤 미만의 지게차로 한정)

---

① 1개　　　　② 2개　　　　③ 3개　　　　④ 4개

해설

■ 도로교통법 시행규칙 [별표 18]

운전할 수 있는 차의 종류(제53조 관련)

운전면허		운전할 수 있는 차량
종별	구분	
제1종	대형면허	1. 승용자동차 2. 승합자동차 3. 화물자동차 5. 건설기계 　가. 덤프트럭, 아스팔트살포기, 노상안정기 　나. 콘크리트믹서트럭, 콘크리트펌프, 천공기(트럭 적재식) 　다. 콘크리트믹서트레일러, 아스팔트콘크리트재생기 　라. 도로보수트럭, 3톤 미만의 지게차 6. 특수자동차[대형견인차, 소형견인차 및 구난차(이하 "구난차등"이라 한다)는 제외한다] 7. 원동기장치자전거
	보통면허	1. 승용자동차 2. 승차정원 15명 이하의 승합자동차 4. 적재중량 12톤 미만의 화물자동차 5. 건설기계(도로를 운행하는 3톤 미만의 지게차로 한정한다) 6. 총중량 10톤 미만의 특수자동차(구난차등은 제외한다) 7. 원동기장치자전거
	소형면허	1. 3륜화물자동차 2. 3륜승용자동차 3. 원동기장치자전거

제1종	특수면허	대형 견인차	1. 견인형 특수자동차 2. 제2종 보통면허로 운전할 수 있는 차량
		소형 견인차	1. 총중량 3.5톤 이하의 견인형 특수자동차 2. 제2종 보통면허로 운전할 수 있는 차량
		구난차	1. 구난형 특수자동차 2. 제2종보통면허로 운전할 수 있는 차량
제2종	보통면허		1. 승용자동차 2. 승차정원 10명 이하의 승합자동차 3. 적재중량 4톤 이하의 화물자동차 4. 총중량 3.5톤 이하의 특수자동차(구난차등은 제외한다) 5. 원동기장치자전거
	소형면허		1. 이륜자동차(운반차를 포함한다) 2. 원동기장치자전거
	원동기장치 자전거면허		원동기장치자전거
연습면허	제1종 보통		1. 승용자동차 2. 승차정원 15명 이하의 승합자동차 3. 적재중량 12톤 미만의 화물자동차
	제2종 보통		1. 승용자동차 2. 승차정원 10명 이하의 승합자동차 3. 적재중량 4톤 이하의 화물자동차

17 「경찰 비상업무 규칙」에 대한 설명으로 가장 적절하지 <u>않은</u> 것은?

① 필수요원이라 함은 전 경찰관 및 일반직공무원(이하 "경찰관 등"이라 한다) 중 경찰기 관의 장이 지정한 자로 비상소집시 1시간 이내에 응소하여야 할 자를 말하며, 일반요 원이라 함은 필수 요원을 제외한 경찰관 등으로 비상소집시 2시간 이내에 응소 하여 야 할 자를 말한다.

② 비상근무는 경비 소관의 경비, 작전비상, 정보(보안) 소관의 정보비상, 수사 소관의 수사비상, 교통 소관의 교통비상, 생활 안전 소관의 생활안전비상으로 구분하여 발령 한다.

③ 비상근무 갑호가 발령된 때에는 연가를 중지하고 가용경력 100%까지 동원할 수 있 고, 비상근무 을호가 발령된 때에는 연가를 중지하고 가용경력 50%까지 동원할 수 있 으며, 비상 근무 병호가 발령된 때에는 부득이한 경우를 제외하고는 연가를 억제하고 가용경력 30%까지 동원할 수 있다.

④ 작전준비태세가 발령된 때에는 별도의 경력동원 없이 경찰관서 지휘관 및 참모의 비 상연락망을 구축하고 신속한 응소체제를 유지하며, 경찰작전부대는 상황발생 시 즉각 출동이 가능하도록 출동태세 점검을 실시하는 등의 비상근무를 한다.

> **해설**
>
> 제2조(정의) 이 훈령에서 사용하는 용어의 정의는 다음과 같다.
> 1. "비상상황"이라 함은 대간첩·테러, 대규모 재난 등의 긴급 상황이 발생하거나 발생할 우려가 있는 경우 또는 다수의 경력을 동원해야 할 치안수요가 발생하여 치안활동을 강화할 필요가 있는 때를 말한다.
> 2. "지휘선상 위치 근무"라 함은 비상연락체계를 유지하며 유사시 1시간 이내에 현장지휘 및 현장근무 가 가능한 장소에 위치하는 것을 말한다.
> 3. "정위치 근무"라 함은 감독순시·현장근무 및 사무실 대기 등 관할구역 내에 위치하는 것을 말한다.
> 4. "정착근무"라 함은 사무실 또는 상황과 관련된 현장에 위치하는 것을 말한다.
> 5. **"필수요원"**이라 함은 전 경찰공무원 및 일반직공무원(이하 "경찰관 등"이라 한다) 중 경찰기관의 장이 지정한 자로 비상소집 시 **1시간** 이내에 응소하여야 할 자를 말한다.
> 6. **"일반요원"**이라 함은 필수요원을 제외한 경찰관 등으로 비상소집 시 **2시간** 이내에 응소하여야 할 자 를 말한다.
> 7. "가용경력"이라 함은 총원에서 휴가·출장·교육·파견 등을 제외하고 실제 동원될 수 있는 모든 인 원을 말한다.
> 8. "소집관"이라 함은 비상근무발령권자로부터 권한을 위임받아 비상근무발령에 따른 비상소집을 지휘· 감독하는 주무 참모 또는 상황관리관(상황관리관의 임무를 수행하는 자를 포함한다. 이하 같다)을 말 한다.
> 9. "작전준비태세"라 함은 '경계강화' 단계를 발령하기 이전에 별도의 경력동원 없이 경찰작전부대의 출 동태세 점검, 지휘관 및 참모의 비상연락망 구축 및 신속한 응소체제를 유지하며, 작전상황반을 운 영하는 등 필요한 작전 사항을 미리 조치하는 것을 말한다.

제4조(비상근무의 종류 및 등급) ① 비상근무는 비상상황의 유형에 따라 다음 각 호와 같이 구분하여 발령한다.

    1. 경비 소관: 경비, 작전비상

    2. 안보 소관: 안보비상

    3. 수사 소관: 수사비상

    4. 교통 소관: 교통비상

    5. 치안상황 소관: 재난비상

② 기능별 상황의 긴급성 및 중요도에 따라 비상등급을 다음과 같이 구분하여 실시한다.

    1. 갑호 비상

    2. 을호 비상

    3. 병호 비상

    4. 경계 강화

    5. 작전준비태세(작전비상시 적용)

제7조(근무요령) ① 비상근무 발령권자는 비상상황을 판단하여 다음의 기준에 따라 비상근무를 실시한다.

    1. 갑호 비상

      가. 비상근무 갑호가 발령된 때에는 연가를 중지하고 가용경력 100%까지 동원할 수 있다.

      나. 지휘관(지구대장, 파출소장은 지휘관에 준한다. 이하 같다)과 참모는 정착 근무를 원칙으로 한다.

    2. 을호 비상

      가. 비상근무 을호가 발령된 때에는 연가를 중지하고 가용경력 50%까지 동원할 수 있다.

      나. 지휘관과 참모는 정위치 근무를 원칙으로 한다.

    3. 병호 비상

      가. 비상근무 병호가 발령된 때에는 부득이한 경우를 제외하고는 연가를 억제하고 가용경력 30%까지 동원할 수 있다.

      나. 지휘관과 참모는 정위치 근무 또는 지휘선상 위치 근무를 원칙으로 한다.

    4. 경계 강화

      가. 별도의 경력동원 없이 특정분야의 근무를 강화한다.

      나. 경찰관 등은 비상연락체계를 유지하고 경찰작전부대는 상황발생 시 즉각 출동이 가능하도록 출동대기태세를 유지한다.

      다. 지휘관과 참모는 지휘선상 위치 근무를 원칙으로 한다.

    5. **작전준비태세(작전비상시 적용)**

      가. 별도의 경력동원 없이 경찰관서 지휘관 및 참모의 비상연락망을 구축하고 신속한 응소체제를 유지한다.

      나. 경찰작전부대는 상황발생 시 즉각 출동이 가능하도록 출동태세 점검을 실시한다.

      다. 유관기관과의 긴밀한 연락체계를 유지하고, 필요시 작전상황반을 유지한다.

② 비상근무발령권자는 비상근무에 동원된 경찰관 등을 비상근무의 목적과 인원 등을 감안하여 현장배치, 대기근무 등으로 편성하여 운용한다.

③ 비상근무가 장기간 유지될 경우에는 비상근무의 목적과 기간 등을 종합적으로 판단하여 지휘관과 참모 및 동원된 경찰관 등은 기본근무 복귀 또는 귀가하여 비상연락체제를 갖추도록 할 수 있다.

④ 비상등급별로 연가를 중지 또는 억제하되 경조사 휴가, 공가, 병가, 출산휴가 등 특별한 사유가 있는 경우에는 그러하지 아니하다.

18 「출입국관리법」에 대한 설명으로 가장 적절한 것은?

① 출국이 금지(「출입국관리법」 제4조제1항 또는 제2항)되거나 출국금지기간이 연장(「출입국관리법」 제4조의2제1항)된 사람은 출국금지결정이나 출국금지기간 연장의 통지를 받은 날 또는 그 사실을 안 날부터 15일 이내에 법무부장관에게 출국금지결정이나 출국금지기간 연장결정에 대한 이의를 신청할 수 있다.

② 외국인이 입국할 때에는 유효한 여권과 외교부장관이 발급한 사랑을 가지고 있어야 한다.

③ 수사기관이 「출입국관리법」 제4조의6제3항에 따른 긴급출국금지 승인을 요청한 때로부터 12시간 이내에 법무부장관으로부터 긴급출국금지 승인을 받지 못한 경우, 법무부장관은 「출입국 관리법」 제4조의6제1항의 수사기관 요청에 따른 출국금지를 해제하여야 한다.

④ 법무부장관은 소재를 알 수 없어 기소중지 결정이 된 사람 또는 도주 등 특별한 사유가 있어 수사진행이 어려운 사람에 대하여는 6개월 이내의 기간을 정하여 출국을 금지할 수 있다.

[해설]

제4조의5(출국금지결정 등에 대한 이의신청) ① 제4조제1항 또는 제2항에 따라 출국이 금지되거나 제4조의2제1항에 따라 출국금지기간이 연장된 사람은 출국금지결정이나 출국금지기간 연장의 통지를 받은 날 또는 그 사실을 안 날부터 **10일 이내**에 법무부장관에게 출국금지결정이나 출국금지기간 연장결정에 대한 이의를 신청할 수 있다.

② 법무부장관은 제1항에 따른 이의신청을 받으면 그 날부터 15일 이내에 이의신청의 타당성 여부를 결정하여야 한다. 다만, 부득이한 사유가 있으면 15일의 범위에서 한 차례만 그 기간을 연장할 수 있다.

③ 법무부장관은 제1항에 따른 이의신청이 이유 있다고 판단하면 즉시 출국금지를 해제하거나 출국금지기간의 연장을 철회하여야 하고, 그 이의신청이 이유 없다고 판단하면 이를 기각하고 당사자에게 그 사유를 서면에 적어 통보하여야 한다.

제7조(외국인의 입국) ① 외국인이 입국할 때에는 유효한 여권과 **법무부장관**이 발급한 사증(査證)을 가지고 있어야 한다.

② 다음 각 호의 어느 하나에 해당하는 외국인은 제1항에도 불구하고 **사증 없이 입국할 수 있다.**

　1. 재입국허가를 받은 사람 또는 재입국허가가 면제된 사람으로서 그 허가 또는 면제받은 기간이 끝나기 전에 입국하는 사람

　2. 대한민국과 사증면제협정을 체결한 국가의 국민으로서 그 협정에 따라 면제대상이 되는 사람

　3. 국제친선, 관광 또는 대한민국의 이익 등을 위하여 입국하는 사람으로서 대통령령으로 정하는 바에 따라 따로 입국허가를 받은 사람

　4. 난민여행증명서를 발급받고 출국한 후 그 유효기간이 끝나기 전에 입국하는 사람

제4조의6(긴급출국금지) ① 수사기관은 범죄 피의자로서 사형·무기 또는 장기 3년 이상의 징역이나 금고에 해당하는 죄를 범하였다고 의심할 만한 상당한 이유가 있고, 다음 각 호의 어느 하나에 해당하는 사유가 있으며, 긴급한 필요가 있는 때에는 제4조제3항에도 불구하고 출국심사를 하는 출입국관리공무원에게 **출국금지를 요청할 수 있다.**

　1. 피의자가 증거를 인멸할 염려가 있는 때

　2. 피의자가 도망하거나 도망할 우려가 있는 때

② 제1항에 따른 요청을 받은 출입국관리공무원은 출국심사를 할 때에 출국금지가 요청된 사람을 출국시켜서는 아니 된다.

③ 수사기관은 제1항에 따라 긴급출국금지를 요청한 때로부터 6시간 이내에 법무부장관에게 긴급출국금지 승인을 요청하여야 한다. 이 경우 검사의 검토의견서 및 범죄사실의 요지, 긴급출국금지의 사유 등을 기재한 긴급출국금지보고서를 첨부하여야 한다.

④ **법무부장관**은 수사기관이 제3항에 따른 긴급출국금지 승인 요청을 하지 아니한 때에는 제1항의 수사기관 요청에 따른 **출국금지를 해제하여야 한다.** 수사기관이 긴급출국금지 승인을 요청한 때로부터 12시간 이내에 법무부장관으로부터 긴급출국금지 승인을 받지 못한 경우에도 또한 같다.

제4조(출국의 금지) ① 법무부장관은 다음 각 호의 어느 하나에 해당하는 국민에 대하여는 6개월 이내의 기간을 정하여 출국을 금지할 수 있다.

1. 형사재판에 계속(係屬) 중인 사람
2. 징역형이나 금고형의 집행이 끝나지 아니한 사람
3. 대통령령으로 정하는 금액 이상의 벌금이나 추징금을 내지 아니한 사람
4. 대통령령으로 정하는 금액 이상의 국세·관세 또는 지방세를 정당한 사유 없이 그 납부기한까지 내지 아니한 사람
5. 「양육비 이행확보 및 지원에 관한 법률」 제21조의4제1항에 따른 양육비 채무자 중 양육비이행심의위원회의 심의·의결을 거친 사람
6. 그 밖에 제1호부터 제5호까지의 규정에 준하는 사람으로서 대한민국의 이익이나 공공의 안전 또는 경제질서를 해칠 우려가 있어 그 출국이 적당하지 아니하다고 법무부령으로 정하는 사람

② 법무부장관은 범죄 수사를 위하여 출국이 적당하지 아니하다고 인정되는 사람에 대하여는 1개월 이내의 기간을 정하여 **출국을 금지할 수 있다.** 다만, 다음 각 호에 해당하는 사람은 그 호에서 정한 기간으로 한다.

1. 소재를 알 수 없어 기소중지 또는 수사중지(피의자중지로 한정한다)된 사람 또는 도주 등 특별한 사유가 있어 수사진행이 어려운 사람: 3개월 이내
2. 기소중지 또는 수사중지(피의자중지로 한정한다)된 경우로서 체포영장 또는 구속영장이 발부된 사람: 영장 유효기간 이내

19 다음 상황에 대한 설명으로 가장 적절하지 **않은** 것은? (다툼이 있는 경우 판례에 의함)

> 甲은 음주 후 자신의 처(처는 술을 마시지 않음)와 동승한 채 화물차를 운전하여 가다가 음주단속을 당하게 되자 경찰관이 들고 있던 경찰용 불봉을 충격하고 그대로 도주하였다. 단속 현장에서 약 3m 떨어진 지점까지 교통사고를 내지 않고 운전하며 진행하던 중 다른 차량에 막혀 더 이상 진행하지 못하게 되자 스스로 차량을 세운 후 운전석에서 내려 도주하려 하였으나, 결국 甲은 경찰관에게 제지되어 체포의 절차에 따르지 않고 甲과 그의 처의 의사에 반하여 지구대로 보호조치되었다. 이후 2회에 걸친 경찰관의 음주측정요구를 거부하였다는 이유로 甲은 「도로교통법」 위반(음주측정거부) 혐의로 기소되었다.

① 경찰관이 甲에 대하여 「경찰관 직무집행법」 제4조에 따른 보호조치를 하고자 하였다면, 당시 옆에 있었던 처에게 甲을 인계하였어야 했고, 특별한 사정이 없는 한 지구대에서 甲을 보호하는 것은 허용되지 않는다.

② 甲은 음주측정거부에 관한 「도로교통법」 위반죄로 처벌될 수 없다.

③ 구 「도로교통법」 제44조 제2항 및 제148조의2 제2호 규정들이 음주측정을 위한 강제처분의 근거가 될 수 있으므로, 위와 같은 음주측정을 위하여 운전자를 강제로 연행하기 위해서는 수사상 강제처분에 관한 「형사소송법」상 절차에 따를 필요가 없다.

④ 경찰관이 甲에 대하여 행한 음주측정요구는 「형법」 제136조에 따른 공무집행방해죄의 보호 대상이 될 수 없다.

[해설] 대법원 2012.12.13.선고 2012도11162 판결
【판결요지】
[3] 교통안전과 위험방지를 위한 필요가 없음에도 주취운전을 하였다고 인정할 만한 상당한 이유가 있다는 이유만으로 이루어지는 음주측정은 이미 행하여진 주취운전이라는 범죄행위에 대한 증거 수집을 위한 수사절차로서 의미를 가지는데, **도로교통법상 규정들이 음주측정을 위한 강제처분의 근거가 될 수 없으므로 위와 같은 음주측정을 위하여 운전자를 강제로 연행하기 위해서는 수사상 강제처분에 관한 형사소송법상 절차에 따라야 하고, 이러한 절차를 무시한 채 이루어진 강제연행은 위법한 체포**에 해당한다. 이와 같은 위법한 체포 상태에서 음주측정요구가 이루어진 경우, 음주측정요구를 위한 위법한 체포와 그에 이은 음주측정요구는 주취운전이라는 범죄행위에 대한 증거 수집을 위하여 연속하여 이루어진 것으로서 개별적으로 적법 여부를 평가하는 것은 적절하지 않으므로 일련의 과정을 전체적으로 보아 위법한 음주측정요구가 있었던 것으로 볼 수밖에 없고, 운전자가 주취운전을 하였다고 인정할 만한 상당한 이유가 있다 하더라도 운전자에게 경찰공무원의 이와 같은 위법한 음주측정요구까지 응할 의무가 있다고 보아 이를 강제하는 것은 부당하므로 그에 불응하였다고 하여 음주측정거부에 관한 도로교통법 위반죄로 처벌할 수 없다.

[4] 화물차 운전자인 피고인이 경찰의 음주단속에 불응하고 도주하였다가 다른 차량에 막혀 더 이상 진행하지 못하게 되자 운전석에서 내려 다시 도주하려 경찰관에게 검거되어 지구대로 보호조치된 후 2회에 걸쳐 음주측정요구를 거부하였다고 하여 도로교통법 위반(음주측정거부)으로 기소된 사안에서, 당시 피고인이 술에 취한 상태이기는 하였으나 술에 만취하여 정상적인 판단능력이나 의사능력을 상실할 정도에 있었다고 보기 어려운 점, 당시 상황에 비추어 평균적인 경찰관으로서는 피고인이 경찰관직무집행법 제4조 제1항 제1호 (이하 '이 사건 조항'이라 한다)의 보호조치를 필요로 하는 상태에 있었다고 판단하지 않았을 것으로 보이는 점, 경찰관이 피고인에 대하여 이 사건 조항에 따른 보호조치를 하고자 하였다면, 당시 옆에 있었던 **피고인 처(妻)에게 피고인을 인계하였어야 하는데도**, 피고인 처의 의사에 반하여 지구대로 데려간 점 등 제반 사정을 종합할 때, **경찰관이 피고인과 피고인 처의 의사에 반하여 피고인을 지구대로 데려간 행위를 적법한 보호조치라고 할 수 없고**, 나아가 달리 적법 요건을 갖추었다고 볼 자료가 없는 이상 경찰관이 피고인을 지구대로 데려간 행위는 위법한 체포에 해당하므로, 그와 같이 **위법한 체포 상태에서 이루어진 경찰관의 음주측정요구도 위법하다고 볼 수밖에 없어** 그에 불응하였다고 하여 피고인을 음주측정거부에 관한 도로교통법 위반죄로 처벌할 수는 없는데, 이와 달리 보아 유죄를 선고한 원심판결에 이 사건 조항의 보호조치에 관한 법리를 오해하여 위법한 체포상태에서의 도로교통법 위반(음주측정거부)죄 성립에 관한 판단을 그르친 위법이 있다고 한 사례.

또한 **형법 제136조가 규정하는 공무집행방해죄는** 공무원의 직무집행이 적법한 경우에 한하여 성립하는 것이고, 여기서 적법한 공무집행이라고 함은 그 행위가 공무원의 추상적 권한에 속할 뿐만 아니라 구체적 직무집행에 관한 법률상 요건과 방식을 갖춘 것을 말하는 것이므로, 이러한 적법성이 결여된 직무행위를 하는 공무원에게 대항하여 폭행이나 협박을 가하였다고 하더라도 이를 **공무집행방해죄로 다스릴 수는 없다**(대법원 2005. 10. 28. 선고 2004도4731 판결, 대법원 2009. 2. 12. 선고 2008도9926 판결 등 참조).

따라서 그와 같이 위법한 체포 상태에서 이루어진 경찰관 공소외 2의 음주측정요구 또한 위법하다고 볼 수밖에 없고, 피고인에게 그와 같은 위법한 음주측정요구에 대해서까지 응할 의무가 있다고 보아 이를 강제하는 것은 부당하므로 그에 불응하였다고 하여 피고인을 음주측정거부에 관한 도로교통법 위반죄로 처벌할 수는 없으며, 위법한 음주측정요구가 있었던 것으로 볼 수밖에 없다면 그 위법한 음주측정요구라는 공무집행행위 역시 위법하므로, 피고인이 음주측정을 요구하는 경찰관 공소외 2를 폭행하였다고 하여 **공무집행방해죄가 성립한다고 볼 수도 없다.**

20 「집회 및 시위에 관한 법률」 및 「집회 및 시위에 관한 법률 시행령」상 질서유지선에 대한 설명으로 가장 적절한 것은?

① 관할 경찰관서장은 집회 및 시위의 보호와 공공의 질서 유지를 위하여 집회·시위의 행진로를 확보하거나 이를 위한 임시횡단 보도를 설치할 필요가 있을 경우에는 「집회 및 시위에 관한 법률」 제13조제1항에 따라 질서유지선을 설정할 수 있다.

② 경찰관서장이 질서유지선을 설정할 때에는 주최자 또는 연락 책임자에게 이를 서면으로 고지하여야 하며, 이러한 과정을 통해 설정·고지된 질서유지선은 추후에 변경할 수 없다.

③ 옥외집회 및 시위의 신고를 받은 관할 경찰관서장은 집회 및 시위의 보호와 공공의 질서 유지를 위하여 필요하다고 인정하면 최대한의 범위를 정하여 질서유지선을 설정할 수 있다.

④ 「집회 및 시위에 관한 법률」 제13조에 따라 설정한 질서유지선을 경찰관의 경고에도 불구하고 정당한 사유 없이 상당 시간 침범 하거나 손괴·은닉·이동 또는 제거하거나 그 밖의 방법으로 그 효용을 해친 자는 6개월 이하의 징역 또는 500만원 이하의 벌금·구류 또는 과료에 처한다.

> **해설**
>
> **시행령 제13조(질서유지선의 설정·고지 등)** ① 관할 경찰관서장은 집회 및 시위의 보호와 공공의 질서 유지를 위하여 다음 각 호의 어느 하나에 해당하는 경우에는 법 제13조제1항에 따라 **질서유지선을 설정할 수 있다.**
> 1. 집회·시위의 장소를 한정하거나 집회·시위의 참가자와 일반인을 구분할 필요가 있을 경우
> 2. 집회·시위의 참가자를 일반인이나 차량으로부터 보호할 필요가 있을 경우
> 3. 일반인의 통행 또는 교통 소통 등을 위하여 필요할 경우
> 4. 다음 각 목의 어느 하나의 시설 등에 접근하거나 행진하는 것을 금지하거나 제한할 필요가 있을 경우
>   가. 법 제11조에 따른 집회 또는 시위가 금지되는 장소
>   나. 통신시설 등 중요시설
>   다. 위험물시설
>   라. 그 밖에 안전 유지 또는 보호가 필요한 재산·시설 등
> 5. **집회·시위의 행진로를 확보하거나 이를 위한 임시횡단보도를 설치할 필요가 있을 경우**
> 6. 그 밖에 집회·시위의 보호와 공공의 질서 유지를 위하여 필요할 경우
> ② 법 제13조제2항에 따른 질서유지선의 설정 고지는 **서면으로** 하여야 한다. 다만, 집회 또는 시위 장소의 상황에 따라 질서유지선을 새로 설정하거나 변경하는 경우에는 집회 또는 시위의 장소에 있는 **경찰공무원이 구두로** 알릴 수 있다.
>
> **집회 및 시위에 관한 법률 제13조(질서유지선의 설정)** ① 제6조제1항에 따른 신고를 받은 관할경찰관서장은 집회 및 시위의 보호와 공공의 질서 유지를 위하여 필요하다고 인정하면 **최소한의** 범위를 정하여 질서유지선을 설정할 수 있다.
> ② 제1항에 따라 경찰관서장이 **질서유지선을 설정할** 때에는 주최자 또는 연락책임자에게 이를 알려야 한다.

제24조(벌칙) 다음 각 호의 어느 하나에 해당하는 자는 6개월 이하의 징역 또는 50만원 이하의 벌금 · 구류 또는 과료에 처한다.

1. 주최자 또는 질서유지인이 참가를 배제했는데도 그 집회 또는 시위에 참가한 자
2. 신고를 거짓으로 하고 집회 또는 시위를 개최한 자
3. 설정한 **질서유지선을 경찰관의 경고에도 불구하고 정당한 사유 없이 상당 시간 침범하거나 손괴 · 은닉 · 이동 또는 제거하거나 그 밖의 방법으로 그 효용을 해친 자**
4. 명령을 위반하거나 필요한 조치를 거부 · 방해한 자

21년 제1차 경찰공무원(순경)채용시험 문제

– 공채(남 · 여) · 경찰행정학과특채 · 101경비단 –
응시 번호 :   이름 :

[경찰학개론]

01 경찰의 분류에 대한 설명으로 가장 적절하지 <u>않은</u> 것은?

① 행정경찰과 사법경찰: 경찰의 목적에 따라 구분하며, 프랑스의 「죄와 형벌법전」(경죄처벌법전)에서 이와 같은 구분을 최초로 법제화하였다.

② 협의의 행정경찰과 보안경찰: 다른 행정작용에 부수하느냐의 여부에 따라 구분하며, 협의의 행정경찰은 경찰활동의 능률성과 기동성을 확보할 수 있고 보안경찰은 지역 실정을 반영한 경찰 조직의 운영과 관리가 가능하다.

③ 평시경찰과 비상경찰: 위해의 정도와 담당기관에 따라 구분하며, 평시경찰은 평온한 상태 하에서 일반경찰법규에 의하여 보통 경찰기관이 행하는 경찰작용이고 비상경찰은 비상사태 발생이나 계엄선포 시 군대가 일반치안을 담당하는 경우이다.

④ 질서경찰과 봉사경찰: 경찰서비스의 질과, 내용에 따라 구분하면, 「경범죄 처벌법」 위반자에 대한 통고처분은 질서경찰의 영역에, 교통정보의 제공은 봉사경찰의 영역에 해당한다.

02 코헨(Cchen)과 펠드버그(Feldberg)는 사회계약설 로부터 도출한 경찰활동의 기준(윤리 표준)을 제시하였다. 이와 관련된 〈보기 1〉과 〈보기 2〉의 내용이 가장 적절하게 연결된 것은?

〈보기 1〉

(가) 경찰은 사회 전체의 필요에 의해 생겨난 조직으로, 경찰서비스에 대한 동등한 필요를 가진 사람들이 그것을 받을 동등한 기회를 가져야 한다.

(나) 경찰관은 자의적으로 권한을 행사해서는 안 되고, 물리력의 행사는 필요최소한에 그쳐야 하며, 시민의 신뢰에 합당한 방식으로 권한을 행사해야 한다.

(다) 경찰은 그들에게 부여된 사회적 역할 범위 내에서 활동을 하여야 하며, 이러한 범위 내의 활동을 함에 있어서도 상호 협력을 통해 경찰목적을 달성해야 한다.

〈보기 2〉

㉠ 공공의 신뢰 확보	㉡ 공정한 접근의 보장
㉢ 생명과 재산의 안전 보호	㉣ 협동과 역할 한계 준수

---

① (가) ㉠, (나) ㉡, (다) ㉣   ② (가) ㉠, (나) ㉣, (다) ㉡

③ (가) ㉢, (나) ㉡, (다) ㉣   ④ (가) ㉢, (나) ㉠, (다) ㉣

03 미군정시기의 경찰에 대한 설명으로 가장 적절하지 <u>않은</u> 것은?

① 경무국을 경무부로 승격 · 개편하였다.

② 소방업무를 민방위본부로 이관하고 경제경찰과 고등경찰을 폐지하는 등 비경찰화를 단행하였다.

③ 「정치범처벌법」, 「치안유지법」, 「예비검속법」이 폐지되었다.

④ 여자경찰제도를 신설하였다.

04 다음은 「행정권한의 위임 및 위탁에 관한 규정」에 대한 설명이다. 적절한 것만을 고른 것은 모두 몇 개인가?

> ㉠ 위임 및 위탁기관은, 수임 및 수탁기관의 수임 및 수탁사무 처리에 대하여 지휘·감독하고, 그 처리가 위법하거나 부당하다고 인정될 패에는 이를 취소하거나 정지시킬 수 있다.
> ㉡ 수임 및 수탁사두의 처리에 관하여 위임 및 위탁기관은 수임 및 수탁기관에 대하여 사전 승인을 받거나 협의를 할 것을 요구할 수 없다.
> ㉢ 수임 및 수탁사두의 처리에 관한 책임은 수임 및 수탁기관에 있으며, 위임 및 위탁기관의 장은 그에 대한 감독책임을 진다.
> ㉣ 수임 및 수탁사무에 관한 권한을 행사할 때에는 수임 및 수탁기관의 명의로 하여야 한다.

① 1개　　　　　② 2개　　　　　③ 3개　　　　　④ 4개

05 「국가경찰과 자치경찰의 조직 및 운영에 관한 법률」상 시·도자치경찰위원회에 대한 설명으로 적절한 것만을 모두 고른 것은?

> ㉠ 위원장 1명을 포함한 7명의 위원으로 구성하되, 위원장과 1명의 위원은 상임으로 하고 5명의 위원은 비상임으로 한다.
> ㉡ 위원 중 2명은 법관의 자격이 있는 사람이어야 한다.
> ㉢ 위원은 시도의회가 추천하는 2명, 국가경찰위원회가 추천하는 1명, 해당 시도 교육감이 추천하는 1명, 시·도자치경찰위원회 위원추천위원회가 추천하는 2명, 시도지사가 지명하는 1명을 시·도지사가 임명한다.
> ㉣ 위원장은 비상임위원 중에서 호선하고, 상임위원은 시·도자치경찰위원회의 의결을 거쳐 위원 중에서 위원장의 제청으로 시·도지사가 임명한다. 이 경우 위원장과 상임위원은 지방자치단체의 공무원으로 한다.

① ㉠, ㉡　　　　② ㉠, ㉢　　　　③ ㉡, ㉢　　　　④ ㉢, ㉣

06 「경찰관 직무집행법」및 「경찰관 직무집행법 시행령」상 손실 보상에 대한 설명으로 가장 적절한 것은?

① 손실발생의 원인에 대하여 책임이 없는 자가 경찰관의 적법한 직무집행으로 인하여 생명·신체 또는 재산상의 손실을 입은 경우(손실발생의 원인에 대하여 책임이 없는 자가 경찰관의 직무집행에 자발적으로 협조하거나 물건을 제공하여 생명 신체 또는 재산상의 손실을 입은 경우를 제외한다. 국가는 그 손실을 입은 자에 대하여 정당한 보상을 하여야 한다.

② 경찰청장 또는 시·도경찰청장은 손실보상심의위원회의 심의·의결에 따라 보상금을 지급하고, 거짓 또는 부정한 방법으로 보상금을 받은 사람에 대하여는 해당 보상금을 환수할 수 있다.

③ 손실보상심의위원회는 위원장 1명을 포함한 5명 이상 7명 이하의 위원으로 구성하며, 위원장이 부득이한 사유로 직무를 수행할 수 없는 때에는 상임위원, 위원 중 연장자순으로 위원장의 직무를 대행한다.

④ 보상금을 지급하기로 결정한 경우 경찰청장등(경찰청, 해양경찰청, 시·도경찰청 및 지방해양경찰청의 장)은 「경찰관 직무집행법 시행령」 제10조제3항에 따른 결정일부터 10일 이내에 보상금 지급 청구 승인 통지서에 결정 내용을 적어서 청구인에게 통지하여야 한다.

07 「국가공무원법」상 직위해제에 대한 설명으로 가장 적절한 것은?

① 임용권자는 형사사건으로 기소된 자(약식명령이 청구된 자를 포함한다)에게 직위를 부여하지 아니할 수 있다.

② 임용권자는 신체·정신상의 장애로 장기 요양이 필요한 자에게 직위를 부여하지 아니할 수 있다.

③ 임용권자는 직무수행 능력이 부족하거나 근무성적이 극히 나빠 직위해제된 자에게 3개월의 범위에서 대기를 명한다.

④ 「국가공무원법」 제73조의3제1항에 따라 직위를 부여하지 아니한 경우에 그 직위해제 사유가 소멸되면 임용권자는 직위를 부여할 수 있다.

08 「경찰공무원 복무규정」상 경찰공무원의 의무에 대한 설명으로 가장 적절하지 **않은** 것은?

① 경찰공무원은 상사의 허가를 받거나 그 명령에 의한 경우를 제외 하고는 직무와 관계 없는 장소에서 직무수행을 하여서는 아니된다.

② 경찰공무원은 신규채용·승진·전보·파견·출장·연가·교육훈련기관에의 입교, 기타 신분관계 또는 근무관계 또는 근무관계의 변동이 있는 때에는 소속상관에게 신고를 하여야 한다.

③ 경찰공무원은 직위 또는 직권을 이용하여 부당하게 타인의 민사분쟁에 개입하여서는 아니된다.

④ 경찰공무원은 휴무일 또는 근무시간외에 2시간 이내에 직무에 복귀하기 어려운 지역으로 여행을 하고자 할 때에는 소속상관의 허가를 받아야 한다.

09 「경찰공무원 징계령」상 경찰공무원 징계에 대한 설명으로 가장 적절한 것은?

① 징계위원회는 징계등 사건을 의결할 때에는 징계등 심의 대상자의 평소 행실, 근무 성적, 공적(SA0), 뉘우치는 정도와 징계등 의결을 요구한 자의 의견을 고려할 수 있다.

② 징계등 의결 요구를 받은 징계위원회는 그 요구서를 받은 날부터 60일 이내에 징계등에 관한 의결을 하여야 한다. 다만, 부득이한 사유가 있을 때에는 해당 징계등 의결을 요구한 경찰기관의 장의 승인을 받아 30일 이내의 범위에서 그 기간을 연장할 수 있다.

③ 징계등 심의 대상자의 소재가 분명하지 아니할 때에는 출석 통지를 관보에 게재하고, 그 게재일부터 7일이 지나면 출석 통지가 송달된 것으로 보며, 징계등 의결을 할 매에는 관보 게재의 사유와 그 사실을 기록에 분평히 적어야 한다.

④ 징계위원회의 의결은 위원장을 포함한 위원 과반수의 출석과 출석위원 과반수의 찬성으로 의결하되, 의견이 나뉘어 출석위원 과반수의 찬성을 얻지 못한 경우에는 출석위원 과반수가 될 때까지 징계등 심의 대상자에게 가장 불리한 의견을 제시한 위원의 수를 그 다음으로 불리한 의견을 제시한 위원의 수에 차례로 더하여 그 의견을 합의된 의견으로 본다.

10 다음은 「위해성 경찰장비의 사용기준 등에 관한 규정」에 대한 설명이다. 적절한 것만을 고른 것은 모두 몇 개인가?

> ㉠ 경찰관은 소요사태로 인해 타인의 법익이나 공공의 안녕질서에 대한 직접적인 위험이 명백하게 초래되어 살수차 외의 경찰 장비로는 그 위험을 제거·완화시키는 것이 현저히 곤란한 경우에는 시·도경찰청장의 명령에 따라 살수차를 배치·사용 할 수 있다.
>
> ㉡ 경찰관은 총기 또는 폭발물을 가지고 대항하는 경우를 제외하고는 14세미만의 자 또는 임산부에 대하여 권총 또는 소총을 발사하여서는 아니된다.
>
> ㉢ 「경찰관 직무집행법」 제10조제5항 후단에 따라 안전성 검사에 참여한 외부 전문가는 안전성 점사가 끝난 후 3개월 이내에 신규 도입 장비의 안전성 여부에 대한 의견을 경찰청장에게 제출하여야 한다.
>
> ㉣ 국가경찰관서의 장(경찰청장·해양경찰청장·시·도경찰청장·지방해양경찰청장·경찰서장 또는 해양경찰서장 기타 경무관·총경·경정 또는 경감을 장으로 하는 국가경찰관서의 장을 말한다)은 폐기대상인 위해성 경찰장비 또는 성능이 저하된 위해성 경찰장비를 개조할 수 있으며, 소속경찰관으로 하여금 이를 본래의 용법에 준하여 사용하게 할 수 있다.
>
> ㉤ 「위해성 경찰장비의 사용기준 등에 관한 규정」 제2조제2호부터 제4호까지의 위해성 경찰장비(제4호의 경우에는 가스차만 해당한다)를 사용하는 경우 그 현장책임자 또는 사용자는 사용보고서를 작성하여 직근상급 감독자에게 보고하고, 직근 상급 감독자는 이를 3년간 보관하여야 한다.

① 1개 　　② 2개 　　③ 3개 　　④ 4개

11 경찰상 강제집행 및 그 수단에 대한 설명으로 가장 적절하지 않은 것은?

① 경찰상 강제집행은 경찰하명에 의한 의무의 존재 및 그 불이행을 전제로 한다는 점에서 의무불이행을 전제로 하지 않는 경찰상 즉시강제와 구별된다.

② 경찰상 강제집행은 장래에 향하여 의무이행을 강제한다는 점에서 과거의 의무위반에 대한 제재인 경찰벌과 구별된다.

③ 강제징수란 의무자가 관련 법령상의 대체적 작위의무를 이행 하지 않을 경우, 당해 경찰관청이 스스로 행하거나 또는 제3자로 하여금 의무자가 하여야 할 행위를 하게 함으로써 의무의 이행이 있는 것과 같은 상태를 실현시킨 후 그 비용을 의무자로부터 징수하는 것이다.

④ 대집행의 근거가 되는 일반법으로는 「행정대집행법」이 있다.

12 범죄예방 관련 이론에 대한 설명으로 가장 적절하지 <u>않은</u> 것은?

① 합리적 선택이론은 거시적 범죄예방모델에 입각한 특별예방효과에 중점을 둔다.

② 깨진유리창이론에 이론적 근거를 두고 있는 무관용 경찰활동은 처벌의 확실성을 높여 범죄를 억제하는 전략이다.

③ 범죄패턴이론은 지리적 프로파일링을 통한 범행지역 예측 활성화에 기여할 수 있다.

④ 집합효율성은 지역사회 구성원 간의 연대감, 그리고 문제 상황 발생 시 구성원의 적극적인 개입의지를 결합한 개념이다.

13 경찰순찰에 대한 설명으로 가장 적절한 것은?

① 뉴왁(Newark)시 도보순찰실험은 도보순찰을 강화하여도 해당 순찰구역의 범죄율을 낮추지는 못하였으나, 도보순찰을 할 때 시민이 경찰서비스에 더 높은 만족감을 드러냈음을 확인하였다.

② 「지역경찰의 조직 및 운영에 관한 규칙」상 순찰팀장은 일근근무를 원칙으로 하며, 휴게시간, 휴무횟수 등 구체적인 사항은 「국가 공무원 복무규정」 및 「경찰기관 상시근무 공무원의 근무시간 등에 관한 규칙」이 규정한 범위 안에서 지역경찰관서장이 정한다.

③ 「지역경찰의 조직 및 운영에 관한 규칙」상 순찰근무를 지정받은 지역경찰은 지정된 근무구역에서 경찰사범의 단속 및 검거, 경찰방문 및 방범진단, 시설 및 장비의 작동 여부 확인, 각종 현황, 통계, 자료 부책 관리와 같은 업무를 수행한다.

④ 워커(Samuel Walker)는 순찰의 3가지 기능으로 범죄의 억제, 대민 서비스 제공, 교통지도단속을 언급하였다.

14 「경범죄 처벌법」에 대한 설명 중 가장 적절하지 <u>않은</u> 것은?

① 장난전화, 광고물 무단부착, 행렬방해, 흉기의 은닉휴대는 10만원 이하의 벌금, 구류 또는 과료의 형으로 처벌한다.

② 「경범죄 처벌법」 제7조제1항에 따라 범칙자로 인정되는 사람 일지라도 통고처분서 받기를 거부한 사람, 주거 또는 신원이 확실하지 아니한 사람, 그 밖에 통고처분을 하기가 매우 어려운 사람에 대하여는 통고처분하지 않는다.

③ 경범죄를 짓도록 시키거나 도와준 사람은 죄를 지은 사람에 준하여 벌하며, 경범죄의 미수범도 처벌한다.

④ 「경범죄 처벌법」 제8조제1항에 따른 납부기간에 범칙금을 납부 하지 아니한 사람은 납부기간의 마지막 날의 다음 날부터 20일 이내에 통고받은 범칙금에 그 금액의 100분의 20을 더한 금액을 납부하여야 한다.

15 「가정폭력범죄의 처벌 등에 관한 특례법」에 대한 설명으로 가장 적절하지 <u>않은</u> 것은?

① 가정폭력으로서 출판물 등에 의한 명예훼손, 재물손괴, 유사강간, 주거침입의 죄는 가정폭력범죄에 해당한다.

② 사법경찰관은 「가정폭력범죄의 처벌 등에 관한 특례법」 제5조에 따른 응급조치에도 불구하고 가정폭력범죄가 재발될 우려가 있고, 긴급을 요하여 법원의 임시조치 결정을 받을 수 없을 때에는 직권 또는 피해자나 그 법정대리인의 신청에 의하여 긴급임시 조치를 할 수 있다.

③ 법원은 가정폭력행위자에 대하여 유죄판결(선고유예는 제외)을 선고하거나 약식명령을 고지하는 경우에는 200시간의 범위에서 재범예방에 필요한 수강명령(「보호관찰 등에 관한 법률」에 따른 수강 명령) 또는 가정폭력 치료프로그램의 이수명령을 병과할 수 있다.

④ 가정폭력범죄 중 아동학대범죄에 대해서는 「청소년 보호법」을 우선 적용한다.

16 다음 중 「도로교통법」 및 「도로교통법 시행규칙」에 따라 제2종 보통 연습면허만을 받은 사람이 운전할 수 있는 차량의 개수는?

- 승차정원 10명 이하의 승합자동차
- 총중량 3.5톤 이하의 견인형 특수자동차
- 적재중량 4톤 이하의 화물자동차
- 건설기계(도로를 운행하는 3톤 미만의 지게차로 한정)

① 1개 　　　 ② 2개 　　　 ③ 3개 　　　 ④ 4개

17 「경찰 비상업무 규칙」에 대한 설명으로 가장 적절하지 <u>않은</u> 것은?

① 필수요원이라 함은 전 경찰관 및 일반직공무원(이하 "경찰관 등"이라 한다) 중 경찰기관의 장이 지정한 자로 비상소집시 1시간 이내에 응소하여야 할 자를 말하며, 일반요원이라 함은 필수 요원을 제외한 경찰관 등으로 비상소집시 2시간 이내에 응소 하여야 할 자를 말한다.

② 비상근무는 경비 소관의 경비, 작전비상, 정보(보안) 소관의 정보비상, 수사 소관의 수사비상, 교통 소관의 교통비상, 생활 안전 소관의 생활안전비상으로 구분하여 발령한다.

③ 비상근무 갑호가 발령된 때에는 연가를 중지하고 가용경력 100%까지 동원할 수 있고, 비상근무 을호가 발령된 때에는 연가를 중지하고 가용경력 50%까지 동원할 수 있으며, 비상 근무 병호가 발령된 때에는 부득이한 경우를 제외하고는 연가를 억제하고 가용경력 30%까지 동원할 수 있다.

④ 작전준비태세가 발령된 때에는 별도의 경력동원 없이 경찰관서 지휘관 및 참모의 비상연락망을 구축하고 신속한 응소체제를 유지하며, 경찰작전부대는 상황발생 시 즉각 출동이 가능하도록 출동태세 점검을 실시하는 등의 비상근무를 한다.

18 「출입국관리법」에 대한 설명으로 가장 적절한 것은?

① 출국이 금지(「출입국관리법」 제4조제1항 또는 제2항)되거나 출국금지기간이 연장(「출입국관리법」 제4조의2제1항)된 사람은 출국금지결정이나 출국금지기간 연장의 통지를 받은 날 또는 그 사실을 안 날부터 15일 이내에 법무부장관에게 출국금지결정이나 출국금지기간 연장결정에 대한 이의를 신청할 수 있다.

② 외국인이 입국할 때에는 유효한 여권과 외교부장관이 발급한 사랑을 가지고 있어야 한다.

③ 수사기관이 「출입국관리법」 제4조의6제3항에 따른 긴급출국금지 승인을 요청한 때로부터 12시간 이내에 법무부장관으로부터 긴급출국금지 승인을 받지 못한 경우, 법무부장관은 「출입국 관리법」 제4조의6제1항의 수사기관 요청에 따른 출국금지를 해제하여야 한다.

④ 법무부장관은 소재를 알 수 없어 기소중지 결정이 된 사람 또는 도주 등 특별한 사유가 있어 수사진행이 어려운 사람에 대하여는 6개월 이내의 기간을 정하여 출국을 금지할 수 있다.

2021 제1차 경찰공무원 **365** ● ● ●

19 다음 상황에 대한 설명으로 가장 적절하지 <u>않은</u> 것은? (다툼이 있는 경우 판례에 의함)

> 甲은 음주 후 자신의 처(처는 술을 마시지 않음)와 동승한 채 화물차를 운전하여 가다가 음주단속을 당하게 되자 경찰관이 들고 있던 경찰용 불봉을 충격하고 그대로 도주하였다. 단속 현장에서 약 3m 떨어진 지점까지 교통사고를 내지 않고 운전하며 진행하던 중 다른 차량에 막혀 더 이상 진행하지 못하게 되자 스스로 차량을 세운 후 운전석에서 내려 도주하려 하였으나, 결국 甲은 경찰관에게 제지되어 체포의 절차에 따르지 않고 甲과 그의 처의 의사에 반하여 지구대로 보호조치되었다. 이후 2회에 걸친 경찰관의 음주측정요구를 거부하였다는 이유로 甲은 「도로교통법」 위반(음주측정거부) 혐의로 기소되었다.

① 경찰관이 甲에 대하여 「경찰관 직무집행법」 제4조에 따른 보호조치를 하고자 하였다면, 당시 옆에 있었던 처에게 甲을 인계하였어야 했고, 특별한 사정이 없는 한 지구대에서 甲을 보호하는 것은 허용되지 않는다.

② 甲은 음주측정거부에 관한 「도로교통법」 위반죄로 처벌될 수 없다.

③ 구 「도로교통법」 제44조 제2항 및 제148조의2 제2호 규정들이 음주측정을 위한 강제처분의 근거가 될 수 있으므로, 위와 같은 음주측정을 위하여 운전자를 강제로 연행하기 위해서는 수사상 강제처분에 관한 「형사소송법」 상 절차에 따를 필요가 없다.

④ 경찰관이 甲에 대하여 행한 음주측정요구는 「형법」 제136조에 따른 공무집행방해죄의 보호 대상이 될 수 없다.

20 「집회 및 시위에 관한 법률」 및 「집회 및 시위에 관한 법률 시행령」상 질서유지선에 대한 설명으로 가장 적절한 것은?

① 관할 경찰관서장은 집회 및 시위의 보호와 공공의 질서 유지를 위하여 집회·시위의 행진로를 확보하거나 이를 위한 임시횡단 보도를 설치할 필요가 있을 경우에는 「집회 및 시위에 관한 법률」 제13조제1항에 따라 질서유지선을 설정할 수 있다.

② 경찰관서장이 질서유지선을 설정할 때에는 주최자 또는 연락 책임자에게 이를 서면으로 고지하여야 하며, 이러한 과정을 통해 설정·고지된 질서유지선은 추후에 변경할 수 없다.

③ 옥외집회 및 시위의 신고를 받은 관할 경찰관서장은 집회 및 시위의 보호와 공공의 질서 유지를 위하여 필요하다고 인정하면 최대한의 범위를 정하여 질서유지선을 설정할 수 있다.

④ 「집회 및 시위에 관한 법률」 제13조에 따라 설정한 질서유지선을 경찰관의 경고에도 불구하고 정당한 사유 없이 상당 시간 침범 하거나 손괴·은닉·이동 또는 제거하거나 그 밖의 방법으로 그 효용을 해친 자는 6개월 이하의 징역 또는 500만원 이하의 벌금·구류 또는 과료에 처한다.

2021
제1차

1. ②　　2. ④　　3. ②　　4. ④　　5. ②　　6. ④　　7. ③　　8. ④　　9. ④　　10. ③

11. ③　12. ①　13. ①　14. ③　15. ④　16. ②　17. ②　18. ③　19. ③　20. ①

2021 제2차
경찰공무원(순경) 공채

01 경찰의 분류에 대한 설명으로 가장 적절하지 <u>않은</u> 것은?

① 우리나라에서는 보통경찰기관이 행정경찰 및 사법경찰 업무를 모두 담당한다.

② 진압경찰은 이미 발생한 위해의 제거나 범죄의 수사를 위한 경찰작용으로 범죄의 수사, 범죄의 제지, 총포·화약류의 취급 제한, 광견의 사살 등이 있다.

③ 봉사경찰은 서비스: 계몽·지도 등 비권력적인 수단을 통하여 경찰의 직무를 수행하는 경찰활동으로 방범지도, 청소년선도, 교통정보제공 등이 있다.

④ 협의의 행정경찰은 다른 행정작용에 부수하여 그 행정작용과 관련해서 발생하는 위험을 방지하기 위해 행해지는 경찰작용으로 경제경찰, 산림경찰, 철도경찰 등이 있다.

해설

〈보기〉② **진압경찰**은 이미 발생한 범죄를 진압, 수사하고, 피의자를 체포하기 위한 권력적 작용으로 범죄의 수사, 범죄의 제지, 광견의 사살 등이 있다.

예방경찰은 경찰상 각종 위해의 발생을 방지하기 위한 권력적 작용으로 행정경찰보다는 좁은 개념이다. 지구대 경찰관의 순찰활동, 타인에게 위해를 끼칠 우려가 있는 정신착란자에 대한 보호조치, 총포·화약류의 취급제한 등이 대표적이다(최응렬 외8인, 경찰학개론, 대영문화사).

정답 1. ②

02 우리나라 경찰의 역사적 사실을 오래된 것부터 바르게 나열한 것은?

㉠ 경찰윤리헌장 제정   ㉡ 내무부 민방위본부 소방국으로 소방업무 이관
㉢ 경찰공무원법 제정   ㉣ 경찰서비스헌장 제정
㉤ 치안본부에서 경찰청으로 승격

---

① ㉢ － ㉠ － ㉣ － ㉡ － ㉤   ② ㉠ － ㉡ － ㉢ － ㉣ － ㉤
③ ㉠ － ㉢ － ㉡ － ㉤ － ㉣   ④ ㉡ － ㉤ － ㉠ － ㉢ － ㉣

해설

1940년대	1946년 – 최초로 여성 경찰관 채용 1949년 – 경찰병원 설치
1950년대	1953년 – 「경찰관 직무집행법」 제정, 해양경찰대 설치 1955년 – 국립과학수사연구소 설립
1960년대	1966년 – 경찰관 해외주재관제도 신설, 경찰윤리헌장 선포 1969년 – 「경찰공무원법」 제정, 경정, 경장 2계급 신설, 　　　　　　2급지 경찰서장을 경정으로 격상
1970년대	1974년 – 내무부 치안국을 치안본부로 개편 1975년 – 소방업무 민방위본부로 이관 1979년 – 경찰대학치법 제정(1981년, 경찰대학 개교)
1990년대	1991년 – 「경찰법」 제정, 경찰위원회 신설, 치안본부 경찰청으로 승격, 경찰헌장 제정 1996년 – 해양경찰청 해양수산부로 이관 1998년 – 경찰서비스 헌장 제정 1999년 – 청문관제 도입, 운전면허시험관리단 신설
2000년대	2000년 – 사이버테러대응센터 신설 2005년 – 경찰병원 책임운영기관 지정 2006년 – 제주 자치경찰 출범, 경찰청 수사국 내 인권보호센터 신설
2010년대	2012년 – 지역 중심경찰서장을 총경에서 경무관으로 조정 2016년 – 경기도북부지방경찰청 신설
2020년대	2020년 – 국가수사본부 도입, 자치경찰제 도입 2021년 – 자치경찰제 시행 2022년 – 행정안전부 경찰국 설치

03 경찰의 임무에 대한 설명으로 가장 적절하지 <u>않은</u> 것은?

① 「국가경찰과 자치경찰의 조직 및 운영에 관한 법률」 제3조에서 경찰의 임무로 '국민의 생명·신체 및 재산의 보호', 범죄피해자 보호, '교통의 단속과 위해의 방지' 등을 규정하고 있다.

② 법질서의 불가침성은 공공의 안녕의 제1요소로서, 공법규범에 대한 위반은 일반적으로 공공의 안녕에 대한 위험으로 취급되어 경찰권 발동의 대상이 된다.

③ 공공질서란 원만한 공동체 생활을 위한 필수적인 전제조건으로서 공공사회에서 개개인의 행동에 대한 불문규범의 총체를 의미한다. 공공질서는 시대에 따라 변화하는 상대적·유동적 개념이다.

④ 위험이란 가까운 장래에 공공의 안녕이나 질서에 손해가 나타날 수 있는 가능성이 개개의 경우에 충분히 존재하는 상태를 의미 한다. 위험은 구체적 위험과 추상적 위험으로 구분할 수 있으며 경찰 개입은 구체적 위험이 있을 때에만 가능하다.

해설

〈보기〉 ① 국가경찰과 자치경찰의 조직 및 운영에 관한 법률 제3조(경찰의 임무) 경찰의 임무는 다음 각 호와 같다.

    1. 국민의 생명·신체 및 재산의 보호
    2. 범죄의 예방·진압 및 수사
    3. 범죄피해자 보호
    4. 경비·요인경호 및 대간첩·대테러 작전 수행
    5. 공공안녕에 대한 위험의 예방과 대응을 위한 정보의 수집·작성 및 배포
    6. 교통의 단속과 위해의 방지
    7. 외국 정부기관 및 국제기구와의 국제협력
    8. 그 밖에 공공의 안녕과 질서유지

② 공공의 안녕은 법질서, 권리, 각 개인의 법익, 국가 또는 기타 공권력 주체의 기관과 집행의 불가침성을 의미한다.
  법질서의 불가침성은 공공의 안녕의 제1요소로서, 공법규범에 대한 위반은 일반적으로 공공의 안녕에 대한 위험으로 취급한다.

③ 공공질서란 원만한 공동체 생활을 위한 필수적인 전제조건으로서 공공사회에서 개개인의 행동에 대한 불문규범의 총체가 되는 것을 의미한다. 공공질서의 개념은 절대적인 것이 아니라, 시대에 따라 변화하는 상대적·유동적 개념이다.

④ 위험이란 가까운 장래에 공공의 안녕 또는 질서에 손해, 즉 보호받는 개인 및 공동의 법익에 관한 정상적 상태의 객관적 감소가 발생할 가능성이 개개의 경우에 충분히 존재하는 상태로서 경찰상 보호법익에 대한 침해가능성을 말한다.
  구체적 위험뿐만 아니라 추상적 위험의 존재도 경찰개입의 전제조건이 된다.
  위험의 혐의만 존재하는 경우 위험의 존재가 명백해지기 전까지는 예비적 조치로서 위험의 존재 여부를 조사하는 차원에서 경찰의 개입은 정당화된다.

---

04 다음 중 「경찰 인권보호 규칙」상 경찰청 및 그 소속기관의 장이 진정을 기각할 수 있는 경우로 가장 적절한 것은?

① 진정인이 진정을 취소한 경우
② 사건 해결과 진상 규명에 핵심적인 중요 참고인의 소재를 알 수 없는 경우
③ 진정 내용이 사실이 아니거나 사실 여부를 확인하는 것이 불가능한 경우
④ 진정의 원인이 된 사실이 공소시효, 징계시효 및 민사상 시료 등이 모두 완성된 경우

[해설]

제29조(진정의 각하) ① 경찰청 및 그 소속기관의 장은 다음 각 호의 어느 하나에 해당할 경우에는 그 진정을 각하할 수 있다.

1. 진정 내용이 인권침해에 해당하지 아니하는 것이 명백한 경우
2. 진정 내용이 명백히 사실이 아니거나 이유가 없다고 인정되는 경우
3. 피해자가 아닌 사람이 한 진정으로서 피해자가 조사를 원하지 않는다는 의사표시를 명백하게 한 경우
4. 진정의 원인이 된 사실이 공소시효, 징계시효 및 민사상 시효 등이 모두 완성된 경우
5. 진정의 원인이 된 사실에 관하여 법원이나 헌법재판소의 재판, 수사기관의 수사 또는 그 밖에 법률에 따른 권리 구제절차가 진행 중이거나 종결된 경우(기간의 경과 등 형식 요건을 제대로 갖추지 못하여 종결된 경우는 제외한다)
6. 진정이 익명(匿名)이나 가명(假名)으로 제출된 경우
7. 진정인이 진정을 취소한 경우
8. 기각 또는 각하된 진정과 동일한 내용으로 다시 진정한 경우
9. 진정 내용이 추상적이거나 관계자를 근거 없이 비방하는 등 업무를 방해할 의도로 진정한 것으로 판단되는 경우
10. 진정의 취지가 그 진정의 원인이 된 사실에 관한 법원의 확정 판결이나 헌법재판소의 결정에 반대되는 경우
11. 국가인권위원회에서 진정서의 내용과 같은 사실을 이미 조사 중이거나 조사한 사실이 확인된 경우(진정인의 진정 취소를 이유로 각하 처리된 사건은 제외한다)

제37조(진정의 기각) 경찰청 및 그 소속기관의 장은 진정 내용을 조사한 결과 다음 각 호의 어느 하나에 해당하는 경우에는 그 진정을 기각할 수 있다.

1. 진정 내용이 사실이 아니거나 사실 여부를 확인하는 것이 불가능한 경우
2. 진정 내용이 이미 피해회복이 이루어지는 등 따로 구제조치가 필요하지 아니하다고 인정되는 경우
3. 진정 내용은 사실이나 인권침해에 해당하지 아니하는 경우

05 「언론중재 및 피해구제 등에 관한 법률」에서 침해 구제에 대한 설명으로 가장 적절하지 **않은** 것은?

① 사실적 주장에 관한 언론보도등이 진실하지 아니함으로 인하여 피해를 입은 자는 해당 언론보도등이 있음을 안 날 부터 3개월 이내에 언론사, 인터넷뉴스서비스사업자 및 인터넷 멀티미디어 방송사업자에게 그 언론보도등의 내용에 관한 정정보도를 청구할 수 있다. 다만, 해당 언론보도등이 있은 후 6개월이 지났을 때에는 그러하지 아니하다.

② 「언론중재 및 피해구제 등에 관한 법률」에 따른 정정보도청구등과 관련하여 분쟁이 있는 경우 피해자 또는 언론사등은 중재위원회에 조정을 신청할 수 있다

③ 당사자 양쪽은 정정보도청구등 또는 손해배상의 분쟁에 관하여 중재부의 종국적 결정에 따르기로 합의하고 중재를 신청할 수 있다. 중재결정은 확정판결과 돔일한 효력이 있다.

④ 사실적 주장에 관한 언론보도등으로 인하여 피해를 입은 자는 그 보도 내용에 관한 반론보도를 언론사들에 청구할 수 있다. 반론보도청구는 언론사등의 고의 과실이나 위법성을 필요로 한다.

[해설]

제14조(정정보도 청구의 요건) ① 사실적 주장에 관한 언론보도등이 진실하지 아니함으로 인하여 피해를 입은 자(이하 "피해자"라 한다)는 해당 언론보도등이 있음을 안 날부터 3개월 이내에 언론사, 인터넷뉴스서비스사업자 및 인터넷 멀티미디어 방송사업자(이하 "언론사등"이라 한다)에게 그 언론보도등의 내용에 관한 정정보도를 청구할 수 있다. 다만, 해당 언론보도등이 있은 후 6개월이 지났을 때에는 그러하지 아니하다.

제16조(반론보도청구권) ① 사실적 주장에 관한 언론보도등으로 인하여 피해를 입은 자는 그 보도 내용에 관한 반론보도를 언론사등에 청구할 수 있다.
② 제1항의 청구에는 언론사등의 **고의·과실**이나 **위법성을 필요로 하지 아니하며**, 보도 내용의 진실 여부와 상관없이 그 청구를 할 수 있다.

제18조(조정신청) ① 이 법에 따른 정정보도청구등과 관련하여 분쟁이 있는 경우 피해자 또는 언론사등은 중재위원회에 조정을 신청할 수 있다.

제24조(중재) ① 당사자 양쪽은 정정보도청구등 또는 손해배상의 분쟁에 관하여 중재부의 종국적 결정에 따르기로 합의하고 중재를 신청할 수 있다.

제25조(중재결정의 효력 등) ① 중재결정은 확정판결과 동일한 효력이 있다.
② 중재결정에 대한 불복과 중재결정의 취소에 관하여는 「중재법」 제36조를 준용한다.

06 「부정청탁 및 금품등 수수의 금지에 관한 법률」에 대한 설명으로 가장 적절하지 **않은** 것은?

① 공직자등 자신이 수수금지 금품등을 받거나 그 제공의 약속 또는 의사표시를 받은 경우에는 소속기관장에게 지체 없이 서면 또는 구두로 신고하여야 한다.

② 공직자등은 사례금을 받는 외부강의들을 할 때에는 대통령령으로 청하는 바에 따라 외부강의 등의 요청 명세 등을 소속기관장에게 그 외부강의 등을 마친 날부터 10일 이내에 서면으로 신고하여야 한다. 다만, 외부강의 등을 요청한 자가 국가나 지방자치단체인 경우에는 그리하지 아니하다.

③ 「부정청탁 및 금품등 수수의 금지에 관한 법률」에 따라 국회, 법원, 헌법재판소, 선거관리위원회, 감사원, 국가인권위원회, 고위공직자 범죄수사처, 중앙행정기관(대통령 소속 기관과 국무총리 소속 기관을 포함한다)과 그 소속 기관 및 지방자치단체는 공공기관에 해당한다.

④ 공직자등은 직무 관련 여부 및 기부·후원·증여 등 그 명목에 관계없이 동일인으로부터 1회에 100만원 또는 매 회계연도에 300만원을 초과하는 금품등을 받거나 요구 또는 약속해서는 아니 된다.

해설

제2조(정의) 이 법에서 사용하는 용어의 뜻은 다음과 같다.
1. "공공기관"이란 다음 각 목의 어느 하나에 해당하는 기관·단체를 말한다.
   가. 국회, 법원, 헌법재판소, 선거관리위원회, 감사원, 국가인권위원회, 고위공직자범죄수사처, 중앙행정기관(대통령 소속 기관과 국무총리 소속 기관을 포함한다)과 그 소속 기관 및 지방자치단체
   나. 「공직자윤리법」 제3조의2에 따른 공직유관단체
   다. 「공공기관의 운영에 관한 법률」 제4조에 따른 기관
   라. 「초·중등교육법」, 「고등교육법」, 「유아교육법」 및 그 밖의 다른 법령에 따라 설치된 각급 학교 및 「사립학교법」에 따른 학교법인
   마. 「언론중재 및 피해구제 등에 관한 법률」 제2조제12호에 따른 언론사
2. "공직자등"이란 다음 각 목의 어느 하나에 해당하는 공직자 또는 공적 업무 종사자를 말한다.
   가. 「국가공무원법」 또는 「지방공무원법」에 따른 공무원과 그 밖에 다른 법률에 따라 그 자격·임용·교육훈련·복무·보수·신분보장 등에 있어서 공무원으로 인정된 사람
   나. 제1호나목 및 다목에 따른 공직유관단체 및 기관의 장과 그 임직원
   다. 제1호라목에 따른 각급 학교의 장과 교직원 및 학교법인의 임직원
   라. 제1호마목에 따른 언론사의 대표자와 그 임직원
3. "금품등"이란 다음 각 목의 어느 하나에 해당하는 것을 말한다.
   가. 금전, 유가증권, 부동산, 물품, 숙박권, 회원권, 입장권, 할인권, 초대권, 관람권, 부동산 등의 사용권 등 일체의 재산적 이익
   나. 음식물·주류·골프 등의 접대·향응 또는 교통·숙박 등의 편의 제공
   다. 채무 면제, 취업 제공, 이권(利權) 부여 등 그 밖의 유형·무형의 경제적 이익

제8조(금품등의 수수 금지) ① 공직자등은 직무 관련 여부 및 기부·후원·증여 등 그 명목에 관계없이 동일인으로부터 1회에 100만원 또는 매 회계연도에 300만원을 초과하는 금품등을 받거나 요구 또는 약속해서는 아니 된다.

제9조(수수 금지 금품등의 신고 및 처리) ① 공직자등은 다음 각 호의 어느 하나에 해당하는 경우에는 소속 기관장에게 지체 없이 서면으로 신고하여야 한다.

    1. 공직자등 자신이 수수 금지 금품등을 받거나 그 제공의 약속 또는 의사표시를 받은 경우

    2. 공직자등이 자신의 배우자가 수수 금지 금품등을 받거나 그 제공의 약속 또는 의사표시를 받은 사실을 안 경우

제10조(외부강의등의 사례금 수수 제한) ① 공직자등은 자신의 직무와 관련되거나 그 지위·직책 등에서 유래되는 사실상의 영향력을 통하여 요청받은 교육·홍보·토론회·세미나·공청회 또는 그 밖의 회의 등에서 한 강의·강연·기고 등(외부강의등)의 대가로서 대통령령으로 정하는 금액을 초과하는 사례금을 받아서는 아니 된다.

② 공직자등은 사례금을 받는 외부강의등을 할 때에는 대통령령으로 정하는 바에 따라 외부강의등의 요청 명세 등을 소속기관장에게 그 외부강의등을 마친 날부터 10일 이내에 서면으로 신고하여야 한다. 다만, 외부강의등을 요청한 자가 국가나 지방자치단체인 경우에는 그러하지 아니하다.

07 「경찰공무원법」과 「국가공무원법」상 공통된 임용결격사유가 아닌 것은?

① 피성년후견인 또는 피한정후견인
② 파산선고를 받고 복권되지 아니한 사람
③ 공무원으로 재직기간 중 직무와 관련하여 「형법」 제355조(횡령, 배임) 및 제356조(업무상의 횡령과 배임)에 규정된 죄를 범한 자로서 300만원 이상의 벌금형을 선고받고 그 형이 확정된 후 2년이 지나지 아니한 사람
④ 「성폭력범죄의 처벌 등에 관한 특례법」 제2조(성폭력범죄)에 규정된 죄를 범한 사람으로서 100만원 이상의 벌금형을 선고받고 그 형이 확정된 후 3년이 지나지 아니한 사람

해설

국가공무원법제33조(결격사유)	경찰공무원법 제8조(임용자격 및 결격사유)제2항
	1. 대한민국 국적을 가지지 아니한 사람
	2. 「국적법」 제11조의2 제1항에 따른 복수국적자
	5. 자격정지 이상의 형(刑)을 선고받은 사람
	6. 자격정지 이상의 형의 선고유예를 선고받고 그 유예기간 중에 있는 사람
1. 피성년후견인	3. 피성년후견인 또는 피한정후견인
2. 파산선고를 받고 복권되지 아니한 자	4. 파산선고를 받고 복권되지 아니한 사람
3. 금고 이상의 실형을 선고받고 그 집행이 종료되거나 집행을 받지 아니하기로 확정된 후 5년이 지나지 아니한 자	
4. 금고 이상의 형을 선고받고 그 집행유예 기간이 끝난 날부터 2년이 지나지 아니한 자	
5. 금고 이상의 형의 선고유예를 받은 경우에 그 선고유예 기간 중에 있는 자	
6. 법원의 판결 또는 다른 법률에 따라 자격이 상실되거나 정지된 자	
6의2. 공무원으로 재직기간 중 직무와 관련하여 「형법」 제355조 및 제356조에 규정된 죄를 범한 자로서 300만원 이상의 벌금형을 선고받고 그 형이 확정된 후 2년이 지나지 아니한 자	7. 공무원으로 재직기간 중 직무와 관련하여 「형법」 제355조(횡령, 배임) 및 제356조(업무상 횡령, 배임)에 규정된 죄를 범한 자로서 300만원 이상의 벌금형을 선고받고 그 형이 확정된 후 2년이 지나지 아니한 사람

6의3. 「성폭력범죄의 처벌 등에 관한 특례법」 제2조에 규정된 죄를 범한 사람으로서 100만원 이상의 벌금형을 선고받고 그 형이 확정된 후 3년이 지나지 아니한 사람	8. 「성폭력범죄의 처벌 등에 관한 특례법」 제2조에 규정된 죄를 범한 사람으로서 100만원 이상의 벌금형을 선고받고 그 형이 확정된 후 3년이 지나지 아니한 사람
6의4. 미성년자에 대한 다음 각 목의 어느 하나에 해당하는 죄를 저질러 파면·해임되거나 형 또는 치료감호를 선고받아 그 형 또는 치료감호가 확정된 사람(집행유예를 선고받은 후 그 집행유예기간이 경과한 사람을 포함한다) 가. 「성폭력범죄의 처벌 등에 관한 특례법」 제2조에 따른 성폭력범죄 나. 「아동·청소년의 성보호에 관한 법률」 제2조제2호에 따른 아동·청소년대상 성범죄	9. 미성년자에 대한 다음 각 목의 어느 하나에 해당하는 죄를 저질러 형 또는 치료감호가 확정된 사람(집행유예를 선고받은 후 그 집행유예기간이 경과한 사람을 포함한다) 가. 「성폭력범죄의 처벌 등에 관한 특례법」 제2조에 따른 성폭력범죄 나. 「아동·청소년의 성보호에 관한 법률」 제2조제2호에 따른 아동·청소년대상 성범죄
7. 징계로 파면처분을 받은 때부터 5년이 지나지 아니한 자	10. 징계에 의하여 파면 또는 해임처분을 받은 사람
8. 징계로 해임처분을 받은 때부터 3년이 지나지 아니한 자	

정답 7. ①

08 「국가경찰과 자치경찰의 조직 및 운영에 관한 법률」에서 국가수사본부장에 대한 설명으로 가장 적절한 것은?

① 국가수사본부장은 치안감으로 보하며, 임기가 끝나면 당연히 퇴직한다.
② 국가수사본부장의 임기는 2년으로 하며, 중임할 수 있다.
③ 국가수사본부장은 국가경찰사무를 총괄하고 경찰청 업무를 관장 하며 소속 공무원 및 각급 경찰기관의 장을 지휘 · 감독한다.
④ 국가수사본부장이 직무를 집행하면서 헌법이나 법률을 위배하였을 때에는 국회는 탄핵 소추를 의결할 수 있다.

해설

제16조(국가수사본부장) ① 경찰청에 국가수사본부를 두며, 국가수사본부장은 치안정감으로 보한다.

② 국가수사본부장은 「형사소송법」에 따른 경찰의 수사에 관하여 각 시 · 도경찰청장과 경찰서장 및 수사부서 소속 공무원을 지휘 · 감독한다.

③ 국가수사본부장의 임기는 2년으로 하며, 중임할 수 없다.

④ 국가수사본부장은 임기가 끝나면 당연히 퇴직한다.

⑤ 국가수사본부장이 직무를 집행하면서 헌법이나 법률을 위배하였을 때에는 국회는 탄핵 소추를 의결할 수 있다.

⑥ 국가수사본부장을 경찰청 외부를 대상으로 모집하여 임용할 필요가 있는 때에는 다음 각 호의 자격을 갖춘 사람 중에서 임용한다.
1. 10년 이상 수사업무에 종사한 사람 중에서 「국가공무원법」 제2조의2에 따른 고위공무원단에 속하는 공무원, 3급 이상 공무원 또는 총경 이상 경찰공무원으로 재직한 경력이 있는 사람
2. 판사 · 검사 또는 변호사의 직에 10년 이상 있었던 사람
3. 변호사 자격이 있는 사람으로서 국가기관, 지방자치단체, 「공공기관의 운영에 관한 법률」 제4조에 따른 공공기관(이하 "국가기관등"이라 한다)에서 법률에 관한 사무에 10년 이상 종사한 경력이 있는 사람
4. 대학이나 공인된 연구기관에서 법률학 · 경찰학 분야에서 조교수 이상의 직이나 이에 상당하는 직에 10년 이상 있었던 사람
5. 제1호부터 제4호까지의 경력 기간의 합산이 15년 이상인 사람

⑦ 국가수사본부장을 경찰청 외부를 대상으로 모집하여 임용하는 경우 다음 각 호의 어느 하나에 해당하는 사람은 국가수사본부장이 될 수 없다.
1. 「경찰공무원법」 제8조제2항 각 호의 결격사유에 해당하는 사람
2. 정당의 당원이거나 당적을 이탈한 날부터 3년이 지나지 아니한 사람
3. 선거에 의하여 취임하는 공직에 있거나 그 공직에서 퇴직한 날부터 3년이 지나지 아니한 사람
4. 제6항제1호에 해당하는 공무원 또는 제6항제2호의 판사 · 검사의 직에서 퇴직한 날로부터 1년이 지나지 아니한 사람
5. 제6항제3호에 해당하는 사람으로서 국가기관등에서 퇴직한 날로부터 1년이 지나지 아니한 사람

09 경찰공무원의 징계책임에 대한 설명으로 가장 적절한 것은?

① 「경찰공무원 징계령」상 중징계에는 파면, 해임 및 강등이 있으며, 경징계에는 정직, 감봉 및 견책이 있다.

② 「경찰공무원 징계령」상 징계등 심의 대상자는 증인의 심문을 신청할 수 있다. 이 경우 징계위원회의 위원장이 그 채택 여부를 결정한다.

③ 「국가공무원법」상 정직은 1개월 이상 3개월 이하의 기간으로 하고, 정직 처분을 받은 자는 그 기간 중 공무원의 신분은 보유하나 직무에 종사하지 못하며 보수의 3분의 2를 감한다.

④ 「경찰공무원법」상 경무관 이상의 경찰공무원에 대한 징계의결은 「국가공무원법」에 따라 국무총리 소속으로 설치된 징계위원회에서 한다.

해설

경찰공무원 징계령 제2조(정의) 이 영에서 사용하는 용어의 뜻은 다음과 같다.
   1. "중징계"란 파면, 해임, 강등 및 정직을 말한다.
   2. "경징계"란 감봉 및 견책을 말한다.

경찰공무원 징계령 제13조(심문과 진술권) ③ 징계등 심의 대상자는 증인의 심문을 신청할 수 있다. 이 경우 징계위원회는 의결로써 그 채택 여부를 결정하여야 한다.

국가공무원법 제80조(징계의 효력) ③ 정직은 1개월 이상 3개월 이하의 기간으로 하고, 정직 처분을 받은 자는 그 기간 중 공무원의 신분은 보유하나 직무에 종사하지 못하며 보수는 전액을 감한다.
   ④ 감봉은 1개월 이상 3개월 이하의 기간 동안 보수의 3분의 1을 감한다.
   ⑤ 견책(譴責)은 전과(前過)에 대하여 훈계하고 회개하게 한다.
   ⑥ 강등(3개월간 직무에 종사하지 못하는 효력 및 그 기간 중 보수는 전액을 감하는 효력으로 한정한다), 정직 및 감봉의 징계처분은 휴직기간 중에는 그 집행을 정지한다.

경찰공무원법 제32조(징계위원회) ① 경무관 이상의 경찰공무원에 대한 징계의결은 「국가공무원법」에 따라 국무총리 소속으로 설치된 징계위원회에서 한다.
   ② 총경 이하의 경찰공무원에 대한 징계의결을 하기 위하여 대통령령으로 정하는 경찰기관 및 해양경찰관서에 경찰공무원 징계위원회를 둔다.
   ③ 경찰공무원 징계위원회의 구성 · 관할 · 운영, 징계의결의 요구 절차, 그 밖에 필요한 사항은 대통령령으로 정한다.

10 「경찰관 직무집행법」에서 보호조치 등에 대한 설명으로 가장 적절한 것은?

① 「경찰관 직무집행법」 제4조제1항에 따라 긴급구호를 요청받은 보건의료기관이나 공공구호기관은 정당한 이유 없이 긴급구호를 거절할 수 없다. 만약, 긴급구호를 요청받은 응급의료종사자가 정당한 이유 없이 거절한 경우 「경찰관 직무집행법」에 따라 처벌한다.

② 경찰관은 「경찰관 직무집행법」 제4조제1항의 조치를 하였을 때에는 지체 없이 구호대상자의 가족, 친지 또는 그 밖의 연고자에게 그 사실을 알려야 하며, 연고자가 발견되지 아니할 때에는 구호대상자를 적당한 관할경찰관서에 즉시 인계하여야 한다.

③ 경찰관은 「경찰관 직무집행법」 제4조제1항의 조치를 하는 경우에, 구호대상자가 휴대하고 있는 무기 · 흉기 등 위험을 일으킬 수 있는 것으로 인정되는 물건을 경찰관서에 임시로 영치하여 놓을 수 있다. 물건을 경찰관서에 임시로 영치하는 기간은 10일을 초과할 수 없다.

④ 미아, 병자, 부상자 등으로서 적당한 보호자가 없으며 응급구호가 필요한 경우 본인이 구호를 거절하더라도 보호조치할 수 있다.

[해설]

제4조(보호조치 등) ① 경찰관은 수상한 행동이나 그 밖의 주위 사정을 합리적으로 판단해 볼 때 다음 각 호의 어느 하나에 해당하는 것이 명백하고 응급구호가 필요하다고 믿을 만한 상당한 이유가 있는 사람("구호대상자")을 발견하였을 때에는 보건의료기관이나 공공구호기관에 긴급구호를 요청하거나 경찰관서에 보호하는 등 적절한 조치를 할 수 있다.

1. 정신착란을 일으키거나 술에 취하여 자신 또는 다른 사람의 생명 · 신체 · 재산에 위해를 끼칠 우려가 있는 사람
2. 자살을 시도하는 사람
3. 미아, 병자, 부상자 등으로서 적당한 보호자가 없으며 응급구호가 필요하다고 인정되는 사람. 다만, 본인이 구호를 거절하는 경우는 제외한다.

② 제1항에 따라 긴급구호를 요청받은 보건의료기관이나 공공구호기관은 정당한 이유 없이 긴급구호를 거절할 수 없다.

③ 경찰관은 제1항의 조치를 하는 경우에 구호대상자가 휴대하고 있는 무기 · 흉기 등 위험을 일으킬 수 있는 것으로 인정되는 물건을 경찰관서에 임시로 영치(領置)하여 놓을 수 있다.

④ 경찰관은 제1항의 조치를 하였을 때에는 지체 없이 구호대상자의 가족, 친지 또는 그 밖의 연고자에게 그 사실을 알려야 하며, 연고자가 발견되지 아니할 때에는 구호대상자를 적당한 공공보건의료기관이나 공공구호기관에 즉시 인계하여야 한다.

⑤ 경찰관은 제4항에 따라 구호대상자를 공공보건의료기관이나 공공구호기관에 인계하였을 때에는 즉시 그 사실을 소속 경찰서장이나 해양경찰서장에게 보고하여야 한다.

⑥ 제5항에 따라 보고를 받은 소속 경찰서장이나 해양경찰서장은 대통령령으로 정하는 바에 따라 구호대상자를 인계한 사실을 지체 없이 해당 공공보건의료기관 또는 공공구호기관의 장 및 그 감독행정청에 통보하여야 한다.

⑦ 제1항에 따라 구호대상자를 경찰관서에서 보호하는 기간은 24시간을 초과할 수 없고, 제3항에 따라 물건을 경찰관서에 임시로 영치하는 기간은 10일을 초과할 수 없다.

참고 응급의료에 관한 법률

제6조(응급의료의 거부금지 등) ① 응급의료기관등에서 근무하는 응급의료종사자는 응급환자를 항상 진료할 수 있도록 응급의료업무에 성실히 종사하여야 한다.

② 응급의료종사자는 업무 중에 응급의료를 요청받거나 응급환자를 발견하면 즉시 응급의료를 하여야 하며 정당한 사유 없이 이를 거부하거나 기피하지 못한다.

제60조(벌칙) ③ 다음 각 호의 어느 하나에 해당하는 사람은 3년 이하의 징역 또는 3천만원 이하의 벌금에 처한다.

1. 제6조제2항을 위반하여 응급의료를 거부 또는 기피한 응급의료종사자

11 「보안업무규정 시행 세부규칙」에서 제한구역에 해당하는 것은 모두 몇 개인가?

㉠ 전자교환기(통합장비)실	㉡ 정보통신관제센터
㉢ 정보보안기록실	㉣ 경찰청 및 시·도경찰청 항공대
㉤ 종합상황실	

① 2개   ② 3개   ③ 4개   ④ 5개

해설

1. 제한구역	2. 통제구역
가. 전자교환기(통합장비)실, 정보통신실 나. 발간실 다. 송신 및 중계소, 정보통신관제센터 라. 경찰청 및 시·도경찰청 항공대 마. 작전·경호·정보·보안업무 담당부서 전역 바. 과학수사센터	가. 암호취급소 나. 정보보안기록실 다. 무기창·무기고 및 탄약고 라. 종합상황실·치안상황실 마. 암호장비관리실 바. 정보상황실 사. 비밀발간실 아. 종합조회처리실

보안업무규정 시행규칙 제54조(보호지역의 구분) ① 영 제34조제2항에 따른 제한지역, 제한구역 및 통제구역이란 각각 다음 각 호의 지역 또는 구역을 말한다.

    1. 제한지역: 비밀 또는 국·공유재산의 보호를 위하여 울타리 또는 방호·경비인력에 의하여 영 제34조제3항에 따른 승인을 받지 않은 사람의 접근이나 출입에 대한 감시가 필요한 지역

    2. 제한구역: 비인가자가 비밀, 주요시설 및 Ⅲ급 비밀 소통용 암호자재에 접근하는 것을 방지하기 위하여 안내를 받아 출입하여야 하는 구역

    3. 통제구역: 보안상 매우 중요한 구역으로서 비인가자의 출입이 금지되는 구역

2021 제2차 경찰공무원 **381** • • •

12 범죄원인론에 대한 설명으로 가장 적절하게 연결되지 <u>않은</u> 것은?

① 쇼와 맥케이(Shaw & Mckay)의 사회해체이론 – 빈민(slum)지역에서 범죄발생률이 높은 것은 도시의 산업화·공업화 과정에서 지역사회의 제도나 규범 등이 극도로 해체되기 때문으로, 이 지역에서는 비행적 전통과 가치관이 사회통제를 약화시켜서 일탈이 야기되며 이러한 지역은 구성원이 바뀌더라도 비행발생률은 감소하지 않는다.

② 레클리스(Reckless)의 견제(봉쇄)이론 – 고전주의 범죄학 이론에 기반을 둔 것으로, 인간은 범죄로부터 얻을 수 있는 이익보다 더 큰 고통을 받게 되면, 범죄를 저지르지 않을 것이라는 전제를 하고 있다. 범죄통제를 위해서는 처벌의 엄격성, 신속성, 확실성이 요구되며 이 중 처벌의 확실성이 가장 중요하다.

③ 버제스와 에이커스(Burgess & Akers)의 차별적 강화이론 – 범죄행위의 결과로서 보상이 취득되고 처벌이 회피될 때 그 행위는 강화되는 반면, 보상이 상실되고 처벌이 강화되면 그 행위는 약화된다.

④ 머튼(Merton)의 긴장(아노미)이론 – 목표와 그 목표를 이루기 위한 수단과의 간극이 커지면서 아노미 조건이 유발되어 분노와 좌절이라는 긴장이 초래되고, 그 목적을 달성하기 위한 수단으로서 범죄를 선택한다.

[해설]

억제이론 – 고전주의 범죄학 이론에 기반을 둔 것으로, 인간은 범죄로부터 얻을 수 있는 이익보다 더 큰 고통을 받게 된다면 범죄를 저지르지 않을 것이라는 전제를 하고 있다. 범죄통제를 위해서는 처벌의 엄격성, 신속성, 확실성이 요구되며, 이 중 처벌의 확실성이 가장 중요하다고 본다.

레클리스(Reckless)의 견제(봉쇄)이론 – 사회통제이론의 일종으로 좋은 자아관념은 주변의 범죄적 환경에도 불구하고 비행행위에 가담하지 않는 중요한 요소가 된다고 주장함. 범죄를 차단하는 내적통제력과 외적통제력이 범죄유발요인보다 강하면 범죄가 통제된다고 본다.

정답 11. ② 12. ②

13 「성매매알선 등 행위의 처벌에 관한 법률」에 대한 설명으로 적절한 것은 모두 몇 개인가?

> ㉠ "성매매"란 불특정인을 상대로 금품이나 그 밖의 재산상의 이익을 수수하거나 수수하기로 약속하고 유사성교행위를 제외한 성교행위를 하거나 그 상대방이 되는 것을 말한다.
> ㉡ "성매매알선 등 행위"에는 성매매를 알선, 권유, 유인 또는 강요하는 행위와 성매매의 장소를 제공하는 행위를 포함한다.
> ㉢ "성매매피해자"란 위계, 위력에 의하여 성매매를 강요당한 사람, 성매매 목적의 인신매매를 당한 사람 등을 말한다. 다만, 고용관계로 인하여 보호 또는 감독하는 사람에 의하여 마약등에 중독되어 성매매를 한 사람은 성매매피해자에 포함되지 않는다.
> ㉣ 검사 또는 사법경찰관은 수사과정에서 피의자 또는 참고인이 성매매피해자에 해당한다고 볼만한 상당한 이유가 있을 때에는 지체없이 법정대리인, 친족 또는 변호인에게 통지하고, 신변보호, 수사의 비공개, 친족 또는 지원시설·성매매피해상담소에의 인계 등 그 보호에 필요한 조치를 하여야 한다. 다만, 피의자 또는 참고인의 사생활 보호 등 부득이한 사유가 있는 경우에는 통지하지 아니할 수 있다.
> ㉤ 성매매피해자의 성매매는 형을 감경하거나 면제할 수 있다.

① 1개   ② 2개   ③ 3개   ④ 4개

해설

제2조(정의) ① 이 법에서 사용하는 용어의 뜻은 다음과 같다.
1. "성매매"란 불특정인을 상대로 금품이나 그 밖의 재산상의 이익을 수수(收受)하거나 수수하기로 약속하고 다음 각 목의 어느 하나에 해당하는 행위를 하거나 그 상대방이 되는 것을 말한다.
   가. 성교행위
   나. 구강, 항문 등 신체의 일부 또는 도구를 이용한 유사 성교행위

2. "성매매알선 등 행위"란 다음 각 목의 어느 하나에 해당하는 행위를 하는 것을 말한다.
   가. 성매매를 알선, 권유, 유인 또는 강요하는 행위
   나. 성매매의 장소를 제공하는 행위
   다. 성매매에 제공되는 사실을 알면서 자금, 토지 또는 건물을 제공하는 행위

3. "성매매 목적의 인신매매"란 다음 각 목의 어느 하나에 해당하는 행위를 하는 것을 말한다.
   가. 성을 파는 행위 또는 「형법」제245조에 따른 음란행위를 하게 하거나, 성교행위 등 음란한 내용을 표현하는 사진·영상물 등의 촬영 대상으로 삼을 목적으로 위계(僞計), 위력(威力), 그 밖에 이에 준하는 방법으로 대상자를 지배·관리하면서 제3자에게 인계하는 행위
   나. 가목과 같은 목적으로 미성년자, 사물을 변별하거나 의사를 결정할 능력이 없거나 미약한 사람 또는 대통령령으로 정하는 중대한 장애가 있는 사람이나 그를 보호·감독하는 사람에게 선불금 등 금품이나 그 밖의 재산상의 이익을 제공하거나 제공하기로 약속하고 대상자를 지배·관리하면서 제3자에게 인계하는 행위
   다. 가목 및 나목의 행위가 행하여지는 것을 알면서 가목과 같은 목적이나 전매를 위하여 대상자를 인계받는 행위
   라. 가목부터 다목까지의 행위를 위하여 대상자를 모집·이동·은닉하는 행위

4. "성매매피해자"란 다음 각 목의 어느 하나에 해당하는 사람을 말한다.

　가. 위계, 위력, 그 밖에 이에 준하는 방법으로 성매매를 강요당한 사람

　나. 업무관계, 고용관계, 그 밖의 관계로 인하여 보호 또는 감독하는 사람에 의하여 「마약류관리에 관한 법률」 제2조에 따른 마약·향정신성의약품 또는 대마("마약등")에 중독되어 성매매를 한 사람

　다. 미성년자, 사물을 변별하거나 의사를 결정할 능력이 없거나 미약한 사람 또는 대통령령으로 정하는 중대한 장애가 있는 사람으로서 성매매를 하도록 알선·유인된 사람

　라. 성매매 목적의 인신매매를 당한 사람

제6조(성매매피해자에 대한 처벌특례와 보호) ① 성매매피해자의 성매매는 처벌하지 아니한다.

② 검사 또는 사법경찰관은 수사과정에서 피의자 또는 참고인이 성매매피해자에 해당한다고 볼 만한 상당한 이유가 있을 때에는 지체 없이 법정대리인, 친족 또는 변호인에게 통지하고, 신변보호, 수사의 비공개, 친족 또는 지원시설·성매매피해상담소에의 인계 등 그 보호에 필요한 조치를 하여야 한다. 다만, 피의자 또는 참고인의 사생활 보호 등 부득이한 사유가 있는 경우에는 통지하지 아니할 수 있다.

14 「아동학대범죄의 처벌 등에 관한 특례법」에 대한 설명으로 가장 적절하지 <u>않은</u> 것은?

① 아동학대 신고의무자가 보호하는 아동에 대하여 아동학대범죄를 범한 때에는 그 죄에 정한 형의 2분의 1까지 가중한다.

② 아동학대범죄 현장을 발견한 경우 또는 학대현장 이외의 장소에서 학대피해가 확인되고 재학대의 위험이 급박한 경우, 사법경찰관리 또는 아동학대전담공무원은 피해아동 등의 보호를 위하여 즉시 응급조치를 하여야 한다. 응급조치에는 아동학대범죄 행위의 제지, 아동학대행위자를 피해아동등으로부터 격리, 피해아동등을 아동학대 관련 보호시설로 인도, 피해아동등 또는 가정구성원에 대한 전기통신을 이용한 접근 금지 등의 조치가 있다.

③ 아동학대행위자를 피해아동등으로부터 격리하는 경우, 72시간을 넘을 수 없다. 다만, 공휴일이나 토요일이 포함되는 경우로서 피해아동등의 보호를 위하여 필요하다고 인정되는 경우에는 48시간의 범위에서 그 기간을 연장할 수 있다.

④ 판사는 아동학대범죄의 원활한 조사심리 또는 피해아동등의 보호를 위하여 필요하다고 인정하는 경우에는 결정으로 아동 학대행위자에게 임시조치를 할 수 있다. 임시조치에는 친권 또는 후견인 권한 행사의 제한 또는 정지, 아동보호전문기관 등에의 상담 및 교육 위탁, 의료기관이나 그 밖의 요양시설에의 위탁, 경찰관서의 유치장 또는 구치소에의 유치 등이 있다.

[해설]

제12조(피해아동 등에 대한 응급조치) ① 제11조제1항에 따라 현장에 출동하거나 **아동학대범죄 현장을 발견한 경우 또는 학대현장 이외의 장소에서 학대피해가 확인되고 재학대의 위험이 급박·현저한 경우**, 사법경찰관리 또는 아동학대전담공무원은 피해아동, 피해아동의 형제자매인 아동 및 피해아동과 동거하는 아동("피해아동등")의 보호를 위하여 즉시 다음 각 호의 조치("**응급조치**")를 하여야 한다. 이 경우 제3호의 조치를 하는 때에는 피해아동등의 이익을 최우선으로 고려하여야 하며, 피해아동등을 보호하여야 할 필요가 있는 등 특별한 사정이 있는 경우를 제외하고는 피해아동등의 의사를 존중하여야 한다.

　1. 아동학대범죄 행위의 제지
　2. 아동학대행위자를 피해아동등으로부터 격리
　3. 피해아동등을 아동학대 관련 보호시설로 인도
　4. 긴급치료가 필요한 피해아동을 의료기관으로 인도

③ 제1항제2호부터 제4호까지의 규정에 따른 응급조치는 **72시간**을 넘을 수 없다. 다만, 본문의 기간에 공휴일이나 토요일이 포함되는 경우로서 피해아동등의 보호를 위하여 필요하다고 인정되는 경우에는 48시간의 범위에서 그 기간을 연장할 수 있다.

제7조(아동복지시설의 종사자 등에 대한 가중처벌) 제10조제2항 각 호에 따른 아동학대 신고의무자가 보호하는 아동에 대하여 아동학대범죄를 범한 때에는 그 죄에 정한 형의 2분의 1까지 가중한다.

제19조(아동학대행위자에 대한 임시조치) ① 판사는 아동학대범죄의 원활한 조사·심리 또는 피해아동등의 보호를 위하여 필요하다고 인정하는 경우에는 결정으로 아동학대행위자에게 다음 각 호의 어느 하나에 해당하는 조치("임시조치")를 할 수 있다.

1. 피해아동등 또는 가정구성원(「가정폭력범죄의 처벌 등에 관한 특례법」 제2조제2호에 따른 가정구성원을 말한다. 이하 같다)의 주거로부터 퇴거 등 격리
2. 피해아동등 또는 가정구성원의 주거, 학교 또는 보호시설 등에서 100미터 이내의 접근 금지
3. 피해아동등 또는 가정구성원에 대한 「전기통신기본법」 제2조제1호의 전기통신을 이용한 접근 금지
4. 친권 또는 후견인 권한 행사의 제한 또는 정지
5. 아동보호전문기관 등에의 상담 및 교육 위탁
6. 의료기관이나 그 밖의 요양시설에의 위탁
7. 경찰관서의 유치장 또는 구치소에의 유치

15 선거경비에 대한 설명으로 가장 적절한 것은?

① 통상 비상근무체제는 선거기간 개시일부터 개표 종료 때까지이며, 경계강화기간은 선거기간 개시일부터 선거 전일까지이다.

② 대통령 후보자는 갑호경호 대상으로 후보자 등록 시부터 당선확정 시까지 후보자가 원하는 경우 유세장·숙소 등에 대해 24시간 경호임무를 수행하고, 후보자가 원하지 않는 경우 시·도 경찰청에서 경호경험이 있는 자를 선발해 관내 유세기간 중 근접 배치한다.

③ 투표소의 질서유지는 선거관리위원회와 경찰이 합동으로 하고, 경찰은 112 순찰차를 투표소 밖에 배치하여 거점근무 및 순찰을 실시하고, 정복 경찰을 투표소 내에 배치하여야 한다.

④ 「공직선거법」상 누구든지 개표소 안에서 무기 등을 지닐 수 없으므로 선거관리위원회 위원장의 원조요구가 있더라도 개표소안으로 투입되는 경찰관은 무기를 휴대할 수 없다.

[해설]

대통령 등의 경호에 관한 법률 제4조(경호대상) ① 경호처의 경호대상은 다음과 같다.

1. 대통령과 그 가족
2. **대통령 당선인**과 그 가족 / (대통령 후보자 = 을호경호 대상)
3. 본인의 의사에 반하지 아니하는 경우에 한정하여 퇴임 후 10년 이내의 전직 대통령과 그 배우자. 다만, 대통령이 임기 만료 전에 퇴임한 경우와 재직 중 사망한 경우의 경호 기간은 그로부터 5년으로 하고, 퇴임 후 사망한 경우의 경호 기간은 퇴임일부터 기산(起算)하여 10년을 넘지 아니하는 범위에서 사망 후 5년으로 한다.
4. 대통령권한대행과 그 배우자
5. 대한민국을 방문하는 외국의 국가 원수 또는 행정수반(行政首班)과 그 배우자
6. 그 밖에 처장이 경호가 필요하다고 인정하는 국내외 요인(要人)

공직선거법 제33조(선거기간) ① 선거별 선거기간은 다음 각호와 같다.

1. 대통령선거는 23일
2. 국회의원선거와 지방자치단체의 의회의원 및 장의 선거는 14일

③ "선거기간"이란 다음 각 호의 기간을 말한다.

1. 대통령선거: 후보자등록마감일의 다음 날부터 선거일까지
2. 국회의원선거와 지방자치단체의 의회의원 및 장의 선거: 후보자등록마감일 후 6일부터 선거일까지

공직선거법 제164조(투표소 등의 질서유지) ① 투표관리관 또는 투표사무원은 투표소의 질서가 심히 문란하여 공정한 투표가 실시될 수 없다고 인정하는 때에는 투표소의 질서를 유지하기 위하여 **정복을 한 경찰공무원** 또는 경찰관서장에게 원조를 요구할 수 있다(투표소 질서유지는 선거관리위원회가 자체적으로 하는 것이지, 정복 경찰관을 투표소에 배치하는 것은 아니다. 다만 경찰은 순찰차를 투표소 밖에 배치하여 거점 근무 순찰을 실시한다).

② 제1항의 규정에 의하여 원조요구를 받은 경찰공무원 또는 경찰관서장은 즉시 이에 따라야 한다.

③ 제1항의 요구에 의하여 투표소안에 들어간 **경찰공무원** 또는 경찰관서장은 **투표관리관**의 **지시를 받아야** 하며, 질서가 회복되거나 **투표관리관의 요구가 있는 때**에는 즉시 **투표소안에서 퇴거하여야** 한다.

공직선거법 제165조(무기나 흉기 등의 휴대금지) ① 제164조(투표소 등의 질서유지)제1항의 경우를 제외하고는 누구든지 투표소안에서 무기나 흉기 또는 폭발물을 지닐 수 없다.

공직선거법 제183조(개표소의 출입제한과 질서유지) ① 구 · 시 · 군선거관리위원회와 그 상급선거관리위원회의 위원 · 직원, 개표사무원 · 개표사무협조요원 및 개표참관인을 제외하고는 누구든지 개표소에 들어갈 수 없다. 다만, 관람증을 배부받은 자와 방송 · 신문 · 통신의 취재 · 보도요원이 일반관람인석에 들어가는 경우는 그러하지 아니하다.

② 선거관리위원회의 위원 · 직원, 개표사무원 · 개표사무협조요원 및 개표참관인이 개표소에 출입하는 때에는 중앙선거관리위원회규칙이 정하는 바에 따라 표지를 달거나 붙여야 하며, 이를 다른 사람에게 양도 · 양여할 수 없다.

③ **구 · 시 · 군선거관리위원회위원장**이나 위원은 개표소의 질서가 심히 문란하여 공정한 개표가 진행될 수 없다고 인정하는 때에는 개표소의 질서유지를 위하여 정복을 한 **경찰공무원** 또는 경찰관서장에게 **원조를 요구할 수 있다.**

④ 제3항의 규정에 의하여 원조요구를 받은 경찰공무원 또는 경찰관서장은 즉시 이에 따라야 한다.

⑤ 제3항의 요구에 의하여 개표소안에 들어간 경찰공무원 또는 경찰관서장은 구 · 시 · 군선거관리위원회위원장의 지시를 받아야 하며, 질서가 회복되거나 위원장의 요구가 있는 때에는 즉시 개표소에서 퇴거하여야 한다.

⑥ 제3항의 경우를 제외하고는 누구든지 개표소안에서 무기나 흉기 또는 폭발물을 지닐 수 없다.

16 「도로교통법」에 대한 설명(㉠~㉣) 중 옳고 그름의 표시(○, ×)가 바르게 된 것은?

㉠ "자동차"란 철길이나 가설된 선을 이용하지 아니하고 원동기를 사용하여 운전되는 차로서 승용자동차, 승합자동차, 화물자동차, 특수자동차, 이륜자동차, 원동기장치자전거를 말한다. 다만, 건설기계는 제외한다.

㉡ 자동차등을 운전하려는 사람은 시ㆍ도경찰청장으로부터 운전면허를 받아야 한다. 다만, 「도로교통법」 제2조제19호나목의 원동기를 단 차 중 「교통약자의 이동편의 증진법」 제2조제1호에 따른 교통약자가 최고속도 시속 20킬로미터 이하로만 운행될 수 있는 차를 운전하는 경우에는 그러하지 아니하다.

㉢ 어린이통학버스가 도로에 정차하여 어린이나 영유아가 타고 내리는 중임을 표시하는 점멸등 등의 장치를 작동 중일 때에는 어린이통학버스가 정차한 차로와 그 차로의 바로 옆 차로로 통행하는 차의 운전자는 어린이통학버스에 이르기 전에 일시정지하여 안전을 확인한 후 서행하여야 한다.

㉣ 어린이의 보호자는 어린이가 행정안전부령으로 정하는 인명보호 장구를 착용한 경우를 제외하고 도로에서 개인형 이동장치를 운전하게 하여서는 아니 된다.

① ㉠ (○), ㉡ (×), ㉢ (○), ㉣ (×)　　② ㉠ (×), ㉡ (○), ㉢ (×), ㉣ (○)
③ ㉠ (×), ㉡ (×), ㉢ (○), ㉣ (×)　　④ ㉠ (×), ㉡ (○), ㉢ (○), ㉣ (×)

해설

제2조(정의) 이 법에서 사용하는 용어의 뜻은 다음과 같다.

18. "자동차"란 철길이나 가설된 선을 이용하지 아니하고 원동기를 사용하여 운전되는 차(견인되는 자동차도 자동차의 일부로 본다)로서 다음 각 목의 차를 말한다.

　가. 「자동차관리법」 제3조에 따른 다음의 자동차. 다만, 원동기장치자전거는 제외한다.

　　1) 승용자동차
　　2) 승합자동차
　　3) 화물자동차
　　4) 특수자동차
　　5) 이륜자동차

　나. 「건설기계관리법」 제26조제1항 단서에 따른 **건설기계**

제11조(어린이 등에 대한 보호) ① 어린이의 보호자는 교통이 빈번한 도로에서 어린이를 놀게 하여서는 아니 되며, 영유아(6세 미만인 사람을 말한다)의 보호자는 교통이 빈번한 도로에서 영유아가 혼자 보행하게 하여서는 아니 된다.

② 앞을 보지 못하는 사람(이에 준하는 사람을 포함한다)의 보호자는 그 사람이 도로를 보행할 때에는 흰색 지팡이를 갖고 다니도록 하거나 앞을 보지 못하는 사람에게 길을 안내하는 개로서 행정안전부령으로 정하는 개("장애인보조견")를 동반하도록 하는 등 필요한 조치를 하여야 한다.

③ 어린이의 보호자는 도로에서 어린이가 자전거를 타거나 행정안전부령으로 정하는 위험성이 큰 움직이는 놀이기구를 타는 경우에는 어린이의 안전을 위하여 행정안전부령으로 정하는 인명보호 장구(裝具)를 착용하도록 하여야 한다.

④ 어린이의 보호자는 도로에서 어린이가 **개인형 이동장치**를 운전하게 하여서는 아니 된다.

제51조(어린이통학버스의 **특별보호**) ① 어린이통학버스가 도로에 정차하여 어린이나 영유아가 타고 내리는 중임을 표시하는 점멸등 등의 장치를 작동 중일 때에는 어린이통학버스가 정차한 차로와 그 차로의 바로 옆 차로로 통행하는 차의 운전자는 어린이통학버스에 이르기 전에 일시정지하여 안전을 확인한 후 서행하여야 한다.

제80조(운전면허) ① 자동차등을 운전하려는 사람은 시 · 도경찰청장으로부터 운전면허를 받아야 한다. 다만, 제2조제19호나목의 원동기를 단 차 중 「교통약자의 이동편의 증진법」 제2조제1호에 따른 교통약자가 최고속도 시속 20킬로미터 이하로만 운행될 수 있는 차를 운전하는 경우에는 그러하지 아니하다.

17 「집회 및 시위에 관한 법률」 및 「집회 및 시위에 관한 법률 시행령」에 대한 설명으로 적절하지 <u>않은</u> 것은 모두 몇 개인가?

ㄱ 집회 또는 시위의 주최자는 확성기등을 사용하여 타인에게 심각한 피해를 주는 소음으로서 주거·학교·종합병원 지역에서 주간(07:00~해지기 전)에 등가소음도(Leq) 65dB(A)이하의 기준을 위반하는 소음을 발생시켜서는 아니 된다.

ㄴ 확성기등의 소음은 관할 경찰서장(현장 경찰공무원)이 측정하며, 소음 측정 장소는 피해자가 위치한 건물의 외벽에서 소음원 방향으로 1~3.5m 떨어진 지점으로 하되, 소음도가 높을 것으로 예상되는 지점의 지면 위 1.2~1.5m 높이에서 측정한다. 다만, 주된 건물의 경비 등을 위하여 사용되는 부속 건물, 광장·공원이나 도로상의 영업시설물, 공원의 관리사무소 등은 소음 측정 장소에서 제외한다.

ㄷ 관할경찰관서장은 집회 또는 시위의 주최자가 대통령령으로 정하는 기준을 초과하는 소음을 발생시켜 타인에게 피해를 주는 경우에는 그 기준 이하의 소음 유지 또는 확성기등의 사용 중지를 명하거나 확성기등의 일시보관 등 필요한 조치를 할 수 있다.

ㄹ 「집회 및 시위에 관한 법률」 제14조(확성기등 사용의 제한)는 예술·체육·종교 등에 관한 집회 및 1인 시위에도 적용된다.

---

① 1개　　　　② 2개　　　　⑦ 3개　　　　④ 4개

해설

제2조(정의) 이 법에서 사용하는 용어의 뜻은 다음과 같다.

2. "시위"란 **여러 사람**이 공동의 목적을 가지고 도로, 광장, 공원 등 일반인이 자유로이 통행할 수 있는 장소를 행진하거나 위력(威力) 또는 기세(氣勢)를 보여, 불특정한 여러 사람의 의견에 영향을 주거나 제압(制壓)을 가하는 행위를 말한다(1인 시위는 제외).

제14조(확성기등 사용의 제한) ① 집회 또는 시위의 주최자는 확성기, 북, 징, 꽹과리 등의 기계·기구("확성기 등")를 사용하여 타인에게 심각한 피해를 주는 소음으로서 대통령령으로 정하는 기준을 위반하는 소음을 발생시켜서는 아니 된다.

② 관할경찰관서장은 집회 또는 시위의 주최자가 제1항에 따른 기준을 초과하는 소음을 발생시켜 타인에게 피해를 주는 경우에는 그 기준 이하의 소음 유지 또는 확성기등의 사용 중지를 명하거나 확성기 등의 일시보관 등 필요한 조치를 할 수 있다.

■ **집회 및 시위에 관한 법률 시행령 [별표 2]**

확성기등의 소음기준(제14조 관련)

소음도 구분		대상 지역	시간대		
			주간 (07:00~해지기 전)	야간 (해진 후~24:00)	심야 (00:00~07:00)
대상 소음도	등가소음도 (Leq)	주거지역, 학교, 종합병원	65 이하	60 이하	55 이하
		공공도서관	65 이하	60 이하	
		그 밖의 지역	75 이하	65 이하	
	최고소음도 (Lmax)	주거지역, 학교, 종합병원	85 이하	80 이하	75 이하
		공공도서관	85 이하	80 이하	
		그 밖의 지역	95 이하		

비고

1. 확성기등의 소음은 관할 경찰서장(현장 경찰공무원)이 측정한다.
2. 소음 측정 장소는 피해자가 위치한 건물의 외벽에서 소음원 방향으로 1~3.5m 떨어진 지점으로 하되, 소음도가 높을 것으로 예상되는 지점의 지면 위 1.2~1.5m 높이에서 측정한다. 다만, 주된 건물의 경비 등을 위하여 사용되는 부속 건물, 광장 · 공원이나 도로상의 영업시설물, 공원의 관리사무소 등은 소음 측정 장소에서 제외한다.
3. 제2호의 장소에서 확성기등의 대상소음이 있을 때 측정한 소음도를 측정소음도로 하고, 같은 장소에서 확성기등의 대상소음이 없을 때 5분간 측정한 소음도를 배경소음도로 한다.
4. 측정소음도가 배경소음도보다 10dB 이상 크면 배경소음의 보정 없이 측정소음도를 대상소음도로 하고, 측정소음도가 배경소음도보다 3.0~9.9dB 차이로 크면 아래 표의 보정치에 따라 측정소음도에서 배경소음을 보정한 소음도를 대상소음도로 하며, 측정소음도가 배경소음도보다 3dB 미만으로 크면 다시 한 번 측정소음도를 측정하고, 다시 측정하여도 3dB 미만으로 크면 확성기등의 소음으로 보지 아니한다.
[단위: dB(A)]

18 「북한이탈주민의 보호 및 정착지원에 관한 법률」에 대한 설명으로 가장 적절하지 **않은** 것은?

① 위장탈출 혐의자 또는 국내 입국 후 3년이 지나서 보호신청한 사람은 보호대상자로 결정하지 아니할 수 있다.

② 북한이탈주민으로서 「북한이탈주민의 보호 및 정착지원에 관한 법률」에 의한 보호를 받고자 하는 자는 재외공관장등에게 보호를 직접 신청하여야 한다. 다만, 보호를 직접 신청하지 아니할 수 있는 대통령령으로 정하는 사유가 있는 경우에는 그러하지 아니하다.

③ 보호신청을 받은 재외공관장등은 지체없이 그 사실을 소속 중앙 행정기관의 장을 거쳐 통일부장관과 국가정보원장에게 통보하여야 한다.

④ 경찰청장은 보호신청자에 대하여 보호결정 등을 위하여 필요한 조사 및 일시적인 신변안전조치 등 임시보호조치를 한 후 지체 없이 그 결과를 통일부장관과 국가정보원장에게 통보하여야 한다.

> **해설**
>
> **제7조(보호신청 등)** ① 북한이탈주민으로서 이 법에 따른 보호를 받으려는 사람은 재외공관이나 그 밖의 행정기관의 장(각급 군부대의 장을 포함한다. 이하 "재외공관장등"이라 한다)에게 보호를 직접 신청하여야 한다. 다만, 보호를 직접 신청하지 아니할 수 있는 대통령령으로 정하는 사유가 있는 경우에는 그러하지 아니하다.
> ② 제1항 본문에 따른 보호신청을 받은 재외공관장등은 지체 없이 그 사실을 소속 중앙행정기관의 장을 거쳐 통일부장관과 **국가정보원장**에게 통보하여야 한다.
> ③ 제2항에 따라 통보를 받은 국가정보원장은 보호신청자에 대하여 보호결정 등을 위하여 필요한 조사 및 일시적인 신변안전조치 등 임시보호조치를 한 후 지체 없이 그 결과를 **통일부장관**에게 통보하여야 한다.
> ④ 국가정보원장은 제3항에 따른 조사 및 임시보호조치를 하기 위한 시설("임시보호시설")을 설치 · 운영하여야 한다.
>
> **제9조(보호 결정의 기준)** ① 제8조제1항 본문에 따라 보호 여부를 결정할 때 다음 각 호의 어느 하나에 해당하는 사람은 **보호대상자로 결정하지 아니할 수 있다.**
> 1. 항공기 납치, 마약거래, 테러, 집단살해 등 국제형사범죄자
> 2. 살인 등 중대한 비정치적 범죄자
> 3. **위장탈출 혐의자**
> 5. **국내 입국 후 3년이 지나서 보호신청한 사람**
> 6. 그 밖에 국가안전보장 · 질서유지 · 공공복리에 대한 중대한 위해 발생 우려, 보호신청자의 경제적 능력 및 해외체류 여건 등을 고려하여 보호대상자로 정하는 것이 부적당하거나 보호 필요성이 현저히 부족하다고 대통령령으로 정하는 사람

19 「검사와 사법경찰관의 상호협력과 일반적 수사준칙에 관한 규정」에 대한 설명으로 가장 적절한 것은? (기출 수정)

① 검사는 사법경찰관에게 수사경합에 따른 사건송치를 요구할 때에는 그 내용과 이유를 구체적으로 적은 서면으로 해야 하며, 사법경찰관은 요구를 받은 날부터 10일 이내에 사건을 검사에게 송치해야 한다.

② 사법경찰관은 수사중지 결정을 한 경우 7일 이내에 사건기록을 검사에게 송부해야 한다. 이 경우 검사는 사건기록을 송부받을 날부터 30일 이내에 반환해야 한다.

③ 사법경찰관은 법 제197조의2 제1항에 따른 보완수사요구가 접수된 다음 날부터 5개월 이내에 보완수사를 마쳐야 한다.

④ 검사는 사법경찰관에게 재수사를 요청하려는 경우에는 관계 서류와 증거물을 송부받은 날부터 90일 이내에 해야 하며, 90일이 지난 후에는 불송치 결정에 영향을 줄 수 있는 명백히 새로운 증거 또는 사실이 발견된 경우를 제외하고 재수사를 요청할 수 없다.

해설

제49조(수사경합에 따른 사건송치) ① 검사는 법 제197조의4제1항에 따라 사법경찰관에게 사건송치를 요구할 때에는 그 내용과 이유를 구체적으로 적은 서면으로 해야 한다.

② 사법경찰관은 제1항에 따른 요구를 받은 날부터 **7일 이내**에 사건을 검사에게 송치해야 한다. 이 경우 관계 서류와 증거물을 함께 송부해야 한다.

제59조(보완수사요구의 대상과 범위) ① 검사는 사법경찰관으로부터 송치받은 사건에 대해 보완수사가 필요하다고 인정하는 경우에는 직접 보완수사를 하거나 법 제197조의2제1항제1호(**송치사건의 공소제기 여부 결정 또는 공소의 유지에 관하여 필요한 경우**)에 따라 사법경찰관에게 보완수사를 요구할 수 있다. 다만, 송치사건의 공소제기 여부 결정에 필요한 경우로서 다음 각 호의 어느 하나에 해당하는 경우에는 특별히 사법경찰관에게 보완수사를 요구할 필요가 있다고 인정되는 경우를 제외하고는 검사가 직접 보완수사를 하는 것을 원칙으로 한다. 〈개정 2023. 10. 17.〉

1. 사건을 수리한 날(이미 보완수사요구가 있었던 사건의 경우 보완수사 이행 결과를 통보받은 날을 말한다)부터 1개월이 경과한 경우
2. 사건이 송치된 이후 검사가 해당 피의자 및 피의사실에 대해 상당한 정도의 보완수사를 한 경우
3. 사법경찰관으로부터 사건을 송치받은 경우
4. 검사와 사법경찰관이 사건 송치 전에 수사할 사항, 증거수집의 대상 및 법령의 적용 등에 대해 협의를 마치고 송치한 경우

제60조(보완수사요구의 방법과 절차) ③ 사법경찰관은 법 제197조의2제1항에 따른 보완수사요구가 접수된 날부터 3개월 이내에 보완수사를 마쳐야 한다. 〈신설 2023. 10. 17.〉

제63조(재수사요청의 절차 등) ① 검사는 법 제245조의8에 따라 사법경찰관에게 재수사를 요청하려는 경우에는 법 제245조의5제2호에 따라 관계 서류와 증거물을 송부받은 날부터 **90일 이내**에 해야 한다. 다만, 다음 각 호의 어느 하나에 해당하는 경우에는 관계 서류와 증거물을 송부받은 날부터 90일이 지난 후에도 재수사를 요청할 수 있다.

1. 불송치 결정에 영향을 줄 수 있는 명백히 새로운 증거 또는 사실이 발견된 경우
2. 증거 등의 허위, 위조 또는 변조를 인정할 만한 상당한 정황이 있는 경우

정답 18. ④ 19. ②

20 「출입국관리법」상 외국인 강제퇴거 대상으로 적절하지 <u>않은</u> 것은 모두 몇 개인가? (기출 수정)

> ㉠ 대통령령으로 정하는 금액 이상의 벌금이나 추징금을 내지 아니한 대한민국 국민
> ㉡ 형사재판에 계속(係屬) 중인 대한민국 국민
> ㉢ 금고 이상의 형을 선고받고 석방된 사람
> ㉣ 법무부장관이 정한 거소 또는 활동범위의 제한이나 그 밖의 준수사항을 위반한 사람
> ㉤ 지방출입국 · 외국인관서의 장이 붙인 조건부 입국 허가조건을 위반한 사람

① 2개   ② 3개   ③ 4개   ④ 5개

해설

제4조(출국의 금지) ① 법무부장관은 다음 각 호의 어느 하나에 해당하는 국민에 대하여는 6개월 이내의 기간을 정하여 출국을 금지할 수 있다.
1. 형사재판에 계속(係屬) 중인 사람
2. 징역형이나 금고형의 집행이 끝나지 아니한 사람
3. 대통령령으로 정하는 금액 이상의 벌금이나 추징금을 내지 아니한 사람
4. **대통령령으로 정하는 금액 이상의 국세(5천만 원) · 관세(5천만 원) 또는 지방세(3천만 원)를 정당한 사유 없이 그 납부기한까지 내지 아니한 사람**
5. 「양육비 이행확보 및 지원에 관한 법률」 제21조의4제1항에 따른 양육비 채무자 중 양육비이행심의위원회의 심의 · 의결을 거친 사람
6. 그 밖에 제1호부터 제5호까지의 규정에 준하는 사람으로서 대한민국의 이익이나 공공의 안전 또는 경제질서를 해칠 우려가 있어 그 출국이 적당하지 아니하다고 법무부령으로 정하는 사람

제46조(강제퇴거의 대상자) ① 지방출입국 · 외국인관서의 장은 이 장에 규정된 절차에 따라 다음 각 호의 어느 하나에 해당하는 외국인을 대한민국 밖으로 강제퇴거시킬 수 있다.
1. 제7조(외국인의 입국)를 위반한 사람
2. 제7조의2(허위 초청등의 금지)를 위반한 외국인 또는 같은 조에 규정된 허위초청 등의 행위로 입국한 외국인
3. 입국금지 사유가 입국 후에 발견되거나 발생한 사람
4. 제12조제1항(입국심사) · 제2항 또는 제12조의3(선박등의 제공금지)을 위반한 사람
5. **지방출입국 · 외국인관서의 장이 붙인 허가조건을 위반한 사람**
6. 허가를 받지 아니하고 상륙한 사람
7. 지방출입국 · 외국인관서의 장 또는 출입국관리공무원이 붙인 허가조건을 위반한 사람
8. 제17조제1항(외국인의 체류 및 활동범위) · 제2항, 제18조(외국인 고용의 제한), 제20조(체류자격 외 활동), 제23조(체류자격 부여), 제24조(체류자격 변경허가) 또는 제25조(체류기간 연장허가)를 위반한 사람
9. 허가를 받지 아니하고 근무처를 변경 · 추가하거나 같은 조 제2항을 위반하여 외국인을 고용 · 알선한 사람
10. **법무부장관이 정한 거소 또는 활동범위의 제한이나 그 밖의 준수사항을 위반한 사람**
10의2. 제26조(허위서류 제출 등의 금지)를 위반한 외국인
11. 제28조제1항(출국심사) 및 제2항을 위반하여 출국하려고 한 사람
12. 외국인등록 의무를 위반한 사람
12의2. 제33조의3(외국인등록증 등의 채무이행 확보수단 제공 등의 금지)을 위반한 외국인

13. 금고 이상의 형을 선고받고 석방된 사람

14. 제76조의4제1항(강제력의 행사) 각 호의 어느 하나에 해당하는 사람

15. 그 밖에 제1호부터 제10호까지, 제10호의2, 제11호, 제12호, 제12호의2, 제13호 또는 제14호에 준하는 사람으로서 법무부령으로 정하는 사람

21년 제2차 경찰공무원(순경)채용시험 문제

− 공채(남 · 여) · 경찰행정학과특채 · 101경비단 −

응시 번호 :　　　　　　　　　이름 :

[경찰학개론]

01 경찰의 분류에 대한 설명으로 가장 적절하지 않은 것은?

① 우리나라에서는 보통경찰기관이 행정경찰 및 사법경찰 업무를 모두 담당한다.

② 진압경찰은 이미 발생한 위해의 제거나 범죄의 수사를 위한 경찰작용으로 범죄의 수사, 범죄의 제지, 총포 · 화약류의 취급 제한, 광견의 사살 등이 있다.

③ 봉사경찰은 서비스: 계몽 · 지도 등 비권력적인 수단을 통하여 경찰의 직무를 수행하는 경찰활동으로 방범지도, 청소년선도, 교통정보제공 등이 있다.

④ 협의의 행정경찰은 다른 행정작용에 부수하여 그 행정작용과 관련해서 발생하는 위험을 방지하기 위해 행해지는 경찰작용으로 경제경찰, 산림경찰, 철도경찰 등이 있다.

02 우리나라 경찰의 역사적 사실을 오래된 것부터 바르게 나열한 것은?

㉠ 경찰윤리헌장 제정	㉡ 내무부 민방위본부 소방국으로 소방업무 이관
㉢ 경찰공무원법 제정	㉣ 경찰서비스헌장 제정
㉤ 치안본부에서 경찰청으로 승격	

① ㉢ − ㉠ − ㉣ − ㉡ − ㉤　　　　　② ㉠ − ㉡ − ㉢ − ㉣ − ㉤

③ ㉠ − ㉢ − ㉡ − ㉤ − ㉣　　　　　④ ㉡ − ㉤ − ㉠ − ㉢ − ㉣

03 경찰의 임무에 대한 설명으로 가장 적절하지 <u>않은</u> 것은?

① 「국가경찰과 자치경찰의 조직 및 운영에 관한 법률」 제3조에서 경찰의 임무로 '국민의 생명·신체 및 재산의 보호', 범죄피해자 보호, '교통의 단속과 위해의 방지' 등을 규정하고 있다.

② 법질서의 불가침성은 공공의 안녕의 제1요소로서, 공법규범에 대한 위반은 일반적으로 공공의 안녕에 대한 위험으로 취급되어 경찰권 발동의 대상이 된다.

③ 공공질서란 원만한 공동체 생활을 위한 필수적인 전제조건으로서 공공사회에서 개개인의 행동에 대한 불문규범의 총체를 의미한다. 공공질서는 시대에 따라 변화하는 상대적·유동적 개념이다.

④ 위험이란 가까운 장래에 공공의 안녕이나 질서에 손해가 나타날 수 있는 가능성이 개개의 경우에 충분히 존재하는 상태를 의미 한다. 위험은 구체적 위험과 추상적 위험으로 구분할 수 있으며 경찰 개입은 구체적 위험이 있을 때에만 가능하다.

04 다음 중 「경찰 인권보호 규칙」상 경찰청 및 그 소속기관의 장이 진정을 기각할 수 있는 경우로 가장 적절한 것은?

① 진정인이 진정을 취소한 경우

② 사건 해결과 진상 규명에 핵심적인 중요 참고인의 소재를 알 수 없는 경우

③ 진정 내용이 사실이 아니거나 사실 여부를 확인하는 것이 불가능한 경우

④ 진정의 원인이 된 사실이 공소시효, 징계시효 및 민사상 시효 등이 모두 완성된 경우

05 「언론중재 및 피해구제 등에 관한 법률」에서 침해 구제에 대한 설명으로 가장 적절하지 <u>않은</u> 것은?

① 사실적 주장에 관한 언론보도등이 진실하지 아니함으로 인하여 피해를 입은 자는 해당 언론보도등이 있음을 안 날 부터 3개월 이내에 언론사, 인터넷뉴스서비스사업자 및 인터넷 멀티미디어 방송사업자에게 그 언론보도등의 내용에 관한 점정보도를 청구할 수 있다. 다만, 해당 언론보도등이 있은 후 6개월이 지났을 때에는 그러하지 아니하다.

② 「언론중재 및 피해구제 등에 관한 법률」에 따른 정정보도청구등과 관련하여 분쟁이 있는 경우 피해자 또는 언론사등은 중재위원회에 조정을 신청할 수 있다

③ 당사자 양쪽은 정정보도청구등 또는 손해배상의 분쟁에 관하여 중재부의 종국적 결정에 따르기로 합의하고 중재를 신청할 수 있다. 중재결정은 확정판결과 돔일한 효력이 있다.

④ 사실적 주장에 관한 언론보도등으로 인하여 피해를 입은 자는 그 보도 내용에 관한 반론보도를 언론사들에 청구할 수 있다. 반론보도청구는 언론사등의 고의 과실이나 위법성을 필요로 한다.

06 「부정청탁 및 금품등 수수의 금지에 관한 법률」에 대한 설명으로 가장 적절하지 <u>않은</u> 것은?

① 공직자등 자신이 수수금지 금품등을 받거나 그 제공의 약속 또는 의사표시를 받은 경우에는 소속기관장에게 지체 없이 서면 또는 구두로 신고하여야 한다.

② 공직자등은 사례금을 받는 외부강의들을 할 때에는 대통령령으로 청하는 바에 따라 외부강의 등의 요청 명세 등을 소속기관장에게 그 외부강의 등을 마친 날부터 10일 이내에 서면으로 신고하여야 한다. 다만, 외부강의 등을 요청한 자가 국가나 지방자치단체인 경우에는 그러하지 아니하다.

③ 「부정청탁 및 금품등 수수의 금지에 관한 법률」에 따라 국회. 법원. 헌법재판소, 선거관리위원회, 감사원, 국가인권위원회, 고위공직자 범죄수사처, 중앙행정기관(대통령 소속 기관과 국무총리 소속 기관을 포함한다)과 그 소속 기관 및 지방자치단체는 공공기관에 해당한다.

④ 공직자등은 직무 관련 여부 및 기부 · 후원 · 증여 등 그 명목에 관계없이 동일인으로부터 1회에 100만원 또는 매 회계연도에 300만원을 초과하는 금품등을 받거나 요구 또는 약속해서는 아니 된다.

07 「경찰공무원법」과 「국가공무원법」상 공통된 임용결격사유가 아닌 것은?

① 피성년후견인 또는 피한정후견인

② 파산선고를 받고 복권되지 아니한 사람

③ 공무원으로 재직기간 중 직무와 관련하여 「형법」 제355조(횡령, 배임) 및 제356조(업무상의 횡령과 배임)에 규정된 죄를 범한 자로서 300만원 이상의 벌금형을 선고받고 그 형이 확정된 후 2년이 지나지 아니한 사람

④ 「성폭력범죄의 처벌 등에 관한 특례법」 제2조(성폭력범죄)에 규정된 죄를 범한 사람으로서 100만원 이상의 벌금형을 선고받고 그 형이 확정된 후 3년이 지나지 아니한 사람

08 「국가경찰과 자치경찰의 조직 및 운영에 관한 법률」에서 국가수사본부장에 대한 설명으로 가장 적절한 것은?

① 국가수사본부장은 치안감으로 보하며, 임기가 끝나면 당연히 퇴직한다.

② 국가수사본부장의 임기는 2년으로 하며, 중임할 수 있다.

③ 국가수사본부장은 국가경찰사무를 총괄하고 경찰청 업무를 관장 하며 소속 공무원 및 각급 경찰기관의 장을 지휘·감독한다.

④ 국가수사본부장이 직무를 집행하면서 헌법이나 법률을 위배하였을 때에는 국회는 탄핵 소추를 의결할 수 있다.

09 경찰공무원의 징계책임에 대한 설명으로 가장 적절한 것은?

① 「경찰공무원 징계령」상 중징계에는 파면, 해임 및 강등이 있으며, 경징계에는 정직, 감봉 및 견책이 있다.

② 「경찰공무원 징계령」상 징계등 심의 대상자는 증인의 심문을 신청할 수 있다. 이 경우 징계위원회의 위원장이 그 채택 여부를 결정한다.

③ 「국가공무원법」상 정직은 1개월 이상 3개월 이하의 기간으로 하고, 정직 처분을 받은 자는 그 기간 중 공무원의 신분은 보유하나 직무에 종사하지 못하며 보수의 3분의 2를 감한다.

④ 「경찰공무원법」상 경무관 이상의 경찰공무원에 대한 징계의결은 「국가공무원법」에 따라 국무총리 소속으로 설치된 징계위원회에서 한다.

10 「경찰관 직무집행법」에서 보호조치 등에 대한 설명으로 가장 적절한 것은?

① 「경찰관 직무집행법」제4조제1항에 따라 긴급구호를 요청받은 보건의료기관이나 공공구호기관은 정당한 이유 없이 긴급구호를 거절할 수 없다. 만약, 긴급구호를 요청받은 응급의료종사자가 정당한 이유 없이 거절한 경우 「경찰관 직무집행법」에 따라 처벌한다.

② 경찰관은 「경찰관 직무집행법」제4조제1항의 조치를 하였을 때에는 지체 없이 구호대상자의 가족, 친지 또는 그 밖의 연고자에게 그 사실을 알려야 하며, 연고자가 발견되지 아니할 때에는 구호대상자를 적당한 관할경찰관서에 즉시 인계하여야 한다.

③ 경찰관은 「경찰관 직무집행법」제4조제1항의 조치를 하는 경우에, 구호대상자가 휴대하고 있는 무기·흉기 등 위험을 일으킬 수 있는 것으로 인정되는 물건을 경찰관서에 임시로 영치하여 놓을 수 있다. 물건을 경찰관서에 임시로 영치하는 기간은 10일을 초과할 수 없다.

④ 미아, 병자, 부상자 등으로서 적당한 보호자가 없으며 응급구호가 필요한 경우 본인이 구호를 거절하더라도 보호조치할 수 있다.

11 「보안업무규정 시행 세부규칙」에서 제한구역에 해당하는 것은 모두 몇 개인가?

㉠ 전자교환기(통합장비)실	㉡ 정보통신관제센터
㉢ 정보보안기록실	㉣ 경찰청 및 시·도경찰청 항공대
㉤ 종합상황실	

① 2개   ② 3개   ③ 4개   ④ 5개

12 범죄원인론에 대한 설명으로 가장 적절하게 연결되지 **않은** 것은?

① 쇼와 맥케이(Shaw & Mckay)의 사회해체이론 – 빈민(slum)지역에서 범죄발생률이 높은 것은 도시의 산업화·공업화 과정에서 지역사회의 제도나 규범 등이 극도로 해체되기 때문으로, 이 지역에서는 비행적 전통과 가치관이 사회통제를 약화시켜서 일탈이 야기되며 이러한 지역은 구성원이 바뀌더라도 비행발생률은 감소하지 않는다.

② 레클리스(Reckless)의 견제(봉쇄)이론 – 고전주의 범죄학 이론에 기반을 둔 것으로, 인간은 범죄로부터 얻을 수 있는 이익보다 더 큰 고통을 받게 되면, 범죄를 저지르지 않을 것이라는 전제를 하고 있다. 범죄통제를 위해서는 처벌의 엄격성, 신속성, 확실성이 요구되며 이 중 처벌의 확실성이 가장 중요하다.

③ 버제스와 에이커스(Burgess & Akers)의 차별적 강화이론 – 범죄행위의 결과로서 보상이 취득되고 처벌이 회피될 때 그 행위는 강화되는 반면, 보상이 상실되고 처벌이 강화되면 그 행위는 약화된다.

④ 머튼(Merton)의 긴장(아노미)이론 – 목표와 그 목표를 이루기 위한 수단과의 간극이 커지면서 아노미 조건이 유발되어 분노와 좌절이라는 긴장이 초래되고, 그 목적을 달성하기 위한 수단으로서 범죄를 선택한다.

13 「성매매알선 등 행위의 처벌에 관한 법률」에 대한 설명으로 적절한 것은 모두 몇 개인가?

> ㉠ "성매매"란 불특정인을 상대로 금품이나 그 밖의 재산상의 이익을 수수하거나 수수하기로 약속하고 유사성교행위를 제외한 성교행위를 하거나 그 상대방이 되는 것을 말한다.
>
> ㉡ "성매매알선 등 행위"에는 성매매를 알선, 권유, 유인 또는 강요하는 행위와 성매매의 장소를 제공하는 행위를 포함한다.
>
> ㉢ "성매매피해자"란 위계, 위력에 의하여 성매매를 강요당한 사람, 성매매 목적의 인신매매를 당한 사람 등을 말한다. 다만, 고용관계로 인하여 보호 또는 감독하는 사람에 의하여 마약등에 중독되어 성매매를 한 사람은 성매매피해자에 포함되지 않는다.
>
> ㉣ 검사 또는 사법경찰관은 수사과정에서 피의자 또는 참고인이 성매매피해자에 해당한다고 볼만한 상당한 이유가 있을 때에는 지체없이 법정대리인, 친족 또는 변호인에게 통지하고, 신변보호, 수사의 비공개, 친족 또는 지원시설·성매매피해상담소에의 인계 등 그 보호에 필요한 조치를 하여야 한다. 다만, 피의자 또는 참고인의 사생활 보호 등 부득이한 사유가 있는 경우에는 통지하지 아니할 수 있다.
>
> ㉤ 성매매피해자의 성매매는 형을 감경하거나 면제할 수 있다.

① 1개   ② 2개   ③ 3개   ④ 4개

14 「아동학대범죄의 처벌 등에 관한 특례법」에 대한 설명으로 가장 적절하지 <u>않은</u> 것은?

① 아동학대 신고의무자가 보호하는 아동에 대하여 아동학대범죄를 범한 때에는 그 죄에 정한 형의 2분의 1까지 가중한다.

② 아동학대범죄 현장을 발견한 경우 또는 학대현장 이외의 장소에서 학대피해가 확인되고 재학대의 위험이 급박한 경우, 사법경찰관리 또는 아동학대전담공무원은 피해아동 등의 보호를 위하여 즉시 응급조치를 하여야 한다. 응급조치에는 아동학대범죄 행위의 제지, 아동학대행위자를 피해아동등으로부터 격리, 피해아동등을 아동학대 관련 보호시설로 인도, 피해아동등 또는 가정구성원에 대한 전기통신을 이용한 접근 금지 등의 조치가 있다.

③ 아동학대행위자를 피해아동등으로부터 격리하는 경우, 72시간을 넘을 수 없다. 다만, 공휴일이나 토요일이 포함되는 경우로서 피해아동등의 보호를 위하여 필요하다고 인정되는 경우에는 48시간의 범위에서 그 기간을 연장할 수 있다.

④ 판사는 아동학대범죄의 원활한 조사심리 또는 피해아동등의 보호를 위하여 필요하다고 인정하는 경우에는 결정으로 아동 학대행위자에게 임시조치를 할 수 있다. 임시조치에는 친권 또는 후견인 권한 행사의 제한 또는 정지, 아동보호전문기관 등에의 상담 및 교육 위탁, 의료기관이나 그 밖의 요양시설에의 위탁, 경찰관서의 유치장 또는 구치소에의 유치 등이 있다.

15 선거경비에 대한 설명으로 가장 적절한 것은?

① 통상 비상근무체제는 선거기간 개시일부터 개표 종료 때까지이며, 경계강화기간은 선거기간 개시일부터 선거 전일까지이다.

② 대통령 후보자는 갑호경호 대상으로 후보자 등록 시부터 당선확정 시까지 후보자가 원하는 경우 유세장·숙소 등에 대해 24시간 경호임무를 수행하고, 후보자가 원하지 않는 경우 시·도 경찰청에서 경호경험이 있는 자를 선발해 관내 유세기간 중 근접 배치한다.

③ 투표소의 질서유지는 선거관리위원회와 경찰이 합동으로 하고, 경찰은 112 순찰차를 투표소 밖에 배치하여 거점근무 및 순찰을 실시하고, 정복 경찰을 투표소 내에 배치하여야 한다.

④ 「공직선거법」상 누구든지 개표소 안에서 무기 등을 지닐 수 없으므로 선거관리위원회 위원장의 원조요구가 있더라도 개표소안으로 투입되는 경찰관은 무기를 휴대할 수 없다.

16 「도로교통법」에 대한 설명(㉠~㉣) 중 옳고 그름의 표시(○, ×)가 바르게 된 것은?

> ㉠ "자동차"란 철길이나 가설된 선을 이용하지 아니하고 원동기를 사용하여 운전되는 차로서 승용자동차, 승합자동차, 화물자동차, 특수자동차, 이륜자동차, 원동기장치자전거를 말한다. 다만, 건설기계는 제외한다.
>
> ㉡ 자동차등을 운전하려는 사람은 시·도경찰청장으로부터 운전면허를 받아야 한다. 다만, 「도로교통법」 제2조제19호나목의 원동기를 단 차 중 「교통약자의 이동편의 증진법」 제2조제1호에 따른 교통약자가 최고속도 시속 20킬로미터 이하로만 운행될 수 있는 차를 운전하는 경우에는 그러하지 아니하다.
>
> ㉢ 어린이통학버스가 도로에 정차하여 어린이나 영유아가 타고 내리는 중임을 표시하는 점멸등 등의 장치를 작동 중일 때에는 어린이통학버스가 정차한 차로와 그 차로의 바로 옆차로로 통행하는 차의 운전자는 어린이통학버스에 이르기 전에 일시정지하여 안전을 확인한 후 서행하여야 한다.
>
> ㉣ 어린이의 보호자는 어린이가 행정안전부령으로 정하는 인명보호 장구를 착용한 경우를 제외하고 도로에서 개인형 이동장치를 운전하게 하여서는 아니 된다.

① ㉠ (○), ㉡ (×), ㉢ (○), ㉣ (×)   ② ㉠ (×), ㉡ (○), ㉢ (×), ㉣ (○)

③ ㉠ (×), ㉡ (×), ㉢ (○), ㉣ (×)   ④ ㉠ (×), ㉡ (○), ㉢ (○), ㉣ (×)

17 「집회 및 시위에 관한 법률」 및 「집회 및 시위에 관한 법률 시행령」에 대한 설명으로 적절하지 <u>않은</u> 것은 모두 몇 개인가?

> ㉠ 집회 또는 시위의 주최자는 확성기등을 사용하여 타인에게 심각한 피해를 주는 소음으로서 주거·학교·종합병원 지역에서 주간(07:00~해지기 전)에 등가소음도(Leq) 65dB(A)이하의 기준을 위반하는 소음을 발생시켜서는 아니 된다.
>
> ㉡ 확성기등의 소음은 관할 경찰서장(현장 경찰공무원)이 측정하며, 소음 측정 장소는 피해자가 위치한 건물의 외벽에서 소음원 방향으로 1~3.5m 떨어진 지점으로 하되, 소음도가 높을 것으로 예상되는 지점의 지면 위 1.2~1.5m 높이에서 측정한다. 다만, 주된 건물의 경비 등을 위하여 사용되는 부속 건물, 광장·공원이나 도로상의 영업시설물, 공원의 관리사무소 등은 소음 측정 장소에서 제외한다.
>
> ㉢ 관할경찰관서장은 집회 또는 시위의 주최자가 대통령령으로 정하는 기준을 초과하는 소음을 발생시켜 타인에게 피해를 주는 경우에는 그 기준 이하의 소음 유지 또는 확성기등의 사용 중지를 명하거나 확성기등의 일시보관 등 필요한 조치를 할 수 있다.
>
> ㉣ 「집회 및 시위에 관한 법률」 제14조(확성기등 사용의 제한)는 예술·체육·종교 등에 관한 집회 및 1인 시위에도 적용된다.

① 1개   ② 2개   ⑦ 3개   ④ 4개

18 「북한이탈주민의 보호 및 정착지원에 관한 법률」에 대한 설명으로 가장 적절하지 <u>않은</u> 것은?

① 위장탈출 혐의자 또는 국내 입국 후 3년이 지나서 보호신청한 사람은 보호대상자로 결정하지 아니할 수 있다.

② 북한이탈주민으로서 「북한이탈주민의 보호 및 정착지원에 관한 법률」에 의한 보호를 받고자 하는 자는 재외공관장등에게 보호를 직접 신청하여야 한다. 다만, 보호를 직접 신청하지 아니할 수 있는 대통령령으로 정하는 사유가 있는 경우에는 그러하지 아니하다.

③ 보호신청을 받은 재외공관장등은 지체없이 그 사실을 소속 중앙 행정기관의 장을 거쳐 통일부장관과 국가정보원장에게 통보하여야 한다.

④ 경찰청장은 보호신청자에 대하여 보호결정 등을 위하여 필요한 조사 및 일시적인 신변안전조치 등 임시보호조치를 한 후 지체 없이 그 결과를 통일부장관과 국가정보원장에게 통보하여야 한다.

19 「검사와 사법경찰관의 상호협력과 일반적 수사준칙에 관한 규정」에 대한 설명으로 가장 적절한 것은? (기출 수정)

① 검사는 사법경찰관에게 수사경합에 따른 사건송치를 요구할 때에는 그 내용과 이유를 구체적으로 적은 서면으로 해야 하며, 사법경찰관은 요구를 받은 날부터 10일 이내에 사건을 검사에게 송치해야 한다.

② 사법경찰관은 수사중지 결정을 한 경우 7일 이내에 사건기록을 검사에게 송부해야 한다. 이 경우 검사는 사건기록을 송부받을 날부터 30일 이내에 반환해야 한다.

③ 사법경찰관은 법 제197조의2 제1항에 따른 보완수사요구가 접수된 다음 날부터 5개월 이내에 보완수사를 마쳐야 한다.

④ 검사는 사법경찰관에게 재수사를 요청하려는 경우에는 관계 서류와 증거물을 송부받은 날부터 90일 이내에 해야 하며, 90일이 지난 후에는 불송치 결정에 영향을 줄 수 있는 명백히 새로운 증거 또는 사실이 발견된 경우를 제외하고 재수사를 요청할 수 없다.

20 「출입국관리법」상 외국인 강제퇴거 대상으로 적절하지 <u>않은</u> 것은 모두 몇 개인가? (기출 수정)

㉠ 대통령령으로 정하는 금액 이상의 벌금이나 추징금을 내지 아니한 대한민국 국민
㉡ 형사재판에 계속(係屬) 중인 대한민국 국민
㉢ 금고 이상의 형을 선고받고 석방된 사람
㉣ 법무부장관이 정한 거소 또는 활동범위의 제한이나 그 밖의 준수사항을 위반한 사람
㉤ 지방출입국·외국인관서의 장이 붙인 조건부 입국 허가조건을 위반한 사람

---

① 2개   ② 3개   ③ 4개   ④ 5개

모|범|답|안 **경찰학개론**

1. ②	2. ③	3. ④	4. ③	5. ④	6. ①	7. ①	8. ④	9. ④	10. ③
11. ②	12. ②	13. ②	14. ②	15. ①	16. ④	17. ①	18. ④	19. ②	20. ①

경찰학개론 기출문제

경찰공무원(순경) 공채

2022년 3월 26일 시행

01 다음 설명 중 가장 적절한 것은?

① 1919년 3·1운동을 계기로 헌병경찰제도에서 보통경찰제도로의 전환은 이루어졌으나, 일본에서 제정된 「정치범처벌법」을 우리나라에 적용하는 등 일제의 탄압적 지배체제가 강화되었다.

② 미군정기에 고등경찰제도가 폐지되었으며, 경찰에 정보업무를 담당하는 정보과와 경제사범단속을 위한 경제경찰이 신설되었다.

③ 1953년 경찰작용의 기본법인 「경찰관 직무집행법」이 제정되어 경감 이상의 계급정년제가 도입되었고, 1969년 「경찰공무원법」이 제정되어 경정 및 경장 계급이 신설되었다.

④ 대한민국 정부 수립 이후 1974년 내무부 치안국이 치안본부로 개편되었고, 2006년 제주특별자치도 '자치경찰단'이 창설되었다.

> **해설**
>
> 〈보기〉 ① 1919년 3·1운동을 계기로 헌병경찰제도에서 보통경찰제도로의 전환은 이루어졌으나, 일본에서 제정된 「치안유지법」(정치범처벌법 X)을 우리나라에 적용하는 등 일제의 탄압적 지배체제가 강화되었다. **정치범처벌법(1919)은 우리나라에서 제정되었고, 치안유지법(1925)은 일본에서 제정되었다.**
>
> 〈보기〉 ② 미군정기에 고등경찰제도와 경제경찰제도가 폐지되었다. 한편, 같은 시기에 정보업무를 담당할 정보과(사찰과)가 신설되었다.
>
> 〈보기〉 ③ 1953년 경찰작용의 기본법인 경찰관직무집행이 제정되었다. 경감 이상의 계급정년제도 도입과 경정 및 경장 계급이 신설된 것은 1969년 경찰공무원법 제정 이후이다.

정답 1. ④

2022
제1차

02 경찰의 관할에 관한 설명 중 가장 적절하지 <u>않은</u> 것은?

① 「국회법」상 경위(警衛)나 경찰공무원은 국회 안에 현행범인이 있을 때에는 체포한 후 국회의장의 지시를 받아야 한다. 다만, 회의장 안에서는 국회의장의 명령 없이 국회의 원을 체포할 수 없다.

② 「법원조직법」상 재판장은 법정에서의 질서유지를 위하여 필요하다고 인정할 때에는 개정 전후에 상관없이 관할 경찰서장에게 경찰공무원의 파견을 요구할 수 있으며, 이에 따라 파견된 경찰 공무원은 법정 내외의 질서유지에 관하여 재판장의 지휘를 받는다.

③ 헌법상 대통령은 내란 또는 외환의 죄를 범한 경우를 제외하고는 재직 중 형사상의 소추를 받지 아니한다.

④ '사물관할'이란 경찰권이 발동될 수 있는 지역적 범위를 말하고, 대한민국의 영역 내 모든 범위에 적용되는 것이 원칙이다.

[해설]

〈보기〉 ④ **지역관할**'이란 경찰권이 발동될 수 있는 지역적 범위를 말하고, 대한민국 영역 내 모든 범위에 적 용되는 것이 원칙이다. '사물관할'이란 경찰이 처리할 수 있고 또 처리해야 하는 사무내용의 범위를 말하고 조직법적 임무규정이지만, 경찰작용법이라고 할 수 있는 경찰관 직무집행법에서도 사물관할을 규정하고 있 다. 또한 우리나라는 영미법계의 영향을 받아 범죄수사에 대한 임무가 경찰의 사물관할로 인정되고 있다.

〈보기〉 ① **국회법 제150조(현행범인의 체포)** 경위나 경찰공무원은 국회 안에 현행범인이 있을 때에는 체포 한 후 의장의 지시를 받아야 한다. 다만, 회의장 안에서는 의장의 명령 없이 의원을 체포할 수 없다.

〈보기〉 ② **법원조직법 제60조(경찰공무원의 파견 요구)** ① 재판장은 법정에서의 질서유지를 위하여 필요하 다고 인정할 때에는 개정 전후에 상관없이 관할 경찰서장에게 경찰공무원의 파견을 요구할 수 있다.
② 제1항의 요구에 따라 파견된 경찰공무원은 법정 내외의 질서유지에 관하여 재판장의 지휘를 받는다.

〈보기〉 ③ **헌법 제84조** 대통령은 내란 또는 외환의 죄를 범한 경우를 제외하고는 재직 중 형사상의 소추를 받지 아니한다.

03 실질적 의미의 경찰개념의 역사적 발전과정에 관한 설명 중 가장 적절하지 <u>않은</u> 것은?

① 요한 쉬테판 퓌터(Johann Stephan Pitter)가 자신의 저서인 「독일공법제도」에서 주장한 "경찰의 직무는 임박한 위험을 방지하는 것이다. 복리증진은 경찰의 본래 직무가 아니다."라는 내용은 경찰국가 시대를 거치면서 확장된 경찰의 개념을 제한하기 위한 노력의 일환으로 볼 수 있다.

② 크로이츠베르크 판결(1882)은 승전기념비의 전망을 확보할 목적으로 주변 건축물의 고도를 제한하기 위해 베를린 경찰청장이 제정한 법규명령은 독일의 제국경찰법상 개별적 수권조항에 위반되어 무효라고 하였다.

③ 독일의 경우, 15세기부터 17세기에 이르기까지 경찰은 공동체의 질서정연한 상태 또는 공동체의 질서정연한 상태를 창설하고 유지하기 위한 활동으로 이해되었고, 이러한 공동체의 질서정연한 상태를 창설 유지하기 위하여 신민(臣民)의 거의 모든 생활영역이 포괄적으로 규제될 수 있었다.

④ 1931년 제정된 「프로이센 경찰행정법」 제14조 제1항은 "경찰 행정청은 현행법의 범위 내에서 공공의 안녕 또는 공공의 질서를 위협하는 위험으로부터 공중이나 개인을 보호하기 위하여 필요한 조치를 의무에 적합한 재량에 따라 취하여야 한다."라고 규정하여 크로이츠베르크 판결(1882)에 의해 발전된 실질적 의미의 경찰 개념을 성문화시켰다.

> **해설**
> 〈보기〉 ② 크로이츠베르크 판결에서 베를린 경찰청장이 제정한 법규명령을 무효로 판시한 수권의 근거는 프로이센 일반란트법 제2부 제17장 제10조 "공공의 평온과 안녕 및 질서를 유지하고 공중이나 그 개개 구성원에게 임박한 위험을 방지하기 위하여 필요한 기관이 경찰청장이다."라는 **일반적 수권조항**에 근거하였다. 크로이츠베르크 판결(1882)은 독일 베를린의 크로이츠베르크 언덕에 있는 승전기념비의 전망을 확보하기 위해 주변 건축물의 고도를 제한하기 위한 베를린 경찰청장이 제정한 법규명령을 무효라고 함으로써, 경찰의 임무는 소극적 위험방지에 한정된다고 하는 사상이 법 해석상 확정되는 계기를 마련하였다.

> **참고** 크로이쯔베르크(Kreuzberg) 판결
>
> 프로이센 고등행정법원은 건축불허가처분에 대하여 제기된 행정소송에서 베를린 경찰청장이 제정한 법규명령은 법적 근거 없이 제정된 것이기 때문에 **무효**라고 판시하였다. 당시 법원은 승전기념비 전망 확보를 위한 법규명령을 제정하는 것이 경찰의 일반적 직무에 속하는지 여부를 심사하면서 「프로이센 일반란트법」 제2부 제17장 제10조 '공공의 평온과 안녕 및 질서를 유지하고 공중이나 그 개개 구성원에게 임박한 위험을 방지하기 위하여 필요한 기관이 경찰관청이다'를 심사척도로 삼았다.
> – 법원의 견해에 따르면 공공의 복리증진은 경찰의 고유한 직무가 아니었다. 그럼에도 불구하고 베를린 경찰청장이 위험방지가 아니라 **복리증진을 위하여 건축물의 고도를 제한하는** 법규명령을 제정하였기 때문에 당해 법규명령은 '무효'라고 판시하였다.
> * 출처: 손재영(2021), 경찰행정법, 박영사.

2022
제1차

04 경찰의 임무를 공공의 안녕과 공공의 질서에 대한 위험의 방지라고 정의할 때, 위험에 관한 설명 중 가장 적절하지 <u>않은</u> 것은?

① 구체적 위험은 개별사례에서 실제로 또는 최소한 경찰관의 사전적 시점에서 사실관계를 합리적으로 평가하였을 때, 가까운 장래에 공공의 안녕이나 공공의 질서에 대한 손해가 발생할 충분한 개연성이 있는 상황과 관련이 있다.

② 오상위험에 근거한 경찰의 위험방지조치가 위법한 경우에는 경찰관 개인에게는 민·형사상 책임이 문제되고 국가에게는 손해배상책임이 발생할 수 있다.

③ 외관적 위험은 경찰관이 의무에 합당한 사려 깊은 상황판단을 하였음에도 위험을 잘못 긍정하는 경우이다.

④ 위험의 혐의만 존재하는 경우에 위험의 존재가 명백해지기 전까지는 예비적 조치로서 위험의 존재 여부를 조사할 권한은 없다.

【해설】
〈보기〉 ④ 위험의 혐의란 경찰이 의무에 합당한 사려 깊은 판단을 할 때 실제로 위험의 가능성은 예측되나 불확실한 경우를 말한다. 위험의 혐의만 존재하는 경우 경찰은 위험의 존재 여부가 명백해질 때까지는 예비적 조치에만 국한한다. 따라서 예비적 조치로서 위험의 존재 여부를 조사하기 위한 경찰의 개입은 정당하다.

【참고】 **위험의 분류와 위험에 대한 인식**

> **위험**: 가까운 장래에 공공의 안녕이나 질서에 손해가 나타날 수 있는 가능성이 개개의 경우에 충분히 존재하는 상태
> **위험혐의**: 경찰이 의무에 합당한 사려 깊은 판단을 할 때 실제로 위험의 가능성은 예측되나 불확실한 경우
> **구체적 위험**: 구체적 개별 사안에서 가까운 장래에 손해발생의 충분한 가능성이 있는 경우, 즉 개개의 경우에 실제로 존재하는 경우
> **추상적 위험**: 구체적 위험의 예상가능성
> **외관적 위험**: 경찰이 합당한 사려 깊은 판단을 하여 개입하였으나, 실제로는 위험이 없는 경우(적법한 경찰개입이므로 경찰관에게 민·형사상 책임을 물을 수 없으나 국가의 손실보상책임이 발생할 수 있음)
> **추정적 위험(오상위험)**: 위험의 외관이나 위험에 대한 개입이 정당화되지 않음에도 불구하고 경찰이 위험의 존재를 잘못하여 추정한 경우(위법한 경찰개입이므로 경찰관에게 민·형사상 책임, 국가에게 손해배상책임의 문제가 발생할 수 있음)

05 경찰의 부패에 관한 설명 중 가장 적절하지 <u>않은</u> 것은?

① 'Dirty Harry 문제'는 도덕적으로 선한 목적을 위해 윤리적, 정치적, 혹은 법적으로 더러운 수단을 동원하는 것이 적절한가와 관련된 딜레마적 상황이다.

② 구조화된 조직적 부패는 서로가 문제점을 알면서도 눈감아주는 침묵의 규범 형성의 가능성을 높인다.

③ 셔먼(1985)의 미끄러운 경사(slippery slope) 개념은 작은 호의를 받는 것에 익숙해진 경찰관들이 결국 부패에 연루될 수 있음을 경고한다.

④ 전체사회가설은 신임경찰관이 조직의 부패 전통 내에서 고참 동료들에 의해 사회화됨으로써 부패의 길로 들어선다는 입장이다.

[해설]

〈보기〉 ④ 전체사회가설은 윌슨이 주장한 이론으로서 시카고 시민이 경찰을 부패시켰다고 주장하면서 시민사회가 부패가 경찰부패의 주원인이라고 보는 이론이다. 신임경찰관이 조직의 부패 전통 내에서 고참동료들에 의해 사회화됨에 따라 부패의 길로 들어선다는 입장은 니더호퍼, 로벅, 바커 등이 주장한 구조원인가설이다.

〈보기〉 ① 클로카스는 'Dirty Harry 문제'를 언급하며 경찰이 위헌(또는 위법)적 수단(Dirty Harry)을 통하여 좋은 목적을 달성할 수 있는 딜레마적 상황에 계속하여 놓인다고 주장하였다(Klockars, C. B. (1980). The dirty Harry problem. The Annals of the American Academy of Political and Social Science, 452(1), 33-47.)

〈보기〉 ② '침묵의 규범'이란 내부고발(Whistleblowing)과 반대되는 개념으로, 조직적 부패로 인하여 동료의 부정부패에 대하여 침묵하는 조직적 규범을 말한다.

〈보기〉 ③ 셔먼(1985)이 주장한 미끄러운 경사로 이론은 경찰관에게 주어지는 공짜 커피 등과 같은 사소한 호의가 결국 엄청난 부패로 이어진다는 이론이다.

06 「경찰청 공무원 행동강령」에 관한 설명 중 가장 적절하지 <u>않은</u> 것은? (기출 수정)

① 공무원은 「범죄수사규칙」 제30조에 따른 경찰관서 내 수사 지휘에 대한 이의제기와 관련하여 상급경찰관서장에게 상담을 요청할 수 있다.

② 공무원은 수사·단속의 대상이 되는 업소 중 경찰청장이 지정하는 유형의 업소 관계자와 부적절한 사적 접촉을 하여서는 아니 되며, 공적 또는 사적으로 접촉한 경우 경찰청장이 정하는 방법에 따라 신고하여야 한다.

③ 공무원은 동창회 등 친목단체에 직무관련자가 있어 부득이 골프를 하는 경우에는 소속관서 행동강령책임관에게 사전에 신고하여야 하며 사전에 신고하기 어려운 특별한 사유가 있는 경우에는 사후에 즉시 신고하여야 한다.

④ 공무원은 직무관련자나 직무관련공무원에게 경조사를 알려서는 아니 되나, 공무원 자신이 소속된 종교단체·친목단체 등의 회원에게 알리는 경우에는 경조사를 알릴 수 있다.

해설

〈보기〉②

제4조의2(부당한 수사지휘에 대한 이의제기) ① 공무원은 「범죄수사규칙」 제30조에 따른 경찰관서 내 수사 지휘에 대한 이의제기와 관련하여 행동강령책임관에게 상담을 요청할 수 있다.

제5조의2(수사·단속 업무의 공정성 강화) ① 공무원은 수사·단속의 대상이 되는 업소 중 경찰청장이 지정하는 유형의 업소 관계자와 부적절한 사적 접촉을 하여서는 아니 되며, 공적 또는 사적으로 접촉한 경우 경찰청장이 정하는 방법에 따라 신고하여야 한다.

제16조의3(직무관련자와 골프 및 사적여행 제한) ① 공무원은 직무관련자와는 비용 부담 여부와 관계없이 골프를 같이 하여서는 아니 된다. 다만, 다음 각 호와 같은 부득이한 사정에 따라 골프를 같이 하는 경우에는 소속관서 행동강령 책임관에게 사전에 신고하여야 하며 사전에 신고하기 어려운 특별한 사유가 있는 경우에는 사후에 즉시 신고하여야 한다.
  1. 정책의 수립·시행을 위한 의견교환 또는 업무협의 등 공적인 목적을 위하여 필요한 경우
  2. 직무관련자인 친족과 골프를 하는 경우
  3. 동창회 등 친목단체에 직무관련자가 있어 부득이 골프를 하는 경우
  4. 그 밖에 위 각 호와 유사한 사유로 부득이하다고 인정되는 경우

제17조(경조사의 통지 제한) 공무원은 직무관련자나 직무관련공무원에게 경조사를 알려서는 아니 된다. 다만, 다음 각 호의 어느 하나에 해당하는 경우에는 경조사를 알릴 수 있다.
  1. 친족(「민법」 제767조에 따른 친족을 말한다)에게 알리는 경우
  2. 현재 근무하고 있거나 과거에 근무하였던 기관의 소속 직원에게 알리는 경우
  3. 신문, 방송 또는 제2호에 따른 직원에게만 열람이 허용되는 내부통신망 등을 통하여 알리는 경우
  4. 공무원 자신이 소속된 종교단체·친목단체 등의 회원에게 알리는 경우

참고 공직자의 이해충돌 방지법(약칭: 이해충돌방지법)

> 제9조(직무관련자와의 거래 신고) ① 공직자는 자신, 배우자 또는 직계존속·비속(배우자의 직계존속·비속으로 생계를 같이하는 경우를 포함한다. 이하 이 조에서 같다) 또는 특수관계사업자(자신, 배우자 또는 직계존속·비속이 대통령령으로 정하는 일정 비율 이상의 주식·지분 등을 소유하고 있는 법인 또는 단체를 말한다. 이하 같다)가 공직자 자신의 직무관련자(「민법」 제777조에 따른 친족인 경우는 제외한다)와 다음 각 호의 어느 하나에 해당하는 행위를 한다는 것을 **사전에 안 경우에는 안 날부터 14일 이내**에 소속기관장에게 그 사실을 서면으로 신고하여야 한다.
>
> 1. 금전을 빌리거나 빌려주는 행위 및 유가증권을 거래하는 행위. 다만, 「금융실명거래 및 비밀보장에 관한 법률」에 따른 금융회사등, 「대부업 등의 등록 및 금융이용자 보호에 관한 법률」에 따른 대부업자등이나 그 밖의 금융회사로부터 통상적인 조건으로 금전을 빌리는 행위 및 유가증권을 거래하는 행위는 제외한다.
> 2. 토지 또는 건축물 등 부동산을 거래하는 행위. 다만, 공개모집에 의하여 이루어지는 분양이나 공매·경매·입찰을 통한 재산상 거래 행위는 제외한다.
> 3. 제1호 및 제2호의 거래 행위 외의 물품·용역·공사 등의 계약을 체결하는 행위. 다만, 공매·경매·입찰을 통한 계약 체결 행위 또는 거래관행상 불특정다수를 대상으로 반복적으로 행하여지는 계약 체결 행위는 제외한다.
>
> ② 공직자는 제1항 각 호에 따른 행위가 있었음을 **사후에 알게 된 경우에도 안 날부터 14일 이내**에 소속기관장에게 그 사실을 서면으로 신고하여야 한다.
> ③ 소속기관장은 제1항 또는 제2항에 따라 공직자가 신고한 행위가 직무의 공정한 수행을 저해할 수 있다고 판단되는 경우에는 해당 공직자에게 제7조제1항 각 호 또는 같은 조 제2항의 조치를 할 수 있다.
> ④ 제1항부터 제3항까지에서 규정한 사항 외에 거래 신고의 기록·관리 등에 필요한 사항은 대통령령으로 정한다.

정답 6. ①

07 「언론중재 및 피해구제 등에 관한 법률」에 관한 설명 중 가장 적절하지 <u>않은</u> 것은?

① '정정보도'란 언론의 보도 내용의 전부 또는 일부가 진실하지 아니한 경우 이를 진실에 부합되게 고쳐서 보도하는 것을 말한다.

② 「언론중재 및 피해구제 등에 관한 법률」 제16조 제1항, 제2항에 따르면, 사실적 주장에 관한 언론보도등으로 인하여 피해를 입은 자는 그 보도 내용에 관한 반론보도를 언론사등에 청구할 수 있고, 이러한 청구에는 언론사의 고의 · 과실이나 위법성을 필요로 하지 아니하며, 보도 내용의 진실 여부와 상관없이 그 청구를 할 수 있다.

③ 「언론중재 및 피해구제 등에 관한 법률」 제19조 제3항에 따르면, 제2항의 출석요구를 받은 신청인이 2회에 걸쳐 출석하지 아니한 경우에는 조정신청을 취하한 것으로 보며, 피신청 언론사등이 2회에 걸쳐 출석하지 아니한 경우에는 조정신청 취지에 따라 정정보도등을 이행하기로 합의한 것으로 본다.

④ 언론중재위원회는 40명 이상 90명 이내의 중재위원으로 구성하며, 위원장 1명과 2명 이내의 부위원장 및 2명 이내의 감사를 두는데, 위원장 · 부위원장 · 감사 및 중재위원의 임기는 각각 3년으로 하며, 연임할 수 없다.

해설

〈보기〉 ④ 제7조(언론중재위원회의 설치) ③ 중재위원회는 **40명 이상 90명 이내의 중재위원**으로 구성하며, 중재위원은 다음 각 호의 사람 중에서 문화체육관광부장관이 위촉한다. 이 경우 제1호부터 제3호까지의 위원은 각각 중재위원 정수의 5분의 1 이상이 되어야 한다.

　　1. 법관의 자격이 있는 사람 중에서 법원행정처장이 추천한 사람
　　2. 변호사의 자격이 있는 사람 중에서 「변호사법」 제78조에 따른 대한변호사협회의 장이 추천한 사람
　　3. 언론사의 취재 · 보도 업무에 10년 이상 종사한 사람
　　4. 그 밖에 언론에 관하여 학식과 경험이 풍부한 사람

④ 중재위원회에 **위원장 1명과 2명 이내의 부위원장** 및 **2명 이내의 감사**를 두며, 각각 중재위원 중에서 호선한다.

⑤ 위원장 · 부위원장 · 감사 및 중재위원의 임기는 각각 **3년**으로 하며, **한 차례만 연임할 수 있다.**

〈보기〉 ① 제2조(정의) 이 법에서 사용하는 용어의 뜻은 다음과 같다.

　　14. "사실적 주장"이란 증거에 의하여 그 존재 여부를 판단할 수 있는 사실관계에 관한 주장을 말한다.
　　15. "**언론보도**"란 언론의 사실적 주장에 관한 보도를 말한다.
　　16. "**정정보도**"란 언론의 보도 내용의 전부 또는 일부가 진실하지 아니한 경우 이를 진실에 부합되게 고쳐서 보도하는 것을 말한다.
　　17. "반론보도"란 언론의 보도 내용의 진실 여부와 관계없이 그와 대립되는 반박적 주장을 보도하는 것을 말한다.

〈보기〉 ② 제16조(반론보도청구권) ① 사실적 주장에 관한 언론보도등으로 인하여 피해를 입은 자는 그 보도 내용에 관한 반론보도를 언론사등에 청구할 수 있다.

② 제1항의 청구에는 언론사등의 **고의 · 과실이나 위법성을 필요로 하지 아니하며**, 보도 내용의 진실 여부와 상관없이 그 청구를 할 수 있다.

③ 반론보도 청구에 관하여는 따로 규정된 것을 제외하고는 정정보도 청구에 관한 이 법의 규정을 준용한다.

〈보기〉③ **제19조(조정)** ① 조정은 관할 중재부에서 한다. 관할구역을 같이 하는 중재부가 여럿일 경우에는 중재위원회 위원장이 중재부를 지정한다.

② 조정은 신청 접수일부터 14일 이내에 하여야 하며, 중재부의 장은 조정신청을 접수하였을 때에는 지체 없이 조정기일을 정하여 당사자에게 출석을 요구하여야 한다.

③ 제2항의 출석요구를 받은 신청인이 2회에 걸쳐 출석하지 아니한 경우에는 조정신청을 취하한 것으로 보며, 피신청 언론사등이 2회에 걸쳐 출석하지 아니한 경우에는 조정신청 취지에 따라 정정보도등을 이행하기로 합의한 것으로 본다.

08 경찰통제에 관한 설명 중 가장 적절하지 <u>않은</u> 것은?

① 국회는 입법권과 예산심의권을 통해 경찰을 사전 통제할 수 있다.

② 「부패방지 및 국민권익위원회의 설치와 운영에 관한 법률」및 동법 시행령에 따르면, 18세 이상의 국민은 경찰 등 공공기관의 사무처리가 법령위반 또는 부패행위로 인하여 공익을 현저히 해하는 경우, 100명 이상의 국민의 연서로 감사원에 감사를 청구할 수 있다.

③ 상급자의 하급자에 대한 직무명령권은 내부적 통제의 일환이다.

④ 경찰의 위법한 처분에 대한 행정소송제도는 사법통제로서 외부적 통제 장치이다.

> **해설**

〈보기〉② **부패방지 및 국민권익위원회의 설치와 운영에 관한 법률 제72조(감사청구권)** ① 18세 이상의 국민은 공공기관의 사무처리가 법령위반 또는 부패행위로 인하여 공익을 현저히 해하는 경우 **대통령령으로 정하는 일정한 수** 이상의 국민의 연서로 감사원에 감사를 청구할 수 있다. 다만, 국회·법원·헌법재판소·선거관리위원회 또는 감사원의 사무에 대하여는 국회의장·대법원장·헌법재판소장·중앙선거관리위원회 위원장 또는 감사원장("당해 기관의 장")에게 감사를 청구하여야 한다.

시행령 제84조(감사청구인) 법 제72조제1항 본문에서 "대통령령으로 정하는 일정한 수"란 **300명**을 말한다.

〈보기〉① 국회는 입법권과 예산심의권을 통해 경찰을 사전 통제할 수 있다. 이외에도 국회는 예산결산권, 국정감사·조사권을 통해 경찰을 사후 통제할 수 있다.

〈보기〉③ 직무명령권은 내부적 통제의 일환이며, 이외에도 감사관제(청문감사인권관), 훈령권 및 이의 신청의 재결권도 내부적 통제 방법이다.

〈보기〉④ 경찰의 위법한 처분에 대한 행정소송제도는 사법통제로서 외부적 통제 장치이다. 위법성 여부만을 다룰 수 있기 때문에 경찰의 행정결정에 대하여 효과적인 구제책이 되지 못하는 등의 문제점이 제기되기도 한다.

정답 7. ④ 8. ②

09 「경찰 인권보호 규칙」에 관한 설명 중 가장 적절하지 <u>않은</u> 것은?

① '인권침해'란 경찰관등이 직무를 수행하는 과정에서 모든 사람에게 보장된 인권을 침해하는 것을 말한다.

② 경찰 활동 전반에 걸친 민주적 통제를 구현하여 경찰력 오ㆍ남용을 예방하고, 경찰 행정의 인권지향성을 높여 인권을 존중하는 경찰 활동을 정립하기 위해 시ㆍ도경찰청장 및 경찰서의 심의ㆍ의결기구로서 각각 시ㆍ도경찰청 인권위원회, 경찰서 인권위원회를 설치하여 운영한다.

③ 경찰청장은 경찰관등이 근무하는 동안 지속적ㆍ체계적으로 교육을 받을 수 있도록 3년 단위로 인권교육종합계획을 수립하여 시행하여야 한다.

④ 인권보호담당관은 인권침해를 예방하고 제도를 개선하기 위해 연 1회 이상 인권 관련 정책 이행 실태, 인권교육 추진 현황, 경찰청과 소속기관의 청사 및 부속 시설 전반의 인권침해적 요소의 존재 여부를 진단하여야 한다.

[해설]

제3조(설치) 경찰 활동 전반에 걸친 민주적 통제를 구현하여 경찰력 오ㆍ남용을 예방하고, 경찰 행정의 인권지향성을 높여 인권을 존중하는 경찰 활동을 정립하기 위해 **경찰청장** 및 시ㆍ도경찰청장의 자문기구로서 각각 **경찰청** 인권위원회, **시ㆍ도경찰청** 인권위원회를 설치하여 운영한다.

제2조(정의) 이 규칙에서 사용하는 용어의 정의는 다음과 같다.
　1. "경찰관등"이란 경찰청과 그 소속기관의 경찰공무원, 일반직공무원, 무기계약근로자 및 기간제근로자, 의무경찰을 의미한다.
　2. "인권침해"란 경찰관등이 직무를 수행하는 과정에서 모든 사람에게 보장된 인권을 침해하는 것을 말한다.
　3. "조사담당자"란 인권침해를 내용으로 하는 진정을 조사하고 이에 따른 구제 업무 등을 수행하는 경찰청과 그 소속기관에 근무하는 공무원을 말한다.

제18조의2(경찰 인권교육계획의 수립) ① 경찰청장은 경찰관등(경찰공무원으로 신규 임용될 사람을 포함한다. 이하 이 조, 제20조, 제20조의2 및 제20조의3에서 같다)이 근무하는 동안 지속적ㆍ체계적으로 교육을 받을 수 있도록 3년 단위로 다음 각 호의 사항을 포함한 **인권교육종합계획**을 수립하여 시행해야 한다.
　1. 경찰 인권교육의 기본방향과 추진목표
　2. 인권교육 전문강사 양성 및 지원
　3. 경찰 인권교육 실태조사ㆍ평가
　4. 교육기관 및 대상별 인권교육 실시
　5. 그 밖에 경찰관등의 인권 보호와 향상을 위하여 필요한 사항
② 경찰관서의 장은 제1항의 내용을 반영하여 매년 인권교육 계획을 수립하여 시행하여야 한다.

제25조(진단사항) 인권보호담당관은 인권침해를 예방하고 제도를 개선하기 위해 연 1회 이상 다음 각 호의 사항을 진단하여야 한다.
　1. 인권 관련 정책 이행 실태
　2. 인권교육 추진 현황
　3. 경찰청과 소속기관의 청사 및 부속 시설 전반의 인권침해적 요소의 존재 여부

10 「경찰청 감사 규칙」상 감사결과의 처리기준에 관한 설명 중 옳은 것은 모두 몇 개인가?

> ㉠ 변상명령: 감사결과 경미한 지적사항으로서 현지에서 즉시 시정·개선조치가 필요한 경우
>
> ㉡ 경고·주의 요구: 감사결과 위법 또는 부당하다고 인정되는 사실이 있으나 그 정도가 징계 또는 문책사유에 이르지 아니할 정도로 경미하거나, 감사대상기관 또는 부서에 대한 제재가 필요한 경우
>
> ㉢ 시정 요구: 감사결과 법령상·제도상 또는 행정상 모순이 있거나 그 밖에 개선할 사항이 있다고 인정되는 경우
>
> ㉣ 개선 요구: 감사결과 문제점이 인정되는 사실이 있어 그 대안을 제시하고 감사대상기관의 장 등으로 하여금 개선방안을 마련하도록 할 필요가 있는 경우

① 0개   ② 1개   ③ 2개   ④ 3개

[해설] **옳은 보기** ㉡

제10조(감사결과의 처리기준 등)   감사관은 감사결과를 다음 각 호의 기준에 따라 처리하여야 한다.

1. 징계 또는 문책 요구: 국가공무원법과 그 밖의 법령에 규정된 징계 또는 문책 사유에 해당하거나 정당한 사유 없이 자체감사를 거부하거나 자료의 제출을 게을리한 경우
2. 시정 요구: 감사결과 위법 또는 부당하다고 인정되는 사실이 있어 추징·회수·환급·추급 또는 원상복구 등이 필요하다고 인정되는 경우
3. 경고·주의 요구: 감사결과 위법 또는 부당하다고 인정되는 사실이 있으나 그 정도가 징계 또는 문책사유에 이르지 아니할 정도로 경미하거나, 감사대상기관 또는 부서에 대한 제재가 필요한 경우
4. 개선 요구: 감사결과 법령상·제도상 또는 행정상 모순이 있거나 그 밖에 개선할 사항이 있다고 인정되는 경우
5. 권고: 감사결과 문제점이 인정되는 사실이 있어 그 대안을 제시하고 감사대상기관의 장 등으로 하여금 개선방안을 마련하도록 할 필요가 있는 경우
6. 통보: 감사결과 비위 사실이나 위법 또는 부당하다고 인정되는 사실이 있으나 제1호부터 제5호까지의 요구를 하기에 부적합하여 감사대상기관 또는 부서에서 자율적으로 처리할 필요가 있다고 인정되는 경우
7. 변상명령: 「회계관계직원 등의 책임에 관한 법률」이 정하는 바에 따라 변상책임이 있는 경우
8. 고발: 감사결과 범죄 혐의가 있다고 인정되는 경우
9. 현지조치: 감사결과 경미한 지적사항으로서 현지에서 즉시 시정·개선조치가 필요한 경우

11 다음은 전통적 경찰활동과 지역사회 경찰활동에 관한 비교 설명이다(Sparrow, 1988). 질문과 답변의 연결이 가장 적절하지 <u>않은</u> 것은?

① 경찰은 누구인가? – 전통적 경찰활동의 관점에서는 법집행을 주로 책임지는 정부기관이라고 답변할 것이며, 지역사회 경찰 활동의 관점에서는 경찰이 시민이고 시민이 경찰이라고 답변할 것이다.

② 언론 접촉 부서의 역할은 무엇인가? – 전통적 경찰활동의 관점 에서는 현장경찰관들에 대한 비판적 여론을 차단하는 것이라고 답변할 것이며, 지역사회 경찰활동의 관점에서는 지역사회와의 원활한 소통창구라고 답변할 것이다.

③ 경찰의 효과성은 무엇이 결정하는가? – 전통적 경찰활동의 관점 에서는 경찰의 대응시간이라고 답변할 것이며, 지역사회 경찰 활동의 관점에서는 시민의 협조라고 답변할 것이다.

④ 가장 중요한 정보란 무엇인가? – 전통적 경찰활동의 관점에서는 범죄자 정보(개인 또는 집단의 활동사항 관련 정보)라고 답변할 것이며, 지역사회 경찰활동의 관점에서는 범죄사건 정보(특정 범죄사건 또는 일련의 범죄사건 관련 정보)라고 답변할 것이다.

[해설]

〈보기〉 ④ 가장 중요한 정보란 무엇인가? 전통적 경찰활동의 관점에서는 범죄사건 정보라고 답변할 것이며, 지역사회 경찰활동의 관점에서는 범죄자 정보(개인 또는 집단의 활동사항 관련 정보)라고 답변할 것이다. 전통적 경찰활동의 관점에서 경찰은 범죄, 범죄자와 투쟁하는 "Crime Fighter"로 이해한다. 반면, 지역사회 경찰활동의 관점에서는 서비스 측면을 강조하여 경찰을 이해한다.

[참고] 전통적 경찰활동과 지역사회 경찰활동의 비교(M. K. Sparrow, 1988)

	전통적 경찰활동 (Traditional policing)	지역사회 경찰활동 (Community policing)
누가 경찰인가? (who are the police?)	법집행을 주로 담당하는 정부기관	경찰이 시민이고, 시민이 경찰이다; 경찰은 모든 시민의 의무에 대해 계속하여 관심을 기울여야 한다.
경찰과 다른 공공서비스기관과의 관계는? (what is the relationship of the police force to other public service department?)	무엇을 우선순위에 두어야 하는지에 대해 종종 갈등관계	경찰은 삶의 질을 향상시킬 책임이 있는 수많은 공공(서비스)기관 중 하나
경찰의 역할은? (what is the role of the police?)	범죄문제 해결에 초점을 기울여야 함	광범위한 지역사회문제 해결
경찰효율성은 어떻게 측정되는가? (how is police efficiency measured?)	적발 건수와 체포율	범죄와 무질서의 부재

무엇이 최우선 순위인가? (what are the highest priorities?)	강력범죄와 폭력을 수반하는 범죄	지역사회를 방해하는 모든 문제
구체적으로 경찰이 처리하는 것은 무엇인가? (what, specifically, do police deal with?)	사건들	시민의 문제와 고민
무엇이 경찰효율성을 결정하는가? (what determines the effectiveness of police)	반응시간	공공(지역사회)의 협조
서비스 요청에 대한 경찰의 견해는? (what view do police take of service calls?)	원래 경찰이 해야 할 업무(범죄문제 해결 등)가 없다면 서비스 요청을 처리할 수 있음	(서비스 업무는 경찰의) 주요한 기능이며, (공공의 협조를 이끌어 낼) 중요한 기회
경찰이 전문화 된다는 것은? (what is police professionalism?)	심각한 범죄에 대한 신속하고 효과적인 대응	지역사회와의 밀접한 관계 유지
가장 중요한 정보는? (what kind of intelligence is most important?)	범죄에 대한 정보(특정 범죄 또는 일련의 범죄에 대한 학습)	범죄자에 대한 정보(개인 또는 집단 활동에 대한 정보)
경찰책임의 본질은? (what is the essential nature of police accountability?)	법령, 규칙, 정책에 의해 조정되는 매우 중앙집권적인 경찰조직, 책임 있는 법집행	지역사회의 요구에 대한 지역의 책임 강조
경찰청의 역할은? (what is the role of headquarter?)	필수적인 규칙과 정책지침을 제공	조직적 가치를 전파
언론담당부서(홍보담당관)의 역할은? (what is the role of the press liaison department)	현장경찰관들이 계속하여 경찰업무를 할 수 있도록 압박감을 줄여주는 역할(비판적 여론을 차단)	(지역사회의)경찰협조를 위한 필수적인 의사소통 창구
경찰은 기소(수사)를 어떻게 보는가? (how do the police regard prosecutions?)	중요한 목표	많은 기능 중 하나

* 출처: Sparrow, M. K. (1988). Implementing community policing (No. 9). US Department of Justice, National Institute of Justice.

정답 11. ④

12 다음 경찰활동 예시의 근거가 되는 범죄원인론으로 가장 관련성이 높은 것은?

> A경찰서는 관내에서 폭행으로 적발된 청소년을 형사입건하는 대신, 학교전담경찰관이 외부 전문가와 함께 3일 동안 다양한 활동으로 구성된 선도프로그램을 제공함으로써 해당 청소년에게 스스로 잘못을 뉘우치고 장차 지역사회로 다시 통합될 수 있는 기회를 제공하였다.

① 낙인이론   ② 일반긴장이론
③ 깨진유리창 이론   ④ 일상활동이론

해설

〈보기〉① 이순래 등(pp. 222-235); 낙인이론 중 특히 브레이스웨이트(1989)의 수치와 범죄에 관한 이론. - 폭행으로 적발된 청소년을 대상으로 형사입건하는 대신 학교전담경찰관이 외부 전문가와 함께 선도프로그램을 제공하여 청소년에게 스스로 잘못을 뉘우치고 장차 지역사회로 다시 통합할 수 있는 기회를 제공한 A 경찰서의 경찰활동은 낙인이론과 가장 관련 있다. 낙인이론은 형사입건을 통하여 범죄자로 '낙인' 찍힌다면 더욱 심각한 범죄를 저지르거나 청소년의 정상적인 발달을 저해할 수 있다는 이론이다.

〈보기〉② 일반긴장이론은 세 가지 유형의 긴장-부정적 감정-비행의 관계에서 다양한 조절변인의 효과에 중점을 둠(이순래 등, pp. 106-111); 애그뉴(1992)의 일반긴장이론). - 일반긴장이론은 범죄의 원인을 '긴장'이라고 주장하며, 목표달성의 실패와 긍정적 자극의 소멸, 부정적 자극이 발생할 때 긴장이 발생하고, 긴장이 발생했을 때, 일정한 조건(사회유대약화 등)이 충족되었을 때 범죄를 저지른다고 설명하는 이론이다.

〈보기〉③ 깨진 유리창 이론은 강경한 형사사법정책을 옹호하는 이론임(이순래 등, pp. 454-457; 윌슨과 켈링(1982)의 깨진 유리창 이론). - 깨진 유리창 이론은 깨진 유리창 하나를 그대로 방치하면 그 유리창을 중심으로 범죄가 확산된다는 이론으로, 사소한 무질서를 방치하면 결국에는 지역 전체로 범죄가 확산될 가능성이 높다고 주장한다. 경찰의 무관용 주의, 엄격한 법집행 등과 관련있는 이론이다.

〈보기〉④ 범죄의 기회를 줄이는 데 중점을 두는 이론임(이순래 등, pp. 468-484); 코헨과 펠슨(1979)의 일상활동이론). - 일상활동이론은 범죄의 원인을 피해자학적 관점에서, 범죄자가 아닌 피해자의 일상활동적 특성으로 주장한다. 일상활동이론에 따르면 범죄는 '동기가 부여된 잠재적 범죄가', '적절한 대상', '보호자의 부재'의 3가지 요소가 충족될 때 발생한다.

13 뉴먼(1972)은 방어공간의 구성요소를 구분하였다. 이와 관련된 〈보기 1〉의 설명과 〈보기 2〉의 구성요소가 가장 적절하게 연결된 것은?

〈보기 1〉

(가) 지역의 외관이 다른 지역과 고립되어 있지 않고, 보호되고 있으며, 주민의 적극적 행동의지를 보여줌

(나) 지역에 대한 소유의식은 일상적이지 않은 일이 있을 때 주민으로 하여금 행동을 취하도록 자극함

(다) 특별한 장치의 도움 없이 실내와 실외의 활동을 관찰할 수 있는 능력임

〈보기 2〉

㉠ 영역성   ㉡ 자연적 감시   ㉢ 이미지   ㉣ 환경

---

① (가) ㉢, (나) ㉣, (다) ㉠
② (가) ㉢, (나) ㉠, (다) ㉡
③ (가) ㉣, (나) ㉠, (다) ㉢
④ (가) ㉣, (나) ㉢, (다) ㉡

해설

〈보기〉 ② 뉴먼이 제시한 방어공간이론(1972)에 따르면 '방어공간'이란 그 공간에 거주하고 있는 주민을 범죄로부터 보호할 수 있도록 주거환경을 조성해 놓은 공간이다. 뉴먼은 방어공간을 '영역성', '이미지', '자연적 감시', '환경'으로 구성된다고 주장하였다.

참고 | **방어공간의 구성요소**

영역성	– 지역에 대한 소유의식은 일상적이지 않은 일이 있을 때 주민으로 하여금 행동을 취하도록 자극함 – 영역성 확보를 통해 사적 공간이라는 점을 잠재적 범죄자에게 인식시켜 거주 지역을 방어함
이미지	– 지역의 외관이 다른 지역과 고립되어 있지 않고 보호되고 있으며, 주민의 적극적 행동의지를 보여줌 – 잠재적 범죄자로 하여금 높은 위험 이미지를 제공함
자연적 감시	– 특별한 장치의 도움 없이 실내와 실외의 활동을 관찰할 수 있는 능력임 – 주거환경 조성 시 창문 또는 건축물(예: 놀이터 등)을 자연적 감시가 가능하게 설계
환경	– 위험하지 않은 환경에 방어공간을 설계함

* 참고: 이순래 등 역(2019), 범죄예방론(9판), 그린출판사.

2022
제1차

14 「경찰공무원 승진임용 규정」상 승진에 관한 설명 중 가장 적절하지 **않은** 것은?

① 경찰공무원의 승진임용은 심사승진임용·시험승진임용 및 특별승진임용으로 구분한다.

② 경찰공무원 승진임용 규정」 제6조 제1항 제2호에 따르면 소극 행정으로 감봉에 해당하는 징계처분을 받은 경찰공무원은 징계 처분의 집행이 끝난 날부터 18개월이 지나지 아니하면 심사승진 임용될 수 없다.

③ 임용권자나 임용제청권자는 시험승진후보자 명부에 기록된 사람이 승진임용되기 전에 감봉 이상의 징계처분을 받은 경우에는 시험 승진후보자 명부에서 그 사람을 제외하여야 한다.

④ 총경 이하의 경찰공무원에 대해서는 매년 근무성적을 평정하여야 하나 휴직·직위해제 등의 사유로 해당 연도의 평정기관에서 6개월 이상 근무하지 아니한 경찰공무원에 대해서는 근무성적을 평정하지 아니한다.

> **해설**
>
> **제3조(승진임용의 구분)** 경찰공무원의 승진임용은 심사승진임용·시험승진임용 및 특별승진임용으로 구분한다.
>
> **제6조(승진임용의 제한)** ① 다음 각 호의 어느 하나에 해당하는 경찰공무원은 **승진임용될 수 없다.**
>
> 1. 징계의결 요구, 징계처분, 직위해제, 휴직(「공무원 재해보상법」에 따른 공무상 질병 또는 부상으로 인하여 「국가공무원법」 제71조제1항제1호에 따라 휴직한 사람을 제37조제1항제4호 또는 같은 조 제2항에 따라 특별승진임용하는 경우는 제외한다) 또는 시보임용 기간 중에 있는 사람
> 2. 징계처분의 집행이 끝난 날부터 다음 각 목의 구분에 따른 기간[「국가공무원법」 제78조의2제1항 각 호의 어느 하나에 해당하는 사유로 인한 징계처분과 **소극행정**, **음주운전**(음주측정에 응하지 않은 경우를 포함한다), **성폭력, 성희롱 및 성매매**에 따른 징계처분의 경우에는 각각 **6개월**을 더한 기간]이 지나지 않은 사람
>   가. 강등·정직: 18개월
>   나. 감봉: 12개월
>   다. 견책: 6개월
>
> **제7조(근무성적 평정)** ① **총경 이하의 경찰공무원**에 대해서는 매년 근무성적을 평정하여야 하며, 근무성적 평정의 결과는 승진 등 인사관리에 반영하여야 한다.
>
> ② 근무성적은 다음 각 호의 평정 요소에 따라 평정한다. 다만, 총경의 근무성적은 제2 평정 요소로만 평정한다.
>
> 1. 제1 평정 요소
>   가. 경찰업무 발전에 대한 기여도
>   나. 포상 실적
>   다. 그 밖에 행정안전부령으로 정하는 평정 요소
> 2. 제2 평정 요소
>   가. 근무실적
>   나. 직무수행능력
>   다. 직무수행태도

③ 제2 평정 요소에 따른 근무성적 평정은 평정대상자의 계급별로 평정 결과가 다음 각 호의 분포비율에 맞도록 하여야 한다. 다만, 평정 결과 제4호에 해당하는 사람이 없는 경우에는 제4호의 비율을 제3호의 비율에 가산하여 적용한다.
   1. 수: 20퍼센트
   2. 우: 40퍼센트
   3. 양: 30퍼센트
   4. 가: 10퍼센트
④ 제11조제2항 단서에 해당하는 경찰공무원과 경찰서 수사과에서 고소·고발 등에 대한 조사업무를 직접 처리하는 경위 계급의 경찰공무원을 평정할 때에는 제3항의 비율을 적용하지 아니할 수 있다.
⑤ 근무성적 평정 결과는 공개하지 아니한다. 다만, 경찰청장은 근무성적 평정이 완료되면 평정 대상 경찰공무원에게 해당 근무성적 평정 결과를 통보할 수 있다.
⑥ 근무성적 평정의 기준, 시기, 방법, 그 밖에 필요한 사항은 행정안전부령으로 정한다.

제8조(근무성적 평정의 예외) ① 휴직·직위해제 등의 사유로 해당 연도의 평정기관에서 **6개월 이상** 근무하지 아니한 경찰공무원에 대해서는 **근무성적을 평정하지 아니한다.**

제36조(시험승진후보자 명부의 작성 등) ③ 임용권자나 임용제청권자는 시험승진후보자 명부에 기록된 사람이 승진임용되기 전에 **정직 이상의 징계처분**을 받은 경우에는 시험승진**후보자 명부**에서 그 사람을 **제외하여야 한다.**

15 경찰조직편성의 원리에 관한 설명 중 가장 적절하지 <u>않은</u> 것은?

① '통솔의 범위'는 한 사람의 상관이 효과적으로 감독할 수 있는 최대한의 부하의 수를 말한다.

② '계층제'는 권한과 책임의 정도에 따라 직무를 등급화 함으로써 상·하계층 간 직무상 지휘·감독관계에 놓이게 하는 것을 말한다.

③ '명령통일의 원리'는 조직구성원들은 한 사람의 상관으로부터만 명령을 받고, 보고도 그 상관에게만 하여야 한다는 것을 의미한다.

④ '할거주의'는 타기관 및 타부처에 대한 횡적인 조정과 협조를 용이하게 만드는 대표적인 요인으로 조정·통합의 원리에 필수적인 요소이다.

[해설]

〈보기〉 ④ 할거주의는 종적 상하관계와 자신이 소속된 기관에만 신경을 쓰고 다른 기관이나 부처에 대하여 배타적 입장을 취하는 요인이며 한 조직 내에서 파벌을 조성함으로써 조정과 협조 및 통합을 어렵게 만드는 요인이다.

* 출처: 최응렬(2018), 경찰조직론, 박영사.

[참고] 경찰조직편성의 원리

분업(전문화)의 원리	업무를 그 종류와 성질별로 구분하여 조직구성원에게 가능한 한가지의 주된 업무를 분담시킴으로써 조직관리의 능률을 향상시키려는 것을 의미한다.
계층제의 원리	계층제(hierarchy)는 권한과 책임의 정도에 따라 직무를 등급화함으로써 상·하계층간에 직무상 지휘·감독관계에 놓이게 하는 것을 말한다.
통솔범위의 원리	통솔의 범위(span of control)는 한사람의 상관이 효과적으로 감독할 수 있는 최대한의 부하의 수를 말한다.
명령통일의 원리	명령통일의 원리(unity of command)는 조직구성원들은 오직 한 사람의 감독자 또는 상관을 가지고 있어야 함을 의미하며, 하급자는 한사람의 상급자로부터 명령을 받아야 하며 항상 그 상급자에게만 보고해야 한다는 것을 의미한다.
조정·통합의 원리	조직의 공동목적을 달성하기 위해 구성원들의 행동을 통일시키고 집단의 노력을 통합하는 원리를 의미한다.

* 출처: 이황우·한상암(2016), 경찰행정학, 법문사.

16 「경찰장비관리규칙」상 무기고 및 탄약고 설치에 관한 설명 중 가장 적절하지 <u>않은</u> 것은?

① 무기탄약고 비상벨은 상황실과 숙직실 등 초동조치 가능장소와 연결하고, 외곽에는 철조망 장치와 조명등 및 순찰함을 설치하여야 한다.

② 탄약고 내에는 전기시설을 하는 것이 원칙이나, 조명은 건전지 등으로 하고 방화시설을 완비하여야 한다.

③ 무기고와 탄약고의 환기통 등에는 손이 들어가지 않도록 쇠창살 시설을 하고, 출입문은 2중으로 하여 각 1개소 이상씩 자물쇠를 설치하여야 한다.

④ 탄약고는 무기고와 분리되어야 하며 가능한 본 청사와 격리된 독립 건물로 하여야 한다.

해설

제115조(무기고 및 탄약고 설치) ① 집중무기고는 다음 각 호의 경찰기관에 설치한다.

    1. 경찰청

    2. 시·도경찰청

    3. 경찰대학, 경찰인재개발원, 중앙경찰학교 및 경찰수사연수원

    4. 경찰서

    5. 경찰기동대, 방범순찰대 및 경비대

    6. 의무경찰대

    7. 경찰특공대

    8. 기타 경찰청장이 지정하는 경찰관서

② 무기고와 탄약고는 견고하게 만들고 환기·방습장치와 방화시설 및 총가시설 등이 완비되어야 한다.

③ 탄약고는 무기고와 분리되어야 하며 가능한 본 청사와 격리된 독립 건물로 하여야 한다.

④ 무기고와 탄약고의 환기통 등에는 손이 들어가지 않도록 쇠창살 시설을 하고, 출입문은 2중으로 하여 각 1개소 이상씩 자물쇠를 설치하여야 한다.

⑤ 무기·탄약고 비상벨은 상황실과 숙직실 등 초동조치 가능장소와 연결하고, 외곽에는 철조망장치와 조명등 및 순찰함을 설치하여야 한다.

⑥ 간이무기고는 근무자가 24시간 상주하는 지구대, 파출소, 상황실 및 112타격대(이하 "지구대 및 상황실 등"이라 한다) 등 경찰기관의 장이 필요하다고 인정하는 상당한 이유가 있는 장소에 설치할 수 있다.

⑦ 탄약고 내에는 전기시설을 하여서는 아니되며, 조명은 건전지 등으로 하고 방화시설을 완비하여야 한다. 단, 방폭설비를 갖춘 경우 전기시설을 설치할 수 있다.

17 「경찰공무원법」상 경찰공무원의 직권면직사유 중 직권면직처분을 위해 징계위원회의 동의가 필요한 사유로 옳은 것은 모두 몇 개인가?

> ㉠ 해당 경과에서 직무를 수행하는 데 필요한 자격증의 효력이 상실되거나 면허가 취소되어 담당 직무를 수행할 수 없게 되었을 때
>
> ㉡ 직무를 수행하는 데에 위험을 일으킬 우려가 있을 정도의 성격적 또는 도덕적 결함이 있는 사람으로서 대통령령으로 정하는 사유에 해당된다고 인정될 때
>
> ㉢ 경찰공무원으로는 부적합할 정도로 직무 수행능력이나 성실성이 현저하게 결여된 사람으로서 대통령령으로 정하는 사유에 해당된다고 인정될 때
>
> ㉣ 휴직 기간이 끝나거나 휴직 사유가 소멸된 후에도 직무에 복귀하지 아니하거나 직무를 감당할 수 없을 때

① 1개　　　　② 2개　　　　③ 3개　　　　④ 4개

해설 옳은 보기 ㉡, ㉢

제28조(직권면직) ① 임용권자는 경찰공무원이 다음 각 호의 어느 하나에 해당될 때에는 직권으로 면직시킬 수 있다.
1. 「국가공무원법」 제70조제1항제3호부터 제5호까지의 규정 중 어느 하나에 해당될 때
2. 경찰공무원으로는 부적합할 정도로 직무 수행능력이나 성실성이 현저하게 결여된 사람으로서 대통령령으로 정하는 사유에 해당된다고 인정될 때
3. 직무를 수행하는 데에 위험을 일으킬 우려가 있을 정도의 성격적 또는 도덕적 결함이 있는 사람으로서 대통령령으로 정하는 사유에 해당된다고 인정될 때
4. 해당 경과에서 직무를 수행하는 데 필요한 자격증의 효력이 상실되거나 면허가 취소되어 담당 직무를 수행할 수 없게 되었을 때
② 제1항제2호·제3호 또는 「국가공무원법」 제70조제1항제5호의 사유로 면직시키는 경우에는 제32조에 따른 징계위원회의 동의를 받아야 한다.

참고 직권면직 사유(「국가공무원법」 제70조, 「경찰공무원법」 제28조, 「경찰공무원 임용령」 제47조)

징계위원회 동의 필요 없음	① 직제와 정원의 개폐 또는 예산의 감소 등에 따라 폐직(廢職) 또는 과원(過員)이 되었을 때 ② 휴직 기간이 끝나거나 휴직 사유가 소멸된 후에도 직무에 복귀하지 아니하거나 직무를 감당할 수 없을 때 ③ 해당 경과에서 직무를 수행하는 데 필요한 자격증의 효력이 상실되거나 면허가 취소되어 담당 직무를 수행할 수 없게 되었을 때
징계위원회 동의 필요	① 경찰공무원으로는 부적합할 정도로 직무 수행능력이나 성실성이 현저하게 결여된 사람으로서 다음 사유에 해당된다고 인정될 때 　(a) 지능 저하 또는 판단력 부족으로 경찰업무를 감당할 수 없는 경우 　(b) 책임감의 결여로 직무수행에 성의가 없고 위험한 직무를 고의로 기피하거나 포기하는 경우 ② 직무를 수행하는 데에 위험을 일으킬 우려가 있을 정도의 성격적 또는 도덕적 결함이 있는 사람으로서 다음 사유에 해당된다고 인정될 때 　(a) 인격장애, 알코올·약물중독 그 밖의 정신장애로 인하여 경찰업무를 감당할 수 없는 경우 　(b) 사행행위 또는 재산의 낭비로 인한 채무과다, 부정한 이성관계 등 도덕적 결함이 현저하여 타인의 비난을 받는 경우 ③ 직위해제 되어 대기 명령을 받은 자가 그 기간에 능력 또는 근무성적의 향상을 기대하기 어렵다고 인정된 때

18 「국가재정법」상 예산 편성 및 집행에 관한 설명 중 가장 적절하지 <u>않은</u> 것은?

① 각 중앙관서의 장은 제29조의 규정에 따른 예산안 편성지침에 따라 그 소관에 속하는 당해 연도의 세입세출예산·계속비·명시 이월비 및 국고채무부담행위 요구서를 작성하여 매년 3월 31일 까지 기획재정부장관에게 제출하여야 한다.

② 각 중앙관서의 장은 매년 1월 31일까지 해당 회계연도부터 5회계 연도 이상의 기간 동안의 신규사업 및 기획재정부장관이 정하는 주요 계속사업에 대한 중기사업계획서를 기획재정부장관에게 제출하여야 한다.

③ 기획재정부장관은 각 중앙관서의 장에게 예산을 배정한 때에는 감사원에 통지하여야 한다.

④ 정부는 제32조의 규정에 따라 대통령의 승인을 얻은 예산안을 회계연도 개시 120일 전까지 국회에 제출하여야 한다.

> 해설
>
> 제28조(중기사업계획서의 제출) 각 중앙관서의 장은 매년 1월 31일까지 해당 회계연도부터 5회계연도 이상의 기간 동안의 신규사업 및 기획재정부장관이 정하는 주요 계속사업에 대한 중기사업계획서를 기획재정부장관에게 제출하여야 한다.
>
> 제29조(예산안편성지침의 통보) ① 기획재정부장관은 국무회의의 심의를 거쳐 대통령의 승인을 얻은 다음 연도의 예산안편성지침을 매년 **3월 31일까지** 각 중앙관서의 장에게 통보하여야 한다.
>
> 제31조(예산요구서의 제출) ① 각 중앙관서의 장은 제29조의 규정에 따른 예산안편성지침에 따라 그 소관에 속하는 다음 연도의 세입세출예산·계속비·명시이월비 및 국고채무부담행위 요구서("예산요구서")를 작성하여 매년 **5월 31일까지** 기획재정부장관에게 제출하여야 한다.
>
> 제33조(예산안의 국회제출) 정부는 제32조의 규정에 따라 대통령의 승인을 얻은 예산안을 회계연도 개시 120일 전까지 국회에 제출하여야 한다.
>
> 제43조(예산의 배정) ① 기획재정부장관은 제42조의 규정에 따른 예산배정요구서에 따라 분기별 예산배정계획을 작성하여 **국무회의**의 심의를 거친 후 **대통령**의 승인을 얻어야 한다.
>
> ② 기획재정부장관은 각 중앙관서의 장에게 예산을 배정한 때에는 **감사원**에 통지하여야 한다.

19 「지역경찰의 조직 및 운영에 관한 규칙」에 관한 설명 중 옳은 것은 모두 몇 개인가?

> ㉠ 시·도경찰청장은 인구, 면적, 행정구역, 교통·지리적 여건, 각종 사건사고 발생 등을 고려하여 경찰서의 관할구역을 나누어 지역경찰관서를 설치한다.
> ㉡ 관리팀원 및 순찰팀원에 대한 일일근무 지정 및 지휘·감독과 관내 중요 사건 발생시 현장 지휘는 순찰팀장의 직무이다.
> ㉢ 직주일체형 치안센터에 배치된 근무자는 근무 종료 후(휴무일 포함)에도 관할구역 내에 위치하며 지역경찰관서와 연락체계를 유지하여야 한다.
> ㉣ 지역경찰관서장은 관내 치안상황의 분석 및 대책을 수립하고 소속 지역경찰의 근무와 관련된 제반사항에 대해 지휘 및 감독한다.
> ㉤ 상황근무를 지정받은 지역경찰은 지역경찰관서 및 치안센터 내에서 방문민원 및 각종 신고사건의 접수 및 처리를 수행한다.

① 5개   ② 4개   ③ 3개   ④ 2개

[해설] **틀린 보기** ㉢

제4조(설치 및 폐지) ① 시·도경찰청장은 인구, 면적, 행정구역, 교통·지리적 여건, 각종 사건사고 발생 등을 고려하여 경찰서의 관할구역을 나누어 지역경찰관서를 설치한다.
② 지역경찰관서의 명칭은 "○○경찰서 ○○지구대(파출소)"로 한다.

제5조(지역경찰관서장) ① 지역경찰관서의 사무를 통할하고 소속 지역경찰을 지휘·감독하기 위해 지역경찰서에 지구대장 및 파출소장("지역경찰관서장")을 둔다.
③ 지역경찰관서장은 다음 각 호의 직무를 수행한다.
    1. **관내 치안상황의 분석 및 대책 수립**
    2. 지역경찰관서의 시설·예산·장비의 관리
    3. **소속 지역경찰의 근무와 관련된 제반사항에 대한 지휘 및 감독**
    4. 경찰 중요 시책의 홍보 및 협력치안 활동

제8조(순찰팀) ① 순찰팀은 범죄예방 순찰, 각종 사건사고에 대한 초동조치 등 현장 치안활동을 담당하며, 팀장은 경감 또는 경위로 보한다.
② 순찰팀장은 다음 각호의 직무를 수행한다.
    1. 근무교대시 주요 취급사항 및 장비 등의 인수인계 확인
    2. **관리팀원 및 순찰팀원에 대한 일일근무 지정 및 지휘·감독**
    3. **관내 중요 사건 발생시 현장 지휘**
    4. 지역경찰관서장 부재시 업무 대행
    5. 순찰팀원의 업무역량 향상을 위한 교육

제18조(직주일체형 치안센터) ① 직주일체형 치안센터는 출장소형 치안센터 중 근무자가 치안센터 내에서 거주하면서 근무하는 형태의 치안센터를 말한다.
② 직주일체형 치안센터에는 배우자와 함께 거주함을 원칙으로 하며, 배우자는 근무자 부재시 방문 민원 접수·처리 등 보조 역할을 수행한다.
③ 직주일체형 치안센터에 배치된 근무자는 근무 종료 후에도 관할구역 내에 위치하며 지역경찰관서와 연락체계를 유지하여야 한다. 다만, 휴무일은 제외한다.

제22조(근무의 종류) 지역경찰의 근무는 행정근무, 상황근무, 순찰근무, 경계근무, 대기근무, 기타근무로 구분한다.

제23조(행정근무) 행정근무를 지정받은 지역경찰은 지역경찰관서 내에서 다음 각 호의 업무를 수행한다.
　　1. 문서의 접수 및 처리
　　2. 시설·장비의 관리 및 예산의 집행
　　3. 각종 현황, 통계, 자료, 부책 관리
　　4. 기타 행정업무 및 지역경찰관서장이 지시한 업무

제24조(상황 근무) ① 상황근무를 지정받은 지역경찰은 지역경찰관서 및 치안센터 내에서 다음 각 호의 업무를 수행한다.
　　1. 시설 및 장비의 작동여부 확인
　　2. 방문민원 및 각종 신고사건의 접수 및 처리
　　3. 요보호자 또는 피의자에 대한 보호·감시
　　4. 중요 사건·사고 발생시 보고 및 전파
　　5. 기타 필요한 문서의 작성

제25조(순찰근무) ① 순찰근무는 그 수단에 따라 112 순찰, 방범오토바이 순찰, 자전거 순찰 및 도보 순찰 등으로 구분한다.
　② 112 순찰근무 및 야간 순찰근무는 반드시 2인 이상 합동으로 지정하여야 한다.
　③ 순찰근무를 지정받은 지역경찰은 지정된 근무구역에서 다음 각 호의 업무를 수행한다.
　　1. 주민여론 및 범죄첩보 수집
　　2. 각종 사건사고 발생시 초동조치 및 보고, 전파
　　3. 범죄 예방 및 위험발생 방지 활동
　　4. 범법자의 단속 및 검거
　　5. 경찰방문 및 방범진단
　　6. 통행인 및 차량에 대한 검문검색 등
　④ 순찰근무를 할 때에는 다음 각호의 사항에 유의하여야 한다.
　　1. 문제의식을 가지고 면밀하게 관찰
　　2. 주민에 대한 정중하고 친절한 예우
　　3. 돌발 상황에 대한 대비 및 경계 철저
　　4. 지속적인 치안상황 확인 및 신속 대응

제26조(경계근무) ① 경계근무는 반드시 2인 이상 합동으로 지정하여야 한다.
　② 경계근무를 지정받은 지역경찰은 지정된 장소에서 다음 각 호의 업무를 수행한다.
　　1. 범법자 등을 단속·검거하기 위한 통행인 및 차량, 선박 등에 대한 검문검색 및 후속조치
　　2. 비상 및 작전사태 등 발생시 차량, 선박 등의 통행 통제

제27조(대기근무) ① 대기 근무는 「경찰기관 상시근무 공무원의 근무시간 등에 관한 규칙」 제2조제6호의 "대기"를 뜻한다.
　② 대기근무의 장소는 지역경찰관서 및 치안센터 내로 한다. 단, 식사시간을 대기 근무로 지정한 경우에는 식사 장소를 대기 근무 장소로 지정할 수 있다.
　③ 대기근무를 지정받은 지역경찰은 지정된 장소에서 휴식을 취하되, 무전기를 청취하며 10분 이내 출동이 가능한 상태를 유지하여야 한다.

20 「보안업무규정」상 비밀에 관한 설명 중 가장 적절하지 <u>않은</u> 것은?

① Ⅱ급 비밀은 누설될 경우 국가안전보장에 막대한 지장을 끼칠 우려가 있는 비밀을 말한다.

② 비밀은 적절히 보호할 수 있는 최고등급으로 분류하되, 과도 하거나 과소하게 분류해서는 아니 된다.

③ 비밀은 보관하고 있는 시설 밖으로 반출해서는 아니 된다. 다만, 공무상 반출이 필요할 때에는 소속 기관의 장의 승인을 받아야 한다.

④ 비밀을 휴대하고 출장 중인 사람은 비밀을 안전하게 보호하기 위하여 국내 경찰기관 또는 재외공관에 보관을 위탁할 수 있으며, 위탁받은 기관은 그 비밀을 보관하여야 한다.

해설

제4조(비밀의 구분) 비밀은 그 중요성과 가치의 정도에 따라 다음 각 호와 같이 구분한다.
1. Ⅰ급비밀: 누설될 경우 대한민국과 외교관계가 단절되고 전쟁을 일으키며, 국가의 방위계획·정보 활동 및 국가방위에 반드시 필요한 과학과 기술의 개발을 위태롭게 하는 등의 우려가 있는 비밀
2. Ⅱ급비밀: 누설될 경우 국가안전보장에 막대한 지장을 끼칠 우려가 있는 비밀
3. Ⅲ급비밀: 누설될 경우 국가안전보장에 해를 끼칠 우려가 있는 비밀

제12조(분류원칙) ① 비밀은 적절히 보호할 수 있는 **최저**등급으로 분류하되, 과도하거나 과소하게 분류해서는 아니 된다.
② 비밀은 그 자체의 내용과 가치의 정도에 따라 분류하여야 하며, 다른 비밀과 관련하여 분류해서는 아니 된다.

제19조(출장 중의 비밀 보관) 비밀을 휴대하고 출장 중인 사람은 비밀을 안전하게 보호하기 위하여 국내 경찰기관 또는 재외공관에 보관을 위탁할 수 있으며, 위탁받은 기관은 그 비밀을 보관하여야 한다.

제27조(비밀의 반출) 비밀은 보관하고 있는 시설 밖으로 반출해서는 아니 된다. 다만, 공무상 반출이 필요할 때에는 소속 기관의 장의 승인을 받아야 한다.

21 「경비업법」 제2조 정의에 관한 설명 중 가장 적절하지 <u>않은</u> 것은?

① '시설경비업무'란 경비를 필요로 하는 시설 및 장소(이하 "경비 대상시설"이라 한다)에서의 도난·화재 그 밖의 혼잡 등으로 인한 위험발생을 방지하는 업무를 말한다.

② '호송경비업무'란 운반중에 있는 현금 유가증권·귀금속·상품 그 밖의 물건에 대하여 도난·화재 등 위험발생을 방지하는 업무를 말한다.

③ '신변보호업무'란 사람의 생명·신체·재산에 대한 위해의 발생을 방지하고 그 신변을 보호하는 업무를 말한다.

④ '기계경비업무'란 경비대상시설에 설치한 기기에 의하여 감지·송신된 정보를 그 경비대상시설외의 장소에 설치한 관제시설의 기기로 수신하여 도난·화재 등 위험발생을 방지하는 업무를 말한다.

해설

제2조(정의)　이 법에서 사용하는 용어의 정의는 다음과 같다.

1. "경비업"이라 함은 다음 각목의 1에 해당하는 업무("경비업무")의 전부 또는 일부를 도급받아 행하는 영업을 말한다.

　가. 시설경비업무: 경비를 필요로 하는 시설 및 장소("경비대상시설")에서의 도난·화재 그 밖의 혼잡 등으로 인한 위험발생을 방지하는 업무

　나. 호송경비업무: 운반중에 있는 현금·유가증권·귀금속·상품 그 밖의 물건에 대하여 도난·화재 등 위험발생을 방지하는 업무

　다. 신변보호업무: **사람의 생명**이나 **신체**에 대한 위해의 발생을 방지하고 그 신변을 보호하는 업무

　라. 기계경비업무: 경비대상시설에 설치한 기기에 의하여 감지·송신된 정보를 그 경비대상시설외의 장소에 설치한 관제시설의 기기로 수신하여 도난·화재 등 위험발생을 방지하는 업무

　마. 특수경비업무: 공항(항공기를 포함한다) 등 대통령령이 정하는 국가중요시설("국가중요시설")의 경비 및 도난·화재 그 밖의 위험발생을 방지하는 업무

22 「스토킹범죄의 처벌 등에 관한 법률」에 관한 설명 중 가장 적절하지 <u>않은</u> 것은?

① '스토킹범죄'란 지속적 또는 반복적으로 스토킹행위를 하는 것을 말한다.

② 사법경찰관리는 진행 중인 스토킹행위에 대하여 신고를 받은 경우 즉시 현장에 나가 스토킹 행위의 제지, 스토킹 행위자와 피해자 분리, 유치장 또는 구치소에의 유치 등의 조치를 할 수 있다.

③ 스토킹범죄를 저지른 사람은 3년 이하의 징역 또는 3천만원 이하의 벌금에 처한다.

④ 흉기 또는 그 밖의 위험한 물건을 휴대하거나 이용하여 스토킹 범죄를 저지른 사람은 5년 이하의 징역 또는 5천만원 이하의 벌금에 처한다.

> **해설**
>
> **제2조(정의)** 이 법에서 사용하는 용어의 뜻은 다음과 같다.
>
> 1. **"스토킹행위"**란 상대방의 의사에 반(反)하여 정당한 이유 없이 다음 각 목의 어느 하나에 해당하는 행위를 하여 상대방에게 불안감 또는 공포심을 일으키는 것을 말한다.
>
>   가. 상대방 또는 그의 동거인, 가족("상대방등")에게 접근하거나 따라다니거나 진로를 막아서는 행위
>
>   나. 상대방등의 주거, 직장, 학교, 그 밖에 일상적으로 생활하는 장소("주거등") 또는 그 부근에서 기다리거나 지켜보는 행위
>
>   다. 상대방등에게 우편·전화·팩스 또는 「정보통신망 이용촉진 및 정보보호 등에 관한 법률」 제2조제1항제1호의 정보통신망("정보통신망")을 이용하여 물건이나 글·말·부호·음향·그림·영상·화상("물건등")을 도달하게 하거나 정보통신망을 이용하는 프로그램 또는 전화의 기능에 의하여 글·말·부호·음향·그림·영상·화상이 상대방등에게 나타나게 하는 행위
>
>   라. 상대방등에게 직접 또는 제3자를 통하여 물건등을 도달하게 하거나 주거등 또는 그 부근에 물건등을 두는 행위
>
>   마. 상대방등의 주거등 또는 그 부근에 놓여져 있는 물건등을 훼손하는 행위
>
>   바. 다음의 어느 하나에 해당하는 상대방등의 정보를 정보통신망을 이용하여 제3자에게 제공하거나 배포 또는 게시하는 행위
>
>   1) 「개인정보 보호법」 제2조제1호의 개인정보
>
>   2) 「위치정보의 보호 및 이용 등에 관한 법률」 제2조제2호의 개인위치정보
>
>   3) 1) 또는 2)의 정보를 편집·합성 또는 가공한 정보(해당 정보주체를 식별할 수 있는 경우로 한정한다)
>
>   사. 정보통신망을 통하여 상대방등의 이름, 명칭, 사진, 영상 또는 신분에 관한 정보를 이용하여 자신이 상대방등인 것처럼 가장하는 행위
>
> 2. **"스토킹범죄"**란 지속적 또는 반복적으로 스토킹행위를 하는 것을 말한다.
>
> 3. **"피해자"**란 스토킹범죄로 직접적인 피해를 입은 사람을 말한다.
>
> 4. **"피해자등"**이란 피해자 및 스토킹행위의 상대방을 말한다.
>
> **제3조(스토킹행위 신고 등에 대한 응급조치)** 사법경찰관리는 진행 중인 스토킹행위에 대하여 신고를 받은 경우 즉시 현장에 나가 다음 각 호의 조치를 하여야 한다.
>
> 1. 스토킹행위의 제지, 향후 스토킹행위의 중단 통보 및 스토킹행위를 지속적 또는 반복적으로 할 경우 처벌 서면경고
>
> 2. 스토킹행위자와 피해자등의 분리 및 범죄수사
>
> 3. 피해자등에 대한 긴급응급조치 및 잠정조치 요청의 절차 등 안내
>
> 4. 스토킹 피해 관련 상담소 또는 보호시설로의 피해자등 인도(피해자등이 동의한 경우만 해당한다)

제4조(긴급응급조치) ① 사법경찰관은 스토킹행위 신고와 관련하여 스토킹행위가 지속적 또는 반복적으로 행하여질 우려가 있고 스토킹범죄의 예방을 위하여 긴급을 요하는 경우 스토킹행위자에게 직권으로 또는 스토킹행위의 상대방이나 그 법정대리인 또는 스토킹행위를 신고한 사람의 요청에 의하여 다음 각 호에 따른 조치를 할 수 있다.

    1. 스토킹행위의 상대방등이나 그 주거등으로부터 100미터 이내의 접근 금지

    2. 스토킹행위의 상대방등에 대한 「전기통신기본법」 제2조제1호의 전기통신을 이용한 접근 금지

② 사법경찰관은 제1항에 따른 조치("긴급응급조치")를 하였을 때에는 즉시 스토킹행위의 요지, 긴급응급조치가 필요한 사유, 긴급응급조치의 내용 등이 포함된 긴급응급조치결정서를 작성하여야 한다.

제9조(스토킹행위자에 대한 잠정조치) ① 법원은 스토킹범죄의 원활한 조사·심리 또는 피해자 보호를 위하여 필요하다고 인정하는 경우에는 결정으로 스토킹행위자에게 다음 각 호의 어느 하나에 해당하는 조치(이하 "잠정조치"라 한다)를 할 수 있다.

    1. 피해자에 대한 스토킹범죄 중단에 관한 서면 경고

    2. 피해자 또는 그의 동거인, 가족이나 그 주거등으로부터 100미터 이내의 접근 금지

    3. 피해자 또는 그의 동거인, 가족에 대한 「전기통신기본법」 제2조제1호의 전기통신을 이용한 접근 금지

    3의2. 「전자장치 부착 등에 관한 법률」 제2조제4호의 위치추적 전자장치(이하 "전자장치"라 한다)의 부착

    4. 국가경찰관서의 유치장 또는 구치소에의 유치

제18조(스토킹범죄) ① 스토킹범죄를 저지른 사람은 3년 이하의 징역 또는 3천만원 이하의 벌금에 처한다.

② 흉기 또는 그 밖의 위험한 물건을 휴대하거나 이용하여 스토킹범죄를 저지른 사람은 5년 이하의 징역 또는 5천만원 이하의 벌금에 처한다.

23 「국민보호와 공공안전을 위한 테러방지법」제2조 정의에 관한 설명 중 가장 적절하지 않은 것은?

① '테러위험인물'이란 테러를 실행계획 준비하거나 테러에 참가할 목적으로 국적이 아닌 국가의 테러단체에 가입하거나 가입 하기 위하여 이동 또는 이동을 시도하는 외국인을 말한다.

② '대테러활동'이란 제1호의 테러 관련 정보의 수집, 테러위험 인물의 관리, 테러에 이용될 수 있는 위험물질 등 테러수단의 안전관리, 인원·시설·장비의 보호, 국제행사의 안전확보, 테러 위협에의 대응 및 무력진압 등 테러 예방과 대응에 관한 제반 활동을 말한다.

③ '테러단체'란 국제연합(UN)이 지정한 테러단체를 말한다.

④ '대테러조사'란 대테러활동에 필요한 정보나 자료를 수집하기 위하여 현장조사·문서 열람·시료채취 등을 하거나 조사대상자에게 자료제출 및 진술을 요구하는 활동을 말한다.

해설

제2조(정의) 이 법에서 사용하는 용어의 뜻은 다음과 같다.

1. "**테러**"란 국가·지방자치단체 또는 외국 정부(외국 지방자치단체와 조약 또는 그 밖의 국제적인 협약에 따라 설립된 국제기구를 포함한다)의 권한행사를 방해하거나 의무 없는 일을 하게 할 목적 또는 공중을 협박할 목적으로 하는 다음 각 목의 행위를 말한다.

   가. **사람**을 살해하거나 사람의 신체를 상해하여 생명에 대한 위험을 발생하게 하는 행위 또는 사람을 체포·감금·약취·유인하거나 인질로 삼는 행위

   나. **항공기**(「항공안전법」제2조제1호의 항공기를 말한다. 이하 이 목에서 같다)와 관련된 다음 각각의 어느 하나에 해당하는 행위

      1) 운항중(「항공보안법」제2조제1호의 운항중을 말한다. 이하 이 목에서 같다)인 항공기를 추락시키거나 전복·파괴하는 행위, 그 밖에 운항중인 항공기의 안전을 해칠 만한 손괴를 가하는 행위

      2) 폭행이나 협박, 그 밖의 방법으로 운항중인 항공기를 강탈하거나 항공기의 운항을 강제하는 행위

      3) 항공기의 운항과 관련된 항공시설을 손괴하거나 조작을 방해하여 항공기의 안전운항에 위해를 가하는 행위

   다. **선박**(「선박 및 해상구조물에 대한 위해행위의 처벌 등에 관한 법률」제2조제1호 본문의 선박을 말한다. 이하 이 목에서 같다) 또는 해상구조물(같은 법 제2조제5호의 해상구조물을 말한다. 이하 이 목에서 같다)과 관련된 다음 각각의 어느 하나에 해당하는 행위

      1) 운항(같은 법 제2조제2호의 운항을 말한다. 이하 이 목에서 같다) 중인 선박 또는 해상구조물을 파괴하거나, 그 안전을 위태롭게 할 만한 정도의 손상을 가하는 행위(운항 중인 선박이나 해상구조물에 실려 있는 화물에 손상을 가하는 행위를 포함한다)

      2) 폭행이나 협박, 그 밖의 방법으로 운항 중인 선박 또는 해상구조물을 강탈하거나 선박의 운항을 강제하는 행위

      3) 운항 중인 선박의 안전을 위태롭게 하기 위하여 그 선박 운항과 관련된 기기·시설을 파괴하거나 중대한 손상을 가하거나 기능장애 상태를 일으키는 행위

　　라. 사망·중상해 또는 중대한 물적 손상을 유발하도록 제작되거나 그러한 위력을 가진 **생화학·폭발성·소이성(燒夷性) 무기**나 **장치**를 다음 각각의 어느 하나에 해당하는 차량 또는 시설에 배치하거나 폭발시키거나 그 밖의 방법으로 이를 사용하는 행위

　　　　1) 기차·전차·자동차 등 사람 또는 물건의 운송에 이용되는 차량으로서 공중이 이용하는 차량

　　　　2) 1)에 해당하는 차량의 운행을 위하여 이용되는 시설 또는 도로, 공원, 역, 그 밖에 공중이 이용하는 시설

　　　　3) 전기나 가스를 공급하기 위한 시설, 공중이 먹는 물을 공급하는 수도, 전기통신을 이용하기 위한 시설 및 그 밖의 시설로서 공용으로 제공되거나 공중이 이용하는 시설

　　　　4) 석유, 가연성 가스, 석탄, 그 밖의 연료 등의 원료가 되는 물질을 제조 또는 정제하거나 연료로 만들기 위하여 처리·수송 또는 저장하는 시설

　　　　5) 공중이 출입할 수 있는 건조물·항공기·선박으로서 1)부터 4)까지에 해당하는 것을 제외한 시설

　　마. **핵물질**(「원자력시설 등의 방호 및 방사능 방재 대책법」 제2조제1호의 핵물질을 말한다. 이하 이 목에서 같다), 방사성물질(「원자력안전법」 제2조제5호의 방사성물질을 말한다. 이하 이 목에서 같다) 또는 원자력시설(「원자력시설 등의 방호 및 방사능 방재 대책법」 제2조제2호의 원자력시설을 말한다. 이하 이 목에서 같다)과 관련된 다음 각각의 어느 하나에 해당하는 행위

　　　　1) 원자로를 파괴하여 사람의 생명·신체 또는 재산을 해하거나 그 밖에 공공의 안전을 위태롭게 하는 행위

　　　　2) 방사성물질 등과 원자로 및 관계 시설, 핵연료주기시설 또는 방사선발생장치를 부당하게 조작하여 사람의 생명이나 신체에 위험을 가하는 행위

　　　　3) 핵물질을 수수(授受)·소지·소유·보관·사용·운반·개조·처분 또는 분산하는 행위

　　　　4) 핵물질이나 원자력시설을 파괴·손상 또는 그 원인을 제공하거나 원자력시설의 정상적인 운전을 방해하여 방사성물질을 배출하거나 방사선을 노출하는 행위

2. "테러단체"란 국제연합(UN)이 지정한 테러단체를 말한다.

3. "**테러위험인물**"이란 테러단체의 조직원이거나 테러단체 선전, 테러자금 모금·기부, 그 밖에 테러 예비·음모·선전·선동을 하였거나 하였다고 의심할 상당한 이유가 있는 사람을 말한다.

4. "**외국인테러전투원**"이란 테러를 실행·계획·준비하거나 테러에 참가할 목적으로 국적국이 아닌 국가의 테러단체에 가입하거나 가입하기 위하여 이동 또는 이동을 시도하는 내국인·외국인을 말한다.

5. "**테러자금**"이란 「공중 등 협박목적 및 대량살상무기확산을 위한 자금조달행위의 금지에 관한 법률」 제2조제1호에 따른 공중 등 협박목적을 위한 자금을 말한다.

6. "**대테러활동**"이란 제1호의 테러 관련 정보의 수집, 테러위험인물의 관리, 테러에 이용될 수 있는 위험물질 등 테러수단의 안전관리, 인원·시설·장비의 보호, 국제행사의 안전확보, 테러위협에의 대응 및 무력진압 등 테러 예방과 대응에 관한 제반 활동을 말한다.

7. "**관계기관**"이란 대테러활동을 수행하는 국가기관, 지방자치단체, 그 밖에 대통령령으로 정하는 기관을 말한다.

8. "**대테러조사**"란 대테러활동에 필요한 정보나 자료를 수집하기 위하여 현장조사·문서열람·시료채취 등을 하거나 조사대상자에게 자료제출 및 진술을 요구하는 활동을 말한다.

24 음주운전 관련 판례에 관한 설명 중 가장 적절하지 <u>않은</u> 것은? (다툼이 있는 경우 판례에 의함)

① 술에 취해 자동차 안에서 잠을 자다가 추위를 느껴 히터를 가동시키기 위하여 시동을 걸었고, 실수로 자동차의 제동장치 등을 건드렸거나 처음 주차할 때 안전조치를 제대로 취하지 아니한 탓으로 원동기의 추진력에 의하여 자동차가 약간 경사진 길을 따라 앞으로 움직여 피해자의 차량 옆면을 충격한 사실은 엿볼 수 있으나 이를 두고 피고인이 자동차를 운전하였다고 할 수는 없다.

② 운전자가 경찰공무원으로부터 음주측정을 요구받고 호흡측정기에 숨을 내쉬는 시늉만 하는 등 형식적으로 음주측정에 응하였을 뿐 경찰공무원의 거듭된 요구에도 불구하고 호흡측정기에 음주 측정수치가 나타날 정도로 숨을 제대로 불어넣지 아니하였다면 이는 실질적으로 음주측정에 불응한 것과 다를 바 없다.

③ 음주운전과 관련한 도로교통법 위반죄의 범죄수사를 위하여 미성년자인 피의자의 혈액채취가 필요한 경우에도 피의자에게 의사능력이 있다면 피의자 본인만이 혈액채취에 관한 유효한 동의를 할 수 있고, 피의자에게 의사능력이 없는 경우 명문의 규정이 없더라도 법정대리인이 피의자를 대리하여 동의할 수 있다.

④ 특별한 이유 없이 호흡측정기에 의한 측정에 불응하는 운전자에게 경찰공무원이 혈액채취에 의한 측정방법이 있음을 고지하고 그 선택 여부를 물어야 할 의무가 있다고는 할 수 없다.

> **해설**
>
> **대법원 2004. 4. 23. 선고 2004도1109 판결** 어떤 사람이 자동차를 움직이게 할 의도 없이 다른 목적을 위하여 자동차의 원동기(모터)의 시동을 걸었는데, 실수로 기어 등 자동차의 발진에 필요한 장치를 건드려 원동기의 추진력에 의하여 자동차가 움직이거나 또는 불안전한 주차상태나 도로여건 등으로 인하여 자동차가 움직이게 된 경우는 자동차의 운전에 해당하지 아니한다. 술에 취한 피고인이 자동차 안에서 잠을 자다가 추위를 느껴 히터를 가동시키기 위하여 시동을 걸었고, 실수로 자동차의 제동장치 등을 건드렸거나 처음 주차할 때 안전조치를 제대로 취하지 아니한 탓으로 원동기의 추진력에 의하여 자동차가 약간 경사진 길을 따라 앞으로 움직여 피해자의 차량 옆면을 충격한 사실은 엿볼 수 있으나, 앞서 본 법리에 비추어 이를 두고 피고인이 자동차를 운전하였다고 할 수는 없다.
>
> **대법원 2000. 4. 21. 선고 99도5210 판결** 운전자가 경찰공무원으로부터 음주측정을 요구받고 호흡측정기에 숨을 내쉬는 시늉만 하는 등 형식적으로 음주측정에 응하였을 뿐 경찰공무원의 거듭된 요구에도 불구하고 호흡측정기에 음주측정수치가 나타날 정도로 숨을 제대로 불어넣지 아니하였다면 이는 실질적으로 음주측정에 불응한 것과 다를 바 없다 할 것이고, 운전자가 정당한 사유 없이 호흡측정기에 의한 음주측정에 불응한 이상 그로써 음주측정불응의 죄는 성립하는 것이며, 그 후 경찰공무원이 혈액채취 등의 방법으로 음주여부를 조사하지 아니하였다고 하여 달리 볼 것은 아니다.
>
> **대법원 2014. 11. 13. 선고 2013도1228 판결** 형사소송법상 소송능력이란 소송당사자가 유효하게 소송행위를 할 수 있는 능력, 즉 피고인 또는 피의자가 자기의 소송상의 지위와 이해관계를 이해하고 이에 따라 방어행위를 할 수 있는 의사능력을 의미하는데, 피의자에게 의사능력이 있으면 직접 소송행위를 하는 것이 원칙이고, 피의자에게 의사능력이 없는 경우에는 형법 제9조 내지 제11조의 규정의 적용을 받지 아니하는 범죄사건에 한하여 예외적으로 법정대리인이 소송행위를 대리할 수 있다(형사소송법 제26조). 따라서 **음주운전과 관련한 도로교통법 위반죄의 범죄수사를 위하여 미성년자인 피의자의 혈액채취가 필요한 경우에도**

피의자에게 의사능력이 있다면 피의자 본인만이 혈액채취에 관한 유효한 동의를 할 수 있고, 피의자에게 의사능력이 없는 경우에도 명문의 규정이 없는 이상 법정대리인이 피의자를 대리하여 동의할 수는 없다.

대법원 2002. 10. 25. 선고 2002도4220 판결 도로교통법 제41조 제2항, 제3항의 해석상, 운전자의 신체 이상 등의 사유로 호흡측정기에 의한 측정이 불가능 내지 심히 곤란하거나 운전자가 처음부터 호흡측정기에 의한 측정의 방법을 불신하면서 혈액채취에 의한 측정을 요구하는 경우 등에는 호흡측정기에 의한 측정의 절차를 생략하고 바로 혈액채취에 의한 측정으로 나아가야 할 것이고, 이와 같은 경우라면 호흡측정기에 의한 측정에 불응한 행위를 음주측정불응으로 볼 수 없다. 특별한 이유 없이 호흡측정기에 의한 측정에 불응하는 운전자에게 경찰공무원이 혈액채취에 의한 측정방법이 있음을 고지하고 그 선택 여부를 물어야 할 의무가 있다고는 할 수 없다.

25 「범죄피해자 보호법」에 관한 설명 중 가장 적절하지 않은 것은?

① '범죄피해자'란 타인의 범죄행위로 피해를 당한 사람과 그 배우자, 직계친족 및 형제자매를 말한다. 다만, 배우자의 경우 사실상의 혼인관계는 제외한다.

② 국가는 범죄피해자가 해당 사건과 관련하여 수사담당자와 상담하거나 재판절차에 참여하여 진술하는 등 형사절차상의 권리를 행사할 수 있도록 보장하여야 한다.

③ 국가는 범죄피해자가 요청하면 가해자에 대한 수사 결과, 공판기일, 재판 결과, 형 집행 및 보호관찰 집행 상황 등 형사 절차 관련 정보를 대통령령으로 정하는 바에 따라 제공할 수 있다.

④ 국가 및 지방자치단체는 범죄피해자가 형사소송절차에서 한 진술이나 증언과 관련하여 보복을 당할 우려가 있는 등 범죄 피해자를 보호할 필요가 있을 경우에는 적절한 조치를 마련하여야 한다.

> **해설**
>
> **제3조(정의)** ① 이 법에서 사용하는 용어의 뜻은 다음과 같다.
>
> 1. "범죄피해자"란 타인의 범죄행위로 피해를 당한 사람과 그 배우자(**사실상의 혼인관계를 포함**한다), 직계친족 및 형제자매를 말한다.
>
> **제8조(형사절차 참여 보장 등)** ① 국가는 범죄피해자가 해당 사건과 관련하여 수사담당자와 상담하거나 재판절차에 참여하여 진술하는 등 형사절차상의 권리를 행사할 수 있도록 보장하여야 한다.
>
> ② 국가는 범죄피해자가 요청하면 가해자에 대한 수사 결과, 공판기일, 재판 결과, 형 집행 및 보호관찰 집행 상황 등 형사절차 관련 정보를 대통령령으로 정하는 바에 따라 제공할 수 있다.
>
> **제9조(사생활의 평온과 신변의 보호 등)** ① 국가 및 지방자치단체는 범죄피해자의 명예와 사생활의 평온을 보호하기 위하여 필요한 조치를 하여야 한다.
>
> ② 국가 및 지방자치단체는 범죄피해자가 형사소송절차에서 한 진술이나 증언과 관련하여 보복을 당할 우려가 있는 등 범죄피해자를 보호할 필요가 있을 경우에는 적절한 조치를 마련하여야 한다.

26 「범죄인 인도법」 제7조에 따른 절대적 인도거절 사유에 해당하지 <u>않은</u> 것은?

① 대한민국 또는 청구국의 법률에 따라 인도범죄에 관한 공소시효 또는 형의 시효가 완성된 경우

② 인도범죄에 관하여 대한민국 법원에서 재판이 계속 중이거나 재판이 확정된 경우

③ 인도범죄의 성격과 범죄인이 처한 환경 등에 비추어 범죄인을 인도하는 것이 비인도적이라고 인정되는 경우

④ 범죄인이 인종, 종교, 국적, 성별, 정치적 신념 또는 특정 사회 단체에 속한 것 등을 이유로 처벌되거나 그 밖의 불리한 처분을 받을 염려가 있다고 인정되는 경우

해설

제7조(절대적 인도거절 사유) 다음 각 호의 어느 하나에 해당하는 경우에는 범죄인을 인도하여서는 아니 된다.
1. 대한민국 또는 청구국의 법률에 따라 인도범죄에 관한 공소시효 또는 형의 시효가 완성된 경우
2. 인도범죄에 관하여 대한민국 법원에서 재판이 계속(係屬) 중이거나 재판이 확정된 경우
3. 범죄인이 인도범죄를 범하였다고 의심할 만한 상당한 이유가 없는 경우. 다만, 인도범죄에 관하여 청구국에서 유죄의 재판이 있는 경우는 제외한다.
4. 범죄인이 인종, 종교, 국적, 성별, 정치적 신념 또는 특정 사회단체에 속한 것 등을 이유로 처벌되거나 그 밖의 불리한 처분을 받을 염려가 있다고 인정되는 경우

제8조(정치적 성격을 지닌 범죄 등의 인도거절) ① 인도범죄가 정치적 성격을 지닌 범죄이거나 그와 관련된 범죄인 경우에는 범죄인을 인도하여서는 아니 된다. 다만, 인도범죄가 다음 각 호의 어느 하나에 해당하는 경우에는 그러하지 아니하다.
1. 국가원수(國家元首)·정부수반(政府首班) 또는 그 가족의 생명·신체를 침해하거나 위협하는 범죄
2. 다자간 조약에 따라 대한민국이 범죄인에 대하여 재판권을 행사하거나 범죄인을 인도할 의무를 부담하고 있는 범죄
3. 여러 사람의 생명·신체를 침해·위협하거나 이에 대한 위험을 발생시키는 범죄
② 인도청구가 범죄인이 범한 정치적 성격을 지닌 다른 범죄에 대하여 재판을 하거나 그러한 범죄에 대하여 이미 확정된 형을 집행할 목적으로 행하여진 것이라고 인정되는 경우에는 범죄인을 인도하여서는 아니 된다.

제9조(임의적 인도거절 사유) 다음 각 호의 어느 하나에 해당하는 경우에는 범죄인을 인도하지 아니할 수 있다.
1. 범죄인이 대한민국 국민인 경우
2. 인도범죄의 전부 또는 일부가 대한민국 영역에서 범한 것인 경우
3. 범죄인의 인도범죄 외의 범죄에 관하여 대한민국 법원에 재판이 계속 중인 경우 또는 범죄인이 형을 선고받고 그 집행이 끝나지 아니하거나 면제되지 아니한 경우
4. 범죄인이 인도범죄에 관하여 제3국(청구국이 아닌 외국을 말한다. 이하 같다)에서 재판을 받고 처벌되었거나 처벌받지 아니하기로 확정된 경우
5. 인도범죄의 성격과 범죄인이 처한 환경 등에 비추어 범죄인을 인도하는 것이 비인도적(非人道的)이라고 인정되는 경우

27 「국가경찰과 자치경찰의 조직 및 운영에 관한 법률」상 시·도자치경찰위원회의 설명에 관한 내용 중 가장 적절하지 <u>않은</u> 것은?

① 공무원이 아닌 위원에 대해서는 「국가공무원법」 제55조 및 제57조를 준용한다.
② 위원 중 1명은 인권문제에 관하여 전문적인 지식과 경험이 있는 사람이 임명될 수 있도록 노력하여야 한다.
③ 위원은 정치적 중립을 지켜야 하며, 권한을 남용하여서는 아니 된다.
④ 시·도자치경찰위원회는 합의제 행정기관으로서 그 권한에 속하는 업무를 독립적으로 수행한다.

해설
〈보기〉 ① 공무원이 아닌 위원에 대해서는 국가공무원법이 아닌 **지방공무원법** 제52조 및 제57조를 준용한다.

참고 「국가경찰과 자치경찰의 조직 및 운영에 관한 법률」상 시·도자치경찰위원회

설치	자치경찰사무를 관장하게 하기 위하여 시·도지사 소속으로 설치함
구성	① 위원장 1명을 포함한 7명의 위원으로 구성. 위원장 1명, 위원 중 1명은 상임(2명), 5명은 비상임 ② 특정 성(性)이 10분의 6을 초과하지 아니하도록 **노력하여야 함**. ③ 위원 중 1명은 인권문제에 관하여 전문적인 지식과 경험이 있는 사람이 임명될수 있도록 **노력하여야 함**.
위원의 임명	위원은 다음 사람을 시·도지사가 임명 ① 시·도의회가 추천하는 2명 ② 국가경찰위원회가 추천하는 1명 ③ 해당 시·도 교육감이 추천하는 1명 ④ 시·도자치경찰위원회 위원추천위원회가 추천하는 2명 ⑤ 시·도지사가 **지명**하는 1명
위원장	① 위원장은 시·도지사가 임명, 상임위원은 시·도자치경찰위원회의 의결을 거쳐 위원장의 제청으로 시·도지사가 임명. 이 경우 위원장과 상임위원은 지방자치단체의 공무원으로 함. ② 위원장이 부득이한 사유로 직무수행 할 수 없을 때에는 상임위원, 위원중 연장자 순으로 그 직무를 대행함
임기	① 위원장과 위원의 임기는 3년. 연임 불가 ② 보궐위원의 임기는 전임자 임기의 남은 기간으로 하되, 전임자의 남은 임기가 1년 미만인 경우 그 보궐위원은 1회에 한하여 연임 가능
신분보장	중대한 신체상 또는 정신상의 장애로 직무를 수행할 수 없게 된 경우를 제외하고는 그 의사에 반하여 면직되지 않음
의결사항 및 의결	① 시·도자치경찰위원회의 소관 사무에 대해 심의·의결 ② 재적위원 과반수의 출석과 출석위원 과반수의 찬성으로 의결
운영	① 회의는 정기적으로 개최하여야 함 ② **위원장이 필요하다고 인정**하는 경우, **위원 2명이상이 요구**하는 경우 및 시·도지사가 **필요하다고 인정**하는 경우에는 임시회의를 개최할 수 있음

28 「행정 효율과 협업 촉진에 관한 규정」상 공문서에 관한 설명 중 가장 적절하지 <u>않은</u> 것은?

① '지시문서'란 훈령 · 지시 · 예규 · 일일명령 등 행정기관이 그 하급 기관이나 소속 공무원에 대하여 일정한 사항을 지시하는 문서를 말한다.

② '공고문서'란 고시 · 공고 등 행정기관이 일정한 사항을 일반에게 알리는 문서를 말한다.

③ '일반문서'란 민원인이 행정기관에 허가, 인가, 그 밖의 처분 등 특정한 행위를 요구하는 문서와 그에 대한 처리문서를 말한다.

④ '법규문서'란 헌법 · 법률 · 대통령령 · 총리령 · 부령 · 조례 · 규칙 등에 관한 문서를 말한다.

[해설]
제4조(공문서의 종류) 공문서(이하 "문서"라 한다)의 종류는 다음 각 호의 구분에 따른다.
  1. 법규문서: 헌법 · 법률 · 대통령령 · 총리령 · 부령 · 조례 · 규칙(이하 "법령"이라 한다) 등에 관한 문서
  2. 지시문서: 훈령 · 지시 · 예규 · 일일명령 등 행정기관이 그 하급기관이나 소속 공무원에 대하여 일정한 사항을 지시하는 문서
  3. 공고문서: 고시 · 공고 등 행정기관이 일정한 사항을 일반에게 알리는 문서
  4. 비치문서: 행정기관이 일정한 사항을 기록하여 행정기관 내부에 비치하면서 업무에 활용하는 대장, 카드 등의 문서
  5. 민원문서: 민원인이 행정기관에 허가, 인가, 그 밖의 처분 등 특정한 행위를 요구하는 문서와 그에 대한 처리문서
  6. 일반문서: 제1호부터 제5호까지의 문서에 속하지 아니하는 모든 문서

29 「공공기관의 정보공개에 관한 법률」상 정보공개의 절차에 관한 설명 중 가장 적절한 것은?

① 정보의 공개를 청구하는 자는 해당 정보를 보유하거나 관리하고 있는 공공기관에 정보공개 청구서를 제출하여 정보의 공개를 청구할 수 있으나, 말로써 정보의 공개를 청구할 수 없다.

② 공공기관은 부득이한 사유로 「공공기관의 정보공개에 관한 법률」 제11조 제1항에 따른 기간 이내에 공개 여부를 결정할 수 없을 때에는 그 기간이 끝난 날부터 기산하여 10일의 범위에서 공개 여부 결정기간을 연장할 수 있다. 이 경우 공공기관은 연장된 사실과 연장사유를 청구인에게 지체 없이 구두로 통지하여야 한다.

③ 공공기관은 전자적 형태로 보유·관리하는 정보에 대하여 청구인이 전자적 형태로 공개하여 줄 것을 요청하는 경우에는 그 정보의 성질상 현저히 곤란한 경우를 제외하고는 청구인의 요청에 따라야 한다.

④ 정보의 공개 및 우송 등에 드는 비용은 실비의 범위에서 공공기관이 부담한다.

해설

제10조(정보공개의 청구방법) ① 정보의 공개를 청구하는 자("청구인")는 해당 정보를 보유하거나 관리하고 있는 공공기관에 다음 각 호의 사항을 적은 정보공개 청구서를 제출하거나 **말로써** 정보의 공개를 청구할 수 있다.

　　1. 청구인의 성명·생년월일·주소 및 연락처(전화번호·전자우편주소 등을 말한다). 다만, 청구인이 법인 또는 단체인 경우에는 그 명칭, 대표자의 성명, 사업자등록번호 또는 이에 준하는 번호, 주된 사무소의 소재지 및 연락처를 말한다.

　　2. 청구인의 주민등록번호(본인임을 확인하고 공개 여부를 결정할 필요가 있는 정보를 청구하는 경우로 한정한다)

　　3. 공개를 청구하는 정보의 내용 및 공개방법

제11조(정보공개 여부의 결정) ① 공공기관은 제10조에 따라 정보공개의 청구를 받으면 그 청구를 받은 날부터 10일 이내에 공개 여부를 결정하여야 한다.

② 공공기관은 부득이한 사유로 제1항에 따른 기간 이내에 공개 여부를 결정할 수 없을 때에는 그 기간이 끝나는 날의 **다음 날부터 기산하여** 10일의 범위에서 공개 여부 결정기간을 연장할 수 있다. 이 경우 공공기관은 연장된 사실과 연장 사유를 청구인에게 지체 없이 **문서**로 통지하여야 한다.

제15조(정보의 전자적 공개) ① 공공기관은 전자적 형태로 보유·관리하는 정보에 대하여 청구인이 전자적 형태로 공개하여 줄 것을 요청하는 경우에는 그 정보의 성질상 현저히 곤란한 경우를 제외하고는 청구인의 요청에 따라야 한다.

② 공공기관은 전자적 형태로 보유·관리하지 아니하는 정보에 대하여 청구인이 전자적 형태로 공개하여 줄 것을 요청한 경우에는 정상적인 업무수행에 현저한 지장을 초래하거나 그 정보의 성질이 훼손될 우려가 없으면 그 정보를 전자적 형태로 변환하여 공개할 수 있다.

제17조(비용 부담) ① 정보의 공개 및 우송 등에 드는 비용은 실비(實費)의 범위에서 **청구인**이 부담한다.

② 공개를 청구하는 정보의 사용 목적이 공공복리의 유지·증진을 위하여 필요하다고 인정되는 경우에는 제1항에 따른 비용을 감면할 수 있다.

30 「행정절차법」상 행정지도에 관한 설명 중 가장 적절하지 <u>않은</u> 것은?

① 행정지도는 그 목적 달성에 필요한 최소한도에 그쳐야 하며, 행정지도의 상대방의 의사에 반하여 부당하게 강요하여서는 아니 된다.

② 행정기관은 행정지도의 상대방이 행정지도에 따르지 아니하였다는 것을 이유로 불이익한 조치를 하여서는 아니 된다.

③ 행정지도가 말로 이루어지는 경우에 상대방이 행정지도의 취지 및 내용과 신분의 사항을 적은 서면의 교부를 요구하면 그 행정지도를 하는 자는 직무 수행에 특별한 지장이 없으면 이를 교부하여야 한다.

④ 행정지도의 상대방은 해당 행정지도의 방식, 내용 등에 관하여 행정기관에 의견제출을 할 수 없다.

해설

제48조(행정지도의 원칙) ① 행정지도는 그 목적 달성에 필요한 최소한도에 그쳐야 하며, 행정지도의 상대방의 의사에 반하여 부당하게 강요하여서는 아니 된다.

② 행정기관은 행정지도의 상대방이 행정지도에 따르지 아니하였다는 것을 이유로 불이익한 조치를 하여서는 아니 된다.

제49조(행정지도의 방식) ① 행정지도를 하는 자는 그 상대방에게 그 행정지도의 취지 및 내용과 신분을 밝혀야 한다.

② 행정지도가 말로 이루어지는 경우에 상대방이 제1항의 사항을 적은 서면의 교부를 요구하면 그 행정지도를 하는 자는 직무 수행에 특별한 지장이 없으면 이를 교부하여야 한다.

제50조(의견제출) 행정지도의 상대방은 해당 행정지도의 방식 · 내용 등에 관하여 행정기관에 **의견제출을 할 수 있다.**

제51조(다수인을 대상으로 하는 행정지도) 행정기관이 같은 행정목적을 실현하기 위하여 많은 상대방에게 행정지도를 하려는 경우에는 특별한 사정이 없으면 행정지도에 공통적인 내용이 되는 사항을 공표하여야 한다.

31 행정상 즉시강제에 해당하는 것을 모두 고른 것은? (다툼이 있는 경우 판례에 의함)

> ㉠ 「경찰관 직무집행법」 제6조 범죄의 예방을 위한 제지
> ㉡ 「경찰관 직무집행법」 제4조 제1항 제1호에서 규정하는 술에 취한 상태로 인하여 자기
>   또는 타인의 생명·신체와 재산에 위해를 미칠 우려가 있는 피구호자에 대한 보호조치
> ㉢ 「행정대집행법」 제2조 대집행
> ㉣ 「국세징수법」 제24조 강제징수

① ㉠, ㉢　　　　② ㉡, ㉢　　　　③ ㉠, ㉡　　　　④ ㉡, ㉣

해설

〈보기〉 ㉠ 「경찰관 직무집행법」 제6조 범죄의 예방을 위한 제지 - 대인적 즉시강제에 해당

대법원 2021. 11. 11. 선고 2018다288631 판결　경찰관 직무집행법 제6조는 "경찰관은 범죄행위가 목전에 행하여지려고 하고 있다고 인정될 때에는 이를 예방하기 위하여 관계인에게 충분한 경고를 하고, 그 행위로 인하여 사람의 생명·신체에 위해를 끼치거나 재산에 중대한 손해를 끼칠 우려가 있는 긴급한 경우에는 그 행위를 제지할 수 있다."라고 규정하고 있다. 위 조항 중 **경찰관의 제지에 관한 부분은 범죄의 예방을 위한 경찰행정상 즉시강제**, 즉 눈앞의 급박한 경찰상 장해를 제거하여야 할 필요가 있고 의무를 명할 시간적 여유가 없거나 의무를 명하는 방법으로는 그 목적을 달성하기 어려운 상황에서 의무불이행을 전제로 하지 아니하고 경찰이 직접 실력을 행사하여 경찰상 필요한 상태를 실현하는 권력적 사실행위에 관한 근거조항이다. **경찰행정상 즉시강제**는 그 본질상 행정 목적 달성을 위하여 불가피한 한도 내에서 예외적으로 허용되는 것이므로, 위 조항에 의한 경찰관의 제지 조치 역시 그러한 조치가 불가피한 최소한도 내에서만 행사되도록 그 발동·행사 요건을 신중하고 엄격하게 해석하여야 하고, 그러한 해석·적용의 범위 내에서만 우리 헌법상 신체의 자유 등 기본권 보장 조항과 그 정신 및 해석 원칙에 합치될 수 있다.

〈보기〉 ㉡ 「경찰관 직무집행법」 제4조 제1항 1호에서 규정하는 술에 취한 상태로 인하여 자기 또는 타인의 생명·신체와 재산에 위해를 미칠 우려가 있는 피구호자에 대한 보호조치 - 대인적 즉시강제에 해당

대법원 2012. 12. 13. 선고 2012도11162 판결　경찰관직무집행법 제4조 제1항 제1호(이하 '이 사건 조항'이라 한다)에서 규정하는 술에 취한 상태로 인하여 자기 또는 타인의 생명·신체와 재산에 위해를 미칠 우려가 있는 **피구호자에 대한 보호조치는 경찰 행정상 즉시강제에 해당**하므로, 그 조치가 불가피한 최소한도 내에서만 행사되도록 발동·행사 요건을 신중하고 엄격하게 해석하여야 한다. 따라서 이 사건 조항의 '술에 취한 상태'란 피구호자가 술에 만취하여 정상적인 판단능력이나 의사능력을 상실할 정도에 이른 것을 말하고, 이 사건 조항에 따른 보호조치를 필요로 하는 피구호자에 해당하는지는 구체적인 상황을 고려하여 경찰관 평균인을 기준으로 판단하되, 그 판단은 보호조치의 취지와 목적에 비추어 현저하게 불합리하여서는 아니 되며, 피구호자의 가족 등에게 피구호자를 인계할 수 있다면 특별한 사정이 없는 한 경찰관서에서 피구호자를 보호하는 것은 허용되지 않는다.

〈보기〉 ⓒ「행정대집행법」제2조 대집행 - **행정상 강제집행**에 해당

「**행정대집행법」제2조(대집행과 그 비용징수)** 법률(법률의 위임에 의한 명령, 지방자치단체의 조례를 포함한다. 이하 같다)에 의하여 직접명령되었거나 또는 법률에 의거한 행정청의 명령에 의한 행위로서 타인이 대신하여 행할 수 있는 행위를 의무자가 이행하지 아니하는 경우 다른 수단으로써 그 이행을 확보하기 곤란하고 또한 그 불이행을 방치함이 심히 공익을 해할 것으로 인정될 때에는 당해 행정청은 스스로 의무자가 하여야 할 행위를 하거나 또는 제삼자로 하여금 이를 하게 하여 그 비용을 의무자로부터 징수할 수 있다.

〈보기〉 ⓔ「국세징수법」제24조 강제징수 - **행정상 강제집행**에 해당

「**국세징수법」제24조(강제징수)** 관할 세무서장(체납기간 및 체납금액을 고려하여 대통령령으로 정하는 체납자의 경우에는 지방국세청장을 포함한다. 이하 이 장에서 같다)은 납세자가 제10조에 따른 독촉 또는 제9조제2항에 따른 납부기한 전 징수의 고지를 받고 지정된 기한까지 국세 또는 체납액을 완납하지 아니한 경우 재산의 압류(교부청구·참가압류를 포함한다), 압류재산의 매각·추심 및 청산의 절차에 따라 강제징수를 한다.

〈참고 법령〉

행정기본법

제5절 행정상 강제

제30조(행정상 강제) ① 행정청은 행정목적을 달성하기 위하여 필요한 경우에는 법률로 정하는 바에 따라 필요한 최소한의 범위에서 다음 각 호의 어느 하나에 해당하는 조치를 할 수 있다.

1. **행정대집행:** 의무자가 행정상 의무(법령등에서 직접 부과하거나 행정청이 법령등에 따라 부과한 의무를 말한다. 이하 이 절에서 같다)로서 타인이 대신하여 행할 수 있는 의무를 이행하지 아니하는 경우 법률로 정하는 다른 수단으로는 그 이행을 확보하기 곤란하고 그 불이행을 방치하면 공익을 크게 해칠 것으로 인정될 때에 행정청이 의무자가 하여야 할 행위를 스스로 하거나 제3자에게 하게 하고 그 비용을 의무자로부터 징수하는 것

2. **이행강제금의 부과:** 의무자가 행정상 의무를 이행하지 아니하는 경우 행정청이 적절한 이행기간을 부여하고, 그 기한까지 행정상 의무를 이행하지 아니하면 금전급부의무를 부과하는 것

3. **직접강제:** 의무자가 행정상 의무를 이행하지 아니하는 경우 행정청이 의무자의 신체나 재산에 실력을 행사하여 그 행정상 의무의 이행이 있었던 것과 같은 상태를 실현하는 것

4. **강제징수:** 의무자가 행정상 의무 중 금전급부의무를 이행하지 아니하는 경우 행정청이 의무자의 재산에 실력을 행사하여 그 행정상 의무가 실현된 것과 같은 상태를 실현하는 것

5. **즉시강제:** 현재의 급박한 행정상의 장해를 제거하기 위한 경우로서 다음 각 목의 어느 하나에 해당하는 경우에 행정청이 곧바로 국민의 신체 또는 재산에 실력을 행사하여 행정목적을 달성하는 것
   가. 행정청이 미리 행정상 의무 이행을 명할 시간적 여유가 없는 경우
   나. 그 성질상 행정상 의무의 이행을 명하는 것만으로는 행정목적 달성이 곤란한 경우

32 「질서위반행위규제법」에 관한 설명 중 가장 적절하지 않은 것은?

① 행정청의 과태료 처분이나 법원의 과태료 재판이 확정된 후 법률이 변경되어 그 행위가 질서위반행위에 해당하지 아니하게 된 때에는 변경된 법률에 특별한 규정이 없는 한 과태료의 징수 또는 집행을 면제한다.

② 고의 또는 과실이 없는 질서위반행위는 과태료를 부과하지 아니한다.

③ 자신의 행위가 위법하지 아니한 것으로 오인하고 행한 질서 위반행위는 그 오인에 정당한 이유가 있는 때에도 과태료를 부과한다.

④ 과태료는 행정청의 과태료 부과처분이나 법원의 과태료 재판이 확정된 후 5년간 징수하지 아니하거나 집행하지 아니하면 시효로 인하여 소멸한다.

> 해설
>
> 제3조(법 적용의 시간적 범위) ① 질서위반행위의 성립과 과태료 처분은 행위 시의 법률에 따른다.
>
> ② 질서위반행위 후 법률이 변경되어 그 행위가 질서위반행위에 해당하지 아니하게 되거나 과태료가 변경되기 전의 법률보다 가볍게 된 때에는 법률에 특별한 규정이 없는 한 변경된 법률을 적용한다.
>
> ③ 행정청의 과태료 처분이나 법원의 과태료 재판이 확정된 후 법률이 변경되어 그 행위가 질서위반행위에 해당하지 아니하게 된 때에는 변경된 법률에 특별한 규정이 없는 한 과태료의 징수 또는 집행을 면제한다.
>
> 제4조(법 적용의 장소적 범위) ① 이 법은 대한민국 영역 안에서 질서위반행위를 한 자에게 적용한다.
>
> ② 이 법은 대한민국 영역 밖에서 질서위반행위를 한 대한민국의 국민에게 적용한다.
>
> ③ 이 법은 대한민국 영역 밖에 있는 대한민국의 선박 또는 항공기 안에서 질서위반행위를 한 외국인에게 적용한다.
>
> 제6조(질서위반행위 법정주의) 법률에 따르지 아니하고는 어떤 행위도 질서위반행위로 과태료를 부과하지 아니한다.
>
> 제7조(고의 또는 과실) 고의 또는 과실이 없는 질서위반행위는 과태료를 부과하지 아니한다.
>
> 제8조(위법성의 착오) 자신의 행위가 위법하지 아니한 것으로 오인하고 행한 질서위반행위는 그 오인에 정당한 이유가 있는 때에 한하여 과태료를 부과하지 아니한다.
>
> 제9조(책임연령) 14세가 되지 아니한 자의 질서위반행위는 과태료를 부과하지 아니한다. 다만, 다른 법률에 특별한 규정이 있는 경우에는 그러하지 아니하다.
>
> 제10조(심신장애) ① 심신(心神)장애로 인하여 행위의 옳고 그름을 판단할 능력이 없거나 그 판단에 따른 행위를 할 능력이 없는 자의 질서위반행위는 과태료를 부과하지 아니한다.
>
> ② 심신장애로 인하여 제1항에 따른 능력이 미약한 자의 질서위반행위는 과태료를 감경한다.
>
> ③ 스스로 심신장애 상태를 일으켜 질서위반행위를 한 자에 대하여는 제1항 및 제2항을 적용하지 아니한다.
>
> 제15조(과태료의 시효) ① 과태료는 행정청의 과태료 부과처분이나 법원의 과태료 재판이 확정된 후 5년간 징수하지 아니하거나 집행하지 아니하면 시효로 인하여 소멸한다.
>
> ② 제1항에 따른 소멸시효의 중단·정지 등에 관하여는 「국세기본법」 제28조를 준용한다.

33 「위해성 경찰장비의 사용기준 등에 관한 규정」에 관한 설명 중 가장 적절하지 <u>않은</u> 것은?

① 권총·소총·기관총·함포·크레모아·수류탄·가스발사총은 무기에 해당한다.

② 경찰관은 14세 미만의 자 또는 임산부에 대하여 전자충격기 또는 전자방패를 사용하여서는 아니된다.

③ 경찰관은 전극발사장치가 있는 전자충격기를 사용하는 경우 상대방의 얼굴을 향하여 전극침을 발사하여서는 아니된다.

④ 경찰관(경찰공무원으로 한정한다)은 체포·구속영장을 집행하거나 신체의 자유를 제한하는 판결 또는 처분을 받은 자를 법률이 정한 절차에 따라 호송하거나 수용하기 위하여 필요한 때에는 최소한의 범위안에서 수갑포승 또는 호송용포승을 사용할 수 있다.

해설

제2조(위해성 경찰장비의 종류) 「경찰관 직무집행법」 제10조제1항 단서에 따른 사람의 생명이나 신체에 위해를 끼칠 수 있는 경찰장비("위해성 경찰장비")의 종류는 다음 각 호와 같다.

1. 경찰장구: 수갑·포승·호송용포승·경찰봉·호신용경봉·전자충격기·방패 및 전자방패
2. 무기: 권총·소총·기관총(기관단총을 포함한다)·산탄총·유탄발사기·박격포·3인치포·함포·크레모아·수류탄·폭약류 및 도검
3. 분사기·최루탄등: 근접분사기·가스분사기·**가스발사총(고무탄 발사겸용을 포함한다)** 및 최루탄(그 발사장치를 포함한다)
4. 기타장비: 가스차·살수차·특수진압차·물포·석궁·다목적발사기 및 도주차량차단장비

제4조(영장집행등에 따른 수갑등의 사용기준) 경찰관(경찰공무원으로 한정한다)은 체포·구속영장을 집행하거나 신체의 자유를 제한하는 판결 또는 처분을 받은 자를 법률이 정한 절차에 따라 호송하거나 수용하기 위하여 필요한 때에는 최소한의 범위안에서 수갑·포승 또는 호송용포승을 사용할 수 있다.

제6조(불법집회등에서의 경찰봉·호신용경봉의 사용기준) 경찰관은 불법집회·시위로 인하여 발생할 수 있는 타인 또는 경찰관의 생명·신체의 위해와 재산·공공시설의 위험을 방지하기 위하여 필요한 때에는 최소한의 범위안에서 경찰봉 또는 호신용경봉을 사용할 수 있다.

제8조(전자충격기등의 사용제한) ① 경찰관은 14세미만의 자 또는 임산부에 대하여 전자충격기 또는 전자방패를 사용하여서는 아니된다.

② 경찰관은 전극침 발사장치가 있는 전자충격기를 사용하는 경우 상대방의 얼굴을 향하여 전극침을 발사하여서는 아니된다.

제9조(총기사용의 경고) 경찰관은 법 제10조의4에 따라 사람을 향하여 권총 또는 소총을 발사하고자 하는 때에는 미리 구두 또는 공포탄에 의한 사격으로 상대방에게 경고하여야 한다. 다만, 다음 각 호의 어느 하나에 해당하는 경우로서 부득이한 때에는 경고하지 아니할 수 있다.

1. 경찰관을 급습하거나 타인의 생명·신체에 대한 중대한 위험을 야기하는 범행이 목전에 실행되고 있는 등 상황이 급박하여 특히 경고할 시간적 여유가 없는 경우
2. 인질·간첩 또는 테러사건에 있어서 은밀히 작전을 수행하는 경우

제10조(권총 또는 소총의 사용제한) ① 경찰관은 법 제10조의4의 규정에 의하여 권총 또는 소총을 사용하는 경우에 있어서 범죄와 무관한 다중의 생명·신체에 위해를 가할 우려가 있는 때에는 이를 사용하여서는 아니된다. 다만, 권총 또는 소총을 사용하지 아니하고는 타인 또는 경찰관의 생명·신체에 대한 중대한 위험을 방지할 수 없다고 인정되는 때에는 필요한 최소한의 범위안에서 이를 사용할 수 있다.

② 경찰관은 총기 또는 폭발물을 가지고 대항하는 경우를 제외하고는 14세미만의 자 또는 임산부에 대하여 권총 또는 소총을 발사하여서는 아니된다.

정답 32. ③ 33. ①

34 「경찰관 직무집행법」및「동법 시행령」상 손실보상에 관한 내용 중 가장 적절하지 **않은** 것은?

① 소속 경찰공무원의 직무집행으로 인하여 발생한 손실보상청구 사건을 심의하기 위하여 경찰청, 해양경찰청, 시·도경찰청 및 지방해양경찰청에 손실보상심의위원회를 설치한다.

② 손실보상을 청구할 수 있는 권리는 손실이 있음을 안 날부터 3년, 손실이 발생한 날부터 5년간 행사하지 아니하면 시효의 완성으로 소멸한다.

③ 손실보상금 지급 청구서를 받은 경찰청장등은 손실보상심의위 원회의 심의·의결에 따라 손실보상 여부 및 손실보상금액을 결정하되 손실보상 청구가 요건과 절차를 갖추지 못한 경우(다만, 그 잘못된 부분을 시정할 수 있는 경우는 제외한다) 그 청구를 기각하는 결정을 하여야 한다.

④ 손실보상금은 일시불로 지급하되, 예산 부족 등의 사유로 일시금으로 지급할 수 없는 특별한 사정이 있는 경우에는 청구인의 동의를 받아 분할하여 지급할 수 있다.

> [해설]
> **제11조의2(손실보상)** ① 국가는 경찰관의 적법한 직무집행으로 인하여 다음 각 호의 어느 하나에 해당하는 손실을 입은 자에 대하여 정당한 보상을 하여야 한다.
> 1. 손실발생의 원인에 대하여 책임이 없는 자가 생명·신체 또는 재산상의 손실을 입은 경우(손실발생의 원인에 대하여 책임이 없는 자가 경찰관의 직무집행에 자발적으로 협조하거나 물건을 제공하여 생명·신체 또는 재산상의 손실을 입은 경우를 포함한다)
> 2. 손실발생의 원인에 대하여 책임이 있는 자가 자신의 책임에 상응하는 정도를 초과하는 생명·신체 또는 재산상의 손실을 입은 경우
> ② 제1항에 따른 보상을 청구할 수 있는 권리는 **손실이 있음을 안 날부터 3년, 손실이 발생한 날부터 5년**간 행사하지 아니하면 시효의 완성으로 소멸한다.
>
> **시행령 제10조(손실보상의 지급절차 및 방법)** ① 법 제11조의2에 따라 경찰관의 적법한 직무집행으로 인하여 발생한 손실을 보상받으려는 사람은 별지 제4호서식의 보상금 지급 청구서에 손실내용과 손실금액을 증명할 수 있는 서류를 첨부하여 손실보상청구 사건 발생지를 관할하는 국가경찰관서의 장에게 제출하여야 한다.
> ② 제1항에 따라 보상금 지급 청구서를 받은 국가경찰관서의 장은 해당 청구서를 제11조제1항에 따른 손실보상청구 사건을 심의할 손실보상심의위원회가 설치된 경찰청, 해양경찰청, 시·도경찰청 및 지방해양경찰청의 장("경찰청장등")에게 보내야 한다.
> ③ 제2항에 따라 보상금 지급 청구서를 받은 경찰청장등은 손실보상심의위원회의 심의·의결에 따라 보상 여부 및 보상금액을 결정하되, 다음 각 호의 어느 하나에 해당하는 경우에는 그 청구를 **각하(却下)하는 결정**을 하여야 한다.
> 1. 청구인이 같은 청구 원인으로 보상신청을 하여 보상금 지급 여부에 대하여 결정을 받은 경우. 다만, 기각 결정을 받은 청구인이 손실을 증명할 수 있는 새로운 증거가 발견되었음을 소명(疏明)하는 경우는 제외한다.
> 2. 손실보상 청구가 요건과 절차를 갖추지 못한 경우. 다만, 그 잘못된 부분을 시정할 수 있는 경우는 제외한다.

⑤ 보상금은 다른 법률에 특별한 규정이 있는 경우를 제외하고는 **현금**으로 지급하여야 한다.

⑥ 보상금은 일시불로 지급하되, 예산 부족 등의 사유로 **일시금**으로 지급할 수 없는 특별한 사정이 있는 경우에는 청구인의 동의를 받아 **분할**하여 지급할 수 있다.

시행령 제11조(손실보상심의위원회의 설치 및 구성) ① 법 제11조의2제3항에 따라 소속 경찰공무원의 직무 집행으로 인하여 발생한 손실보상청구 사건을 심의하기 위하여 경찰청, 해양경찰청, 시·도경찰청 및 지방 해양경찰청에 손실보상심의위원회("위원회")를 설치한다.

/**참고**/

* 기각: 형식적인 요건은 갖추었으나 타당한 이유가 없다고 판단하는 처분(손실보상위원회의 심의 의결을 거침)
* 각하: 형식적인 요건의 미비로 청구 자체에 이유가 없다고 판단해 배척하는 처분(손실보상위원회의 심의 의결 전에 판단)

35 「경찰 물리력 행사의 기준과 방법에 관한 규칙」 제2장에 따른 대상자 행위에 대한 설명이다. 각 단계와 내용의 연결이 가장 적절하지 <u>않은</u> 것은?

① 소극적 저항 – 대상자가 경찰관의 지시, 통제를 따르지 않고 비협조적이지만 경찰관 또는 제3자에 대해 직접적인 위해를 가하지 않는 상태

② 적극적 저항 – 대상자가 자신에 대한 경찰관의 체포·연행 등 정당한 공무집행을 방해하지만 경찰관 또는 제3자에 대해 위해 수준이 낮은 행위만을 하는 상태

③ 폭력적 공격 – 대상자가 경찰관 또는 제3자에 대해 신체적 위해를 가하는 상태

④ 치명적 공격 – 대상자가 경찰관에게 폭력을 행사하려는 자세를 취하여 그 행사가 임박한 상태, 주먹·발 등을 사용해서 경찰관에 대해 신체적 위해를 초래하고 있는 상태

[해설]
제2장 대상자 행위와 경찰 물리력 사용의 정도
2.1. 대상자 행위
대상자가 경찰관 또는 제3자에 대해 보일 수 있는 행위는 그 위해의 정도에 따라 ① 순응 ② 소극적 저항 ③ 적극적 저항 ④ 폭력적 공격 ⑤ 치명적 공격 등 다섯 단계로 구별한다.
2.1.1. 순응
대상자가 경찰관의 지시, 통제에 따르는 상태를 말한다. 다만, 대상자가 경찰관의 요구에 즉각 응하지 않고 약간의 시간만 지체하는 경우는 '순응'으로 본다.
2.1.2. 소극적 저항
대상자가 경찰관의 지시, 통제를 따르지 않고 비협조적이지만 경찰관 또는 제3자에 대해 직접적인 위해를 가하지 않는 상태를 말한다.
경찰관이 정당한 이동 명령을 발하였음에도 가만히 서있거나 앉아 있는 등 전혀 움직이지 않는 상태, 일부러 몸의 힘을 모두 빼거나, 고정된 물체를 꽉 잡고 버팀으로써 움직이지 않으려는 상태 등이 이에 해당한다.
2.1.3. 적극적 저항
대상자가 자신에 대한 경찰관의 체포·연행 등 정당한 공무집행을 방해하지만 경찰관 또는 제3자에 대해 위해 수준이 낮은 행위만을 하는 상태를 말한다.
대상자가 자신을 체포·연행하려는 경찰관으로부터 물리적으로 이탈하거나 도주하려는 행위, 체포·연행을 위해 팔을 잡으려는 경찰관의 손을 뿌리치거나, 경찰관을 밀고 잡아끄는 행위, 경찰관에게 침을 뱉거나 경찰관을 밀치는 행위 등이 이에 해당한다.
2.1.4. 폭력적 공격
대상자가 경찰관 또는 제3자에 대해 신체적 위해를 가하는 상태를 말한다.
대상자가 경찰관에게 폭력을 행사하려는 자세를 취하여 그 행사가 임박한 상태, 주먹·발 등을 사용해서 경찰관에 대해 신체적 위해를 초래하고 있거나 임박한 상태, 강한 힘으로 경찰관을 밀거나 잡아당기는 등 완력을 사용해 체포에서 벗어나려고 하는 상태 등이 이에 해당한다.
2.1.5. 치명적 공격
대상자가 경찰관 또는 제3자에 대해 사망 또는 심각한 부상을 초래할 수 있는 행위를 하는 상태를 말한다. 총기류(공기총·엽총·사제권총 등), 흉기(칼·도끼·낫 등), 둔기(망치·쇠파이프 등)를 이용하여 경찰관, 제3자에 대해 위력을 행사하고 있거나 위해 발생이 임박한 경우, 경찰관이나 제3자의 목을 세게 조르거나 무차별 폭행하는 등 생명·신체에 대해 중대한 위해가 발생할 정도의 위험한 폭력을 행사하는 경우가 이에 해당한다.

36 다음 〈보기〉의 내용 중 공통된 행정의 법 원칙은 무엇인가?

> • 「행정기본법」 제12조 제1항 "행정청은 공익 또는 제3자의 이익을 현저히 해칠 우려가 있
> 는 경우를 제외하고는 행정에 대한 국민의 정당하고 합리적인 신뢰를 보호하여야 한다."
> • 「행정절차법」 제4조 제2항 "행정청은 법령등의 해석 또는 행정청의 관행이 일반적으로
> 국민들에게 받아들여졌을 때에는 공익 또는 제3자의 정당한 이익을 현저히 해칠 우려가
> 있는 경우를 제외하고는 새로운 해석 또는 관행에 따라 소급하여 불리하게 처리하여서는
> 아니 된다."

① 비례의 원칙 ② 평등의 원칙
③ 신뢰보호의 원칙 ④ 부당결부금지의 원칙

해설

〈보기〉① 비례의 원칙이란 과잉금지의 원칙이라고도 하며, 행정목적을 달성하기 위한 수단은 목적달성에 유
효하고 적절하며, 필요한 최소한도에 그치며 행정작용으로 인한 국민의 이익 침해가 행정작용이 의도하는
공익보다 크지 아니할 것을 그 내용으로 하고 있다.

헌법 제37조 ② 국민의 모든 자유와 권리는 국가안전보장·질서유지 또는 공공복리를 위하여 필요한 경우
에 한하여 법률로써 제한할 수 있으며, 제한하는 경우에도 자유와 권리의 본질적인 내용을 침해할 수 없다.

행정기본법 제10조(비례의 원칙) 행정작용은 다음 각 호의 원칙에 따라야 한다.
1. 행정목적을 달성하는 데 유효하고 적절할 것
2. 행정목적을 달성하는 데 필요한 최소한도에 그칠 것
3. 행정작용으로 인한 국민의 이익 침해가 그 행정작용이 의도하는 공익보다 크지 아니할 것

경찰관 직무집행법 제1조(목적) ② 이 법에 규정된 경찰관의 직권은 그 직무 수행에 필요한 최소한도에서
행사되어야 하며 남용되어서는 아니 된다.

〈보기〉② 평등의 원칙이란 합리적 이유 없이 국민을 차별하여서는 아니 된다는 원칙이다.

헌법 제11조 ① 모든 국민은 법 앞에 평등하다. 누구든지 성별·종교 또는 사회적 신분에 의하여 정치적·
경제적·사회적·문화적 생활의 모든 영역에 있어서 차별을 받지 아니한다.
② 사회적 특수계급의 제도는 인정되지 아니하며, 어떠한 형태로도 이를 창설할 수 없다.
③ 훈장등의 영전은 이를 받은 자에게만 효력이 있고, 어떠한 특권도 이에 따르지 아니한다.
행정기본법 제9조(평등의 원칙) 행정청은 합리적 이유 없이 국민을 차별하여서는 아니 된다.

〈보기〉④ 부당결부금지의 원칙이란 행정작용을 함에 있어 실체적 관련성이 없는 상대방의 반대급부와 결부
시키거나 조건으로 해서는 안된다는 원칙이다.
행정기본법 제13조(부당결부금지의 원칙) 행정청은 행정작용을 할 때 상대방에게 해당 행정작용과 실질적인
관련이 없는 의무를 부과해서는 아니 된다.

37 「경찰관 직무집행법」에 관한 내용 중 가장 적절하지 않은 것은?

① 경찰관서의 장은 직무 수행에 필요하다고 인정되는 상당한 이유가 있을 때에는 국가 기관이나 공사(公私) 단체 등에 직무 수행에 관련된 사실을 조회할 수 있다. 다만, 긴 급한 경우에는 소속 경찰관으로 하여금 현장에 나가 해당 기관 또는 단체의 장의 협 조를 받아 그 사실을 확인하게 할 수 있다.

② 국가경찰위원회 위원장은 경찰관이 「경찰관 직무집행법」 제2조(직무의 범위) 각 호에 따른 직무의 수행으로 인하여 민·형사상 책임과 관련된 소송을 수행할 경우 변호인 선임 등 소송 수행에 필요한 지원을 하여야 한다.

③ 경찰청장, 시·도경찰청장 또는 경찰서장은 「경찰관 직무집행법」 제11조의3 제2항에 따른 보상금심사위원회의 심사 의결에 따라 보상금을 지급하고, 거짓 또는 부정한 방 법으로 보상금을 받은 사람에 대하여는 해당 보상금을 환수한다.

④ 보상금심사위원회는 위원장 1명을 포함한 5명 이내의 위원으로 구성한다.

해설

제8조(사실의 확인 등) ① 경찰관서의 장은 직무 수행에 필요하다고 인정되는 상당한 이유가 있을 때에는 국가기관이나 공사(公私) 단체 등에 직무 수행에 관련된 사실을 조회할 수 있다. 다만, 긴급한 경우에는 소속 경찰관으로 하여금 현장에 나가 해당 기관 또는 단체의 장의 협조를 받아 그 사실을 확인하게 할 수 있다.
② 경찰관은 다음 각 호의 직무를 수행하기 위하여 필요하면 관계인에게 출석하여야 하는 사유·일시 및 장소를 명확히 적은 출석 요구서를 보내 경찰관서에 출석할 것을 요구할 수 있다.
    1. 미아를 인수할 보호자 확인
    2. 유실물을 인수할 권리자 확인
    3. 사고로 인한 사상자(死傷者) 확인
    4. 행정처분을 위한 교통사고 조사에 필요한 사실 확인

제11조의4(소송 지원) 경찰청장과 해양경찰청장은 경찰관이 제2조 각 호에 따른 직무의 수행으로 인하여 민·형사상 책임과 관련된 소송을 수행할 경우 변호인 선임 등 소송 수행에 필요한 지원을 할 수 있다.

제11조의3(범인검거 등 공로자 보상) ① 경찰청장, 시·도경찰청장, 경찰서장("경찰청장등")은 다음 각 호의 어느 하나에 해당하는 사람에게 보상금을 지급할 수 있다.
    1. 범인 또는 범인의 소재를 신고하여 검거하게 한 사람
    2. 범인을 검거하여 경찰공무원에게 인도한 사람
    3. 테러범죄의 예방활동에 현저한 공로가 있는 사람
    4. 그 밖에 제1호부터 제3호까지의 규정에 준하는 사람으로서 대통령령으로 정하는 사람
② 경찰청장등은 제1항에 따른 보상금 지급의 심사를 위하여 대통령령으로 정하는 바에 따라 각각 보상금심사위원회를 설치·운영하여야 한다.
③ 제2항에 따른 보상금심사위원회는 위원장 1명을 포함한 5명 이내의 위원으로 구성한다.
④ 제2항에 따른 보상금심사위원회의 위원은 소속 경찰공무원 중에서 경찰청장등이 임명한다.
⑤ 경찰청장등은 제2항에 따른 보상금심사위원회의 심사·의결에 따라 보상금을 지급하고, 거짓 또는 부정한 방법으로 보상금을 받은 사람에 대하여는 해당 보상금을 환수한다.
⑥ 경찰청장등은 제5항에 따라 보상금을 반환하여야 할 사람이 대통령령으로 정한 기한까지 그 금액을 납부하지 아니한 때에는 국세강제징수의 예에 따라 징수할 수 있다.

38 다음 행정행위 중 강학상 특허에 해당하는 것은? (다툼이 있는 경우 판례에 의함)

① 자동차운전면허
② 재단법인의 정관변경 허가
③ 한의사 면허
④ 국유재산 등의 관리청이 행정재산의 사용·수익에 대하여 하는 허가

해설

강학상 특허란 특정인에 대해 권리를 부여하거나 **권리를 향유하면서 동시에 의무를 부담하게 되는 포괄적 법률관계를 설정하는 행정행위**를 말한다.

〈보기〉 ④ 국유재산 등의 관리청이 행정재산의 사용·수익에 대하여 하는 허가 – 특허

　국유재산 등의 관리청이 행정재산의 사용·수익에 대하여 하는 허가는 사경제주체로서 행하는 사법상의 행위가 아니라 관리청이 공권력을 가진 우월적 지위에서 행하는 행정처분으로서(대법원 1997. 4. 11. 선고 96누17325 판결, 대법원 2006. 3. 9. 선고 2004다31074 판결 등 참조) 특정인에게 행정재산을 사용할 수 있는 권리를 설정하여 주는 **강학상 특허에 해당**하고, 국유재산의 관리청이 이러한 신청을 거부한 행위 역시 행정처분에 해당한다(대법원 1998. 2. 27. 선고 97누1105 판결).

　국유재산 등의 관리청이 하는 행정재산의 사용·수익에 대한 허가는 순전히 사경제주체로서 행하는 사법상의 행위가 아니라 관리청이 공권력을 가진 우월적 지위에서 행하는 행정처분으로서 특정인에게 행정재산을 사용할 수 있는 권리를 설정하여 주는 **강학상 특허에 해당**한다(대법원 2012. 6. 14. 선고 2010다86723 판결).

〈보기〉 ① 자동차 운전면허 – 허가

　허가라 함은 법령에 의한 자연적 자유에 대한 일반적인 상대적 금지를 일정한 요건을 갖춘 경우에 해제하여 일정한 행위를 적법하게 할 수 있게 하는 행정행위를 말한다. 대표적으로 영업허가, 건축허가, 어업허가, 주류판매업면허, 기부금품모집허가, 운전면허, 은행업의 인가, 신탁업의 인가 등이 있다.

〈보기〉 ② 재단법인의 정관변경 허가 – 인가

　민법 제45조와 제46조에서 말하는 재단법인의 정관변경 "허가"는 법률상의 표현이 허가로 되어 있기는 하나, 그 성질에 있어 법률행위의 효력을 보충해 주는 것이지 일반적 금지를 해제하는 것이 아니므로, 그 법적 성격은 **인가**라고 보아야 한다(대법원 1996. 5. 16. 선고 95누4810 전원합의체 판결).

〈보기〉 ③ 한의사 면허 – 허가

　한의사 면허는 경찰금지를 해제하는 명령적 행위(강학상 허가)에 해당하고, 한약조제시험을 통하여 약사에게 한약조제권을 인정함으로써 한의사들의 영업상 이익이 감소되었다고 하더라도 이러한 이익은 사실상의 이익에 불과하고 약사법이나 의료법 등의 법률에 의하여 보호되는 이익이라고는 볼 수 없으므로, 한의사들이 한약조제시험을 통하여 한약조제권을 인정받은 약사들에 대한 합격처분의 무효확인을 구하는 당해 소는 원고적격이 없는 자들이 제기한 소로서 부적법하다(대법원 1998. 3. 10. 선고 97누4289 판결).

39 「행정소송법」상 항고소송에 해당하지 <u>않은</u> 것은?

① 국가 또는 공공단체의 기관이 법률에 위반되는 행위를 한 때에 직접 자기의 법률상 이익과 관계없이 그 시정을 구하기 위하여 제기하는 민중소송

② 행정청의 처분등의 효력 유무 또는 존재여부를 확인하는 무효 등 확인소송

③ 행정청의 부작위가 위법하다는 것을 확인하는 부작위위법확인소송

④ 행정청의 위법한 처분등을 취소 또는 변경하는 취소소송

[해설]

제3조(행정소송의 종류) 행정소송은 다음의 네 가지로 구분한다.

1. 항고소송: 행정청의 처분등이나 부작위에 대하여 제기하는 소송
2. 당사자소송: 행정청의 처분등을 원인으로 하는 법률관계에 관한 소송 그 밖에 공법상의 법률관계에 관한 소송으로서 그 법률관계의 한쪽 당사자를 피고로 하는 소송
3. 민중소송: 국가 또는 공공단체의 기관이 법률에 위반되는 행위를 한 때에 직접 자기의 법률상 이익과 관계없이 그 시정을 구하기 위하여 제기하는 소송
4. 기관소송: 국가 또는 공공단체의 기관상호간에 있어서의 권한의 존부 또는 그 행사에 관한 다툼이 있을 때에 이에 대하여 제기하는 소송. 다만, 헌법재판소법 제2조의 규정에 의하여 헌법재판소의 관장사항으로 되는 소송은 제외한다.

제4조(항고소송) 항고소송은 다음과 같이 구분한다.

1. 취소소송: 행정청의 위법한 처분등을 취소 또는 변경하는 소송
2. 무효등 확인소송: 행정청의 처분등의 효력 유무 또는 존재여부를 확인하는 소송
3. 부작위위법확인소송: 행정청의 부작위가 위법하다는 것을 확인하는 소송

40 오늘날 우리나라 경찰의 변화에 관한 설명 중 가장 적절하지 <u>않은</u> 것은?

① 수사절차 전반에 걸쳐 주관적인 시각으로 사건을 살펴보고 오류를 바로잡을 수 있도록 하기 위하여 일선 지구대 및 파출소에 '영장심사관', '수사심사관' 제도를 도입·운영하고 있다.

② 집회·시위에 대한 관점을 관리·통제에서 인권존중·소통으로 근본적으로 바꾸기 위해 스웨덴 집회·시위관리 정책을 벤치마킹한 '대화경찰관제'를 도입·시행하고 있다.

③ 국경을 초월하는 국제범죄에 능동적으로 대응하고 재외국민 보호를 위해 치안시스템 전수, 외국경찰 초청연수, 치안인프라 구축사업 등을 내용으로 하는 치안한류 사업을 추진하고 있다.

④ 2020년 12월 「국가정보원법」 개정에 따라 국가정보원의 국가안보 관련 수사업무가 경찰로 이관될 예정이다.

해설

〈보기〉 ① 수사절차 전반에 걸쳐 객관적인(**주관적인 ✕**) 시각으로 사건을 살펴보고 오류를 바로잡을 수 있도록 하기 위하여 경찰청, 시·도경찰청 및 경찰서(**일선 지구대 및 파출소 ✕**)에 '영장심사관', '수사심사관' 제도를 도입·운영하고 있다.

22년 제1차 경찰공무원(순경)채용시험 문제

– 공채(남 · 여) · 경찰행정학과특채 · 101경비단 –

응시 번호 :　　　　　　　이름 :

[경찰학개론]

01 다음 설명 중 가장 적절한 것은?

① 1919년 3 · 1운동을 계기로 헌병경찰제도에서 보통경찰제도로의 전환은 이루어졌으나, 일본에서 제정된 「정치범처벌법」을 우리나라에 적용하는 등 일제의 탄압적 지배체제가 강화되었다.

② 미군정기에 고등경찰제도가 폐지되었으며, 경찰에 정보업무를 담당하는 정보과와 경제사범단속을 위한 경제경찰이 신설되었다.

③ 1953년 경찰작용의 기본법인 「경찰관 직무집행법」이 제정되어 경감 이상의 계급정년제가 도입되었고, 1969년 「경찰공무원법」이 제정되어 경정 및 경장 계급이 신설되었다.

④ 대한민국 정부 수립 이후 1974년 내무부 치안국이 치안본부로 개편되었고, 2006년 제주특별자치도 '자치경찰단'이 창설되었다.

02 경찰의 관할에 관한 설명 중 가장 적절하지 않은 것은?

① 「국회법」상 경위(警衛)나 경찰공무원은 국회 안에 현행범인이 있을 때에는 체포한 후 국회의장의 지시를 받아야 한다. 다만, 회의장 안에서는 국회의장의 명령 없이 국회의원을 체포할 수 없다.

② 「법원조직법」상 재판장은 법정에서의 질서유지를 위하여 필요하다고 인정할 때에는 개정 전후에 상관없이 관할 경찰서장에게 경찰공무원의 파견을 요구할 수 있으며, 이에 따라 파견된 경찰 공무원은 법정 내외의 질서유지에 관하여 재판장의 지휘를 받는다.

③ 헌법상 대통령은 내란 또는 외환의 죄를 범한 경우를 제외하고는 재직 중 형사상의 소추를 받지 아니한다.

④ '사물관할'이란 경찰권이 발동될 수 있는 지역적 범위를 말하고, 대한민국의 영역 내 모든 범위에 적용되는 것이 원칙이다.

03 실질적 의미의 경찰개념의 역사적 발전과정에 관한 설명 중 가장 적절하지 <u>않은</u> 것은?

① 요한 쉬테판 퓌터(Johann Stephan Pütter)가 자신의 저서인 「독일공법제도」에서 주장한 "경찰의 직무는 임박한 위험을 방지하는 것이다. 복리증진은 경찰의 본래 직무가 아니다."라는 내용은 경찰국가 시대를 거치면서 확장된 경찰의 개념을 제한하기 위한 노력의 일환으로 볼 수 있다.

② 크로이츠베르크 판결(1882)은 승전기념비의 전망을 확보할 목적으로 주변 건축물의 고도를 제한하기 위해 베를린 경찰청장이 제정한 법규명령은 독일의 제국경찰법상 개별적 수권조항에 위반되어 무효라고 하였다.

③ 독일의 경우, 15세기부터 17세기에 이르기까지 경찰은 공동체의 질서정연한 상태 또는 공동체의 질서정연한 상태를 창설하고 유지하기 위한 활동으로 이해되었고, 이러한 공동체의 질서정연한 상태를 창설 유지하기 위하여 신민(臣民)의 거의 모든 생활영역이 포괄적으로 규제될 수 있었다.

④ 1931년 제정된 「프로이센 경찰행정법」 제14조 제1항은 "경찰 행정청은 현행법의 범위 내에서 공공의 안녕 또는 공공의 질서를 위협하는 위험으로부터 공중이나 개인을 보호하기 위하여 필요한 조치를 의무에 적합한 재량에 따라 취하여야 한다."라고 규정하여 크로이츠베르크 판결(1882)에 의해 발전된 실질적 의미의 경찰 개념을 성문화시켰다.

04 경찰의 임무를 공공의 안녕과 공공의 질서에 대한 위험의 방지라고 정의할 때, 위험에 관한 설명 중 가장 적절하지 <u>않은</u> 것은?

① 구체적 위험은 개별사례에서 실제로 또는 최소한 경찰관의 사전적 시점에서 사실관계를 합리적으로 평가하였을 때, 가까운 장래에 공공의 안녕이나 공공의 질서에 대한 손해가 발생할 충분한 개연성이 있는 상황과 관련이 있다.

② 오상위험에 근거한 경찰의 위험방지조치가 위법한 경우에는 경찰관 개인에게는 민·형사상 책임이 문제되고 국가에게는 손해배상책임이 발생할 수 있다.

③ 외관적 위험은 경찰관이 의무에 합당한 사려 깊은 상황판단을 하였음에도 위험을 잘못 긍정하는 경우이다.

④ 위험의 혐의만 존재하는 경우에 위험의 존재가 명백해지기 전까지는 예비적 조치로서 위험의 존재 여부를 조사할 권한은 없다.

05 경찰의 부패에 관한 설명 중 가장 적절하지 <u>않은</u> 것은?

① 'Dirty Harry 문제'는 도덕적으로 선한 목적을 위해 윤리적, 정치적, 혹은 법적으로 더러운 수단을 동원하는 것이 적절한가와 관련된 딜레마적 상황이다.

② 구조화된 조직적 부패는 서로가 문제점을 알면서도 눈감아주는 침묵의 규범 형성의 가능성을 높인다.

③ 셔먼(1985)의 미끄러운 경사(slippery slope) 개념은 작은 호의를 받는 것에 익숙해진 경찰관들이 결국 부패에 연루될 수 있음을 경고한다.

④ 전체사회가설은 신임경찰관이 조직의 부패 전통 내에서 고참 동료들에 의해 사회화됨으로써 부패의 길로 들어선다는 입장이다.

06 「경찰청 공무원 행동강령」에 관한 설명 중 가장 적절하지 <u>않은</u> 것은? (기출 수정)

① 공무원은 「범죄수사규칙」 제30조에 따른 경찰관서 내 수사 지휘에 대한 이의제기와 관련하여 상급경찰관서장에게 상담을 요청할 수 있다.

② 공무원은 수사·단속의 대상이 되는 업소 중 경찰청장이 지정하는 유형의 업소 관계자와 부적절한 사적 접촉을 하여서는 아니 되며, 공적 또는 사적으로 접촉한 경우 경찰청장이 정하는 방법에 따라 신고하여야 한다.

③ 공무원은 동창회 등 친목단체에 직무관련자가 있어 부득이 골프를 하는 경우에는 소속관서 행동강령책임관에게 사전에 신고하여야 하며 사전에 신고하기 어려운 특별한 사유가 있는 경우에는 사후에 즉시 신고하여야 한다.

④ 공무원은 직무관련자나 직무관련공무원에게 경조사를 알려서는 아니 되나, 공무원 자신이 소속된 종교단체·친목단체 등의 회원에게 알리는 경우에는 경조사를 알릴 수 있다.

07 「언론중재 및 피해구제 등에 관한 법률」에 관한 설명 중 가장 적절하지 <u>않은</u> 것은?

① '정정보도'란 언론의 보도 내용의 전부 또는 일부가 진실하지 아니한 경우 이를 진실에 부합되게 고쳐서 보도하는 것을 말한다.

② 「언론중재 및 피해구제 등에 관한 법률」 제16조 제1항, 제2항에 따르면, 사실적 주장에 관한 언론보도등으로 인하여 피해를 입은 자는 그 보도 내용에 관한 반론보도를 언론사등에 청구할 수 있고, 이러한 청구에는 언론사의 고의·과실이나 위법성을 필요로 하지 아니하며, 보도 내용의 진실 여부와 상관없이 그 청구를 할 수 있다.

③ 「언론중재 및 피해구제 등에 관한 법률」 제19조 제3항에 따르면, 제2항의 출석요구를 받은 신청인이 2회에 걸쳐 출석하지 아니한 경우에는 조정신청을 취하한 것으로 보며, 피신청 언론사등이 2회에 걸쳐 출석하지 아니한 경우에는 조정신청 취지에 따라 정정보도등을 이행하기로 합의한 것으로 본다.

④ 언론중재위원회는 40명 이상 90명 이내의 중재위원으로 구성하며, 위원장 1명과 2명 이내의 부위원장 및 2명 이내의 감사를 두는데, 위원장·부위원장·감사 및 중재위원의 임기는 각각 3년으로 하며, 연임할 수 없다.

08 경찰통제에 관한 설명 중 가장 적절하지 <u>않은</u> 것은?

① 국회는 입법권과 예산심의권을 통해 경찰을 사전 통제할 수 있다.

② 「부패방지 및 국민권익위원회의 설치와 운영에 관한 법률」 및 동법 시행령에 따르면, 18세 이상의 국민은 경찰 등 공공기관의 사무처리가 법령위반 또는 부패행위로 인하여 공익을 현저히 해하는 경우, 100명 이상의 국민의 연서로 감사원에 감사를 청구할 수 있다.

③ 상급자의 하급자에 대한 직무명령권은 내부적 통제의 일환이다.

④ 경찰의 위법한 처분에 대한 행정소송제도는 사법통제로서 외부적 통제 장치이다.

09 「경찰 인권보호 규칙」에 관한 설명 중 가장 적절하지 <u>않은</u> 것은?

① '인권침해'란 경찰관등이 직무를 수행하는 과정에서 모든 사람에게 보장된 인권을 침해하는 것을 말한다.

② 경찰 활동 전반에 걸친 민주적 통제를 구현하여 경찰력 오·남용을 예방하고, 경찰행정의 인권지향성을 높여 인권을 존중하는 경찰 활동을 정립하기 위해 시·도경찰청장 및 경찰서의 심의·의결기구로서 각각 시·도경찰청 인권위원회, 경찰서 인권위원회를 설치하여 운영한다.

③ 경찰청장은 경찰관등이 근무하는 동안 지속적·체계적으로 교육을 받을 수 있도록 3년 단위로 인권교육종합계획을 수립하여 시행하여야 한다.

④ 인권보호담당관은 인권침해를 예방하고 제도를 개선하기 위해 연 1회 이상 인권 관련 정책 이행 실태, 인권교육 추진 현황, 경찰청과 소속기관의 청사 및 부속 시설 전반의 인권침해적 요소의 존재 여부를 진단하여야 한다.

10 「경찰청 감사 규칙」상 감사결과의 처리기준에 관한 설명 중 옳은 것은 모두 몇 개인가?

> ㉠ 변상명령: 감사결과 경미한 지적사항으로서 현지에서 즉시 시정·개선조치가 필요한 경우
>
> ㉡ 경고·주의 요구: 감사결과 위법 또는 부당하다고 인정되는 사실이 있으나 그 정도가 징계 또는 문책사유에 이르지 아니할 정도로 경미하거나, 감사대상기관 또는 부서에 대한 제재가 필요한 경우
>
> ㉢ 시정 요구: 감사결과 법령상·제도상 또는 행정상 모순이 있거나 그 밖에 개선할 사항이 있다고 인정되는 경우
>
> ㉣ 개선 요구: 감사결과 문제점이 인정되는 사실이 있어 그 대안을 제시하고 감사대상기관의 장 등으로 하여금 개선방안을 마련하도록 할 필요가 있는 경우

① 0개   ② 1개   ③ 2개   ④ 3개

11 다음은 전통적 경찰활동과 지역사회 경찰활동에 관한 비교 설명이다(Sparrow, 1988). 질문과 답변의 연결이 가장 적절하지 <u>않은</u> 것은?

① 경찰은 누구인가? – 전통적 경찰활동의 관점에서는 법집행을 주로 책임지는 정부기관이라고 답변할 것이며, 지역사회 경찰 활동의 관점에서는 경찰이 시민이고 시민이 경찰이라고 답변할 것이다.

② 언론 접촉 부서의 역할은 무엇인가? – 전통적 경찰활동의 관점 에서는 현장경찰관들에 대한 비판적 여론을 차단하는 것이라고 답변할 것이며, 지역사회 경찰활동의 관점에서는 지역사회와의 원활한 소통창구라고 답변할 것이다.

③ 경찰의 효과성은 무엇이 결정하는가? – 전통적 경찰활동의 관점 에서는 경찰의 대응시간이라고 답변할 것이며, 지역사회 경찰 활동의 관점에서는 시민의 협조라고 답변할 것이다.

④ 가장 중요한 정보란 무엇인가? – 전통적 경찰활동의 관점에서는 범죄자 정보(개인 또는 집단의 활동사항 관련 정보)라고 답변할 것이며, 지역사회 경찰활동의 관점에서는 범죄사건 정보(특정 범죄사건 또는 일련의 범죄사건 관련 정보)라고 답변할 것이다.

12 다음 경찰활동 예시의 근거가 되는 범죄원인론으로 가장 관련성이 높은 것은?

A경찰서는 관내에서 폭행으로 적발된 청소년을 형사입건하는 대신, 학교전담경찰관이 외부전문가와 함께 3일 동안 다양한 활동으로 구성된 선도프로그램을 제공함으로써 해당 청소년에게 스스로 잘못을 뉘우치고 장차 지역사회로 다시 통합될 수 있는 기회를 제공하였다.

① 낙인이론   ② 일반긴장이론
③ 깨진유리창 이론   ④ 일상활동이론

13 뉴먼(1972)은 방어공간의 구성요소를 구분하였다. 이와 관련된 〈보기 1〉의 설명과 〈보기 2〉의 구성요소가 가장 적절하게 연결된 것은?

〈보기 1〉

(가) 지역의 외관이 다른 지역과 고립되어 있지 않고, 보호되고 있으며, 주민의 적극적 행동 의지를 보여줌

(나) 지역에 대한 소유의식은 일상적이지 않은 일이 있을 때 주민으로 하여금 행동을 취하도록 자극함

(다) 특별한 장치의 도움 없이 실내와 실외의 활동을 관찰할 수 있는 능력임

〈보기 2〉

㉠ 영역성   ㉡ 자연적 감시   ㉢ 이미지   ㉣ 환경

① (가) ㉢, (나) ㉣, (다) ㉠   ② (가) ㉢, (나) ㉠, (다) ㉡
③ (가) ㉣, (나) ㉠, (다) ㉢   ④ (가) ㉣, (나) ㉢, (다) ㉡

14 「경찰공무원 승진임용 규정」상 승진에 관한 설명 중 가장 적절하지 <u>않은</u> 것은?

① 경찰공무원의 승진임용은 심사승진임용시험승진임용 및 특별승진임용으로 구분한다.

② 경찰공무원 승진임용 규정」제6조 제1항 제2호에 따르면 소극 행정으로 감봉에 해당하는 징계처분을 받은 경찰공무원은 징계 처분의 집행이 끝난 날부터 18개월이 지나지 아니하면 심사승진 임용될 수 없다.

③ 임용권자나 임용제청권자는 시험승진후보자 명부에 기록된 사람이 승진임용되기 전에 감봉 이상의 징계처분을 받은 경우에는 시험 승진후보자 명부에서 그 사람을 제외하여야 한다.

④ 총경 이하의 경찰공무원에 대해서는 매년 근무성적을 평정하여야 하나 휴직·직위해제 등의 사유로 해당 연도의 평정기관에서 6개월 이상 근무하지 아니한 경찰공무원에 대해서는 근무성적을 평정하지 아니한다.

15 경찰조직편성의 원리에 관한 설명 중 가장 적절하지 <u>않은</u> 것은?

① '통솔의 범위'는 한 사람의 상관이 효과적으로 감독할 수 있는 최대한의 부하의 수를 말한다.

② '계층제'는 권한과 책임의 정도에 따라 직무를 등급화 함으로써 상·하계층 간 직무상 지휘·감독관계에 놓이게 하는 것을 말한다.

③ '명령통일의 원리'는 조직구성원들은 한 사람의 상관으로부터만 명령을 받고, 보고도 그 상관에게만 하여야 한다는 것을 의미한다.

④ '할거주의'는 타기관 및 타부처에 대한 횡적인 조정과 협조를 용이하게 만드는 대표적인 요인으로 조정·통합의 원리에 필수적인 요소이다.

16 「경찰장비관리규칙」상 무기고 및 탄약고 설치에 관한 설명 중 가장 적절하지 <u>않은</u> 것은?

① 무기탄약고 비상벨은 상황실과 숙직실 등 초동조치 가능장소와 연결하고, 외곽에는 철조망 장치와 조명등 및 순찰함을 설치하여야 한다.

② 탄약고 내에는 전기시설을 하는 것이 원칙이나, 조명은 건전지 등으로 하고 방화시설을 완비하여야 한다.

③ 무기고와 탄약고의 환기통 등에는 손이 들어가지 않도록 쇠창살 시설을 하고, 출입문은 2중으로 하여 각 1개소 이상씩 자물쇠를 설치하여야 한다.

④ 탄약고는 무기고와 분리되어야 하며 가능한 본 청사와 격리된 독립 건물로 하여야 한다.

17 「경찰공무원법」상 경찰공무원의 직권면직사유 중 직권면직처분을 위해 징계위원회의 동의가 필요한 사유로 옳은 것은 모두 몇 개인가?

> ㉠ 해당 경과에서 직무를 수행하는 데 필요한 자격증의 효력이 상실되거나 면허가 취소되어 담당 직무를 수행할 수 없게 되었을 때
>
> ㉡ 직무를 수행하는 데에 위험을 일으킬 우려가 있을 정도의 성격적 또는 도덕적 결함이 있는 사람으로서 대통령령으로 정하는 사유에 해당된다고 인정될 때
>
> ㉢ 경찰공무원으로는 부적합할 정도로 직무 수행능력이나 성실성이 현저하게 결여된 사람으로서 대통령령으로 정하는 사유에 해당된다고 인정될 때
>
> ㉣ 휴직 기간이 끝나거나 휴직 사유가 소멸된 후에도 직무에 복귀하지 아니하거나 직무를 감당할 수 없을 때

① 1개 ② 2개 ③ 3개 ④ 4개

18 「국가재정법」상 예산 편성 및 집행에 관한 설명 중 가장 적절하지 <u>않은</u> 것은?

① 각 중앙관서의 장은 제29조의 규정에 따른 예산안 편성지침에 따라 그 소관에 속하는 당해 연도의 세입세출예산·계속비·명시 이월비 및 국고채무부담행위 요구서를 작성하여 매년 3월 31일 까지 기획재정부장관에게 제출하여야 한다.

② 각 중앙관서의 장은 매년 1월 31일까지 해당 회계연도부터 5회계 연도 이상의 기간 동안의 신규사업 및 기획재정부장관이 정하는 주요 계속사업에 대한 중기사업계획서를 기획재정부장관에게 제출하여야 한다.

③ 기획재정부장관은 각 중앙관서의 장에게 예산을 배정한 때에는 감사원에 통지하여야 한다.

④ 정부는 제32조의 규정에 따라 대통령의 승인을 얻은 예산안을 회계연도 개시 120일 전까지 국회에 제출하여야 한다.

19 「지역경찰의 조직 및 운영에 관한 규칙」에 관한 설명 중 옳은 것은 모두 몇 개인가?

> ㉠ 시 · 도경찰청장은 인구, 면적, 행정구역, 교통 · 지리적 여건, 각종 사건사고 발생 등을 고려하여 경찰서의 관할구역을 나누어 지역경찰관서를 설치한다.
>
> ㉡ 관리팀원 및 순찰팀원에 대한 일일근무 지정 및 지휘 · 감독과 관내 중요 사건 발생시 현장 지휘는 순찰팀장의 직무이다.
>
> ㉢ 직주일체형 치안센터에 배치된 근무자는 근무 종료 후(휴무일 포함)에도 관할구역 내에 위치하며 지역경찰관서와 연락체계를 유지하여야 한다.
>
> ㉣ 지역경찰관서장은 관내 치안상황의 분석 및 대책을 수립하고 소속 지역경찰의 근무와 관련된 제반사항에 대해 지휘 및 감독한다.
>
> ㉤ 상황근무를 지정받은 지역경찰은 지역경찰관서 및 치안센터 내에서 방문민원 및 각종 신고사건의 접수 및 처리를 수행한다.

① 5개   ② 4개   ③ 3개   ④ 2개

20 「보안업무규정」상 비밀에 관한 설명 중 가장 적절하지 <u>않은</u> 것은?

① Ⅱ급 비밀은 누설될 경우 국가안전보장에 막대한 지장을 끼칠 우려가 있는 비밀을 말한다.

② 비밀은 적절히 보호할 수 있는 최고등급으로 분류하되, 과도 하거나 과소하게 분류해서는 아니 된다.

③ 비밀은 보관하고 있는 시설 밖으로 반출해서는 아니 된다. 다만, 공무상 반출이 필요할 때에는 소속 기관의 장의 승인을 받아야 한다.

④ 비밀을 휴대하고 출장 중인 사람은 비밀을 안전하게 보호하기 위하여 국내 경찰기관 또는 재외공관에 보관을 위탁할 수 있으며, 위탁받은 기관은 그 비밀을 보관하여야 한다.

21 「경비업법」 제2조 정의에 관한 설명 중 가장 적절하지 <u>않은</u> 것은?

① '시설경비업무'란 경비를 필요로 하는 시설 및 장소(이하 "경비 대상시설"이라 한다)에서의 도난·화재 그 밖의 혼잡 등으로 인한 위험발생을 방지하는 업무를 말한다.

② '호송경비업무'란 운반중에 있는 현금 유가증권·귀금속·상품 그 밖의 물건에 대하여 도난·화재 등 위험발생을 방지하는 업무를 말한다.

③ '신변보호업무'란 사람의 생명·신체·재산에 대한 위해의 발생을 방지하고 그 신변을 보호하는 업무를 말한다.

④ '기계경비업무'란 경비대상시설에 설치한 기기에 의하여 감지·송신된 정보를 그 경비대상시설외의 장소에 설치한 관제시설의 기기로 수신하여 도난·화재 등 위험발생을 방지하는 업무를 말한다.

22 「스토킹범죄의 처벌 등에 관한 법률」에 관한 설명 중 가장 적절하지 <u>않은</u> 것은?

① '스토킹범죄'란 지속적 또는 반복적으로 스토킹행위를 하는 것을 말한다.

② 사법경찰관리는 진행 중인 스토킹행위에 대하여 신고를 받은 경우 즉시 현장에 나가 스토킹 행위의 제지, 스토킹 행위자와 피해자 분리, 유치장 또는 구치소에의 유치 등의 조치를 할 수 있다.

③ 스토킹범죄를 저지른 사람은 3년 이하의 징역 또는 3천만원 이하의 벌금에 처한다.

④ 흉기 또는 그 밖의 위험한 물건을 휴대하거나 이용하여 스토킹 범죄를 저지른 사람은 5년 이하의 징역 또는 5천만원 이하의 벌금에 처한다.

23 「국민보호와 공공안전을 위한 테러방지법」 제2조 정의에 관한 설명 중 가장 적절하지 <u>않은</u> 것은?

① '테러위험인물'이란 테러를 실행계획 준비하거나 테러에 참가할 목적으로 국적이 아닌 국가의 테러단체에 가입하거나 가입 하기 위하여 이동 또는 이동을 시도하는 외국인을 말한다.

② '대테러활동'이란 제1호의 테러 관련 정보의 수집, 테러위험 인물의 관리, 테러에 이용될 수 있는 위험물질 등 테러수단의 안전관리, 인원·시설·장비의 보호, 국제행사의 안전확보, 테러 위협에의 대응 및 무력진압 등 테러 예방과 대응에 관한 제반 활동을 말한다.

③ '테러단체'란 국제연합(UN)이 지정한 테러단체를 말한다.

④ '대테러조사'란 대테러활동에 필요한 정보나 자료를 수집하기 위하여 현장조사·문서열람·시료채취 등을 하거나 조사대상자에게 자료제출 및 진술을 요구하는 활동을 말한다.

24 음주운전 관련 판례에 관한 설명 중 가장 적절하지 <u>않은</u> 것은? (다툼이 있는 경우 판례에 의함)

① 술에 취해 자동차 안에서 잠을 자다가 추위를 느껴 히터를 가동시키기 위하여 시동을 걸었고, 실수로 자동차의 제동장치 등을 건드렸거나 처음 주차할 때 안전조치를 제대로 취하지 아니한 탓으로 원동기의 추진력에 의하여 자동차가 약간 경사진 길을 따라 앞으로 움직여 피해자의 차량 옆면을 충격한 사실은 엿볼 수 있으나 이를 두고 피고인이 자동차를 운전하였다고 할 수는 없다.

② 운전자가 경찰공무원으로부터 음주측정을 요구받고 호흡측정기에 숨을 내쉬는 시늉만 하는 등 형식적으로 음주측정에 응하였을 뿐 경찰공무원의 거듭된 요구에도 불구하고 호흡측정기에 음주 측정수치가 나타날 정도로 숨을 제대로 불어넣지 아니하였다면 이는 실질적으로 음주측정에 불응한 것과 다를 바 없다.

③ 음주운전과 관련한 도로교통법 위반죄의 범죄수사를 위하여 미성년자인 피의자의 혈액채취가 필요한 경우에도 피의자에게 의사능력이 있다면 피의자 본인만이 혈액채취에 관한 유효한 동의를 할 수 있고, 피의자에게 의사능력이 없는 경우 명문의 규정이 없더라도 법정대리인이 피의자를 대리하여 동의할 수 있다.

④ 특별한 이유 없이 호흡측정기에 의한 측정에 불응하는 운전자에게 경찰공무원이 혈액채취에 의한 측정방법이 있음을 고지하고 그 선택 여부를 물어야 할 의무가 있다고는 할 수 없다.

25 「범죄피해자 보호법」에 관한 설명 중 가장 적절하지 <u>않은</u> 것은?

① '범죄피해자'란 타인의 범죄행위로 피해를 당한 사람과 그 배우자, 직계친족 및 형제자매를 말한다. 다만, 배우자의 경우 사실상의 혼인관계는 제외한다.

② 국가는 범죄피해자가 해당 사건과 관련하여 수사담당자와 상담하거나 재판절차에 참여하여 진술하는 등 형사절차상의 권리를 행사할 수 있도록 보장하여야 한다.

③ 국가는 범죄피해자가 요청하면 가해자에 대한 수사 결과, 공판기일, 재판 결과, 형 집행 및 보호관찰 집행 상황 등 형사 절차 관련 정보를 대통령령으로 정하는 바에 따라 제공할 수 있다.

④ 국가 및 지방자치단체는 범죄피해자가 형사소송절차에서 한 진술이나 증언과 관련하여 보복을 당할 우려가 있는 등 범죄 피해자를 보호할 필요가 있을 경우에는 적절한 조치를 마련하여야 한다.

26 「범죄인 인도법」제7조에 따른 절대적 인도거절 사유에 해당하지 <u>않은</u> 것은?

① 대한민국 또는 청구국의 법률에 따라 인도범죄에 관한 공소시효 또는 형의 시효가 완성된 경우

② 인도범죄에 관하여 대한민국 법원에서 재판이 계속 중이거나 재판이 확정된 경우

③ 인도범죄의 성격과 범죄인이 처한 환경 등에 비추어 범죄인을 인도하는 것이 비인도적이라고 인정되는 경우

④ 범죄인이 인종, 종교, 국적, 성별, 정치적 신념 또는 특정 사회 단체에 속한 것 등을 이유로 처벌되거나 그 밖의 불리한 처분을 받을 염려가 있다고 인정되는 경우

27 「국가경찰과 자치경찰의 조직 및 운영에 관한 법률」상 시·도자치경찰위원회의 설명에 관한 내용 중 가장 적절하지 <u>않은</u> 것은?

① 공무원이 아닌 위원에 대해서는 「국가공무원법」 제55조 및 제57조를 준용한다.

② 위원 중 1명은 인권문제에 관하여 전문적인 지식과 경험이 있는 사람이 임명될 수 있도록 노력하여야 한다.

③ 위원은 정치적 중립을 지켜야 하며, 권한을 남용하여서는 아니 된다.

④ 시·도자치경찰위원회는 합의제 행정기관으로서 그 권한에 속하는 업무를 독립적으로 수행한다.

28 「행정 효율과 협업 촉진에 관한 규정」상 공문서에 관한 설명 중 가장 적절하지 <u>않은</u> 것은?

① '지시문서'란 훈령·지시·예규·일일명령 등 행정기관이 그 하급 기관이나 소속 공무원에 대하여 일정한 사항을 지시하는 문서를 말한다.

② '공고문서'란 고시·공고 등 행정기관이 일정한 사항을 일반에게 알리는 문서를 말한다.

③ '일반문서'란 민원인이 행정기관에 허가, 인가, 그 밖의 처분 등 특정한 행위를 요구하는 문서와 그에 대한 처리문서를 말한다.

④ '법규문서'란 헌법·법률·대통령령·총리령·부령·조례·규칙 등에 관한 문서를 말한다.

29 「공공기관의 정보공개에 관한 법률」상 정보공개의 절차에 관한 설명 중 가장 적절한 것은?

① 정보의 공개를 청구하는 자는 해당 정보를 보유하거나 관리하고 있는 공공기관에 정보공개 청구서를 제출하여 정보의 공개를 청구할 수 있으나, 말로써 정보의 공개를 청구할 수 없다.

② 공공기관은 부득이한 사유로 「공공기관의 정보공개에 관한 법률」 제11조 제1항에 따른 기간 이내에 공개 여부를 결정할 수 없을 때에는 그 기간이 끝난 날부터 기산하여 10일의 범위에서 공개 여부 결정기간을 연장할 수 있다. 이 경우 공공기관은 연장된 사실과 연장사유를 청구인에게 지체 없이 구두로 통지하여야 한다.

③ 공공기관은 전자적 형태로 보유·관리하는 정보에 대하여 청구인이 전자적 형태로 공개하여 줄 것을 요청하는 경우에는 그 정보의 성질상 현저히 곤란한 경우를 제외하고는 청구인의 요청에 따라야 한다.

④ 정보의 공개 및 우송 등에 드는 비용은 실비의 범위에서 공공기관이 부담한다.

30 「행정절차법」상 행정지도에 관한 설명 중 가장 적절하지 <u>않은</u> 것은?

① 행정지도는 그 목적 달성에 필요한 최소한도에 그쳐야 하며, 행정지도의 상대방의 의사에 반하여 부당하게 강요하여서는 아니 된다.

② 행정기관은 행정지도의 상대방이 행정지도에 따르지 아니하였다는 것을 이유로 불이익한 조치를 하여서는 아니 된다.

③ 행정지도가 말로 이루어지는 경우에 상대방이 행정지도의 취지 및 내용과 신분의 사항을 적은 서면의 교부를 요구하면 그 행정지도를 하는 자는 직무 수행에 특별한 지장이 없으면 이를 교부하여야 한다.

④ 행정지도의 상대방은 해당 행정지도의 방식, 내용 등에 관하여 행정기관에 의견제출을 할 수 없다.

31 행정상 즉시강제에 해당하는 것을 모두 고른 것은? (다툼이 있는 경우 판례에 의함)

> ㉠ 「경찰관 직무집행법」 제6조 범죄의 예방을 위한 제지
> ㉡ 「경찰관 직무집행법」 제4조 제1항 제1호에서 규정하는 술에 취한 상태로 인하여 자기 또는 타인의 생명·신체와 재산에 위해를 미칠 우려가 있는 피구호자에 대한 보호조치
> ㉢ 「행정대집행법」 제2조 대집행
> ㉣ 「국세징수법」 제24조 강제징수

① ㉠, ㉢   ② ㉡, ㉢   ③ ㉠, ㉡   ④ ㉡, ㉣

32 「질서위반행위규제법」에 관한 설명 중 가장 적절하지 <u>않은</u> 것은?

① 행정청의 과태료 처분이나 법원의 과태료 재판이 확정된 후 법률이 변경되어 그 행위가 질서위반행위에 해당하지 아니하게 된 때에는 변경된 법률에 특별한 규정이 없는 한 과태료의 징수 또는 집행을 면제한다.

② 고의 또는 과실이 없는 질서위반행위는 과태료를 부과하지 아니한다.

③ 자신의 행위가 위법하지 아니한 것으로 오인하고 행한 질서 위반행위는 그 오인에 정당한 이유가 있는 때에도 과태료를 부과한다.

④ 과태료는 행정청의 과태료 부과처분이나 법원의 과태료 재판이 확정된 후 5년간 징수하지 아니하거나 집행하지 아니하면 시효로 인하여 소멸한다.

33 「위해성 경찰장비의 사용기준 등에 관한 규정」에 관한 설명 중 가장 적절하지 <u>않은</u> 것은?

① 권총 · 소총 · 기관총 · 함포 · 크레모아 · 수류탄 · 가스발사총은 무기에 해당한다.

② 경찰관은 14세 미만의 자 또는 임산부에 대하여 전자충격기 또는 전자방패를 사용하여서는 아니된다.

③ 경찰관은 전극발사장치가 있는 전자충격기를 사용하는 경우 상대방의 얼굴을 향하여 전극침을 발사하여서는 아니된다.

④ 경찰관(경찰공무원으로 한정한다)은 체포 · 구속영장을 집행하거나 신체의 자유를 제한하는 판결 또는 처분을 받은 자를 법률이 정한 절차에 따라 호송하거나 수용하기 위하여 필요한 때에는 최소한의 범위안에서 수갑포승 또는 호송용포승을 사용할 수 있다.

34 「경찰관 직무집행법」 및 「동법 시행령」상 손실보상에 관한 내용 중 가장 적절하지 <u>않은</u> 것은?

① 소속 경찰공무원의 직무집행으로 인하여 발생한 손실보상청구 사건을 심의하기 위하여 경찰청, 해양경찰청, 시 · 도경찰청 및 지방해양경찰청에 손실보상심의위원회를 설치한다.

② 손실보상을 청구할 수 있는 권리는 손실이 있음을 안 날부터 3년, 손실이 발생한 날부터 5년간 행사하지 아니하면 시효의 완성으로 소멸한다.

③ 손실보상금 지급 청구서를 받은 경찰청장등은 손실보상심의위원회의 심의 · 의결에 따라 손실보상 여부 및 손실보상금액을 결정하되 손실보상 청구가 요건과 절차를 갖추지 못한 경우(다만, 그 잘못된 부분을 시정할 수 있는 경우는 제외한다) 그 청구를 기각하는 결정을 하여야 한다.

④ 손실보상금은 일시불로 지급하되, 예산 부족 등의 사유로 일시금으로 지급할 수 없는 특별한 사정이 있는 경우에는 청구인의 동의를 받아 분할하여 지급할 수 있다.

35 「경찰 물리력 행사의 기준과 방법에 관한 규칙」 제2장에 따른 대상자 행위에 대한 설명이다. 각 단계와 내용의 연결이 가장 적절하지 <u>않은</u> 것은?

① 소극적 저항 – 대상자가 경찰관의 지시, 통제를 따르지 않고 비협조적이지만 경찰관 또는 제3자에 대해 직접적인 위해를 가하지 않는 상태

② 적극적 저항 – 대상자가 자신에 대한 경찰관의 체포·연행 등 정당한 공무집행을 방해하지만 경찰관 또는 제3자에 대해 위해 수준이 낮은 행위만을 하는 상태

③ 폭력적 공격 – 대상자가 경찰관 또는 제3자에 대해 신체적 위해를 가하는 상태

④ 치명적 공격 – 대상자가 경찰관에게 폭력을 행사하려는 자세를 취하여 그 행사가 임박한 상태, 주먹·발 등을 사용해서 경찰관에 대해 신체적 위해를 초래하고 있는 상태

36 다음 〈보기〉의 내용 중 공통된 행정의 법 원칙은 무엇인가?

> • 「행정기본법」 제12조 제1항 "행정청은 공익 또는 제3자의 이익을 현저히 해칠 우려가 있는 경우를 제외하고는 행정에 대한 국민의 정당하고 합리적인 신뢰를 보호하여야 한다."
> • 「행정절차법」 제4조 제2항 "행정청은 법령등의 해석 또는 행정청의 관행이 일반적으로 국민들에게 받아들여졌을 때에는 공익 또는 제3자의 정당한 이익을 현저히 해칠 우려가 있는 경우를 제외하고는 새로운 해석 또는 관행에 따라 소급하여 불리하게 처리하여서는 아니 된다."

① 비례의 원칙   ② 평등의 원칙
③ 신뢰보호의 원칙   ④ 부당결부금지의 원칙

37 「경찰관 직무집행법」에 관한 내용 중 가장 적절하지 <u>않은</u> 것은?

① 경찰관서의 장은 직무 수행에 필요하다고 인정되는 상당한 이유가 있을 때에는 국가기관이나 공사(公私) 단체 등에 직무 수행에 관련된 사실을 조회할 수 있다. 다만, 긴급한 경우에는 소속 경찰관으로 하여금 현장에 나가 해당 기관 또는 단체의 장의 협조를 받아 그 사실을 확인하게 할 수 있다.

② 국가경찰위원회 위원장은 경찰관이 「경찰관 직무집행법」 제2조(직무의 범위) 각 호에 따른 직무의 수행으로 인하여 민·형사상 책임과 관련된 소송을 수행할 경우 변호인 선임 등 소송 수행에 필요한 지원을 하여야 한다.

③ 경찰청장, 시·도경찰청장 또는 경찰서장은 「경찰관 직무집행법」 제11조의3 제2항에 따른 보상금심사위원회의 심사 의결에 따라 보상금을 지급하고, 거짓 또는 부정한 방법으로 보상금을 받은 사람에 대하여는 해당 보상금을 환수한다.

④ 보상금심사위원회는 위원장 1명을 포함한 5명 이내의 위원으로 구성한다.

38 다음 행정행위 중 강학상 특허에 해당하는 것은? (다툼이 있는 경우 판례에 의함)

① 자동차운전면허
② 재단법인의 정관변경 허가
③ 한의사 면허
④ 국유재산 등의 관리청이 행정재산의 사용 · 수익에 대하여 하는 허가

39 「행정소송법」상 항고소송에 해당하지 <u>않은</u> 것은?

① 국가 또는 공공단체의 기관이 법률에 위반되는 행위를 한 때에 직접 자기의 법률상 이익과 관계없이 그 시정을 구하기 위하여 제기하는 민중소송
② 행정청의 처분등의 효력 유무 또는 존재여부를 확인하는 무효 등 확인소송
③ 행정청의 부작위가 위법하다는 것을 확인하는 부작위위법확인소송
④ 행정청의 위법한 처분등을 취소 또는 변경하는 취소소송

40 오늘날 우리나라 경찰의 변화에 관한 설명 중 가장 적절하지 <u>않은</u> 것은?

① 수사절차 전반에 걸쳐 주관적인 시각으로 사건을 살펴보고 오류를 바로잡을 수 있도록 하기 위하여 일선 지구대 및 파출소에 '영장심사관', '수사심사관' 제도를 도입·운영하고 있다.

② 집회·시위에 대한 관점을 관리·통제에서 인권존중·소통으로 근본적으로 바꾸기 위해 스웨덴 집회·시위관리 정책을 벤치마킹한 '대화경찰관제'를 도입·시행하고 있다.

③ 국경을 초월하는 국제범죄에 능동적으로 대응하고 재외국민 보호를 위해 치안시스템 전수, 외국경찰 초청연수, 치안인프라 구축사업 등을 내용으로 하는 치안한류 사업을 추진하고 있다.

④ 2020년 12월 「국가정보원법」 개정에 따라 국가정보원의 국가안보 관련 수사업무가 경찰로 이관될 예정이다.

모 | 범 | 답 | 안   **경찰학개론**

1. ④	2. ④	3. ②	4. ④	5. ④	6. ①	7. ④	8. ②	9. ②	10. ②
11. ④	12. ①	13. ②	14. ③	15. ④	16. ②	17. ②	18. ①	19. ②	20. ②
21. ③	22. ②	23. ①	24. ③	25. ①	26. ③	27. ①	28. ③	29. ③	30. ④
31. ③	32. ③	33. ①	34. ③	35. ④	36. ③	37. ②	38. ④	39. ①	40. ①

01 경찰개념에 관한 설명 중 가장 적절하지 <u>않은</u> 것은?

① 경찰의 개념에 대한 정의는 시대 및 역사 그리고 각국의 전통과 사상을 배경으로 발달하기 때문에 일률적으로 정의를 내리기 어렵다.

② 1648년 독일은 베스트팔렌 조약을 계기로 사법이 국가의 특별 작용으로 인정되면서 경찰과 사법이 분리되었다.

③ 독일은 제2차 세계대전 이후 보안경찰 이외의 행정경찰사무, 즉 영업경찰, 건축경찰, 보건경찰 등의 경찰사무를 다른 행정관청의 분장사무로 이관하는 비경찰화 과정을 거쳤다.

④ 독일 프로이센 고등행정법원의 크로이쯔베르크 판결을 계기로 경찰의 권한은 소극적 위험방지 분야로 한정하게 되었으며, 비로소 이 취지의 규정을 둔 「경죄처벌법전」(죄와 형벌법전)이 제정되었다.

> **해설** 〈보기〉 ④의 「경죄처벌법전」(죄와형벌법전)은 1795년 프랑스에서 제정된 것으로, 1882년 독일 프로이센 고등행정법원의 크로이쯔베르크 판결보다 이전의 일이다.

02 「국가경찰과 자치경찰의 조직 및 운영에 관한 법률」상 자치 경찰사무에 관한 내용 중 가장 적절하지 <u>않은</u> 것은?

① 생활안전을 위한 순찰 및 시설의 운영, 주민참여 방범활동의 지원 및 지도, 주민의 일상생활과 관련된 사회질서의 유지 및 그 위반행위의 지도 단속 등 지역 내 주민의 생활안전 활동에 관한 사무는 자치경찰의 사무에 포함된다.

② 교통법규 위반에 대한 지도 단속, 교통안전시설 및 무인 교통 단속용 장비의 심의 설치 관리 등 지역 내 교통활동에 관한 사무는 자치경찰사무에 포함된다.

③ 학교폭력 등 소년범죄, 가정폭력, 아동학대 범죄, 「형법」 제245조에 따른 공연음란 및 「성폭력범죄의 처벌 등에 관한 특례법」 제11조에 따른 공중밀집 장소에서의 추행 행위에 관한 범죄는 자치경찰사무에 포함된다.

④ 지역 내 주민의 생활안전 활동에 관한 사무, 지역 내 교통활동에 관한 사무, 지역 내 다중운집 행사 관련 혼잡 교통 및 안전 관리의 자치경찰사무에 관한 구체적인 사항 및 범위 등은 대통령령으로 정하는 기준에 따라 시·도조례로 정한다.

해설 〈보기〉 ③은 자치경찰사무에 해당하는 수사사무에 대한 설명이다. 자치경찰사무에 해당하는 수사에는 「성폭력범죄의 처벌 등에 관한 특례법」 제11조에 따른 공중밀집 장소에서의 추행행위에 관한 범죄가 아닌 제12조에 따른 성적 목적을 위한 다중이용장소 침입행위에 관한 범죄가 해당한다.

제4조(경찰의 사무) ① 경찰의 사무는 다음 각 호와 같이 구분한다.

1. **국가경찰사무**: 제3조에서 정한 경찰의 임무를 수행하기 위한 사무. 다만, 제2호의 자치경찰사무는 제외한다.

2. **자치경찰사무**: 제3조에서 정한 경찰의 임무 범위에서 관할 지역의 생활안전 · 교통 · 경비 · 수사 등에 관한 다음 각 목의 사무

    가. 지역 내 주민의 생활안전 활동에 관한 사무
        1) 생활안전을 위한 순찰 및 시설의 운영
        2) 주민참여 방범활동의 지원 및 지도
        3) 안전사고 및 재해 · 재난 시 긴급구조지원
        4) 아동 · 청소년 · 노인 · 여성 · 장애인 등 사회적 보호가 필요한 사람에 대한 보호 업무 및 가정폭력 · 학교폭력 · 성폭력 등의 예방
        5) 주민의 일상생활과 관련된 사회질서의 유지 및 그 위반행위의 지도 · 단속. 다만, 지방자치단체 등 다른 행정청의 사무는 제외한다.
        6) 그 밖에 지역주민의 생활안전에 관한 사무

    나. 지역 내 교통활동에 관한 사무
        1) 교통법규 위반에 대한 지도 · 단속
        2) 교통안전시설 및 무인 교통단속용 장비의 심의 · 설치 · 관리
        3) 교통안전에 대한 교육 및 홍보
        4) 주민참여 지역 교통활동의 지원 및 지도
        5) 통행 허가, 어린이 통학버스의 신고, 긴급자동차의 지정 신청 등 각종 허가 및 신고에 관한 사무
        6) 그 밖에 지역 내의 교통안전 및 소통에 관한 사무

    다. 지역 내 다중운집 행사 관련 혼잡 교통 및 안전 관리

    라. 다음의 어느 하나에 해당하는 수사사무
        1) 학교폭력 등 소년범죄
        2) 가정폭력, 아동학대 범죄
        3) 교통사고 및 교통 관련 범죄
        4) 「형법」 제245조에 따른 공연음란 및 「성폭력범죄의 처벌 등에 관한 특례법」 제12조에 따른 성적 목적을 위한 다중이용장소 침입행위에 관한 범죄
        5) 경범죄 및 기초질서 관련 범죄
        6) 가출인 및 「실종아동등의 보호 및 지원에 관한 법률」 제2조제2호에 따른 실종아동등 관련 수색 및 범죄

정답 1. ④ 2. ③

03 「국가경찰과 자치경찰의 조직 및 운영에 관한 법률」상 국가 경찰위원회와 시·도자치경찰위원회에 공통적으로 적용되는 규정 중 가장 적절한 것은?

① 위원장 및 1명의 위원은 상임위원으로 하고 나머지 5명의 위원은 비상임으로 한다.
② 경찰의 직에서 퇴직한 날로부터 3년이 지나지 아니한 사람은 위원이 될 수 없다.
③ 위원 2명이 회의를 요구하는 경우 임시회의를 개최할 수 있다.
④ 보궐위원은 전임자의 남은 임기가 1년 미만인 경우 한 차례에 한해서 연임할 수 있다.

해설

제7조(국가경찰위원회의 설치) ① 국가경찰행정에 관하여 제10조제1항 각 호의 사항을 심의·의결하기 위하여 행정안전부에 국가경찰위원회를 둔다.
　② 국가경찰위원회는 위원장 1명을 포함한 7명의 위원으로 구성하되, 위원장 및 5명의 위원은 비상임으로 하고, 1명의 위원은 상임으로 한다.
　③ 제2항에 따른 위원 중 상임위원은 정무직으로 한다.

제8조(국가경찰위원회 위원의 임명 및 결격사유 등) ① 위원은 행정안전부장관의 제청으로 국무총리를 거쳐 대통령이 임명한다.
　② 행정안전부장관은 위원 임명을 제청할 때 경찰의 정치적 중립이 보장되도록 하여야 한다.
　③ 위원 중 2명은 법관의 자격이 있는 사람이어야 한다.
　④ 위원은 특정 성(性)이 10분의 6을 초과하지 아니하도록 노력하여야 한다.
　⑤ 다음 각 호의 어느 하나에 해당하는 사람은 위원이 될 수 없으며, 위원이 다음 각 호의 어느 하나에 해당하는 경우에는 당연퇴직한다.
　　1. 정당의 당원이거나 당적을 이탈한 날부터 3년이 지나지 아니한 사람
　　2. 선거에 의하여 취임하는 공직에 있거나 그 공직에서 퇴직한 날부터 3년이 지나지 아니한 사람
　　3. 경찰, 검찰, 국가정보원 직원 또는 군인의 직에 있거나 그 직에서 퇴직한 날부터 3년이 지나지 아니한 사람
　　4. 「국가공무원법」 제33조 각 호의 어느 하나에 해당하는 사람. 다만, 「국가공무원법」 제33조제2호 및 제5호에 해당하는 경우에는 같은 법 제69조제1호 단서에 따른다.
　⑥ 위원에 대해서는 「국가공무원법」 제60조 및 제65조를 준용한다.

제9조(국가경찰위원회 위원의 임기 및 신분보장) ① 위원의 임기는 3년으로 하며, 연임(連任)할 수 없다. 이 경우 보궐위원의 임기는 전임자 임기의 남은 기간으로 한다.
　② 위원은 중대한 신체상 또는 정신상의 장애로 직무를 수행할 수 없게 된 경우를 제외하고는 그 의사에 반하여 면직되지 아니한다.

제11조(국가경찰위원회의 운영 등) ① 국가경찰위원회의 사무는 경찰청에서 수행한다.
　② 국가경찰위원회의 회의는 재적위원 과반수의 출석과 출석위원 과반수의 찬성으로 의결한다.
　③ 이 법에 규정된 것 외에 국가경찰위원회의 운영 및 제10조제1항 각 호에 따른 심의·의결 사항의 구체적 범위, 재의 요구 등에 필요한 사항은 대통령령으로 정한다.

제26조(시·도자치경찰위원회의 운영 등) ① 시·도자치경찰위원회의 회의는 정기적으로 개최하여야 한다. 다만 위원장이 필요하다고 인정하는 경우, 위원 2명 이상이 요구하는 경우 및 시·도지사가 필요하다고 인정하는 경우에는 임시회의를 개최할 수 있다.

국가경찰위원회 규정 제7조(회의) ① 위원회의 회의는 정기회의와 임시회의로 구분한다.
　② 정기회의는 특별한 사유가 있는 경우를 제외하고는 매월 2회 위원장이 소집한다.
　③ 위원장은 필요한 경우 임시회의를 소집할 수 있으며, 위원 3인이상과 행정안전부장관 또는 경찰청장은 위원장에게 임시회의의 소집을 요구할 수 있다.

04 경찰재량에 관한 설명 중 가장 적절하지 <u>않은</u> 것은? (다툼이 있는 경우 판례에 의함)

① 「도로교통법」상 교통단속임무를 수행하는 경찰공무원을 폭행한 사람의 운전면허를 취소하는 것은 행정청이 재량여지가 없으므로 재량권의 일탈 남용과는 관련이 없다.

② 재량을 선택재량과 결정재량으로 나눌 경우, 경찰공무원의 비위에 대해 징계처분을 하는 결정과 그 공무원의 건강 등 제반사정을 고려하여 징계처분을 하지 않는 결정 사이에서 선택권을 갖는 것을 결정재량이라 한다.

③ 재량의 일탈 남용뿐만 아니라 단순히 재량권 행사에서 합리성을 결하는 등 재량을 그르친 경우에도 행정심판의 대상이 된다.

④ 재량권의 일탈이란 재량권의 내적 한계(재량권이 부여된 내재적 목적)를 벗어난 것을 말하며, 재량권의 남용이란 재량권의 외적 한계(법적 객관적 한계)를 벗어난 것을 의미한다.

해설

〈보기〉 ④ 재량권의 일탈이란 재량권의 **외적 한계**(법적·객관적 한계)를 벗어난 것을 말하며 재량권의 남용이란 재량권의 **내적 한계**(재량권이 부여된 내재적 목적)를 벗어난 것을 의미한다.

〈보기〉 ① 〈참고 판례〉

대법원 2004. 11. 12. 선고 2003두12042 판결

【판결요지】

도로교통법 제78조 제1항 단서 제8호의 규정에 의하면, 술에 취한 상태에 있다고 인정할 만한 상당한 이유가 있음에도 불구하고 **경찰공무원의 측정에 응하지 아니한 때에는 필요적으로 운전면허를 취소하도록** 되어 있어 처분청이 그 취소 여부를 선택할 수 있는 재량의 여지가 없음이 그 법문상 명백하므로, 위 법조의 요건에 해당하였음을 이유로 한 운전면허취소처분에 있어서 **재량권의 일탈 또는 남용의 문제는 생길 수 없다.**

도로교통법 제93조(운전면허의 취소·정지) ① 시·도경찰청장은 운전면허(연습운전면허는 제외한다)를 받은 사람이 다음 각 호의 어느 하나에 해당하면 행정안전부령으로 정하는 기준에 따라 운전면허(운전자가 받은 모든 범위의 운전면허를 포함한다)를 취소하거나 1년 이내의 범위에서 운전면허의 효력을 정지시킬 수 있다. 다만, 제2호, 제3호, 제7호, 제8호, 제8호의2, 제9호(정기 적성검사 기간이 지난 경우는 제외한다), **제14호, 제16호, 제17호, 제20호의 규정에 해당하는 경우에는 운전면허를 취소하여야** 하고(제8호의2에 해당하는 경우 취소하여야 하는 운전면허의 범위는 운전자가 거짓이나 그 밖의 부정한 수단으로 받은 그 운전면허로 한정한다), 제18호의 규정에 해당하는 경우에는 정당한 사유가 없으면 관계 행정기관의 장의 요청에 따라 운전면허를 취소하거나 1년 이내의 범위에서 정지하여야 한다.

　3. 제44조제2항 후단을 위반하여 술에 취한 상태에 있다고 인정할 만한 상당한 이유가 있음에도 불구하고 경찰공무원의 측정에 응하지 아니한 경우

　14. 이 법에 따른 교통단속 임무를 수행하는 경찰공무원등 및 시·군공무원을 폭행한 경우

05 「공직자의 이해충돌 방지법」과 「부정청탁 및 금품등 수수의 금지에 관한 법률」에 관한 설명 중 가장 적절한 것은?

① 「공직자의 이해충돌 방지법」상 부동산을 직접 또는 간접으로 취급하는 대통령령으로 정한 공공기관의 공직자가 소속 공공기관의 업무와 관련된 부동산을 보유하고 있거나 매수하는 경우 소속기관장에게 그 사실을 구두 또는 서면으로 신고하여야 한다.

② 「부정청탁 및 금품등 수수의 금지에 관한 법률」상 '공직자등'이 부정청탁을 받았을 때에는 부정청탁을 한 자에게 부정청탁임을 알리고 이를 거절하는 의사를 명확히 표시하여야 하며, 이러한 조치를 하였음에도 불구하고 동일한 부정청탁을 다시 받은 경우에는 이를 소속기관장에게 구두 또 는 서면(전자서면을 포함)으로 신고하여야 한다.

③ 「부정청탁 및 금품등 수수의 금지에 관한 법률」에 따르면 ○○경찰서 소속 경찰관 甲이 모교에서 자신의 직무와 관련된 강의를 요청받아 1시간 동안 강의를 하고 50만원의 사례금을 받았다면 대통령령이 정하는 바에 따라 소속기관장에게 신고하고 그 초과금액을 소속기관장에게 지체없이 반환하여야 한다.

④ 「부정청탁 및 금품등 수수의 금지에 관한 법률」상 「국가공무원법」 또는 「지방공무원법」에 따른 공무원과 그 밖에 다른 법률에 따라 그 자격 임용 교육 훈련 복무 보수 신분보장 등에 있어서 공무원으로 인정된 사람은 '공직자등' 개념에 포함된다.

해설

공직자의 이해충돌 방지법 제1조(목적) 이 법은 공직자의 직무수행과 관련한 사적 이익추구를 금지함으로써 공직자의 직무수행 중 발생할 수 있는 이해충돌을 방지하여 공정한 직무수행을 보장하고 공공기관에 대한 국민의 신뢰를 확보하는 것을 목적으로 한다.

공직자의 이해충돌 방지법 제6조(공공기관 직무 관련 부동산 보유·매수 신고) ① 부동산을 **직접적으로** 취급하는 대통령령으로 정하는 공공기관의 공직자는 다음 각 호의 어느 하나에 해당하는 사람이 소속 공공기관의 업무와 관련된 부동산을 보유하고 있거나 매수하는 경우 소속기관장에게 그 사실을 서면으로 신고하여야 한다.

    1. 공직자 자신, 배우자
    2. 공직자와 생계를 같이하는 직계존속·비속
       (배우자의 직계존속·비속으로 생계를 같이하는 경우를 포함한다)

부정청탁 및 금품등 수수의 금지에 관한 법률 제7조(부정청탁의 신고 및 처리) ① 공직자등은 부정청탁을 받았을 때에는 부정청탁을 한 자에게 부정청탁임을 알리고 이를 거절하는 의사를 명확히 표시하여야 한다. ② 공직자등은 제1항에 따른 조치를 하였음에도 불구하고 동일한 부정청탁을 다시 받은 경우에는 이를 소속기관장에게 서면(전자문서를 포함한다.)으로 신고하여야 한다.

부정청탁 및 금품등 수수의 금지에 관한 법률 제10조(외부강의등의 사례금 수수 제한) ① 공직자등은 자신의 직무와 관련되거나 그 지위·직책 등에서 유래되는 사실상의 영향력을 통하여 요청받은 교육·홍보·토론회·세미나·공청회 또는 그 밖의 회의 등에서 한 강의·강연·기고 등("외부강의등")의 대가로서 대통령령으로 정하는 금액을 초과하는 사례금을 받아서는 아니 된다.

② 공직자등은 사례금을 받는 외부강의등을 할 때에는 대통령령으로 정하는 바에 따라 외부강의등의 요청 명세 등을 소속기관장에게 그 외부강의등을 마친 날부터 10일 이내에 서면으로 신고하여야 한다. 다만, 외부강의등을 요청한 자가 국가나 지방자치단체인 경우에는 그러하지 아니하다.

④ 소속기관장은 제2항에 따라 공직자등이 신고한 외부강의등이 공정한 직무수행을 저해할 수 있다고 판단하는 경우에는 그 공직자등의 외부강의등을 제한할 수 있다.

⑤ 공직자등은 제1항에 따른 금액을 초과하는 사례금을 받은 경우에는 대통령령으로 정하는 바에 따라 소속기관장에게 신고하고, **제공자에게** 그 초과금액을 지체 없이 반환하여야 한다.

부정청탁 및 금품등 수수의 금지에 관한 법률 제2조(정의)   이 법에서 사용하는 용어의 뜻은 다음과 같다.

1. "공공기관"이란 다음 각 목의 어느 하나에 해당하는 기관·단체를 말한다.

　가. 국회, 법원, 헌법재판소, 선거관리위원회, 감사원, 국가인권위원회, 고위공직자범죄수사처, 중앙행정기관(대통령 소속 기관과 국무총리 소속 기관을 포함한다)과 그 소속 기관 및 지방자치단체

　나. 「공직자윤리법」 제3조의2에 따른 공직유관단체

　다. 「공공기관의 운영에 관한 법률」 제4조에 따른 기관

　라. 「초·중등교육법」, 「고등교육법」, 「유아교육법」 및 그 밖의 다른 법령에 따라 설치된 각급 학교 및 「사립학교법」에 따른 학교법인

　마. 「언론중재 및 피해구제 등에 관한 법률」 제2조제12호에 따른 언론사

2. "**공직자등**"이란 다음 각 목의 어느 하나에 해당하는 공직자 또는 공적 업무 종사자를 말한다.

　가. 「**국가공무원법**」 또는 「**지방공무원법**」**에 따른 공무원**과 그 밖에 다른 법률에 따라 그 자격·임용·교육훈련·복무·보수·신분보장 등에 있어서 **공무원으로 인정된 사람**

　나. 제1호나목 및 다목에 따른 공직유관단체 및 기관의 장과 그 임직원

　다. 제1호라목에 따른 각급 학교의 장과 교직원 및 학교법인의 임직원

　라. 제1호마목에 따른 언론사의 대표자와 그 임직원

3. "금품등"이란 다음 각 목의 어느 하나에 해당하는 것을 말한다.

　가. 금전, 유가증권, 부동산, 물품, 숙박권, 회원권, 입장권, 할인권, 초대권, 관람권, 부동산 등의 사용권 등 일체의 재산적 이익

　나. 음식물·주류·골프 등의 접대·향응 또는 교통·숙박 등의 편의 제공

　다. 채무 면제, 취업 제공, 이권(利權) 부여 등 그 밖의 유형·무형의 경제적 이익

정답 5. ④

06 다음은 경찰활동의 기본이념과 관련된 법적 근거를 제시한 것이다. 이와 관련하여 〈보기 1〉과 〈보기 2〉의 내용이 가장 적절하게 연결된 것은?

〈보기 1〉

(가) 헌법 제1조 제2항에서는 "대한민국 주권은 국민에게 있고, 모든 권력은 국민으로부터 나온다"라고 규정하고 있다.

(나) 헌법 제37조 제1항에서는 "국민의 자유와 권리는 헌법에 열거되지 아니한 이유로 경시되지 아니한다"라고 규정하고 있다.

(다) 「국가공무원법」 제65조 제1항에서는 "공무원은 정당이나 그 밖의 정치단체의 결성에 관여하거나 이에 가입할 수 없다"라고 규정하고 있다.

〈보기 2〉

㉠ 인권존중주의   ㉡ 민주주의   ㉢ 법치주의   ㉣ 정치적 중립주의

---

① (가) ㉡, (나) ㉣, (다) ㉠   ② (가) ㉢, (나) ㉡, (다) ㉣
③ (가) ㉡, (나) ㉠, (다) ㉣   ④ (가) ㉢, (나) ㉠, (다) ㉣

해설

〈보기〉 (가) 헌법 제1조 제2항에 "대한민국 주권은 국민에게 있고, 모든 권력은 국민으로부터 나온다"라고 규정되어 있다. 경찰의 존립과 안녕을 보호할 책임을 지며, 경찰권력이 국민으로부터 나온다는 것을 의미한다. 경찰의 기본이념 중 민주주의와 관련이 있다.

〈보기〉 (나) 헌법 제37조 제1항에 "국민의 자유와 권리는 헌법에 열거되지 아니한 이유로 경시되지 아니한다"라고 규정되어 있다. 이 규정은 경찰의 기본이념 중 인권존중주의와 관련이 있다.

〈보기〉 (다) 「국가공무원법」 제65조 제1항에 "공무원은 정당이나 그 밖의 정치단체의 결성에 관여하거나 이에 가입할 수 없다"라고 규정하고 있다. 이 규정은 경찰의 기본이념 중 정치적 중립주의와 관련이 있다.

07 다음은 경찰의 부정부패 이론(가설)에 관한 설명이다. 주장한 학자와 이론이 가장 적절하게 연결된 것은?

> ㉠ 부패의 사회화를 통하여 신임경찰이 기존의 부패한 경찰에게 물들게 된다는 것으로 부패의 원인을 개인적 결함이 아닌 조직의 체계적 원인으로 보고 있다.
> ㉡ 시카고 경찰의 부패 원인 중 하나로 '시카고 시민이 경찰을 부패시켰다'라는 주장이 거론된 것처럼 시민사회가 경찰관의 부패를 묵인하거나 용인할 때 경찰관이 부패 행위에 빠져들게 된다.

① ㉠ 델라트르(Delattre) – 미끄러지기 쉬운 경사로 이론
　㉡ 니더호퍼(Neiderhoffer), 로벅(Roebuck), 바커(Barker) – 구조원인가설
② ㉠ 셔먼(Sherman) – 구조원인가설
　㉡ 델라트르(Delattre) – 미끄러지기 쉬운 경사로 이론
③ ㉠ 니더호퍼(Neiderhoffer), 로벅(Roebuck), 바커(Barker) – 구조원인가설
　㉡ 윌슨(Wilson) – 전체사회가설
④ ㉠ 윌슨(Wilson) – 전체사회가설
　㉡ 펠드버그(Feldberg) – 구조원인가설

해설
〈보기〉㉠ 구조원인가설은 바커(Barker), 로벅(Roebuck), 니더호퍼 등이 주장하였다. 부패의 사회화를 통하여 신임경찰이 기존의 부패한 경찰에게 물들게 된다는 것으로 부패의 원인을 개인적 결함이 아닌 조직의 체계적 원인으로 보았다.
〈보기〉㉡ 전체사회가설이며 윌슨이 주장하였다(Wilson). 경찰의 부정부패의 원인은 시민에게 있으며, 시민이 경찰을 부패시켰다고 주장하여 시민사회의 부패가 경찰의 부패 원인이라고 보았다.

08 환경설계를 통한 범죄예방(CPTED)에 관한 설명이다. 이에 관한 ㉠부터 ㉣까지의 설명 중 옳고 그름의 표시(○, ×)가 모두 바르게 된 것은?

> ㉠ 건축물이나 시설물의 설계 시 가시권의 최대 확보, 외부침입에 대한 감시기능을 확대하여 범죄행위의 발견 가능성은 증가 시키고 범죄기회는 감소시킬 수 있다는 원리를 자연적 감시 라고 하며, 이에 대한 종류로는 조명, 조경, 가시권 확대를 위한 건물의 배치 등이 있다.
>
> ㉡ 지역사회의 설계 시 주민들이 모여서 상호의견을 교환하고 유대감을 증대할 수 있는 공공장소를 설치하고 이용하도록 함으로써 '거리의 눈'을 활용한 자연적 감시와 접근통제의 기능을 확대하는 원리를 활동의 활성화(활용성의 증대)라고 하며, 이에 대한 종류로는 놀이터 공원의 설치, 벤치 정자의 위치 및 활용성에 대한 설계, 통행로의 설계 등이 있다.
>
> ㉢ 사적 공간에 대한 경계를 표시하여 주민들의 책임의식과 소유의식을 증대함으로써 사적 공간에 대한 관리권과 권리를 강화시키고, 외부인들에게는 침입에 대한 불법사실을 인식시켜 범죄기회를 차단하는 원리를 자연적 접근통제라고 하며, 이에 대한 종류로는 방범창, 출입구의 최소화 등이 있다.
>
> ㉣ 처음 설계된 대로 혹은 개선한 의도대로 기능을 지속적으로 유지하도록 관리함으로써 범죄예방을 위한 환경설계의 장기적 이고 지속적인 효과를 유지하는 원리를 유지관리라고 하며, 이에 대한 종류로는 청결유지, 파손의 즉시보수, 조명의 관리 등이 있다.

① ㉠ (○), ㉡ (×), ㉢ (×), ㉣ (○)　　② ㉠ (○), ㉡ (○), ㉢ (×), ㉣ (○)
③ ㉠ (×), ㉡ (×), ㉢ (○), ㉣ (○)　　④ ㉠ (○), ㉡ (○), ㉢ (○), ㉣ (×)

해설

〈보기〉 ㉡ 지역사회의 설계 시 주민들이 모여서 상호의견을 교환하고 유대감을 증대할 수 있는 공공장소를 설치하고 이용하도록 함으로써 '거리의 눈'을 활용한 자연적 감시와 접근통제의 기능을 확대하는 원리를 활동의 활성화(활용성의 증대)라고 하며, 이에 대한 종류로는 놀이터 공원의 설치, 벤치 정자의 위치 및 활용성에 대한 설계 등이 있다. 통행로의 설계는 자연적 접근통제의 종류에 해당된다.

〈보기〉 ㉢ 사적 공간에 대한 경계를 표시하여 주민들의 책임의식과 소유의식을 증대함으로써 사적 공간에 대한 관리권과 권리를 강화시키고, 외부인들에게는 침입에 대한 불법사실을 인식시켜 범죄기회를 차단하는 원리를 영역성 강화라고 한다. 방범창, 출입구의 최소화 등은 자연적 접근 통제에 해당한다.

09 다음 사례에서 나타나는 전문직업인으로서 경찰의 윤리적 문제점으로 가장 적절한 것은?

> ○○경찰서 경비과 소속 경찰관 甲은 집회 현장에서 시위대가 질서유지선을 침범해 경찰관을 폭행하자 교통, 정보, 생활안전 등 다른 전체적인 분야에 대한 고려 없이 경비분야만 생각하고 검거 결정을 하였다.

① 부권주의
② 소외
③ 차별
④ 사적 이익을 위한 이용

해설
① 부권주의 – 아버지가 자식의 문제를 권위적, 일방적으로 결정하듯이 전문가가 우월한 지식과 지위를 이용하여 상대방의 입장에 대한 고려 없이 일방적으로 결정하는 것을 말한다(최응렬·하상군 외, p.48).
② 소외 – 나무는 보지만 숲을 보지 못하듯이 전문가가 자신의 국지적인 분야만 보고 전체적인 맥락을 보지 못하는 것이다. 경찰이 전문가적 위치에서 일방적인 결정을 할 수 있지만 그 결정은 다른 분야에 대한 고려 없이 오로지 자신의 국지적인 분야만을 고려해서 결정을 내리는 것을 말한다.
③ 차별 – 입직요건으로 고학력을 요구하는 경우 전문직이 되는데 장기간의 교육과 비용이 들어 경제적·사회적 약자 등의 공직기관으로서의 진출과 기회를 차단 당하면서 발생하는 문제이다.
④ 사적 이익을 위한 이용 – 전문직 종사자는 그들의 지식과 기술을 이용하여 상당한 사회적 힘을 소유하거나 이러한 힘을 공익보다는 사적인 이익을 위해서만 이용하기 때문에 발생하는 문제이다.

10 우리나라 경찰의 역사에 관한 설명 중 가장 적절하지 <u>않은</u> 것은?

① 고려시대 중앙에는 형부, 병부, 어사대, 금오위 등이 경찰업무를 수행하였고, 이 중 어사대는 관리의 비리를 규탄하고 풍속교정을 담당하는 등 풍속경찰의 임무를 수행하였다.
② 이준규 서장은 보도연맹원들에 대한 총살명령이 내려오자 480명의 예비 검속자 앞에서 "내가 죽더라도 방면하겠으니 국가를 위해 충성해 달라"라는 연설 후 전원 방면하였다.
③ 정부수립 이후 1991년 이전 경찰의 특징을 살펴보면, 전투경찰 업무가 경찰의 업무 범위에 추가되었고 소방업무가 경찰의 업무 범위에서 배제되는 등 경찰활동의 영역에 변화가 있었다.
④ 구 「경찰법」이 「국가경찰과 자치경찰의 조직 및 운영에 관한 법률」로 개정됨에 따라 자치경찰사무를 관장하게 하기 위하여 특별시장, 광역시장, 특별자치시장, 도지사, 특별자치도지사 소속으로 시·도자치경찰위원회를 두었다.

해설
〈보기〉② 안종삼 서장 – 1950년 7월 24일 안종삼 서장(구례경찰서)은 보도연맹원들에 대한 총살명령이 내려오자 480명의 예비검속자 앞에서 "내가 죽더라도 방면하겠으니 국가를 위해 충성을 해 달라."는 연설 후 전원 방면하였다.

11 행정법의 일반원칙에 관한 설명 중 가장 적절하지 **않은** 것은? (다툼이 있는 경우 판례에 의함)

① 폐기물처리업에 대하여 사전에 관할 관청으로부터 적정통보를 받고 막대한 비용을 들여 허가요건을 갖춘 다음 허가신청을 하였음에도 관할 관청으로부터 '다수 청소업자의 난립으로 안정적이고 효율적인 청소업무의 수행에 지장이 있다'는 이유로 불허가처분을 받은 경우, 그 처분은 신뢰보호원칙 위반으로 인한 위법한 처분에 해당된다.

② 지방자치단체장이 사업자에게 주택사업계획승인을 하면서 그 주택사업과는 아무런 관련이 없는 토지를 기부채납하도록 하는 부관을 주택사업계획승인에 붙인 경우, 그 부관은 부당 결부금지 원칙에 위반되어 위법하다.

③ 같은 정도의 비위를 저지른 자들 사이에 있어서도 그 직무의 특성, 비위의 성격 및 정도를 고려하여 징계종류의 선택과 양정을 차별적으로 취급하는 것은 합리적 차별로서 평등원칙에 반하지 아니한다.

④ 적법 및 위법을 불문하고 재량준칙에 따른 행정관행이 성립한 경우라면, 행정의 자기구속 원칙이 적용될 수 있다.

> **해설**

〈보기〉 ① 대법원 1998. 5. 8. 선고 98두4061 판결

[1] 일반적으로 행정상의 **법률관계 있어서** 행정청의 행위에 대하여 신뢰보호의 원칙이 적용되기 위하여는, ① 행정청이 개인에 대하여 신뢰의 대상이 되는 공적인 견해표명을 하여야 하고, ② 행정청의 견해표명이 정당하다고 신뢰한 데에 대하여 그 개인에게 귀책사유가 없어야 하며, ③ 그 개인이 그 견해표명을 신뢰하고 이에 어떠한 행위를 하였어야 하고, ④ 행정청이 위 견해표명에 반하는 처분을 함으로써 그 견해표명을 신뢰한 개인의 이익이 침해되는 결과가 초래되어야 하며, 어떠한 행정처분이 이러한 요건을 충족할 때에는, 공익 또는 제3자의 정당한 이익을 현저히 해할 우려가 있는 경우가 아닌 한, **신뢰보호의 원칙에 반하는 행위로서 위법하게 된다.**

[2] 폐기물처리업에 대하여 사전에 관할 관청으로부터 적정통보를 받고 막대한 비용을 들여 허가요건을 갖춘 다음 허가신청을 하였음에도 다수 청소업자의 난립으로 안정적이고 효율적인 청소업무의 수행에 지장이 있다는 이유로 한 불허가처분이 신뢰보호의 원칙 및 비례의 원칙에 반하는 것으로서 재량권을 남용한 위법한 처분이라고 본 사례.

〈보기〉 ② 대법원 1997. 3. 11. 선고 96다49650 판결

[2] 수익적 행정행위에 있어서는 법령에 특별한 근거규정이 없다고 하더라도 그 부관으로서 부담을 붙일 수 있으나, 그러한 부담은 비례의 원칙, 부당결부금지의 원칙에 위반되지 않아야만 적법하다.

[3] 지방자치단체장이 사업자에게 주택사업계획승인을 하면서 그 주택사업과는 아무런 관련이 없는 토지를 기부채납하도록 하는 부관을 주택사업계획승인에 붙인 경우, **그 부관은 부당결부금지의 원칙에 위반되어 위법하지만,** 지방자치단체장이 승인한 사업자의 주택사업계획은 상당히 큰 규모의 사업임에 반하여, 사업자가 기부채납한 토지 가액은 그 100분의 1 상당의 금액에 불과한 데다가, 사업자가 그 동안 그 부관에 대하여 아무런 이의를 제기하지 아니하다가 지방자치단체장이 업무착오로 기부채납한 토지에 대하여 보상협조요청서를 보내자 그 때서야 비로소 부관의 하자를 들고 나온 사정에 비추어 볼 때 부관의 하자가 중대하고 명백하여 당연무효라고는 볼 수 없다고 한 사례.

〈보기〉 ④ 대법원 2014. 11. 27. 선고 2013두18964 판결

[1] 다만 그 재량준칙이 정한 바에 따라 되풀이 시행되어 행정관행이 이루어지게 되면 **평등의 원칙이나 신뢰보호의 원칙에 따라** 행정청은 상대방에 대한 관계에서 그 규칙에 따라야 할 **자기구속**을 받게 되므로, 이러한 경우에는 특별한 사정이 없는 한 그에 반하는 처분은 평등의 원칙이나 신뢰보호의 원칙에 어긋나 **재량권을 일탈·남용한 위법한 처분**이 된다.

12 경찰공무원 관련 법령에 따를 때, 다음 설명 중 가장 적절한 것은?

① ○○경찰서 소속 지구대장 경감 甲과 동일한 지구대 소속 순경 乙이 관련된 징계등 사건(甲의 감독상 과실책임만으로 관련된 경우, 관련자에 대한 징계등 사건을 분리하여 심의 의결하는 것이 타당하다고 인정되는 경우는 제외)은 ○○경찰서에 설치된 징계 위원회에서 심의 의결한다.

② 경찰공무원 임용 당시 임용결격사유가 있었더라도 국가의 과실에 의해 임용결격자임을 밝혀내지 못했다면, 그 임용행위는 당연무효로 볼 수 없다.

③ 국가경찰사무를 담당하는 ○○경찰서 소속 경사 丙에 대한 정직처분은 소속기관장인 ○○경찰서장이 행하지만, 그 처분에 대한 행정소송의 피고는 경찰청장이다.

④ 징계의결이 요구된 경정 丁에게 국무총리 표창을 받은 공적이 있는 경우에 징계위원회는 징계를 감경할 수 있지만, 그 표창이 丁에게 수여된 표창이 아니라 丁이 속한 ○○경찰서에 수여된 단체표창이라면 감경할 수 없다.

해설

〈보기〉 ① ○○경찰서 소속 지구대장 경감 甲과 동일한 지구대 소속 순경 乙이 관련된 징계등 사건(甲의 감독상 과실책임만으로 관련된 경우, 관련자에 대한 징계등 사건을 분리하여 심의·의결하는 것이 타당하다고 인정되는 경우는 제외)은 소속 **시·도경찰청**에 설치된 징계 위원회에서 심의 의결한다.

경찰공무원법 제32조(징계위원회) ① 경무관 이상의 경찰공무원에 대한 징계의결은 「국가공무원법」에 따라 국무총리 소속으로 설치된 징계위원회에서 한다.

② 총경 이하의 경찰공무원에 대한 징계의결을 하기 위하여 대통령령으로 정하는 경찰기관 및 해양경찰관서에 경찰공무원 징계위원회를 둔다.

경찰공무원 징계령 제3조(징계위원회의 종류 및 설치) ② 중앙징계위원회는 경찰청 및 해양경찰청에 두고, **보통징계위원회**는 경찰청, 해양경찰청, **시·도경찰청**, 지방해양경찰청, 경찰대학, 경찰인재개발원, 중앙경찰학교, 경찰수사연수원, 해양경찰교육원, 경찰병원, **경찰서**, 경찰기동대, 의무경찰대, 해양경찰서, 해양경찰정비창, 경비함정 및 경찰청장 또는 해양경찰청장이 지정하는 경감 이상의 경찰공무원을 장으로 하는 기관("경찰기관")에 둔다.

제4조(징계위원회의 관할) ② 보통징계위원회는 해당 징계위원회가 설치된 경찰기관 소속 경감 이하 경찰공무원에 대한 징계등 사건을 심의·의결한다. 다만, 다음 각 호의 기관에 설치된 보통징계위원회는 각 호의 구분에 따른 경찰공무원에 대한 징계등 사건을 심의·의결한다.

    1. **경정 이상의 경찰공무원을 장으로 하는 경찰서**, 경찰기동대·해양경찰서 등 총경 이상의 경찰공무원을 장으로 하는 경찰기관 및 정비창: **소속 경위 이하의 경찰공무원**

④ 제2항 단서 또는 제6조제2항 단서에 따라 해당 **보통징계위원회의 징계 관할에서 제외되는 경찰공무원**의 징계등 사건은 바로 위 상급 경찰기관에 설치된 보통징계위원회에서 심의·의결한다.

제5조(관련 사건의 관할) ① 상위 계급과 하위 계급의 경찰공무원이 관련된 징계등 사건은 제4조에도 불구하고 상위 계급의 경찰공무원을 관할하는 징계위원회에서 심의·의결하고, 상급 경찰기관과 하급 경찰기관에 소속된 경찰공무원이 관련된 징계등 사건은 상급 경찰기관에 설치된 징계위원회에서 심의·의결한다. 다만, 상위 계급의 경찰공무원이 감독상 과실책임만으로 관련된 경우에는 제4조에 따른 관할 징계위원회에서 각각 심의·의결할 수 있다.

④ 제1항과 제2항에 따른 관할 징계위원회는 제1항과 제2항에도 불구하고 관련자에 대한 징계등 사건을 분리하여 심의·의결하는 것이 타당하다고 인정되는 경우에는 해당 징계위원회의 의결로 관련자에 대한 징계등 사건을 제4조에 따른 관할 징계위원회로 이송할 수 있다.

〈보기〉② 〈참고 판례〉

대법원 2019. 2. 14. 선고 2017두62587 판결

【판결요지】 임용 당시 구 군인사법 제10조 제2항 제5호 에 따른 임용결격사유가 있는데도 장교·준사관
또는 하사관으로 임용된 경우 그러한 임용행위는 당연무효가 된다.

대법원 2005. 7. 28. 선고 2003두469 판결

【판결요지】 경찰공무원법에 규정되어 있는 경찰관임용 결격사유는 경찰관으로 임용되기 위한 절대적인 소
극적 요건으로서 임용 당시 경찰관임용 결격사유가 있었다면 비록 임용권자의 과실에 의하여 임용결격자
임을 밝혀내지 못하였다 하더라도 그 임용행위는 당연무효로 보아야 한다.

대법원 1987. 4. 14. 선고 86누459 판결

【판결요지】 임용당시 공무원임용결격사유가 있었다면 비록 국가의 과실에 의하여 임용결격자임을 밝혀내
지 못하였다 하더라도 그 임용행위는 당연무효로 보아야 한다.

〈보기〉③ 국가경찰사무를 담당하는 ○○경찰서 소속 경사 丙에 대한 정직처분은 **임용권자인 경찰청장**(임용
권을 위임한 경우에는 시·도경찰청장)이 **행하지만**, 그 처분에 대한 행정소송의 피고는 경찰청장이다.

경찰공무원법 제33조(징계의 절차) 경찰공무원의 징계는 **징계위원회의 의결을 거쳐 징계위원회가 설치된 소
속 기관의 장이 하되**, 「국가공무원법」에 따라 국무총리 소속으로 설치된 징계위원회에서 의결한 징계는 경
찰청장 또는 해양경찰청장이 한다. 다만, 파면·해임·강등 및 정직은 징계위원회의 의결을 거쳐 해당 경
찰공무원의 임용권자가 하되, 경무관 이상의 강등 및 정직과 경정 이상의 파면 및 해임은 경찰청장 또는
해양경찰청장의 제청으로 행정안전부장관 또는 해양수산부장관과 국무총리를 거쳐 대통령이 하고, 총경 및
경정의 강등 및 정직은 경찰청장 또는 해양경찰청장이 한다.

경찰공무원법 제34조(행정소송의 피고) 징계처분, 휴직처분, 면직처분, 그 밖에 의사에 반하는 불리한 처분
에 대한 **행정소송은 경찰청장** 또는 해양경찰청장을 **피고로 한다.** 다만, 제7조제3항 및 제4항에 따라 임용
권을 위임한 **경우에는** 그 위임을 받은 자를 피고로 한다.

경찰공무원법 제7조(임용권자) ③ **경찰청장**은 대통령령으로 정하는 바에 따라 경찰공무원의 임용에 관한 권
한의 일부를 특별시장·광역시장·도지사·특별자치시장 또는 특별자치도지사("시·도지사"), 국가수사본부
장, 소속 기관의 장, 시·도경찰청장에게 위임할 수 있다. 이 경우 시·도지사는 위임받은 권한의 일부를
대통령령으로 정하는 바에 따라 「국가경찰과 자치경찰의 조직 및 운영에 관한 법률」 제18조에 따른 시·
도자치경찰위원회("시·도자치경찰위원회"), 시·**도경찰청장**에게 다시 **위임할** 수 있다.

경찰공무원 임용령 제4조(임용권의 위임 등) ③ **경찰청장**은 법 제7조제3항 전단에 따라 경찰대학·경찰인
재개발원·중앙경찰학교·경찰수사연수원·경찰병원 및 **시·도경찰청**("소속기관등")의 장에게 그 소속 경
찰공무원 중 경정의 전보·파견·휴직·직위해제 및 복직에 관한 **권한과** 경감 이하의 **임용권을 위임한다.**

〈보기〉④ 징계의결이 요구된 경정 丁에게 국무총리 표창을 받은 공적이 있는 경우에 징계위원회는 징계를
감경할 수 있지만, 그 표창이 丁에게 수여된 표창이 아니라 丁이 속한 ○○경찰서에 수여된 단체표창이라
면 감경할 수 없다.

대법원 2012. 10. 11. 선고 2012두13245 판결

【판결요지】

경찰공무원에 대한 징계위원회의 심의과정에 감경사유에 해당하는 공적 사항이 제시되지 아니한 경우에는
그 징계양정이 결과적으로 적정한지와 상관없이 이는 관계 법령이 정한 징계절차를 지키지 않은 것으로서
위법하다. 다만 징계양정에서 임의적 감경사유가 되는 국무총리 이상의 표창은 징계대상자가 받은 것이어야
함은 관련 법령의 문언상 명백하고, 징계대상자가 위와 같은 표창을 받은 공적을 징계양정의 임의적 감경사
유로 삼은 것은 징계의결이 요구된 사람이 국가 또는 사회에 공헌한 행적을 징계양정에 참작하려는 데 그 취
지가 있으므로 **징계대상자가 아니라 그가 속한 기관이나 단체에 수여된 국무총리 단체표창은 징계대상자에
대한 징계양정의 임의적 감경사유에 해당하지 않는다.**

정답 12. ④

13 경찰공무원 관련 법령에 따를 때, 승진에 관한 설명 중 가장 적절하지 <u>않은</u> 것은? (다툼이 있는 경우 판례에 의함)

① ○○지구대에 근무하는 순경 甲이 승진후보자명부에 등재된 후 경장으로 승진임용되기 전에 정직 3개월의 징계처분을 받아 임용권자가 순경 甲을 승진후보자명부에서 삭제함으로써 순경 甲이 승진임용의 대상에서 제외되었다면, 임용권자의 승진 후보자명부에서의 삭제 행위 그 자체는 행정처분에 해당한다.

② 만 7세인 초등학교 1학년 외동딸을 양육하기 위하여 1년간 휴직한 경사乙의 위 휴직기간 1년은 승진소요 최저근무연수에 포함된다.

③ 통상적인 근무시간보다 짧은 시간을 근무하는 시간선택제전환 경찰공무원 으로경위 계급에서 1년간 근무한 경위 丙의 위 근무기간 1년은 승진소요 최저근무연수에 포함된다.

④ 위법 부당한 처분과 직접적 관계없이 50만 원의 향응을 받아 감봉 1개월의 징계처분을 받은 경감 丁이 그 징계처분을 받은 후 해당 계급에서 경찰청장 표창을 받은 경우(그 외 일체의 포상을 받은 사실 없음)에는 징계처분의 집행이 끝난 날부터 18개월이 지나면 승진임용될 수 있다.

해설

〈보기〉 ① 대법원 1997. 11. 14.선고 97누7325 판결

【판결요지】 구 경찰공무원법(1996. 8. 8. 법률 제5153호로 개정되기 전의 것) 제11조 제2항, 제13조 제1항, 제2항, 경찰공무원승진임용규정 제36조 제1항, 제2항에 의하면, 경정 이하 계급에의 승진에 있어서는 승진심사와 함께 승진시험을 병행할 수 있고, 승진시험에 합격한 자는 시험승진후보자명부에 등재하여 그 등재순위에 따라 승진하도록 되어 있으며, 같은 규정 제36조 제3항 에 의하면 시험승진후보자명부에 등재된 자가 승진임용되기 전에 감봉 이상의 징계처분을 받은 경우에는 임용권자 또는 임용제청권자가 위 징계처분을 받은 자를 시험승진후보자명부에서 삭제하도록 되어 있는바, 이처럼 시험승진후보자명부에 등재되어 있던 자가 그 명부에서 삭제됨으로써 승진임용의 대상에서 제외되었다 하더라도, 그와 같은 **시험승진후보자명부에서의 삭제행위는 결국 그 명부에 등재된 자에 대한 승진 여부를 결정하기 위한 행정청 내부의 준비과정에 불과하고, 그 자체가 어떠한 권리나 의무를 설정하거나 법률상 이익에 직접적인 변동을 초래하는 별도의 행정처분이 된다고 할 수 없다.**

〈보기〉 ②

경찰공무원 승진임용 규정 제5조(승진소요 최저근무연수) ② 휴직 기간, 직위해제 기간, 징계처분 기간 및 제6조제1항제2호에 따른 승진임용 제한기간은 제1항의 기간에 포함하지 않는다. 다만, 다음 각 호의 기간은 제1항의 **기간에 포함한다.**

   1. 「국가공무원법」 제71조에 따른 휴직 기간 중 다음 각 목의 기간

      가. 「공무원 재해보상법」에 따른 공무상 질병 또는 부상으로 인하여 「국가공무원법」 제71조제1항제1호에 따라 휴직한 경우에 그 휴직 기간

      나. 「국가공무원법」 제71조제1항제3호 · 제5호 또는 같은 조 제2항제1호에 따라 휴직한 경우에 그 휴직 기간

      다. 「국가공무원법」 제71조제2항제2호에 따라 휴직한 경우에 그 휴직 기간의 50퍼센트에 해당하는 기간

      라. **「국가공무원법」 제71조제2항제4호에 따라 휴직한 경우에 그 휴직 기간.** 다만, 자녀 1명에 대하여 총 휴직 기간이 1년을 넘는 경우에는 최초의 1년으로 하되, 다음의 어느 하나에 해당하는 경우에는 그 휴직 기간 전부로 한다.

         1) 첫째 자녀에 대하여 부모가 모두 휴직을 하는 경우로서 각 휴직 기간이 「공무원임용령」 제31조제2항제1호다목1)에 따라 인사혁신처장이 정하는 기간 이상인 경우

         2) 둘째 자녀 이후에 대하여 휴직을 하는 경우

국가공무원법 제71조(휴직) ② 임용권자는 공무원이 다음 각 호의 어느 하나에 해당하는 사유로 휴직을 원하면 휴직을 명할 수 있다. 다만, 제4호의 경우에는 대통령령으로 정하는 특별한 사정이 없으면 **휴직을 명하여야 한다.**

   1. 국제기구, 외국 기관, 국내외의 대학 · 연구기관, 다른 국가기관 또는 대통령령으로 정하는 민간기업, 그 밖의 기관에 임시로 채용될 때

   2. 국외 유학을 하게 된 때

   3. 중앙인사관장기관의 장이 지정하는 연구기관이나 교육기관 등에서 연수하게 된 때

   4. **만 8세 이하 또는 초등학교 2학년 이하의 자녀를 양육하기 위하여 필요하거나 여성공무원이 임신 또는 출산하게 된 때**

   5. 조부모, 부모(배우자의 부모를 포함한다), 배우자, 자녀 또는 손자녀를 부양하거나 돌보기 위하여 필요한 경우. 다만, 조부모나 손자녀의 돌봄을 위하여 휴직할 수 있는 경우는 본인 외에 돌볼 사람이 없는 등 대통령령으로 정하는 요건을 갖춘 경우로 한정한다.

   6. 외국에서 근무 · 유학 또는 연수하게 되는 배우자를 동반하게 된 때

   7. 대통령령등으로 정하는 기간 동안 재직한 공무원이 직무 관련 연구과제 수행 또는 자기개발을 위하여 학습 · 연구 등을 하게 된 때

〈보기〉③

경찰공무원 승진임용 규정 제5조(승진소요 최저근무연수) ⑥ 「국가공무원법」 제26조의2 및 「공무원임용령」 제57조의3에 따라 통상적인 근무시간보다 짧은 시간을 근무하는 경찰공무원(이하 "시간선택제전환경찰공무원"이라 한다)의 근무기간은 다음 각 호의 기준에 따라 제1항의 기간에 포함한다.

1. 해당 계급에서 **시간선택제전환경찰공무원으로 근무한 1년 이하의 기간은 그 기간 전부**
2. 해당 계급에서 시간선택제전환경찰공무원으로 근무한 1년을 넘는 기간은 근무시간에 비례한 기간
3. 해당 계급에서 「국가공무원법」 제71조제2항제4호의 사유로 인한 휴직을 대신하여 시간선택제전환경찰공무원으로 지정되어 근무한 기간은 둘째 자녀부터 각각 3년의 범위에서 그 기간 전부

국가공무원법 제26조의2(근무시간의 단축 임용 등) 국가기관의 장은 업무의 특성이나 기관의 사정 등을 고려하여 소속 공무원을 대통령령등으로 정하는 바에 따라 통상적인 근무시간보다 짧게 근무하는 공무원으로 임용 또는 지정할 수 있다.

〈보기〉④

경찰공무원 승진임용 규정 제6조(승진임용의 제한) ① 다음 각 호의 어느 하나에 해당하는 경찰공무원은 승진임용될 수 없다.

1. 징계의결 요구, 징계처분, 직위해제, 휴직(「공무원 재해보상법」에 따른 공무상 질병 또는 부상으로 인하여 「국가공무원법」 제71조제1항제1호에 따라 휴직한 사람을 제37조제1항제4호 또는 같은 조 제2항에 따라 특별승진임용하는 경우는 제외한다) 또는 시보임용 기간 중에 있는 사람

2. 징계처분의 집행이 끝난 날부터 다음 각 목의 구분에 따른 기간[「국가공무원법」 제78조의2제1항 각 호의 어느 하나에 해당하는 사유로 인한 징계처분과 소극행정, 음주운전(음주측정에 응하지 않은 경우를 포함한다), 성폭력, 성희롱 및 성매매에 따른 징계처분의 경우에는 각각 **6개월을 더한 기간**]이 지나지 않은 사람
   가. 강등·정직: 18개월
   나. 감봉: 12개월
   다. 견책: 6개월

③ 경찰공무원이 징계처분을 받은 후 해당 계급에서 다음 각 호의 포상을 받은 경우에는 제1항제2호 및 제3호에 따른 승진임용 제한기간의 **2분의 1을 단축할 수 있다.** (경찰청장 표창 해당 안됨)
   1. 훈장
   2. 포장
   3. 모범공무원 포상
   4. 대통령표창 또는 국무총리표창
   5. 제안이 채택·시행되어 받은 포상

14 개인의 자유를 침해하거나 의무를 부과하는 행정은 반드시 법률의 근거가 있어야 한다는 원칙을 전제할 때, 법률의 근거 없이도 가능한 것을 모두 고른 것은? (다툼이 있는 경우 판례에 의함)

㉠ 경찰관의 학교 앞 등교지도
㉡ 주민을 상대로 한 교통정책홍보
㉢ 기초생활수급자에 대한 생계비지원
㉣ 공무원에 대해 특정종교를 금지하는 훈령
㉤ 자살을 시도하는 사람에 대한 경찰관서 보호
㉥ 붕괴위험시설에 대한 예방적 출입금지

---

① ㉠, ㉡, ㉢   ② ㉠, ㉡, ㉤
③ ㉠, ㉢, ㉤   ④ ㉡, ㉢, ㉣, ㉥

해설 법률유보의 원칙에 대한 설명이며 법률유보는 명령·강제와 같은 권력적 작용에 반드시 법률이 근거가 있어야 한다.

〈비권력적 작용 사례〉
   ㉠ 경찰관의 학교 앞 등교지도
   ㉡ 주민을 상대로 한 교통정책홍보
   ㉢ 기초생활수급자에 대한 생계비 지원

〈명령·강제로 권력적 작용의 사례〉
   ㉣ 공무원에 대해 특정종교를 금지하는 훈령
   ㉤ 자살을 시도하는 사람에 대한 경찰관서 보호(경찰관직무집행법 제4조(보호조치) 2. 자살을 시도하는 사람)
   ㉥ 붕괴위험시설에 대한 예방적 출입금지(경찰관 직무집행법 제5조(위험 발생의 방지 3. 그 장소에 있는 사람, 사물의 관리자, 그 밖의 관계인에게 위해를 방지하기 위하여 필요하다고 인정되는 조치를 하게 하거나 직접 그 조치를 하는 것)

정답 14. ①

15 「국가공무원법」 및 관련 법령에 따를 때, 소청심사와 관련하여 아래 사례에 관한 설명 중 가장 적절하지 <u>않은</u> 것은?

> ○○경찰서 소속 지구대에서 근무하는 순경 甲이 법령준수 의무 위반 등 각종 비위행위로 인하여 관련 절차를 거쳐 징계권자로 부터 해임의 징계처분을 받았다. 이에 순경 甲은 소청 심사를 제기하고자 한다.

① 소청심사위원회는 소청심사 결과 甲의 비위행위의 정도에 비해 해임의 징계처분이 경미하다는 판단에 이르더라도 파면의 징계처분으로 변경하는 결정을 할 수 없다.

② 소청심사위원회에서 해임처분 취소명령결정을 내릴 경우, 그 해임의 징계처분은 소청심사위원회의 결정에 따른 징계나 그 밖의 처분이 있기 전에 당연히 효력을 상실한다.

③ 소청심사위원회에서 해임처분을 취소 또는 변경하고자 할 경우에는 재적 위원 3분의 2 이상의 출석과 출석 위원 3분의 2 이상의 합의가 있어야 한다.

④ 甲이 징계처분사유 설명서를 받은 날부터 30일 이내(甲에게 책임이 없는 사유로 소청심사를 청구할 수 없는 기간은 없다고 전제한다) 소청심사를 제기하지 않은 경우에는 행정소송을 제기할 수 없다.

해설

국가공무원법 제14조(소청심사위원회의 결정) ① 소청 사건의 결정은 재적 위원 3분의 2 이상의 출석과 출석 위원 과반수의 합의에 따르되, 의견이 나뉘어 출석 위원 과반수의 합의에 이르지 못하였을 때에는 과반수에 이를 때까지 소청인에게 가장 불리한 의견에 차례로 유리한 의견을 더하여 그 중 가장 유리한 의견을 합의된 의견으로 본다.

② 제1항에도 불구하고 **파면 · 해임 · 강등 또는 정직에 해당하는 징계처분을 취소 또는 변경하려는 경우**와 효력 유무 또는 존재 여부에 대한 확인을 하려는 경우에는 **재적 위원 3분의 2 이상의 출석과 출석 위원 3분의 2 이상의 합의**가 있어야 한다. 이 경우 구체적인 결정의 내용은 출석 위원 과반수의 합의에 따르되, 의견이 나뉘어 출석 위원 과반수의 합의에 이르지 못하였을 때에는 과반수에 이를 때까지 소청인에게 가장 불리한 의견에 차례로 유리한 의견을 더하여 그 중 가장 유리한 의견을 합의된 의견으로 본다.

⑦ 소청심사위원회의 취소명령 또는 변경명령 결정은 그에 따른 징계나 그 밖의 **처분이 있을 때까지는** 종전에 행한 징계처분 또는 제78조의2에 따른 징계부가금("징계부가금") 부과처분에 **영향을 미치지 아니한다.**

⑧ 소청심사위원회가 징계처분 또는 징계부가금 부과처분("징계처분등")을 받은 자의 청구에 따라 소청을 심사할 경우에는 **원징계처분보다 무거운 징계 또는 원징계부가금 부과처분보다 무거운 징계부가금을 부과하는 결정을 하지 못한다.**

국가공무원법 제16조(행정소송과의 관계) ① 제75조에 따른 처분, 그 밖에 본인의 의사에 반한 불리한 처분이나 부작위(不作爲)에 관한 **행정소송은 소청심사위원회의 심사 · 결정을 거치지 아니하면 제기할 수 없다.**

16 행정청이 행하는 구체적 사실에 관한 법 집행으로서 공권력의 행사 또는 그 거부와 그 밖에 이에 준하는 행정작용에 해당하는 것은 모두 몇 개인가? (다툼이 있는 경우 판례에 의함)

ㄱ 도로점용허가
ㄴ 주민등록번호 변경신청 거부
ㄷ 교통경찰관의 수신호
ㄹ 교통신호등에 의한 신호
ㅁ 경찰청장의 횡단보도 설치 기본계획 수립

---

① 1개   ② 2개   ③ 3개   ④ 4개

해설 행정청이 행하는 구체적 사실에 관한 법 집행으로서 공권력의 행사 또는 그 거부와 그 밖에 이에 준하는 행정작용을 "행정청의 처분"이라고 한다. 보기 중 처분에 해당하는 것은 총4개이다.
ㄱ 허가, ㄴ 행정처분(대법원 2017. 6. 15. 선고 2013두2945 판결), ㄷ 하명, ㄹ 하명

〈보기〉 ㅁ 대법원 판례에 따르면, 경찰청장의 횡단보도 설치는 처분으로 보고 있다(대법원 2000. 10. 27. 선고 98두8964 판결).
"지방경찰청장이 횡단보도를 설치하여 보행자 통행방법 등을 규제하는 것은 특정사항에 부담을 명하는 행위이고, 이는 국민의 권리의무에 직접관계가 있는 행정처분이다". 따라서 횡당보도설치는 처분으로 보는 것이 타당할 것이다.
그러나 보기 표현과 같이 횡단보도 설치 기본계획은 단순한 계획에 불과하므로, 구체적인 권리 및 의무의 변동이 없고 사인에 대한 구속력도 없으므로 처분성이 인정지 않는다(박균성 · 김재관, 경찰행정법, 박영사).

17 다음은 「경찰관 직무집행법」상 범죄의 예방과 제지에 관한 사례이다. 이와 관련한 설명 중 가장 적절한 것은? (다툼이 있는 경우 판례에 의함)

> 甲은 평소 집에서 심한 고성과 욕설, 시끄러운 음악 소리 등으로 이웃 주민들로부터 수 회에 걸쳐 112신고가 있어 왔던 사람이다. 사건당일에도 甲이 자정에 가까운 한밤중에 집 안에서 음악을 크게 켜놓고 심한 고성을 지른다는 112신고를 받고 경찰관이 출동하였다. 출동한 경찰관이 인터폰으로 甲에게 문을 열어달라고 하였으나, 甲은 심한 욕설을 할 뿐 출입문을 열어주지 않은 채, 소란행위를 멈추지 않았다. 이에 경찰관들이 甲을 만나기 위해 甲의 집으로 통하는 전기를 일시적으로 차단하여 甲이 집 밖으로 나오도록 유도하였다.

① 「경찰관 직무집행법」상 경찰관의 제지에 관한 부분은 눈앞의 급박한 경찰상 장해를 제거하여야 할 필요가 있고 의무를 명할 시간적 여유가 없거나 의무를 명하는 방법으로는 그 목적을 달성하기 어려운 상황에서 의무이행을 전제로 하지 않고 경찰이 직접 실력을 행사하여 경찰상 필요한 상태를 실현하는 비권력적 사실행위에 관한 근거조항이다.

② 甲의 행위는 「경범죄처벌법」상 '인근소란 등'에 해당하고 이로 인하여 인근 주민들이 잠을 이루지 못할 수 있으며 출동한 경찰관들을 만나지 않고 소란행위를 지속하고 있으므로, 甲의 행위를 제지하는 것은 경찰관의 직무상 권한이자 의무로 볼 수 있다.

③ 「경찰관 직무집행법」상 경찰관의 제지 조치의 위법 여부는 사후적으로 순수한 객관적 기준에서 판단해야 하고 제지 조치 당시의 구체적 상황을 기초로 판단하는 것은 아니다.

④ 경찰관의 조치는 사람의 생명·신체에 위해를 끼치거나 재산에 중대한 손해를 끼칠 우려가 있는 긴급한 경우로 보기는 어려워 즉시강제가 아니라 직접강제의 요건에 부합한다.

[해설]

〈보기〉① 대법원 2018. 12. 13. 선고 2016도19417 판결

【판결요지】 경찰관 직무집행법 제6조는 "경찰관은 범죄행위가 목전에 행하여지려고 하고 있다고 인정될 때에는 이를 예방하기 위하여 관계인에게 필요한 경고를 하고, 그 행위로 인하여 사람의 생명·신체에 위해를 끼치거나 재산에 중대한 손해를 끼칠 우려가 있어 긴급한 경우에는 그 행위를 제지할 수 있다."라고 정하고 있다. 위 조항 중 경찰관의 제지에 관한 부분은 범죄 예방을 위한 경찰 행정상 즉시강제, 즉 눈앞의 급박한 경찰상 장해를 제거할 필요가 있고 의무를 명할 시간적 여유가 없거나 의무를 명하는 방법으로는 그 목적을 달성하기 어려운 상황에서 의무불이행을 전제로 하지 않고 경찰이 직접 실력을 행사하여 **경찰상 필요한 상태를 실현하는 권력적 사실행위에 관한 근거조항이다.**

〈보기〉②, ④ 대법원 2018. 12. 13. 선고 2016도19417 판결

【판결요지】 피고인이 자정에 가까운 한밤중에 음악을 크게 켜놓거나 소리를 지른 것은 경범죄 처벌법 제3조 제1항 제21호에서 금지하는 인근소란행위에 해당하고, 그로 인하여 인근 주민들이 잠을 이루지 못하게 될 수 있다. 112신고를 받고 출동하여 눈앞에서 벌어지고 있는 범죄행위를 막고 주민들의 피해를 예방하기 위해 피고인을 만나려 하였으나 피고인은 문조차 열어주지 않고 소란행위를 멈추지 않았다. **이러한 상황이라면 피고인의 행위를 제지하고 수사하는 것은 경찰관의 직무상 권한이자 의무라고 볼 수 있다.**

〈보기〉 ③ 대법원 2013. 6. 13. 선고 2012도9937 판결

【판결요지】 경찰관직무집행법 제6조 제1항에 따른 경찰관의 제지 조치가 적법한 직무집행으로 평가될 수 있기 위해서는, 형사처벌의 대상이 되는 행위가 눈앞에서 막 이루어지려고 하는 것이 객관적으로 인정될 수 있는 상황이고, 그 행위를 당장 제지하지 않으면 곧 인명·신체에 위해를 미치거나 재산에 중대한 손해를 끼칠 우려가 있는 상황이어서, 직접 제지하는 방법 외에는 위와 같은 결과를 막을 수 없는 절박한 사태이어야 한다. 다만, **경찰관의 제지 조치가 적법한지 여부는 제지 조치 당시의 구체적 상황을 기초로 판단하여야 하고** 사후적으로 순수한 객관적 기준에서 판단할 것은 아니다.

〈보기〉 ④ 대법원 2018. 12. 13. 선고 2016도19417 판결

【판결요지】 피고인이 자정에 가까운 한밤중에 음악을 크게 켜놓거나 소리를 지른 것은 경범죄 처벌법 제3조 제1항 제21호에서 금지하는 인근소란행위에 해당하고, 그로 인하여 인근 주민들이 잠을 이루지 못하게 될 수 있다. 112신고를 받고 출동하여 눈앞에서 벌어지고 있는 범죄행위를 막고 주민들의 피해를 예방하기 위해 피고인을 만나려 하였으나 피고인은 문조차 열어주지 않고 소란행위를 멈추지 않았다. 이러한 상황이라면 피고인의 행위를 제지하고 수사하는 것은 경찰관의 직무상 권한이자 의무라고 볼 수 있다. 위와 같은 상황에서 경찰관이 피고인의 집으로 통하는 전기를 일시적으로 차단한 것은 피고인을 집 밖으로 나오도록 유도한 것으로서, **피고인의 범죄행위를 진압·예방하고 수사하기 위해 필요하고도 적절한 조치로** 보이고, 경찰관 직무집행법 제1조의 목적에 맞게 제2조의 직무 범위 내에서 제6조에서 정한 **즉시강제의 요건을 충족한 적법한 직무집행으로 볼 여지가 있다.**

경찰관의 조치는 사람의 생명·신체에 위해를 끼치거나 재산에 중대한 손해를 끼칠 우려가 있는 긴급한 경우로 보기는 어려워 즉시강제의 요건에 부합한다. (직접강제 ×)

18 행정조사에 관한 설명 중 가장 적절한 것은? (다툼이 있는 경우 판례에 의함)

① 「행정조사기본법」상 조사대상자의 자발적 협조를 얻어 조사를 실시하는 경우에는 법령의 근거를 요하지 아니하며 조직법상의 권한 범위 밖에서도 가능하다.

② 조사대상자의 자발적 협조로 조사가 이루어지는 경우일지라도 행정의 적법성 및 공공성 등을 높이기 위해서 조사목적 등을 반드시 서면으로 통보하여야 한다.

③ 경찰작용은 행정작용의 일환이므로 경찰의 수사에도 「행정조사 기본법」이 적용되는 것이 원칙이다.

④ 행정조사는 행정기관이 향후 행정작용에 필요한 자료 및 정보를 얻기 위한 준비적, 보조적 작용이다.

[해설]

〈보기〉 ① 행정기본법 제5조(행정조사의 근거) 행정기관은 법령등에서 행정조사를 규정하고 있는 경우에 한하여 행정조사를 실시할 수 있다. 다만, 조사대상자의 자발적인 협조를 얻어 실시하는 행정조사의 경우에는 그러하지 아니하다.

〈보기〉 ② 행정기본법 제17조(조사의 사전통지) ① 행정조사를 실시하고자 하는 행정기관의 장은 제9조에 따른 출석요구서, 제10조에 따른 보고요구서·자료제출요구서 및 제11조에 따른 현장출입조사서("출석요구서등")를 조사개시 7일 전까지 조사대상자에게 서면으로 통지하여야 한다. 다만, 다음 각 호의 어느 하나에 해당하는 경우에는 행정조사의 개시와 동시에 출석요구서등을 조사대상자에게 제시하거나 행정조사의 목적 등을 조사대상자에게 **구두로 통지할 수 있다.**

　　1. 행정조사를 실시하기 전에 관련 사항을 미리 통지하는 때에는 증거인멸 등으로 행정조사의 목적을 달성할 수 없다고 판단되는 경우

　　2. 「통계법」 제3조제2호에 따른 지정통계의 작성을 위하여 조사하는 경우

　　3. 제5조 단서에 따라 **조사대상자의 자발적인 협조를 얻어 실시하는 행정조사의 경우**

〈보기〉 ③ 행정기본법 제3조(적용범위) ① 행정조사에 관하여 다른 법률에 특별한 규정이 있는 경우를 제외하고는 이 법으로 정하는 바에 따른다. 경찰의 수사업무는 「형사소송법」 적용이 원칙이다.

19 강학상 경찰허가에 관한 설명 중 가장 적절한 것은? (다툼이 있는 경우 판례에 의함)

① 특별한 규정이 없는 한, 허가를 받게 되면 다른 법령상의 제한들도 모두 해제되는 것이 원칙이다.

② 특별한 규정이 없는 한, 허가는 법령이 부과한 작위의무, 부작위 의무 및 급부의무를 모두 해제하는 것이다.

③ 강학상 허가와 강학상 특허는 당사자의 신청이 없어도 가능하다는 점에서 공통점이 있다.

④ 일반적으로 영업허가를 받지 아니한 상태에서 행한 사법상 법률행위는 유효하다.

[해설]

〈보기〉 ① 허가를 받으면 해당 허가의 대상이 된 행위의 금지가 해제될 뿐 타법에 의한 해제까지 금지되는 것은 아니다. 경찰허가가 있으면 일반적 금지가 해제되어 피허가자는 적법하게 허가된 행위를 할 수 있지만 타 법에서 제한된 것까지 해제되는 것은 아니다. 예를 들어, 공무원이 영업허가를 예외적으로 받는 경우가 생기더라도 공무원법상의 금지는 계속된다.

〈보기〉 ② 허가는 금지의 해제, 즉 부작위의무의 해제를 내용으로 한다. 경찰허가는 부작위의무를 해제하는 것으로 법령에 의하여 일반적으로 부과된 작위·급부·수인의무를 특정한 경우에 해제하여 주는 것은 경찰면제이다.

〈보기〉 ③ 강학상 특허는 당사자의 신청이 있는 경우에만 가능하다. 허가는 상대방의 신청을 요하지 아니하지만(예를 들어 통행금지 해제 등), 특허는 반드시 상대방의 신청이 있어야 한다.

〈보기〉 ④ 무허가 영업행위는 위법한 행위이며 통상 행정형벌의 대상이 된다. 다만 사법상의 효력까지 부인되는 것은 아니다. 허가를 받아야 할 행위를 허가받지 아니하고 행한 경우에는 원칙적으로 행정상 강제집행이나 처벌의 대상이 될 뿐이고 당연히 그 행위의 민·상사법상의 효력이 당연히 부정되는 것은 아니다.

20 「경찰관 직무집행법」상 즉시강제에 해당하는 것은 모두 몇 개인가? (다툼이 있는 경우 판례에 의함)

> ㉠ 주택가에서 흉기를 들고 난동을 부리며 경찰관의 중지명령에 항거하는 사람에 대해 전자충격기를 사용하여 강제로 제압하는 것
> ㉡ 음주운전 등 교통법규 위반자에 대해 운전면허를 취소하는 것
> ㉢ 불법집회로 인한 공공시설의 안전에 대한 위해를 억제하기 위해 최루탄을 사용하는 것
> ㉣ 위험물의 폭발로 인해 매우 긴급한 경우에 위해를 입을 우려가 있는 사람을 억류하거나 피난시키는 것
> ㉤ 지정된 기한까지 체납액을 완납하지 않은 국세체납자의 재산을 압류하는 것
> ㉥ 무허가건물의 철거 명령을 받고도 이를 불이행하는 사람의 불법건축물을 철거하는 것

① 3개　　　　　② 4개　　　　　③ 5개　　　　　④ 6개

해설 보기 ㉠, ㉢, ㉣ 즉시강제에 해당한다.
〈보기〉 ㉠ 즉시강제
경찰관 직무집행법 제6조(범죄의 예방과 제지) 경찰관은 범죄행위가 목전(目前)에 행하여지려고 하고 있다고 인정될 때에는 이를 예방하기 위하여 관계인에게 필요한 경고를 하고, 그 행위로 인하여 사람의 생명·신체에 위해를 끼치거나 재산에 중대한 손해를 끼칠 우려가 있는 긴급한 경우에는 그 행위를 제지할 수 있다.

경찰관 직무집행법 제10조의2(경찰장구의 사용) ① 경찰관은 다음 각 호의 직무를 수행하기 위하여 필요하다고 인정되는 상당한 이유가 있을 때에는 그 사태를 합리적으로 판단하여 필요한 한도에서 경찰장구를 사용할 수 있다.
　　1. 현행범이나 사형·무기 또는 장기 3년 이상의 징역이나 금고에 해당하는 죄를 범한 범인의 체포 또는 도주 방지
　　2. 자신이나 다른 사람의 생명·신체의 방어 및 보호
　　3. 공무집행에 대한 항거(抗拒) 제지
위해성 경찰장비의 사용기준 등에 관한 규정 제2조(위해성 경찰장비의 종류)
　　1. 경찰장구: 수갑 포승 … 전자충격기 …

〈보기〉 ㉡ 하명 – 음주운전 등 교통법규 위반자에 대한 면허취소는 행정처분이다.

〈보기〉 ㉢ 즉시강제
경찰관 직무집행법 제10조의3(분사기 등의 사용) 경찰관은 다음 각호의 직무를 수행하기 위하여 부득이한 경우에 현장책임자가 판단하여 필요한 최소한의 범위에서 분사기 또는 최루탄을 사용할 수 있다.
　　2. 불법집회·시위로 인한 자신이나 다른 사람의 생명·신체와 재산 및 공공시설 안전에 대한 현저한 위해의 발생 억제

〈보기〉 ㉢ 즉시강제

경찰관 직무집행법 제5조(위험 발생의 방지 등) ① 경찰관은 사람의 생명 또는 신체에 위해를 끼치거나 재산에 중대한 손해를 끼칠 우려가 있는 천재(天災), 사변(事變), 인공구조물의 파손이나 붕괴, 교통사고, 위험물의 폭발, 위험한 동물 등의 출현, 극도의 혼잡, 그 밖의 위험한 사태가 있을 때 다음 각 호의 조치를 할 수 있다.

　　　2. 매우 긴급한 경우에는 위해를 입을 우려가 있는 사람을 필요한 한도에서 억류하거나 피난시키는 것

〈보기〉 ㉣ 행정상 강제징수(세금체납자에 대한 재산 압류)

국세징수법 제24조(강제징수) 관할 세무서장은 납세자가 제10조에 따른 독촉 또는 제9조제2항에 따른 납부기한 전 징수의 고지를 받고 지정된 기한까지 국세체납자에 대한 재산 압류 … 경매 … 등.

〈보기〉 ㉥ (×) 행정대집행 – 불법건축물의 철거

21 「개인정보 보호법」상 정의 및 개념에 관한 설명 중 가장 적절하지 않은 것은?

① 살아 있는 개인에 관한 정보로서 해당 정보만으로는 특정 개인을 알아볼 수 없더라도 다른 정보와 쉽게 결합하여 알아볼 수 있는 정보를 "개인정보"라 한다.

② 개인정보의 일부를 삭제하거나 일부 또는 전부를 대체하는 등의 방법으로 추가 정보가 없이는 특정 개인을 알아볼 수 없도록 처리하는 것을 "가명처리"라 한다.

③ 정보처리 기술을 활용하여 기존의 다양한 정보를 가공해서 만들어 낸 새로운 정보에 관한 독점적 권리를 가지는 사람을 "정보주체"라 한다.

④ "고정형 영상정보처리기기"란 일정한 공간에 설치되어 지속적 또는 주기적으로 사람 또는 사물의 영상 등을 촬영하거나 이를 유·무선망을 통하여 전송하는 장치로서 대통령령으로 정하는 장치를 말한다.

해설
제2조(정의) 이 법에서 사용하는 용어의 뜻은 다음과 같다.

1. "개인정보"란 살아 있는 개인에 관한 정보로서 다음 각 목의 어느 하나에 해당하는 정보를 말한다.
   가. 성명, 주민등록번호 및 영상 등을 통하여 개인을 알아볼 수 있는 정보
   나. 해당 정보만으로는 특정 개인을 알아볼 수 없더라도 다른 정보와 쉽게 결합하여 알아볼 수 있는 정보. 이 경우 쉽게 결합할 수 있는지 여부는 다른 정보의 입수 가능성 등 개인을 알아보는 데 소요되는 시간, 비용, 기술 등을 합리적으로 고려하여야 한다.
   다. 가목 또는 나목을 제1호의2에 따라 가명처리함으로써 원래의 상태로 복원하기 위한 추가 정보의 사용·결합 없이는 특정 개인을 알아볼 수 없는 정보(이하 "가명정보"라 한다)

1의2. "가명처리"란 개인정보의 일부를 삭제하거나 일부 또는 전부를 대체하는 등의 방법으로 추가 정보가 없이는 특정 개인을 알아볼 수 없도록 처리하는 것을 말한다.

2. "처리"란 개인정보의 수집, 생성, 연계, 연동, 기록, 저장, 보유, 가공, 편집, 검색, 출력, 정정(訂正), 복구, 이용, 제공, 공개, 파기(破棄), 그 밖에 이와 유사한 행위를 말한다.

3. "정보주체"란 처리되는 정보에 의하여 알아볼 수 있는 사람으로서 그 정보의 주체가 되는 사람을 말한다.

4. "개인정보파일"이란 개인정보를 쉽게 검색할 수 있도록 일정한 규칙에 따라 체계적으로 배열하거나 구성한 개인정보의 집합물(集合物)을 말한다.

5. "개인정보처리자"란 업무를 목적으로 개인정보파일을 운용하기 위하여 스스로 또는 다른 사람을 통하여 개인정보를 처리하는 공공기관, 법인, 단체 및 개인 등을 말한다.

6. "공공기관"이란 다음 각 목의 기관을 말한다.
   가. 국회, 법원, 헌법재판소, 중앙선거관리위원회의 행정사무를 처리하는 기관, 중앙행정기관(대통령 소속 기관과 국무총리 소속 기관을 포함한다) 및 그 소속 기관, 지방자치단체
   나. 그 밖의 국가기관 및 공공단체 중 대통령령으로 정하는 기관

7. "고정형 영상정보처리기기"란 일정한 공간에 설치되어 지속적 또는 주기적으로 사람 또는 사물의 영상 등을 촬영하거나 이를 유·무선망을 통하여 전송하는 장치로서 대통령령으로 정하는 장치를 말한다.

7의2. "이동형 영상정보처리기기"란 사람이 신체에 착용 또는 휴대하거나 이동 가능한 물체에 부착 또는 거치(據置)하여 사람 또는 사물의 영상 등을 촬영하거나 이를 유·무선망을 통하여 전송하는 장치로서 대통령령으로 정하는 장치를 말한다.

시행령 제3조(영상정보처리기기의 범위) ① 법 제2조제7호에서 "대통령령으로 정하는 장치"란 다음 각 호의
장치를 말한다. 〈개정 2023. 9. 12.〉
　1. **폐쇄회로 텔레비전**: 다음 각 목의 어느 하나에 해당하는 장치
　　가. 일정한 공간에 설치된 카메라를 통하여 지속적 또는 주기적으로 영상 등을 촬영하거나 촬영한
　　　 영상정보를 유무선 폐쇄회로 등의 전송로를 통하여 특정 장소에 전송하는 장치
　　나. 가목에 따라 촬영되거나 전송된 영상정보를 녹화 · 기록할 수 있도록 하는 장치
　2. **네트워크 카메라**: 일정한 공간에 설치된 기기를 통하여 지속적 또는 주기적으로 촬영한 영상정보를
　　 그 기기를 설치 · 관리하는 자가 유무선 인터넷을 통하여 어느 곳에서나 수집 · 저장 등의 처리를 할
　　 수 있도록 하는 장치

22 「경찰관 직무집행법」 및 「경찰관의 정보수집 및 처리 등에 관한 규정(대통령령)」상 경찰
관이 정보활동을 위해 필요한 경우에 한정하여 일시적으로만 출입이 가능한 곳은 모두
몇 개인가?

⊙ 언론기관　　　ⓛ 종교시설　　　ⓒ 민간기업　　　ⓔ 정당의 사무소　　　ⓜ 시민사회 단체

① 2개　　　　　　② 3개　　　　　　③ 4개　　　　　　④ 5개

[해설] 경찰관의 정보수집 및 처리 등에 관한 규정 제5조(정보 수집 등을 위한 출입의 한계) 경찰관은 다음
각 호의 장소에 상시적으로 출입해서는 안 되며, 정보활동을 위해 필요한 경우에 한정하여 **일시적으로만 출**
입해야 한다.
　1. 언론 · 교육 · 종교 · 시민사회 단체 등 민간단체
　2. 민간기업
　3. 정당의 사무소

23 국가배상에 관한 설명 중 가장 적절하지 **않은** 것은? (다툼이 있는 경우 판례에 의함)

① 일반적으로 공무원이 직무를 집행함에 있어서 법령에 대한 해석이 그 문언 자체만으로는 명백하지 아니하여 여러 견해가 있을 수 있는 데다가 이에 대한 선례나 학설, 판례 등도 귀일된 바 없어 이의(異義)가 없을 수 없는 경우, 관계 국가공무원이 그 나름대로 신중을 다하여 합리적인 근거를 찾아 그중 어느 한 견해를 따라 내린 해석이 후에 대법원이 내린 입장과 같지 않아 결과적으로 잘못된 해석에 돌아가고, 이에 따른 처리가 역시 결과적으로 위법하게 되어 그 법령의 부당집행이라는 결과를 가져오게 되었다고 하더라도 「국가배상법」상 공무원의 과실을 인정할 수는 없다.

② 국가공무원이 고의 또는 과실로 직무상 의무를 위반하였을 경우라고 하더라도 국가는 그러한 직무상의 의무 위반과 피해자가 입은 손해 사이에 상당인과관계가 인정되는 범위 내에서만 배상책임을 지는 것이고, 이 경우 상당인과관계가 인정되기 위하여는 공무원에게 부과된 직무상 의무의 내용이 단순히 공공 일반의 이익을 위한 것이거나 행정기관 내부의 질서를 규율하기 위한 것이 아니고 전적으로 또는 부수적으로 사회구성원 개인의 안전과 이익을 보호하기 위하여 설정된 것이어야 한다.

③ 외국인이 피해자인 경우 국가배상청구권은 해당 국가와 상호 보증이 있을 때에만 인정되므로, 그 상호 보증은 외국의 법령, 판례 및 관례 등에 의한 발생요건을 비교하여 인정되는 것이 아니라 반드시 당사국과의 조약이 체결되어 있어야 한다.

④ 국민의 생명, 신체 및 재산의 보호, 범죄의 예방·진압 및 수사, 기타 공공의 안녕과 질서유지 등의 직무를 수행하는 경찰은 「경찰관 직무집행법」, 「형사소송법」 등 관련 법령에서 부여한 여러 권한을 제반 상황에 대응하여 적절하게 행사하여 필요한 조치를 취할 수 있고, 그 권한은 일반적으로 경찰관의 전문적 판단에 기한 합리적인 재량에 위임되어 있지만, 경찰관에게 권한을 부여한 취지와 목적에 비추어 볼 때 구체적인 사정에 따라 경찰관이 그 권한을 행사하여 필요한 조치를 취하지 아니하는 것이 현저하게 불합리하다고 인정되는 경우에는 그러한 권한의 불행사는 직무상의 의무를 위반한 것이 되어 위법하게 된다.

> **해설**
> 〈보기〉 ① 대법원 2015. 6. 11. 선고 2013다208388 판결
> **【판결요지】**
> [1] 국가배상법 제7조는 우리나라만이 입을 수 있는 불이익을 방지하고 국제관계에서 형평을 도모하기 위하여 외국인의 국가배상청구권의 발생요건으로 '외국인이 피해자인 경우에는 해당 국가와 상호보증이 있을 것'을 요구하고 있는데, 해당 국가에서 외국인에 대한 국가배상청구권의 발생요건이 우리나라의 그것과 동일하거나 오히려 관대할 것을 요구하는 것은 지나치게 외국인의 국가배상청구권을 제한하는 결과가 되어 국제적인 교류가 빈번한 오늘날의 현실에 맞지 아니할 뿐만 아니라 외국에서 우리나라 국민에 대한 보호를 거부하게 하는 불합리한 결과를 가져올 수 있는 점을 고려할 때, 우리나라와 외국 사이에 국가배상청구권의 발생요건이 현저히 균형을 상실하지 아니하고 외국에서 정한 요건이 우리나라에서 정한 그것보다 전체로서 과중하지 아니하여 중요한 점에서 실질적으로 거의 차이가 없는 정도라면 국가배상법 제7조가 정하는 상호보증의 요건을 구비하였다고 봄이 타당하다. 그리고 **상호보증은 외국의 법령, 판례 및 관례 등에 의하여 발생요건을 비교하여 인정되면 충분하고 반드시 당사국과의 조약이 체결되어 있을 필요는 없으며**, 당해 외국에서 구체적으로 우리나라 국민에게 국가배상청구를 인정한 사례가 없더라도 실제로 인정될 것이라고 기대할 수 있는 상태이면 충분하다.

24 **행정의 실효성 확보수단에 관한 설명 중 가장 적절한 것은?** (다툼이 있는 경우 판례에 의함)

① 통고처분은 형식적 의미의 행정이며 실질적 의미의 사법이다.

② 작위의무를 부과한 행정처분의 법적 근거가 있다면 행정대집행은 별도의 법적 근거를 요하지 아니하며, 즉시강제는 법률의 근거가 없더라도 일반긴급권에 기초하여 행사할 수 있다.

③ 행정대집행과 행정상 즉시강제는 제3자에 의해 집행될 수 없고 행정청이 직접 행사해야 한다.

④ 「관세법」상 통고처분 여부는 관세청장의 재량에 맡겨져 있지만, 「경범죄처벌법」 및 「도로교통법」상 통고처분은 재량의 여지가 없다.

해설

〈보기〉 ① 통고처분은 형식적으로 어떤 기관에 분배된 권한인지를 기준으로 인식하는 형식적 의미로는 행정이며, 국가작용의 성질을 기준으로 인식하는 실질적 의미로 본다면 성질상 사법에 해당한다.

〈보기〉 ② 작위의무를 부과한 행정처분의 법적 근거가 있다면 행정대집행은 별도의 **법적 근거를 요하며**, 즉시강제는 예외적인 권력작용으로 발동에 있어서 엄격한 법적 근거를 필요로 한다.

〈보기〉 ③ 행정대집행은 제3자에 의하여 집행될 수 **있고** 행정상 즉시강제는 제3자에 의해 집행될 수 없고 행정청이 직접 행사해야 한다.

〈보기〉 ④ 「관세법」상 통고처분 여부는 관세청장의 재량에 맡겨져 있지만, 「경범죄처벌법」 및 「도로교통법」상 통고처분은 경찰서장 등의 **재량에 따른** 것이다.

관세법 제311조(통고처분) ① 관세청장이나 세관장은 관세범을 조사한 결과 범죄의 확증을 얻었을 때에는 대통령령으로 정하는 바에 따라 그 대상이 되는 자에게 그 이유를 구체적으로 밝히고 다음 각 호에 해당하는 금액이나 물품을 납부할 것을 통고할 수 있다.

경범죄처벌법 제7조(통고처분) ① 경찰서장, 해양경찰서장, 제주특별자치도지사 또는 철도특별사법경찰대장은 범칙자로 인정되는 사람에 대하여 그 이유를 명백히 나타낸 서면으로 범칙금을 부과하고 이를 납부할 것을 통고할 수 있다.

도로교통법 제163조(통고처분) ① 경찰서장이나 제주특별자치도지사(제주특별자치도지사의 경우에는 제6조 제1항·제2항, 제61조제2항에 따라 준용되는 제15조제3항, 제39조제6항, 제60조, 제62조, 제64조부터 제66조까지, 제73조제2항제2호부터 제5호까지 및 제95조제1항의 위반행위는 제외한다)는 범칙자로 인정하는 사람에 대하여는 이유를 분명하게 밝힌 범칙금 납부통고서로 범칙금을 낼 것을 통고할 수 있다.

25 「경찰청과 그 소속기관 직제」상 경찰청 생활안전교통국장의 분장사항에 해당하지 **않은** 것은 모두 몇 개인가? (기출 수정)

> ㉠ 소년비행 방지에 관한 업무
> ㉡ 아동학대의 예방 및 피해자 보호에 관한 업무
> ㉢ 스토킹 · 성매매 예방 및 피해자 보호에 관한 업무
> ㉣ 청원경찰의 운영 및 지도
> ㉤ 대테러 예방 및 진압대책의 수립 · 지도
> ㉥ 마약류 범죄 및 조직범죄에 관한 수사 지휘 · 감독

① 2개   ② 3개   ③ 4개   ④ 5개

해설

제11조(생활안전교통국) ① 생활안전교통국에 국장 1명을 둔다.
  ② 국장은 치안감 또는 경무관으로 보한다.
  ③ 국장은 다음 사항을 분장한다.
    1. 자치경찰제도 관련 기획 및 조정
    2. 자치경찰제도 관련 법령 사무 총괄
    3. 자치경찰제도 관련 예산의 편성 · 조정 및 결산에 관한 사항
    4. 자치경찰제도 관련 특별시 · 광역시 · 특별자치시 · 도 · 특별자치도 및 시 · 도자치경찰위원회와의 협력에 관한 사항
    5. **소년비행 방지에 관한 업무**
    6. 소년 대상 범죄의 예방에 관한 업무
    7. **아동학대의 예방 및 피해자 보호에 관한 업무**
    8. 가출인 및 「실종아동등의 보호 및 지원에 관한 법률」 제2조제2호에 따른 실종아동등(이하 "실종아동등"이라 한다)과 관련된 업무
    9. 실종아동등 찾기를 위한 신고체계 운영
    10. 여성 대상 범죄와 관련된 주요 정책의 총괄 수립 · 조정
    11. 여성 대상 범죄 유관기관과의 협력 업무
    12. 성폭력 및 가정폭력 예방 및 피해자 보호에 관한 업무
    13. **스토킹 · 성매매 예방 및 피해자 보호에 관한 업무**
    14. 경찰 수사 과정에서의 범죄피해자 보호 및 지원에 관한 업무
    15. 도로교통에 관련되는 종합기획 및 심사분석
    16. 도로교통에 관련되는 법령의 정비 및 행정제도의 연구
    17. 교통경찰공무원에 대한 교육 및 지도
    18. 교통안전시설의 관리
    19. 자동차운전면허의 관리
    20. 도로교통사고의 예방을 위한 홍보 · 지도 및 단속
    21. 고속도로순찰대의 운영 및 지도 [전문개정 2023. 10. 17.]

제13조(경비국) ① 경비국에 국장 1명을 둔다.

② 국장은 치안감 또는 경무관으로 보한다.

③ 국장은 다음 사항을 분장한다. 〈개정 2023. 4. 18.〉

　　1. 경비에 관한 계획의 수립 및 지도

　　2. 경찰부대의 운영 · 지도 및 감독

　　3. 청원경찰의 운영 및 지도

　　4. 민방위업무의 협조에 관한 사항

　　5. 경찰작전 · 경찰전시훈련 및 비상계획에 관한 계획의 수립 · 지도

　　6. 중요시설의 방호 및 지도

　　7. 예비군의 무기 및 탄약 관리의 지도

　　8. 대테러 예방 및 진압대책의 수립 · 지도

　　8의2. 안전관리 · 재난상황 및 위기상황 관리기관과의 연계체계 구축 · 운영

　　9. 의무경찰의 복무 및 교육훈련

　　10. 의무경찰의 인사 및 정원의 관리

　　11. 경호 및 주요 인사 보호 계획의 수립 · 지도

　　12. 경찰항공기의 관리 · 운영 및 항공요원의 교육훈련

　　13. 경찰업무수행과 관련된 항공지원업무

제20조(형사국) ① 형사국에 국장 1명을 두고, 국장 밑에 정책관등 1명을 둔다. 〈개정 2023. 10. 17.〉

② 국장은 치안감 또는 경무관으로 보하고, 정책관등 1명은 경무관으로 보한다. 〈개정 2023. 10. 17.〉

③ 국장은 다음 사항을 분장한다. 〈개정 2023. 10. 17.〉

　　1. 강력범죄, 폭력범죄 및 교통사고 · 교통범죄에 관한 수사 지휘 · 감독

　　2. 마약류 범죄 및 조직범죄에 관한 수사 지휘 · 감독

　　3. 성폭력범죄, 아동 · 청소년 대상 성매매, 가정폭력, 아동학대, 학교폭력 및 실종사건에 관한 수사 지휘 · 감독 및 아동 · 청소년 대상 성매매 단속

　　4. 제1호부터 제3호까지의 규정에서 정한 범죄 및 외국인 관련 범죄 수사에 관한 기획, 정책 · 수사지침 수립 · 연구 · 분석 및 수사기법 개발

　　5. 제1호부터 제3호까지의 규정에서 정한 범죄 및 외국인 관련 범죄에 대한 통계 및 수사자료 분석

　　6. 과학수사의 기획 및 지도

　　7. 범죄감식 및 증거분석

　　8. 범죄기록 및 주민등록지문의 수집 · 관리

26 행정의 법률적합성 원칙(법치행정의 원칙)에 관한 설명 중 가장 적절한 것은? (다툼이 있는 경우 판례에 의함)

① 법치행정의 원칙에 관한 전통적 견해는 '법률의 지배', '법률의 우위', '법률의 유보'를 내용으로 한다.

② '법률의 우위'에서의 법률에는 형식적 의미의 법률뿐만 아니라 그 밖에 성문법과 불문법이 포함된다.

③ 법규명령에는 위임명령과 집행명령이 있으며, 모두 국민의 권리 의무에 관한 사항을 규정할 수 있다.

④ 법령의 구체적 위임 없이 최루액의 혼합 살수 방법 등을 규정한 경찰청장의 「살수차 운용지침」(2014. 4. 3.)은 법률유보의 원칙에 위배되는 측면이 있으나, 그 지침에 따라 살수한 경찰관의 행위는 집회를 해산하기 위한 불가피한 조치라는 점에서 반드시 위헌 위법이라 할 수 없다.

해설

〈보기〉① 행정의 법률적합성 원칙은 '법률의 법규창조력', '법률의 우위', '법률유보'를 핵심 내용으로 한다. (* 출처: 홍정선, 2019, 신경찰행정법입문, p.7)

〈보기〉② 법률의 지배에서 법률은 헌법 등 모든 성문법뿐만 아니라 경찰비례의 원칙과 같은 불문법을 모두 의미한다.

〈보기〉③ 법규명령은 법치주의 원리에 위반되지 아니하며, 위임명령은 국민의 권리 의무사항을 새롭게 규정할 수 있으나 법집행명령은 국민의 권리 의무 사항을 규정할 수 없다. (* 출처: 홍정선, 2019, 신경찰행정법입문, p.135)

〈보기〉④ 헌법재판소 2018. 5. 31. 선고 2015헌마476 결정

집회나 시위 해산을 위한 살수차 사용은 집회의 자유 및 신체의 자유에 대한 중대한 제한을 초래하므로 살수차 사용요건이나 기준은 법률에 근거를 두어야 하고, 살수차와 같은 위해성 경찰장비는 본래의 사용방법에 따라 지정된 용도로 사용되어야 하며 다른 용도나 방법으로 사용하기 위해서는 반드시 법령에 근거가 있어야 한다. 혼합살수방법은 법령에 열거되지 않은 새로운 위해성 경찰장비에 해당하고 이 사건 지침에 혼합살수의 근거 규정을 둘 수 있도록 위임하고 있는 법령이 없으므로, 이 사건 지침은 **법률유보원칙에 위배**되고 이 사건 지침만을 근거로 한 이 사건 **혼합살수행위** 역시 **법률유보원칙에 위배된다**. 따라서 이 사건 혼합살수행위는 청구인들의 **신체의 자유와 집회의 자유를 침해한다**.

27 「행정심판법」상 사정재결에 관한 설명 중 가장 적절하지 <u>않은</u> 것은? (다툼이 있는 경우 판례에 의함)

① 사정재결은 인용재결의 일종이다.

② 무효등확인심판에서는 사정재결을 할 수 없다.

③ 사정재결을 하는 경우 반드시 재결주문에 그 처분 또는 부작위가 위법하다는 것을 명시해야 한다.

④ 사정재결 이후에도 행정심판의 대상인 처분등의 효력은 유지된다.

> **해설**
>
> 제44조(사정재결) ① 위원회는 심판청구가 이유가 있다고 인정하는 경우에도 이를 인용(認容)하는 것이 공공복리에 크게 위배된다고 인정하면 그 심판청구를 **기각하는 재결**을 할 수 있다(사정재결은 기각재결의 일종이다). 이 경우 위원회는 재결의 주문(主文)에서 그 처분 또는 부작위가 위법하거나 부당하다는 것을 **구체적으로 밝혀야** 한다.
> ② 위원회는 제1항에 따른 재결을 할 때에는 청구인에 대하여 상당한 구제방법을 취하거나 상당한 구제방법을 취할 것을 피청구인에게 명할 수 있다.
> ③ 제1항과 제2항은 **무효등확인심판에는 적용하지 아니한다.**
>
> 〈보기〉 사정재결 이후에도 행정심판의 대상인 처분등의 효력은 유지된다. 기각재결이므로 그 처분은 취소되지 않는다.

28 동기부여 이론에 관한 설명과 학자가 가장 적절하게 연결된 것은?

> ㉠ 인간은 자신의 욕구를 충족시키기 위해서 노력하며 하위 단계의 욕구가 충족되어야 다음 단계로 발전되는 순차적 특성을 갖는다.
> ㉡ Y이론적 인간형은 부지런하고, 책임과 자율성 및 창의성을 발휘하기를 좋아하고, 스스로 통제와 발전이 가능하기 때문에 민주적이고 인간적인 동기유발 전략이 필요한 유형이다.
> ㉢ 인간의 개인적 성격과 성격의 성숙과정을 '미성숙에서 성숙으로'라고 보고, 관리자는 조직 구성원을 최대의 성숙상태로 실현시켜야 한다고 하였다.
> ㉣ 위생요인을 제거해주는 것은 불만을 줄여주는 소극적 효과일뿐이기 때문에, 근무태도 변화에 단기적 영향을 주어 사기는 높여줄 수 있으나 생산성을 높여주지는 못한다. 만족요인이 충족되면 자기실현욕구를 자극하여, 적극적 만족을 유발하고 동기유발에 장기적 영향을 준다.

① ㉠ 매슬로우(Maslow) ㉡ 맥그리거(McGregor)
　㉢ 아지리스(Argyris) ㉣ 허즈버그(Herzberg)
② ㉠ 매슬로우(Maslow) ㉡ 아지리스(Argyris)
　㉢ 맥그리거(McGregor) ㉣ 허즈버그(Herzberg)
③ ㉠ 매슬로우(Maslow) ㉡ 맥그리거(McGregor)
　㉢ 허즈버그(Herzberg) ㉣ 아지리스(Argyris)
④ ㉠ 맥그리거(McGregor) ㉡ 아지리스(Argyris)
　㉢ 허즈버그(Herzberg) ㉣ 매슬로우(Maslow)

해설

㉠ 메슬로우의 욕구계층이론 – 인간은 단계별 욕구를 가지고 있으며 우선순위 욕구가 충족되어야 다음 순위의 욕구를 충족시키고자 하는 속성이 있다.

㉡ 맥그리거의 XY이론 – Y이론적 인간형은 부지런하고, 책임과 자율성 및 창의성을 발휘하기를 좋아하고, 스스로 통제와 발전이 가능하기 때문에 민주적이고 인간적인 동기유발 전략이 필요한 유형이다.

㉢ 아지리스의 성숙·미성숙이론 – 인간의 개인적 성격과 성격의 성숙과정을 '미성숙에서 성숙'에로라고 보고, 관리자는 조직 구성원을 최대의 성숙상태로 실현시켜야 한다고 하였다.

㉣ 허즈버그의 동기·위생이론 – 위생요인을 제거해주는 것은 불만을 줄여주는 소극적 효과일 뿐이기 때문에 근무태도 변화에 단기적 영향을 주어 사기는 높여줄 수 있으나, 생산성을 높여주지는 못한다. 만족요인이 충족되면 자기실현욕구를 자극하여, 적극적 만족을 유발하고 동기유발에 장기적 영향을 준다.

29 경찰관청의 '권한의 대리'와 '권한의 위임'에 관한 설명 중 가장 적절하지 <u>않은</u> 것은?
(다툼이 있는 경우 판례에 의함)

① 권한을 위임받은 수임청은 자기의 이름 및 자기의 책임으로 권한을 행사한다.
② 수임청 및 피대리관청은 항고소송에서 피고가 된다.
③ 법정대리의 경우 피대리관청이 사고 등으로 인해 공석이므로 대리의 법적 효과는 대리관청에 귀속된다.
④ 「국가경찰과 자치경찰의 조직 및 운영에 관한 법률」상 "경찰청장이 부득이한 사유로 직무를 수행할 수 없을 때에는 경찰청 차장이 그 직무를 대행한다"는 대리방식을 '협의의 법정대리'라고 한다.

해설

〈보기〉 ③ 법정대리에서 피대리관청이 사고 등으로 공석이되면 조직법상의 피대리관청은 존재하므로 대리의 법적 효과는 피대리관청에 속한다. 예를 들어 대통령이 없을 때 국무총리가 권한을 대행하는 법정대리의 경우 대통령 권한 대행을 한 국무총리가 행한 효과는 대통령이 행한 효과로 귀속된다.

〈보기〉 ④ 협의의 법정대리
국가경찰과 자치경찰의 조직 및 운영에 관한 법률 제15조(경찰청 차장) ① 경찰청에 차장을 두며, 차장은 치안정감으로 보한다.
② 차장은 경찰청장을 보좌하며, 경찰청장이 부득이한 사유로 직무를 수행할 수 없을 때에는 그 직무를 대행한다.

30 경찰작용 및 경찰공무원을 통제하는 행정기관의 역할과 기능에 관한 설명 중 옳은 것을 모두 고른 것은?

ⓐ 행정심판위원회는 경찰관청의 위법한 처분 및 대통령의 부작위에 대해서 심리하여 침해된 국민의 권리를 구제하고 경찰행정의 적정한 운영을 도모한다.

ⓑ 시·도자치경찰위원회는 자치경찰사무 담당 경찰공무원에 대한 징계를 요구할 수 있다.

ⓒ 국민권익위원회는 누구든지 경찰공무원 등의 부패행위를 알게 된 때에는 무기명으로 신고할 수 있도록 하고 있다.

ⓓ 인사혁신처에 소청심사위원회를 설치하여, 경찰공무원이 징계 처분, 그 밖에 그 의사에 반하는 불리한 처분이나 부작위를 구제받을 수 있도록 하고 있다.

ⓔ 국가인권위원회는 경찰기관 및 경찰공무원 등에 의한 인권 침해행위 또는 차별행위에 대해 조사하고 구제할 수 있다.

ⓕ 감사원은 국회·법원 및 헌법재판소를 포함한 모든 국가기관 및 그에 소속한 공무원의 사무를 감찰하여 비위를 적발하고 시정한다.

---

① ㉠, ㉢, ㉤　　② ㉡, ㉣, ㉤　　③ ㉡, ㉢, ㉣　　④ ㉢, ㉣, ㉥

해설

행정심판법 제3조(행정심판의 대상) ① 행정청의 처분 또는 부작위에 대하여는 다른 법률에 특별한 규정이 있는 경우 외에는 이 법에 따라 행정심판을 청구할 수 있다.

② 대통령의 처분 또는 부작위에 대하여는 다른 법률에서 행정심판을 청구할 수 있도록 정한 경우 외에는 행정심판을 청구할 수 없다.

국가경찰과 자치경찰 조직 및 운영에 관한 법률 제24조(시·도자치경찰위원회의 소관 사무) ① 시·도자치경찰위원회의 소관 사무는 다음 각 호로 한다.

  1. 자치경찰사무에 관한 목표의 수립 및 평가

  2. 자치경찰사무에 관한 인사, 예산, 장비, 통신 등에 관한 주요정책 및 그 운영지원

  3. 자치경찰사무 담당 공무원의 임용, 평가 및 인사위원회 운영

  4. 자치경찰사무 담당 공무원의 부패 방지와 청렴도 향상에 관한 주요 정책 및 인권침해 또는 권한남용 소지가 있는 규칙, 제도, 정책, 관행 등의 개선

  5. 제2조에 따른 시책 수립

  6. 시·도경찰청장의 임용과 관련한 경찰청장과의 협의, 평가 및 결과 통보

  7. 자치경찰사무 감사 및 감사의뢰

  8. 자치경찰사무 담당 공무원의 주요 비위사건에 대한 감찰요구

  9. 자치경찰사무 담당 공무원에 대한 징계요구

  10. 자치경찰사무 담당 공무원의 고충심사 및 사기진작

  11. 자치경찰사무와 관련된 중요사건·사고 및 현안의 점검

  12. 자치경찰사무에 관한 규칙의 제정·개정 또는 폐지

  13. 지방행정과 치안행정의 업무조정과 그 밖에 필요한 협의·조정

  14. 제32조에 따른 비상사태 등 전국적 치안유지를 위한 경찰청장의 지휘·명령에 관한 사무

  15. 국가경찰사무·자치경찰사무의 협력·조정과 관련하여 경찰청장과 협의

  16. 국가경찰위원회에 대한 심의·조정 요청

부패방지 및 국민권익위원회의 설치와 운영에 관한 법률 제55조(부패행위의 신고) 누구든지 부패행위를 알게 된 때에는 이를 위원회에 신고할 수 있다.

부패방지 및 국민권익위원회의 설치와 운영에 관한 법률 제56조(공직자의 부패행위 신고의무) 공직자는 그 직무를 행함에 있어 다른 공직자가 부패행위를 한 사실을 알게 되었거나 부패행위를 강요 또는 제의받은 경우에는 지체 없이 이를 수사기관·감사원 또는 위원회에 신고하여야 한다.

부패방지 및 국민권익위원회의 설치와 운영에 관한 법률 제58조(신고의 방법) 신고를 하려는 자는 **본인의 인적사항과 신고취지 및 이유를 기재한 기명의 문서로써** 하여야 하며, 신고대상과 부패행위의 증거 등을 함께 제시하여야 한다.

국가공무원법 제9조(소청심사위원회의 설치) ① 행정기관 소속 공무원의 징계처분, 그 밖에 그 의사에 반하는 불리한 처분이나 부작위에 대한 소청을 심사·결정하게 하기 위하여 **인사혁신처**에 소청심사위원회를 둔다.

② 국회, 법원, 헌법재판소 및 선거관리위원회 소속 공무원의 소청에 관한 사항을 심사·결정하게 하기 위하여 국회사무처, 법원행정처, 헌법재판소사무처 및 중앙선거관리위원회사무처에 각각 해당 소청심사위원회를 둔다.

국가인권위원회법 제19조(업무) 위원회는 다음 각 호의 업무를 수행한다.
1. 인권에 관한 법령(입법과정 중에 있는 법령안을 포함한다)·제도·정책·관행의 조사와 연구 및 그 개선이 필요한 사항에 관한 권고 또는 의견의 표명
2. **인권침해행위에 대한 조사와 구제**
3. **차별행위에 대한 조사와 구제**
4. 인권상황에 대한 실태 조사
5. 인권에 관한 교육 및 홍보
6. 인권침해의 유형, 판단 기준 및 그 예방 조치 등에 관한 지침의 제시 및 권고
7. 국제인권조약 가입 및 그 조약의 이행에 관한 연구와 권고 또는 의견의 표명
8. 인권의 옹호와 신장을 위하여 활동하는 단체 및 개인과의 협력
9. 인권과 관련된 국제기구 및 외국 인권기구와의 교류·협력
10. 그 밖에 인권의 보장과 향상을 위하여 필요하다고 인정하는 사항

감사원법 제24조(감찰 사항) ① 감사원은 다음 각 호의 사항을 감찰한다.
1. 「정부조직법」 및 그 밖의 법률에 따라 설치된 행정기관의 사무와 그에 소속한 공무원의 직무
2. 지방자치단체의 사무와 그에 소속한 지방공무원의 직무
3. 제22조제1항제3호 및 제23조제7호에 규정된 자의 사무와 그에 소속한 임원 및 감사원의 검사대상이 되는 회계사무와 직접 또는 간접으로 관련이 있는 직원의 직무
4. 법령에 따라 국가 또는 지방자치단체가 위탁하거나 대행하게 한 사무와 그 밖의 법령에 따라 공무원의 신분을 가지거나 공무원에 준하는 자의 직무
③ 제1항의 공무원에는 **국회·법원 및 헌법재판소에 소속한 공무원은 제외한다.**

정답 30. ②

31 경찰의 근무성적평정에 관한 설명 중 가장 적절하지 <u>않은</u> 것은?

① 공무원에 대한 근무성적평정은 현대에 이르러 조직발전의 기초로 작용하는 공무원의 능력개발과 행정제도개선의 수단으로도 활용될 수 있다.

② 전통적 근무성적평정제도는 생산성과 능률성에 중점을 두어 직무수행의 통제를 위한 수단으로 활용하였다.

③ 근무성적평정과정에서 평정자에 의한 집중화 엄격화 등의 오류를 방지하기 위해 경찰서 수사과에서 고소 고발 등에 대한 조사업무를 직접 처리하는 경위 계급의 경찰공무원의 제2평정요소에 따른 근무성적 평정은 수 20%, 우 40%, 양 30%, 가 10%로 분배해야 한다.

④ 총경에 대한 근무성적평정은 매년 하되, 근무실적, 직무수행능력 및 직무수행태도로만 평정한다.

> **해설**
>
> 제7조(근무성적 평정) ① **총경 이하의 경찰공무원**에 대해서는 **매년 근무성적을 평정**하여야 하며, 근무성적 평정의 결과는 승진 등 인사관리에 반영하여야 한다.
>
> ② 근무성적은 다음 각 호의 평정 요소에 따라 평정한다.
>   다만, **총경의 근무성적은 제2 평정요소로만 평정한다.**
>   1. 제1 평정 요소
>   가. 경찰업무 발전에 대한 기여도
>   나. 포상 실적
>   다. 그 밖에 행정안전부령으로 정하는 평정 요소
>   2. 제2 평정 요소
>   가. 근무실적
>   나. 직무수행능력
>   다. 직무수행태도
>
> ③ 제2 평정요소에 따른 근무성적 평정은 평정대상자의 계급별로 평정 결과가 다음 각 호의 분포비율에 맞도록 하여야 한다. 다만, 평정 결과 제4호에 해당하는 사람이 없는 경우에는 제4호의 비율을 제3호의 비율에 가산하여 적용한다.
>   1. 수: 20퍼센트
>   2. 우: 40퍼센트
>   3. 양: 30퍼센트
>   4. 가: 10퍼센트
>
> ④ 제11조제2항 단서에 해당하는 경찰공무원과 **경찰서 수사과에서 고소 · 고발 등에 대한 조사업무를 직접 처리하는 경위 계급의 경찰공무원을 평정할 때에는 제3항의 비율을 적용하지 아니할 수 있다.**

32 경찰공무원 관련 법령에 따를 때, 경찰공무원의 신분변동에 관한 설명 중 가장 적절하지 **않은** 것은? (기출 수정)

① 임용권자는 직무수행 능력이 부족하거나 근무성적이 극히 나쁜 자에게는 직위를 부여하지 아니할 수 있다.

② 국가공무원법 제73조의 3(직위해제)에 따라 직위를 부여하지 아니한 경우에 그 사유가 소멸되면 임용권자는 지체 없이 직위를 부여하여야 한다.

③ 임용권자는 관련법에 따라 직위해제된 자에게 2개월의 범위에서 대기를 명한다.

④ 임용권자는 채용후보자 명부에 등재된 채용후보자가 6개월 이상의 장기요양이 필요한 질병이 있는 경우에 해당하는 경우에는 채용후보자 명부의 유효기간의 범위에서 기간을 정하여 임용 또는 임용제청을 유예할 수 있다.

해설

국가공무원법 제73조의3(직위해제) ① 임용권자는 다음 각 호의 어느 하나에 해당하는 자에게는 **직위를 부여하지 아니할 수 있다.**

2. 직무수행 능력이 부족하거나 근무성적이 극히 나쁜 자

3. 파면·해임·강등 또는 정직에 해당하는 징계 의결이 요구 중인 자

4. 형사 사건으로 기소된 자(약식명령이 청구된 자는 제외한다)

5. 고위공무원단에 속하는 일반직공무원으로서 제70조의2제1항제2호부터 제5호까지의 사유로 적격심사를 요구받은 자

6. 금품비위, 성범죄 등 대통령령으로 정하는 비위행위로 인하여 감사원 및 검찰·경찰 등 수사기관에서 조사나 수사 중인 자로서 비위의 정도가 중대하고 이로 인하여 정상적인 업무수행을 기대하기 현저히 어려운 자

② 제1항에 따라 직위를 부여하지 아니한 경우에 그 사유가 소멸되면 임용권자는 **지체 없이 직위를 부여하여야 한다.**

③ 임용권자는 제1항제2호에 따라 직위해제된 자에게 **3개월의 범위**에서 대기를 명한다.

경찰공무원 임용령 제18조의2(임용 또는 임용제청의 유예) ① 임용권자 또는 임용제청권자는 채용후보자 명부에 등재된 채용후보자가 다음 각 호의 어느 하나에 해당하는 경우에는 채용후보자 명부의 유효기간의 범위에서 기간을 정하여 임용 또는 **임용제청을 유예할 수 있다.** 다만, 유예기간 중이라도 그 사유가 소멸한 경우에는 임용 또는 임용제청을 할 수 있다.

1. 「병역법」에 따른 병역복무를 위하여 징집 또는 소집되는 경우

2. 학업을 계속하는 경우

3. 6개월 이상의 장기요양이 필요한 질병이 있는 경우

4. 임신하거나 출산한 경우

5. 그 밖에 임용 또는 임용제청의 유예가 부득이하다고 인정되는 경우

33 「스토킹범죄의 처벌 등에 관한 법률」상 처리절차에 관한 설명 중 옳은 것은 모두 몇 개인가? (기출 수정)

> ㉠ 사법경찰관은 스토킹행위 신고와 관련하여 스토킹행위가 지속적 또는 반복적으로 행하여질 우려가 있고 스토킹범죄의 예방을 위하여 긴급을 요하는 경우 스토킹행위자에게 직권으로 또는 스토킹행위의 상대방이나 그 법정대리인 또는 스토킹행위를 신고한 사람의 요청에 의하여 스토킹행위의 상대방등이나 그 주거등으로부터 100미터 이내의 접근 금지 등의 조치를 할 수 있다
>
> ㉡ 사법경찰관은 긴급응급조치를 하였을 때에는 지체 없이 검사에게 해당 긴급응급조치에 대한 사후승인을 지방법원 판사에게 청구하여 줄 것을 신청하여야 하며, 신청을 받은 검사는 긴급응급조치가 있었던 때부터 48시간 이내에 지방법원 판사에게 해당 긴급응급조치에 대한 사후승인을 청구한다.
>
> ㉢ 긴급응급조치기간은 1개월을 초과할 수 없다.
>
> ㉣ 법원은 스토킹범죄의 원활한 조사 심리 또는 피해자 보호를 위하여 잠정조치가 필요하다고 인정하는 경우에는 결정으로 스토킹행위자를 경찰관서의 유치장 또는 구치소에 1개월을 초과하지 않는 범위에서 유치할 수 있다. 다만 법원은 피해자의 보호를 위하여 그 기간을 연장할 필요가 있다고 인정하는 경우에는 결정으로 3개월의 범위에서 연장할 수 있다.

① 1개   ② 2개   ③ 3개   ④ 4개

해설

〈보기〉 ㉠

제4조(긴급응급조치) ① 사법경찰관은 스토킹행위 신고와 관련하여 스토킹행위가 지속적 또는 반복적으로 행하여질 우려가 있고 스토킹범죄의 예방을 위하여 긴급을 요하는 경우 스토킹행위자에게 직권으로 또는 스토킹행위의 상대방이나 그 법정대리인 또는 스토킹행위를 신고한 사람의 요청에 의하여 다음 각 호에 따른 조치를 할 수 있다. 〈개정 2023. 7. 11.〉

　　1. 스토킹행위의 상대방등이나 그 주거등으로부터 100미터 이내의 접근 금지
　　2. 스토킹행위의 상대방등에 대한 「전기통신기본법」 제2조제1호의 전기통신을 이용한 접근 금지

② 사법경찰관은 제1항에 따른 조치("긴급응급조치")를 하였을 때에는 즉시 스토킹행위의 요지, 긴급응급조치가 필요한 사유, 긴급응급조치의 내용 등이 포함된 긴급응급조치결정서를 작성하여야 한다.

〈보기〉 ㉡, ㉢

제5조(긴급응급조치의 승인 신청) ① 사법경찰관은 긴급응급조치를 하였을 때에는 지체 없이 검사에게 해당 긴급응급조치에 대한 사후승인을 지방법원 판사에게 청구하여 줄 것을 신청하여야 한다.

② 제1항의 신청을 받은 검사는 긴급응급조치가 있었던 때부터 **48시간 이내**에 지방법원 판사에게 해당 긴급응급조치에 대한 **사후승인을 청구한다.** 이 경우 제4조제2항에 따라 작성된 긴급응급조치결정서를 첨부하여야 한다.

③ 지방법원 판사는 스토킹행위가 지속적 또는 반복적으로 행하여지는 것을 예방하기 위하여 필요하다고 인정하는 경우에는 제2항에 따라 청구된 긴급응급조치를 승인할 수 있다.

④ 사법경찰관은 검사가 제2항에 따라 긴급응급조치에 대한 사후승인을 청구하지 아니하거나 지방법원 판사가 제2항의 청구에 대하여 사후승인을 하지 아니한 때에는 즉시 그 긴급응급조치를 취소하여야 한다.

⑤ 긴급응급조치기간은 **1개월을 초과할 수 없다.**

〈보기〉 ㄹ

제9조(스토킹행위자에 대한 잠정조치) ① 법원은 스토킹범죄의 원활한 조사·심리 또는 피해자 보호를 위하여 필요하다고 인정하는 경우에는 결정으로 스토킹행위자에게 다음 각 호의 어느 하나에 해당하는 조치("잠정조치")를 할 수 있다. 〈개정 2023. 7. 11.〉

    1. 피해자에 대한 스토킹범죄 중단에 관한 서면 경고

    2. 피해자 또는 그의 동거인, 가족이나 그 주거등으로부터 100미터 이내의 접근 금지

    3. 피해자 또는 그의 동거인, 가족에 대한 「전기통신기본법」 제2조제1호의 전기통신을 이용한 접근 금지

    3의2. 「전자장치 부착 등에 관한 법률」 제2조제4호의 위치추적 전자장치의 부착

    4. 국가경찰관서의 유치장 또는 구치소에의 유치

⑦ 제1항제2호·제3호 및 제3호의2에 따른 **잠정조치기간**은 3개월, 같은 항 제4호(**유치장 또는 구치소에의 유치**)에 따른 잠정조치기간은 **1개월**을 초과할 수 **없다**. 다만, 법원은 피해자의 보호를 위하여 그 기간을 연장할 필요가 있다고 인정하는 경우에는 결정으로 제1항제2호(피해자나 그 주거등으로부터 100미터 이내의 접근 금지)·제3호(전기통신을 이용한 접근 금지) 및 제3호의2(위치추적 전자장치의 부착)에 따른 잠정조치에 대하여 **두 차례**에 한정하여 각 **3개월**의 범위에서 연장할 수 있다. 〈개정 2023. 7. 11.〉

정답 33. ④

34 「112종합상황실 운영 및 신고처리 규칙」에 관한 설명 중 가장 적절하지 않은 것은? (기출 수정)

① 시·도경찰청장 및 경찰서장은 112요원을 배치할 때에는 관할구역 내 지리감각, 언어능력 및 상황 대처능력이 뛰어난 경찰공무원을 선발·배치하며, 근무기간은 1년 이상으로 한다.

② 112요원은 접수한 신고의 내용이 code 4 신고의 유형에 해당하는 경우에는 출동요소에 지령하지 않고 자체 종결하거나, 소관기관이나 담당 부서에 신고내용을 통보하여 처리하도록 조치해야 한다.

③ 112신고 이외 경찰관서별 일반전화 또는 직접 방문 등으로 경찰관의 현장출동을 필요로 하는 사건의 신고를 한 경우 해당 신고를 받은 자가 접수한다. 이때 접수한 자는 112시스템에 신고내용을 입력하여야 한다.

④ 112종합상황실 자료 중 접수처리 입력자료는 1년간 보존하고, 무선지령내용 녹음자료는 24시간 녹음하고 3개월간 보존한다.

> **해설**
>
> **제6조(근무자 선발 원칙 및 근무기간)** ① 시·도경찰청장 및 경찰서장은 112요원을 배치할 때에는 관할구역 내 지리감각, 언어 능력 및 상황 대처능력이 뛰어난 경찰공무원을 선발·배치해야 한다.
> ② 112요원의 근무기간은 **2년 이상**으로 한다.
> ③ 시·도경찰청장 및 경찰서장은 보임·전출입 등 인사 시 112요원의 장기근무를 유도하기 위해 노력해야 한다.
>
> **제8조(신고의 접수)** ① 112신고는 현장출동이 필요한 지역의 관할과 관계없이 신고를 받은 112치안종합상황실에서 접수한다.
> ② 국민이 112신고 이외 경찰관서별 일반전화 또는 직접 방문 등으로 경찰관의 현장출동을 필요로 하는 사건의 신고를 한 경우 해당 신고를 받은 자가 접수한다. 이 때 접수한 자는 112시스템에 신고내용을 입력해야 한다.
> ③ 112신고자가 그 처리 결과를 통보받고자 희망하는 경우에는 신고처리 종료 후 그 결과를 통보해야 한다.
>
> **제10조(지령)** ① 112요원은 접수한 신고 내용이 code 0 신고부터 code 3 신고의 유형에 해당하는 경우에는 1개 이상의 출동요소에 출동장소, 신고내용, 신고유형 등을 고지하고 처리하도록 지령해야 한다.
> ② 112요원은 접수한 신고의 내용이 code 4 신고의 유형에 해당하는 경우에는 출동요소에 지령하지 않고 자체 종결하거나, 소관기관이나 담당 부서에 신고내용을 통보하여 처리하도록 조치해야 한다.
>
> **제24조(자료보존기간)** ① 112치안종합상황실 자료의 보존기간은 다음 각 호의 기준에 따른다.
> 1. 112신고 접수처리 입력자료는 **1년간** 보존
> 2. 112신고 접수 및 무선지령내용 녹음자료는 24시간 녹음하고 3개월간 보존
> 3. 그 밖에 문서 및 일지는 「공공기관의 기록물 관리에 관한 법률」에서 정하는 바에 따라 보존
> ② 시·도경찰청장 또는 경찰서장은 문서 및 녹음자료의 보존기간을 연장할 특별한 사유가 있는 경우에는 제1항에도 불구하고 보존기간을 연장하여 특별 관리할 수 있다.

35 행사안전경비에서 군중정리의 원칙에 관한 설명 중 가장 적절하지 <u>않은</u> 것은?

① 밀도의 희박화 – 제한된 면적의 특정한 지역에 사람이 많이 모이면 상호간에 충돌현상이 나타나고 혼잡이 야기되므로, 차분한 목소리로 안내방송을 진행함으로써 사전에 혼잡상황을 대비하여 사고를 방지할 수 있다.

② 이동의 일정화 – 군중은 현재의 자기 위치와 갈 곳을 잘 몰라 불안감과 초조감을 갖게 되므로 일정방향과 속도로 이동을 시켜 주위의 상황을 파악할 수 있는 여건을 조성시킴으로써 심리적 안정감을 갖도록 하는 것이다.

③ 경쟁적 사태의 해소 – 다른 사람보다 먼저 가려는 심리상태를 억제시켜 질서 있게 행동하면 모든 일이 잘 될 수 있다는 것을 납득시키는 것이다. 이 경우 질서를 지키면 오히려 손해를 본다는 심리상태가 형성되지 않도록 주의하여야 한다.

④ 지시의 철저 – 분명하고 자세한 안내방송을 계속함으로써 혼잡한 사태를 회피하고 사고를 방지할 수 있다.

【해설】
〈보기〉 ① 밀도의 희박화 – 제한된 면적이나 특정지역에 사람이 많이 모이면 상호 간에 충돌현상이 나타나고 혼잡을 야기되므로 가급적 많은 사람이 모이는 것을 회피하는 것이다. 대규모 군중이 모이는 장소는 사전에 블록화 한다. 차분한 목소리로 안내방송을 진행함으로써 사전에 혼잡상황을 대비하여 사고를 방지하는 것은 '지시의 철저'에 대한 설명이다.

36 「아동·청소년의 성보호에 관한 법률」에 관한 설명 중 가장 적절하지 <u>않은</u> 것은?

① 사법경찰관리는 「아동 청소년의 성보호에 관한 법률」 제11조 및 제15조의2의 죄, 아동 청소년에 대한 「성폭력범죄의 처벌 등에 관한 특례법」 제14조 제2항 및 제3항의 죄에 해당하는 '디지털 성범죄'에 대하여 신분을 비공개하고 범죄현장(정보통신망 포함) 또는 범인으로 추정되는 자들에게 접근하여 범죄행위의 증거 및 자료 등을 수집할 수 있다.

② 사법경찰관리가 신분비공개수사를 진행하고자 할 때에는 사전에 상급 경찰관서 수사 부서의 장의 승인을 받아야 한다. 이 경우 그 수사기간은 1개월을 초과할 수 없다.

③ 사법경찰관리는 신분위장수사를 하려는 경우에는 검사에게 신분위장수사에 대한 허가를 신청하고, 검사는 법원에 그 허가를 청구한다. 다만 신분위장수사 절차를 거칠 수 없는 긴급을 요하는 때에는 동법 제25조의2 제2항의 요건을 구비하고 법원의 허가 없이 신분위장수사를 할 수 있다. 이 경우, 사법경찰관리는 신분위장수사 개시 후 지체 없이 검사에게 허가를 신청하여야 하고, 48시간 이내에 법원의 허가를 받지 못한 때에는 즉시 신분위장수사를 중지하여야 한다.

④ 국가수사본부장은 신분비공개수사가 종료된 즉시 대통령령으로 정하는 바에 따라 국가경찰위원회에 수사 관련 자료를 보고하여야 하며, 국가수사본부장은 대통령령으로 정하는 바에 따라 국회 소관 상임위원회에 신분비공개수사 관련 자료를 반기별로 보고하여야 한다.

> 해설

제25조의2(아동·청소년대상 디지털 성범죄의 수사 특례) ① 사법경찰관리는 다음 각 호의 어느 하나에 해당하는 범죄("디지털 성범죄")에 대하여 신분을 비공개하고 범죄현장(정보통신망을 포함한다) 또는 범인으로 추정되는 자들에게 접근하여 범죄행위의 증거 및 자료 등을 수집("**신분비공개수사**")할 수 있다.

　1. 제11조(아동·청소년성착취물의 제작·배포) 및 제15조의2(아동·청소년에 대한 성착취 목적 대화 등)의 죄

　2. 아동·청소년에 대한 「성폭력범죄의 처벌 등에 관한 특례법」 제14조제2항(카메라 등을 이용한 촬영) 및 제3항의 죄

제25조의3(아동·청소년대상 디지털 성범죄 수사 특례의 절차) ① 사법경찰관리가 신분비공개수사를 진행하고자 할 때에는 사전에 상급 경찰관서 수사부서의 장의 승인을 받아야 한다. 이 경우 그 수사기간은 **3개월을 초과할 수 없다.**

③ 사법경찰관리는 신분위장수사를 하려는 경우에는 검사에게 신분위장수사에 대한 허가를 신청하고, 검사는 법원에 그 허가를 청구한다.

제25조의4(아동·청소년대상 디지털 성범죄에 대한 긴급 신분위장수사) ① 사법경찰관리는 제25조의2제2항의 요건을 구비하고, 제25조의3제3항부터 제8항까지에 따른 절차를 거칠 수 없는 긴급을 요하는 때에는 법원의 허가 없이 신분위장수사를 할 수 있다.

② 사법경찰관리는 제1항에 따른 신분위장수사 개시 후 지체 없이 검사에게 허가를 신청하여야 하고, 사법경찰관리는 **48시간 이내에 법원의 허가를 받지 못한** 때에는 즉시 **신분위장수사를 중지**하여야 한다.

제25조의6(국가경찰위원회와 국회의 통제) ① 「국가경찰과 자치경찰의 조직 및 운영에 관한 법률」 제16조제1항에 따른 국가수사본부장은 신분비공개수사가 종료된 즉시 대통령령으로 정하는 바에 따라 같은 법 제7조제1항에 따른 국가경찰위원회에 수사 관련 자료를 보고하여야 한다.

② 국가수사본부장은 대통령령으로 정하는 바에 따라 국회 소관 상임위원회에 신분비공개수사 관련 자료를 반기별로 보고하여야 한다.

37 「실종아동등의 보호 및 지원에 관한 법률」에 관한 설명 중 옳은 것은 모두 몇 개인가?
(기출 수정)

> ㉠ "아동등"이란 실종신고 당시 18세 미만인 아동을 말한다.
> ㉡ "실종아동등"이란 약취·유인 또는 유기되거나 사고를 당하거나 가출하거나 길을 잃는 등의 사유로 인하여 보호자로부터 이탈된 아동등을 말한다.
> ㉢ 누구든지 정당한 사유 없이 실종아동등을 경찰관서의 장에게 신고하지 아니하고 보호할 수 없다.
> ㉣ 누구든지 정당한 사유 없이 실종아동등의 신상정보를 실종아동등을 찾기 위한 목적 외의 용도로 이용할 수 없다.
> ㉤ 경찰청장은 실종아동등의 조속한 발견·복귀와 복귀 후 지원을 위하여 관계 중앙행정기관의 장 또는 지방자치단체의 장에게 필요한 협조를 요청할 수 있다. 이 경우 협조요청을 받은 기관의 장은 특별한 사유가 없으면 이에 따라야 한다.

① 5개   ② 4개   ③ 3개   ④ 2개

해설 틀린 보기 ㉠

제2조(정의) 이 법에서 사용하는 용어의 정의는 다음과 같다.
1. "아동등"이란 다음 각 목의 어느 하나에 해당하는 사람을 말한다.
   가. **실종 당시** 18세 미만인 아동
   나. 「장애인복지법」 제2조의 장애인 중 지적장애인, 자폐성장애인 또는 정신장애인
   다. 「치매관리법」 제2조제2호의 치매환자
2. "실종아동등"이란 약취·유인 또는 유기되거나 사고를 당하거나 가출하거나 길을 잃는 등의 사유로 인하여 보호자로부터 이탈된 아동등을 말한다.
3. "보호자"란 친권자, 후견인이나 그 밖에 다른 법률에 따라 아동등을 보호하거나 부양할 의무가 있는 사람을 말한다. 다만, 제4호의 보호시설의 장 또는 종사자는 제외한다.
4. "보호시설"이란 사회복지시설 및 인가·신고 등이 없이 아동등을 보호하는 시설로서 사회복지시설에 준하는 시설을 말한다.
5. "유전자검사"란 개인 식별을 목적으로 혈액·머리카락·침 등의 검사대상물로부터 유전자를 분석하는 행위를 말한다.
6. "유전정보"란 유전자검사의 결과로 얻어진 정보를 말한다.
7. "신상정보"란 이름·나이·사진 등 특정인임을 식별하기 위한 정보를 말한다.

제7조(미신고 보호행위의 금지) 누구든지 정당한 사유 없이 실종아동등을 경찰관서의 장에게 신고하지 아니하고 보호할 수 없다.

제15조(신상정보의 목적 외 이용금지) 누구든지 정당한 사유 없이 실종아동등의 신상정보를 실종아동등을 찾기 위한 목적 외의 용도로 이용할 수 없다.

제16조(관계 기관의 협조) 보건복지부장관이나 경찰청장은 실종아동등의 조속한 발견·복귀와 복귀 후 지원을 위하여 관계 중앙행정기관의 장 또는 지방자치단체의 장에게 필요한 협조를 요청할 수 있다. 이 경우 협조요청을 받은 기관의 장은 특별한 사유가 없으면 이에 따라야 한다.

38 「성폭력범죄의 수사 및 피해자 보호에 관한 규칙」에 관한 설명 중 가장 적절하지 <u>않은</u> 것은?

① 경찰관은 성폭력범죄의 피해자가 13세 미만이거나 신체적인 또는 정신적인 장애로 사물을 변별하거나 의사를 결정할 능력이 미약한 경우에는 통합지원센터나 성폭력 전담의료기관과 연계하여 치료, 상담 및 조사를 병행한다. 다만, 피해자가 원하지 않는 경우에는 그러하지 아니하다.

② 경찰서장은 특별한 사정이 없는 한 성폭력 피해여성을 여성 성폭력범죄 전담조사관이 조사하도록 하여야 한다. 다만, 피해자가 원하는 경우에는 신뢰관계자, 진술조력인 또는 다른 경찰관으로 하여금 입회하게 하고 '피해자 조사 동의서'에 서면으로 동의를 받아 남성 성폭력범죄 전담조사관으로 하여금 조사하게 할 수 있다.

③ 경찰관은 영상녹화를 할 때에는 피해자등에게 영상녹화의 취지 등을 설명하고 동의 여부를 확인하여야 하며, 피해자등이 녹화를 원하지 않는 의사를 표시한 때에는 촬영을 하여서는 아니 된다. 다만, 가해자가 친권자 중 일방인 경우에는 그러하지 아니하다.

④ 경찰관은 성폭력범죄의 피해자가 13세 미만이거나 신체적인 또는 정신적인 장애로 의사소통이나 의사표현에 어려움이 있는 경우 진술조력인을 조사과정에 반드시 참여시켜야 한다.

> **해설**
>
> **제11조(피해자 후송)** ① 경찰관은 피해자의 치료가 필요한 경우에는 즉시 피해자를 가까운 통합지원센터 또는 성폭력 전담의료기관으로 후송한다. 다만, 피해자가 원하지 않는 경우에는 그러하지 아니하다.
> ② 경찰관은 성폭력범죄의 피해자가 13세 미만이거나 신체적인 또는 정신적인 장애로 사물을 변별하거나 의사를 결정할 능력이 미약한 경우에는 통합지원센터나 성폭력 전담의료기관과 연계하여 치료, 상담 및 조사를 병행한다. 다만, 피해자가 원하지 않는 경우에는 그러하지 아니하다.
>
> **제17조(조사의 준비)** ① 경찰관은 피해자를 조사하기 전에 피해자의 연령, 인지능력, 가족관계 및 생활환경 등을 확인하여야 한다.
> ② 경찰관은 제1항과 같이 확인한 결과를 토대로 피해자의 의견, 건강 및 심리 상태 등을 충분히 고려하여 조사의 시기·장소 및 방법을 결정하여야 한다.
> ③ 경찰관은 조사의 시기·장소 및 방법을 결정할 때 제27조의 전문가 및 제28조의 진술조력인의 의견을 들을 수 있다.
>
> **제18조(조사 시 유의사항)** ① 시·도경찰청장 및 경찰서장은 특별한 사정이 없으면 성폭력 피해자를 동성 성폭력범죄 전담조사관이 조사하도록 해야 한다. 다만, 피해자가 원하는 경우에는 신뢰관계자, 진술조력인 또는 다른 경찰관으로 하여금 입회하게 하고 별지 제1호 서식에 의해 서면으로 동의를 받아 이성 성폭력범죄 전담조사관으로 하여금 조사하게 할 수 있다.
> ② 경찰관은 성폭력 피해자를 조사할 때에는 제17조의 준비를 거쳐 1회에 수사상 필요한 모든 내용을 조사하는 등 조사 횟수를 최소화하기 위하여 노력하여야 한다.
>
> **제22조(영상물의 촬영·보존)** ① 경찰관은 성폭력범죄의 피해자를 조사할 때에는 진술내용과 조사과정을 영상물 녹화장치로 촬영·보존할 수 있다. 다만, 피해자가 19세미만피해자등인 경우에는 반드시 촬영·보존해야 한다.
> ② 경찰관은 영상녹화를 할 때에는 피해자등에게 영상녹화의 취지 등을 설명하고 동의 여부를 확인하여야 하며, 피해자등이 녹화를 원하지 않는 의사를 표시한 때에는 촬영을 하여서는 아니 된다. 다만, 가해자가 친권자 중 일방인 경우에는 그러하지 아니하다.
>
> **제28조(진술조력인의 참여)** ① 경찰관은 성폭력범죄의 피해자가 19세 미만 피해자등인 경우 직권이나 피해자등 또는 변호사의 신청에 따라 진술조력인이 조사과정에 참여하게 할 수 있다. 다만, 피해자등이 이를 원하지 않을 때는 그렇지 않다.

39 「집회 및 시위에 관한 법률」에 관한 다음 설명 중 가장 적절하지 <u>않은</u> 것은? (다툼이 있는 경우 판례에 의함)

① 집회의 신고가 경합할 경우, 먼저 신고된 집회의 목적, 장소 및 시간, 참여예정인원, 집회 신고인이 기존에 신고한 집회 건수와 실제로 집회를 개최한 비율 등 먼저 신고된 집회의 실제 개최 가능성 여부와 양 집회의 상반 또는 방해가능성 등 제반 사정을 확인하여 먼저 신고된 집회가 다른 집회의 개최를 봉쇄하기 위한 허위 또는 가장 집회신고에 해당함이 객관적으로 분명해 보이는 경우라도 관할 경찰관서장이 뒤에 신고된 집회에 대하여 금지통고를 했다면, 이러한 금지통고에 위반하여 집회를 개최한 행위는 「집회 및 시위에 관한 법률」에 위배된다.

② 질서유지선이 집회 및 시위의 보호와 공공의 질서유지를 위하여 필요하다고 인정되는 최소한의 범위를 정하여 설정되고 「집회 및 시위에 관한 법률 시행령」 관련 조항에서 정한 사유에 해당한다면, 집회 또는 시위가 이루어지는 장소 외곽의 경계지역뿐 아니라 집회 또는 시위의 장소 안에도 설정할 수 있다.

③ 경찰관들이 옥회집회 또는 시위 장소에서 줄지어 서는 등의 방법으로 소위 '사실상 질서유지선'의 역할을 수행한다고 하더라도 이를 가리켜 「집회 및 시위에 관한 법률」에서 정한 질서유지선이라고 할 수는 없다.

④ 집회·시위 참가자들이 관할 경찰관서에 신고하지 않고 집회를 개최한 경우, 그 옥외집회 또는 시위로 인하여 타인의 법익이나 공공의 안녕질서에 대한 직접적인 위험이 명백하게 초래되지 않은 상황에서 경찰이 '미신고집회'라는 사유로 자진 해산 요청을 한 후, '불법적인 행진시도', '불법 도로 점거로 인한 도로교통법 제68조 제3항 제2호 위반'이라는 사유로 3회에 걸쳐 해산명령을 하였더라도 정당한 해산명령에 해당하지 않는다.

해설

〈보기〉 ① 대법원 2014. 12. 11. 선고 2011도13299 판결

【판결요지】

집회의 신고가 경합할 경우 특별한 사정이 없는 한 관할경찰관서장은 집회 및 시위에 관한 법률) 제8조 제2항의 규정에 의하여 신고 순서에 따라 뒤에 신고된 집회에 대하여 금지통고를 할 수 있지만, 먼저 신고된 집회의 참여예정인원, 집회의 목적, 집회개최장소 및 시간, 집회 신고인이 기존에 신고한 집회 건수와 실제로 집회를 개최한 비율 등 먼저 신고된 집회의 실제 개최 가능성 여부와 양 집회의 상반 또는 방해가능성 등 제반 사정을 확인하여 먼저 신고된 집회가 다른 집회의 개최를 봉쇄하기 위한 허위 또는 가장 집회신고에 해당함이 객관적으로 분명해 보이는 경우에는, 뒤에 신고된 집회에 다른 집회금지 사유가 있는 경우가 아닌 한, 관할경찰관서장이 단지 **먼저 신고가 있었다는 이유만으로 뒤에 신고된 집회에 대하여 집회 자체를 금지하는 통고를 하여서는 아니 되고,** 설령 이러한 금지통고에 위반하여 집회를 개최하였다고 하더라도 그러한 행위를 **집시법상 금지통고에 위반한 집회개최행위에 해당한다고 보아서는 아니 된다.**

40 「도로교통법」 및 관련 법령에 따를 때, 다음 설명 중 가장 적절하지 **않은** 것은? (다툼이 있는 경우 판례에 의함)

① 운전자가 음주운전으로 교통사고를 야기한 후, 차에서 내려 피해자(진단 3주)에게 '왜 와서 들이받냐'라는 말을 하고, 교통사고 조사를 위해 경찰서에 가자는 경찰관의 지시에 순순히 응하여 순찰차에 스스로 탑승하여 경찰서까지 갔을 뿐 아니라 경찰서에서 조사받으면서 사고 당시 상황에 대한 자신의 주장을 정확하게 진술하였다면, 비록 경찰관이 작성한 주취운전자 정황진술보고서에는 '언행상태'란에 '발음 약간 부정확', '보행상태'란에 '비틀거림이 없음', '운전자 혈색'란에 '안면 홍조 및 눈 충혈'이라고 기재되어 있다고 하더라도 음주로 인한 특정범죄 가중처벌 등에 관한 법률 위반(위험운전치사상)이 아니라 도로교통법 위반(음주운전)으로 처벌해야 한다.

② 「도로교통법」 및 관련 법령에는 연습운전면허를 발급받은 사람이 본인에게 귀책사유(歸責事由)가 없는 경우 등 대통령령으로 정하는 경우를 제외하고, 운전 중 고의 또는 과실로 교통사고를 일으키거나 「도로교통법」이나 「도로교통법」에 따른 명령 또는 처분을 위반한 경우에 시·도경찰청장은 연습운전면허를 취소하여야 한다고 규정하고 있으므로, 연습운전면허를 받은 사람이 운전을 함에 있어 주행연습 외의 목적으로 운전하여서는 아니된다는 준수사항을 지키지 않았다고 하더라도 무면허운전으로 처벌할 수는 없다.

③ 「도로교통법」상 도로가 아닌 곳에서 술에 취한 상태에서의 운전은 음주운전으로는 처벌할 수 있지만 운전면허의 정지 또는 취소처분을 부과할 수는 없다.

④ 개인형 이동장치를 타고 신호위반, 중앙선 침범과 진로변경 금지 위반행위를 연달아 하여 다른 사람에게 위협 또는 위해를 가할 뿐 아니라 교통상의 위험을 발생하게 한 운전자에 대해 난폭운전으로 처벌할 수 있다.

해설

제46조의3(난폭운전 금지) 자동차등(개인형 이동장치는 제외한다)의 운전자는 다음 각 호 중 둘 이상의 행위를 연달아 하거나, 하나의 행위를 지속 또는 반복하여 다른 사람에게 위협 또는 위해를 가하거나 교통상의 위험을 발생하게 하여서는 아니 된다.

    1. 제5조에 따른 **신호 또는 지시 위반**
    2. 제13조제3항에 **따른 중앙선 침범**
    3. 제17조제3항에 따른 속도의 위반
    4. 제18조제1항에 따른 횡단·유턴·후진 금지 위반
    5. 제19조에 따른 안전거리 미확보, **진로변경 금지 위반**, 급제동 금지 위반
    6. 제21조제1항·제3항 및 제4항에 따른 앞지르기 방법 또는 앞지르기의 방해금지 위반
    7. 제49조제1항제8호에 따른 정당한 사유 없는 소음 발생
    8. 제60조제2항에 따른 고속도로에서의 앞지르기 방법 위반
    9. 제62조에 따른 고속도로등에서의 횡단·유턴·후진 금지 위반

제2조(정의)   이 법에서 사용하는 용어의 뜻은 다음과 같다.

19. "**원동기장치자전거**"란 다음 각 목의 어느 하나에 해당하는 차를 말한다.

  가. 「자동차관리법」 제3조에 따른 이륜자동차 가운데 배기량 125시시 이하(전기를 동력으로 하는 경우에는 최고정격출력 11킬로와트 이하)의 이륜자동차

  나. 그 밖에 배기량 125시시 이하(전기를 동력으로 하는 경우에는 최고정격출력 11킬로와트 이하)의 원동기를 단 차(「자전거 이용 활성화에 관한 법률」 제2조제1호의2에 따른 전기자전거 및 제21호의3에 따른 실외이동로봇은 제외한다)

19의2. "**개인형 이동장치**"란 제19호나목의 원동기장치자전거 중 시속 25킬로미터 이상으로 운행할 경우 전동기가 작동하지 아니하고 차체 중량이 30킬로그램 미만인 것으로서 행정안전부령으로 정하는 것을 말한다.

22년 제2차 경찰공무원(순경)채용시험 문제

– 공채(남 · 여) · 경찰행정학과특채 · 101경비단 –
응시 번호 :   이름 :

[경찰학개론]

01 경찰개념에 관한 설명 중 가장 적절하지 <u>않은</u> 것은?

① 경찰의 개념에 대한 정의는 시대 및 역사 그리고 각국의 전통과 사상을 배경으로 발달하기 때문에 일률적으로 정의를 내리기 어렵다.

② 1648년 독일은 베스트팔렌 조약을 계기로 사법이 국가의 특별 작용으로 인정되면서 경찰과 사법이 분리되었다.

③ 독일은 제2차 세계대전 이후 보안경찰 이외의 행정경찰사무, 즉 영업경찰, 건축경찰, 보건경찰 등의 경찰사무를 다른 행정관청의 분장사무로 이관하는 비경찰화 과정을 거쳤다.

④ 독일 프로이센 고등행정법원의 크로이쯔베르크 판결을 계기로 경찰의 권한은 소극적 위험방지 분야로 한정하게 되었으며, 비로소 이 취지의 규정을 둔 「경죄처벌법전」(죄와 형벌법전)이 제정되었다.

02 「국가경찰과 자치경찰의 조직 및 운영에 관한 법률」상 자치 경찰사무에 관한 내용 중 가장 적절하지 <u>않은</u> 것은?

① 생활안전을 위한 순찰 및 시설의 운영, 주민참여 방범활동의 지원 및 지도, 주민의 일상생활과 관련된 사회질서의 유지 및 그 위반행위의 지도 단속 등 지역 내 주민의 생활안전 활동에 관한 사무는 자치경찰의 사무에 포함된다.

② 교통법규 위반에 대한 지도 단속, 교통안전시설 및 무인 교통 단속용 장비의 심의 설치 관리 등 지역 내 교통활동에 관한 사무는 자치경찰사무에 포함된다.

③ 학교폭력 등 소년범죄, 가정폭력, 아동학대 범죄, 「형법」 제245조에 따른 공연음란 및 「성폭력범죄의 처벌 등에 관한 특례법」 제11조에 따른 공중밀집 장소에서의 추행행위에 관한 범죄는 자치경찰사무에 포함된다.

④ 지역 내 주민의 생활안전 활동에 관한 사무, 지역 내 교통활동에 관한 사무, 지역 내 다중운집 행사 관련 혼잡 교통 및 안전 관리의 자치경찰사무에 관한 구체적인 사항 및 범위 등은 대통령령으로 정하는 기준에 따라 시 · 도조례로 정한다.

2022 제2차 경찰공무원 **525** •••

03 「국가경찰과 자치경찰의 조직 및 운영에 관한 법률」상 국가 경찰위원회와 시·도자치경찰위원회에 공통적으로 적용되는 규정 중 가장 적절한 것은?

① 위원장 및 1명의 위원은 상임위원으로 하고 나머지 5명의 위원은 비상임으로 한다.
② 경찰의 직에서 퇴직한 날로부터 3년이 지나지 아니한 사람은 위원이 될 수 없다.
③ 위원 2명이 회의를 요구하는 경우 임시회의를 개최할 수 있다.
④ 보궐위원은 전임자의 남은 임기가 1년 미만인 경우 한 차례에 한해서 연임할 수 있다.

04 경찰재량에 관한 설명 중 가장 적절하지 <u>않은</u> 것은? (다툼이 있는 경우 판례에 의함)

① 「도로교통법」상 교통단속임무를 수행하는 경찰공무원을 폭행한 사람의 운전면허를 취소하는 것은 행정청이 재량여지가 없으므로 재량권의 일탈 남용과는 관련이 없다.
② 재량을 선택재량과 결정재량으로 나눌 경우, 경찰공무원의 비위에 대해 징계처분을 하는 결정과 그 공무원의 건강 등 제반사정을 고려하여 징계처분을 하지 않는 결정 사이에서 선택권을 갖는 것을 결정재량이라 한다.
③ 재량의 일탈 남용뿐만 아니라 단순히 재량권 행사에서 합리성을 결하는 등 재량을 그르친 경우에도 행정심판의 대상이 된다.
④ 재량권의 일탈이란 재량권의 내적 한계(재량권이 부여된 내재적 목적)를 벗어난 것을 말하며, 재량권의 남용이란 재량권의 외적 한계(법적 객관적 한계)를 벗어난 것을 의미한다.

05 「공직자의 이해충돌 방지법」과 「부정청탁 및 금품등 수수의 금지에 관한 법률」에 관한
설명 중 가장 적절한 것은?

① 「공직자의 이해충돌 방지법」상 부동산을 직접 또는 간접으로 취급하는 대통령령으로
정한 공공기관의 공직자가 소속 공공기관의 업무와 관련된 부동산을 보유하고 있거나
매수하는 경우 소속기관장에게 그 사실을 구두 또는 서면으로 신고하여야 한다.

② 「부정청탁 및 금품등 수수의 금지에 관한 법률」상 '공직자등'이 부정청탁을 받았을 때
에는 부정청탁을 한 자에게 부정청탁임을 알리고 이를 거절하는 의사를 명확히 표시
하여야 하며, 이러한 조치를 하였음에도 불구하고 동일한 부정청탁을 다시 받은 경우
에는 이를 소속기관장에게 구두 또 는 서면(전자서면을 포함)으로 신고하여야 한다.

③ 「부정청탁 및 금품등 수수의 금지에 관한 법률」에 따르면 ○○경찰서 소속 경찰관
甲이 모교에서 자신의 직무와 관련된 강의를 요청받아 1시간 동안 강의를 하고 50만
원의 사례금을 받았다면 대통령령이 정하는 바에 따라 소속기관장에게 신고하고 그
초과금액을 소속기관장에게 지체없이 반환하여야 한다.

④ 「부정청탁 및 금품등 수수의 금지에 관한 법률」상 「국가공무원법」 또는 「지방공무원
법」에 따른 공무원과 그 밖에 다른 법률에 따라 그 자격 임용 교육 훈련 복무 보수 신
분보장 등에 있어서 공무원으로 인정된 사람은 '공직자등' 개념에 포함된다.

06 다음은 경찰활동의 기본이념과 관련된 법적 근거를 제시한 것이다. 이와 관련하여 〈보기 1〉
과 〈보기 2〉의 내용이 가장 적절하게 연결된 것은?

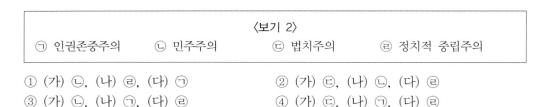

〈보기 1〉
(가) 헌법 제1조 제2항에서는 "대한민국 주권은 국민에게 있고, 모든 권력은 국민으로부터
나온다"라고 규정하고 있다.
(나) 헌법 제37조 제1항에서는 "국민의 자유와 권리는 헌법에 열거되지 아니한 이유로 경시
되지 아니한다"라고 규정하고 있다.
(다) 「국가공무원법」 제65조 제1항에서는 "공무원은 정당이나 그 밖의 정치단체의 결성에
관여하거나 이에 가입할 수 없다"라고 규정하고 있다.

〈보기 2〉
㉠ 인권존중주의   ㉡ 민주주의   ㉢ 법치주의   ㉣ 정치적 중립주의

① (가) ㉡, (나) ㉣, (다) ㉠   ② (가) ㉢, (나) ㉡, (다) ㉣
③ (가) ㉡, (나) ㉠, (다) ㉣   ④ (가) ㉢, (나) ㉠, (다) ㉣

07 다음은 경찰의 부정부패 이론(가설)에 관한 설명이다. 주장한 학자와 이론이 가장 적절하게 연결된 것은?

> ㉠ 부패의 사회화를 통하여 신임경찰이 기존의 부패한 경찰에게 물들게 된다는 것으로 부패의 원인을 개인적 결함이 아닌 조직의 체계적 원인으로 보고 있다.
> ㉡ 시카고 경찰의 부패 원인 중 하나로 '시카고 시민이 경찰을 부패시켰다'라는 주장이 거론된 것처럼 시민사회가 경찰관의 부패를 묵인하거나 용인할 때 경찰관이 부패 행위에 빠져들게 된다.

① ㉠ 델라트르(Delattre) – 미끄러지기 쉬운 경사로 이론
  ㉡ 니더호퍼(Neiderhoffer), 로벅(Roebuck), 바커(Barker) – 구조원인가설
② ㉠ 셔먼(Sherman) – 구조원인가설
  ㉡ 델라트르(Delattre) – 미끄러지기 쉬운 경사로 이론
③ ㉠ 니더호퍼(Neiderhoffer), 로벅(Roebuck), 바커(Barker) – 구조원인가설
  ㉡ 윌슨(Wilson) – 전체사회가설
④ ㉠ 윌슨(Wilson) – 전체사회가설
  ㉡ 펠드버그(Feldberg) – 구조원인가설

08 환경설계를 통한 범죄예방(CPTED)에 관한 설명이다. 이에 관한 ㉠부터 ㉣까지의 설명 중 옳고 그름의 표시(○, ×)가 모두 바르게 된 것은?

> ㉠ 건축물이나 시설물의 설계 시 가시권의 최대 확보, 외부침입에 대한 감시기능을 확대하여 범죄행위의 발견 가능성은 증가 시키고 범죄기회는 감소시킬 수 있다는 원리를 자연적 감시 라고 하며, 이에 대한 종류로는 조명, 조경, 가시권 확대를 위한 건물의 배치 등이 있다.
> ㉡ 지역사회의 설계 시 주민들이 모여서 상호의견을 교환하고 유대감을 증대할 수 있는 공공장소를 설치하고 이용하도록 함으로써 '거리의 눈'을 활용한 자연적 감시와 접근통제의 기능을 확대하는 원리를 활동의 활성화(활용성의 증대)라고 하며, 이에 대한 종류로는 놀이터 공원의 설치, 벤치 정자의 위치 및 활용성에 대한 설계, 통행로의 설계 등이 있다.
> ㉢ 사적 공간에 대한 경계를 표시하여 주민들의 책임의식과 소유의식을 증대함으로써 사적 공간에 대한 관리권과 권리를 강화시키고, 외부인들에게는 침입에 대한 불법사실을 인식시켜 범죄기회를 차단하는 원리를 자연적 접근통제라고 하며, 이에 대한 종류로는 방범창, 출입구의 최소화 등이 있다.
> ㉣ 처음 설계된 대로 혹은 개선한 의도대로 기능을 지속적으로 유지하도록 관리함으로써 범죄예방을 위한 환경설계의 장기적 이고 지속적인 효과를 유지하는 원리를 유지관리라고 하며, 이에 대한 종류로는 청결유지, 파손의 즉시보수, 조명의 관리 등이 있다.

① ㉠ (○), ㉡ (×), ㉢ (×), ㉣ (○)   ② ㉠ (○), ㉡ (○), ㉢ (×), ㉣ (○)
③ ㉠ (×), ㉡ (×), ㉢ (○), ㉣ (○)   ④ ㉠ (○), ㉡ (○), ㉢ (○), ㉣ (×)

09 다음 사례에서 나타나는 전문직업인으로서 경찰의 윤리적 문제점으로 가장 적절한 것은?

> ○○경찰서 경비과 소속 경찰관 甲은 집회 현장에서 시위대가 질서유지선을 침범해 경찰관을 폭행하자 교통, 정보, 생활안전 등 다른 전체적인 분야에 대한 고려 없이 경비분야만 생각하고 검거 결정을 하였다.

① 부권주의   ② 소외
③ 차별   ④ 사적 이익을 위한 이용

10 우리나라 경찰의 역사에 관한 설명 중 가장 적절하지 <u>않은</u> 것은?

① 고려시대 중앙에는 형부, 병부, 어사대, 금오위 등이 경찰업무를 수행하였고, 이 중 어사대는 관리의 비리를 규탄하고 풍속교정을 담당하는 등 풍속경찰의 임무를 수행하였다.
② 이준규 서장은 보도연맹원들에 대한 총살명령이 내려오자 480명의 예비 검속자 앞에서 "내가 죽더라도 방면하겠으니 국가를 위해 충성해 달라"라는 연설 후 전원 방면하였다.
③ 정부수립 이후 1991년 이전 경찰의 특징을 살펴보면, 전투경찰 업무가 경찰의 업무 범위에 추가되었고 소방업무가 경찰의 업무 범위에서 배제되는 등 경찰활동의 영역에 변화가 있었다.
④ 구 「경찰법」이 「국가경찰과 자치경찰의 조직 및 운영에 관한 법률」로 개정됨에 따라 자치경찰사무를 관장하게 하기 위하여 특별시장, 광역시장, 특별자치시장, 도지사, 특별자치도지사 소속으로 시·도자치경찰위원회를 두었다.

11 행정법의 일반원칙에 관한 설명 중 가장 적절하지 **않은** 것은? (다툼이 있는 경우 판례에 의함)

① 폐기물처리업에 대하여 사전에 관할 관청으로부터 적정통보를 받고 막대한 비용을 들여 허가요건을 갖춘 다음 허가신청을 하였음에도 관할 관청으로부터 '다수 청소업자의 난립으로 안정적이고 효율적인 청소업무의 수행에 지장이 있다'는 이유로 불허가처분을 받은 경우, 그 처분은 신뢰보호원칙 위반으로 인한 위법한 처분에 해당된다.

② 지방자치단체장이 사업자에게 주택사업계획승인을 하면서 그 주택사업과는 아무런 관련이 없는 토지를 기부채납하도록 하는 부관을 주택사업계획승인에 붙인 경우, 그 부관은 부당 결부금지 원칙에 위반되어 위법하다.

③ 같은 정도의 비위를 저지른 자들 사이에 있어서도 그 직무의 특성, 비위의 성격 및 정도를 고려하여 징계종류의 선택과 양정을 차별적으로 취급하는 것은 합리적 차별로서 평등원칙에 반하지 아니한다.

④ 적법 및 위법을 불문하고 재량준칙에 따른 행정관행이 성립한 경우라면, 행정의 자기구속 원칙이 적용될 수 있다.

12 경찰공무원 관련 법령에 따를 때, 다음 설명 중 가장 적절한 것은?

① ○○경찰서 소속 지구대장 경감 甲과 동일한 지구대 소속 순경 乙이 관련된 징계등 사건(甲의 감독상 과실책임만으로 관련된 경우, 관련자에 대한 징계등 사건을 분리하여 심의 의결하는 것이 타당하다고 인정되는 경우는 제외)은 ○○경찰서에 설치된 징계 위원회에서 심의 의결한다.

② 경찰공무원 임용 당시 임용결격사유가 있었더라도 국가의 과실에 의해 임용결격자임을 밝혀내지 못했다면, 그 임용행위는 당연무효로 볼 수 없다.

③ 국가경찰사무를 담당하는 ○○경찰서 소속 경사 丙에 대한 정직처분은 소속기관장인 ○○경찰서장이 행하지만, 그 처분에 대한 행정소송의 피고는 경찰청장이다.

④ 징계의결이 요구된 경정 丁에게 국무총리 표창을 받은 공적이 있는 경우에 징계위원회는 징계를 감경할 수 있지만, 그 표창이 丁에게 수여된 표창이 아니라 丁이 속한 ○○ 경찰서에 수여된 단체표창이라면 감경할 수 없다.

13 경찰공무원 관련 법령에 따를 때, 승진에 관한 설명 중 가장 적절하지 <u>않은</u> 것은? (다툼이 있는 경우 판례에 의함)

① ○○지구대에 근무하는 순경 甲이 승진후보자명부에 등재된 후 경장으로 승진임용되기 전에 정직 3개월의 징계처분을 받아 임용권자가 순경 甲을 승진후보자명부에서 삭제함으로써 순경 甲이 승진임용의 대상에서 제외되었다면, 임용권자의 승진 후보자명부에서의 삭제 행위 그 자체는 행정처분에 해당한다.

② 만 7세인 초등학교 1학년 외동딸을 양육하기 위하여 1년간 휴직한 경사乙의 위 휴직기간 1년은 승진소요 최저근무연수에 포함된다.

③ 통상적인 근무시간보다 짧은 시간을 근무하는 시간선택제전환 경찰공무원 으로경위 계급에서 1년간 근무한 경위 丙의 위 근무기간 1년은 승진소요 최저근무연수에 포함된다.

④ 위법 부당한 처분과 직접적 관계없이 50만 원의 향응을 받아 감봉 1개월의 징계처분을 받은 경감 丁이 그 징계처분을 받은 후 해당 계급에서 경찰청장 표창을 받은 경우 (그 외 일체의 포상을 받은 사실 없음)에는 징계처분의 집행이 끝난 날부터 18개월이 지나면 승진임용될 수 있다.

14 개인의 자유를 침해하거나 의무를 부과하는 행정은 반드시 법률의 근거가 있어야 한다는 원칙을 전제할 때, 법률의 근거 없이도 가능한 것을 모두 고른 것은? (다툼이 있는 경우 판례에 의함)

> ㉠ 경찰관의 학교 앞 등교지도
> ㉡ 주민을 상대로 한 교통정책홍보
> ㉢ 기초생활수급자에 대한 생계비지원
> ㉣ 공무원에 대해 특정종교를 금지하는 훈령
> ㉤ 자살을 시도하는 사람에 대한 경찰관서 보호
> ㉥ 붕괴위험시설에 대한 예방적 출입금지

① ㉠, ㉡, ㉢   ② ㉠, ㉡, ㉤
③ ㉠, ㉢, ㉤   ④ ㉡, ㉢, ㉣, ㉥

15 「국가공무원법」 및 관련 법령에 따를 때, 소청심사와 관련하여 아래 사례에 관한 설명 중 가장 적절하지 <u>않은</u> 것은?

> ○○경찰서 소속 지구대에서 근무하는 순경 甲이 법령준수 의무 위반 등 각종 비위행위로 인하여 관련 절차를 거쳐 징계권자로 부터 해임의 징계처분을 받았다. 이에 순경 甲은 소청심사를 제기하고자 한다.

① 소청심사위원회는 소청심사 결과 甲의 비위행위의 정도에 비해 해임의 징계처분이 경미하다는 판단에 이르더라도 파면의 징계처분으로 변경하는 결정을 할 수 없다.

② 소청심사위원회에서 해임처분 취소명령결정을 내릴 경우, 그 해임의 징계처분은 소청심사위원회의 결정에 따른 징계나 그 밖의 처분이 있기 전에 당연히 효력을 상실한다.

③ 소청심사위원회에서 해임처분을 취소 또는 변경하고자 할 경우에는 재적 위원 3분의 2 이상의 출석과 출석 위원 3분의 2 이상의 합의가 있어야 한다.

④ 甲이 징계처분사유 설명서를 받은 날부터 30일 이내(甲에게 책임이 없는 사유로 소청심사를 청구할 수 없는 기간은 없다고 전제한다) 소청심사를 제기하지 않은 경우에는 행정소송을 제기할 수 없다.

16 행정청이 행하는 구체적 사실에 관한 법 집행으로서 공권력의 행사 또는 그 거부와 그 밖에 이에 준하는 행정작용에 해당하는 것은 모두 몇 개인가? (다툼이 있는 경우 판례에 의함)

> ㉠ 도로점용허가
> ㉡ 주민등록번호 변경신청 거부
> ㉢ 교통경찰관의 수신호
> ㉣ 교통신호등에 의한 신호
> ㉤ 경찰청장의 횡단보도 설치 기본계획 수립

① 1개   ② 2개   ③ 3개   ④ 4개

17 다음은 「경찰관 직무집행법」상 범죄의 예방과 제지에 관한 사례이다. 이와 관련한 설명 중 가장 적절한 것은? (다툼이 있는 경우 판례에 의함)

> 甲은 평소 집에서 심한 고성과 욕설, 시끄러운 음악 소리 등으로 이웃 주민들로부터 수 회에 걸쳐 112신고가 있어 왔던 사람이다. 사건당일에도 甲이 자정에 가까운 한밤중에 집 안에서 음악을 크게 켜놓고 심한 고성을 지른다는 112신고를 받고 경찰관이 출동하였다. 출동한 경찰관이 인터폰으로 甲에게 문을 열어달라고 하였으나, 甲은 심한 욕설을 할 뿐 출입문을 열어주지 않은 채, 소란행위를 멈추지 않았다. 이에 경찰관들이 甲을 만나기 위해 甲의 집으로 통하는 전기를 일시적으로 차단하여 甲이 집 밖으로 나오도록 유도하였다.

① 「경찰관 직무집행법」상 경찰관의 제지에 관한 부분은 눈앞의 급박한 경찰상 장해를 제거하여야 할 필요가 있고 의무를 명할 시간적 여유가 없거나 의무를 명하는 방법으로는 그 목적을 달성하기 어려운 상황에서 의무이행을 전제로 하지 않고 경찰이 직접 실력을 행사하여 경찰상 필요한 상태를 실현하는 비권력적 사실행위에 관한 근거조항이다.

② 甲의 행위는 「경범죄처벌법」상 '인근소란 등'에 해당하고 이로 인하여 인근 주민들이 잠을 이루지 못할 수 있으며 출동한 경찰관들을 만나지 않고 소란행위를 지속하고 있으므로, 甲의 행위를 제지하는 것은 경찰관의 직무상 권한이자 의무로 볼 수 있다.

③ 「경찰관 직무집행법」상 경찰관의 제지 조치의 위법 여부는 사후적으로 순수한 객관적 기준에서 판단해야 하고 제지 조치 당시의 구체적 상황을 기초로 판단하는 것은 아니다.

④ 경찰관의 조치는 사람의 생명·신체에 위해를 끼치거나 재산에 중대한 손해를 끼칠 우려가 있는 긴급한 경우로 보기는 어려워 즉시강제가 아니라 직접강제의 요건에 부합한다.

18 행정조사에 관한 설명 중 가장 적절한 것은? (다툼이 있는 경우 판례에 의함)

① 「행정조사기본법」상 조사대상자의 자발적 협조를 얻어 조사를 실시하는 경우에는 법령의 근거를 요하지 아니하며 조직법상의 권한 범위 밖에서도 가능하다.

② 조사대상자의 자발적 협조로 조사가 이루어지는 경우일지라도 행정의 적법성 및 공공성 등을 높이기 위해서 조사목적 등을 반드시 서면으로 통보하여야 한다.

③ 경찰작용은 행정작용의 일환이므로 경찰의 수사에도 「행정조사 기본법」이 적용되는 것이 원칙이다.

④ 행정조사는 행정기관이 향후 행정작용에 필요한 자료 및 정보를 얻기 위한 준비적, 보조적 작용이다.

19 강학상 경찰허가에 관한 설명 중 가장 적절한 것은? (다툼이 있는 경우 판례에 의함)

① 특별한 규정이 없는 한, 허가를 받게 되면 다른 법령상의 제한들도 모두 해제되는 것이 원칙이다.

② 특별한 규정이 없는 한, 허가는 법령이 부과한 작위의무, 부작위 의무 및 급부의무를 모두 해제하는 것이다.

③ 강학상 허가와 강학상 특허는 당사자의 신청이 없어도 가능하다는 점에서 공통점이 있다.

④ 일반적으로 영업허가를 받지 아니한 상태에서 행한 사법상 법률행위는 유효하다.

20 「경찰관 직무집행법」상 즉시강제에 해당하는 것은 모두 몇 개인가? (다툼이 있는 경우 판례에 의함)

> ㉠ 주택가에서 흉기를 들고 난동을 부리며 경찰관의 중지명령에 항거하는 사람에 대해 전자충격기를 사용하여 강제로 제압하는 것
> ㉡ 음주운전 등 교통법규 위반자에 대해 운전면허를 취소하는 것
> ㉢ 불법집회로 인한 공공시설의 안전에 대한 위해를 억제하기 위해 최루탄을 사용하는 것
> ㉣ 위험물의 폭발로 인해 매우 긴급한 경우에 위해를 입을 우려가 있는 사람을 억류하거나 피난시키는 것
> ㉤ 지정된 기한까지 체납액을 완납하지 않은 국세체납자의 재산을 압류하는 것
> ㉥ 무허가건물의 철거 명령을 받고도 이를 불이행하는 사람의 불법건축물을 철거하는 것

① 3개   ② 4개   ③ 5개   ④ 6개

21 「개인정보 보호법」상 정의 및 개념에 관한 설명 중 가장 적절하지 <u>않은</u> 것은?

① 살아 있는 개인에 관한 정보로서 해당 정보만으로는 특정 개인을 알아볼 수 없더라도 다른 정보와 쉽게 결합하여 알아볼 수 있는 정보를 "개인정보"라 한다.

② 개인정보의 일부를 삭제하거나 일부 또는 전부를 대체하는 등의 방법으로 추가 정보가 없이는 특정 개인을 알아볼 수 없도록 처리하는 것을 "가명처리"라 한다.

③ 정보처리 기술을 활용하여 기존의 다양한 정보를 가공해서 만들어 낸 새로운 정보에 관한 독점적 권리를 가지는 사람을 "정보주체"라 한다.

④ "고정형 영상정보처리기기"란 일정한 공간에 설치되어 지속적 또는 주기적으로 사람 또는 사물의 영상 등을 촬영하거나 이를 유·무선망을 통하여 전송하는 장치로서 대통령령으로 정하는 장치를 말한다.

22 「경찰관 직무집행법」 및 「경찰관의 정보수집 및 처리 등에 관한 규정(대통령령)」상 경찰관이 정보활동을 위해 필요한 경우에 한정하여 일시적으로만 출입이 가능한 곳은 모두 몇 개인가?

> ㉠ 언론기관   ㉡ 종교시설   ㉢ 민간기업   ㉣ 정당의 사무소   ㉤ 시민사회 단체

① 2개   ② 3개   ③ 4개   ④ 5개

23 국가배상에 관한 설명 중 가장 적절하지 <u>않은</u> 것은? (다툼이 있는 경우 판례에 의함)

① 일반적으로 공무원이 직무를 집행함에 있어서 법령에 대한 해석이 그 문언 자체만으로는 명백하지 아니하여 여러 견해가 있을 수 있는 데다가 이에 대한 선례나 학설, 판례 등도 귀일된 바 없어 이의(異義)가 없을 수 없는 경우, 관계 국가공무원이 그 나름대로 신중을 다하여 합리적인 근거를 찾아 그중 어느 한 견해를 따라 내린 해석이 후에 대법원이 내린 입장과 같지 않아 결과적으로 잘못된 해석에 돌아가고, 이에 따른 처리가 역시 결과적으로 위법하게 되어 그 법령의 부당집행이라는 결과를 가져오게 되었다고 하더라도 「국가배상법」상 공무원의 과실을 인정할 수는 없다.

② 국가공무원이 고의 또는 과실로 직무상 의무를 위반하였을 경우라고 하더라도 국가는 그러한 직무상의 의무 위반과 피해자가 입은 손해 사이에 상당인과관계가 인정되는 범위 내에서만 배상책임을 지는 것이고, 이 경우 상당인과관계가 인정되기 위하여는 공무원에게 부과된 직무상 의무의 내용이 단순히 공공 일반의 이익을 위한 것이거나 행정기관 내부의 질서를 규율하기 위한 것이 아니고 전적으로 또는 부수적으로 사회구성원 개인의 안전과 이익을 보호하기 위하여 설정된 것이어야 한다.

③ 외국인이 피해자인 경우 국가배상청구권은 해당 국가와 상호 보증이 있을 때에만 인정되므로, 그 상호 보증은 외국의 법령, 판례 및 관례 등에 의한 발생요건을 비교하여 인정되는 것이 아니라 반드시 당사국과의 조약이 체결되어 있어야 한다.

④ 국민의 생명, 신체 및 재산의 보호, 범죄의 예방·진압 및 수사, 기타 공공의 안녕과 질서유지 등의 직무를 수행하는 경찰은 「경찰관 직무집행법」, 「형사소송법」 등 관련 법령에서 부여한 여러 권한을 제반 상황에 대응하여 적절하게 행사하여 필요한 조치를 취할 수 있고, 그 권한은 일반적으로 경찰관의 전문적 판단에 기한 합리적인 재량에 위임되어 있지만, 경찰관에게 권한을 부여한 취지와 목적에 비추어 볼 때 구체적인 사정에 따라 경찰관이 그 권한을 행사하여 필요한 조치를 취하지 아니하는 것이 현저하게 불합리하다고 인정되는 경우에는 그러한 권한의 불행사는 직무상의 의무를 위반한 것이 되어 위법하게 된다.

24 행정의 실효성 확보수단에 관한 설명 중 가장 적절한 것은? (다툼이 있는 경우 판례에 의함)

① 통고처분은 형식적 의미의 행정이며 실질적 의미의 사법이다.

② 작위의무를 부과한 행정처분의 법적 근거가 있다면 행정대집행은 별도의 법적 근거를 요하지 아니하며, 즉시강제는 법률의 근거가 없더라도 일반긴급권에 기초하여 행사할 수 있다.

③ 행정대집행과 행정상 즉시강제는 제3자에 의해 집행될 수 없고 행정청이 직접 행사해야 한다.

④ 「관세법」상 통고처분 여부는 관세청장의 재량에 맡겨져 있지만, 「경범죄처벌법」 및 「도로교통법」상 통고처분은 재량의 여지가 없다.

25 「경찰청과 그 소속기관 직제」상 경찰청 생활안전교통국장의 분장사항에 해당하지 <u>않은</u> 것은 모두 몇 개인가? (기출 수정)

> ㉠ 소년비행 방지에 관한 업무
> ㉡ 아동학대의 예방 및 피해자 보호에 관한 업무
> ㉢ 스토킹 · 성매매 예방 및 피해자 보호에 관한 업무
> ㉣ 청원경찰의 운영 및 지도
> ㉤ 대테러 예방 및 진압대책의 수립 · 지도
> ㉥ 마약류 범죄 및 조직범죄에 관한 수사 지휘 · 감독

① 2개　　　② 3개　　　③ 4개　　　④ 5개

26 행정의 법률적합성 원칙(법치행정의 원칙)에 관한 설명 중 가장 적절한 것은? (다툼이 있는 경우 판례에 의함)

① 법치행정의 원칙에 관한 전통적 견해는 '법률의 지배', '법률의 우위', '법률의 유보'를 내용으로 한다.

② '법률의 우위'에서의 법률에는 형식적 의미의 법률뿐만 아니라 그 밖에 성문법과 불문법이 포함된다.

③ 법규명령에는 위임명령과 집행명령이 있으며, 모두 국민의 권리 의무에 관한 사항을 규정할 수 있다.

④ 법령의 구체적 위임 없이 최루액의 혼합 살수 방법 등을 규정한 경찰청장의 「살수차 운용지침」(2014. 4. 3.)은 법률유보의 원칙에 위배되는 측면이 있으나, 그 지침에 따라 살수한 경찰관의 행위는 집회를 해산하기 위한 불가피한 조치라는 점에서 반드시 위헌 위법이라 할 수 없다.

27 「행정심판법」상 사정재결에 관한 설명 중 가장 적절하지 <u>않은</u> 것은? (다툼이 있는 경우 판례에 의함)

① 사정재결은 인용재결의 일종이다.
② 무효등확인심판에서는 사정재결을 할 수 없다.
③ 사정재결을 하는 경우 반드시 재결주문에 그 처분 또는 부작위가 위법하다는 것을 명시해야 한다.
④ 사정재결 이후에도 행정심판의 대상인 처분등의 효력은 유지된다.

28 동기부여 이론에 관한 설명과 학자가 가장 적절하게 연결된 것은?

> ㉠ 인간은 자신의 욕구를 충족시키기 위해서 노력하며 하위 단계의 욕구가 충족되어야 다음 단계로 발전되는 순차적 특성을 갖는다.
> ㉡ Y이론적 인간형은 부지런하고, 책임과 자율성 및 창의성을 발휘하기를 좋아하고, 스스로 통제와 발전이 가능하기 때문에 민주적이고 인간적인 동기유발 전략이 필요한 유형이다.
> ㉢ 인간의 개인적 성격과 성격의 성숙과정을 '미성숙에서 성숙으로'라고 보고, 관리자는 조직 구성원을 최대의 성숙상태로 실현시켜야 한다고 하였다.
> ㉣ 위생요인을 제거해주는 것은 불만을 줄여주는 소극적 효과일뿐이기 때문에, 근무태도 변화에 단기적 영향을 주어 사기는 높여줄 수 있으나 생산성을 높여주지는 못한다. 만족요인이 충족되면 자기실현욕구를 자극하여, 적극적 만족을 유발하고 동기유발에 장기적 영향을 준다.

① ㉠ 매슬로우(Maslow)   ㉡ 맥그리거(McGregor)
   ㉢ 아지리스(Argyris)   ㉣ 허즈버그(Herzberg)
② ㉠ 매슬로우(Maslow)   ㉡ 아지리스(Argyris)
   ㉢ 맥그리거(McGregor)   ㉣ 허즈버그(Herzberg)
③ ㉠ 매슬로우(Maslow)   ㉡ 맥그리거(McGregor)
   ㉢ 허즈버그(Herzberg)   ㉣ 아지리스(Argyris)
④ ㉠ 맥그리거(McGregor)   ㉡ 아지리스(Argyris)
   ㉢ 허즈버그(Herzberg)   ㉣ 매슬로우(Maslow)

29 경찰관청의 '권한의 대리'와 '권한의 위임'에 관한 설명 중 가장 적절하지 <u>않은</u> 것은?
(다툼이 있는 경우 판례에 의함)

① 권한을 위임받은 수임청은 자기의 이름 및 자기의 책임으로 권한을 행사한다.

② 수임청 및 피대리관청은 항고소송에서 피고가 된다.

③ 법정대리의 경우 피대리관청이 사고 등으로 인해 공석이므로 대리의 법적 효과는 대리관청에 귀속된다.

④ 「국가경찰과 자치경찰의 조직 및 운영에 관한 법률」상 "경찰청장이 부득이한 사유로 직무를 수행할 수 없을 때에는 경찰청 차장이 그 직무를 대행한다"는 대리방식을 '협의의 법정대리'라고 한다.

30 경찰작용 및 경찰공무원을 통제하는 행정기관의 역할과 기능에 관한 설명 중 옳은 것을 모두 고른 것은?

> ㉠ 행정심판위원회는 경찰관청의 위법한 처분 및 대통령의 부작위에 대해서 심리하여 침해된 국민의 권리를 구제하고 경찰행정의 적정한 운영을 도모한다.
>
> ㉡ 시·도자치경찰위원회는 자치경찰사무 담당 경찰공무원에 대한 징계를 요구할 수 있다.
>
> ㉢ 국민권익위원회는 누구든지 경찰공무원 등의 부패행위를 알게 된 때에는 무기명으로 신고할 수 있도록 하고 있다.
>
> ㉣ 인사혁신처에 소청심사위원회를 설치하여, 경찰공무원이 징계 처분, 그 밖에 그 의사에 반하는 불리한 처분이나 부작위를 구제받을 수 있도록 하고 있다.
>
> ㉤ 국가인권위원회는 경찰기관 및 경찰공무원 등에 의한 인권 침해행위 또는 차별행위에 대해 조사하고 구제할 수 있다.
>
> ㉥ 감사원은 국회·법원 및 헌법재판소를 포함한 모든 국가기관 및 그에 소속한 공무원의 사무를 감찰하여 비위를 적발하고 시정한다.

① ㉠, ㉢, ㉤   ② ㉡, ㉣, ㉤   ③ ㉡, ㉢, ㉣   ④ ㉢, ㉣, ㉥

31 경찰의 근무성적평정에 관한 설명 중 가장 적절하지 <u>않은</u> 것은?

① 공무원에 대한 근무성적평정은 현대에 이르러 조직발전의 기초로 작용하는 공무원의 능력개발과 행정제도개선의 수단으로도 활용될 수 있다.

② 전통적 근무성적평정제도는 생산성과 능률성에 중점을 두어 직무수행의 통제를 위한 수단으로 활용하였다.

③ 근무성적평정과정에서 평정자에 의한 집중화 엄격화 등의 오류를 방지하기 위해 경찰서 수사과에서 고소 고발 등에 대한 조사업무를 직접 처리하는 경위 계급의 경찰공무원의 제2평정요소에 따른 근무성적 평정은 수 20%, 우 40%, 양 30%, 가 10%로 분배해야 한다.

④ 총경에 대한 근무성적평정은 매년 하되, 근무실적, 직무수행능력 및 직무수행태도로만 평정한다.

32 경찰공무원 관련 법령에 따를 때, 경찰공무원의 신분변동에 관한 설명 중 가장 적절하지 <u>않은</u> 것은? (기출 수정)

① 임용권자는 직무수행 능력이 부족하거나 근무성적이 극히 나쁜 자에게는 직위를 부여하지 아니할 수 있다.

② 국가공무원법 제73조의 3(직위해제)에 따라 직위를 부여하지 아니한 경우에 그 사유가 소멸되면 임용권자는 지체 없이 직위를 부여하여야 한다.

③ 임용권자는 관련법에 따라 직위해제된 자에게 2개월의 범위에서 대기를 명한다.

④ 임용권자는 채용후보자 명부에 등재된 채용후보자가 6개월 이상의 장기요양이 필요한 질병이 있는 경우에 해당하는 경우에는 채용후보자 명부의 유효기간의 범위에서 기간을 정하여 임용 또는 임용제청을 유예할 수 있다.

33 「스토킹범죄의 처벌 등에 관한 법률」상 처리절차에 관한 설명 중 옳은 것은 모두 몇 개인가? (기출 수정)

> ㉠ 사법경찰관은 스토킹행위 신고와 관련하여 스토킹행위가 지속적 또는 반복적으로 행하여질 우려가 있고 스토킹범죄의 예방을 위하여 긴급을 요하는 경우 스토킹행위자에게 직권으로 또는 스토킹행위의 상대방이나 그 법정대리인 또는 스토킹행위를 신고한 사람의 요청에 의하여 스토킹행위의 상대방등이나 그 주거등으로부터 100미터 이내의 접근 금지 등의 조치를 할 수 있다
>
> ㉡ 사법경찰관은 긴급응급조치를 하였을 때에는 지체 없이 검사에게 해당 긴급응급조치에 대한 사후승인을 지방법원 판사에게 청구하여 줄 것을 신청하여야 하며, 신청을 받은 검사는 긴급응급조치가 있었던 때부터 48시간 이내에 지방법원 판사에게 해당 긴급응급조치에 대한 사후승인을 청구한다.
>
> ㉢ 긴급응급조치기간은 1개월을 초과할 수 없다.
>
> ㉣ 법원은 스토킹범죄의 원활한 조사 심리 또는 피해자 보호를 위하여 잠정조치가 필요하다고 인정하는 경우에는 결정으로 스토킹행위자를 경찰관서의 유치장 또는 구치소에 1개월을 초과하지 않는 범위에서 유치할 수 있다. 다만 법원은 피해자의 보호를 위하여 그 기간을 연장할 필요가 있다고 인정하는 경우에는 결정으로 3개월의 범위에서 연장할 수 있다.

① 1개   ② 2개   ③ 3개   ④ 4개

34 「112종합상황실 운영 및 신고처리 규칙」에 관한 설명 중 가장 적절하지 <u>않은</u> 것은? (기출 수정)

① 시·도경찰청장 및 경찰서장은 112요원을 배치할 때에는 관할구역 내 지리감각, 언어능력 및 상황 대처능력이 뛰어난 경찰공무원을 선발·배치하며, 근무기간은 1년 이상으로 한다.

② 112요원은 접수한 신고의 내용이 code 4 신고의 유형에 해당하는 경우에는 출동요소에 지령하지 않고 자체 종결하거나, 소관기관이나 담당 부서에 신고내용을 통보하여 처리하도록 조치해야 한다.

③ 112신고 이외 경찰관서별 일반전화 또는 직접 방문 등으로 경찰관의 현장출동을 필요로 하는 사건의 신고를 한 경우 해당 신고를 받은 자가 접수한다. 이때 접수한 자는 112시스템에 신고내용을 입력하여야 한다.

④ 112종합상황실 자료 중 접수처리 입력자료는 1년간 보존하고, 무선지령내용 녹음자료는 24시간 녹음하고 3개월간 보존한다.

35 행사안전경비에서 군중정리의 원칙에 관한 설명 중 가장 적절하지 <u>않은</u> 것은?

① 밀도의 희박화 – 제한된 면적의 특정한 지역에 사람이 많이 모이면 상호간에 충돌현상이 나타나고 혼잡이 야기되므로, 차분한 목소리로 안내방송을 진행함으로써 사전에 혼잡상황을 대비하여 사고를 방지할 수 있다.

② 이동의 일정화 – 군중은 현재의 자기 위치와 갈 곳을 잘 몰라 불안감과 초조감을 갖게 되므로 일정방향과 속도로 이동을 시켜 주위의 상황을 파악할 수 있는 여건을 조성시킴으로써 심리적 안정감을 갖도록 하는 것이다.

③ 경쟁적 사태의 해소 – 다른 사람보다 먼저 가려는 심리상태를 억제시켜 질서 있게 행동하면 모든 일이 잘 될 수 있다는 것을 납득시키는 것이다. 이 경우 질서를 지키면 오히려 손해를 본다는 심리상태가 형성되지 않도록 주의하여야 한다.

④ 지시의 철저 – 분명하고 자세한 안내방송을 계속함으로써 혼잡한 사태를 회피하고 사고를 방지할 수 있다.

36 「아동 · 청소년의 성보호에 관한 법률」에 관한 설명 중 가장 적절하지 <u>않은</u> 것은?

① 사법경찰관리는 「아동 청소년의 성보호에 관한 법률」 제11조 및 제15조의2의 죄, 아동 청소년에 대한 「성폭력범죄의 처벌 등에 관한 특례법」 제14조 제2항 및 제3항의 죄에 해당하는 '디지털 성범죄'에 대하여 신분을 비공개하고 범죄현장(정보통신망 포함) 또는 범인으로 추정되는 자들에게 접근하여 범죄행위의 증거 및 자료 등을 수집할 수 있다.

② 사법경찰관리가 신분비공개수사를 진행하고자 할 때에는 사전에 상급 경찰관서 수사부서의 장의 승인을 받아야 한다. 이 경우 그 수사기간은 1개월을 초과할 수 없다.

③ 사법경찰관리는 신분위장수사를 하려는 경우에는 검사에게 신분위장수사에 대한 허가를 신청하고, 검사는 법원에 그 허가를 청구한다. 다만 신분위장수사 절차를 거칠 수 없는 긴급을 요하는 때에는 동법 제25조의2 제2항의 요건을 구비하고 법원의 허가 없이 신분위장수사를 할 수 있다. 이 경우, 사법경찰관리는 신분위장수사 개시 후 지체없이 검사에게 허가를 신청하여야 하고, 48시간 이내에 법원의 허가를 받지 못한 때에는 즉시 신분위장수사를 중지하여야 한다.

④ 국가수사본부장은 신분비공개수사가 종료된 즉시 대통령령으로 정하는 바에 따라 국가경찰위원회에 수사 관련 자료를 보고하여야 하며, 국가수사본부장은 대통령령으로 정하는 바에 따라 국회 소관 상임위원회에 신분비공개수사 관련 자료를 반기별로 보고하여야 한다.

37 「실종아동등의 보호 및 지원에 관한 법률」에 관한 설명 중 옳은 것은 모두 몇 개인가?
(기출 수정)

> ㉠ "아동등"이란 실종신고 당시 18세 미만인 아동을 말한다.
>
> ㉡ "실종아동등"이란 약취·유인 또는 유기되거나 사고를 당하거나 가출하거나 길을 잃는 등의 사유로 인하여 보호자로부터 이탈된 아동등을 말한다.
>
> ㉢ 누구든지 정당한 사유 없이 실종아동등을 경찰관서의 장에게 신고하지 아니하고 보호할 수 없다.
>
> ㉣ 누구든지 정당한 사유 없이 실종아동등의 신상정보를 실종아동등을 찾기 위한 목적 외의 용도로 이용할 수 없다.
>
> ㉤ 경찰청장은 실종아동등의 조속한 발견·복귀와 복귀 후 지원을 위하여 관계 중앙행정기관의 장 또는 지방자치단체의 장에게 필요한 협조를 요청할 수 있다. 이 경우 협조요청을 받은 기관의 장은 특별한 사유가 없으면 이에 따라야 한다.

① 5개 ② 4개 ③ 3개 ④ 2개

38 「성폭력범죄의 수사 및 피해자 보호에 관한 규칙」에 관한 설명 중 가장 적절하지 <u>않은</u> 것은?

① 경찰관은 성폭력범죄의 피해자가 13세 미만이거나 신체적인 또는 정신적인 장애로 사물을 변별하거나 의사를 결정할 능력이 미약한 경우에는 통합지원센터나 성폭력 전담 의료기관과 연계하여 치료, 상담 및 조사를 병행한다. 다만, 피해자가 원하지 않는 경우에는 그러하지 아니하다.

② 경찰서장은 특별한 사정이 없는 한 성폭력 피해여성을 여성 성폭력범죄 전담조사관이 조사하도록 하여야 한다. 다만, 피해자가 원하는 경우에는 신뢰관계자, 진술조력인 또는 다른 경찰관으로 하여금 입회하게 하고 '피해자 조사 동의서'에 서면으로 동의를 받아 남성 성폭력범죄 전담조사관으로 하여금 조사하게 할 수 있다.

③ 경찰관은 영상녹화를 할 때에는 피해자등에게 영상녹화의 취지 등을 설명하고 동의 여부를 확인하여야 하며, 피해자등이 녹화를 원하지 않는 의사를 표시한 때에는 촬영을 하여서는 아니 된다. 다만, 가해자가 친권자 중 일방인 경우에는 그러하지 아니하다.

④ 경찰관은 성폭력범죄의 피해자가 13세 미만이거나 신체적인 또는 정신적인 장애로 의사소통이나 의사표현에 어려움이 있는 경우 진술조력인을 조사과정에 반드시 참여시켜야 한다.

39 「집회 및 시위에 관한 법률」에 관한 다음 설명 중 가장 적절하지 <u>않은</u> 것은? (다툼이 있는 경우 판례에 의함)

① 집회의 신고가 경합할 경우, 먼저 신고된 집회의 목적, 장소 및 시간, 참여예정인원, 집회 신고인이 기존에 신고한 집회 건수와 실제로 집회를 개최한 비율 등 먼저 신고된 집회의 실제 개최 가능성 여부와 양 집회의 상반 또는 방해가능성 등 제반 사정을 확인하여 먼저 신고된 집회가 다른 집회의 개최를 봉쇄하기 위한 허위 또는 가장 집회신고에 해당함이 객관적으로 분명해 보이는 경우라도 관할 경찰관서장이 뒤에 신고된 집회에 대하여 금지통고를 했다면, 이러한 금지통고에 위반하여 집회를 개최한 행위는 「집회 및 시위에 관한 법률」에 위배된다.

② 질서유지선이 집회 및 시위의 보호와 공공의 질서유지를 위하여 필요하다고 인정되는 최소한의 범위를 정하여 설정되고 「집회 및 시위에 관한 법률 시행령」 관련 조항에서 정한 사유에 해당한다면, 집회 또는 시위가 이루어지는 장소 외곽의 경계지역뿐 아니라 집회 또는 시위의 장소 안에도 설정할 수 있다.

③ 경찰관들이 옥회집회 또는 시위 장소에서 줄지어 서는 등의 방법으로 소위 '사실상 질서유지선'의 역할을 수행한다고 하더라도 이를 가리켜 「집회 및 시위에 관한 법률」에서 정한 질서유지선이라고 할 수는 없다.

④ 집회·시위 참가자들이 관할 경찰관서에 신고하지 않고 집회를 개최한 경우, 그 옥외집회 또는 시위로 인하여 타인의 법익이나 공공의 안녕질서에 대한 직접적인 위험이 명백하게 초래되지 않은 상황에서 경찰이 '미신고집회'라는 사유로 자진 해산 요청을 한 후, '불법적인 행진시도', '불법 도로 점거로 인한 도로교통법 제68조 제3항 제2호 위반'이라는 사유로 3회에 걸쳐 해산명령을 하였더라도 정당한 해산명령에 해당하지 않는다.

40 「도로교통법」 및 관련 법령에 따를 때, 다음 설명 중 가장 적절하지 **않은** 것은? (다툼이 있는 경우 판례에 의함)

① 운전자가 음주운전으로 교통사고를 야기한 후, 차에서 내려 피해자(진단 3주)에게 '왜 와서 들이받냐'라는 말을 하고, 교통사고 조사를 위해 경찰서에 가자는 경찰관의 지시에 순순히 응하여 순찰차에 스스로 탑승하여 경찰서까지 갔을 뿐 아니라 경찰서에서 조사받으면서 사고 당시 상황에 대한 자신의 주장을 정확하게 진술하였다면, 비록 경찰관이 작성한 주취운전자 정황진술보고서에는 '언행상태'란에 '발음 약간 부정확', '보행상태'란에 '비틀거림이 없음', '운전자 혈색'란에 '안면 홍조 및 눈 충혈'이라고 기재되어 있다고 하더라도 음주로 인한 특정범죄 가중처벌 등에 관한 법률 위반(위험운전치사상)이 아니라 도로교통법 위반(음주운전)으로 처벌해야 한다.

② 「도로교통법」 및 관련 법령에는 연습운전면허를 발급받은 사람이 본인에게 귀책사유(歸責事由)가 없는 경우 등 대통령령으로 정하는 경우를 제외하고, 운전 중 고의 또는 과실로 교통사고를 일으키거나 「도로교통법」이나 「도로교통법」에 따른 명령 또는 처분을 위반한 경우에 시·도경찰청장은 연습운전면허를 취소하여야 한다고 규정하고 있으므로, 연습운전면허를 받은 사람이 운전을 함에 있어 주행연습 외의 목적으로 운전하여서는 아니된다는 준수사항을 지키지 않았다고 하더라도 무면허운전으로 처벌할 수는 없다.

③ 「도로교통법」상 도로가 아닌 곳에서 술에 취한 상태에서의 운전은 음주운전으로는 처벌할 수 있지만 운전면허의 정지 또는 취소처분을 부과할 수는 없다.

④ 개인형 이동장치를 타고 신호위반, 중앙선 침범과 진로변경 금지 위반행위를 연달아 하여 다른 사람에게 위협 또는 위해를 가할 뿐 아니라 교통상의 위험을 발생하게 한 운전자에 대해 난폭운전으로 처벌할 수 있다.

모 | 범 | 답 | 안   **경찰학개론**

1. ④	2. ③	3. ②	4. ④	5. ④	6. ③	7. ③	8. ①	9. ②	10. ②
11. ④	12. ④	13. ①	14. ①	15. ②	16. ④	17. ②	18. ④	19. ④	20. ①
21. ③	22. ④	23. ③	24. ①	25. ②	26. ②	27. ②	28. ①	29. ③	30. ②
31. ③	32. ③	33. ④	34. ①	35. ①	36. ②	37. ②	38. ④	39. ①	40. ④

경찰학개론 기출문제
경찰공무원(순경) 공채

2023년 3월 25일 시행

01 대륙법계 경찰개념에 관한 설명으로 가장 적절하지 <u>않은</u> 것은?

① 경찰이란 용어는 라틴어의 Politia에서 유래한 것으로 도시국가에 관한 일체의 정치, 특히 헌법을 지칭하였다.

② 경찰국가시대는 국가작용의 분화현상이 나타나 경찰개념이 외교 · 군사 · 재정 · 사법을 제외한 내무행정 전반에 국한되었다.

③ 크로이쯔베르크(Kreuzberg) 판결에 의하면 경찰관청이 일반수권 규정에 근거하여 법규명령을 발할 수 있는 분야는 소극적 위험방지 분야에 한정된다.

④ 경찰은 시민으로부터 자치권한을 위임받은 조직체로서 시민을 위한 기능과 역할에 초점을 맞추어 형성되었다.

해설

〈보기〉 ④ 영미법계 경찰개념 – 경찰은 주권자인 시민으로부터 자치권을 위임받은 조직체이므로, 경찰이 시민을 위해서 수행하는 기능 또는 역할을 중심으로 개념이 형성되었다는 특징이 있다.

참고 **크로이쯔베르크(Kreuzberg) 판결**(* 출처: 손재영, 경찰법, 2018, p.21)

→ 경찰의 직무를 위험방지에 국한시켰다는 역사적 의미를 가지고 있음.

〈사건개요〉 크로이쯔베르크라는 도시에 세워진 **승전기념비의 전망을 확보하기 위하여 1879년 3월 10일 베를린 경찰청장이 제정한 법규명령의 효력**이 문제가 된 사건으로, 당시의 법규명령 제1조에 따르면 승전기념비에서부터 도시와 그 주변경관에 이르는 전망을 확보하고 승전기념비를 어디서나 볼 수 있도록 승전기념비 주변지역에서 특정 높이의 건축물만 지어질 수 있었다. 이러한 건출물의 고도를 제한하는 법규명령에 의거하여 4층 높이의 주거용 건물을 지으려고 했던 원고의 건축허가신청이 거부되었다.

〈판시사항〉 프로이센 공등행정법원은 건축불허가처분에 대하여 제기된 행정소송에서 베를린 경찰청장이 제정한 법규명령은 법적 근거 없이 제정된 것이기 때문에 **무효**라고 판시하였다. 당시 법원은 승전기념비 전망 확보를 위한 법규명령을 제정하는 것이 경찰의 일반적 직무에 속하는지 여부를 심사하면서 「프로이센 일반란트법」 제2부 제17장 제10조 '**공공의 평온과 안녕 및 질서를 유지하고 공중이나 그 개개 구성원에게 임박한 위험을 방지하기 위하여 필요한 기관이 경찰관청이다**'를 심사척도로 삼았다.

   – 법원의 견해에 따르면 공공의 복리증진은 경찰의 고유한 직무가 아니었다 그럼에도 불구하고 베를린 경찰청장이 위험방지가 아니라 복리증진을 위하여 건축물의 고도를 제한하는 법규명령을 제정하였기 때문에 당해 법규명령은 '무효'라고 판시하였다.

정답 **1.** ④

02 형식적 의미의 경찰과 실질적 의미의 경찰에 관한 설명으로 가장 적절하지 <u>않은</u> 것은?

① 형식적 의미의 경찰은 실정법상 개념으로 보통경찰기관에 분배되어 있는 임무를 달성하기 위하여 행하여지는 일체의 경찰작용이다.
② 형식적 의미의 경찰은 모두 실질적 의미의 경찰에 포함된다.
③ 실질적 의미의 경찰은 독일의 행정법학에서 정립된 학문상 개념이다.
④ 실질적 의미의 경찰은 사회공공의 안녕, 질서유지와 같은 소극적 목적을 위한 작용이다.

[해설]

* 형식적 의미 경찰 – 실정법상 보통경찰기관에 분배되어 있는 임무를 달성하기 위하여 행하는 모든 경찰활동
* 실질적 의미 경찰 – 사회공공의 안녕과 질서유지를 위해, 일반통치권에 근거하여 국민에게 명령강제하는 권력작용

형식적 의미의 경찰과 실질적 의미의 경찰은 서로 별개의 개념이다.
형식적 의미의 경찰이 위험방지라는 실질적 의미의 경찰작용을 행하는 경우에는 양자가 일치한다(예: 불심검문). 이처럼 형식적 의미의 경찰이 실질적 의미의 경찰에 포함되는 경우도 있지만, 형식적 의미의 경찰과 실질적 의미의 경찰이 반드시 일치하는 것은 아니다.

03 경찰의 종류와 구별기준의 연결이 가장 적절하지 <u>않은</u> 것은?

① 질서경찰 – 봉사경찰: 경찰의 목적에 따른 분류
② 예방경찰 – 진압경찰: 경찰권 발동시점에 따른 분류
③ 국가경찰 – 자치경찰: 권한과 책임의 소재에 따른 분류
④ 평시경찰 – 비상경찰: 위해정도 및 담당기관, 적용법규에 따른 분류

[해설]

국가경찰 – 자치경찰	경찰의(조직 · 인사 · 비용 등)권한과 책임의 소재에 따른 분류
질서경찰과 봉사경찰	경찰활동의 질과 내용에 따른 분류
보안경찰과 협의의 행정경찰	업무의 독자성에 따른 분류(타 행정작용의 부수하느냐 여부)
행정경찰과 사법경찰	3권 분립사상, 행정의 목적에 따른 분류
보통경찰과 고등경찰	사회적 가치나 보호법익에 따라 보통경찰과 고등경찰로 분류한다.
예방경찰 – 진압경찰	경찰권 발동시점에 따른 분류
평시경찰 – 비상경찰	위해정도 및 담당기관, 적용법규에 따른 구분
고등경찰 – 보통경찰	사회적 가치나 이익에 따른 구분

04 국가경찰과 자치경찰에 관한 설명으로 가장 적절하지 <u>않은</u> 것은?

① 자치경찰은 지역사회 특성을 반영한 치안활동이 가능하며 주민들의 지지를 받기 쉽다.
② 국가경찰은 강력하고 광범위한 집행력을 행사할 수 있다.
③ 자치경찰은 지방세력의 간섭으로 인하여 정실주의에 대한 우려가 있다.
④ 국가경찰은 전국단위의 통계자료 수집 및 정확성 측면에서 불리하다.

참고 국가경찰과 자치경찰의 장단점 비교

구분	국가경찰제도	자치경찰제도
장점	– 국가권력을 바탕으로 강력한 기능을 발휘가 가능하며, 비상시에 유리하다. – 전국에 걸쳐 통일적으로 조직을 운영·관리하므로 지역에 따른 차별없이 보편적 서비스 제공이 가능하다. – 경찰활동의 능률성 기동성을 발휘할 수 있다. – 타 행정부문과 긴밀한 협조, 조정이 원활하다. – 전국적인 통계자료의 정확성을 기할 수 있다.	– 각 지방의 특성에 적합한 경찰행정이 가능 – 인권보장과 민주성이 보장되어 주민들의 지지를 받기 쉽다. – 지방별로 독립된 조직이므로 조직 운영의 개혁이 용이하다. 지역실정에 적합한 인사를 배치할 수 있다.
단점	– 정부의 특정정책 수행에 이용되어 본연의 임무를 벗어날 우려가 있다. – 관료화되어 주민과 멀어지고 국민을 위한 봉사가 저해될 수 있다. – 각 지방의 특수성 창의성이 저해되기 쉽다.	– 전국적 광역적 활동에 부적합하다. – 타 경찰기관과의 협조 응원체제가 곤란하다. – 전국적인 기동성이 약하다. – 조직체계가 무질서 해지기 쉽다. – 지방세력이 간섭하여 정실에 대한 우려가 있다. – 통계자료에 정확을 기하기 힘들다.

정답 2. ② 3. ① 4. ④

05 공공질서에 관한 설명으로 가장 적절하지 <u>않은</u> 것은?

① 원만한 공동체 생활을 위한 불가결적 전제조건으로서 공공사회에서 각 개인의 행동에 대한 불문규범의 총체이다.

② 공공질서의 개념은 절대적인 것이 아니라, 시대에 따라 변화하는 상대적이고 유동적인 개념이다.

③ 공공질서 개념의 적용 가능분야는 점차 확대되고 있다.

④ 통치권 집행을 위한 개입근거로 활용될 수 있는 공공질서 개념은 엄격한 합헌성이 요구되고, 제한적인 사용이 필요하다.

/ **참고** / 공공의 질서란?

> – 그것을 준수하는 것이 인간의 원만한 공동체 생활을 위한 불가결적 전제조건으로서 공공사회에서 각 **개인행동에 대한 물문규범의 총제**를 말한다.
>
> – 공공질서개념은 절대적인 것이 아나라 시대에 따라 변하는 **상대적 · 유동적 개념**이다.
>
> – 법적 안정성 확보를 위해 불문규범이 성문화 되어가는 현상으로 인해 그 공공질서의 적용영역이 점차 **축소**되고 있다.

06 경찰의 관할에 대한 설명으로 가장 적절하지 <u>않은</u> 것은?

① 사물관할이란 경찰이 처리할 수 있고 또 처리해야 하는 사무 내용의 범위를 말한다.

② 인적관할이란 광의의 경찰권이 어떤 사람에게 적용되는가의 문제이다.

③ 우리나라는 대륙법계의 영향으로 범죄수사를 경찰의 사물관할로 인정하고 있다.

④ 헌법상 대통령은 내란 또는 외환의 죄를 범한 경우를 제외하고는 재직 중 형사상의 소추를 받지 아니한다.

참고 | 경찰권과 관할

사물 관할	경찰이 처리할 수 있고 또 처리해야 하는 사무 내용 범위 사물관할은 경찰권 발동범위를 설정하는 기능이 있다. 「국가경찰 및 자치경찰의 조직 및 운영에 관한 법률」 제3조에 규정된 경찰의 임무가 경찰의 사물관할에 해당한다.
인적 관할	광의의 경찰권(협의의 경찰권＋수사권)의 대상이 누구이며, 어떤 사람에게 적용되는가의 문제 광의의 경찰권은 한반도와 그 부속도서에 있는 모든 사람에게 적용되는 것이 원칙이나, 국내법적으로 대통령, 국회의원에 일정한 제한이 있고, 국제법적으로는 외교사절, 주한미군 등에 대해 일정한 제한이 있다. • 헌법 제44조: 국회의원은 현행범인 경우를 제외하고는 회기 중 국회의 동의없이 체포 또는 구금되지 아니한다. • 헌법 제84조: 대통령은 내란 또는 외환의 죄를 범한 경우를 제외하고는 재직 중 형사사의 소추를 받지 아니한다.
지역 관할	경찰권이 발동될 수 있는 지역적 범위를 말하며, 대한민국 영역 내 모두 경찰권이 적용되는 것이 원칙이다. 외교공관이나 외교관 개인주택, 승용차·보트·비행기 등 교통수단도 불가침 대상이다(치외법권 지역). 화재나 감염병 발생과 같은 긴급한 경우, 동의없이도 출입가능하는 것은 국제관례이다. 법정의 질서유지는 재판장이 담당하며, 재판장은 법정의 질서유지를 위하여 개정전후 불문 관할 경찰서장에게 경찰공무원 판견 요구가 가능하다. 파견된 경찰공무원은 법정내외 질서유지에 관하여 재판장의 지휘를 받는다.
범죄의 수사	전통적 영미법계 국가에서는 범죄수사를 경찰의 당연한 임무로 인정하고 있지만, 대륙법계 국가에서는 3권분립 사사에 기초하여 수사와 재판은 사법작용으로 보아 사법부(법원)의 고유한 권한이었다(오늘날 수사, 기소, 재판의 담당기관이 분리됨).

정답 5. ③ 6. ③

07 경찰부패의 원인에 관한 설명으로 가장 적절하지 <u>않은</u> 것은?

① 윌슨은 '시카고 시민이 경찰을 부패시켰다'고 주장하였는데, 이는 시민사회의 부패가 경찰부패의 주원인이라고 보는 입장이다.
② 구조원인가설은 신임경찰관들이 그들의 선배경찰관들에 의해 조직의 부패한 전통 내에서 사회화됨으로써 부패의 길로 들어 선다는 이론이다.
③ 미끄러운 경사로 이론'은 사회전체가 경찰의 부패를 묵인하거나 조장할 때 경찰관은 자연스럽게 부패행위를 하게 되며, 초기 단계에는 설령 불법적인 행위를 하지 않더라도 작은 호의에 길들여져 나중에는 명백한 부정부패로 빠져들게 된다는 것이다.
④ 전체사회가설은 니더호퍼, 로벅, 바커 등이 주장한 가설이다.

참고 경찰부패 관련 이론

썩은사과 가설	부패의 원인은 자질이 없는 경찰관들이 모집단계에서 배제되지 못하고 조직 내에 유입됨으로써 경찰의 부패가 나타난다는 이론이다(사과상자 속에 한 개의 사과가 썩어 있는 경우 옆에 있는 사과까지도 자연스레 썩어 들어갈 수밖에 없다는 의미). 경찰관 모집단계에서 자질이 없는 인력을 걸러내는 것이 얼마나 중요한지를 의미함.
구조원인 가설	**니더호퍼, 로벅, 바커** 등이 주장. 신임경찰관들이 경찰학교에서 교육훈련 중에 오직 국가를 위해 충성하고 정의 사회 구현에 기여하겠다는 신념으로 일선 경찰기관에 배치된 후, 그들의 선배와 동료들에 의해 만들어진 조직적인 부패 환경속에서 사회화되어 부패의 길로 들어선다는 것
내부고발론	**클라이니히**는 내부고발론의 정당화 요건을 제시하면서, 내부문제를 외부에 알리기 전에 조직 내 다른 방법을 통해 해결할 수 있으면, 먼저 내부적 해결을 해야 한다는 것을 말했다.
미끄러운 경사로이론	**셔먼**이 주장한 이론으로 부패에 해당하지 않는 작은 호의가 습관이 되면, 미끄러운 경사로를 타고 내려오듯이 점점 더 큰 부패와 범죄로 이어질 수 있다는 가설이다. 공짜커피 한 잔은 부패에 해당하지 아니한다고 보는 입장
전체사회 가설	미국 경찰학 연구에 많은 기여를 한 '**윌슨**'에 의해 등장〈시카고 시민이 경찰을 부패시켰다고 주장〉 우리 사회 전체가 경찰의 부패를 묵인·용인할 때 경찰관은 자연스럽게 부패행위에 빠져들게 된다는 것 처음 단계에는 설령 불법적인 행위를 하지 않더라도, 작은 호의와 같은 것에 길들여져 나중에는 명백한 부정부패로 빠져들게 된다는 것

08 「경찰청 공무원 행동강령」에 해당하지 <u>않은</u> 것은?

① 공무원은 상급자가 자기 또는 타인의 부당한 이익을 위하여 공정한 직무수행을 현저하게 해치는 지시를 하였을 때에는 그 사유를 상급자에게 소명하고 지시에 따르지 아니하거나 행동강령책임관과 상담할 수 있다.

② 공무원은 수사·단속의 대상이 되는 업소 중 경찰청장이 지정하는 유형의 업소 관계자와 부적절한 사적 접촉을 하여서는 아니 되며, 공적 또는 사적으로 접촉한 경우 경찰청장이 정하는 방법에 따라 신고하여야 한다.

③ 공무원은 직무수행 중 알게 된 정보를 이용하여 유가증권, 부동산 등과 관련된 재산상 거래 또는 투자를 하거나 타인에게 그러한 정보를 제공하여 재산상 거래 또는 투자를 돕는 행위를 해서는 아니 된다.

④ 경찰공무원은 정당이나 정치단체에 가입하거나 정치활동에 관여하는 행위를 하여서는 아니 된다.

> **해설**
>
> **경찰청공무원행동강령 제4조(공정한 직무수행을 해치는 지시에 대한 처리)** ① 공무원은 상급자가 자기 또는 타인의 부당한 이익을 위하여 공정한 직무수행을 현저하게 해치는 지시를 하였을 때에는 별지 제1호 서식 또는 전자우편 등의 방법으로 그 사유를 상급자에게 소명하고 지시에 따르지 아니하거나, 별지 제2호 서식 또는 전자우편 등의 방법으로 제23조에 따라 지정된 행동강령에 관한 업무를 담당하는 공무원(이하 "행동강령책임관"이라 한다)과 상담할 수 있다.
>
> ② 제1항에 따라 지시를 이행하지 아니하였는데도 같은 지시가 반복될 때에는 즉시 행동강령책임관과 상담하여야 한다.
>
> **경찰청공무원행동강령 제5조의2(수사·단속 업무의 공정성 강화)** ① 공무원은 수사·단속의 대상이 되는 업소 중 경찰청장이 지정하는 유형의 업소 관계자와 부적절한 사적 접촉을 하여서는 아니 되며, 공적 또는 사적으로 접촉한 경우 경찰청장이 정하는 방법에 따라 신고하여야 한다.
>
> **경찰청공무원행동강령 제12조(직무 관련 정보를 이용한 거래 등의 제한)** 공무원은 직무수행 중 알게 된 정보를 이용하여 유가증권, 부동산 등과 관련된 재산상 거래 또는 투자를 하거나 타인에게 그러한 정보를 제공하여 재산상 거래 또는 투자를 돕는 행위를 해서는 아니 된다.
>
> **국가공무원법 제65조(정치 운동의 금지)** ① 공무원은 정당이나 그 밖의 정치단체의 결성에 관여하거나 이에 가입할 수 없다.

정답 7. ④ 8. ④

09 화이트칼라범죄(white-collar crimes)에 관한 설명으로 가장 적절하지 <u>않은</u> 것은?

① 초기 화이트칼라범죄를 정의한 학자는 서덜랜드(Sutherland)이다.
② 화이트칼라범죄는 직업활동과 관련하여 높은 지위를 가지고 있는 사람에 의해 저질러지는 범죄이다.
③ 일반적으로 살인 · 강도 · 강간범죄는 화이트칼라범죄로 분류된다.
④ 화이트칼라범죄는 상류계층의 경제범죄에 대한 사회적 심각성을 연구하는 과정에서 등장한 개념이다.

해설 화이트칼라범죄는 초기에 서덜랜드(Sutherland)에 의해 다음과 같이 정의되었다. "직업활동과 관련하여 존경과 높은 지위를 가지고 있는 사람에 의해 저질러지는 범죄".
〈화이트칼라범죄의 조건〉
1) 사회적으로 높은 지위와 명망을 갖고 있는 사람
2) 그의 직무와 관련된 범죄
3) 범죄를 저지르는 사람은 사회적 높은 지위에 있으며, 그 행위가 자신의 직무와 연관되어야 한다. 그러므로 일정한 지위가 있다 하더라도 강간 · 살인 · 폭력 등은 직무와 무관할 경우, 화이트칼라범죄라고 할 수 없다.

10 환경설계를 통한 범죄예방(CPTED)에 관한 설명으로 가장 적절하지 <u>않은</u> 것은?

① CPTED는 근본적이고 효과적인 범죄예방을 위한 방안으로 물리적 환경설계 또는 재설계를 통해 범죄 기회를 차단하는 것이 핵심이다.
② '자연적 감시(natural surveillance)'는 건축물이나 시설물의 설계시 가시권을 확보하여 외부침입에 대한 감시기능을 확대함으로써 범죄행위 발견 가능성을 증가시켜 범죄의 기회를 감소시킬 수 있다는 원리이다.
③ '영역성 강화(territorial reinforcement)'는 사적공간에 대한 경계 표시로 주민들의 책임의식과 소유의식을 증대함으로써 사적공간에 대한 관리권과 권리를 강화시키는 원리이다.
④ '유지 · 관리(maintenance and management)'는 차단기, 방범창, 잠금장치의 파손을 수리하지 않고 유지하는 원리이다.

참고 환경설계를 통한 범죄예방(Crime Prevention Through Environmental Design)원리

원리	개 념
자연적 감시	건출물 · 시설물을 설계할 때 **가시권을 확보**(누구나 쉽게 침입자를 관찰할 수 있도록)하여, 외부침입에 대한 감시기능을 확대함으로써, 범죄행위의 발견 가능성을 증가시키고, 범죄기회를 감소시켜 범죄를 예방 · 억제하는 원리
자연적 접근통제	건물이나 주택 또는 특정 지역 내 수상한 사람이 침입하기 어렵게 설계하여 접근에 대한 심리적 부담을 증가시켜 범죄를 예방하는 원리

영역성 강화	사적공간에 대한 경계선을 표시하여 거주자들의 소유·책임의식을 강화시키고 범죄행위 발견 가능성을 증대시키고, 범죄기회 감소를 통한 범죄를 예방·억제할 수 있다는 원리(외부 침입자에게 스스로 불법이라는 사실을 인식시켜 범죄기회를 차단하는 원리)
활동의 활성화	공공장소에 대한 주민들의 활발한 사용을 유도하여 '**거리의 눈**(eye on the street)'에 의한 자연스러운 감시를 강화시키고 접근통제의 기능을 확대하는 원리
유지 및 관리	− 범죄예방 기능(성능)이 꾸준하게 유지되는 시설(제품)을 사용하거나 환경이 지저분해지거나 노후 이미지(분위기)를 조성하지 않도록 환경을 관리하는 원리 − 깨진 창 이론(broken window theory)으로 알려진 바와 같이 관리되지 않는 환경에서는 사소한 경범죄부터 심각한 강력범죄까지 다양한 범죄가 발생할 수 있기 때문에, 사용자의 관심과 책임의식에 근거해서 환경이 지속적으로 잘 관리되는 것이 매우 중요함

11 무관용 경찰활동(Zero Tolerance Poicing)에 관한 설명으로 가장 적절하지 <u>않은</u> 것은?

① 사소한 무질서에 관대하게 대응했던 전통적 경찰활동의 전략을 계승하였다.
② 무관용 경찰활동은 1990년대 뉴욕에서 본격적으로 시행되었다.
③ 윌슨(Wilson)과 켈링(Kelling)의 '깨어진 창 이론'에 기초하였다.
④ 경미한 비행자에 대한 무관용 개입은 낙인효과를 유발할 수 있다는 비판이 있다.

> 해설
> 〈보기〉 ① 무관용 경찰활동은 직접적인 피해자가 없는 경미한 무질서 행위를 용인하는 전통적 경찰활동 전략을 비판하였다. 무관용경찰활동의 실질적 기초는 물리적 무질서가 개선되지 않으면 물리적 환경이 더욱 악화되어 준법시민들이 두려워하고 따라서 사회적 상호작용을 피하게 되어 비공식적 사회통제는 약화되고 범죄활동이 급증하게 된다는 윌슨(Wilson)과 켈링(Kelling)의 '깨어진 창 이론(Broken Window Theory)'이 제공하고 있다(이윤호, 경찰학, 2014).

> 참고 **무관용 경찰활동[zero tolerance policing]이란**
> 미국 뉴욕경찰에서 시행한 것으로 사소한 일탈을 용납하지 않고 철저히 단속해야 더 큰 범죄문제를 해결하는 데 도움이 된다고 판단하여 경미한 일탈행위까지 엄격히 단속하는 경찰활동이나 정책을 말한다.

12 지역사회 경찰활동(COP)에 관한 설명으로 가장 적절하지 <u>않은</u> 것은?

① 경찰과 시민 모두 지역문제 해결을 위한 치안주체로서 인정하고 협력을 강조한다.
② 업무평가의 주요한 척도는 사전예방을 강조한 범죄나 무질서의 감소율이다.
③ 프로그램으로는 전략지향적 경찰활동(Strategy Oriented Policing: SOP), 이웃지향적 경찰활동(Neighborhood Oriented Policing: NOP) 등이 있다.
④ 범죄신고에 대한 출동소요시간을 바탕으로 효과성을 평가한다.

[해설]
〈보기〉 ④ 전통적 경찰활동에서 경찰의 효과성은 대응시간, 범죄에 대한 출동 소요시간 등으로 결정된다.

[참고] **지역사회 경찰활동의 프로그램**

> 1) 전략 지향적 경찰활동과 관련하여 경찰은 확인된 문제들에 대해서 경찰자원들을 재분배하고 전통적인 경찰활동 및 절차들을 이용한다. 전략 지향적 경찰활동의 목적은 범죄적 요소나 사회 무질서의 원인을 제거하는 것이고, 지역사회를 교정하는데 있어서 지역사회에 그 기초를 확립할 기회를 제공해 주는 것이다.
> 2) 이웃 지향적 경찰활동은 지역사회의 진정한 의미를 파악하기 위해서 경찰과 주민 사이의 의사소통 라인을 개설하는 모든 프로그램을 말한다(이황우·한상암, 2021, 경찰행정학, 법문사, 517-521면).

13 다음은 자랑스러운 경찰의 표상에 관한 서술이다. 해당 인물을 바르게 나열한 것은?

> ㉠ 성산포경찰서장 재직 시 계엄군의 예비검속자 총살 명령에 '부당함으로 불이행'한다고 거부하고 주민들을 방면함
> ㉡ 5·18 광주 민주화운동 당시 무장 강경진압 방침이 내려오자 '분산되는 자는 너무 추적하지 말 것, 부상자가 발생하지 않도록 할 것' 등을 지시하여 비례의 원칙에 입각한 경찰권 행사 및 인권보호를 강조함
> ㉢ 임시정부 경무국 경호원 및 의경대원으로 활동하였고 1926년 12월 식민수탈의 심장인 식산은행과 동양척식회사에 폭탄을 투척함
> ㉣ 구례경찰서장 재임 당시, 재판을 받지 않고 수감된 보도 연맹원 480명을 방면하였으며, '내가 만일 반역으로 몰려 죽는다면 나의 혼이 여러분 각자의 가슴에 들어가 지킬 것이니 새 사람이 되어주십시오'라고 당부함

① ㉠ 문형순, ㉡ 안병하, ㉢ 차일혁, ㉣ 안종삼
② ㉠ 이준규, ㉡ 최규식, ㉢ 안맥결, ㉣ 나석주
③ ㉠ 문형순, ㉡ 안병하, ㉢ 나석주, ㉣ 안종삼
④ ㉠ 이준규, ㉡ 최규식, ㉢ 정종수, ㉣ 나석주

[해설] 부록 '참경찰 인물열전' 자료 참고.

14 각 국의 수사기관에 관한 설명으로 가장 적절하지 않은 것은?

① 영국의 국립범죄청(NCA)은 2013년 중대조직범죄청(SOCA)과 아동범죄대응센터(CEOPC)를 통합하여 출범하였다.

② 미국의 연방수사국(FBI)은 2001년 9.11 테러 이후 테러예방과 수사에 많은 역량을 집중시키고 있다.

③ 독일의 연방범죄수사청(BKA)은 연방헌법기관 요인들에 대한 신변경호도 담당한다.

④ 한국의 국가수사본부는 고위공직자범죄등에 관한 수사를 독립적으로 수행하기 위하여 법무부장관 소속으로 설치되었다.

해설

고위공직자범죄수사처 설치 및 운영에 관한 법률 제3조(고위공직자범죄수사처의 설치와 독립성) ① 고위공직자범죄등에 관하여 다음 각 호에 필요한 직무를 수행하기 위하여 고위공직자범죄수사처를 둔다.

　　1. 고위공직자범죄등에 관한 수사

　　2. 제2조제1호다목, 카목, 파목, 하목에 해당하는 고위공직자로 재직 중에 본인 또는 본인의 가족이 범한 고위공직자범죄 및 관련범죄의 공소제기와 그 유지

② 수사처는 그 권한에 속하는 직무를 독립하여 수행한다.

③ 대통령, 대통령비서실의 공무원은 수사처의 사무에 관하여 업무보고나 자료제출 요구, 지시, 의견제시, 협의, 그 밖에 직무수행에 관여하는 일체의 행위를 하여서는 아니 된다.

제2조(정의) 이 법에서 사용하는 용어의 정의는 다음과 같다.

　　1. "고위공직자"란 다음 각 목의 어느 하나의 직(職)에 재직 중인 사람 또는 그 직에서 퇴직한 사람을 말한다. 다만, 장성급 장교는 현역을 면한 이후도 포함된다.

　　　　가. 대통령

　　　　나. 국회의장 및 국회의원

　　　　다. 대법원장 및 대법관

　　　　라. 헌법재판소장 및 헌법재판관

　　　　마. 국무총리와 국무총리비서실 소속의 정무직공무원

　　　　바. 중앙선거관리위원회의 정무직공무원

　　　　사. 「공공감사에 관한 법률」 제2조제2호에 따른 중앙행정기관의 정무직공무원

　　　　아. 대통령비서실 · 국가안보실 · 대통령경호처 · 국가정보원 소속의 3급 이상 공무원

　　　　자. 국회사무처, 국회도서관, 국회예산정책처, 국회입법조사처의 정무직공무원

　　　　차. 대법원장비서실, 사법정책연구원, 법원공무원교육원, 헌법재판소사무처의 정무직공무원

　　　　카. 검찰총장

　　　　타. 특별시장 · 광역시장 · 특별자치시장 · 도지사 · 특별자치도지사 및 교육감

　　　　파. 판사 및 검사

　　　　하. 경무관 이상 경찰공무원

　　　　거. 장성급 장교

　　　　너. 금융감독원 원장 · 부원장 · 감사

　　　　더. 감사원 · 국세청 · 공정거래위원회 · 금융위원회 소속의 3급 이상 공무원

　　2. "가족"이란 배우자, 직계존비속을 말한다. 다만, 대통령의 경우에는 배우자와 4촌 이내의 친족을 말한다.

15 「국가경찰과 자치경찰의 조직 및 운영에 관한 법률」제10조에 따른 국가경찰위원회의 심의·의결 사항에 관한 내용으로 가장 적절하지 <u>않은</u> 것은?

① 국가경찰사무에 관한 인사, 예산, 장비, 통신 등에 관한 주요 정책 및 경찰 업무 발전에 관한 사항

② 국가경찰사무에 관한 인권보호와 관련되는 경찰의 운영·개선에 관한 사항

③ 지방행정과 치안행정의 업무조정에 관한 사항

④ 제주특별자치도의 자치경찰에 대한 경찰의 지원·협조 및 협약체결의 조정 등에 관한 주요 정책사항

해설

제10조(국가경찰위원회의 심의·의결 사항 등) ① 다음 각 호의 사항은 국가경찰위원회의 **심의·의결**을 거쳐야 한다.

1. 국가경찰사무에 관한 인사, 예산, 장비, 통신 등에 관한 **주요정책** 및 경찰 업무 발전에 관한 사항
2. 국가경찰사무에 관한 **인권보호**와 관련되는 경찰의 운영·개선에 관한 사항
3. 국가경찰사무 담당 공무원의 **부패 방지**와 **청렴도** 향상에 관한 주요 정책사항
4. 국가경찰사무 외에 **다른 국가기관으로부터의 업무협조** 요청에 관한 사항
5. 제주특별자치도의 **자치경찰에 대한 경찰의 지원·협조** 및 협약체결의 조정 등에 관한 주요 정책사항
6. 제18조에 따른 시·도자치경찰위원회 위원 추천, **자치경찰사무에 대한 주요 법령·정책** 등에 관한 사항, 제25조제4항에 따른 시·도자치경찰위원회 의결에 대한 재의 요구에 관한 사항
7. 제2조에 따른 시책 수립에 관한 사항
8. 제32조에 따른 비상사태 등 전국적 **치안유지를 위한 경찰청장의 지휘·명령**에 관한 사항
9. 그 밖에 행정안전부장관 및 경찰청장이 중요하다고 인정하여 국가경찰위원회의 회의에 부친 사항

제24조(시·도자치경찰위원회의 소관 사무) ① 시·도자치경찰위원회의 **소관 사무**는 다음 각 호로 한다.

1. 자치경찰사무에 관한 목표의 수립 및 평가
2. 자치경찰사무에 관한 인사, 예산, 장비, 통신 등에 관한 주요정책 및 그 운영지원
3. 자치경찰사무 담당 공무원의 임용, 평가 및 인사위원회 운영
4. 자치경찰사무 담당 공무원의 부패 방지와 청렴도 향상에 관한 주요 정책 및 인권침해 또는 권한남용 소지가 있는 규칙, 제도, 정책, 관행 등의 개선
5. 제2조에 따른 시책 수립
6. 제28조제2항에 따른 시·도경찰청장의 임용과 관련한 경찰청장과의 협의, 제30조제4항에 따른 평가 및 결과 통보
7. 자치경찰사무 감사 및 감사의뢰
8. 자치경찰사무 담당 공무원의 주요 비위사건에 대한 감찰요구
9. 자치경찰사무 담당 공무원에 대한 징계요구
10. 자치경찰사무 담당 공무원의 고충심사 및 사기진작
11. 자치경찰사무와 관련된 중요사건·사고 및 현안의 점검
12. 자치경찰사무에 관한 규칙의 제정·개정 또는 폐지
13. 지방행정과 치안행정의 업무조정과 그 밖에 필요한 협의·조정
14. 비상사태 등 전국적 치안유지를 위한 경찰청장의 지휘·명령에 관한 사무
15. 국가경찰사무·자치경찰사무의 협력·조정과 관련하여 경찰청장과 협의
16. 국가경찰위원회에 대한 심의·조정 요청
17. 그 밖에 시·도지사, 시·도경찰청장이 중요하다고 인정하여 시·도자치경찰위원회의 회의에 부친 사항에 대한 심의·의결

16 「경찰공무원법」 제7조에 따른 임용권자에 관한 설명으로 가장 적절하지 <u>않은</u> 것은?

① 총경 이상 경찰공무원은 경찰청장 또는 해양경찰청장의 추천을 받아 행정안전부장관 또는 해양수산부장관의 제청으로 국무총리를 거쳐 대통령이 임용한다.

② 총경의 전보, 휴직, 직위해제, 강등, 정직 및 복직은 행정안전부 장관 또는 해양수산부장관이 임용한다.

③ 경정 이하의 경찰공무원은 경찰청장 또는 해양경찰청장이 임용한다. 다만, 경정으로의 신규채용, 승진임용 및 면직은 경찰청장 또는 해양경찰청장의 제청으로 국무총리를 거쳐 대통령이 한다.

④ 경찰청장은 대통령령으로 정하는 바에 따라 경찰공무원의 임용에 관한 권한의 일부를 특별시장·광역시장·도지사·특별자치시장 또는 특별자치도지사, 국가수사본부장, 소속 기관의 장, 시·도 경찰청장에게 위임할 수 있다.

> **해설**
>
> 제7조(임용권자) ① **총경 이상 경찰공무원**은 경찰청장 또는 해양경찰청장의 추천을 받아 행정안전부장관 또는 해양수산부장관의 제청으로 국무총리를 거쳐 **대통령**이 임용한다. 다만, **총경의 전보, 휴직, 직위해제, 강등, 정직 및 복직은** 경찰청장 **또는** 해양경찰청장이 한다.
>
> ② **경정 이하의 경찰공무원**은 **경찰청장** 또는 해양경찰청장이 **임용**한다. 다만, 경정으로의 신규채용, 승진임용 및 면직은 경찰청장 또는 해양경찰청장의 제청으로 국무총리를 거쳐 대통령이 한다.
>
> ③ **경찰청장**은 대통령령으로 정하는 바에 따라 경찰공무원의 **임용에 관한 권한**의 일부를 특별시장·광역시장·도지사·특별자치시장 또는 특별자치도시자(이하 "**시·도지사**"라 한다), **국가수사본부장, 소속 기관의 장, 시·도경찰청장**에게 **위임할 수 있다.** 이 경우 시·도지사는 위임받은 권한의 일부를 대통령령으로 정하는 바에 따라 「국가경찰과 자치경찰의 조직 및 운영에 관한 법률」 제18조에 따른 시·도자치경찰위원회("시·도자치경찰위원회"), 시·도경찰청장에게 다시 위임할 수 있다.

17 「국가공무원법」상 직위해제에 관한 설명으로 가장 적절하지 <u>않은</u> 것은?

① 임용권자는 직무수행 능력이 부족하거나 근무성적이 극히 나쁜 자에게 직위를 부여하지 아니할 수 있다.

② 형사사건으로 기소된 자(약식명령이 청구된 자는 제외한다)에게는 직위를 부여하지 아니할 수 있다.

③ 제73조의3 제1항에 따라 직위를 부여하지 아니한 경우에 그 사유가 소멸되면 임용권자는 7일 이내에 직위를 부여할 수 있다.

④ 임용권자는 제1항 제2호에 따라 직위해제된 자에게 3개월의 범위에서 대기를 명한다.

해설

제73조의3(직위해제) ① 임용권자는 다음 각 호의 어느 하나에 해당하는 자에게는 **직위를 부여하지 아니할** 수 있다.

---

2. 직무수행 능력이 부족하거나 근무성적이 극히 나쁜 자
3. 파면·해임·강등 또는 정직에 해당하는 징계 의결이 요구 중인 자
4. 형사 사건으로 기소된 자(약식명령이 청구된 자는 제외한다)
5. 고위공무원단에 속하는 일반직공무원으로서 제70조의2제1항제2호부터 제5호까지의 사유로 적격심사를 요구받은 자
6. 금품비위, 성범죄 등 대통령령으로 정하는 비위행위로 인하여 감사원 및 검찰·경찰 등 수사기관에서 조사나 수사 중인 자로서 비위의 정도가 중대하고 이로 인하여 정상적인 업무수행을 기대하기 현저히 어려운 자

---

② 제1항에 따라 **직위를 부여하지 아니한 경우**에 그 **사유가 소멸**되면 임용권자는 **지체 없이 직위를 부여하여야** 한다.

③ 임용권자는 제1항제2호에 따라 직위해제된 자에게 **3개월**의 범위에서 대기를 명한다.

2023 제1차 경찰공무원 **559** • • •
18 경찰행정법의 법원(法源)에 관한 설명으로 가장 적절하지 <u>않은</u> 것은? (다툼이 있는 경우 판례에 의함)

① 경찰행정법의 법원(法源)은 일반적으로 성문법원과 불문법원으로 나눌 수 있으며 헌법, 법률, 조례와 규칙은 성문법원에 해당한다.

② 대통령령, 총리령 및 부령은 특별한 규정이 없으면 공포한 날부터 20일이 경과함으로써 효력을 발생한다.

③ 지방자치단체의 장은 법령의 범위에서 그 사무에 관하여 조리(條理)를 제정할 수 있다.

④ 사회의 거듭된 관행으로 생성한 사회생활규범이 사회의 법적 확신과 인식에 의하여 법적 규범으로 승인·강행되기에 이른 것을 관습법이라 한다.

해설

지방자치법 제28조(조례) ① 지방자치단체는 법령의 범위에서 그 사무에 관하여 조례를 제정할 수 있다. 다만, 주민의 권리 제한 또는 의무 부과에 관한 사항이나 벌칙을 정할 때에는 법률의 위임이 있어야 한다. ② 법령에서 조례로 정하도록 위임한 사항은 그 법령의 하위 법령에서 그 위임의 내용과 범위를 제한하거나 직접 규정할 수 없다.

법령 등 공포에 관한 법률 제13조(시행일) 대통령령, 총리령 및 부령은 특별한 규정이 없으면 공포한 날부터 20일이 경과함으로써 효력을 발생한다.

〈참고 판례〉

1) 대법원 2005. 7. 21. 선고 2002다1178 전원합의체 판결

【판결요지】

관습법이란 사회의 거듭된 관행으로 생성한 사회생활규범이 사회의 법적 확신과 인식에 의하여 법적 규범으로 승인·강행되기에 이른 것을 말하고, 그러한 관습법은 법원(법원)으로서 법령에 저촉되지 아니하는 한 법칙으로서의 효력이 있는 것이고, 또 사회의 거듭된 관행으로 생성한 어떤 사회생활규범이 법적 규범으로 승인되기에 이르렀다고 하기 위하여는 헌법을 최상위 규범으로 하는 전체 법질서에 반하지 아니하는 것으로서 정당성과 합리성이 있다고 인정될 수 있는 것이어야 하고, 그렇지 아니한 사회생활규범은 비록 그것이 사회의 거듭된 관행으로 생성된 것이라고 할지라도 이를 법적 규범으로 삼아 관습법으로서의 효력을 인정할 수 없다.

2) 대법원 1983. 6. 14. 선고 80다3231 판결

【판결요지】

관습법이란 사회의 거듭된 관행으로 생성한 사회생활규범이 사회의 법적 확신과 인식에 의하여 법적 규범으로 승인·강행되기에 이르른 것을 말하고, 사실인 관습은 사회의 관행에 의하여 발생한 사회생활규범인 점에서 관습법과 같으나 사회의 법적 확신이나 인식에 의하여 법적 규범으로서 승인된 정도에 이르지 않은 것을 말하는 바, 관습법은 바로 법원으로서 법령과 같은 효력을 갖는 관습으로서 법령에 저촉되지 않는 한 법칙으로서의 효력이 있는 것이며, 이에 반하여 사실인 관습은 법령으로서의 효력이 없는 단순한 관행으로서 법률행위의 당사자의 의사를 보충함에 그치는 것이다.

제1차

정답 17. ③ 18. ③

19 경찰비례의 원칙에 관한 설명으로 가장 적절하지 <u>않은</u> 것은? (다툼이 있는 경우 판례에 의함)

① 경찰비례의 원칙은 일반적 수권조항에 근거하여 경찰권을 발동하는 경우는 물론, 개별적 수권조항에 근거하여 경찰권을 발동하는 경우에도 적용된다.

② 적합성의 원칙은 경찰기관의 어떤 조치가 경찰목적 달성을 위해 필요한 경우라고 하여도 그 조치에 따른 불이익이 그 조치로 인해 발생하는 이익보다 큰 경우에는 경찰권을 발동해서는 안된다는 원칙이다.

③ 필요성의 원칙(최소침해의 원칙)은 목적을 달성할 수 있는 수단이 여러 가지가 있는 경우에 적합한 여러 가지 수단 중에서 가장 적게 침해를 가져오는 수단을 선택해야 한다는 원칙이다.

④ 경찰비례의 원칙은 「행정기본법」 제10조, 「경찰관 직무집행법」 제1조 제2항 등에서 근거를 찾아볼 수 있다.

해설

〈보기〉 ①

– 경찰비례의 원칙이란 경찰권은 공공의 안녕·질서의 유지를 위하여 묵과할 수 없는 장해가 발생한 경우에(경찰권 발동의 조건), 이를 해결하기 위하여 필요한 최소한의 범위 내에서 발동되어야 한다(경찰권 발동의 정도)는 원칙을 의미한다. 즉, 경찰작용에 있어 목적 실현을 위한 수단과 당해 목적 사이에 합리적인 비례관계가 있어야 한다는 원칙을 의미한다.

헌법 제37조 ②국민의 모든 자유와 권리는 국가안전보장·질서유지 또는 공공복리를 위하여 필요한 경우에 한하여 법률로써 제한할 수 있으며, 제한하는 경우에도 자유와 권리의 본질적인 내용을 침해할 수 없다.

– 경찰비례의 원칙은 일반적 수권조항에 근거하여 경찰권을 발동하는 경우는 물론, 개별적 수권조항에 근거하여 경찰권을 발동하는 경우에도 적용된다.

– 경찰법 제3조와 경찰관 직무집행법 제2조를 경찰권 발동의 일반수권조항으로 본다(헌재 2011. 6. 30. 2009헌마406 결정).

– 경찰관 직무집행법 제3조(불심검문), 제4조(보호조치 등), 제5조(위험 발생의 방지 등), 제6조(범죄의 예방과 제지), 제7조(위험방지를 위한 출입)는 개별적 수권조항으로 본다.

〈보기〉 ②

– 적합성의 원칙이란 행정은 추구하는 행정목적의 달성에 적합한 수단을 선택하여야 한다는 원칙을 말한다. 즉 행정기관이 취한 행정작용은 달성하고자 하는 목적에 유효하게 적절한 것이어야 한다.

– 상당성의 원칙(협의의 비례원칙)이란 행정조치를 취함에 따른 불이익이 그것에 의해 달성되는 이익보다 심히 큰 경우에는 그 행정조치를 취해서는 안 된다는 원칙을 말한다. 즉 행정작용으로 인한 공익과 침해되는 사익 간에 상당한 비례관계가 유지되어야 한다(경찰행정법).

적합성 원칙은 경찰권 발동수단은 목적달성에 적합하여야 한다는 원칙으로 경찰행정관청의 특정행위가 공적 목적 달성을 위해 적합해야 한다.

〈보기〉 ④

행정기본법 제10조(비례의 원칙) 행정작용은 다음 각 호의 원칙에 따라야 한다.

1. 행정목적을 달성하는 데 유효하고 적절할 것
2. 행정목적을 달성하는 데 필요한 최소한도에 그칠 것
3. 행정작용으로 인한 국민의 이익 침해가 그 행정작용이 의도하는 공익보다 크지 아니할 것

경찰관 직무집행법 제1조(목적) ② 이 법에 규정된 경찰관의 직권은 그 직무 수행에 필요한 최소한도에서 행사되어야 하며 남용되어서는 아니 된다.

20 경찰하명에 관한 설명으로 가장 적절하지 <u>않은</u> 것은? (다툼이 있는 경우 판례에 의함)

① 경찰하명은 경찰상의 목적을 위하여 국가의 일반통치권에 의거, 개인에게 특정한 작위·부작위·수인 또는 급부의 의무를 명하는 행정행위이다.

② 부작위하명은 적극적으로 어떤 행위를 하지 말 것을 명하는 것으로 '면제'라 부르기도 한다.

③ 경찰하명에 위반한 행위는 강제집행이나 처벌의 대상이 되지만, 원칙적으로 사법(私法)상의 법률적 효력까지 부인하는 것은 아니다.

④ 위법한 경찰하명으로 인하여 권리·이익이 침해된 자는 행정쟁송 또는 손해배상을 청구할 수 있다.

해설

〈보기〉 ① 경찰하명이란 일반에 기인하여 경찰목적을 달성하기 위해 국민에 대하여 작위, 부작위, 급부 또는 수인 등의 의무 일체를 명하는 법률행위적 행정행위를 말한다.

〈보기〉 ② 부작위하명은 소극적으로 어떤 행위를 하지 말 것을 명하는 행정행위로 경찰금지라고도 하며 가장 보편적인 경찰하명이다.

〈보기〉 ④ 위법한 하명에 대해서는 행정심판, 행정소송, 손해배상청구가 가능하고, 적법한 하명에 대해서 예외적으로 손실보상청구가 가능하다.

21 「행정기본법」상 부관에 관한 설명으로 가장 적절하지 <u>않은</u> 것은?

① 행정청은 처분에 재량이 있는 경우에는 부관을 붙일 수 있다.

② 행정청은 처분에 재량이 없는 경우에는 법률에 근거가 있는 경우에 부관을 붙일 수 있다.

③ 행정청은 부관을 붙일 수 있는 처분이 당사자의 동의가 있는 경우에는 그 처분을 한 후에도 부관을 새로 붙이거나 종전의 부관을 변경할 수 있다.

④ 부관은 해당 처분의 목적에 위배되지 아니하고, 실질적 관련이 없을 것을 요건으로 한다.

해설

제17조(부관) ① 행정청은 처분에 재량이 있는 경우에는 부관(조건, 기한, 부담, 철회권의 유보 등을 말한다)을 붙일 수 있다.

② 행정청은 처분에 재량이 없는 경우에는 법률에 근거가 있는 경우에 부관을 붙일 수 있다.

③ 행정청은 부관을 붙일 수 있는 처분이 다음 각 호의 어느 하나에 해당하는 경우에는 그 처분을 한 후에도 부관을 새로 붙이거나 종전의 부관을 변경할 수 있다.

  1. 법률에 근거가 있는 경우

  2. 당사자의 동의가 있는 경우

  3. 사정이 변경되어 부관을 새로 붙이거나 종전의 부관을 변경하지 아니하면 해당 처분의 목적을 달성할 수 없다고 인정되는 경우

④ **부관은 다음 각 호의 요건에 적합하여야 한다.**

  1. 해당 처분의 목적에 위배되지 아니할 것

  2. 해당 처분과 **실질적인 관련이 있을 것**

  3. 해당 처분의 목적을 달성하기 위하여 필요한 최소한의 범위일 것

22 행정상 의무이행확보수단에 관한 설명으로 가장 적절하지 <u>않은</u> 것은? (다툼이 있는 경우 판례에 의함)

① 과징금은 원칙적으로 행정법상의 의무를 위반한 자에 대하여 당해 위반행위로 얻게 된 경제적 이익을 박탈하기 위한 목적으로 부과하는 금전적인 제재이다.

② 「경찰관 직무집행법」 제6조 "경찰관은 범죄행위가 목전에 행하여지려고 하고 있다고 인정될 때에는 이를 예방하기 위하여 관계인에게 필요한 경고를 하고, 그 행위로 인하여 사람의 생명·신체에 위해를 끼치거나 재산에 중대한 손해를 끼칠 우려가 있는 긴급한 경우에는 그 행위를 제지할 수 있다" 규정은 행정상 즉시강제에 해당한다.

③ 「경찰관 직무집행법」 제4조 제1항 제1호에서 규정하는 술에 취한 상태로 인하여 자기 또는 타인의 생명·신체와 재산에 위해를 미칠 우려가 있는 피구호자에 대한 보호조치는 행정상 강제집행에 해당한다.

④ 가산세는 개별 세법이 과세의 적정을 기하기 위하여 정한 의무의 이행을 확보할 목적으로 그 의무 위반에 대하여 세금의 형태로 가하는 행정상 제재이다.

해설

대법원 2002. 5. 28. 선고 2000두6121 판결
과징금은 원칙적으로 행정법상의 의무를 위반한 자에 대하여 당해 위반행위로 얻게 된 경제적 이익을 박탈하기 위한 목적으로 부과하는 금전적인 제재이므로, 법이 규정한 범위 내에서 그 부과처분 당시까지 부과관청이 확인한 사실을 기초로 일의적으로 확정되어야 할 것이지, 추후에 부과금 산정기준이 되는 새로운 자료가 나왔다고 하여 새로운 부과처분을 할 수 있는 것은 아니다.

대법원 2021. 11. 11. 선고 2018다288631 판결
경찰관직무집행법 제6조는 "경찰관은 범죄행위가 목전에 행하여지려고 하고 있다고 인정될 때에는 이를 예방하기 위하여 관계인에게 충분한 경고를 하고, 그 행위로 인하여 사람의 생명·신체에 위해를 끼치거나 재산에 중대한 손해를 끼칠 우려가 있는 긴급한 경우에는 그 행위를 제지할 수 있다."라고 규정하고 있다. 위 조항 중 경찰관의 제지에 관한 부분은 범죄의 예방을 위한 경찰행정상 즉시강제, 즉 눈앞의 급박한 경찰상 장해를 제거하여야 할 필요가 있고 의무를 명할 시간적 여유가 없거나 의무를 명하는 방법으로는 그 목적을 달성하기 어려운 상황에서 의무불이행을 전제로 하지 아니하고 경찰이 직접 실력을 행사하여 경찰상 필요한 상태를 실현하는 권력적 사실행위에 관한 근거조항이다.

대법원 2012. 12. 13. 선고 2012도11162 판결
경찰관직무집행법 제4조 제1항 제1호에서 규정하는 술에 취한 상태로 인하여 자기 또는 타인의 생명·신체와 재산에 위해를 미칠 우려가 있는 **피구호자에 대한 보호조치는 경찰 행정상 즉시강제**에 해당하므로, 그 조치가 불가피한 최소한도 내에서만 행사되도록 발동·행사 요건을 신중하고 엄격하게 해석하여야 한다.

대법원 1991. 11. 26. 선고 91누5341 판결
세법상 가산세는 개별 세법이 과세의 적정을 기하기 위하여 정한 의무의 이행을 확보할 목적으로 이들 의무를 해태하였을 때 그에 대하여 가하여지는 일종의 행정벌적인 성격을 가지는 제재이므로 그 의무를 해태함에 있어 정당한 사유가 있는 경우에는 가산세를 부과할 수 없다.

23 「질서위반행위규제법」상 행정청의 과태료 부과 및 징수에 관한 설명으로 가장 적절하지 않은 것은?

① 행정청은 법 제16조 제2항에 따라 당사자가 제출한 의견에 상당한 이유가 있는 경우에는 과태료를 부과하지 아니하거나 통지한 내용을 변경할 수 있다.

② 법 제20조 제1항에 따른 이의제기가 있는 경우에는 행정청의 과태료 부과처분은 그 효력을 상실하지 않는다.

③ 당사자가 법 제18조 제1항에 따라 감경된 과태료를 납부한 경우에는 해당 질서위반행위에 대한 과태료 부과 및 징수절차는 종료한다.

④ 행정청은 당사자가 납부기한까지 과태료를 납부하지 아니한 때에는 납부기한을 경과한 날부터 체납된 과태료에 대하여 100분의 3에 상당하는 가산금을 징수한다.

> **해설**
>
> 제20조(이의제기) ① 행정청의 과태료 부과에 불복하는 당사자는 제17조제1항에 따른 과태료 부과 통지를 받은 날부터 60일 이내에 해당 행정청에 서면으로 이의제기를 할 수 있다.
>
> ② 제1항에 따른 이의제기가 있는 경우에는 **행정청의 과태료 부과처분은 그 효력을 상실한다.**
>
> ③ 당사자는 행정청으로부터 제21조제3항에 따른 통지를 받기 전까지는 행정청에 대하여 서면으로 이의제기를 철회할 수 있다.
>
> 제16조(사전통지 및 의견 제출 등) ① 행정청이 질서위반행위에 대하여 과태료를 부과하고자 하는 때에는 미리 당사자(제11조제2항에 따른 고용주등을 포함한다. 이하 같다)에게 대통령령으로 정하는 사항을 통지하고, 10일 이상의 기간을 정하여 의견을 제출할 기회를 주어야 한다. 이 경우 지정된 기일까지 의견 제출이 없는 경우에는 의견이 없는 것으로 본다.
>
> ② 당사자는 의견 제출 기한 이내에 대통령령으로 정하는 방법에 따라 행정청에 의견을 진술하거나 필요한 자료를 제출할 수 있다.
>
> ③ 행정청은 제2항에 따라 당사자가 제출한 의견에 상당한 이유가 있는 경우에는 과태료를 부과하지 아니하거나 통지한 내용을 변경할 수 있다.
>
> 제18조(자진납부자에 대한 과태료 감경) ① 행정청은 당사자가 제16조에 따른 의견 제출 기한 이내에 과태료를 자진하여 납부하고자 하는 경우에는 대통령령으로 정하는 바에 따라 과태료를 감경할 수 있다.
>
> ② 당사자가 제1항에 따라 감경된 과태료를 납부한 경우에는 해당 질서위반행위에 대한 과태료 부과 및 징수절차는 종료한다.
>
> 제24조(가산금 징수 및 체납처분 등) ① 행정청은 당사자가 납부기한까지 과태료를 납부하지 아니한 때에는 납부기한을 경과한 날부터 체납된 과태료에 대하여 100분의 3에 상당하는 가산금을 징수한다.
>
> ② 체납된 과태료를 납부하지 아니한 때에는 납부기한이 경과한 날부터 매 1개월이 경과할 때마다 체납된 과태료의 1천분의 12에 상당하는 가산금(이하 이 조에서 "중가산금"이라 한다)을 제1항에 따른 가산금에 가산하여 징수한다. 이 경우 중가산금을 가산하여 징수하는 기간은 60개월을 초과하지 못한다.
>
> ③ 행정청은 당사자가 제20조제1항에 따른 기간 이내에 이의를 제기하지 아니하고 제1항에 따른 가산금을 납부하지 아니한 때에는 국세 또는 지방세 체납처분의 예에 따라 징수한다.

24 「공공기관의 정보공개에 관한 법률」에 관한 설명으로 가장 적절하지 <u>않은</u> 것은?

① 청구인은 이의신청 절차를 거치지 아니하고 행정심판을 청구할 수 없다.

② "정보"란 공공기관이 직무상 작성 또는 취득하여 관리하고 있는 문서(전자문서를 포함한다) 및 전자매체를 비롯한 모든 형태의 매체 등에 기록된 사항을 말한다.

③ 공공기관은 부득이한 사유로 법 제11조 제1항에 따른 기간 이내에 공개 여부를 결정할 수 없을 때에는 그 기간이 끝나는 날의 다음 날부터 기산(起算)하여 10일의 범위에서 공개 여부 결정기간을 연장할 수 있다. 이 경우 공공기관은 연장된 사실과 연장 사유를 청구인에게 지체 없이 문서로 통지하여야 한다.

④ 공공기관은 청구인이 사본 또는 복제물의 교부를 원하는 경우에는 이를 교부하여야 한다.

> **해설**
>
> 제19조(행정심판) ① 청구인이 정보공개와 관련한 공공기관의 결정에 대하여 불복이 있거나 정보공개 청구 후 20일이 경과하도록 정보공개 결정이 없는 때에는 「행정심판법」에서 정하는 바에 따라 행정심판을 청구할 수 있다. 이 경우 국가기관 및 지방자치단체 외의 공공기관의 결정에 대한 감독행정기관은 관계 중앙행정기관의 장 또는 지방자치단체의 장으로 한다.
>
> ② 청구인은 제18조에 따른 **이의신청 절차를 거치지 아니하고 행정심판을 청구할 수 있다.**
>
> ③ 행정심판위원회의 위원 중 정보공개 여부의 결정에 관한 행정심판에 관여하는 위원은 재직 중은 물론 퇴직 후에도 그 직무상 알게 된 비밀을 누설하여서는 아니 된다.
>
> ④ 제3항의 위원은 「형법」이나 그 밖의 법률에 따른 벌칙을 적용할 때에는 공무원으로 본다.
>
> 제2조(정의) 이 법에서 사용하는 용어의 뜻은 다음과 같다.
>
> > 1. "정보"란 공공기관이 직무상 작성 또는 취득하여 관리하고 있는 문서(전자문서를 포함한다) 및 전자매체를 비롯한 모든 형태의 매체 등에 기록된 사항을 말한다.
>
> 제11조(정보공개 여부의 결정) ① 공공기관은 제10조에 따라 정보공개의 청구를 받으면 그 청구를 받은 날부터 10일 이내에 공개 여부를 결정하여야 한다.
>
> ② 공공기관은 부득이한 사유로 제1항에 따른 기간 이내에 공개 여부를 결정할 수 없을 때에는 그 기간이 끝나는 날의 다음 날부터 기산(起算)하여 10일의 범위에서 공개 여부 결정기간을 연장할 수 있다. 이 경우 공공기관은 연장된 사실과 연장 사유를 청구인에게 지체 없이 문서로 통지하여야 한다.
>
> 제13조(정보공개 여부 결정의 통지) ① 공공기관은 제11조에 따라 정보의 공개를 결정한 경우에는 공개의 일시 및 장소 등을 분명히 밝혀 청구인에게 통지하여야 한다.
>
> ② 공공기관은 청구인이 사본 또는 복제물의 교부를 원하는 경우에는 이를 교부하여야 한다.

25 「행정절차법」상 행정청이 처분을 할 때 청문을 하여야 하는 경우가 <u>아닌</u> 것은?

① 다른 법령등에서 청문을 하도록 규정하고 있는 경우
② 해당 처분의 영향이 광범위하여 널리 의견을 수렴할 필요가 있다고 행정청이 인정하는 경우
③ 인허가 등의 취소의 처분을 하는 경우
④ 법인이나 조합 등의 설립허가의 취소의 처분을 하는 경우

> 해설

제22조(의견청취) ① 행정청이 처분을 할 때 다음 각 호의 어느 하나에 해당하는 경우에는 **청문**을 한다.
    1. 다른 법령등에서 청문을 하도록 규정하고 있는 경우
    2. 행정청이 필요하다고 인정하는 경우
    3. 다음 각 목의 처분을 하는 경우
        가. **인허가 등의 취소**
        나. 신분·자격의 박탈
        다. 법인이나 조합 등의 설립허가의 취소

② 행정청이 처분을 할 때 다음 각 호의 어느 하나에 해당하는 경우에는 **공청회**를 개최한다.
    1. 다른 법령등에서 공청회를 개최하도록 규정하고 있는 경우
    2. 해당 처분의 영향이 광범위하여 널리 의견을 수렴할 필요가 있다고 행정청이 인정하는 경우
    3. 국민생활에 큰 영향을 미치는 처분으로서 대통령령으로 정하는 처분에 대하여 대통령령으로 정하는 수 이상의 당사자등이 공청회 개최를 요구하는 경우

26 「행정심판법」상 재결에 관한 설명으로 가장 적절하지 <u>않은</u> 것은? (다툼이 있는 경우 판례에 의함)

① 재결은 서면으로 한다.

② 위원회는 심판청구가 이유가 없다고 인정하면 그 심판청구를 기각(棄却)한다.

③ 위원회는 지체 없이 당사자에게 재결서의 등본을 송달하여야 하며, 재결서가 청구인에게 발송되었을 때에 그 효력이 생긴다.

④ 재결의 기속력은 재결의 주문 및 그 전제가 된 요건사실의 인정과 판단, 즉 처분 등의 구체적 위법사유에 관한 판단에만 미친다고 할 것이고, 종전 처분이 재결에 의하여 취소되었다 하더라도 종전 처분시와는 다른 사유를 들어서 처분을 하는 것은 기속력에 저촉되지 않는다.

해설

제48조(재결의 송달과 효력 발생) ① 위원회는 지체 없이 당사자에게 재결서의 정본을 송달하여야 한다. 이 경우 중앙행정심판위원회는 재결 결과를 소관 중앙행정기관의 장에게도 알려야 한다.

② 재결은 청구인에게 제1항 전단에 따라 **송달되었을 때에 그 효력이 생긴다.**

③ 위원회는 재결서의 등본을 지체 없이 참가인에게 송달하여야 한다.

제46조(재결의 방식) ① 재결은 **서면으로 한다.**

② 제1항에 따른 재결서에는 다음 각 호의 사항이 포함되어야 한다.

제43조(재결의 구분) ① 위원회는 심판청구가 적법하지 아니하면 그 심판청구를 각하(却下)한다.

② 위원회는 심판청구가 **이유가 없다고 인정하면** 그 심판청구를 **기각**(棄却)한다.

〈참고 판례〉 대법원 2005. 12. 9. 선고 2003두7705 판결

[1] 재결의 기속력은 재결의 주문 및 그 전제가 된 요건사실의 인정과 판단, 즉 처분 등의 구체적 위법사유에 관한 판단에만 미친다고 할 것이고, 종전 처분이 재결에 의하여 취소되었다 하더라도 종전 처분시와는 다른 사유를 들어서 처분을 하는 것은 기속력에 **저촉되지 않는다**고 할 것이며, 여기에서 동일 사유인지 다른 사유인지는 종전 처분에 관하여 위법한 것으로 재결에서 판단된 사유와 기본적 사실관계에 있어 동일성이 인정되는 사유인지 여부에 따라 판단되어야 한다.

27 「경찰 물리력 행사의 기준과 방법에 관한 규칙」상 경찰 물리력 수준에 관한 설명으로 가장 적절하지 <u>않은</u> 것은?

① 협조적 통제는 '순응' 이상의 상태인 대상자에 대해 사용할 수 있는 물리력 수준으로서, 대상자의 협조를 유도하거나 협조에 따른 물리력을 말한다.

② 접촉 통제는 '소극적 저항' 이상의 상태인 대상자에 대해 사용 할 수 있는 물리력 수준으로서, 대상자 신체 접촉을 통해 경찰목적 달성을 강제하지만 신체적 부상을 야기할 가능성은 극히 낮은 물리력을 말한다.

③ 저위험 물리력은 '적극적 저항' 이상의 상태인 대상자에 대해 사용할 수 있는 물리력 수준으로서, 대상자가 통증을 느낄 수 있으나 신체적 부상을 당할 가능성은 낮은 물리력을 말한다.

④ 중위험 물리력은 '치명적 공격' 상태의 대상자로 인해 경찰관 또는 제3자의 생명·신체에 급박하고 중대한 위해가 초래될 가능성이 있는 경우 최후의 수단으로 사용할 수 있는 물리력 수준으로서, 대상자의 사망 또는 심각한 부상을 초래할 수 있는 물리력을 말한다.

> **해설**
> 「경찰 물리력 행사의 기준과 방법에 관한 규칙」
> 경찰관 대응 수준 ① 협조적 통제, ② 접촉 통제, ③ 저위험 물리력, ④ 중위험 물리력, ⑤ 고위험 물리력 다섯 단계로 구별한다.
>
> > 1. 협조적 통제
> >   '순응' 이상의 상태인 대상자에 대해 사용할 수 있는 물리력 수준으로서, 대상자의 협조를 유도하거나 협조에 따른 물리력을 말한다. 그 종류는 다음과 같다.
> >   가. 현장 임장
> >   나. 언어적 통제
> >   다. 체포 등을 위한 수갑 사용
> >   라. 안내·체포 등에 수반한 신체적 물리력
> >
> > 2. 접촉 통제
> >   '소극적 저항' 이상의 상태인 대상자에 대해 사용할 수 있는 물리력 수준으로서, 대상자 신체 접촉을 통해 경찰목적 달성을 강제하지만 신체적 부상을 야기할 가능성은 극히 낮은 물리력을 말한다. 그 종류는 다음과 같다.
> >   **가. 신체 일부 잡기·밀기·잡아끌기, 쥐기·누르기·비틀기**
> >   나. 경찰봉 양 끝 또는 방패를 잡고 대상자의 신체에 안전하게 밀착한 상태에서 대상자를 특정 방향으로 밀거나 잡아당기기
> >
> > 3. 저위험 물리력
> >   '적극적 저항' 이상의 상태인 대상자에 대해 사용할 수 있는 물리력 수준으로서, 대상자가 통증을 느낄 수 있으나 신체적 부상을 당할 가능성은 낮은 물리력을 말한다. 그 종류는 다음과 같다.
> >   **가. 목을 압박하여 제압하거나 관절을 꺾는 방법, 팔·다리를 이용해 움직이지 못하도록 조르는 방법, 다리를 걸거나 들쳐 매는 등 균형을 무너뜨려 넘어뜨리는 방법, 대상자가 넘어진 상태에서 움직이지 못하게 위에서 눌러 제압하는 방법**
> >   나. 분사기 사용(다른 저위험 물리력 이하의 수단으로 제압이 어렵고, 경찰관이나 대상자의 부상 등의 방지를 위해 필요한 경우)

4. 중위험 물리력

'폭력적 공격' 이상의 상태의 대상자에 대해 사용할 수 있는 물리력 수준으로서, 대상자에게 신체적 부상을 입힐 수 있으나 생명·신체에 대한 중대한 위해 발생 가능성은 낮은 물리력을 말한다. 그 종류는 다음과 같다.

가. 손바닥, 주먹, 발 등 신체부위를 이용한 가격

나. 경찰봉으로 중요부위가 아닌 신체 부위를 찌르거나 가격

다. 방패로 강하게 압박하거나 세게 미는 행위

라. 전자충격기 사용

5. 고위험 물리력

가. '치명적 공격' 상태의 대상자로 인해 경찰관 또는 제3자의 생명·신체에 급박하고 중대한 위해가 초래될 가능성이 있는 경우 최후의 수단으로 사용할 수 있는 물리력 수준으로서, 대상자의 사망 또는 심각한 부상을 초래할 수 있는 물리력을 말한다.

나. 경찰관은 대상자의 '치명적 공격' 상황에서도 현장상황이 급박하지 않은 경우에는 낮은 수준의 물리력을 우선적으로 사용하여 상황을 종결시킬 수 있도록 노력하여야 한다.

다. '고위험 물리력'의 종류는 다음과 같다.

1) 권총 등 총기류 사용

2) 경찰봉, 방패, 신체적 물리력으로 대상자의 신체 중요 부위 또는 급소 부위 가격, 대상자의 목을 강하게 조르거나 신체를 강한 힘으로 압박하는 행위

28 「경찰관 직무집행법」상 보호조치 등에 관한 설명으로 가장 적절한 것은?

① 긴급구호를 요청받은 공공보건의료기관이나 공공구호기관은 정당한 이유 없이 긴급구호를 거절할 수 있다.

② 경찰관은 보호조치를 하는 경우에 구호대상자가 휴대하고 있는 무기·흉기 등 위험을 일으킬 수 있는 것으로 인정되는 물건을 공공보건의료기관이나 공공구호기관에 임시로 영치하여 놓을 수 있다.

③ 경찰관은 보호조치를 하였을 때에는 지체 없이 구호대상자의 가족 친지 또는 그 밖의 연고자에게 그 사실을 알려야 하며, 연고자가 발견되지 아니할 때에는 구호대상자를 적당한 공공 보건의료기관이나 공공구호기관에 즉시 인계하여야 한다.

④ 구호대상자를 경찰관서에서 보호하는 기간은 48시간을 초과할 수 없고, 물건을 공공보건의료기관이나 공공구호기관에 임시로 영치하는 기간은 10일을 초과할 수 없다.

해설

제4조(보호조치 등) ② 제1항에 따라 긴급구호를 요청받은 보건의료기관이나 공공구호기관은 정당한 이유 없이 긴급구호를 거절할 수 **없다.**

③ 경찰관은 제1항의 조치를 하는 경우에 구호대상자가 휴대하고 있는 **무기·흉기** 등 위험을 일으킬 수 있는 것으로 인정되는 물건을 **경찰관서**에 임시로 **영치(領置)**하여 놓을 수 있다.

④ 경찰관은 제1항의 조치를 하였을 때에는 지체 없이 구호대상자의 가족, 친지 또는 그 밖의 **연고자**에게 그 사실을 **알려야 하며,** 연고자가 발견되지 아니할 때에는 구호대상자를 적당한 공공보건의료기관이나 공공구호기관에 즉시 **인계하여야 한다.**

⑦ 제1항에 따라 **구호대상자를** 경찰관서에서 보호하는 기간은 **24시간**을 초과할 수 없고, 제3항에 따라 물건을 경찰관서에 임시로 영치하는 기간은 **10일**을 초과할 수 없다.

29 경찰조직편성의 원리에 관한 설명으로 가장 적절하지 <u>않은</u> 것은?

① 할거주의는 조정과 통합의 원리를 실현시키는 필수적 요소이다.

② 계층제는 조직의 경직화를 초래하여 환경변화에 대한 조직의 신축적 대응을 어렵게 한다.

③ 명령통일의 원리는 부하직원이 한 사람의 상관으로부터만 명령을 받고, 보고도 그 상관에게만 하도록 하는 것을 의미한다.

④ 통솔의 범위는 한 사람의 상관이 효과적으로 감독할 수 있는 최대한의 부하의 수를 의미한다.

[해설] 조정이란 행정의 목표를 효율적으로 달성하기 위하여 조직의 각 단위와 구성원의 노력과 행동을 질서정연하게 배열하고 통일시키는 작용으로서 조직의 구심점을 제공한다.

– 관료제의 병리현상 중 하나인 **할거주의**로 인해 관료들이 자기가 속한 기관·부처·국·과만을 종적으로 생각하고, 타부처에 대한 배려가 없어 횡적인 조정·협조를 곤란하게 만들어 조정과 통합의 원리에 불리하게 작용함.

계층제(hierarchy)는 권한과 책임의 정도에 따라 직무를 등급화 함으로써 상·하계층간에 직무상 지휘·감독관계에 놓이게 하는 것을 말한다. 이러한 계층제는 조직의 경직화, 기관장의 독단화, 의사소통의 왜곡을 초래하여 환경변화에 대한 조직의 신축적 대응을 어렵게 한다.
명령통일의 원리(unity of command)는 조직구성원들은 오직 한 사람의 감독자 또는 상관을 가지고 있어야 함을 의미하며, 하급자는 한사람의 상급자로부터 명령을 받아야 하며 항상 그 상급자에게만 보고해야 한다는 것을 의미한다.
통솔의 범위(span of control)는 한사람의 상관이 효과적으로 감독할 수 있는 최대한의 부하의 수를 말한다.

* 출처: 이황우·한상암, 2021, 경찰행정학, 법문사.

30 계급제와 직위분류제에 관한 설명으로 가장 적절하지 **않은** 것은?

① 직위분류제는 사람 중심 분류로서 계급제보다 인사배치의 신축성 측면에서 유리하다.
② 우리나라의 공직분류는 계급제 위주에 직위분류제적 요소를 가미한 혼합 형태라고 할 수 있다.
③ 직위분류제는 미국에서 실시된 후 다른 나라로 전파되었다.
④ 직위분류제는 계급제에 비해서 보수결정의 합리적인 기준을 제시하는 것이 장점이다.

해설

직위분류제 (직무 · 일 중심)	− 직무의 수행능력과 성과로 보수 등을 결정하는 공무원 인사제도. − 직위분류제는 일의 종류와 난이도, 책임도에 따라 직급이 같더라도 서로 다른 보수를 받는다. − 권한과 책임의 영역이 명확하며, 객관적인 실적평가가 가능한 공직분류제이다. − 계급제 보다 비신축적이다. − 행정의 전문화가 용이하며, 권한과 책임의 한계가 명확하다. − 직무를 중요시하며, 직무분석과 직무평가의 중요성을 강조하는 제도이다. − 시험 · 채용 · 전직의 합리적 기준을 제공하여 인사행정의 합리화를 기할 수 있고 '동일직무에 대한 동일보수의 원칙'을 확립함으로써 보수제도의 합리적 기준을 제시할 수 있다. − 계급제와 직위분류제의 관계는 양립될 수 없는 상호배타적 관계가 아니라, 서로의 결함을 시정할 수 있는 상호보완적인 관계에 있다고 볼 수 있다.
계급제 (사람중심)	− 일하는 사람의 특성(자격, 능력, 신분)을 기준으로 계급을 만들어 공직을 분류하는 방식. − 계급제는 사람중심으로 선발한다(다양한 부서 및 경과의 경험이 있어서 이해력이 넓다). − 인사배치가 융통적이다. − 계급수가 적고 계급간 차별이 심하며, 외부로부터 충원이 힘든 폐쇄형의 충원방식을 취하고 있다. − 널리 일반적 교양 · 능력을 가진 사람을 채용하여 신분보장과 함께 장기간에 걸쳐 능력이 키워지므로 공무원이 보다 종합적 · 신축적인 능력을 가질 수 있다.
우리나라	− 계급제 위주에 직위분류제적 요소를 가미한 혼합 형태라고 할 수 있다

31 「국가재정법」상 예산안의 편성과 집행에 관한 설명으로 가장 적절하지 <u>않은</u> 것은?

① 각 중앙관서의 장은 예산안편성지침에 따라 그 소관에 속하는 다음 연도의 세입세출예산·계속비·명시이월비 및 국고채무부담행위 요구서를 작성하여 매년 5월 31일까지 기획재정부장관에게 제출하여야 한다.

② 기획재정부장관은 예산요구서에 따라 예산안을 편성하여 국회 심의를 거친 후 대통령의 승인을 얻어야 한다.

③ 각 중앙관서의 장은 예산이 확정된 후 사업운영계획 및 이에 따른 세입세출예산·계속비와 국고채무부담행위를 포함한 예산 배정요구서를 기획재정부장관에게 제출하여야 한다.

④ 기획재정부장관은 각 중앙관서의 장에게 예산을 배정한 때에는 감사원에 통지하여야 한다.

[해설]

제31조(예산요구서의 제출) ① 각 중앙관서의 장은 제29조의 규정에 따른 예산안편성지침에 따라 그 소관에 속하는 다음 연도의 세입세출예산·계속비·명시이월비 및 국고채무부담행위 요구서("**예산요구서**")를 작성하여 매년 5월 31일까지 **기획재정부장관**에게 제출하여야 한다.

제32조(예산안의 편성) 기획재정부장관은 제31조제1항의 규정에 따른 예산요구서에 따라 예산안을 편성하여 **국무회의**의 심의를 거친 후 대통령의 승인을 얻어야 한다.

제42조(예산배정요구서의 제출) 각 중앙관서의 장은 예산이 확정된 후 사업운영계획 및 이에 따른 세입세출예산·계속비와 국고채무부담행위를 포함한 예산배정요구서를 기획재정부장관에게 제출하여야 한다.

제43조(예산의 배정) ① 기획재정부장관은 제42조의 규정에 따른 예산배정요구서에 따라 분기별 예산배정계획을 작성하여 국무회의의 심의를 거친 후 **대통령**의 **승인**을 얻어야 한다.

② **기획재정부장관**은 각 중앙관서의 장에게 예산을 배정한 때에는 **감사원**에 **통지하여야 한다.**

32 「보안업무규정」상 비밀보호에 관한 설명으로 가장 적절하지 <u>않은</u> 것은?

① 비밀은 그 중요성과 가치의 정도에 따라 구분되는데, 누설될 경우 대한민국과 외교관계가 단절되고 전쟁을 일으키며 국가의 방위계획 · 정보활동 및 국가방위에 반드시 필요한 과학과 기술의 개발을 위태롭게 하는 등의 우려가 있는 비밀은 'Ⅰ급비밀'에 속한다.

② 비밀은 해당 등급의 비밀취급 인가를 받은 사람만 취급할 수 있으며, 암호자재는 해당 등급의 비밀 소통용. 암호자재취급 인가를 받은 사람만 취급할 수 있다.

③ 검찰총장, 국가정보원장, 경찰청장은 Ⅰ급비밀 취급 인가권자와 Ⅰ급 및 Ⅱ급비밀 소통용 암호자재 취급 인가권자에 해당한다.

④ 비밀은 적절히 보호할 수 있는 최저등급으로 분류하되, 과도하거나 과소하게 분류해서는 아니 된다.

> **해설**
> 제9조(비밀 · 암호자재취급 인가권자) ① Ⅰ급비밀 취급 인가권자와 Ⅰ급 및 Ⅱ급비밀 소통용 암호자재 취급 인가권자는 다음 각 호와 같다.
> 1. 대통령
> 2. 국무총리
> 3. 감사원장
> 4. 국가인권위원회 위원장
> 4의2. 고위공직자범죄수사처장
> 5. 각 부 · 처의 장
> 6. 국무조정실장, 방송통신위원회 위원장, 공정거래위원회 위원장, 금융위원회 위원장, 국민권익위원회 위원장, 개인정보 보호위원회 위원장 및 원자력안전위원회 위원장
> 7. 대통령 비서실장
> 8. 국가안보실장
> 9. 대통령경호처장
> 10. 국가정보원장
> 11. 검찰총장
> 12. 합동참모의장, 각군 참모총장, 지상작전사령관 및 육군제2작전사령관
> 13. 국방부장관이 지정하는 각군 부대장
>
> ② Ⅱ급 및 Ⅲ급비밀 취급 인가권자와 Ⅲ급비밀 소통용 암호자재 취급 인가권자는 다음 각 호와 같다.
> 1. 제1항 각 호의 사람
> 2. 중앙행정기관등인 청의 장
> 3. 지방자치단체의 장
> 4. 특별시 · 광역시 · 도 및 특별자치시 · 특별자치도의 교육감
> 5. 제1호부터 제4호까지의 사람이 지정한 기관의 장

33 「경찰 인권보호 규칙」에 관한 설명으로 가장 적절하지 않은 것은?

① "경찰관등"이란 경찰청과 그 소속기관의 경찰공무원, 일반직 공무원을 말한다(단, 무기계약근로자 및 기간제근로자, 의무경찰은 제외한다).

② 경찰활동 전반에 걸친 민주정 통제를 구현하여 경찰력 오·남용을 예방하고, 경찰행정의 인권지향성을 높여 인권을 존중하는 경찰활동을 정립하기 위해 경찰청장 및 시·도경찰청장의 자문 기구로서 각각 경찰청 인권위원회, 시·도경찰청 인권위원회를 설치하여 운영한다.

③ 경찰청장은 국민의 인권보호와 증진을 위하여 경찰 인권정책 기본계획을 5년마다 수립해야 한다.

④ 인권보호담당관은 인권침해를 예방하고 제도를 개선하기 위해 연 1회 이상 인권 관련 정책 이행 실태, 인권교육 추진 현황 경찰청과 소속기관의 청사 및 부속 시설 전반의 인권침해적 요소의 존재 여부를 진단하여야 한다.

> **해설**
>
> **제2조(정의)** 이 규칙에서 사용하는 용어의 정의는 다음과 같다.
> 1. "**경찰관등**"이란 경찰청과 그 소속기관의 **경찰공무원, 일반직공무원, 무기계약근로자 및 기간제근로자, 의무경찰을 의미한다.**
> 2. "인권침해"란 경찰관등이 직무를 수행하는 과정에서 모든 사람에게 보장된 인권을 침해하는 것을 말한다.
> 3. "조사담당자"란 인권침해를 내용으로 하는 진정을 조사하고 이에 따른 구제 업무 등을 수행하는 경찰청과 그 소속기관에 근무하는 공무원을 말한다.
>
> **제3조(설치)** 경찰 활동 전반에 걸친 민주적 통제를 구현하여 경찰력 오·남용을 예방하고, 경찰 행정의 인권지향성을 높여 인권을 존중하는 경찰 활동을 정립하기 위해 경찰청장 및 시·도경찰청장의 자문기구로서 각각 경찰청 인권위원회, 시·도경찰청 인권위원회(이하 "위원회"라 한다)를 설치하여 운영한다.
>
> **제18조(경찰 인권정책 기본계획의 수립)** ① 경찰청장은 국민의 인권보호와 증진을 위하여 경찰 인권정책 기본계획(이하 "기본계획"이라 한다)을 5년마다 수립해야 한다.
>
> **제25조(진단사항)** 인권보호담당관은 인권침해를 예방하고 제도를 개선하기 위해 연 1회 이상 다음 각 호의 사항을 진단하여야 한다.
> 1. 인권 관련 정책 이행 실태
> 2. 인권교육 추진 현황
> 3. 경찰청과 소속기관의 청사 및 부속 시설 전반의 인권침해적 요소의 존재 여부

정답 32. ③ 33. ①

34 「경범죄 처벌법」상 다음 ( ) 안에 들어갈 숫자로 알맞은 것은?

> ㉠ 출판물의 부당게재 등 – 올바르지 아니한 이익을 얻을 목적으로 다른 사람 또는 단체의 사업이나 사사로운 일에 관하여 신문, 잡지, 그 밖의 출판물에 어떤 사항을 싣거나 싣지 아니할 것을 약속하고 돈이나 물건을 받은 사람은 (가)만원 이하의 벌금, 구류 또는 과료의 형으로 처벌한다.
>
> ㉡ 거짓 광고 – 여러 사람에게 물품을 팔거나 나누어 주거나 일을 해주면서 다른 사람을 속이거나 잘못 알게 할 만한 사실을 들어 광고한 사람은 (나)만원 이하의 벌금, 구류 또는 과료의 형으로 처벌한다.
>
> ㉢ 업무방해 – 못된 장난 등으로 다른 사람, 단체 또는 공무 수행 중인 자의 업무를 방해한 사람은 (다)만원 이하의 벌금, 구류 또는 과료의 형으로 처벌한다.
>
> ㉣ 암표매매 – 흥행장, 경기장, 역, 나루터, 정류장, 그 밖에 청하여진 요금을 알고 입장시키거나 승차 또는 승선시키는 곳에서 웃돈을 받고 입장권·승차권 또는 승선권을 다른 사람에게 되판 사람은 (라)만원 이하의 벌금, 구류 또는 과료의 형으로 처벌한다.

① (가) 10, (나) 20, (다) 60, (라) 20
② (가) 20, (나) 20, (다) 20, (라) 20
③ (가) 20, (나) 10, (다) 60, (라) 20
④ (가) 20, (나) 60, (다) 20, (라) 10

해설

제3조(경범죄의 종류) ② 다음 각 호의 어느 하나에 해당하는 사람은 **20만원** 이하의 **벌금, 구류** 또는 **과료**의 형으로 처벌한다.

1. **(출판물의 부당게재 등)** 올바르지 아니한 이익을 얻을 목적으로 다른 사람 또는 단체의 사업이나 사사로운 일에 관하여 신문, 잡지, 그 밖의 출판물에 어떤 사항을 싣거나 싣지 아니할 것을 약속하고 돈이나 물건을 받은 사람
2. **(거짓 광고)** 여러 사람에게 물품을 팔거나 나누어 주거나 일을 해주면서 다른 사람을 속이거나 잘못 알게 할 만한 사실을 들어 광고한 사람
3. **(업무방해)** 못된 장난 등으로 다른 사람, 단체 또는 공무수행 중인 자의 업무를 방해한 사람
4. **(암표매매)** 흥행장, 경기장, 역, 나루터, 정류장, 그 밖에 정하여진 요금을 받고 입장시키거나 승차 또는 승선시키는 곳에서 웃돈을 받고 입장권·승차권 또는 승선권을 다른 사람에게 되판 사람

③ 다음 각 호의 어느 하나에 해당하는 사람은 **60만원** 이하의 벌금, 구류 또는 과료의 형으로 처벌한다.

1. **(관공서에서의 주취소란)** 술에 취한 채로 관공서에서 몹시 거친 말과 행동으로 주정하거나 시끄럽게 한 사람
2. **(거짓신고)** 있지 아니한 범죄나 재해 사실을 공무원에게 거짓으로 신고한 사람

35 다음 경찰통제의 유형 중 내부적 통제에 해당하는 것은 모두 몇 개인가?

㉠ 청문감사인권관제도	㉡ 국민권익위원회
㉢ 국가경찰위원회	㉣ 소청심사위원회
㉤ 경찰청장의 훈령권	㉥ 국회의 입법권

① 2개 ② 3개 ③ 4개 ④ 5개

해설 내부통제와 외부통제

내부통제	외부통제
1. 청문감사인권관 제도 2. 경찰청장 훈령권 및 직무명령권	1. 입법통제(국회) 2. 사법통제(법원) 3. 행정통제(행정부) 4. 국민권익위원회(국무총리) 5. 국가경찰위원회(행정안전부) 6. 소청심사위원회(인사혁신처) 7. 국민감사청구제도

36 「가정폭력범죄의 처벌 등에 관한 특례법」상 가정폭력범죄에 대해 사법경찰관이 취할 수 있는 긴급임시조치로 가장 적절하지 <u>않은</u> 것은?

① 국가경찰관서의 유치장 또는 구치소에의 유치
② 피해자 또는 가정구성원이나 그 주거·직장 등에서 100미터 이내의 접근금지
③ 피해자 또는 가정구성원의 주거 또는 점유하는 방실로부터의 퇴거 등 격리
④ 피해자 또는 가정구성원에 대한 「전기통신기본법」 제2조 제1호의 전기통신을 이용한 접근금지

해설
제8조의2(긴급임시조치) ① 사법경찰관은 제5조에 따른 응급조치에도 불구하고 가정폭력범죄가 재발될 우려가 있고, 긴급을 요하여 법원의 임시조치 결정을 받을 수 없을 때에는 직권 또는 피해자나 그 법정대리인의 신청에 의하여 제29조제1항 **제1호부터 제3호까지의 어느 하나에 해당하는 조치("긴급임시조치")를** 할 수 있다.

제29조(임시조치) ① 판사는 가정보호사건의 원활한 조사·심리 또는 피해자 보호를 위하여 필요하다고 인정하는 경우에는 결정으로 가정폭력행위자에게 다음 각 호의 어느 하나에 해당하는 임시조치를 할 수 있다.
  1. 피해자 또는 가정구성원의 주거 또는 점유하는 방실(房室)로부터의 퇴거 등 격리
  2. 피해자 또는 가정구성원이나 그 주거·직장 등에서 100미터 이내의 접근 금지
  3. 피해자 또는 가정구성원에 대한 「전기통신기본법」 제2조제1호의 전기통신을 이용한 접근 금지
  4. 의료기관이나 그 밖의 요양소에의 위탁
  5. 국가경찰관서의 유치장 또는 구치소에의 유치
  6. 상담소등에의 상담위탁

정답 **34.** ② **35.** ① **36.** ①

37 다음 「마약류 관리에 관한 법률 및 동법 시행령」상 마약류에 관한 설명이다. 〈보기 1〉
의 설명과 〈보기 2〉 마약류의 품명이 가장 적절하게 연결된 것은?

〈보기 1〉

㉠ 진해거담제로서 의사의 처방이 있으면 약국에서 구입 가능 하고, 도취감과 환각작용을
느끼기 위해 사용량의 수십 배를 남용하는 경우도 있다. 청소년들이 소주에 타서 마시기
도 하여 흔히 '정글주스'라고도 불린다.

㉡ 골격근 이완의 효과가 있는 근골격계 질환 치료제이며, 과다복용 시 인사불성, 혼수쇼크,
호흡저하, 사망에까지 이를 수 있다.

㉢ 곡물의 곰팡이, 보리 맥각에서 추출·합성한 무색·무취·무미의 매우 강력한 환각제로,
내성은 있으나 금단증상은 일으키지 않는다고 알려져 있다.

㉣ 페놀계 화합물로 흔히 수면마취제라고 불리는 정맥마취제로서 수면내시경검사 마취 등에
사용되고, 환각제 대용으로 오남용되는 사례가 있으며, 정신적 의존성을 유발하기도 한다.

〈보기 2〉

ⓐ 카리소프로돌(S정)   ⓑ 프로포폴
ⓒ LSD   ⓓ 덱스트로메트로판(러미나)

---

① ㉠ – ⓓ, ㉡ – ⓒ, ㉢ – ⓐ, ㉣ – ⓑ   ② ㉠ – ⓓ, ㉡ – ⓐ, ㉢ – ⓒ, ㉣ – ⓑ
③ ㉠ – ⓒ, ㉡ – ⓑ, ㉢ – ⓓ, ㉣ – ⓐ   ④ ㉠ – ⓓ, ㉡ – ⓐ, ㉢ – ⓑ, ㉣ – ⓒ

해설

제2조(정의) 이 법에서 사용하는 용어의 뜻은 다음과 같다.

1. "마약류"란 마약·향정신성의약품 및 대마를 말한다(GHB, 프로포폴, 카리소프로돌, LSD는 향정신성
의약품의 종류에 속한다).

㉠ ⓓ 덱스트로메트로판(러미나): 진해거담제로서 필로폰, 날부핀 등에 비해 현저하게 낮은 가격으
로 유통되고, 살 빼는 약으로 알려져 유흥업소 종사자, 가정주부 등이 남용한 바 있다. 강한 중추
신경 억제성 진해작용이 있으나 의존성은 없다고 알려져 있어 코데인 대용으로 널리 시판되고
있으며, 의사의 처방이 있으면 약국에서 구입이 가능하다. 도취감 또는 환각작용을 맛보기 위해
사용량의 수십 배에 해당하는 20~100정을 흔히 남용한다. 청소년 사이에서 소주 등에 타서 마
시기도 하여 이를 '정글주스'라고 한다.

㉡ ⓐ 카리소프로돌(일명 S정)은 중추신경에 작용하여 골격근 이완의 효과가 있는 근골격계 질환
치료제이며, 과다복용 시 치명적으로 인사불성, 혼수쇼크, 호흡저하를 가져오며 사망까지 이를
수 있다. 금단증상으로 온몸이 뻣뻣해지고 뒤틀리며 혀 꼬부라지는 소리 등을 하게 된다.

㉢ ⓒ LSD는 곡물의 곰팡이, 보리 맥각에서 추출한 물질을 인공적으로 합성시켜 만든 것으로 무
색·무취·무미하다. 환각제 중 가장 강력한 효과를 나타내며, 우편·종이 등의 표면에 묻혔다
가 뜯어서 입에 넣는 방법으로 복용하기도 한다. 내성이나 심리적 의존현상은 있지만 금단증상
은 일으키지 않는다고 알려져 있으며, 일부남용자들은 실제로 사용하지 않는데도 환각현상을 경
험하는 '플래쉬백 현상'을 일으키기도 한다.

ㄹ ⓑ 프로포폴은 페놀계 화합물로 흔히 수면마취제라고 불리는 정맥마취제로서 수면내시경검사 마취 등에 사용되며, 환각제 대용으로 오남용되는 사례가 있으며, 정신적 의존성을 유발하기도 하여 마약류 관리에 관한 법률에 따라 향정신성의약품으로 지정되어 관리되고 있다.

38 「재난 및 안전관리 기본법」에 관한 설명으로 가장 적절하지 <u>않은</u> 것은?

① "재난"이란 국민의 생명·신체·재산과 국가에 피해를 주거나 줄 수 있는 것으로서 사회재난과 자연재난으로 구분한다.

② "재난관리"란 재난의 예방·대비·대응 및 복구를 위하여 하는 모든 활동을 말한다.

③ 경찰청장은 국가 및 지방자치단체가 행하는 재난 및 안전관리 업무를 총괄·조정한다.

④ 대통령령으로 정하는 대규모 재난의 대응·복구 등에 관한 사항을 총괄·조정하고, 필요한 조치를 하기 위하여 행정안전부에 중앙재난안전대책본부를 둔다.

해설

재난 및 안전관리 기본법 제3조(정의) 이 법에서 사용하는 용어의 뜻은 다음과 같다.
   1. "**재난**"이란 국민의 생명·신체·재산과 국가에 피해를 주거나 줄 수 있는 것으로서 다음 각 목의 것을 말한다.
      가. **자연재난**: 태풍, 홍수, 호우, 강풍, 풍랑, 해일, 대설, 한파, 낙뢰, 가뭄, 폭염, 지진, 황사, 조류 대발생, 조수, 화산활동, 소행성·유성체 등 자연우주물체의 추락·충돌, 그 밖에 이에 준하는 자연현상으로 인하여 발생하는 재해
      나. **사회재난**: 화재·붕괴·폭발·교통사고(**항공**사고 및 **해상**사고를 포함한다)·화생방사고·환경오염사고 등으로 인하여 발생하는 대통령령으로 정하는 규모 이상의 피해와 국가핵심기반의 마비, 「**감염병**의 예방 및 관리에 관한 법률」에 따른 감염병 또는 「**가축전염병**예방법」에 따른 가축전염병의 확산, 「**미세먼지** 저감 및 관리에 관한 특별법」에 따른 미세먼지 등으로 인한 피해
   3. "**재난관리**"란 재난의 예방·대비·대응 및 복구를 위하여 하는 모든 활동을 말한다.

제6조(재난 및 안전관리 업무의 총괄·조정) **행정안전부장관**은 국가 및 지방자치단체가 행하는 재난 및 안전관리 업무를 총괄·조정한다.

제14조(중앙재난안전대책본부 등) ① 대통령령으로 정하는 대규모 재난의 대응·복구 등에 관한 사항을 총괄·조정하고 필요한 조치를 하기 위하여 **행정안전부**에 중앙재난안전대책본부를 둔다.

39 음주운전 관련 판례에 관한 설명 중 가장 적절하지 **않은** 것은?

① 경찰관이 술에 취한 상태에서 자동차를 운전한 것으로 보이는 피고인을 「경찰관 직무집행법」에 따른 보호조치 대상자로 보아 경찰관서로 데려온 직후 음주측정을 요구하였는데 피고인이 불응하여 음주측정불: 죄로 기소된 사안에서, 위법한 보호조치 상태를 이용하여 음주측정 요구가 이루어졌다는 등의 특별한 사정이 없는 한 피고인의 행위는 음주측정불응죄에 해당한다.

② 술에 취해 자동차 안에서 잠을 자다가 추위를 느껴 히터를 가동시키기 위하여 시동을 걸었고, 실수로 자동차의 제동장치 등을 건드렸거나 처음 주차할 때 안전조치를 제대로 취하지 아니한 탓으로 원동기의 추진력에 의하여 자동차가 약간 경사진 길을 따라 앞으로 움직여 피해자의 차량 옆면을 충격하게 된 경우는 자동차의 운전에 해당한다.

③ 음주측정 요구 당시 운전자가 술에 취한 상태에서 자동차를 운전하였다고 인정할 만한 상당한 이유가 있었으며, 음주운전 종료 후 별도의 음주 사실이 없었음이 증명된 경우, 경찰관이 음주 및 음주운전 종료로부터 약 5시간 후 집에서 자고 있는 피고인을 연행하여 음주측정을 요구한 데에 대하여 피고인이 불응하였다면, 「도로교통법」상의 음주측정불응죄가 성립한다.

④ 특별한 이유 없이 호흡측정기에 의한 측정에 불응하는 운전자에게 경찰공무원이 혈액채취에 의한 측정방법이 있음을 고지하고 그 선택 여부를 물어야 할 의무는 없다.

> **해설**

〈보기〉 ① 대법원 2012. 2. 9. 선고 2011도4328 판결

경찰관이 술에 취한 상태에서 자동차를 운전한 것으로 보이는 피고인을 경찰관직무집행법 제4조 제1항에 따른 보호조치 대상자로 보아 경찰관서로 데려온 직후 음주측정을 요구하였는데 피고인이 불응하여 구 도로교통법상 음주측정불응죄로 기소된 사안에서, 위법한 보호조치 상태를 이용하여 음주측정 요구가 이루어졌다는 등의 특별한 사정이 없는 한 피고인의 행위는 음주측정불응죄에 해당한다고 보아야 한다.

〈보기〉 ② 대법원 2004. 4. 23. 선고 2004도1109 판결

[1] 도로교통법 제2조 제19호는 '**운전**'이라 함은 도로에서 **차**를 그 **본래의 사용 방법에 따라** 사용하는 것을 말한다고 규정하고 있는바, 여기에서 말하는 운전의 개념은 그 규정의 내용에 비추어 목적적 요소를 포함하는 것이므로 고의의 운전행위만을 의미하고 자동차 안에 있는 사람의 **의지나 관여 없이 자동차**가 움직인 경우에는 운전에 해당하지 않는다.

[2] 어떤 사람이 **자동차를 움직이게 할 의도 없이** 다른 목적을 위하여 자동차의 원동기(모터)의 **시동**을 걸었는데, 실수로 기어 등 자동차의 발진에 필요한 장치를 건드려 원동기의 추진력에 의하여 자동차가 움직이거나 또는 불안전한 주차상태나 도로여건 등으로 인하여 **자동차가 움직이게 된 경우**는 자동차의 **운전**에 해당하지 **아니한다.**

〈보기〉 ③ 대법원 2001. 8. 24. 선고 2000도6026 판결

【판결요지】

[1] 도로교통법 제107조의2 제2호의 음주측정불응죄는 술에 취한 상태에 있다고 인정할 만한 상당한 이유가 있는 사람이 같은 법 제41조 제2항의 규정에 의한 경찰공무원의 측정에 응하지 아니한 경우에 성립하는 것인바, 같은 법 제41조 제2항의 규정에 비추어 보면 **음주측정 요구 당시의 객관적 사정을 종합하여 볼 때 운전자가 술에 취한 상태에서 자동차 등을 운전하였다고 인정할 만한 상당한 이유가 있**고 운전자의 음주운전 여부를 확인하기 위하여 필요한 경우에는 사후의 음주측정에 의하여 음주운전

여부를 확인할 수 없음이 명백하지 않는 한 경찰공무원은 당해 운전자에 대하여 음주측정을 요구할 수 있고, 당해 운전자가 이에 불응한 경우에는 같은 법 제107조의2 제2호 소정의 음주측정불응죄가 성립한다.

[2] 운전자가 술에 취한 상태에서 자동차 등을 운전하였다고 인정할 만한 상당한 이유가 있는지의 여부는 음주측정 요구 당시 개별 운전자마다 그의 외관·태도·운전 행태 등 객관적 사정을 종합하여 판단하여야 할 것이고, 특히 **운전자의 운전이 종료한 후**에는 운전자의 외관·태도 및 기왕의 운전 행태, 운전자가 마신 술의 종류 및 양, 음주운전의 종료로부터 음주측정의 요구까지의 시간적·장소적 근접성 등 **객관적 사정을 종합하여 판단하여야 한다.**

[3] 피고인의 **음주와 음주운전을 목격한 참고인이 있는** 상황에서 경찰관이 음주 및 음주운전 종료로부터 **약 5시간 후 집에서 자고 있는** 피고인을 연행하여 음주측정을 요구한 데에 대하여 **피고인이 불응한 경우**, 도로교통법상의 **음주측정불응죄가 성립한다.**

〈보기〉 ④ 대법원 2002. 10. 25. 선고 2002도4220 판결

[1] 도로교통법 제41조 제2항, 제3항의 해석상, 운전자의 신체 이상 등의 사유로 **호흡측정기에 의한 측정이 불가능** 내지 **심히 곤란**하거나 운전자가 **처음부터** 호흡측정기에 의한 측정의 방법을 불신하면서 **혈액채취에 의한 측정을 요구**하는 경우 등에는 호흡측정기에 의한 측정의 절차를 생략하고 바로 **혈액채취에 의한 측정으로 나아가야** 할 것이고, 이와 같은 경우라면 호흡측정기에 의한 측정에 불응한 행위를 음주측정불응으로 볼 수 없다.

[2] 특별한 이유 없이 호흡측정기에 의한 **측정에 불응하는** 운전자에게 경찰공무원이 혈액채취에 의한 측정 방법이 있음을 고지하고 그 선택 여부를 물어야 할 의무가 있다고는 할 수 없다.

40 「보안관찰법」에 관한 설명으로 가장 적절하지 **않은** 것은?

① "보안관찰처분대상자"라 함은 보안관찰해당범죄 또는 이와 경합된 범죄로 금고 이상의 형의 선고를 받고 그 형기 합계가 3년 이상인 자로서 형의 전부 또는 일부의 집행을 받은 사실이 있는 자를 말한다.

② 보안관찰처분청구는 검사가 행한다.

③ 보안관찰처분을 받은 자는 이 법이 정하는 바에 따라 소정의 사항을 주거지 관할경찰서장에게 신고하고, 재범방지에 필요한 범위 안에서 그 지시에 따라 보안관찰을 받아야 한다.

④ 보안관찰처분의 기간은 3년으로 한다.

[해설]

제3조(보안관찰처분대상자) 이 법에서 "**보안관찰처분대상자**"라 함은 보안관찰해당범죄 또는 이와 경합된 범죄로 **금고 이상**의 형의 선고를 받고 그 형기합계가 **3년 이상**인 자로서 형의 전부 또는 일부의 집행을 받은 사실이 있는 자를 말한다.

제5조(보안관찰처분의 기간) ① 보안관찰처분의 기간은 **2년**으로 한다.

② 법무부장관은 **검사의 청구**가 있는 때에는 보안관찰처분심의위원회의 의결을 거쳐 그 기간을 갱신할 수 있다.

23년 제1차 경찰공무원(순경)채용시험 문제

– 공채(남·여)·경찰행정학과특채·101경비단 –

응시 번호 :   이름 :

[경찰학개론]

01 대륙법계 경찰개념에 관한 설명으로 가장 적절하지 <u>않은</u> 것은?

① 경찰이란 용어는 라틴어의 Politia에서 유래한 것으로 도시국가에 관한 일체의 정치, 특히 헌법을 지칭하였다.

② 경찰국가시대는 국가작용의 분화현상이 나타나 경찰개념이 외교·군사·재정·사법을 제외한 내무행정 전반에 국한되었다.

③ 크로이쯔베르크(Kreuzberg) 판결에 의하면 경찰관청이 일반수권 규정에 근거하여 법규명령을 발할 수 있는 분야는 소극적 위험방지 분야에 한정된다.

④ 경찰은 시민으로부터 자치권한을 위임받은 조직체로서 시민을 위한 기능과 역할에 초점을 맞추어 형성되었다.

02 형식적 의미의 경찰과 실질적 의미의 경찰에 관한 설명으로 가장 적절하지 <u>않은</u> 것은?

① 형식적 의미의 경찰은 실정법상 개념으로 보통경찰기관에 분배되어 있는 임무를 달성하기 위하여 행하여지는 일체의 경찰작용이다.

② 형식적 의미의 경찰은 모두 실질적 의미의 경찰에 포함된다.

③ 실질적 의미의 경찰은 독일의 행정법학에서 정립된 학문상 개념이다.

④ 실질적 의미의 경찰은 사회공공의 안녕, 질서유지와 같은 소극적 목적을 위한 작용이다.

03 경찰의 종류와 구별기준의 연결이 가장 적절하지 <u>않은</u> 것은?

① 질서경찰 – 봉사경찰: 경찰의 목적에 따른 분류

② 예방경찰 – 진압경찰: 경찰권 발동시점에 따른 분류

③ 국가경찰 – 자치경찰: 권한과 책임의 소재에 따른 분류

④ 평시경찰 – 비상경찰: 위해정도 및 담당기관, 적용법규에 따른 분류

04 국가경찰과 자치경찰에 관한 설명으로 가장 적절하지 <u>않은</u> 것은?

① 자치경찰은 지역사회 특성을 반영한 치안활동이 가능하며 주민들의 지지를 받기 쉽다.
② 국가경찰은 강력하고 광범위한 집행력을 행사할 수 있다.
③ 자치경찰은 지방세력의 간섭으로 인하여 정실주의에 대한 우려가 있다.
④ 국가경찰은 전국단위의 통계자료 수집 및 정확성 측면에서 불리하다.

05 공공질서에 관한 설명으로 가장 적절하지 <u>않은</u> 것은?

① 원만한 공동체 생활을 위한 불가결적 전제조건으로서 공공사회에서 각 개인의 행동에 대한 불문규범의 총체이다.
② 공공질서의 개념은 절대적인 것이 아니라, 시대에 따라 변화하는 상대적이고 유동적인 개념이다.
③ 공공질서 개념의 적용 가능분야는 점차 확대되고 있다.
④ 통치권 집행을 위한 개입근거로 활용될 수 있는 공공질서 개념은 엄격한 합헌성이 요구되고, 제한적인 사용이 필요하다.

06 경찰의 관할에 대한 설명으로 가장 적절하지 <u>않은</u> 것은?

① 사물관할이란 경찰이 처리할 수 있고 또 처리해야 하는 사무 내용의 범위를 말한다.
② 인적관할이란 광의의 경찰권이 어떤 사람에게 적용되는가의 문제이다.
③ 우리나라는 대륙법계의 영향으로 범죄수사를 경찰의 사물관할로 인정하고 있다.
④ 헌법상 대통령은 내란 또는 외환의 죄를 범한 경우를 제외하고는 재직 중 형사상의 소추를 받지 아니한다.

07 경찰부패의 원인에 관한 설명으로 가장 적절하지 <u>않은</u> 것은?

① 윌슨은 '시카고 시민이 경찰을 부패시켰다'고 주장하였는데, 이는 시민사회의 부패가 경찰부패의 주원인이라고 보는 입장이다.
② 구조원인가설은 신임경찰관들이 그들의 선배경찰관들에 의해 조직의 부패한 전통 내에서 사회화됨으로써 부패의 길로 들어 선다는 이론이다.
③ 미끄러운 경사로 이론'은 사회전체가 경찰의 부패를 묵인하거나 조장할 때 경찰관은 자연스럽게 부패행위를 하게 되며, 초기 단계에는 설령 불법적인 행위를 하지 않더라도 작은 호의에 길들여져 나중에는 명백한 부정부패로 빠져들게 된다는 것이다.
④ 전체사회가설은 니더호퍼, 로벅, 바커 등이 주장한 가설이다.

08 「경찰청 공무원 행동강령」에 해당하지 <u>않은</u> 것은?

① 공무원은 상급자가 자기 또는 타인의 부당한 이익을 위하여 공정한 직무수행을 현저하게 해치는 지시를 하였을 때에는 그 사유를 상급자에게 소명하고 지시에 따르지 아니하거나 행동강령책임관과 상담할 수 있다.

② 공무원은 수사·단속의 대상이 되는 업소 중 경찰청장이 지정하는 유형의 업소 관계자와 부적절한 사적 접촉을 하여서는 아니 되며, 공적 또는 사적으로 접촉한 경우 경찰청장이 정하는 방법에 따라 신고하여야 한다.

③ 공무원은 직무수행 중 알게 된 정보를 이용하여 유가증권, 부동산 등과 관련된 재산상 거래 또는 투자를 하거나 타인에게 그러한 정보를 제공하여 재산상 거래 또는 투자를 돕는 행위를 해서는 아니 된다.

④ 경찰공무원은 정당이나 정치단체에 가입하거나 정치활동에 관여하는 행위를 하여서는 아니 된다.

09 화이트칼라범죄(white-collar crimes)에 관한 설명으로 가장 적절하지 <u>않은</u> 것은?

① 초기 화이트칼라범죄를 정의한 학자는 서덜랜드(Sutherland)이다.

② 화이트칼라범죄는 직업활동과 관련하여 높은 지위를 가지고 있는 사람에 의해 저질러지는 범죄이다.

③ 일반적으로 살인·강도·강간범죄는 화이트칼라범죄로 분류된다.

④ 화이트칼라범죄는 상류계층의 경제범죄에 대한 사회적 심각성을 연구하는 과정에서 등장한 개념이다.

10 환경설계를 통한 범죄예방(CPTED)에 관한 설명으로 가장 적절하지 <u>않은</u> 것은?

① CPTED는 근본적이고 효과적인 범죄예방을 위한 방안으로 물리적 환경설계 또는 재설계를 통해 범죄 기회를 차단하는 것이 핵심이다.

② '자연적 감시(natural surveillance)'는 건축물이나 시설물의 설계시 가시권을 확보하여 외부침입에 대한 감시기능을 확대함으로써 범죄행위 발견 가능성을 증가시켜 범죄의 기회를 감소시킬 수 있다는 원리이다.

③ '영역성 강화(territorial reinforcement)'는 사적공간에 대한 경계 표시로 주민들의 책임의식과 소유의식을 증대함으로써 사적공간에 대한 관리권과 권리를 강화시키는 원리이다.

④ '유지·관리(maintenance and management)'는 차단기, 방범창, 잠금장치의 파손을 수리하지 않고 유지하는 원리이다.

11 무관용 경찰활동(Zero Tolerance Poicing)에 관한 설명으로 가장 적절하지 <u>않은</u> 것은?

① 사소한 무질서에 관대하게 대응했던 전통적 경찰활동의 전략을 계승하였다.
② 무관용 경찰활동은 1990년대 뉴욕에서 본격적으로 시행되었다.
③ 윌슨(Wilson)과 켈링(Kelling)의 '깨어진 창 이론'에 기초하였다.
④ 경미한 비행자에 대한 무관용 개입은 낙인효과를 유발할 수 있다는 비판이 있다.

12 지역사회 경찰활동(COP)에 관한 설명으로 가장 적절하지 <u>않은</u> 것은?

① 경찰과 시민 모두 지역문제 해결을 위한 치안주체로서 인정하고 협력을 강조한다.
② 업무평가의 주요한 척도는 사전예방을 강조한 범죄나 무질서의 감소율이다.
③ 프로그램으로는 전략지향적 경찰활동(Strategy Oriented Policing: SOP), 이웃지향적 경찰활동(Neighborhood Oriented Policing: NOP) 등이 있다.
④ 범죄신고에 대한 출동소요시간을 바탕으로 효과성을 평가한다.

13 다음은 자랑스러운 경찰의 표상에 관한 서술이다. 해당 인물을 바르게 나열한 것은?

> ㉠ 성산포경찰서장 재직 시 계엄군의 예비검속자 총살 명령에 '부당함으로 불이행'한다고 거부하고 주민들을 방면함
> ㉡ 5·18 광주 민주화운동 당시 무장 강경진압 방침이 내려오자 '분산되는 자는 너무 추적하지 말 것, 부상자가 발생하지 않도록 할 것' 등을 지시하여 비례의 원칙에 입각한 경찰권 행사 및 인권보호를 강조함
> ㉢ 임시정부 경무국 경호원 및 의경대원으로 활동하였고 1926년 12월 식민수탈의 심장인 식산은행과 동양척식회사에 폭탄을 투척함
> ㉣ 구례경찰서장 재임 당시, 재판을 받지 않고 수감된 보도 연맹원 480명을 방면하였으며, '내가 만일 반역으로 몰려 죽는다면 나의 혼이 여러분 각자의 가슴에 들어가 지킬 것이니 새 사람이 되어주십시오'라고 당부함

① ㉠ 문형순, ㉡ 안병하, ㉢ 차일혁, ㉣ 안종삼
② ㉠ 이준규, ㉡ 최규식, ㉢ 안맥결, ㉣ 나석주
③ ㉠ 문형순, ㉡ 안병하, ㉢ 나석주, ㉣ 안종삼
④ ㉠ 이준규, ㉡ 최규식, ㉢ 정종수, ㉣ 나석주

14 각 국의 수사기관에 관한 설명으로 가장 적절하지 <u>않은</u> 것은?

① 영국의 국립범죄청(NCA)은 2013년 중대조직범죄청(SOCA)과 아동범죄대응센터(CEOPC)를 통합하여 출범하였다.

② 미국의 연방수사국(FBI)은 2001년 9.11 테러 이후 테러예방과 수사에 많은 역량을 집중시키고 있다.

③ 독일의 연방범죄수사청(BKA)은 연방헌법기관 요인들에 대한 신변경호도 담당한다.

④ 한국의 국가수사본부는 고위공직자범죄등에 관한 수사를 독립적으로 수행하기 위하여 법무부장관 소속으로 설치되었다.

15 「국가경찰과 자치경찰의 조직 및 운영에 관한 법률」 제10조에 따른 국가경찰위원회의 심의·의결 사항에 관한 내용으로 가장 적절하지 <u>않은</u> 것은?

① 국가경찰사무에 관한 인사, 예산, 장비, 통신 등에 관한 주요 정책 및 경찰 업무 발전에 관한 사항

② 국가경찰사무에 관한 인권보호와 관련되는 경찰의 운영·개선에 관한 사항

③ 지방행정과 치안행정의 업무조정에 관한 사항

④ 제주특별자치도의 자치경찰에 대한 경찰의 지원·협조 및 협약체결의 조정 등에 관한 주요 정책사항

16 「경찰공무원법」 제7조에 따른 임용권자에 관한 설명으로 가장 적절하지 <u>않은</u> 것은?

① 총경 이상 경찰공무원은 경찰청장 또는 해양경찰청장의 추천을 받아 행정안전부장관 또는 해양수산부장관의 제청으로 국무총리를 거쳐 대통령이 임용한다.

② 총경의 전보, 휴직, 직위해제, 강등, 정직 및 복직은 행정안전부 장관 또는 해양수산부장관이 임용한다.

③ 경정 이하의 경찰공무원은 경찰청장 또는 해양경찰청장이 임용한다. 다만, 경정으로의 신규채용, 승진임용 및 면직은 경찰청장 또는 해양경찰청장의 제청으로 국무총리를 거쳐 대통령이 한다.

④ 경찰청장은 대통령령으로 정하는 바에 따라 경찰공무원의 임용에 관한 권한의 일부를 특별시장·광역시장·도지사·특별자치시장 또는 특별자치도지사, 국가수사본부장, 소속 기관의 장, 시·도 경찰청장에게 위임할 수 있다.

17 「국가공무원법」상 직위해제에 관한 설명으로 가장 적절하지 <u>않은</u> 것은?

① 임용권자는 직무수행 능력이 부족하거나 근무성적이 극히 나쁜 자에게 직위를 부여하지 아니할 수 있다.

② 형사사건으로 기소된 자(약식명령이 청구된 자는 제외한다)에게는 직위를 부여하지 아니할 수 있다.

③ 제73조의3 제1항에 따라 직위를 부여하지 아니한 경우에 그 사유가 소멸되면 임용권자는 7일 이내에 직위를 부여할 수 있다.

④ 임용권자는 제1항 제2호에 따라 직위해제된 자에게 3개월의 범위에서 대기를 명한다.

18 경찰행정법의 법원(法源)에 관한 설명으로 가장 적절하지 <u>않은</u> 것은? (다툼이 있는 경우 판례에 의함)

① 경찰행정법의 법원(法源)은 일반적으로 성문법원과 불문법원으로 나눌 수 있으며 헌법, 법률, 조례와 규칙은 성문법원에 해당한다.

② 대통령령, 총리령 및 부령은 특별한 규정이 없으면 공포한 날부터 20일이 경과함으로써 효력을 발생한다.

③ 지방자치단체의 장은 법령의 범위에서 그 사무에 관하여 조리(條理)를 제정할 수 있다.

④ 사회의 거듭된 관행으로 생성한 사회생활규범이 사회의 법적 확신과 인식에 의하여 법적 규범으로 승인·강행되기에 이른 것을 관습법이라 한다.

19 경찰비례의 원칙에 관한 설명으로 가장 적절하지 <u>않은</u> 것은? (다툼이 있는 경우 판례에 의함)

① 경찰비례의 원칙은 일반적 수권조항에 근거하여 경찰권을 발동하는 경우는 물론, 개별적 수권조항에 근거하여 경찰권을 발동하는 경우에도 적용된다.

② 적합성의 원칙은 경찰기관의 어떤 조치가 경찰목적 달성을 위해 필요한 경우라고 하여도 그 조치에 따른 불이익이 그 조치로 인해 발생하는 이익보다 큰 경우에는 경찰권을 발동해서는 안된다는 원칙이다.

③ 필요성의 원칙(최소침해의 원칙)은 목적을 달성할 수 있는 수단이 여러 가지가 있는 경우에 적합한 여러 가지 수단 중에서 가장 적게 침해를 가져오는 수단을 선택해야 한다는 원칙이다.

④ 경찰비례의 원칙은 「행정기본법」 제10조, 「경찰관 직무집행법」 제1조 제2항 등에서 근거를 찾아볼 수 있다.

20 경찰하명에 관한 설명으로 가장 적절하지 <u>않은</u> 것은? (다툼이 있는 경우 판례에 의함)

① 경찰하명은 경찰상의 목적을 위하여 국가의 일반통치권에 의거, 개인에게 특정한 작위 · 부작위 · 수인 또는 급부의 의무를 명하는 행정행위이다.

② 부작위하명은 적극적으로 어떤 행위를 하지 말 것을 명하는 것으로 '면제'라 부르기도 한다.

③ 경찰하명에 위반한 행위는 강제집행이나 처벌의 대상이 되지만, 원칙적으로 사법(私法)상의 법률적 효력까지 부인하는 것은 아니다.

④ 위법한 경찰하명으로 인하여 권리 · 이익이 침해된 자는 행정쟁송 또는 손해배상을 청구할 수 있다.

21 「행정기본법」상 부관에 관한 설명으로 가장 적절하지 <u>않은</u> 것은?

① 행정청은 처분에 재량이 있는 경우에는 부관을 붙일 수 있다.

② 행정청은 처분에 재량이 없는 경우에는 법률에 근거가 있는 경우에 부관을 붙일 수 있다.

③ 행정청은 부관을 붙일 수 있는 처분이 당사자의 동의가 있는 경우에는 그 처분을 한 후에도 부관을 새로 붙이거나 종전의 부관을 변경할 수 있다.

④ 부관은 해당 처분의 목적에 위배되지 아니하고, 실질적 관련이 없을 것을 요건으로 한다.

22 행정상 의무이행확보수단에 관한 설명으로 가장 적절하지 <u>않은</u> 것은? (다툼이 있는 경우 판례에 의함)

① 과징금은 원칙적으로 행정법상의 의무를 위반한 자에 대하여 당해 위반행위로 얻게 된 경제적 이익을 박탈하기 위한 목적으로 부과하는 금전적인 제재이다.

② 「경찰관 직무집행법」 제6조 "경찰관은 범죄행위가 목전에 행하여지려고 하고 있다고 인정될 때에는 이를 예방하기 위하여 관계인에게 필요한 경고를 하고, 그 행위로 인하여 사람의 생명 · 신체에 위해를 끼치거나 재산에 중대한 손해를 끼칠 우려가 있는 긴급한 경우에는 그 행위를 제지할 수 있다" 규정은 행정상 즉시강제에 해당한다.

③ 「경찰관 직무집행법」 제4조 제1항 제1호에서 규정하는 술에 취한 상태로 인하여 자기 또는 타인의 생명 · 신체와 재산에 위해를 미칠 우려가 있는 피구호자에 대한 보호조치는 행정상 강제집행에 해당한다.

④ 가산세는 개별 세법이 과세의 적정을 기하기 위하여 정한 의무의 이행을 확보할 목적으로 그 의무 위반에 대하여 세금의 형태로 가하는 행정상 제재이다.

23 「질서위반행위규제법」상 행정청의 과태료 부과 및 징수에 관한 설명으로 가장 적절하지 <u>않은</u> 것은?

① 행정청은 법 제16조 제2항에 따라 당사자가 제출한 의견에 상당한 이유가 있는 경우에는 과태료를 부과하지 아니하거나 통지한 내용을 변경할 수 있다.

② 법 제20조 제1항에 따른 이의제기가 있는 경우에는 행정청의 과태료 부과처분은 그 효력을 상실하지 않는다.

③ 당사자가 법 제18조 제1항에 따라 감경된 과태료를 납부한 경우에는 해당 질서위반행위에 대한 과태료 부과 및 징수절차는 종료한다.

④ 행정청은 당사자가 납부기한까지 과태료를 납부하지 아니한 때에는 납부기한을 경과한 날부터 체납된 과태료에 대하여 100분의 3에 상당하는 가산금을 징수한다.

24 「공공기관의 정보공개에 관한 법률」에 관한 설명으로 가장 적절하지 <u>않은</u> 것은?

① 청구인은 이의신청 절차를 거치지 아니하고 행정심판을 청구할 수 없다.

② "정보"란 공공기관이 직무상 작성 또는 취득하여 관리하고 있는 문서(전자문서를 포함한다) 및 전자매체를 비롯한 모든 형태의 매체 등에 기록된 사항을 말한다.

③ 공공기관은 부득이한 사유로 법 제11조 제1항에 따른 기간 이내에 공개 여부를 결정할 수 없을 때에는 그 기간이 끝나는 날의 다음 날부터 기산(起算)하여 10일의 범위에서 공개 여부 결정기간을 연장할 수 있다. 이 경우 공공기관은 연장된 사실과 연장 사유를 청구인에게 지체 없이 문서로 통지하여야 한다.

④ 공공기관은 청구인이 사본 또는 복제물의 교부를 원하는 경우에는 이를 교부하여야 한다.

25 「행정절차법」상 행정청이 처분을 할 때 청문을 하여야 하는 경우가 <u>아닌</u> 것은?

① 다른 법령등에서 청문을 하도록 규정하고 있는 경우

② 해당 처분의 영향이 광범위하여 널리 의견을 수렴할 필요가 있다고 행정청이 인정하는 경우

③ 인허가 등의 취소의 처분을 하는 경우

④ 법인이나 조합 등의 설립허가의 취소의 처분을 하는 경우

26 「행정심판법」상 재결에 관한 설명으로 가장 적절하지 <u>않은</u> 것은? (다툼이 있는 경우 판례에 의함)

① 재결은 서면으로 한다.
② 위원회는 심판청구가 이유가 없다고 인정하면 그 심판청구를 기각(棄却)한다.
③ 위원회는 지체 없이 당사자에게 재결서의 등본을 송달하여야 하며, 재결서가 청구인에게 발송되었을 때에 그 효력이 생긴다.
④ 재결의 기속력은 재결의 주문 및 그 전제가 된 요건사실의 인정과 판단, 즉 처분 등의 구체적 위법사유에 관한 판단에만 미친다고 할 것이고, 종전 처분이 재결에 의하여 취소되었다 하더라도 종전 처분시와는 다른 사유를 들어서 처분을 하는 것은 기속력에 저촉되지 않는다.

27 「경찰 물리력 행사의 기준과 방법에 관한 규칙」상 경찰 물리력 수준에 관한 설명으로 가장 적절하지 <u>않은</u> 것은?

① 협조적 통제는 '순응' 이상의 상태인 대상자에 대해 사용할 수 있는 물리력 수준으로서, 대상자의 협조를 유도하거나 협조에 따른 물리력을 말한다.
② 접촉 통제는 '소극적 저항' 이상의 상태인 대상자에 대해 사용 할 수 있는 물리력 수준으로서, 대상자 신체 접촉을 통해 경찰목적 달성을 강제하지만 신체적 부상을 야기할 가능성은 극히 낮은 물리력을 말한다.
③ 저위험 물리력은 '적극적 저항' 이상의 상태인 대상자에 대해 사용할 수 있는 물리력 수준으로서, 대상자가 통증을 느낄 수 있으나 신체적 부상을 당할 가능성은 낮은 물리력을 말한다.
④ 중위험 물리력은 '치명적 공격' 상태의 대상자로 인해 경찰관 또는 제3자의 생명 · 신체에 급박하고 중대한 위해가 초래될 가능성이 있는 경우 최후의 수단으로 사용할 수 있는 물리력 수준으로서, 대상자의 사망 또는 심각한 부상을 초래할 수 있는 물리력을 말한다.

28 「경찰관 직무집행법」상 보호조치 등에 관한 설명으로 가장 적절한 것은?

① 긴급구호를 요청받은 공공보건의료기관이나 공공구호기관은 정당한 이유 없이 긴급구호를 거절할 수 있다.

② 경찰관은 보호조치를 하는 경우에 구호대상자가 휴대하고 있는 무기·흉기 등 위험을 일으킬 수 있는 것으로 인정되는 물건을 공공보건의료기관이나 공공구호기관에 임시로 영치하여 놓을 수 있다.

③ 경찰관은 보호조치를 하였을 때에는 지체 없이 구호대상자의 가족 친지 또는 그 밖의 연고자에게 그 사실을 알려야 하며, 연고자가 발견되지 아니할 때에는 구호대상자를 적당한 공공 보건의료기관이나 공공구호기관에 즉시 인계하여야 한다.

④ 구호대상자를 경찰관서에서 보호하는 기간은 48시간을 초과할 수 없고, 물건을 공공보건의료기관이나 공공구호기관에 임시로 영치하는 기간은 10일을 초과할 수 없다.

29 경찰조직편성의 원리에 관한 설명으로 가장 적절하지 <u>않은</u> 것은?

① 할거주의는 조정과 통합의 원리를 실현시키는 필수적 요소이다.

② 계층제는 조직의 경직화를 초래하여 환경변화에 대한 조직의 신축적 대응을 어렵게 한다.

③ 명령통일의 원리는 부하직원이 한 사람의 상관으로부터만 명령을 받고, 보고도 그 상관에게만 하도록 하는 것을 의미한다.

④ 통솔의 범위는 한 사람의 상관이 효과적으로 감독할 수 있는 최대한의 부하의 수를 의미한다.

30 계급제와 직위분류제에 관한 설명으로 가장 적절하지 <u>않은</u> 것은?

① 직위분류제는 사람 중심 분류로서 계급제보다 인사배치의 신축성 측면에서 유리하다.

② 우리나라의 공직분류는 계급제 위주에 직위분류제적 요소를 가미한 혼합 형태라고 할 수 있다.

③ 직위분류제는 미국에서 실시된 후 다른 나라로 전파되었다.

④ 직위분류제는 계급제에 비해서 보수결정의 합리적인 기준을 제시하는 것이 장점이다.

31 「국가재정법」상 예산안의 편성과 집행에 관한 설명으로 가장 적절하지 <u>않은</u> 것은?

① 각 중앙관서의 장은 예산안편성지침에 따라 그 소관에 속하는 다음 연도의 세입세출예산·계속비·명시이월비 및 국고채무부담행위 요구서를 작성하여 매년 5월 31일까지 기획재정부장관에게 제출하여야 한다.

② 기획재정부장관은 예산요구서에 따라 예산안을 편성하여 국회 심의를 거친 후 대통령의 승인을 얻어야 한다.

③ 각 중앙관서의 장은 예산이 확정된 후 사업운영계획 및 이에 따른 세입세출예산·계속비와 국고채무부담행위를 포함한 예산 배정요구서를 기획재정부장관에게 제출하여야 한다.

④ 기획재정부장관은 각 중앙관서의 장에게 예산을 배정한 때에는 감사원에 통지하여야 한다.

32 「보안업무규정」상 비밀보호에 관한 설명으로 가장 적절하지 <u>않은</u> 것은?

① 비밀은 그 중요성과 가치의 정도에 따라 구분되는데, 누설될 경우 대한민국과 외교관계가 단절되고 전쟁을 일으키며 국가의 방위계획·정보활동 및 국가방위에 반드시 필요한 과학과 기술의 개발을 위태롭게 하는 등의 우려가 있는 비밀은 'Ⅰ급비밀'에 속한다.

② 비밀은 해당 등급의 비밀취급 인가를 받은 사람만 취급할 수 있으며, 암호자재는 해당 등급의 비밀 소통용. 암호자재취급 인가를 받은 사람만 취급할 수 있다.

③ 검찰총장, 국가정보원장, 경찰청장은 Ⅰ급비밀 취급 인가권자와 Ⅰ급 및 Ⅱ급비밀 소통용 암호자재 취급 인가권자에 해당한다.

④ 비밀은 적절히 보호할 수 있는 최저등급으로 분류하되, 과도하거나 과소하게 분류해서는 아니 된다.

33 「경찰 인권보호 규칙」에 관한 설명으로 가장 적절하지 <u>않은</u> 것은?

① "경찰관등"이란 경찰청과 그 소속기관의 경찰공무원, 일반직 공무원을 말한다(단, 무기계약근로자 및 기간제근로자, 의무경찰은 제외한다).

② 경찰활동 전반에 걸친 민주적 통제를 구현하여 경찰력 오·남용을 예방하고, 경찰행정의 인권지향성을 높여 인권을 존중하는 경찰활동을 정립하기 위해 경찰청장 및 시·도경찰청장의 자문 기구로서 각각 경찰청 인권위원회, 시·도경찰청 인권위원회를 설치하여 운영한다.

③ 경찰청장은 국민의 인권보호와 증진을 위하여 경찰 인권정책 기본계획을 5년마다 수립해야 한다.

③ 인권보호담당관은 인권침해를 예방하고 제도를 개선하기 위해 연 1회 이상 인권 관련 정책 이행 실태, 인권교육 추진 현황 경찰청과 소속기관의 청사 및 부속 시설 전반의 인권침해적 요소의 존재 여부를 진단하여야 한다.

34 「경범죄 처벌법」상 다음 (   ) 안에 들어갈 숫자로 알맞은 것은?

> ㉠ 출판물의 부당게재 등 – 올바르지 아니한 이익을 얻을 목적으로 다른 사람 또는 단체의 사업이나 사사로운 일에 관하여 신문, 잡지, 그 밖의 출판물에 어떤 사항을 싣거나 싣지 아니할 것을 약속하고 돈이나 물건을 받은 사람은 (가)만원 이하의 벌금, 구류 또는 과료의 형으로 처벌한다.
> ㉡ 거짓 광고 – 여러 사람에게 물품을 팔거나 나누어 주거나 일을 해주면서 다른 사람을 속이거나 잘못 알게 할 만한 사실을 들어 광고한 사람은 (나)만원 이하의 벌금, 구류 또는 과료의 형으로 처벌한다.
> ㉢ 업무방해 – 못된 장난 등으로 다른 사람, 단체 또는 공무 수행 중인 자의 업무를 방해한 사람은 (다)만원 이하의 벌금, 구류 또는 과료의 형으로 처벌한다.
> ㉣ 암표매매 – 흥행장, 경기장, 역, 나루터, 정류장, 그 밖에 청하여진 요금을 알고 입장시키거나 승차 또는 승선시키는 곳에서 웃돈을 받고 입장권·승차권 또는 승선권을 다른 사람에게 되판 사람은 (라)만원 이하의 벌금, 구류 또는 과료의 형으로 처벌한다.

① (가) 10, (나) 20, (다) 60, (라) 20
② (가) 20, (나) 20, (다) 20, (라) 20
③ (가) 20, (나) 10, (다) 60, (라) 20
④ (가) 20, (나) 60, (다) 20, (라) 10

35 다음 경찰통제의 유형 중 내부적 통제에 해당하는 것은 모두 몇 개인가?

㉠ 청문감사인권관제도	㉡ 국민권익위원회
㉢ 국가경찰위원회	㉣ 소청심사위원회
㉤ 경찰청장의 훈령권	㉥ 국회의 입법권

① 2개   ② 3개   ③ 4개   ④ 5개

36 「가정폭력범죄의 처벌 등에 관한 특례법」상 가정폭력범죄에 대해 사법경찰관이 취할 수 있는 긴급임시조치로 가장 적절하지 **않은** 것은?

① 국가경찰관서의 유치장 또는 구치소에의 유치
② 피해자 또는 가정구성원이나 그 주거 · 직장 등에서 100미터 이내의 접근금지
③ 피해자 또는 가정구성원의 주거 또는 점유하는 방실로부터의 퇴거 등 격리
④ 피해자 또는 가정구성원에 대한 「전기통신기본법」 제2조 제1호의 전기통신을 이용한 접근금지

37 다음 「마약류 관리에 관한 법률 및 동법 시행령」상 마약류에 관한 설명이다. 〈보기 1〉의 설명과 〈보기 2〉 마약류의 품명이 가장 적절하게 연결된 것은?

〈보기 1〉

㉠ 진해거담제로서 의사의 처방이 있으면 약국에서 구입 가능 하고, 도취감과 환각작용을 느끼기 위해 사용량의 수십 배를 남용하는 경우도 있다. 청소년들이 소주에 타서 마시기도 하여 흔히 '정글주스'라고도 불린다.
㉡ 골격근 이완의 효과가 있는 근골격계 질환 치료제이며, 과다복용 시 인사불성, 혼수쇼크, 호흡저하, 사망에까지 이를 수 있다.
㉢ 곡물의 곰팡이, 보리 맥각에서 추출 · 합성한 무색 · 무취 · 무미의 매우 강력한 환각제로, 내성은 있으나 금단증상은 일으키지 않는다고 알려져 있다.
㉣ 페놀계 화합물로 흔히 수면마취제라고 불리는 정맥마취제로서 수면내시경검사 마취 등에 사용되고, 환각제 대용으로 오남용되는 사례가 있으며, 정신적 의존성을 유발하기도 한다.

〈보기 2〉

ⓐ 카리소프로돌(S정)	ⓑ 프로포폴
ⓒ LSD	ⓓ 덱스트로메트로판(러미나)

① ㉠ - ⓓ, ㉡ - ⓒ, ㉢ - ⓐ, ㉣ - ⓑ   ② ㉠ - ⓓ, ㉡ - ⓐ, ㉢ - ⓒ, ㉣ - ⓑ
③ ㉠ - ⓒ, ㉡ - ⓑ, ㉢ - ⓓ, ㉣ - ⓐ   ④ ㉠ - ⓓ, ㉡ - ⓐ, ㉢ - ⓑ, ㉣ - ⓒ

38 「재난 및 안전관리 기본법」에 관한 설명으로 가장 적절하지 <u>않은</u> 것은?

① "재난"이란 국민의 생명 · 신체 · 재산과 국가에 피해를 주거나 줄 수 있는 것으로서 사회재난과 자연재난으로 구분한다.

② "재난관리"란 재난의 예방 · 대비 · 대응 및 복구를 위하여 하는 모든 활동을 말한다.

③ 경찰청장은 국가 및 지방자치단체가 행하는 재난 및 안전관리 업무를 총괄 · 조정한다.

④ 대통령령으로 정하는 대규모 재난의 대응 · 복구 등에 관한 사항을 총괄 · 조정하고, 필요한 조치를 하기 위하여 행정안전부에 중앙재난안전대책본부를 둔다.

39 음주운전 관련 판례에 관한 설명 중 가장 적절하지 <u>않은</u> 것은?

① 경찰관이 술에 취한 상태에서 자동차를 운전한 것으로 보이는 피고인을 「경찰관 직무 집행법」에 따른 보호조치 대상자로 보아 경찰관서로 데려온 직후 음주측정을 요구하였는데 피고인이 불응하여 음주측정불: 죄로 기소된 사안에서, 위법한 보호조치 상태를 이용하여 음주측정 요구가 이루어졌다는 등의 특별한 사정이 없는 한 피고인의 행위는 음주측정불응죄에 해당한다.

② 술에 취해 자동차 안에서 잠을 자다가 추위를 느껴 히터를 가동시키기 위하여 시동을 걸었고, 실수로 자동차의 제동장치 등을 건드렸거나 처음 주차할 때 안전조치를 제대로 취하지 아니한 탓으로 원동기의 추진력에 의하여 자동차가 약간 경사진 길을 따라 앞으로 움직여 피해자의 차량 옆면을 충격하게 된 경우는 자동차의 운전에 해당한다.

③ 음주측정 요구 당시 운전자가 술에 취한 상태에서 자동차를 운전하였다고 인정할 만한 상당한 이유가 있었으며, 음주운전 종료 후 별도의 음주 사실이 없었음이 증명된 경우, 경찰관이 음주 및 음주운전 종료로부터 약 5시간 후 집에서 자고 있는 피고인을 연행하여 음주측정을 요구한 데에 대하여 피고인이 불응하였다면, 「도로교통법」상의 음주측정불응죄가 성립한다.

④ 특별한 이유 없이 호흡측정기에 의한 측정에 불응하는 운전자에게 경찰공무원이 혈액 채취에 의한 측정방법이 있음을 고지하고 그 선택 여부를 물어야 할 의무는 없다.

40 「보안관찰법」에 관한 설명으로 가장 적절하지 <u>않은</u> 것은?

① "보안관찰처분대상자"라 함은 보안관찰해당범죄 또는 이와 경합된 범죄로 금고 이상의 형의 선고를 받고 그 형기 합계가 3년 이상인 자로서 형의 전부 또는 일부의 집행을 받은 사실이 있는 자를 말한다.

② 보안관찰처분청구는 검사가 행한다.

③ 보안관찰처분을 받은 자는 이 법이 정하는 바에 따라 소정의 사항을 주거지 관할경찰서장에게 신고하고, 재범방지에 필요한 범위 안에서 그 지시에 따라 보안관찰을 받아야 한다.

④ 보안관찰처분의 기간은 3년으로 한다.

모ㅣ범ㅣ답ㅣ안 **경찰학개론**

1. ④	2. ②	3. ①	4. ④	5. ③	6. ③	7. ④	8. ④	9. ③	10. ④
11. ①	12. ④	13. ③	14. ④	15. ③	16. ②	17. ③	18. ③	19. ②	20. ②
21. ④	22. ③	23. ②	24. ①	25. ②	26. ③	27. ④	28. ③	29. ①	30. ①
31. ②	32. ③	33. ①	34. ②	35. ①	36. ①	37. ②	38. ③	39. ②	40. ④

객관식 경찰학

부록: 참경찰 인물열전

- 김구
- 나석주
- 문형순
- 안병하
- 안종삼
- 이준규
- 정종수
- 차일혁
- 최규식
- 최중락

임시정부 초대 경무국장·민주경찰 1호

김 구 (金九)

이 명	호 백범(白凡), 김창수(金昌洙), 김구(金龜)
생몰시기	1876.8.29.~1949.6.26.
주요경력	1919년 임시의정원 의원, 1923년 임시정부 내무총장, 1926년 임시정부 국무령, 1931년 한인애국단 단장, 1940년 임시정부 주석
경찰경력	1919년 경무국장, 1932년 상해 대한교민단 의경대장

1876년 8월 29일 황해도 해주에서 태어났다. 본관은 안동이며 호는 백범(白凡)이다. 4세 때 심한 천연두를 앓아 얼굴에 마마 자국이 생겼으며 9세가 되면서 한글과 한문을 배우기 시작하였다. 1890년 15세 때부터 서당에서 본격적인 한학수업에 정진하였으며 17세에 과거에 응시하였으나 뜻을 이루지 못하였다. 매관매직의 세태에 울분을 참지 못하여 동학에 입도하였다. 1894년 19세 때에 접주이자 동학군의 선봉장으로 해주성을 공략하기도 하였다.

1896년 3월 황해도 안악 치하포에서 을미사변 때 희생된 명성황후(明成皇后)의 원한을 풀기 위해 일본인 쓰치다(土田讓亮)를 처단하였다. 그 해 5월 체포되었다가 법부에서 교수형의 건의가 있었으나 고종(高宗)은 판결을 보류하였다. 1898년 탈옥하여 삼남 일대를 떠돌다가 공주 마곡사에서 승려가 되었다. 환속 후 고향에서 봉양학교(鳳陽學校)을 설립하는 등 교단 일선에서 계몽 운동을 전개하였다. 1906년 해서교육회(海西教育會) 총감이 되었으며 다음해 안악에 양산학교(楊山學校)를 세웠다. 1909년 전국 강습소 순회에 나서서 대중들의 애국심을 고취하였다.

1907년 비밀단체 신민회[1]가 창립되자 회원으로 구국운동에도 가담하였다. 신민회 황해도 총감으로서 황해도 지방의 애국계몽운동과 신민회 활동을 지휘하였다. 1911년 1월 서간도의 무관학교 설립자금 모금을 시도하던 중 관련 독립운동가들이 대거 체포된 안명근(安明根, 1879~1927, 1962년 건국훈장 독립장 추서) 사건으로 15년형을 받았으며, 같은해 9월 일제에 의해 날조된 데라우치(寺內正毅) 총독 암살 미수 사건으로부터 촉발된 105인 사건으로 2년형이 추가되었다.

그는 1914년 7월 감형으로 가출옥하여 동산평 농감으로 농촌부흥운동에 주력하던 중 3·1운동을 맞았다.

1919년 3·1운동 직후인 4월 대한민국 임시정부가 수립되어 있던 중국 상하이(上海)로 망명하였다. 4월 21일부터 열린 제2회 대한민국 임시의정원 회의에서 의원으로 당선되었다. 아울러 신익희(申翼熙), 서병호(徐丙浩) 등과 더불어 내무부 위원으로 선임되었다. 그는 내무부 차장급에 상당하는 내무부 위원으로서 1919년 8월 12일자로 경무국장에 임명되어 임시정부를 수호하고 상하이 교민사회의 치안을 유지하는 경찰 업무를 관장했다.

경무국 사무실은 안창호(安昌浩)가 미주에서 들여 온 자금으로 임대한 상하이 프랑스 조계 샤페이루(霞飛路) 321호 임시정부 청사에 두었다. 청사 1층에 내무부 부서가 있었는데, 경무국도 이곳에 자리했다. 청사 2층 복도 한쪽에는 경무국 소속 경호원 20명이 정복으로 근무하며, 인도인 순경이 청사 정문을 지켰다. 이때부터 정복과 사복 경호원 20여 명을 거느리고 공식적으로 업무를 시작하였다.

경무국은 상하이 교민사회의 질서 및 치안을 유지하는 임무를 담당하였다. 당시 상하이에는 독립운동가를 사칭하고 교민들에게 자금 제공을 강요하는 경우가 많았다. 경무국은 이러한 사이비 독립운동가를 색출하여 동포들의 안전과 재산을 보호하는 역할을

---

1) 1907년 서울에서 결성된 비밀 독립운동 단체로 국권회복을 목적으로 하는 전국 단위 조직이었음. 1911년 9월 일제가 소위 '데라우치 총독 암살 음모 사건'을 날조하여 신민회 회원을 비롯해 전국적으로 애국계몽운동가 700여 명이 검거되었으며 그 중 105명에게는 실형이 선고되었음. 이 과정에서 국권회복을 목표로 한 한국인 애국자들의 지하 단체가 신민회라는 이름으로 결성되어 있었음이 드러나면서 신민회는 일제에 의해 해체되었음

임시정부경찰

했다. 그 외에도 임시정부나 교민단 등이 주최하는 각종 행사, 집회 등의 안전을 유지하고 경비하는 임무를 수행했다.

또한 경무국은 상하이 한인사회의 안전을 유지하고 독립운동을 지속하기 위해 일제 밀정의 잠입을 방지하는 일을 중시했다. 일찍이 경무국장으로서 밀정 처단에 대해서 "혁명시기이자 비상한 시기였던만큼 일본 밀정 등 범죄자에 대해서는 말로 타이르는 것이 아니면 사형이었다"고 하였다. 「백범일지」에는 경무국에서 독립운동을 저해하거나 방해한 밀정들을 처단한 사례가 구체적으로 기록되어 있다.

경무국장 재직 시 소속 경호원들에 대해서는 활빈당 방식의 훈련을 실시하였다. 105인사건으로 서대문 감옥에서 옥살이하던 중 활빈당의 당수였던 김진사로부터 전해들은 활빈당의 입문 과정과 활동, 체포된 이와 배신자에 대한 처리 방법과 경험을 경호원들에게 전수하였다. 특히 활빈당식 교살 방법을 경호원들에게 연습시켜 정탐꾼 등 밀정 처형에 응용하였다.

또한 1923년 내무총장으로 취임하면서 상해 대한교민단의 경찰조직인 의경대 설치도 본격적으로 추진하였다. 1923년 말에 자치권을 가진 교민단의 사업 차원에서 의경대가 조직되었다. 교민단의 자치 경찰로 조직된 의경대는 그 지휘를 교민단 단장에게 일임하였다. 이때 그는 내무총장으로 재직 중 고문으로 추대되어 업무를 시작했다. 1932년 1월 11일 교민단 제1차 정무위원회에서 의경대장으로 임명되면서 교민단 단장과 의경대 대장을 겸하였다. 의경대 대장으로 재임하면서 상하이 교민사회의 질서유지 및 반역자 교정, 호구조사, 민단세 징수, 풍기단속 등의 임무를 수행했다. 또한 교민사회에 침투한 일제 밀정을 색출하거나 친일파를 처단하였다.

내무총장 재직 당시였던 1923년 1월, 상하이에서 국민대표회의가 열렸다. 국내외 지역과 단체를 대표하는 독립운동가 130여명이 참가한 가운데, 독립운동의 방향 정립을 논의하는 대규모 회의가 반년 가까이 열렸다. 여기에서 임시정부를 개혁하자는 개조파와 임시정부를 없애고 새로운 정부를 만들자는 창조파로 나뉘었다. 회의가 결렬되자, 내무총장 명의로 국민대표회의에 대해 해산령을 내림으로써 흔들리는 임시정부를 옹호하였다.

1924년 국무총리 대리를 거쳐 1926년 12월 임시정부 최고 수반인 국무령에 취임하였다. 이듬해 헌법을 제정, 임시정부를 위원제로 고치면서 국무위원이 되었다. 1929년 교민단 단장을 역임하였고 1930년 이동녕(李東寧), 이시영(李始榮) 등과 함께 한국독립당을 창당하였다. 1932년 의경대장에 취임하고 한인애국단을 조직하여 의열투쟁을 전개하였다. 1932년 1월 8일의 이봉창(李奉昌) 의거와 4월 29일의 윤봉길(尹奉吉) 의거를 주도하여 한민족의 기개를 만방에 알렸다.

1933년 장제스(蔣介石)를 만나 낙양군관학교(洛陽軍官學校)에 한인 군사인재를 양성할 수 있게 하였다. 1934년에 임시정부 국무령에 취임하였고, 1940년 3월에는 임시정부 국무위원회 주석에 취임하였다. 같은 해 9월 충칭(重慶)에서 한국광복군을 조직하여 대일전을 추진하였다. 1941년 12월에 임시정부의 이름으로 대일선전포고를 하면서 임전태세에 돌입하였다. 1945년 일제의 패망이 예견되면서 미국 정보기관인 OSS와 합작하여 국내진입작전을 추진하던 중 시안(西安)에서 광복을 맞이하였다.

1945년 11월 임시정부 국무위원과 함께 제1진으로 환국하였다. 그는 국내에서 반탁운동을 전개했고 완전자주독립노선을 주장했다. 조국 재건에 헌신했던 그는 1949년 6월 경교장에서 육군 현역 장교 안두희(安斗熙)가 쏜 총탄을 맞고 서거했다. 1962년 정부는 그에게 건국훈장 대한민국장을 추서하였다.

[김구 선생의 민주경찰 창간호 기고]

김구 선생은 1947년 6월 '민주경찰' 창간호에 축사를 기고한다. '자주독립과 민주경찰'이라는 제목의 글에서 김구 선생은 경찰에게 '애국안민의 신경찰이 될 것' 등을 당부한다. 이후 1947년 9월 발행된 '민주경찰' 특호에서는 '국민의 경종이 되소서'라는 휘호를 선물한다.
이처럼 김구 선생은 광복 후 경찰이 '국민을 위하는 민주경찰'이라는 자신들의 본분을 다하기를 간절히 소망하였다.

임시정부경찰

[민주경찰 1호 김구 선생]

1919년 3·1운동을 기반으로 1919년 4월 11일 수립된 대한민국 임시정부는 헌법(대한민국 임시헌장)을 통해 민주공화제를 선포하여 우리 민족 최초의 민주국가가 되었다. 이에 따라 임시정부에 설치·운영된 임시정부경찰은 우리 역사상 최초의 민주공화제 경찰이 된다.

1919년 8월 12일 김구 선생이 임시정부의 초대 경무국장으로 임명되면서 임시정부경찰이 실질적으로 구성되었기 때문에 김구 선생은 우리 역사상 "1호 민주경찰"이 된다.

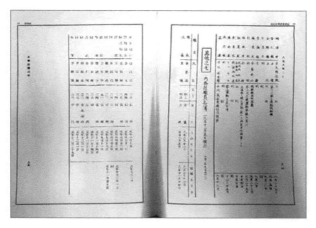

【 김구의 경무국장 임명 자료(좌면 중앙, 조선민족운동연감[1]) 】

【 경무국장 시절의 김구(1919. 9. 17.)[2] 】

---

1) 출처 : 국사편찬위원회
2) 출처 : 국사편찬위원회

【 유상근 의사와 김구 선생(1932년, 뒤편 가운데가 유상근)[1] 】

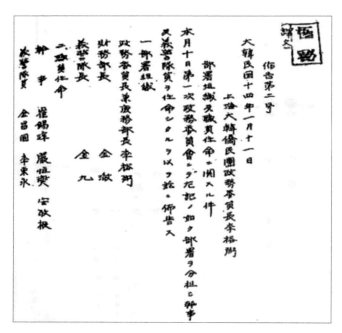

【 일제 첩보문서에 기록되어 있는 의경대 명단(1932. 1.)-'의경대장 김구'[2] 】

1) 출처 : 국사편찬위원회
2) 출처 : 국사편찬위원회

임시정부경찰

【 중경 임시정부청사에서 김구와 임시정부 요인들
(1945. 11. 3.)[1] 】

【 광복 후 상해에 도착한 김구와 경위대원들
(1945. 11. 5.)[2] 】

【 김구와 두 아들(김인과 김신)[3] 】

【 중경 임시정부 시기 김구[4] 】

1) 출처 : 국사편찬위원회
2) 출처 : 국사편찬위원회
3) 출처 : 국사편찬위원회
4) 출처 : 국사편찬위원회

【 김구 선생이 '민주경찰 창간호'에 기고한 축사(1947. 6.) 1) 】

【 김구 선생이 '민주경찰 특호'를
통해 선물한 휘호
'국민의 경종이 되소서' 2) 】

【 강화도에 방문한 김구(1946. 11.) 3) 】

【 경찰관들과 함께 경순왕릉을 참배한 김구 4) 】

1) 출처 : 국립중앙도서관
2) 출처 : 국립중앙도서관
3) 출처 : 백범김구전집
4) 출처 : 백범김구전집

임시정부 경무국원

나석주 (羅錫疇)

이 명	마중달(馬仲達), 마충대(馬忠大)
생몰시기	1892.2.4.~1926.12.28.
주요경력	1923년 한국노병회원, 1926년 의열단원
경찰경력	1920년 경무국 경호원

1892년 2월 4일 황해도 재령에서 태어났다. 본관은 나주이며 이명은 나리(羅李), 김영일(金永一), 나석주(羅石柱), 마중덕(馬中德), 마중달(馬中達) 등이다. 어린 시절 서당에서 한학을 배웠다. 16세 때 고향에 있는 보명학교(普明學校)에서 신학문을 배웠다. 20세 때 황해도 안악으로 가서 김구(金九)가 설립한 양산학교에서 수학하면서 김구와 사제관계를 맺었다.

1913년에는 처자를 데리고 압록강을 건너 만주 모아산(帽兒山)으로 갔다. 그는 왕칭현(汪淸縣)에 있는 나자구(羅子溝)무관학교에 들어가 8개월 동안 군사훈련을 받았다. 1915년 모친이 위독하다는 연락을 받고 고향으로 돌아와 농사에 종사하였으나 경작하던 농토를 일본의 동양척식주식회사(東洋拓殖株式會社)에 빼앗겼다.

이후 나석주는 가족들을 데리고 이웃 고을인 황해도 황주군 겸이포로 이사를 갔다.

그곳에서 쌀가게를 차려 운영하면서 생활의 안정을 찾았다. 1919년 3·1운동이 발발하자 김덕영(金德永, 1887~1921, 2004년 건국훈장 애족장 추서) 등의 동지들과 태극기를 만들어 농민들에게 나누어주고, 3월 10일 내종리 장터에서 만세시위운동을 주도하여 일제 경찰에 체포되었다가 풀려났다.

1920년 1월 김덕영 등과 함께 의열투쟁 조직을 결성하고 권총과 탄환을 구입한 뒤, 군자금 모금 활동과 친일파 처단에 나섰다. 일제의 추격으로 김덕영과 함께 구월산으로 들어가 은거하면서 활동을 계속하였다. 하지만 더 이상 국내에서의 활동이 어려워지자 같은해 9월 황해도 사리원에서 단신으로 목선을 타고 톈진(天津)을 거쳐 상하이(上海)로 갔다.

그는 상하이에 도착한 즉시 김구를 찾아갔다. 당시 대한민국 임시정부 내무부 경무국장을 맡고 있던 김구의 휘하에 들어가 경무국 소속 경호원으로 활동하였다. 경호원으로 있는 동안 상하이 교민사회의 질서 및 치안을 유지하는 임무를 수행하였다. 당시 상하이에는 독립운동가를 사칭하고 교민들에게 자금 제공을 강요하는 경우가 많았다. 이러한 사이비 독립운동가를 색출하여 동포들의 안전과 재산을 보호하는 것이 중요했다. 또한, 상하이 한인 사회의 안전을 유지하고 독립운동을 지속하기 위해 독립운동을 저해하거나 방해하는 밀정들을 제거하는 임무도 수행하였다.

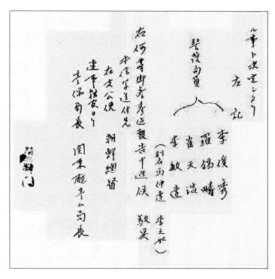

【 경무국 경호원 나석주(가(假)정부 경호원 임명에 관한 건, 1924. 6. 23.)[1] 】

　1923년 초 임시정부의 군사정책을 추진하는 한국노병회(韓國勞兵會)의 추천으로 중국 허베이성(河北省) 한단군사강습소(邯鄲軍事講習所)에 입교하였다. 한국노병회는 1922년 10월 김구 등이 독립전쟁에 대비하여 1만여 명의 군사를 양성하고 전쟁비용을 마련하기 위해 조직한 단체로, 청년들을 중국의 무관학교에 입교시키는 활동을 하였다.

　한단군사강습소를 졸업한 후 장교로 임관되어 바오딩(保定)에 있는 중국군 공병단 철도대 및 쑨더푸(順德府)에 있는 중국군 제1사단 사령부로 보직되어 근무하였다. 그는 중국군에 복무하면서도 김구와 편지로 지속적으로 연락하였다. 김구도『백범일지』에서 그를 "친하게 믿는 지사요, 제자"로 표현하면서 각별하게 여기고 있었다.

　1926년 김구의 추천으로 의열단 김창숙(金昌淑, 1879~1962, 1962년 건국훈장 대한민국장 추서)을 만나 국내에 잠입하여 대대적인 의열투쟁을 벌이자는 제안을 받았다. 이에 역으로 김창숙에게 동양척식주식회사와 조선식산은행(朝鮮殖産銀行)을 폭파·파괴할 것을 제안하였다. 김창숙으로부터 자금을 건네받은 후 유자명(柳子明, 1894~1985,

1) 출처 : 국사편찬위원회 한국사데이터베이스

1991년 건국훈장 애국장 추서) 등과 함께 산둥(山東)반도 웨이하이웨이(威海衛)로 갔다. 1926년 12월 24일, 중국인이 운영하는 리퉁환(利通丸)이란 배에 올랐고, 사흘 후인 12월 27일 인천항에 도착하였다.

　다음날인 28일 오후, 그는 중국 청년으로 변장한 후 먼저 동양척식주식회사로 들어가 상황을 정찰한 다음 조선식산은행으로 들어갔다. 나석주는 대부계 철책 앞에서 폭탄 한 개를 던졌다. 이어 곧바로 동양척식주식회사 경성지점으로 가서 권총을 난사하며 폭탄을 투척하였다. 그러나 이 폭탄은 폭발하지 않았다. 그는 다시 문밖으로 나가 조선철도회사 정문에서도 직원들을 향해 총격을 가했고, 황금정(黃金町) 길거리로 나와서는 경기도경찰부 소속 경부였던 일제 경찰 다바타 다다쓰구(田畑唯次)를 사살하였다.
　곧이어 급히 출동한 경찰대와 기마대의 추격을 받은 그는 권총 세 발을 자신의 가슴에 쏘고 쓰러졌다. 일제 경찰은 그를 총독부 병원에 입원시켜 응급치료를 받게 하였고, 의식이 잠시 돌아왔을 때 일제 경찰이 이름을 묻자 그는 자신을 '황해도 재령의 나석주'이며 '의열단원'이라 밝히고는 숨을 거두었다.

　정부는 조국 독립을 위해 자신을 희생한 그의 공적을 기려 1962년 건국훈장 대통령장을 추서하였다. 한편, 나석주 의사의 뜻을 기리기 위해 1994년 옛 동양척식주식회사 터(지금의 명동)에 나석주 의사의 동상과 표석이 설치되었다.

【 나석주 의거터(비문 내용 : 나는 조국의 자유를 위해 투쟁했다. 2천만 민중아 쉬지 말고 분투하라) 】

【 나석주 의거 관련 신문 기사(동아일보, 1927. 1. 13.) 】

제주 4·3사건의 경찰의인

문형순 (文亨淳)

이 명	문시영(文時榮), 이도일(李道日)
생몰시기	1897.2.7.~1966.6.20.
주요경력	1919년 신흥무관학교 졸업, 1920년 한국의용군 활동, 1921년 고려혁명군, 1929년 국민부 중앙호위대장
경찰경력	1947년 경위 임용, 1948년 모슬포경찰서장 서리, 1949년 경감 임용, 1949년 성산포경찰서장, 1951년 경남 함안경찰서장, 1953년 퇴직

1897년 2월 7일 평안남도 안주에서 태어난 문형순은 문시영, 이도일이라는 가명을 사용하였다. 1908년 4월 안주에 있던 대성학교를 졸업하고 1919년 3월 서간도 지역 독립군 양성 학교인 신흥무관학교를 졸업한 후 1920년 9월 한국의용군에 편입되어 시베리아 지역으로 이동하였다. 1921년 한국의용군이 고려혁명군으로 재편되자 군 교관으로 복무 후 1929년 5월 만주에 있던 국민부의 중앙호위대장을 지냈다. 광복 직전인 1945년 8월에는 중경 임시정부 광복군에 입대하여 주로 화북지역에서 활동하며 독립운동에 매진하였다.

광복 이후 1947년 5월 그는 제주경찰감찰청 경위로 경찰에 투신하였으며 기동경비대장을 역임하였다. 그는 1947년 10월 한림지서장, 12월 세화지서장 등 주로 지서장급으로 활동하며 지역 치안 유지에 기여하였다.

민주인권경찰

 제주 4·3사건으로 혼란이 계속되던 1949년 1월 초대 모슬포경찰서장 서리로 발령받은 그는 재임 중 좌익에 연루된 모슬포 지역 주민 100여 명이 처형될 위기에 처하자 조남수 목사와 하모리 이장 겸 민보단장이었던 김남원의 간청을 받고 이들을 자수토록 하여 전원 훈방, 구명하였다.

 같은 해 10월 경감으로 승진한 후 성산포경찰서장에 임명된 그는 6·25전쟁 기간이었던 1950년 8월 30일 해병대 정보참모 김두찬 중령으로부터 공문 한 통을 전달받았다. 공문에는 예비검속자들을 총살 집행 후 보고하라는 내용이 담겨있는데 문형순 경감은 공문 위에 직접 "부당함으로 불이행"이라 쓰고 지시를 거부하였다. 그는 자신의 목숨이 위태로워질 수 있음에도 불구하고 용기있는 결단을 내려 성산포 관내 예비검속자 278명의 생명을 구할 수 있었으며, 모슬포에서의 100여 명에 합해 약 378명의 희생을 막아냈다.

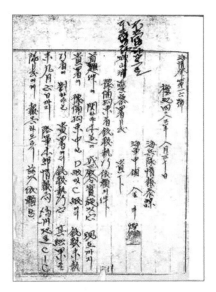

【 "부당함으로 불이행"(문서 상단)이라고 적힌 '예비검속 총살 집행의 건' 공문[1] 】
− "수제건에 관하여 본도에 계엄령 실시 이후 현재까지 귀서에 예비구속 중인 D급 및 C급에서 총살 미집행자에 대하여는 귀서에서 총살 집행 후 그 결과를 오는 9월 6일까지 육군본부 정보국 제주지구 CIC대장에게 보고하도록 자이 의뢰함" −

---

1) 출처 : 제주지방경찰청

이후 그는 1950년 12월 경무과 감찰계장·인사계장 등을 거쳤고, 1951년 6월 경남 함안경찰서장을 지냈으며 1953년 9월 퇴직하였다.

만주를 호령하며 일제의 간담을 서늘하게 했던 독립군 간부이자 용기있는 결단으로 여러 도민의 생명을 구한 의인이었지만 그의 말년은 쓸쓸하였다. 관련자 증언에 따르면 퇴직 후 제주 시내에서 쌀 배급소를 운영하였으나 잘 되지 않았다 하며, 생계가 어려워 극장의 매표원으로 근무하기도 했다고 전해진다. 그는 후손 없이 1966년 6월 20일 제주도립병원에서 사망하였으며, 현재 평안도민회 공동묘지에 안장되어 있다.

문형순 경감은 경찰 신분장에도 뚜렷이 기록되어 있는 항일무장투쟁 공적에도 불구하고 아직까지 '독립운동 당시 활동 내역 입증자료 미비(독립운동 시 문시영이라는 이명 사용)'를 이유로 독립유공자 서훈 심사에서 수차례 보류 판정을 받았다.

제주 4·3평화기념관에서는 예비검속자의 학살을 거부했던 문형순 서장의 의로운 행동을 '의로운 사람들' 코너에서 전시하고 있으며, 경찰청에서는 문형순 경감의 애국애민 정신을 널리 알리고 이를 기리기 위해 그를 '2018 올해의 경찰영웅'에 선정하였다. 또, 제주지방경찰청에서는 문형순 서장의 흉상을 설치(2018. 11. 1. 제막식 개최)하는 한편 매년 그의 묘소를 찾아 주민들과 함께 벌초 및 참배 행사를 열어 그의 숭고한 정신을 추모하고 있다. 뿐만 아니라 생존자 고춘원 씨 등 당시 문형순 서장에 의해 죽음의 위기를 면했던 생존자들도 합심하여 2005년 7월 2일 마을 입구(제주 서귀포시 대정읍 하모리 동일삼거리 짐개동산)에 '문형순 서장 공덕비'를 건립하여 그의 덕을 기리고 있다.

부당한 명령을 소신있게 거부하고 수많은 주민의 생명을 살려낸 그의 숭고한 정신은 받들고 계승해야 할 참된 경찰정신이다.

민주인권경찰

【 제주 4·3평화기념관 내 '의로운 사람들' 코너-오른쪽이 문형순 공덕비[1] 】

◇초대 서장을 지낸 文亨淳(둘째줄 오른쪽에서 다섯번째 앉은 안경쓴 이)의 송별기념으로 모슬포경찰서 앞에서 기념촬영한 모습. '4282(1949). 11. 1'이란 날짜가 눈길을 끈다.

【 '4·3을 말한다(제5권)'에 실려있는 문형순 서장의 모슬포 서장 송별 사진[2] 】

1) 출처 : 제주4·3평화기념관
2) 출처 : 제민일보 4·3취재반, 「4·3은 말한다」5, 전예원, 1998

【 제주도 생활시 지인들과 삼성혈을 방문한 사진[1]-우측 첫 번째 】

【 문형순 서장 흉상 제막식(2018.11.1.)[2] 】

---

1) 출처 : 이북5도위원회 제주사무소장 박우철
2) 출처 : 제주지방경찰청

민주인권경찰

【 벌초 후 참배하는 제주지방경찰청장과 이북5도민회 임원진들(2018.9.18.)[1] 】

---

1) 출처 : 제주지방경찰청

5·18 민주화 유공 경찰

안 병 하 (安炳夏)

생몰시기	1928.7.13.~1988.10.10.
주요경력	1949년 육군사관학교 8기 졸업(소위 임관, 육군 제6사단 7연대 복무), 1962년 중령 예편
경찰경력	1962년 총경 임용,　　　1971년 경무관 임용, 1974년 강원경찰국장,　1976년 경기경찰국장, 1980년 전남경찰국장,　1980년 퇴직

안병하 치안감은 1928년 7월 13일 강원도 양양에서 3남 1녀 중 장남으로 태어났다. 광신상업학교(현 광신정보산업고등학교)를 졸업한 그는 1949년 육군사관학교를 졸업(8기) 후 소위로 임관하여 영토를 수호하고 국민을 지키는 군인으로서 제6사단 포병대대에서 복무하였다.

【 육군 6사단 복무 시절 안병하[1] 】

---

1) 출처 : 전남지방경찰청(유족 제공)

그는 6·25전쟁 당시 포병관측장교로 참전하여 최전방에서 숱한 전투에 참전하였다. 특히 충북 음성 동락리 전투 승전에 큰 공을 세웠고 춘천전투 등에서도 혁혁한 전공을 세워 중위로 일계급 특진과 함께 화랑무공훈장을 수차례 수훈받는 등 유능한 군인이자 전쟁영웅이었다.

[충북 음성 동락리 전투]

국군 6사단 7연대가 충북 음성 동락리국민학교에 집결한 북한군 제48연대를 포위 공격하여 1,000여 명 사살, 97명 생포, 차량 80여 대, 장갑차 10대, 소총 2,050여 정, 122mm 박격포 6문 등 각종 무기를 노획하며 개전 이래 최대승전의 개가를 올린 전투이다. 이 전투에서 전공을 세운 안병하 소위는 중위로 일계급 특진하는 영광을 누리게 되었다.

강직하고 용맹한 군인으로 수많은 전공을 세운 안병하는 초고속으로 진급하였으며 1962년 중령으로 예편하며 군복을 벗었다. 그는 주변으로부터 정계 입문 권유가 있었음에도 이를 모두 거절하고 1962년 11월 3일 총경으로 경찰에 입직하였다.

부산중부서장(1964.8.~1967.10.), 부산동부서장(1967.10.~1968.7.), 서울 서대문서장(1970.7.~1971.6.) 등을 역임한 안병하는 청렴한 경찰관으로서 부하들로부터 존경받는 지휘관이었다. 치안국 경비작전계장으로 재직 중이던 1968년에는 제주도에 간첩선이 침투하자 직접 작전을 지휘하여 간첩선을 나포하는 등 뛰어난 리더십을 발휘하였다. 1971년 6월 경무관으로 승진한 안병하는 강원경찰국장(1974.10.~1976.3.), 경기경찰국장(1976.3.~1977.7.)을 거쳐 1979년 2월 전남경찰국장에 부임하게 되었다.

안병하가 전남경찰국장으로 재임하던 당시는 1972년 10월 이후 성립된 유신체제가 지속되던 시기였다. 당시 집권세력은 한국식 민주주의라는 미명 하에 장기집권을 위한 독재체제를 구축하고자 민주주의를 제한하는 유신을 단행하였다. 전국 곳곳에서는 이에 반발하는 시위가 지엽적으로 발생하고 있었고 부산·마산 지역에서는 유신 독재를 규탄하는 부마민주항쟁이 일어나기도 하였다.

【 부산중부서장 시절 안병하[1] 】

【 서울 서대문서장 시절 안병하[2] 】

【 부마민주항쟁(1979)[3] 】

　　1979년 10월 26일, 대통령이 저격당한 후 서거하는 사건이 발생하여 유신 체제는 종식되었으나 대한민국은 무주공산의 권력 진공 상태에 돌입하며 정치적 혼란기에 접어들게 되었다. 시국을 수습하고자 새롭게 등장한 세력은 재야 민주주의 세력이 아닌 또 다른 군부세력이었다.

---

1) 출처 : 전남지방경찰청(유족 제공)
2) 출처 : 전남지방경찰청(유족 제공)
3) 출처 : 민주화운동기념사업회

민주인권경찰

【 10·26 사건 이후 중앙청 앞에 진출한 계엄군[1] 】

민주화를 갈망한 대다수 국민의 바람과는 달리 육군 내 사조직 하나회가 반란을 일으켜(1979.12.12.) 불법으로 정권을 탈취하며 정치 무대에 등장하였다. 국가 요직을 차지하며 권력을 장악한 신군부 세력은 10·26사건 이후 선포된 비상계엄을 확대하고 언론을 통제하면서 국민의 알 권리를 침해하는 등 국민의 기본권을 제한하였다. 민주주의에 대한 열망이 컸던 학생들은 1980년 봄을 시작으로 이러한 신군부의 횡포에 반발하여 계엄령 해제, 정부 주도 개헌을 반대하며 대규모 시위를 벌이게 되었다.

광주에서도 5월 13일부터 전남대학교 학생들을 중심으로 올바른 민주주의의 정착을 갈망하는 대규모 민주화 시위가 벌어지고 있었다. 다음 날인 5월 14일에는 민족민주화대성회 비상학생회의 시국성토대회가 평화적으로 개최되었고, 15일에는 전남도청 일대에서 시국성토대회가 있었다. 시위대는 14일경부터 전남대 교정을 넘어 도심권으로 진출하기 시작하였는데 충돌 없이 평화적으로 시위를 마무리하였다.

전남 지역 치안 총책임자였던 안병하 전남경찰국장은 지휘부 대책회의를 통해 경찰과 시민 양측 모두 부상자, 희생자가 생기지 않게 각별히 유의하도록 근무지침을 내렸고, 경찰의 이와 같은 노력으로 광주에서는 사고 없이 평화로운 집회가 연일 계속되고 있었다. 그러나 상황은 5월 18일 0시를 기해 급변하기 시작하였다.

---

1) 출처 : 유용원의 군사세계

【 전남대 앞 학생들과 대치 중인 전경대원들[1)] 】

　1980년 4월 이후 전국적으로 확산되고 있던 민주화 투쟁이 점점 격화되어가자 국회에서는 비상계엄 해제를 논의하기 위한 본회의 개최를 결정하였다. 이에 신군부는 정권 장악을 위해 1980년 5월 18일 0시를 기해 비상계엄을 전국으로 확대하였다. 신군부는 17일부터 전국 대학교의 회장단을 검거하였으며 계엄 확대 이후에는 국회를 폐쇄하고 김대중, 김종필 등 26명의 정치인들을 학원·노사분규 선동과 권력형 부정축재혐의로 연행하고 김영삼을 연금시켰다. 그리고 전북 금마에 주둔하고 있던 제7공수여단을 광주에 투입하였다.

【 광주에 투입된 공수부대[2)] 】

---

　1) 출처 : 국가기록원(5·18기념재단 제공)
　2) 출처 : 국가기록원(5·18기념재단 제공)

민주인권경찰

   광주에 투입된 공수부대는 전남대와 조선대를 점령하고 휴교령을 내렸다. 학생들은 이에 불복하고 전남대 교문 앞으로 모여들어 '비상계엄 해제하라', '계엄군 물러나라', '휴교령 철폐하라' 등의 구호를 외치며 농성에 들어갔다. 이에 무장한 공수부대원들은 학생들을 폭력으로 무자비하게 진압하였다.

【 시민과 대치 중인 공수부대[1) 】

   계엄군에 쫓긴 학생들은 강경 진압 소식을 시민들에게 알리기 위해 광주 시내로 향했고 광주역에서 1,000여 명의 학생들이 다시 집결하여 시위를 하기 시작했다. 공수부대원들의 강경 진압에도 학생들은 계속 산발적인 시위를 이어갔고 계엄군은 닥치는 대로 시민들을 공격하였다. 사망자가 발생하기 시작하자 광주 시민들은 분노했고 민주화운동의 불길이 광주 전역에 퍼져나가기 시작하였다.

   시위에 시민들이 참여하며 사태가 걷잡을 수 없이 확대되자 계엄 당국은 안병하 전남경찰국장에게 전 경력 무장하여 시위를 강경 진압하도록 명령하였다. 하지만 안병하 국장은 '4·19 때의 과오를 다시 저지를 수 없다'며 5월 19일~21일에 걸쳐 인근 31사단으로 무기 소산을 지시하여 우발적인 발포를 사전에 방지하고 경력의 무장을 거부하였다. 그는 오히려 전남경찰에게 '데모 저지에 임하는 경찰의 방침'이라는 근무 지침을 전파하여 시민의 생명과 재산을 보호하는 경찰로서 시민과 경찰 양측의 안전을

---

1) 출처 : 국가기록원(5·18기념재단 제공)

부록

우선시하고 인권에 유의한 집회 시위 관리를 강조하였다.

[데모 저지에 임하는 경찰의 방침]

1) 절대 희생자가 발생 않도록(경찰의 희생자 있더라도)
2) 일반 시민 피해 없도록
3) 주동자 외는 연행치 말 것(교내서 연행 금지)
4) 경찰봉 사용 유의(반말, 욕설 엄금)
5) 주동자 연행 시 지휘 보고(식사 등 유의)

– 1988년 당시 국회 청문회 증언으로 채택되며 작성한 것으로 추정되는 자필 메모 中 –

【 안병하 자필 메모 중 일부[1] 】

안병하 국장의 지시대로 시위 해산을 목적으로 집회 관리를 하던 전남 경찰은 곳곳에서 무장 강경 진압을 고수하던 공수부대와 충돌하기도 하였다. 이 과정에서 시민의 안전을 위해서 계엄군을 직접 저지하기도 하였는데, 전남경찰국 안수택 총경은 공수부대 대위에게 폭행을 당하는가 하면 광주경찰서 경비과장도 공수부대의 진압에 항의하다가 구타 당하는 등 수모를 겪기도 하였다.

[5·18 광주민주화운동 당시 전남경찰 증언]

20일 동구청 건물 1층에서 전투복을 입은 경찰국 작전과장 안수택 총경이 공수부대 장교로부터 구타를 당하고 있었다. '왜 폭도들을 빼돌리느냐'는 것이었다. 그는 '나도 공수부대 출신'이라고 말했으나 아무 소용이 없었다.(김영택, 5·18광주민중항쟁연구, 126쪽)

학생들을 잡으면 목봉으로 두들기면서 신체 아무 곳이나 가격하여 피투성이로 만들었는데 이렇게 무자비한 진압을 보고 당시 광주서 경비과장이 이를 제지하자 공수부대가 군화발로 두어 차례 차기도 하였으며 이런 내용이 시민들에게 퍼져 경찰에 대한 우호적인 인식을 심어주는 계기가 됨(최○○, 1기동대)

– 전남지방경찰청, 『5·18민주화운동 과정 전남경찰의 역할』中 –

5월 26일 신군부는 시위를 강경하게 진압하지 않았다는 이유로 직무유기와 지휘포기 책임을 물어 안병하 전남경찰국장을 직위해제하였다. 계엄 당국은 즉시 그를 서울 계엄사 합동수사본부로 연행하였고 11일 간 고문을 자행하였으며 6월이 되어서는 강제 사직토록 종용하는 등 불명예를 안겼다. 그는 경찰복을 억울하게 벗은 이후 수년간을 고문 후유증과 싸워야 했고 1988년 10월 10일 신부전증 등 고문 후유증으로 사망하였다.

그로부터 6년 뒤, 무장 진압 지시를 거부하고 부하들에게 시민 보호를 지시하는 정의로운 선택으로 민주적 가치와 인권을 보호했던 안병하의 삶이 조명되며 1994년에 5·18민주화운동 관련자로 지정되었고, 2003년에는 5·18민주유공자로 선정되었다. 이어 2005년에는 국립 서울현충원에 안장(무공수훈 자격)되었으며 2006년에 국가유공자(순직군경)로 등록되었다. 2017년에는 자기 자신의 안위보다는 부당함과 불의에 당당하게 맞서 시민과 경찰 모두의 목숨을 살려냈던 그의 공적을 기려 올해의 경찰영웅에 선정되었으며, 그해 11월 치안감으로 1계급 특진 추서되었다.

【 2017년 11월 안병하 추모흉상 제막식[1] 】

【 안병하 임명장(치안감 특진 추서)[2] 】

---

1) 출처 : 전남지방경찰청
2) 출처 : 유족 제공

민주인권경찰

    불의에 맞섰던 정의로운 인권경찰의 표상 안병하 치안감을 기억하기 위하여 현 경찰인재개발원 내에 안병하홀이 2009년 개관하였고, 2019년에는 전남지방경찰청 앞에 안병하공원이 조성되어 그의 위민정신을 기리고 있다.

【 경찰인재개발원 안병하홀(2009년 개관)[1)] 】

【 전남지방경찰청 안병하공원(2019년 준공)[2)] 】

---

1) 출처 : mapio.net
2) 출처 : 전남지방경찰청

전남 구례의 경찰의인

안 종 삼 (安鐘三)

이 명	호 : 호산(湖山)
생몰시기	1903.2.22.~1977.11.1.
주요경력	보도연맹 사건 당시 의인, 1956년 제2대 전라남도의원
경찰경력	1946년 경위 임용,　　　　　　1949년 경감 임용, 1949년 제10대 구례경찰서장,　1951년 제12대 구례경찰서장, 1951년 총경 임용,　　　　　　1951년 퇴직

1903년 2월 22일 전라남도 보성에서 태어났다. 1918년 보성공립보통학교를 졸업하고, 1946년 2월 20일 제8관구경찰청(현 전남지방경찰청) 경위로 임용되어 경찰에 투신하였다. 이후 전남 영광·광주·나주·여수·순천서를 두루 거치며 주로 수사 계통에서 근무하였다. 1949년 7월 13일 경감으로 승진하여 제10대 구례경찰서장에 임명되었다.

구례경찰서장 재임 중 6·25전쟁이 발발하자 "수감된 보도연맹원들을 사살하고 즉시 퇴각하라"는 명령이 하달되었는데, 북한군이 전남 남원까지 내려오며 전선이 더욱 긴박하게 돌아가는 와중에 장고를 거듭한 그는 1950년 7월 24일 오전 11시경 경찰서 뒷마당에 수감자들을 불러 모아 다음과 같이 소리치며 480명을 모두 방면하였다.

"여러분을 모두 방면합니다. 내가 만일 반역으로 몰려 죽는다면 나의 혼이 480명 각자의 가슴에 들어가 지킬 것이니 새 사람이 되어 주십시오."[1]

안종삼 서장은 시대 상황상 자칫하면 본인이 반역자로 몰려 처형당할 수도 있는 위험을 무릅쓰고 재판 절차도 없이 무조건 사살하라는 명령을 거부하고 480명의 생명을 구하였다. 당시 구례군민들이 안종삼 서장의 공덕을 칭송하는 한시가 전해진다.

[구례군민들이 안종삼 서장에게 선물한 한시]

恩深洞庭湖 德高方丈山
(선생의 은혜는 동정호처럼 깊고, 덕은 방장산 같이 높다)

구례군민들은 안종삼 서장에게 감사의 뜻을 담아 위 시구가 담긴 병풍을 선물하여 감사의 마음을 전한 일이 있는데, 안종삼 서장은 위 시구의 두 글자를 딴 '호산'을 자신의 호로 삼았다.

– 「구례군지 上권」, 2005 –

이후 안종삼 서장은 낙동강 전선 함안지구 전투에 참전하였고, 전남경찰전투부대 구례중대장을 맡아 무장공비 토벌에 전력을 다했다. 1951년 1월 28일에는 다시 제12대 구례경찰서장이 되어 구례 지역의 치안을 회복하는데 만전을 기하였고, 위기에 빠진 조국을 구하기 위해 헌신한 공로를 인정받아 총경으로 승진하였다. 총경 승진 후에는 지리산지구전투경찰사령부 정보참모를 지내며 잔비 토벌을 지휘하다가 1951년 12월 퇴직하였다. 이때 그의 나이 49세였다.

퇴직 후에는 국회의원 보궐선거에 입후보하며 정치에 입문하였고, 1956년 자유당 소속으로 제2대 전라남도의원으로 당선되어 1960년까지 지냈다. 이후에도 조국 발전과 사회 안정을 위해 노력하며 적극적인 사회 공헌 활동을 했던 그는 1977년 11월 1일, 75세의 나이로 세상을 떠났다.(2009년 4월, 국립 임실호국원 안장)

---

1) 전남일보, 「광복30년사」, 1975

안종삼 서장이 480명의 생명을 구한 지 62년이 지난 2012년 7월 24일, 구례경찰서, 구례지역 경우회 등은 그의 공적을 기리고 이를 후세에 길이 전하기 위해 '고 안종삼 서장' 동상을 건립하고 제막 행사를 거행하였다.

'한국판 쉰들러' 안종삼씨 선행 발굴

f 𝕏 ➤ ★ 🖨   + −

과거사위, 보도연맹 사건 때 주민 구한 구례경찰서장 확인

6·25 전쟁 당시 민간인 학살 조사과정에서 수백여명을 살려 낸 경찰서장의 활약상이 뒤늦게 세상에 알려졌다.

진실·화해를위한과거사정리위원회는 최근 구례 국민보도연맹 사건 조사 과정에서 안종삼(1903~77·사진) 당시 구례경찰서장이 수십명의 억울한 죽음을 막아낸 '한국판 쉰들러'로 확인됐다고 19일 밝혔다.

안종삼(1903~77) 구례경찰서장

진실화해위는 1950년 7월 14일 '1급 좌익분자'로 분류된 이른바 '갑종' 30여명은 담양군 대덕면 한 골짜기에서 구례경찰서 소속 경찰에 의해 집단 사살됐고 또 다른 보도연맹원은 열흘 뒤 구례군 토지면 섬진강변 모래 사장에서 집단 사살된 사실을 밝혀냈고, 이 가운데 7명의 신원을 확인했다.

그런데 조사를 위해 면담한 경찰 참고인 중 대부분은 "안 서장이 상부의 지시를 어기고 구례경찰 서에 구금된 보도연맹원을 석방해줬다. 이 인연으로 안 서장은 구례지역 2대 도의원이 됐다"고 입을 모았다.

이런 사실은 지역 신문인 〈전남일보〉가 75년 발 행한 〈광복 30년사〉에도 나와 있다. 이 책에는 '경찰이 파악한 불순분자는 군내에 5천여명. 이 가운데 뚜렷하게 좌익으로 인정된 수는 800여명 이었고 경중에 따라 걸러낸 극렬분자가 480명이 었다'고 기록됐다. 또 '여러분을 모두 방면한다. 내가 반역으로 몰려 죽을지 모르지만, 혹시 죽으 면 내 혼이 각자의 가슴에 들어가 지킬 것이니 새 사람이 되 달라'는 안 서장의 비장한 연설도 실렸

다. 연합뉴스

【 안종삼을 '한국판 쉰들러'로 보도한 언론기사(2009. 10. 19.자) 】

민주인권경찰

【 구례경찰서에 세워진 안종삼 총경 동상 】

5·18 민주화 유공 경찰

이준규 (李焌奎)

생몰시기	1928.11.15.~1985.11.30.
주요경력	5·18 민주화 유공 경찰
경찰경력	1948년 순경 임용, 1970년 구례경찰서장, 1972년 총경 임용, 1975년 화순경찰서장, 1977년 해남경찰서장, 1980년 목포경찰서장, 1980년 퇴직

이준규 경무관은 1928년 11월 15일 전남 장성에서 이병교(李炳教)의 차남으로 태어났다. 1948년 3월 순경으로 만 20세의 나이에 경찰에 입직한 이준규는 2년 뒤 발발한 6·25전쟁 당시 경찰 가족이라는 이유로 부모님과 형제 셋을 잃은 아픔을 겪었다. 그는 특유의 성실함과 강직한 성격으로 승진을 거듭하였고, 총경으로 임용된 후에는 화순경찰서장(1975.6.~1977.5.), 해남경찰서장(1977.5.~1980.1.)을 역임하였다.

1980년대 초 신군부에 반대하는 국민들의 거센 반발이 전국을 뜨겁게 달구고 있을 때 그는 1980년 1월 28일 목포경찰서장에 부임하였다. 그가 목포경찰서장으로 부임하던 당시는 1979년 10·26사건 이후 실시된 비상계엄과 새로운 군부세력의 등장으로 민주화를 갈망하던 국민들이 전국적으로 시위를 벌이던 때였다.

1980년 초, 전국적으로 확산되고 있던 민주화 투쟁이 격화됨에 따라 국회에서 비상계엄

민주인권경찰

해제를 논의하기 위한 본회의 개최를 결정하였는데, 신군부는 이를 막고 정권을 장악하기 위하여 1980년 5월 18일 0시를 기해 비상계엄을 전국으로 확대하였다.

당시 목포에서도 목포대, 목포공업전문대를 중심으로 산발적인 시국 성토대회가 개최되고 있었다. 이에 이준규 목포경찰서장은 자서 경찰 병력으로 시위에 대처하며 안정적으로 시위를 관리하고 있었으며, 시위 자체도 5월 20일까지 대체적으로 구호 제창, 유인물 배부 등으로 평화롭게 진행되고 있었다.

【 목포경찰서장 이준규 경무관[1] 】

그러나 신군부가 광주에 공수부대를 투입하여 유혈 진압하면서 국면이 전환되기 시작하였다. 광주 시민들은 광주를 봉쇄한 계엄군을 피해 광주의 참상을 알리고 무기를 구하기 위해 인근 도시로 진입하였는데, 5월 21일 목포에도 광주 시민들이 도착하면서 광주의 참상이 직접적으로 알려지기 시작하였다.

시위가 점점 과격해지자 목포 시민들은 스스로 수습대책위원회를 구성하여 평화 시위 기조를 유지하였다. 그러나 일부 시위대의 과격 행동으로 인하여 광주 참상을 보도하지 않는 MBC를 비롯한 관공서가 피해를 입게 되자 이준규 목포경찰서장은 즉각 조치를 취하였다.

---

1) 출처 : 유족 제공

부록

그는 신군부의 강경 진압 지시가 있었음에도 불구하고 안병하 전남경찰국장의 무기 소산 지시에 따라 무고한 시민이 다치지 않도록 실탄 발포 금지 조치를 내렸다. 이어서 시위대가 경찰서로 들이닥치기 전, 경찰서 무기고에 집중 보관 중인 무기를 116전경대로 소산시키도록 하여 유혈 사태를 미연에 방지하였다. 또, 목포서 자체 경비 전경대원 39명을 116전경대로 사전 이동 배치하였고, 경력 111명을 영암경찰서 용당지서로 철수시켜 흥분한 시민들과의 직접적인 충돌을 사전에 차단하여 인명 피해를 최소화하고자 하였다.

[5·18 민주화운동 당시 목포서 직원의 이준규 서장 지시 관련 증언]

(…)1980. 5. 21. 15:00 서장님의 긴급지시에 의하여 CAR 301정, 권총 38p 10정, 4.5p 3정, 실탄 탄통 50개, 실탄 상자 29개, 경찰서 닷지 전남7가2445에 적재 호송 경찰관 경무과장 경정 김○○의 지휘 아래 6명의 경찰관이 완전 무장 호송 완료하고 1980. 5. 21. 16:00 경 CAR 40정, 실탄통 3개, 나무상자 박스 1개 등을 당서 전남1가6449호 지프차로 호송경관 순경 이○○이 116전경대 작전관 경위 윤○○에게 인계 보관한 사실이 있음을(…)

– 국가기록원, 「1980 중앙징계위원회 3차, 목포서 경무과 최○○ 자술서 」中 –

이준규 서장은 시위대가 목포경찰서에 진출하여 투석시위를 벌이자 시민과 경찰 양측의 안전을 고려하여 우선 철수하였다. 이후 그는 복귀와 철수를 반복하며 목포시장 및 목포시민민주투쟁위원장 안철 등 지역대표 관계자들과 만나 상황 진정을 위한 대책을 협의하고 시위를 중지할 것을 지속적으로 요청하며 사태의 평화적 해결을 모색하였다. 계엄군의 직접적인 투입을 막으려는 이들의 노력으로 목포에서의 과격 시위는 점점 잦아들기 시작하였고, 광주 시위가 종료되자 목포에서의 항쟁도 막을 내리게 되었다. 목포 역시 민주화 투쟁으로 사상자가 일부 발생했지만, 이준규 서장의 현명한 대응으로 타 지역에 비해 인명 피해를 크게 줄일 수 있었다.

그러나 신군부는 경찰서 이탈과 복귀를 반복하며 지휘 체계를 유지하고 민관합동수습대책 마련을 통한 상황의 진정과 평화적 해결을 위해 노력한 이준규 서장을 5월 30일부로 직위해제 하였다. 신군부는 그를 강경진압 지시 거부 및 자위권 소홀 혐의로

6월부터 3개월간 서울 계엄사에 구금하였다. 곧이어 7월 7일 그를 파면 처리하였고, '무능한 직무유기 경찰관'이라는 오명으로 매도하였다. 그에 대한 징계는 2개월도 안 되어 매우 신속하게 이루어졌다. 당시 신군부에서는 광주 및 전남 시민들의 시위에 대해서 평화적으로 대응한 전남경찰국 지휘부 13명에 대해 직위해제 및 의원면직 처분을 내렸는데, 오직 이준규 서장에 대해서만 파면 처리를 하였다.

8월 29일에는 계엄보통군법회의에서 징역 1년의 선고유예를 받았으며, 그는 파면 처분 취소소송을 통해 명예를 회복하고자 하였으나 모두 기각되었다. 결국 그는 32년간 국가에 헌신했던 공직 생활을 뒤로 하고 강제로 경찰복을 벗는 불명예를 떠안았고, 구금 후유증과 위암으로 1985년 11월 30일 사망하였다.

그로부터 9년 만인 1994년 3월, 이준규 경무관은 안병하 치안감과 함께 5·18민주화운동 관련자로 지정되며 명예회복의 첫발을 내딛게 되었다. 이후 그에 대한 진실이 점차 밝혀지기 시작하여 유족과 경찰청의 노력으로 2018년 7월 5·18민주유공자로 선정되었고, 2019년 10월 11일 포고령 위반·직무유기·경찰공무원법 위반 관련 재심에서 무죄 판결을 받았다. 이어 직권으로 파면처분을 취소할 것을 경찰청이 관계기관에 제청하였으며 그 결과 11월 14일자로 이준규 서장에 대한 파면 처분이 정부인사발령에 의해 정식으로 취소되었다. 2020년에는 부당한 지시를 거부하고 민주적 가치를 수호하여 시민의 생명을 지켜낸 그의 숭고한 경찰정신을 기리기 위해 2020년 올해의 경찰영웅으로 선정하였다. 2021년 1월에 국가유공자(순직군경)로 등록되었으며, 2021년 5월 11일 경무관으로 1계급 특진 추서 및 서울현충원에 안장되었다.

선택의 기로에서 정의를 선택하고 불의에 맞서 경찰의 본분인 시민의 생명과 재산을 지켜낸 이준규 경무관의 고귀한 위민정신은 한국경찰이 지키고 계승해야 할 참된 경찰정신의 표상이다.

[이준규 서장, 포고령 위반·직무유기·경찰공무원법 위반 사실 무죄]

피고인은 1980.1.18. 이래 목포경찰서 서장으로 근무하다 같은 해 6.23. 파면된 사람이다. 1980.5.17. 자정을 기해 비상계엄의 전국 확대조치가 있자 경계근무를 강화하고 있던 중(…)이에 대비해 목포경찰서에서도 다중 범죄 진압 작전을 수행 중이었던 바(…)정당한 사유 없이 직장을 이탈하고, 이와 동시에 비상사태 하에서 작전 수행 중 서장의 직무인 치안유지 직무를 유기하고 소속 경찰관을 지정된 근무지에서 임의 퇴각케 한 것이다.(…)

피고인의 행위는 그 시기·동기·목적·대상·사용수단·결과 등을 종합하여 볼 때, 5·18민주화운동과 관련된 행위 또는 헌정질서 파괴범죄의 범행을 저지하거나 반대하는 행위에 해당한다고 할 것이므로, 형법 제20조 소정의 정당행위에 해당하여 범죄로 되지 아니하므로, 형사소송법 제325조 전단에 의하여 무죄를 선고한다.
*인사기록상 파면 일자는 1980. 7. 7.임

– 2019.10.11.자 광주지방법원 목포지원 이준규 재심 판결문(2019재고단4) 中 –

구국경찰

조국을 지킨 경찰영웅

정 종 수 (鄭鐘壽)

생몰시기   1935.7.17.~1968.1.30.

주요경력   1963년 서울 종로경찰서 근무

경찰경력   1960년 순경 임용, 1968년 순직

서   훈   1968년 화랑무공훈장

비   고   2017년 이달의 호국인물(1월)

1935년 7월 17일 경상북도 상주에서 출생했다. 상주농잠학교를 졸업하였다. 1960년 12월 순경으로 채용되었다.

1968년 1월 21일 북한 민족보위성 정찰국 소속인 124부대 무장 게릴라 31명은 청와대를 습격하기 위해 침투하였다. 이들은 국군 26사단 마크가 부착된 국군 복장에 소련제 PPS-43기관총과 수류탄으로 무장을 하고 황해도 연산에서 출발하여 4일 동안 북악산을 통해 침투하려 하였다. 하지만 더이상 진입이 불가능해지자 북한산 비봉에서 세검정으로 이어지는 루트로 변경했고, 1월 21일 밤 9시 30분 서울 종로경찰서 관할 자하문 임시검문소에서 정종수 경사 등 9명의 수사과 경찰과 대치하였다. 공비들은 CIC대원으로 사칭하고 통과하려 하였으나 실패하였다. 검문에 통과하지 못하자 공비들은 총을 난사했고, 정종수 경사는 복부에 4발의 총탄을 맞고 서울대 부속병원으로 후송되어 치료를 받았으나 1월 30일 오후 5시 43분경 끝내 운명하였다. (경향신문, 공비와 싸우다

부상한 정종수 형사 숨져, 1968. 1. 31.)

　정부는 1968년 2월 3일 경사로 1계급 특진과 함께 화랑무공훈장을 추서하였다. 2017년에는 전쟁기념관 주관 1월의 호국인물로 선정되었으며, 2017년 서울 종로구 자하문고개에 기존에 설치되어 있던 최규식 경무관 동상 옆에 정종수 경사의 흉상이 설치되었다. 현재 경찰인재개발원에는 '정종수 홀'이 있으며, 2022년 경찰영웅으로 선정된 바 있다.

【 1968. 2. 3 故 정종수 경사 영결식 】

【 자하문고개에 설치되어 있는 정종수 경사의 흉상 】

구국경찰

차 일 혁 (車一赫)

생몰시기	1920.8.20.~1958.8.9.
주요경력	1950년 전북 제18전투대대장, 1952년 전북 임실경찰서장, 1953년 서남지구전투경찰대 2연대장, 1953년 전북 무주경찰서장, 1954년 충북 충주경찰서장, 1958년 충남 공주경찰서장
경찰경력	1950년 경감 임용, 1953년 총경 임용, 1958년 퇴직(사망)
서　훈	1952년 화랑무공훈장(3회), 1953년 화랑무공훈장(2회), 1954년 충무무공훈장, 2008년 보관문화훈장
비　고	2013년 이달의 전쟁영웅(9월), 2014년 이달의 호국인물(9월)

　1920년 8월 20일 전라북도 김제에서 출생했다. 1936년 홍성공업전수학교를 졸업하였다. 1945년 광복 이후 김성수, 이규창 등과 함께 악명 높았던 일제 경찰 사이가(齊加), 츠보이(坪井) 등을 저격하여 민족정기를 바로 잡는데 앞장 섰고, 6·25전쟁이 발발하자 '옹골연 유격대'를 자발적으로 조직하여 북한군에 맞서 싸웠다. 이 과정에서 북한군 보급 차량을 습격하던 도중 팔에 부상을 입었고, 군에서 제대하였다. 1950년 12월 유격전 당시 보였던 뛰어난 능력 덕분에 경감으로 특별채용되었다.

【 차일혁 경무관(왼쪽)과 우강 김성수(오른쪽) 】

　1950년 전라북도경찰국 제18전투대대장으로 임명된 그는 전주로 통하는 길목이었던

구이면에서 첫 승전을 거두었다. 1951년 1월 정읍 칠보발전소 일대를 빨치산 2,500여명이 포위하자 전투경찰 75명을 이끌고 탈환 작전에 임했다. 이때 그는 야간에 라이트를 켠 아군 차량을 반복적으로 통과시켜 많은 병력이 있는 것처럼 적을 속이는 기만전술로 당시 유일했던 남한의 발전소를 탈환하는 데 성공하여 충남, 전라 일대에 전기를 지속적으로 공급할 수 있었다.

【 18전투대장 시절 차일혁 경무관 】

【 6·25전쟁 당시 칠보화력발전소 전경 】

1951년 5월에는 상부에서 공비들이 은신하는 것을 막기 위해 지리산 화엄사를 비롯한 사찰들을 소각하라는 지시를 하달하였으나 "절을 태우는 데는 한나절이면 족하지만, 세우는 데는 천년도 부족하다"면서 명령을 거부했다. 다만 사찰의 문짝을 떼어내도 공비들이 숨어있을 수 없다며 문짝만을 불태워 국보 제67호인 화엄사 각황전을 지켜냈다. 1952년 10월 전북 임실경찰서장으로 발령받은 후에는 사찰유격대를 새롭게 조직하여 임실을 중심으로 활동하던 공비 이상윤이 이끌던 '외팔이부대'를 격파하였다.

구국경찰

【 구례 화엄사에서 차일혁 경무관(가운데) 】

【 화엄사 내 차일혁 공덕비 】

1953년 5월에는 총경으로 승진하며 서남지구전투경찰대 2연대장으로 취임하였다. 그는 1953년 9월 18일 반야봉 근방 빗점골 전투에서 빨치산 남부군사령관이었던 이현상을 사살하면서 빨치산 토벌 작전을 사실상 종료시켰다. 이때 그는 이현상의 시신을 수습하여 화장하는 등 적장에 대한 예우를 갖춰주었는데 당시 이것이 문제가 되어 많은 비판을 받기도 하였다.

【 이현상 사망 관련 당시 언론보도 】

【 섬진강변에서 차일혁 】

전북 무주경찰서장 재임 중에는 승전에 대한 포상금을 전액 불우이웃을 위해 기부하였으며, 참호용으로 지급된 자재를 얼어 죽어가는 주민들의 주택 복구에 우선 사용하기도 하였다. 1954년 충북 충주경찰서장으로 발령을 받은 후에는 충주직업소년학원을 설립하여 형편이 어려운 청소년들에게 학업의 기회를 제공하였다. 그는 1958년 충남 공주경찰서장 재임 중 금강의 곰나루에서 가족과 함께 물놀이를 하다가 심장마비로 익사하였다.

그는 전쟁 기간 중 총 6차례 무공훈장을 수훈 받았으며 1998년에는 화엄사 경내에 그의 공덕을 기리는 공적비가 건립되었다. 2008년 명찰들을 보호한 공적이 인정되어 문화체육관광부 추천으로 보관문화훈장이 추서되었다. 2011년 8월에는 경무관으로 1계급 특진 추서되었고 2013년 국가보훈처 주관 9월의 전쟁영웅으로 선정된 데 이어 2014년에는 전쟁기념관 주관 9월의 호국인물로 선정되었다.

한편, 조국 수호를 위해 헌신했던 그의 숭고한 경찰정신을 기리기 위해 2019년 올해의 경찰영웅으로 선정되었다.

구국경찰

조국을 지킨 경찰영웅

최 규 식 (崔圭植)

생몰시기	1931.9.9.~1968.1.21.
주요경력	1961년 서울 용산경찰서장, 1967년 서울 종로경찰서장
경찰경력	1963년 총경 임용, 1968년 순직
서　훈	1952년 화랑무공훈장, 1968년 태극무공훈장
비　고	2004년 이달의 호국인물(2월)

　1931년 강원도 춘천에서 4대 독자로 태어났다. 홀어머니 밑에서 어렵게 공부한 끝에 춘천고등학교에 입학한 후 1949년 연세대학교 신학과에 입학하였다. 이듬해 6·25전쟁이 일어나자 육군종합학교에 입교하여 1951년 9월 소위로 임관했다.

　그는 6·25전쟁기 포병장교로서 수많은 전투에 참전하여 공을 세웠다. 제8사단 50포병대대 관측장교로 있을 때에는 강원도 인제의 노전평 전투와 백석산 전투에 참전하였고, 무공을 인정받아 1952년 4월 화랑무공훈장을 받았다. 1954년에는 미 육군 포병학교로 군사유학을 다녀왔다. 귀국 후 포병학교 사병교육대 포대장·작전과장 등을 역임했으며, 1961년 제21사단 167포병대대장으로 재임하던 중 당시 국가재건최고회의 명에 의해 중령으로 전역하고, 충청북도경찰국 정보과장으로 선임되었다.

　1961년 부산시경 정보과장, 서울 용산경찰서장 등을 거친 그는 올곧은 경찰관으로 알려지기도 했다. 1967년 3월 용산경찰서장 시절, 소속 순경이 권총 강도를 저지른 일이 있었다. 이에 최규식 서장은 "경찰복을 입고 국민 앞에 설 면목이 없다"며 삭발하고 사직서를 제출했다. 그러나 그의 사의는 반려되었고, 대신 서울 종로경찰서로 자리를 옮겼다.

1967년 서울 종로경찰서장이 된 그는 이듬해인 1968년 1월 21일 소위 김신조 사건으로 알려진 1·21사태를 겪게 되었다. 청와대 폭파 및 대통령 암살을 목표로 북한 124군부대 소속 무장공비 31명이 청와대 인근까지 남하한 것이다. 1월 21일 밤 22시경 종로경찰서 순찰차로부터 'CIC대원이라는 거동수상자 30여명이 세검정에서 자하문 쪽으로 이동 중인데 검문에 응하지 않는다'는 보고를 받은 그는 즉각 현장으로 달려갔다. 자하문 고개에서 무장공비를 가로막고 신분을 추궁하던 그는 적의 총탄을 맞고도 부하들을 지휘하여 무장공비의 남하를 막았다. 그러나 결국 병원으로 이송 중 숨을 거뒀다. 정부는 그의 공적을 인정하여 1968년 경무관으로 1계급 특진과 함께 태극무공훈장을 추서하였다.

그가 세상을 떠난 지 한 달 후인 1968년 2월 26일 부산대학교 졸업식에 최규식 경무관의 부인 유정화 여사가 참석했다. 사실 최 경무관은 '압력단체와 정당제도의 변용에 대한 연구'라는 석사학위논문이 통과되어 졸업이 예정되어 있었다. 그러나 졸업을 한 달 앞두고 생을 마감하였기에 그의 부인이 석사 졸업장을 대신 받았다. '학구파 경찰'이라고도 불린 그의 '졸업'에 많은 이들은 또다시 안타까워했다.

서울시 종로구 청운동 자하문(창의문) 앞에는 최규식 경무관을 추모하는 동상이 세워져 있으며, 후배 경찰관들에게 존경의 대상으로 공적을 인정받아 2022년 경찰영웅으로 선정되기도 하였다.

구국경찰

【 故 최규식 경무관 국립경찰장 모습(동아일보, 1968. 1. 22.) 】

【 1968. 1. 25. 故 최규식 경무관 영결식 】

【 1968. 5. 3. 故 최규식 경무관 묘비 】

【 신문에 소개된 최규식 경무관 동상(동아일보, 1970. 1. 21.) 】

【 최규식 경무관 동상(서울 종로 부암동) 】

구국경찰

[「경찰역사에세이(2011. 6. 17.)」에 소개된 최규식 경무관 일화]

1968년 1월 17일 오후 10시 경, 북한 124군 부대 소속 무장공비 31명이 미 2사단 구역을 통과하여 우리나라로 침투하였다. 이들은 대통령 관저, 주한 미 대사관, 육군본부 등 국가 주요 시설 폭파와 요인 암살 및 북한 간첩 대동 월북 등 우리나라를 뒤흔들 임무를 띠고 있었다.

이들은 1월 18일 오후 2시경, 파주군 법원리에서 나무꾼 4형제를 만나 한참을 억류하고 있다 풀어주고 서울 쪽으로 이동했다. 밤 9시경 나무꾼 형제들에 의해 무장공비 침투 사실이 경찰에 신고 접수 되었다. 1월 20일 당시 국방장관은 무장공비의 침투 목적이 주한미군 주둔지·한국군 부대 주요 시설 파괴나 테러라고 판단된다고 대통령에게 보고하였다. 그러나 목표지가 청와대인 것은 짐작하지 못하고 있었다. 국방장관은 서울 외곽에 방어선을 구축할 것을 명령하고, 대통령 집무실에서 전화로 채원식 치안국장에게 서울 지역에 갑종 경계령을 내리고 세검정에서 정릉과 창동에 이르는 지역에 경찰부대 배치를 요청하였다.

1968년 1월 20일 무장공비 침투에 따른 갑종 경계령이 종로경찰서에 전달되었다. 최규식 서장은 종로경찰서를 비상경계태세로 전환시키고 타격대도 비상대기시켰다. 갑종 경계령이 내려질 당시 북한산 승가사 아래에 도달해 있던 무장공비들은 1월 21일 오후 8시경 북한산 비봉 밑에서 이동하여 1968년 1월 21일 오후 9시 30분경 서대문서 경찰관에게 목격되었다.

이각현 서대문서장은 구평동 버스정류장 부근에서 세검정 길을 따라 걸어 내려가는 괴한 31명을 목격하고 즉시 세검정파출소에 들어가 서울시경에 보고했다. 그 직후 이 서장은 자동차에 6명의 경찰관을 태우고 괴한들을 쫓아가 대열 선두에 차를 세워 이들을 저지하려고 하였다. 하지만 이들이 훈련을 마치고 오는 CIC 방첩대이며, 방첩대 사무실이 청와대 인근 효자동에 있어 귀대하는 중이라며 고압적인 자세로 나오자 이 서장은 차를 타고 뒤쫓아 갈 수밖에 없었다.

【 북한 124군의 침투경로 】

→ 이어서

괴한들은 자하문 임시검문소가 설치되어 있는 청와대 쪽으로 방향을 돌렸다. 이날 검문소에는 종로경찰서 경찰관 9명이 근무하고 있었다. 시경 지령실에서 모든 차량을 엄중히 검색하라는 무전만 받았을 뿐, 괴한들에 대해서는 아직 아무런 연락을 받은 바 없었다.

오후 9시 45분 경, 얼핏 괴한들이 고개 위에서 목격되었다. 검문소 직원들이 검문을 실시하자 시종일관 자신들은 CIC 대원으로 신분증은 본부에 있으니 본부로 가면 알 것 아니냐면서 전혀 검문에 응하지 않고 무작정 밀치고 지나가려 하였다. 검문소 직원들은 본서에 현재 상황을 알렸다. 그 사이 서대문서 직원들과 괴한들이 옥신각신하고 있었다.

이 와중에 김치선 순경은 이들 중 한 명과 감정이 격해 난투극을 벌였다. 바로 그때 헤드라이트 불빛이 길 아래에서부터 올라오기 시작하였다. 지프차는 괴한들의 대열 앞에 멈춰섰다. 전진하려던 대열도 멈칫했다. 헤드라이트가 이들을 비추는 가운데 괴한 출현 보고를 받고 급히 달려온 최규식 종로경찰서장이 내렸다.

최 서장은 이들이 계속 검문에 응하지 않고 전진하려 하자 화가 치밀어 격한 목소리로 CIC에 연락하라고 소리를 쳤다. 뒤에서 따라오던 괴한과 순경들 사이의 격투는 점점 격해지고 있었다. 자하문 임시검문소에서 근무하던 종로경찰서 형사들도 유혈이 낭자하는 격투를 괴한들과 벌였다. 정종수 경사(당시 순경) 등 3명은 최 서장 옆을 막아서며 괴한들과 대치하였다. 그때, 최규식 서장 뒤로 시내버스 2대가 올라오다 길을 가로막은 지프차 뒤에 멈춰섰다. 버스의 헤드라이트 불빛에 당황한 공비들은 버스를 국군의 지원 병력으로 착각했다. 오후 10시 10분경, 공비들의 사격이 시작되어 최 서장과 정종수 경사(당시 순경)는 앞으로 쓰러졌다.

총성이 나기 무섭게 공비들이 일제히 버스를 향해 사격을 하며 3발의 수류탄을 던져 버스에 타고 있던 시민 2명이 숨지고 1명이 부상 당했다. 버스에서 사람들이 뛰어나오자 공비들은 국군으로 착각하고 서울시내 및 북악산 일대로 흩어지기 시작했다.

공비소탕에 나선 군경합동수색대는 1월 30일까지 31명의 공비 중 27명을 사살하고 김신조를 생포하였다. 그러나 우리도 민간인 7명이 사망하고, 75명의 군 장병 사상자가 발생하는 등 큰 피해를 보았다. 행방이 묘연해진 공비 3명 중 1명은 시체로 발견되었고, 나머지 2명은 월북한 것으로 판명되었다.

→ 이어서

구국경찰

최규식 경무관은 방첩대를 사칭한 무장공비들의 통과를 죽음으로 저지함으로써 국가안보의 표상이 되었다. 정종수 경사(당시 순경)는 상황이 불투명함에도 국가안보에 대한 신념과 사명감으로 오후 9시 45분부터 오후 10시 10분 사이의 결정적인 25분을 최 서장과 함께 현장에서 지연함으로써 청와대 기습을 좌절시켜 현장 근무의 중요성을 증명하였다. 또한, 수적 열세에도 불구하고 맨손으로 혈투를 벌이며 공비들의 침투를 저지한 담대함과 용기는 경찰 혼의 표상으로, 후배들의 귀감이 되었다.

군의 방어망보다도 더 신속한 배치와 보고 체계를 가동한 당시 경찰의 상황대처 능력은 뛰어났다. 자신의 목숨으로 방첩대라는 권력 기관을 사칭한 무장공비에게 길을 열어주지 않아 큰 불행을 막은 최 서장과 정종수 경사(당시 순경)는 국가를 지킨 영웅으로 기억되어야 할 것이다.

이들이 숨진 자리에는 사고의 경위를 알리는 표지석이 있고, 자하문에는 최규식 경무관과 정종수 경사 추모비가 그들의 넋을 기리고 있다. 또한 경찰교육원(현 경찰인재개발원), 경찰대학, 자하문에는 최규식 경무관의 동상이 세워져 있다.

대한민국 수사의 전설

최중락 (崔重洛)

생몰시기 1929.7.16.~2017.3.24.

경찰경력 1950년 순경 임용, 1986년 총경 임용

1929년 7월 16일 충청북도 음성에서 출생했다. 1950년 11월 순경으로 임용되어 전투경찰대 202대대에서 경찰생활을 시작하였다. 미군 제3군수송단 헌병사령부에 배속되어 6·25전쟁에 참전하였고, 휴전 후에는 철도경찰대로 발령받아 근무하였다.

1953년 열차호송대 재직 중 퇴근길에 영등포역 앞에서 60대 할머니가 소매치기를 당하는 모습을 보고 5대 1로 격투를 벌여 범인들을 검거한 뒤 형사가 되기로 결심하였다. 서울 중부경찰서 강력반에서 형사 업무를 시작하여 남대문시장, 양동 사창가 등의 우범지역을 중심으로 밤낮없이 잠복근무를 하면서 수많은 범인을 검거하였다. '63·'68·'69년 치안국에 의해 '포도왕(검거왕)'으로 선정되면서 전국 경찰에 널리 알려졌다. 최중락 총경은 재직 중에 1,300여 명의 범인을 검거하고, 2,600여 구의 시신을 검시하여 '대한민국 수사의 전설'로 불렸다.

최중락 총경이 해결한 대표적인 강력사건으로는 1959년 서울 필동 일가족 몰살사건, 1970년 김포 고척면 여자 택시기사 피살사건, 1976년 육일사 전당포 살인사건, 1979년 서울 금당 골동품상 일가족 살인사건, 1982년 퇴폐이발소 면도사 독살사건, 1984년 을지병원 독살사건, 1987년 국일관 나이트클럽 종업원 살인사건, 1989년 논현동 대저택 강도사건, 1989년 운전기사 치정살인사건, 1990년 구로동 샛별 룸살롱 난자 살인사건 등이 있다.

1968년 5월 과로로 병원에 입원했다가 간호사 기숙사에 도둑이 들자 "범인은 반드시 다시 온다."라고 생각하여 영안실 담 아래에 가마니를 쓰고 누워 잠복하여 이틀 만에 도둑을 검거한 일화는 유명하다.

1970~1980년대 방송국 MBC의 인기 드라마였던 '수사반장'의 실제 모델로 20여 년간 자료를 제공하고 자문을 하였다.

[수사반장]

MBC에서 제작·방영한 수사 드라마로 1971년 3월 6일 시작하여 1984년 10월 18일까지 방영한 이후 종영되었다가 1985년 5월 2일 부활하여 1989년 10월 12일까지 880회에 걸쳐 방영되었다. 주요 경찰관 배역을 맡은 배우 최불암 등은 명예경찰관이 되었다.

1986년 총경으로 승진하였지만, 끝까지 수사 현장을 지키겠다는 의지로 경찰서장 보직을 희망하지 않아서 총경 이후에도 형사·수사과장으로만 재직하였다. 1990년 서울지방경찰청 강력과장으로 정년퇴직한 후에는 '촉탁수사연구관'으로 선임되어 후배 경찰관들을 지도하였고, 방대한 수사 경험을 바탕으로 일반시민들을 대상으로 한 범죄예방 강연에 힘을 쏟았다. 2017년 3월 24일 향년 88세로 별세하였다.

국민의 생명과 재산을 보호하고, 법과 질서를 수호한 공로로 녹조근정훈장·근정포장·대통령표창 등 120여 차례의 각종 훈·포장을 수상하였다. 2019년 경찰청 '올해의 경찰영웅'으로 선정되었다.

부록

【 '19. 11. 19. 경찰수사연수원에 세워진 최중락 흉상 】

저자약력

동국대학교 경찰행정학과 경찰학 박사
영산대학교 경찰행정학과 교수/학과장
영산대 감사실장(청탁방지담당관/행동강령책임관)
영산대 사회과학대학원 범죄학전공 책임교수
영산대학교 사회봉사센터 센터장
동국대·건양대·동의대·부산외대 등 외래교수

한국경찰학회 간사
한국공안행정학회 총무국장
한국민간경비학회·한국해양경찰학회·한국테러학회 이사
한국치안행정학회·한국범죄심리학회·한국청소년정책학회 이사

국가인권위원회 인권강사
경찰청 외부 인권강사
부산대·서울시립대 인권센터 인권조사심의위원
울산경찰청 인권위원회 위원
부산경찰청 운전면허행정처분 이의심의위원회 위원
부산 해운대·금정·북부·중부·연제·동래·기장경찰서 경미범죄심의위원회 위원
부산진경찰서 데이트폭력·스토킹범죄 피해자지원 솔루션 위원
경남 양산경찰서 정보공개심의위원회 위원
울산 울주군 시설관리공단 인권경영위원회 위원
법무부 부산교도소 정보공개심의회 위원 및 청원심의회 위원
부산 기장소방서 감찰처분심의회 전문위원

경찰공무원 채용시험(순경 공채) 출제위원
경찰공무원 채용(경력 경채) 필기시험 출제위원
경찰공무원 정기 승진시험 출제위원
울산경찰청 일반직공무원 채용시험 평가위원
대구광역시 지방직공무원 채용시험 출제위원
법무부 울산구치소 방호원 채용 심사위원
창원시 청원경찰 채용시험 면접위원

객관식 경찰학

2024년 8월 25일 초판 인쇄
2024년 8월 30일 초판 1쇄 발행

저 자 박 찬 혁

발 행 인 배 효 선

발행처 도서출판 **法 文 社**

주 소 10881 경기도 파주시 회동길 37-29
등 록 1957년 12월 12일 / 제2-76호 (윤)
전 화 (031)955-6500~6 FAX (031)955-6525
E-mail (영업) bms@bobmunsa.co.kr
(편집) edit66@bobmunsa.co.kr
홈페이지 http://www.bobmunsa.co.kr

조 판 법 문 사 전 산 실

정가 34,000원   ISBN 978-89-18-91527-2